（第六版）

量刑与刑事司法

SENTENCING AND CRIMINAL JUSTICE

[英] 安德鲁·阿什沃斯 ◎ 著

ANDREW ASHWORTH

彭海青　吕泽华 ◎ 译

CAMBRIDGE

中国社会科学出版社

图字：01-2016-9475 号

图书在版编目（CIP）数据

量刑与刑事司法：第六版／（英）安德鲁·阿什沃斯著；彭海青，吕泽华译.
—北京：中国社会科学出版社，2019.8
书名原文：Sentencing and Criminal Justice
ISBN 978-7-5203-3927-8

Ⅰ.①量…　Ⅱ.①安…②彭…③吕…　Ⅲ.①量刑-研究-英国②刑法-司法
制度-研究-英国　Ⅳ.①D956.14

中国版本图书馆 CIP 数据核字（2018）第 296136 号

出 版 人	赵剑英	
责任编辑	任　明	
责任校对	周　昊	
责任印制	李寡寡	

出　　　版	中国社会科学出版社	
社　　　址	北京鼓楼西大街甲 158 号	
邮　　　编	100720	
网　　　址	http://www.csspw.cn	
发 行 部	010-84083685	
门 市 部	010-84029450	
经　　　销	新华书店及其他书店	

印刷装订	北京君升印刷有限公司	
版　　　次	2019 年 8 月第 1 版	
印　　　次	2019 年 8 月第 1 次印刷	

开　　　本	710×1000　1/16	
印　　　张	35.5	
插　　　页	2	
字　　　数	590 千字	
定　　　价	148.00 元	

凡购买中国社会科学出版社图书，如有质量问题请与本社营销中心联系调换
电话：010-84083683

前　言

　　本书第五版出版五年来英国量刑制度的形式经历了进一步的变革，不幸的是，其中一个主要特征（监狱人数的规模）基本看不到任何变化。在本书中考虑了四个主要的渊源——立法、司法判例法、量刑指南，以及学术研究和著述——我已尽力考虑了截至 2014 年 10 月 1 日我所能得到的资料。

　　量刑立法的步伐放慢了一些。仅有一部主要的立法：《2012 年罪犯法律援助、量刑和惩罚法》；已经颁布了有关刑事司法的其他几部立法，但是并没有给量刑制度带来重大变革。

　　司法判例法继续自上诉法院而来（并且在很小的程度上，从最高法院而来），在这一新的版本中，充分考虑了司法先例。高比例的判例法目前与量刑指南的适用有关，那些内容坚定了新版本的关注点。

　　来自量刑委员会的确定的量刑指南目前在英格兰和威尔士居于核心地位，因而也是这一版本的中心。从第一章至第十四章，分析了可以适用的指南，其中主要是由量刑委员会在最近四年间创制的。

　　学术研究和著述也已蓬勃兴起，很大程度上借由朱利安·罗伯茨（Julian Roberts）的多方面的推动，我很幸运有这样一位同事。在过去的几年里，他编辑并写作了一系列量刑方面的主题论文，结集成书，那些论文——对量刑的理论与实践展开了丰富的分析——在这里与其他最近的著述一并予以考虑。

　　本书的形式有些微小的变化。以前的第十一章涵盖了辅助命令和量刑程序，但这些主题现在已被分别处理——有关辅助命令和民事预防命令的第十一章，和有关量刑程序的第十三章。本书以新的第十四章作为结束，其中增添了更多的比较材料。还有一项变化是将分析表格从正文移至附录。为参考目的目前共有三个附录：附录 A 包括从《2003 年刑事司法法》和《2009 年验尸官和司法法》中选取的法律条文；附录 B 中是统计表格；附录 C 列出了有关攻击引发身体伤害和有关毒品运输两个确定指南的部分内容。

最后，我必须表达对冯（Von）的谢意，衷心感激他对烦扰我半退休生活的本书第六版全程工作所给予的慷慨与热情的支持。

2014 年 10 月，牛津

译 者 序

　　量刑规范化改革自《人民法院第二个五年改革纲要》提出至今一直是我国司法改革的重要内容。这一改革以最高人民法院发布的《人民法院量刑指导意见》为顶层设计，以学术研究成果为辅助，以各级人民法院，尤其是基层人民法院、中级人民法院的实践适用为拓展机制，形成了辐射全国的量刑规范化改革浪潮。

　　2012 年，我的《量刑证明研究》荣幸获得最高人民检察院检察理论研究课题立项，自此我也开始涌入这一波改革热潮中，试想成为一名时代改革的"弄潮人"！天赐良机，2013 年春天，爱妻海青和我有幸获得了牛津大学法学院的访学邀请。海青的导师安德鲁·阿什沃斯（Andrew Ash-worth）和我的导师朱利安·罗伯茨（Julian Roberts）均为英国量刑领域的顶级专家，先后担任英国量刑委员会的委员（委员会中一般仅有一名学者代表）。《量刑与刑事司法》一书是安德鲁·阿什沃斯教授所著的英国量刑制度的经典著作，已再版 5 次，第 6 版当时正处于修订中。彼时我们搜索我国国家图书馆的藏书目录后，竟然未发现关于国外量刑问题研究的译著。"他山之石可以攻玉"，我国的量刑规范化改革应当在立足本土的前提下，放眼世界，从而开阔视野，启发思路。一经我们提议，即获安德鲁·阿什沃斯教授许可，并积极帮助联系英文版的出版单位——剑桥大学出版社，从而顺利获得了版权许可。

　　作为采行定罪与量刑分离的二元制审判模式的国家，英国量刑问题较早成为了司法改革的重点。殊途同归，英国的量刑改革也和我国一样以规范量刑，减少量刑偏差和失衡为目的，以构建统一的量刑标准，限制量刑法官的自由裁量权为改革要义。经过 40 多年的发展，形成了如今英国的量刑模式，这也构成了本书研究的基本范畴。英国量刑问题研究不只是围绕量刑规范化这一最具代表性的量刑指南问题研究，还涉及司法机构与司法权、量刑与定罪分类关系、量刑适用程序设置以及量刑裁判来源多样性等问题。其中，更关键的是量刑的法源探析，量刑的目的、原理、政策问题，尤其突出对加重减轻情节、数罪罪犯、惯犯、羁押量刑、辅助量刑命令、特殊量刑、羁押状态等具体问题的研究。可以说，本书的研究表明，英国的量刑制度是一项非常繁杂与琐碎的系统性工程，不是简单的独立性专题研究所能涵盖其意旨的。这是一项涉及理论目的、政策、宪法分权、国际公约践行、实践数据统计分析、刑罚机构运行状态以及量刑社会学分析等的综合性、全面性工作。具体而言，本书的研究可以为我们呈现英国量刑制度的如下内容及特点：

一、量刑立法是量刑改革成效的重要标志并呈现复杂性和变动频率过高的特点。在以判例为法系特征的英国，发展至今，制定法却在国家法律体系中呈现出了独有魅力。就英国量刑制度来说，其量刑目的实现主要是通过量刑方面的立法。其中最重要的是三部法律。首先是《1991 年刑事司法法》（Criminal Justice Act 1991）。这是 40 多年来为建立一个连贯的量刑结构的第一次努力成果。经过 20 世纪 90 年代一系列的立法之后，议会在《2000 年刑事法院的权力（量刑）法》（Powers of Criminal Courts (Sentencing)（PCCS）2000）中统一了有关量刑的法律。统一立法是一个绝妙的观念，因为其有望实现将各种权力集中规范所带来的极大便利。悲哀的是，这一法律到其生效之时已经被新规范所推翻，三年以后，这一法律的大部分已经被当前的主要法律——《2003 年刑事司法法》（Criminal Justice Act 2003）所取代。那部法律，依次被后来的法律所修订与补充。当然，认识到制定法的重要价值，也不能否认制定法是与确定的量刑指南和普通法（来自司法裁判）一样，构成了英国量刑法的主要来源。其中量刑指南和司法判例具有最重要的量刑指导意义。之所以英国制定法成为量刑法的重要角色，主要源于英国的警察、检察官以及其他行政机关在审前程序所拥有的自由裁量权力，具有终结诉讼以及惩罚属性。现今，不仅法院，英国的量刑委员会也必须在立法机关确定的界限内工作。近些年来立法机关已经在逐步尝试涉足以前属于司法裁量的区域。其最高限度可以在《2003 年刑事司法法》（Criminal Justice Act 2003）第 269 条和附件 21（Schedule 21）中发现：不仅是终身监禁这一谋杀罪的强制量刑，而且议会已经具体规定了各种法官本应在具体个案中考虑的最低刑的起点。尽管上诉法院已经缓和了这一强制性框架的边界，其仍然是对司法机关的重大限制。两项其他形式的立法限制在量刑立法中也非常突出——规定的最低量刑 (prescribed minimum sentences) 和必需的最低量刑 (required minimum sentences)。其经常被一起称为 "强制的最低量刑" ('mandatory minimum sentences')。

二、量刑实证调研统计数据成为量刑指南修正与完善的重要依据。英国的量刑指南并不是一成不变的,有关量刑的类型和幅度等都会随着犯罪形势、监狱现状、公众民意以及替代刑罚方式使用等不同因素的变化而调整。而如何依据这些情况变化来调整量刑指南设计,则是一项技术性、实践性、统计性很强的工作,比如《英格兰和威尔士犯罪调查》 (Crime Survey for England and Wales) 就会对英国的犯罪情况进行统计分析,得出英国犯罪情况的变化与发展态势。还有众多的来自各类学术机构、团体、司法机构以及行政机构的各类实证统计分析数据,更为关键的是量刑咨询委员会、量刑指南委员会以及现在的量刑委员会展开的围绕量刑问题的实证调研统计所获得的数据,为量刑指南的合理设计提供了实时动态的统计数据支撑。这也是我国量刑规范化改革及其研究所应亟待完善与提升之处:量刑的规范化设计不是一项纯粹逻辑、经验的比较与判断问题,更是一项科学的统计分析工作。其需要及时的对当前的犯罪形势、量刑适用状况进行对应性分析,从多角度提供量刑规范化的数据支撑,以数据说话,而不是以经验判断,这才是科学的精神。

三、量刑指南独具特色的生成机制。英国最早的量刑指南源于 20 世纪 80 年代上诉法院的裁判中,是由上诉法院首席法官劳顿 (Lawton LJ) 在 *Aramah* (1982) 4 Cr App R (S) 407 中的毒品犯罪上诉审中做出的。然而,英格兰和威尔士首席法官 (the lord chief justice) 相对较少地做出指南裁判。《1998 年犯罪和扰乱秩序法》 (Crime and Disorder Act 1998) 第 80 条和 81 条引发了量刑指南的两个变化:首先是产生了起草量刑指南的量刑咨询委员会 (Sentencing Advisory Panel),对上诉法院量刑裁判拥有建议权;其次,上诉法院做出量刑指南的权力被限制于那些已经得到量刑咨询委员会建议的犯罪。这一安排持续了很多年,产生了有关因种族而加重罪行[1]和儿童色情[2]的指南裁判,还产生了修订有关强奸[3]和其他一些

---

[1] *Kelly and Donnelly* [2001] 2 Cr App R (S) 341.

[2] *Oliver, Hartrey and Baldwin* [2003] 2 Cr App R (S) 64.

[3] *Milberry et al.* [2003] 2 Cr App R (S) 142.

犯罪指南的裁判。《2003 年刑事司法法》（Criminal Justice Act 2003）生成了新的量刑指南机制，量刑咨询委员会继续保留咨询社会公众和法定咨询员的权力，并拥有提出量刑指南建议的权力。但是量刑建议不再是上诉法院而是新成立的量刑指南机构——量刑指南委员会（Sentencing Guidelines Council），其有权发布"确定的量刑指南"。在 2004 年至 2010 年间，在诸如盗窃罪、性犯罪、攻击罪等犯罪，以及一般原则和少年罪犯量刑方面产生了几项指南。《2009 年验尸官和司法法》（The Coroners and Justice Act 2009）则再次改变了量刑指南生成机制，产生了一个单独的量刑委员会（Sentencing Council），承担形成量刑指南的相关任务。为保证量刑指南确立的代表性，来源意见的广泛性与专业性，量刑委员会的成员主要由来自所有级别的刑事法院的 8 名司法成员和在刑事辩护，起诉，侦查，量刑政策和司法管理，犯罪被害人，相关学术研究，以及统计使用等 7 个专门领域之一有从业经验的 6 名非审判成员组成。英国量刑指南的生成模式是以上诉法院的裁判实践为基础生成的，后续则是以与司法实践相关的行业部门专业人士组成的专业委员会所广泛开展的量刑咨询调研数据为依据，以其提出的具体量刑建议为基本的量刑参考准据，并以指南裁判和指导裁判为补充的。这与我国量刑指南仅由最高人民法院创制的机制形成了鲜明的对比，孰优孰劣值得比较研究与分析。

四、量刑规范化的三种形式——确定指南、指南裁判和指导裁判。经过 40 多年的发展，英国已经形成了三种主要形式的量刑裁判标准：确定的量刑指南、上诉法院的指南裁判和指导裁判。其中确定的指南是基本的量刑规范化形式，指南裁判和指导裁判是英国普通法量刑传统的继续发展，即使当前上诉法院的主导作用是解释和适用量刑指南和量刑立法。除了量刑立法的增加，近些年另一项主要的发展——和对量刑裁判的又一个重要限制——就是量刑指南的增加。目前，在治安法院量刑的多数犯罪都有了量刑指南，在皇家法院的多数量刑裁判也有了确定的量刑指南（也有一般原则量刑指南和少年犯罪量刑指南）。确定指南（Definitive Guidelines）的本质是为每一类罪行的不同严重程度提供量刑幅度，并且，在每一个量刑幅度内，指明一个通常的起刑点。这一技术的目标是规制司法裁量权——不是取消它，而是为法庭提供一个处理具体罪行的框架，通过将其适当置于框架内或框架外而反映案件事实（最明显的是加重或减轻因素）。英国的确定的量刑指南确立了九步走的量刑程序步骤，并构建了偏离量刑指南检测的修正方法等，形成了英国既有程序规范，又有平衡修正，更有理论说理的量刑指南裁判制度。指南裁判是单个的裁判，其列出了处理某种类型犯罪各种变化的一般因素，考虑主要的加重和减轻因素，就恰当的起点或者量刑范围提供建议。这种裁判在 20 世纪 70 年代由上诉法院大法官劳顿（Lawton LJ）首创[①]。接着，在莱恩勋爵（Lord Lane）成为首席大法官（Lord Chief Justice）之后，由其接管。他发展了指南裁判的方式，构建了相当精细的框架，法官应当在此框架内决定刑期的长度。其目的是希望约束下级法院依此裁判。指南裁判的约束力在 1999 年至 2004 年间得以提升，因为所有指南裁判都是根据量刑委员会的建议而做出的，并且倾向于比更早的典型裁判更加明确。[②] 其也从产生了量刑委员会和重塑上诉法院功能的《1998 年犯罪和扰乱秩序法》（Crime and Disorder Act 1998）第 80—81 条的规定中获得了权威。指导裁判（Guidance judgments）是因三类情形而留存的一种量刑适用指导性裁判。第一类情形是有关现行指南的解释，或者一种特别犯罪的量刑情形，量刑委员会已经将其列入议事日程。法定框架迫使委员会就指南起草问题进行咨询，创制一项确定的指南经常需要花费 9 至 12 个月的时间。在遇有重要事项，或者立法机关引入新的量刑法律的情形下，在委员会指南发布之前，或许有必要立即将指南提供给法院。第二类情形是当量刑委员会未将一议题列入议事日程，看上去有几个上诉案件背离了有关适当方法的不确定性的情形时，上诉法院可以决定创制指导意见。第三类情形是上诉法院相信构建一条特别的推理路线是正确的。其主要功能是决定法官是否选择了恰当的量刑类型范围或者起点，偶尔决定量刑指南中术语的含义。此外，还有一种不正式的量刑法来源，那就是学术作品，或者更准确地说，是剑桥大学 D. A. 托马斯（D. A. Thomas）的著作，直至 2013 年去世，他一直是一位孜孜不倦的量刑裁判与立法的整理者和评论者。

五、丰富的量刑专题性研究。从该书的研究体例、内容来看，量刑指南的框架及其具体内容并不是全书的主旨内容。更为关键的是有关量刑指南的目的、原则、政策以及量刑原理等基础性问题以及各项影响量刑设计

[①] See e. g. *Willis* (1974) 60 Cr App R 146 on buggery, and *Taylor, Roberts and Simons* (1977) 64 Cr App R (S) 182 on unlawful sexual intercourse.

[②] See *Attorney General's References Nos.* 37, 38 *and others of* 2003 [2004] 1 Cr App R (S) 499, per Kay LJ at p. 503.

的具体问题，比如加重、减轻情节问题，数罪并罚问题，惯犯惩罚问题，羁押与非羁押量刑适用问题，针对特殊对象量刑，以及量刑程序中各参与主体的作用等问题。这些具体的专题性问题研究，全面展示了英国量刑制度的历史概括、研究进展与实践适用状况，都值得我国进行具体量刑制度构建时予以对比性参考。

2017 年最高人民法院发布了修订后的《关于常见犯罪的量刑指导意见》（从 2017 年 4 月 1 日起实施）与《关于常见犯罪的量刑指导意见（二）（试行）》（从 2017 年 5 月 1 日起试行）。在我国努力构建具有中国特色的量刑规范化制度之时，希望本书的中译本可为我国决策者与实践者提供比较充分的英国量刑制度改革成就的研究素材，无论是在量刑规范化的理论塑造、生成机制以及具体量刑制度构建上，还是直接、具体的指南规范设计上都能提供重要的参考。

从 2014 年春季回国后我们即开始着手翻译《量刑与刑事司法》一书，但由于 2015—2016 年赴德国访学而耽搁，因深感此书翻译机会珍贵且意义重大，不敢疏忽，力争精益求精，遂迟至今日方付梓完成！

衷心感谢安德鲁·阿什沃斯教授欣然许可我们的翻译意向！衷心感谢剑桥大学出版社的授权！衷心感谢安德鲁·阿什沃斯和朱利安·罗伯茨两位教授在我们牛津访学期间在科研工作上所给予地精心指导以及日常生活上的热情关心。他们对学术事业的敬畏、专注、投入精神深深震撼了我们，使我们在回国后身怀景仰地从事翻译工作。

衷心感谢来自我国香港地区的牛津大学苏颖博士，他对中译稿所涉及的某些专业术语的翻译提供了宝贵意见。

衷心感谢中国社会科学出版社的任明主任等编审人员接纳本书中译稿，并以非凡的耐心和卓越的敬业态度完成了编辑、出版工作！

我国近代著名的教育家、翻译家、思想家严复先生在其《天演论》"译例言"中讲道："译事三难：信、达、雅。求其信已大难矣，顾信矣不达，虽译犹不译也，则达尚焉。"虽然我们全力以赴，但受水平与能力所囿，恐难周全，欢迎批评指正，供再版时修改！

吕泽华
2018 年 12 月于北京华龙苑寓所

译者简介

吕泽华，男，1974年生，辽宁铁岭人。法学博士，现为中国海洋大学法学院副教授，硕士生导师。英国牛津大学、德国法兰克福大学访问学者。在量刑证明、死刑证据问题、DNA鉴定意见证据研究上颇有建树，先后在《中国法学》、《法学家》等期刊发表论文数十篇；独立或者参与完成各类著作十余部；主持省部级以上课题5项；获得山东省社会科学优秀成果奖（法学类）一等奖及其他科研奖励9项。

彭海青，1975年生，山东青岛人，法学博士。现为北京理工大学法学院诉讼法学研究所所长，副教授，硕士研究生导师，心理咨询师。兼任中国刑事诉讼法学研究会理事、中国比较法研究会理事、最高人民法院诉讼咨询监督员、北京市海淀区人民法院陪审员。英国牛津大学、德国法兰克福大学访问学者。主要研究领域为刑事诉讼法学、比较法学、法学教育。独自撰写著作5部，翻译2部，在《法学研究》、《比较法研究》等刊物发表学术论文百余篇。主持教育部及省部级以上科研项目7项。荣获中国法学会、中国刑事诉讼法学研究会、中国法学教育研究会、最高人民检察院等科研奖项10余项。

目　　录

第一章

英国量刑引论

第一节 法院与犯罪

尽管仍然保留了一些普通法犯罪，英国刑法中的犯罪绝大多数是由制定法创制的，并具有法定最高刑。为实现审判的目的，《1977 年刑法法案》（Criminal Law Act 1977）将犯罪分为三类：通过公诉书起诉而审判的犯罪（以下简称可诉罪）；通过简易方式审判的犯罪（以下简称简易罪）；可以由两种方式审判的犯罪（以下简称两可罪）。那些最严重的犯罪（比如谋杀罪、强奸罪）只能依据公诉在皇家法院进行审判。大量的不太严重的犯罪通过简易方式在治安法院进行审判。严重程度居于两者中间的两可罪包括多数夜盗罪、偷窃罪和欺诈罪。在这些案件处理中的第一个问题就是被告人的预期答辩问题：如果被告人表示作有罪答辩，治安法官必须行使管辖权着手量刑，除非他认为其量刑权是不充分的。如果被告人预期答辩无罪，被告人将由治安法院审判，除非治安法院建议或者被告人选择在皇家法院审判。

在皇家法院，由法官和陪审团共同审判案件。皇家法院的中心区分三个层次：第一层次的法院中心区，审理刑事和民事案件，由高等法院法官（High Court judges）和巡回法官（circuit judge）主持庭审；第二层次的法院中心区，仅审理刑事案件，由高等法院法官或者巡回法官主持庭审；第三层次的法院中心，由巡回法官或记录法官（recorder）[①] 审理刑事案件，多数犯罪属于两可方式的犯罪。根据严重程度，刑事犯罪的类型被划分为

---

① 译者注：按照英国 1971 年《法院法》（Court Acts 1971），"Recoder" 用来指被任命为一段时间皇家刑事法院兼职法官并已执业至少十年以上的出庭律师或事务律师。此处以 "记录法官" 指称以示区别。参见薛波主编《元照英美法词典》，法律出版社 2003 年版，第 1158 页。

四个等级，某些犯罪只能由一名高等法院法官（大约有 105 名高等法院法官）审判，而另一些犯罪可以由巡回法官或记录法官审判。巡回法官（大约有 650 名）是全职法官，但他们既可以审理刑事案件，也可以审理民事案件。记录法官和助理记录法官（Assistant Recorders，大约有 1200名）是兼职法官，他们的主要职业是出庭律师、事务律师，或（在一些情况下）是学者；绝大多数的全职法官是通过这种方式开始其审判生涯的。对皇家法院的量刑不服，可以向上诉法院提起上诉，假如不涉及法律问题，并且被听审的上诉需要该法庭的同意。获得许可的申请由某一高等法院法官处理。

治安法院处理在严重程度上最轻的刑事犯罪。在英格兰和威尔士，大约有 29000 名业余治安法官（lay magistrates）被分配到地方法院，一个治安法院一般由 3 名治安法官组成。治安法院中还包括大约 140 名全职和 170 名兼职地区法官（治安法院法官）［District Judges（Magistrates）Courts，DJMC］，以前被称为领薪治安法官（stipendiary magistrates）。地区法官必须是至少具有十年从业经历的出庭律师或事务律师（barrister or solicitor），其通常独自审判比较耗时或者复杂的简易罪案件。对于个罪，治安法院的权力被限定为最高量刑 6 个月以内（或者对于 2 个罪或多个罪，刑期总和为 12 个月）①。治安法院可判处的罚金或者赔偿金的最高限度通常是 5000 英镑，但是已有些建议主张提高这一限度。假如治安法官认为罪行非常严重以至于其应适用的刑罚超出了其量刑权限范围，治安法官在听审证据之后，可将案件移交给皇家法院量刑。如前所述，表示愿意对两可罪作有罪答辩的被告人应当由治安法院量刑，除非其认为其权限是不充分的，在这种情况下，他应当将案件移交给皇家法院量刑。被治安法院量刑的被告人可以针对该量刑向皇家法院提起上诉。上诉采取全面复审的形式，由 1 名巡回法官或者记录法官与 2 名业余治安法官审理，皇家法院有权作出治安法院本应判处的刑罚，即使这一刑罚比其实际已被适用的刑罚更重。②

简易罪在本书中的讨论很少，尽管治安法院经常审理这类案件（其

---

① 《2003 年刑事司法法》（Criminal Justice Act 2003）第 154 条规定对于一个犯罪通常的最高量刑可达 12 个月（两罪或数罪为 15 个月）。但是，这一补充意欲附带一项所谓的"附加羁押"，其理由将在第 9 章作解释，这迄从来未被实施。

② 有关刑事程序相关方面的更全面的细节见 Sprack（2012）。

也审理许多两可罪案件)。本章第三节所引用的多数统计数据涉及"可诉罪"，包括可诉罪和两可罪，由治安法院或皇家法院审判。

第二节　可获得的量刑

　　近些年，经常出现有关法院量刑权的立法，其中三部法律对于实现当前的目的尤为重要。第一部是《1991 年刑事司法法》（Criminal Justice Act 1991），这是 40 多年来建立一个统一的量刑结构的第一次主要努力。经过20 世纪90 年代一系列的立法之后，议会在《2000 年刑事法院（量刑）权力法》[Powers of Criminal Courts（Sentencing）（PCCS）2000] 中统一了有关量刑的法律。统一立法是一个绝妙的观念，因为其有望实现将各种权力集中于一处所带来的极大的便利。悲哀的是，这一法律到其生效之时已经被新规范所推翻。三年以后，这一法律的大部分已经被当前的主要法律——《2003 年刑事司法法》（Criminal Justice Act 2003）所取代。那部法律，反过来也被后来的法律所修订与补充。

　　本章的这一部分对法院的量刑权进行初步简述，也涉及与未成年罪犯有关的量刑问题。这些量刑权在后续的章节会有详细的讨论，在本章的第四节，我们探讨为什么在任何一年都仅有一小部分的犯罪被法院判刑的原因。

一　对成年罪犯的量刑

　　依据《2000 年刑事法院（量刑）权力法》第 130—134 条的规定，在所有涉及伤害、死亡、损失和损害的案件中，法院的职责是考虑为被害人作出一项赔偿命令，或者，在被害人死亡的案件中，为被害人家庭作出一项赔偿命令。这构成了提高犯罪被害人对其需求、意愿和权利认知水平的政策的一部分，尽管这一政策受制于罪犯的手段。① 在 2013 年，由治安法官审判的有关刑事赔偿的可诉罪案件中，超过一半的罪犯被命令给予赔偿；对于被定罪的暴力犯罪，在治安法院有 30%、在皇家法院有 9% 涉及

---

① 暴力犯罪的被害人也有可能向"刑事损害赔偿计划"提出申请，见第十章第四节。

赔偿命令。① 赔偿命令通常会与另一项命令一并作出，但也可以对一名罪犯仅作出一项命令。

依据《2000 年刑事法院（量刑）权力法》第 12 条与附件 1 （Schedule 1），英国法院在定罪后所能采取的最宽大的做法是命令"无条件释放"。附随"无条件释放"的定罪大多并不将此作为未来的目的。这一权力在案件中被运用的比例还不到 1%，它通常留待适用那些几乎不涉及道德过错的罪行。

给予"附条件释放"的权力也规定在《2000 年刑事法院（量刑）权力法》第 12—15 条与附件 1 中，同样地，定罪大多并不将此作为未来的目的。条件是罪犯必须在一定期限内未实施犯罪行为，这个期限不超过三年，具体由法庭确定。罪犯假如在这一期限内实施了犯罪行为，那么其有责任一并承担该罪的量刑和原先的量刑。正如表 2、表 3（附录 B 统计列表）所显示的，附条件释放继续被适用于大量的案件中，尽管近年来在数量上有所下降，在 2013 年，附条件释放被适用于约 46000 名成年男性与约 15000 名成年女性。

在英国法院，罚金一直是被适用最多的刑罚，很大程度上是因为其在简易罪中被广泛适用。罚金在简易罪和可诉罪中的适用都在急剧减少。正如表 2 和表 3（附录 B 统计列表）中所显示的，到 2013 年，适用罚金的总人数减少到 47.8 万名成年男性和 21.5 万名成年女性。罚金的最高数额在皇家法院审判的可诉罪中通常没有限制，但治安法院罚金的最高数额被划分为 5 个档次。主要原则（《2003 年刑事司法法》第 164 条）是罚金应当反映罪行的严重程度和罪犯的支付能力；当罪犯的经济来源有限并显示其无法同时支付赔偿金与罚金时，法院应给赔偿命令以超越罚金的优先适用权。

《2003 年刑事司法法》第 148 条规定，如果罪行的严重性是充分地确保适用如此量刑，法院可以仅适用"社区刑"。作出这一判决后，法院必须选择这些要求：（1）它是最适合该罪犯的；（2）对罪犯施加的限制与其罪行的严重性相适应。目前对成年人有 15 项可能的要求，比如无偿劳动、戒酒或戒毒治疗，详细情况将在下文第十章第六节进行讨论。在 2013 年，大约 7 万名成年男性罪犯和大约 1.5 万名成年女性罪

---

① Ministry of Justice （2014），表 A.17。

犯被判处社区刑，人数的减少可能是由于缓刑命令的适用（下文论述）。

按照刑罚严厉性上升的顺序排列，下一项刑罚是监禁刑（imprisonment）。在对罪犯施以羁押刑（custodial sentence）之前，根据第152条第二款的规定，法庭必须被说明认为该项罪行是"如此严重以至于罚金刑或者社区刑都不适合"，一项准则要求法庭在适用羁押刑之前，排除了适用其他更轻的刑罚的选择。如果法庭决定适用羁押刑，第153条第二款规定其刑期应当是与罪行严重程度相适应的最短刑期。（这些规定与其他法律规定详见本书后面的附录A。）在决定任何羁押刑的刑期时，法庭应当适用任何相关的量刑指南，并适当考虑加重和减轻刑罚的因素（见第5章）和先前定罪（见第6章）。

当法庭决定适用羁押刑是合理的并且已经确定了刑期，仍然可以在缓刑命令和立即监禁之间进行选择。这适用于法庭愿意适用一项在14天至2年羁押之间的刑罚的情形（《2003年刑事司法法》第189条，正如其被修订的）。如果法庭决定有理由暂缓适用这一刑罚，其应当考虑是否命令罪犯遵守一项或者更多的适用社区刑时应当遵守的要求。罪犯违反要求可能导致法庭对其重新处理，并且执行羁押刑的全部或者一部分。表1-2和表1-3（附录B统计列表）表明近年来缓刑的适用率急剧上升，以及相应地，羁押刑、社区刑与罚金刑适用下降。

近年来，立法机关已经制定了几个强制刑和强制最低刑。例如，根据《2003年刑事司法法》第287条，各种持枪犯罪的最低刑期是5年，法官仅在"例外情形"下可以偏离此规定。已经步入正轨的是对于贩卖A级毒品的第三项罪行的最低刑是7年（《2000年刑事法院（量刑）权力法》第110条），第三项入户夜盗罪是3年（《2000年刑事法院（量刑）权力法》第111条），如果适用最低刑会导致不公正，法官可以不遵守该规定。《2003年刑事司法法》对于危险犯的规定已被取消，并被《2012年罪犯法律援助、量刑和惩罚法》（Legal Aid, Sentencing and Punishment of Offenders Act 2012）所代替。两项新的量刑规定是对于第二项非常严重的罪行自动适用终身监禁（life imprisonment），基于公共保护的理由刑期可以延长。终身监禁的量刑裁量适用于许多严重罪行，对于谋杀犯仍然强制适用终身监禁。

尽管诸如《2003 年刑事司法法》第 152 条和 153 条第二款等法律禁止法庭适用羁押刑，除非罚金刑或者社区刑的适用是不公正的，并且要求法庭适用与罪行严重性相适应的刑期最短的羁押刑，十多年来，羁押刑的适用与其平均刑期都在普遍增加。正如表 2-7（附录 B 统计列表）所显示的，在过去的近 20 年间，羁押刑的适用比例增加了三分之二，立即执行的羁押刑的适用也有显著增加，同期犯罪率下降，被判刑的罪犯数量保持稳定不变。正如表中所详细显示的，被适用立即执行羁押刑的男性人数在 2002 年达到了 10.3 万人的高峰，这个数字在 2013 年仍然高达 85000人；对于女性，2002 年的有关数字是 8800 人，2013 年降至 7125 人。羁押刑的意义依赖于《2003 年刑事司法法》提前释放制度的运作，所有被监禁者（prisoner）都在服刑过半后被释放，但他们是获得了许可的，在其全部刑期届满之前可以随时被召回监狱。许可仅涉及 12 个月及以上量刑的监督，但《2014 年罪犯复归法》（Offender Rehabilitation Act 2014）将把监督延伸适用至所有被释放的被监禁者。

有一个法庭可以在恰当的案件中作出的辅助性和（或）预防性命令的完整清单。其范围包括从赔偿命令和剥夺驾驶资格到更新的一系列预防性命令——例如，严重犯罪预防命令，性犯罪预防命令，足球禁令。在某些情形下，比如贩卖毒品罪和严重犯罪，依据《2002 年犯罪收益法》（Proceeds of Crime Act 2002），法庭应当按法定程序作出没收罪犯财产的命令。辅助命令在第 11 章讨论。

二 对年少罪犯的量刑

对 21 岁以下的罪犯，法庭的量刑权大致可分为两类——第一类，是有关那些年龄为 18 岁、19 岁、20 岁的罪犯，他们被称为"年少成年人"（young adults），在成年人法庭受审；第二类是有关那些年龄在 10—17 岁（包括 17 岁）的罪犯，主要在少年法庭受审。

目前对于年少成年人的量刑结构的差别微乎其微，或许会导致是否应当另外建构一套制度的质疑。这些细微的差别在第十二章第二节讨论，那里也会讨论是否应当重建一套制度，拥有分离的更建设性的量刑权，以及是否确实应当像其他司法区域那样将适用年龄延长至 25 岁。表 4 和表 5 显示了对于这一年龄群体的量刑趋势。

对于 18 岁以下的少年被告人，在量刑程序和量刑权上都存在很大差异。案件在少年法庭受理，除非其罪行是一项特别严重的犯罪。因谋杀、过失杀人和其他一些严重犯罪被指控的非常年少的孩子在皇家法院接受审判。然而，对于11岁或12岁的被告人，必须特别努力确保被告人能够参与审判：一项有关适当程序的实践指导意见已经在2000年发布了，[①] 但是，依据欧洲人权法院（European Court of Human Rights）随后的一项决定，[②] 它还需进一步的改革。

然而，那类案件数量极少。实际上，正如我们将在下文第四节所看到的，处于这一年龄的多数罪犯依据《1998年犯罪和扰乱秩序法》（Crime and Disorder Act 1998）被处以训诫和最后警告的处罚，该制度在第十二章第一节会有更全面的描述。《1998年犯罪和扰乱秩序法》第37条明确规定"少年司法的主要目的是防止儿童和少年犯罪"，但目前这一规定的内容已经被《2008年刑事司法和移民法》（Criminal Justice and Immigration Act 2008）中各种有关少年司法的改革扩充了。对那些在法庭初次被起诉并作有罪答辩者，依据《2000年刑事法院（量刑）权力法》，法庭有责任作出转移命令。转移命令的结果是拟订一项包含有某些承诺的"少年犯合同"，在第十二章第一节第二部分中作更全面的描述。除了两个显著的例外，少年法庭在其他案件中处理年少成年被告人刑事案件时，拥有与一般法庭相同的权限。第一项例外是当少年法庭审理不满16岁儿童的犯罪案件时，必须有儿童的父母到场，除非父母到场是不合理的；并要求父母管教该儿童，除非父母给出不这样做的理由。第二项例外是有关羁押刑的，对少年犯适用得比较少。法律的详细规定请参见下文第十二章第一节。但是"羁押与训练命令"的实施或许有必要仅限定在一个标准的时间内，就像《2000年刑事法院（量刑）权力法》第100—107条所集中规定的那样（比如4个月、6个月、8个月、10个月、12个月、18个月或者24个月，而不是一个中间时间段）。《2008年刑事司法和移民法》引入"少年复归命令"（youth rehabilitation order），其明确的目的是其应当在许多案件中取代羁押刑。表6和表7的量刑模式表明近年来羁押刑的适用急剧下降。

---

① *Practice Direction*：*Young Defendants in the Crown Court* ［2000］2 All ER 284，适用在 *V and T* v. *United Kingdom*（2000）30 EHRR 121 中的裁判。

② *SC* v. *United Kingdom* ［2004］Crim LR 130.

第三节　一般统计背景

　　为了将量刑统计置于其刑事司法背景中，我们必须从考察"犯罪率"及其变化开始。除了认真审视"犯罪率"的概念，对于与在报告犯罪和起诉被告人请求将其定罪之间所作出的许多其他决定相关联的法庭量刑裁判的评估也很重要。因此，正如将在下文第四节所主张的，被量刑的罪犯人数可以反映警察侦查重点或者皇家检控署政策的变化，而非"犯罪率"的任何上升或者下降。

　　每年发生的犯罪数量如何测算呢？官方犯罪统计最好能够提供每年警察记录的犯罪总量。这将在表1第二行数字中得以回顾，"警察所记录的罪行"显示了被记录的犯罪的变化趋势。那张表中的统计数据更多地代表了犯罪率而非被侦查或导致定罪的罪行的数量（例如，表1下方的所有数字），但是，它仅仅说明了一小部分问题。多数情形下，警察是从被害人处获得犯罪信息，但并不是所有的被害人都会将其遭遇向警察汇报。来自《英格兰和威尔士犯罪调查》［Crime Survey for England and Wales，简称CSEW，前身是《不列颠犯罪调查》（British Crime Survey）］的数字表明，在2010—2011年，有38%的被害人向警察报案。在回应《英格兰和威尔士犯罪调查》的被害人与没有向警察报案的被害人中，72%属于"警察不愿意介入的极其轻微与无损失"情形，16%的回应是属于私事或已经私了。① 因而，警察所记录的严重罪行的数字虽然是十多年来定期出版的最全面的一套统计数据，但其仍然不能可靠地反映所发生的犯罪数量或犯罪率的波动情况。

　　犯罪学家已经试图通过两种主要方法估算未报告的犯罪数量（有时被称为"犯罪黑数"）。一种方法是自我报告研究，在这种方法中，人们被秘密问及其在特定犯罪时期内所实施的罪行数量。这种方法最明显的缺陷是一些人可能保持沉默，而另一些人可能虚张声势地夸大其犯罪行为。第二种也是被更广泛运用的方法是，在一个特定的时间段内，在保密的状态下，让人们陈述其作为被害人的犯罪数量。假如某人采纳了这种研究结

---

① Chaplin et al. （2011），p. 55.

果，所谓被害研究或者犯罪调查，并将其与相同时期官方记载的犯罪数量进行比较，那么就可以对未被记录的犯罪比例进行估算。自 1981 年以来，《英格兰和威尔士犯罪调查》就是以此为基础进行调查的。然而，此类犯罪调查在有明显被害人的犯罪中才是最有效的：《英格兰和威尔士犯罪调查》中涵盖暴力犯罪、性犯罪、夜盗罪、抢劫罪、盗窃罪和伤害罪。有一份《商业受害调查》（Commercial Victimization Survey），估计 2013 年发生了 730 万起商业犯罪案件。[①] 对于人们不太可能认为自己是被害人的那些犯罪，比如毒品犯罪和经双方同意的性犯罪的调查尤其困难。

《英格兰和威尔士犯罪调查》中包括了大量的以上一年成为犯罪被害人的公民为选择样本而提出的问题。由于刚给出的理由，对于那些罪行，确实可以与被警察记录的犯罪数字进行比较，也可以对一段时间后的犯罪发展趋势进行比较。通过上面表 1 第一行数字和第二行数字的比较，我们所能看到的是，"由《英格兰和威尔士犯罪调查》所测算的犯罪"在 1991 年达到高峰，从那以后则缓慢、平稳下降。另一方面，尽管"被警察记录的明显的犯罪"在 20 世纪 80 年代也急剧上升，接着在 90 年代上升相对缓慢，最近开始下降，反映了《英格兰和威尔士犯罪调查》所发现的犯罪数量的下降。

正如表 1 第一行（见本书最后的附录 B）所示，2013 年《英格兰和威尔士犯罪调查》所测算的犯罪数量比 1991 年的一半还要少。《英格兰和威尔士犯罪调查》所记录的犯罪数量的减少是惊人的。因此，从 1997 年以来的 15 年间，车辆盗窃罪下降了大约 60%；夜盗罪下降了大约 55%；暴力犯罪下降了大约 60%；等等。[②] 很显然，抢劫罪和严重伤害罪的下降幅度并没有其他多数犯罪大。但对比警察记录的这些类别犯罪的急剧上升而言，也有所下降。由于其记录变化不大，《英格兰和威尔士犯罪调查》中的数字在一段时间内更为可靠。这些统计数据对于经常发生的有关犯罪率和刑事政策争议的纠偏尤为重要。这段时间，《英格兰和威尔士犯罪调查》中的数据是更可信赖的，因为其受制于很少变动（更正）的记录实践。这些统计数据对犯罪率和刑罚政策的进一步分析矫正是重要的参考数据。《英格兰和威尔士犯罪调查》显示人们成为犯罪被害人的比

---

① Office for National Statistics（2014）.

② Chaplin et al.（2011），chs. 3 and 4.

例持续下降。

作为《英格兰和威尔士犯罪调查》一部分的访谈暗示了在过去 30 年间社会公众并未改变其报告犯罪的方法。由于进入警察视野的犯罪中有四分之三是由社会公众报告而非其自行发现的，因此这对于警察所记录的犯罪数量先上升后下降排除一个可能的解释非常重要。[①] 然而，报告犯罪的习惯并非仅仅与《英格兰和威尔士犯罪调查》所关注的侵害个人利益的犯罪相关。许多机构得知其员工有欺诈或者盗窃方面的罪行后，将其解雇或者对其进行纪律处分，而不向警察报告。对于那些警察自行发现的犯罪，其数量受警察侦查水平、模式和目标的影响。一般而言，警察更可能发现在公共场所发生的犯罪而不是在家中、企业或者金融设施中所实施的犯罪。此外，警察所记录的持有毒品犯罪、持有儿童色情或淫秽物品牟利犯罪数量的波动能够很大程度上反映警察工作的重心。因而，许多这些犯罪的发现与实际犯罪率变化的关系并不紧密。

因此，很明确，每年警察所记录的犯罪数量远远低于实际犯罪数量；这一数量在比例上所包含的针对个人或者公共秩序的犯罪超过了由公司实施的或者针对公司的犯罪。年复一年的犯罪数量的波动反映的是被报告或被记录的犯罪数量的变化，而非实际犯罪数量的变化。这一过程的下一阶段显示了另一个主要的数量变化。在 2007—2008 年，警察所记录的犯罪中仅有 28% 被调查（表 1，第 4 行，2013 年无数据）。所谓的犯罪被"调查"，不仅包括某人被定罪或者被警告，还包括某人被起诉或者传讯，或者警告或者告诫，或者收到扰乱秩序的刑事处罚通知，或者犯有被法庭考虑进另一项犯罪的定罪的罪行。[②] 调查或者破案的比率逐渐从 1981 年的 38% 下降到 2001 年的 23%。但连续几年，很可能由于"结束司法空白"的动机，逐渐回升到 28%。对更严重犯罪的调查率当然更高。许多年来，大约一半的针对人身的暴力犯罪和三分之一的性犯罪被结案，尽管这些更高的数字可以归因于许多被害人意识到并能够辨识出罪犯的事实与警察在其工作中所倾注的更大的努力。与之形成鲜明对比的是，2007—2008 年仅有 13% 的被记录的夜盗罪的和 20% 的被记录的抢劫罪被调查。

法庭如何行使其量刑权呢？最近十年的详细统计数据呈现于 6 个单独

[①]　Bottomley and Coleman (1981)，p. 44.

[②]　这一实践将在下文第八章第一节讨论。

的表格中。表 2 至表 7 显示出 1997—2013 年所有男性和女性罪犯的发展趋势，显示出缓刑的数量近年来有所上升，罚金刑和社区刑的适用有所下降，羁押刑的适用一直居高不下。有关年少成年罪犯，表 4 和表 5 显示出缓刑近年来如何倾向于取代羁押刑与社区命令，不论对年少的男性还是女性。表 6 和表 7 提供了年龄在 10—17 岁（含 17 岁）的罪犯的人数。社区刑的适用全面急剧上升，这在很大程度上是以附条件释放和罚金刑，以及羁押刑适用的惊人下降为代价的。

第四节 何谓量刑及其所在

在本章的前三节，已经假设"量刑"的概念是没有问题的，它是法庭对被定罪的罪犯所为的行为。然而，现在我们必须进一步分析，并更详细地探究量刑的概念。帕德菲尔德、摩根和马奎尔（Padfield、Morgan and Maguire，2012）认为量刑是"对刑事处罚的分配"，这一定义关注的是被分配的对象（"刑事处罚"），但是并未提及分配刑事处罚的人或者机构。[1] 因此，关于这一定义，关键是什么属于"刑事处罚"。许多管理机构（如竞争委员会）有权对那些违反实施规则的组织处以严厉的罚款；有些处罚由于不涉及犯罪，仅仅属于民事管理制度，因而不属于刑事处罚。更有异议的是民事预防命令的类型，在英国法律中包括 12 种或更多（这样的命令）：这些命令既可以由刑事法院作出，也可以由民事法院作出，被贴上了"预防性"的标签（以区别于惩罚性）。英国法院认为其不是刑罚，[2]（法国）斯特拉斯堡（Strasbourg）法院认为没收命令是"刑罚"，因为其具有惩罚性因素。[3] 诸如性犯罪预防命令、严重犯罪预防命令以及其他民事预防命令的地位仍然经常引发诉讼。这些问题将在第十一章进一步讨论。

更接近量刑边界的是诸如英国税务海关总署（Her Majesty's Revenue

---

[1] Freiberg 和 Murray（2012），澳大利亚在处理对量刑的宪法质疑的文章中，将量刑定义为"刑事法院有关定罪结果的处置命令"，关注法院的作用和诸如没收命令和民事预防命令等排除命令。

[2] *Clingham v. Kensington and Chelsea LBC*［2003］AC 787，被 Ashworth（2004）所批评。

[3] *Welch v. UK*（1995）20 EHRR 247；见下文第二章第七节。

and Customs，HMRC）等机构的权力，其有权强制要求所发现的避税者支付双倍税款。这些权力当然涉及"刑事处罚"的适用，其虽然针对犯罪行为，但并非由法院适用。当我们谈及"扰乱秩序的刑罚通知"时，作为一种针对犯罪行为的金钱处罚，它很容易被纳入"刑事处罚"的概念中，主要是因为如果某人希望对该通知提出异议，它可以拒绝支付并请警察就所隐含的罪行起诉。更多的有关扰乱秩序的刑罚通知的详细情况将在下文阐述，但是此处的重要问题是一系列的庭外处理方式——不仅包括扰乱秩序的刑罚通知，还有固定处罚通知、简单警告、附条件警告等——都被明确归入"刑事处罚"的界定中。

那些处理方式的差别之处在于其并不是由法庭依据定罪裁判所作出的。尽管由法庭审判是可能的，符合公正审判权的要求［《欧洲人权公约》（European Convention on Human Rights）第 6 条］，为了实现实际目的，这些庭外处理方式是由警察、检察官，或者其他相关机构（诸如英国税务海关总署、环保局，或者工作和退休保障部门）作出并执行的。因此问题产生了：量刑仅应由法庭来作出吗？这是有关公正和均衡的问题之一。公正的要求是，依据《欧洲人权公约》第 6 条的规定，人们享有仅由独立和中立的法庭经由公正、公开的审理程序才能对其施以刑事处罚的权利。这不能解释为刑事处罚仅能由刑事法院作出。而欧洲人权法院主张，如果人们为了挑战刑事处罚而有权进入审判程序，就满足第 6 条规定的要求了。[①] 因而，行政官员所作出的行政罚款，以及由警察、检察官所作出的各种处罚，只要能够进入审理程序，就被认为是遵守了《公约》的规定。

那些表面看上去有损程序公正正规标准的背后驱动力是比例原则——在此背景下，法庭程序的适用通常应当为中等严重或更严重的、或有争议的案件而保留。在"刑事司法简约化"[②] 的旗帜下，所有刑事司法制度都迫切需要考虑成本与效率，导致各种正式刑事程序分流方法的发展。在英格兰和威尔士，正如下文将要讨论的，警察对罪犯进行警告而非将其起诉已有长期的实践。这导致目前存在各种形式的庭外处理方式。这一理念是，对于不严重的犯罪，由非司法机关（前文已说明，通常获得法庭审

---

① *Ozturk v. Germany*（1984）6 EHRR 409；Emmerson，Ashworth and Macdonald（2012），pp. 214-218.

② Council of Europ（1987）.

理的权力依然被保留）作出较轻的处罚是适当的。然而，这种公平和适当的安排可能受到质疑。事实是扰乱秩序的处罚通知很少被拒绝或者被提交法庭；扰乱秩序的处罚通知由警察来作出，警察作为侦查者、证据收集者与处罚权的拥有者角色的混淆会将被处罚人置于不利地位；尽管扰乱秩序的处罚通知不会产生犯罪记录，但多数扰乱秩序的处罚通知是由于可以被记录的罪行而签发的，并被存储于国家警察计算机系统里，在未来或许可能被援引。① 其在多大程度上是公平和适当的——即使在扰乱秩序的处罚通知被接受时为当事人所知晓，并不总是经常如此——有待继续探讨。

因而有观点主张拥有维持秩序、侦查或准备起诉职能的人员（尤其是警察、检察官与监管人员）所作出的刑事处罚决定极大地损害了公正原则。量刑只能由独立、中立的法庭作出。非常遗憾的是欧洲刑事司法制度偏离了这一"黄金标准"，只有实用经济学才能解释其正当性。但是，不仅是警察、检察官和监管人员在发挥着量刑的作用，其他非司法人员在程序的后续阶段对于大量处罚拥有实质性权力。例如，所有刑期在 3 个月至 4 年的被监禁者都有资格根据"家中拘留宵禁"（Home Detention Curfew, HDC）计划得以提前释放，除非其具有某些禁止提前释放的情形（比如被监禁者先前在被释放后又被恢复羁押，其刑期被延长）；但是，即使监狱犯有资格被提前释放，有权的监管人员可能也不将其提前释放，尤其当被监禁者是性犯罪者或者风险评估差者。因而"家中拘留宵禁"计划在监狱中实施时，能够影响多数被监禁者实际服刑的期限（"家中拘留宵禁"的时间最长可达 135 日）。有关行政权更进一步影响量刑的例子是重新收监与释放刑期不确定的被监禁者。根据许可令被释放的服刑过半的（通常做法）被监禁者与违反许可令条款的被监禁者会发现，将其召回监狱的决定是行政决定。于是从监狱中释放的后续问题取决于假释委员会的决定（至少在某些案件中如此）。因而最初自由的丧失并不要求出席法庭。假释委员会是一个司法机关（尽管其不是法院）。它还有权决定英国监狱中 19% 的不确定刑罪犯的释放〔包括终身监禁与为公共保护目的而实施的监禁（imprisonment for public protection）〕。当法庭在量刑阶段决定的最短刑期到期以后，刑期不确定的被监禁者仍需继续待在狱中，直到假释委员会认为不需要通过羁押以保护社会公众了。假如被监禁者被释

---

① Padfield, Morgan and Maguire（2012），pp. 962-963；Larrauri（2014）.

放，许可令仍然适用其余生，其受制于行政召回命令。①

从上述几段的论述中可以清楚地发现，"量刑"不是一个简单的概念。当量刑的样式是由拥有刑罚权的法院所实施时，我们发现某些刑事处罚不是由法院作出的，某些非司法机关能够实质性地改变量刑的刑期与影响。因为多数量刑的实质涉及某些基本权利的剥夺——例如，人身自由（羁押）、行动自由（社区处罚）以及个人的财产权利（罚金，赔偿）——在将这一权力授予并不属于《欧洲人权公约》第6条含义中的"独立、中立"的非司法人员时，应当需要存在非常正当的理由。本书关注与法院有关的刑事决定，但也试图考虑行使量刑权的其他机关的影响。因而在本部分剩余的几个段落中，我们将把注意力放在刑事程序中作出决定的几个阶段，刑事程序开始于诸如报告犯罪发生或者逮捕嫌疑人的裁判，并直到裁判根据假释命令释放被监禁者或者撤销社区命令。

从刑事程序的最早期阶段开始，自由裁量的作用就相当明显。因此，并非所有"被调查"的罪行都会导致起诉。实际上，警察机关和皇家检控署亟须考虑两个因素，证据充分性和起诉是否符合公共利益的。警察在一些被记录为犯罪的案件中不会采取进一步行动，但其现有证据被认为是脆弱的，30%的强奸案不会被采取进一步行动，很大程度上是因为控诉人撤回了控诉。② 在20世纪80年代和90年代初期，警察被鼓励更多地适用正式警告以替代起诉。然而，各届政府已经试图改变各阶段的警告政策，导致在20世纪90年代中期和后期警告适用比率的下降，接着在2007年适用警告的案件增至36.3万件的高峰，2013年又下降为17.6万件（见表1）。

《2003年刑事司法法》引入了一种新的分流形式：附条件警告。其仅可由皇家检察官行使，尽管警察保留了通过"简单警告"方式处理犯罪的权力。《2003年刑事司法法》第23条确立了适用附条件警告前需要满足5项条件，其包括有充足的证据提起控告，被告人认罪，被告人在同意遵守诸项条件的文件上签名。这些条件可以包括要求参与某些复归、补偿或恢复性项目。被告人未遵守条件可导致对其最初罪行的起诉。《2009年附条件警告实践准则修正案》［Revised Code of Practice for Conditional Cau-

① 有关释放安排的进一步的论述见下文第六章第八节和第六章第九节。
② Harris and Grace（1999），ch. 3.

tions（2009）］列举了有关作出附条件警告决定的某些标准。

并非所有的刑事案件都是由警察来处理的。可能所有涉嫌非机动车犯罪的成年人的起诉中有四分之一是由政府部门、英国税务海关总署、邮电局、有关工业安全的各种检查机构、环境、地方当局及其各种部门（包括贸易标准）等提起的，偶尔也有个人提起的。实际上，说这些机构起诉了四分之一的非机动车犯罪并不确切。同样具有重要意义的是其在可能的情形下避免起诉的广泛实践。比如，英国税务海关总署拥有广泛的复合性权力，其可以附加适用一项金钱处罚而无须将案件提交法庭。① 研究也表明，健康与安全机构和其他检查机构将重点放在了所要求的标准得到遵从，其通常将起诉作为最后的手段。② 因为这些犯罪中许多是由有中等或有良好经济来源的人所实施的，由此出现的结果是警察所记录的犯罪和被起诉的人可能更多倾向于较低层经济、社会群体成员所实施的犯罪。

回到警察所关注的犯罪类型，首先是警察有权通过作出"扰乱秩序处罚通知"（Penalty Notice for Disorder，PND）的方式自行处理某些犯罪。"扰乱秩序处罚通知"不仅可以对扰乱秩序的犯罪作出（包括酗酒和骚乱），而且适用于 200 英镑以下金额的盗窃商店案件与更轻的刑事伤害案件。"扰乱秩序处罚通知"是一项 40 英镑或 80 英镑的罚金刑，但被处罚人可以选择被起诉。"扰乱秩序处罚通知"的适用案件在 2007 年高达203544 件，但是自从警察"把犯罪交付审判"（offences brought to justice）的目标在 2010 年被取消后，"扰乱秩序处罚通知"的签发数量已经减半到 2012 年的 106205 件。③ 复查发现超过三分之一的"扰乱秩序处罚通知"案件并未根据给予警察的指导意见而得以签发。④

在其他案件中，当警察希望起诉某人时，依据《2003 年刑事司法法》所规定的"法定控告"计划，有关文件与皇家检控署共享。警察和检察官一起工作，但是目前皇家检控署有权决定是否起诉和起诉的内容。其目的是这些安排将会提高准备工作的速度与质量，因而被法庭中止或驳回的

---

① Roording（1996）.

② Hawkins（2003）.

③ See www. gov. uk/government/publication/criminal-justice-statistics-quarterly out of Court Disposals，Dec.2012.

④ HMIC/CPSI（2011），and Padfield，Morgan and Maguire（2012），pp. 962-965.

案件数量会少些。① 在决定是否一开始就起诉或者以后再审查方面，皇家检察官要遵守《皇家检察官准则》（Code for Crown Prosecutors）的规定。② 实质问题是，其必须作出两个相关的决定。首先，证据对于起诉而言是充足的吗？该法规定只有当案件存在"实际的定罪可能性"时才能起诉。其次，起诉符合"公共利益"吗？该法规定了大量的支持起诉或不支持起诉的一般标准——多数标准与加重和减轻因素相似，将在第 5 章论述。这两项决定紧密关联，实践中，检察官很注重起诉严重犯罪而将不太严重的案件分流。如果适当，皇家检控署有权在之后改变控告或者中断起诉。

《皇家检察官准则》并不是指导皇家检控署作出决定的唯一指南。在其网站上，有大量有关具体类型犯罪处理方法的指南，并认可了某些犯罪的"指控标准"。③ 尚未有关于指南有效性的研究被公开出版，因此是否其有助于减少实践中的疑难问题仍需继续探究。例如《2003 年刑事司法法》第 144 条赋予立法机关对于有罪答辩给予减轻刑罚的权力。有时其是在暗示鼓励检察官过度指控某些案件，希望通过被告人对较轻犯罪做出有罪答辩以促成辩诉交易（这些罪行或许是本应被起诉的罪行）。另一方面，某些案件可能被较低指控，目的是使这些案件在治安法院被审判，在那里无罪答辩的成功率比在皇家法院更小。尽管这些实践发生的频度未可知，其表明并非案件内在严重性可以决定指控以及其提出证据（或者，有罪答辩，检察官的事实陈述）的方式。而且检察官选择指控会对量刑产生很大影响。对简易罪的指控决定会限制法院的量刑权。对两可罪的起诉以及向治安法院表示支持皇家法院审判，不同程度地导致案件被移交到皇家法院，在那里量刑会比在治安法院更加严苛。④

皇家检控署在后续与被告人的答辩协商中也发挥着作用。多数案件以有罪答辩或者驳回的方式而终结：仅有 6% 的被起诉到治安法院的案件和 7% 的被起诉到皇家法院的案件得到审判。⑤ 然而，并非所有作出有罪答辩的被告人是从有罪答辩开始的：实际上，那些在海德曼和莫克森

---

① 进一步参见 Brownlee（2004）and Moreno and Hughes（2009）。

② 最新的法典版本 2010 年出版，见 www. cps. gov. uk。

③ www. cps. gov. uk.

④ Hedderman and Moxon（1992），在更早的时期，据估计皇家法院的量刑一般将会比治安法院的量刑严厉 7 倍。

⑤ Crown Prosecution Service（2013）.

（Hedderman and Moxon）的研究中已经选择在皇家法院接受审判的被告人中，多于82%的被告人后来改变了其有罪答辩。① 在那些因此而改变有罪答辩的被告人中，大约51%的被告人提出其"希望被降低指控以使量刑能够减轻"，还有22%的被告人目前持这种观点，"不存在不做有罪答辩的成功机会"。② 因此，正如我们将在第五章所看到的，有罪答辩通常应导致量刑的大幅下降，这些实践与法院的权力和被告人的权利都有关联。海德曼和莫克森在1978年发现许多这样的被告人迫于律师的压力而改变其有罪答辩，这在20世纪70年代受到当权派的猛烈攻击，但从那以后，一系列法官在有罪答辩协商中扮演某种角色的案件被披露，其本应当通过律师传达给被告人。③ 内政部的研究计划已经确认了律师们的广泛影响：

> 在原定审判当日建议改变答辩的两个最经常的理由是"与检察官协商"和"有关可能量刑的信息"。最经常的妥协形式是，考虑到一个或更多的有罪答辩，控方不应当进一步提供证据，或者同意对被告人的其他指控。④

因此，即使在案件被确定交付审判前的几小时或几分钟前的事由，也可能导致"颠覆性"的变化。当案件被提交法庭量刑时，这个案件可能已经通过某种方式被协商了，以至于其在定量上已经和最初警察提交时不同了。《2003年刑事司法法》第144条（要求法院考虑给有罪答辩以优惠），《1996年刑事程序和侦查法》（Criminal Procedure and Investigations Act 1996）第49条（"审前答辩"），以及"事先量刑暗示"⑤ 等的主要目的是给被告人施加有罪答辩的压力，并在尽可能早的阶段作出有罪答辩。⑥ 不幸的是，这种压力同时降临至无辜者和有罪者。

以上有关刑事程序讨论的主要含义是由法官和治安法官做出量刑裁判的案件跟所谓社会上"真实的"犯罪数量在量和质上都是不一样的。

---

① Hedderman and Moxon（1992），p. 22.

② Hedderman and Moxon（1992），p. 24.

③ Ashworth and Redmayne（2010），第十章中讨论了大量案件。

④ Riley and Vennard（1988），p. 20；also Hedderman and Moxon（1992），pp. 22-24.

⑤ ［2006］1 Cr App R（S）23，将在下文第五章第四节第一部分和第十三章中讨论。

⑥ 第144条的引入，以及附后的指南将在下文第五章第四节第一部分中讨论。

对刑事程序，上述讨论主要暗含着已经由法官或治安法官量刑的案件在量和质上都与在社会中"实际"的犯罪程度存在差异。这使人们对建立在以进入法庭的案件特点基础上的犯罪宣告、犯罪预防及趋势产生了强烈的怀疑。这些差异来自对不同阶段的选择，开始于家庭内犯罪的漏报、对企业的犯罪以及由企业实施的犯罪，继而来自警察和所谓的管理机构对犯罪的不同回应，对未成年人和年少成年人采取差别对待的分流处理，终结于使某些罪行看上去没有原先那么严重的答辩协议。全部的结论是被量刑的案件类型是对社会中犯罪特点的不完美的反映。

实际发生的犯罪数量和那些被法庭量刑的犯罪数量的差异是巨大的。利用1998年内政部本身的数据，以及得益于《英格兰和威尔士犯罪调查》数据编辑整理，我们开始谨慎地假设，大约有45%的犯罪报案比率。其中，由于各种理由，仅有大约55%实际上被警察作为犯罪而记录。其还将在刑事司法制度内的案件数量减少至24%（也就是被报告的45%中的55%）。被记录的犯罪的调查率还不到四分之一，因此所有被侦查的犯罪从24%下降至5.5%。那些犯罪中，仅有半数导致定罪或者正式警告的结果。这使得这一数字达到犯罪数量的3%，并且因为其中三分之一被作警告处理，量刑法官可能仅对实际犯罪的2%多一点量刑。（大约0.3%的犯罪被给予羁押刑处罚。）在过去10年，这些数据本不应发生显著变化。最终的数据对暴力犯罪可能会更高，但可能低于许多盗窃罪。因为上述数字来自1999年内政部本身关于刑事司法制度信息的第4项摘要，不可能被作夸大处理。它所表明的是，如果刑事司法政策的制定者期望量刑发挥主要的预防功能，那它看错方向了。正如鲍多克（Baldock）所指出的，在试图减少监狱人数的情形下，

> 监狱站在公众、警察、法庭和法官所选择的复杂程序的末端。结果是，程序中任何一点较小的变化都会对羁押制度产生扩大的影响。仅仅研究程序的最后阶段，即羁押刑，以寻找监狱人数增长的原因与补救措施是错误的。这是事情的最末端，正如对量刑政策的"改革"或"障碍"的多数努力所显示的，"单靠摇其尾，难以使狗动"。①

---

① Baldock（1980），pp. 149-150.

　　因此观点是法庭的量刑仅仅处理一小部分经过选择的犯罪和罪犯样本；量刑在这些案件中的预防和其他一般效果不应当被高估；任何有关犯罪率和量刑水平存在某种液压关系，假如刑罚提高则犯罪率会下降，反之亦然的假设，似乎都非常不切合实际；而且建立在其处理的犯罪的选择基础上，法官和治安法官可能整体上对犯罪问题产生歪曲的观点。

　　伴随那些重要观点的另一种观点必须被提出来。如果我们考虑到自从1993 年起羁押刑适用急剧增长，是进入法庭量刑的案件数量增加的产物或者是法庭量刑实践变化的产物的问题随之产生。正如表 1 所证实的，被量刑的案件数量并未显著增加。其暗示应从量刑实践的更加严苛性方面予以解释。然而，霍夫、雅各布森和米莉（Hough、Jacobson and Millie）对法官和治安法官的访谈产生了三种其他解释——法官正回应社会上更大压力观点的情势，进入法庭的罪犯有更多的先前定罪，以及罪行会比前些年更为严重。[1] 三种解释中的第一个承认量刑变得更为严苛的观点。第二个和第三个观点经研究者调查，发现现有统计数据既不能确认被量刑的罪犯比前者具有更多的先前定罪[2]，也不能确认其罪行更加严重。然而，正如他们所得出的结论，量刑者清楚地相信这些是主要因素，并且那些感知可能影响其行为。

　　刑事程序各个阶段的突出特点是自由裁量。警察行使自由裁量权、管理机构行使自由裁量权、皇家检控署行使自由裁量权、监狱官员与假释委员会在释放的各个阶段行使自由裁量权并将罪犯召回监狱。目前许多和各种与这些决定相关的因素表明支持自由裁量而不是严格依照规则作出决定，的确可能是正确的。据说在某种程度上量刑经常是这样的，起诉决定也是如此。然而，自由裁量所带来的不仅是对事实不同组合灵活回应的优势，也存在劣势，因为其允许决定者的个人观点影响（故意或非故意地）所采取的方法，对于一致性、平等性和社会正义带来不利后果。[3] 这些价

---

　　① Hough et al.（2003），pp. 26-30.

　　② 作者们发现在盗窃和销赃类型中增加的惯犯比例的某些证据，可能与毒品使用有关（Hough et al.（2003），p. 29），但不足以解释羁押适用的陡然上升。后来司法部的数据显示拥有 15 起或者更多的先前定罪的可诉罪罪犯已经从 2003 年的 23% 增加到 2013 年的 35%；www. gov. uk/government/publications/criminal-justice-statistics-quarterly Offending Histories Tables，June 2013。

　　③ 进一步参见 Gelsthorpe and Padfield（2003）。

值被现行的制度体系进一步破坏，这一制度体系让警察不大可能关注某些犯罪行为，比如"白领犯罪"和所谓的违反监管类犯罪。所以，由于处理那些犯罪的机构倾向于将起诉作为最后的手段，因此法院系统可能更多地去遏制某些种类的罪犯，而非其他种类的罪犯。

以严格的规则取代自由裁量可能会将其优势与劣势一并被根除。因而明智的方法是设法规制裁量权，设法确保其被广泛行使，与某些连贯的政策相一致。[①] 一些举措已经朝这一方向努力了，其形式包括内政部有关警察警告的通知、《皇家检察官准则》对警察适用"扰乱秩序处罚通知"的指导意见，对适用"家中拘留宵禁"被监禁者的选择的指导意见。然而，包含在这些文件中的原则经常很不具体，其列出相关的标准而非设定权重与描述决定过程，这样的指导意见并不总能得到充足培训的支持。而且犯罪学研究确信其他影响——诸如停止其工作，与他人保持良好的关系，个人或当地的偏好——经常进入到实际的决定中。[②] 因此，起草和公布指南并足以确保自由裁量权被正确行使，至少需要进一步采取两项措施。一是在关键的决定者中培育积极和建设性的态度，以使其理解政策制定的理由并承担起政策执行的重任。二是依据内部监控和外部监督或审计，构建责任体系。

第五节　量刑裁判的正式来源

英国量刑法的主要来源是制定法、确定的量刑指南和普通法（来自司法裁判）。近年来，三者之间的平衡已经发生转变。立法继续在数量和权威方面保持主导地位。但是量刑指南如此广泛，以致目前在治安法院和皇家法院审判的多数案件都涉及量刑指南的适用。这意味着量刑普通法的相关性——对一定犯罪的量刑的"现行比率"，或者诸如有罪答辩一般原则或者总体原则问题的上诉裁判——已经下降了。上诉裁判依然重要，但是其目前的重要性更多地在于对量刑指南的解释，而不是对原则的独立发展。因此，《2013年刑事上诉报告》（2013 Criminal Appeal Reports）第2

---

① 卓有见地的讨论见 Galligan（1987）。

② 进一步的讨论见 Ashworth and Redmayne（2010），ch. 3。

卷中所包含的 88 个案件报告：其中 49 个与量刑指南的适用有关，20 个与普通法问题（一般原则，没有量刑指南的犯罪）有关，18 个与立法解释有关。

在英国，在量刑法律的三个主要来源——立法、确定的量刑指南以及司法裁决之外，再增加一个来源——即第四个、不那么正式的来源：学术作品，或者更准确地说，是剑桥大学 D. A. 托马斯（D. A. Thomas）的著作，直至 2013 年去世，他一直是一位孜孜不倦的量刑裁判与立法的整理者与评论者。在其早期作品中，通过在《刑事法评论》杂志对上诉法院裁判的评论和通过将 1970 卷多种法庭量刑裁判进行结构化的整理，托马斯建构了早期的量刑普通法。[①] 在更近几年，这些评论时常在上诉法院被确认并引用，因此建议其至少可以作为量刑法律的次级法律来源。

一　立法

由议会通过的成文法确立了英国量刑法律的框架，在本章第一节和第二节中清晰可见。成文法为几乎每起犯罪都设定了最高量刑。立法（比如《2003 年刑事司法法》）规定了刑事法院可以在定罪后作出的命令的条款，或者经常对这些命令的作出施加限制。立法也界定了治安法院的权力，提供了在什么情形下案件可以提交皇家法院量刑。所有的立法都必须由法院来解释，这会产生大量的上诉法院案件。

立法作为英国量刑法律来源的角色因此在很大程度上已经成为赋予权力并对其行使设定外部限制的一个方面。在那些外部边界之内，量刑实践以大量的自由裁量为特征，受制于（正如我们将看到的）量刑指南逐步增多的影响与上诉法院的一般监督。一个长期存在的问题是法定最高刑罚的意义：法院应该为可以想象到的最严重的案件保留它，或者是一个更灵活方法的可能性？在与其他最高刑相比，最高刑被认为是低了的情形下，该问题尤其突出，毫无意外地是，法庭选择更灵活的解释，例如，在 2006 年巴特（Butt）案[②]中，上诉法院遵循了 30 年前上诉法院大法官劳顿（Lawton LJ）的表述：最高刑罚不是必须为最严重的案件所保留，而

---

① Thomas（1970）；see also Thomas（1979）.

② ［2006］2 Cr App R（S）304.

是为那一类案件的"广阔地带"所保留；并且在 2008 年布赖特（*Bright*）案①中，首席大法官贾奇勋爵（Lord Judge CJ）认为法定最高刑"不是为实际上能够被感知到的可能最严重的案件而保留，而是为法定情形下被认为是最严重的那类案件而保留"。

近年来，量刑立法的两个突出特点是其复杂性和变动频率。受《2000 年刑事法院（量刑）权力法》的影响，亟须对量刑权进行整合，它在一年内被某些重要的进一步的发展所完成，并且目前与量刑实践的相关性很小。就频率而言，自从 2000 年以来，几乎每一次议会会议都会产生一套重要的量刑方面的法律。最突出的依然是《2003 年刑事司法法》，但是每个接下来的年份又出现了对量刑结构更多的变革。1997 年，托马斯（Thomas）对这种典型的立法变化的方法、强调疏漏和来自后续修正的混乱、有缺陷的法律起草工作、合并立法、错开的生效日期以及构思拙劣的过渡性条文等进行了彻底的批评。② 所有这些批评都是与大多数的后续的立法相关，并且法庭的实践困难由于量刑法律横跨多个法律的分散性而变得更加困难。

然而，也存在其他观点——最引人注意的是，认为没有立法，重要的政策目标不会实现；如果将最高刑的自由裁量权留给法官或治安法官，不可能得到更加公正的量刑结果，尽管他们声称情况正好相反。这两种观点呼吁在得出多数新的量刑立法是拙劣的，或者应当暂停量刑立法的结论之前，需要全面考虑。提出良好的原则性观点以鼓励议会在某些方面引入新的量刑政策是很有可能的。但是，人们仍然会支持托马斯的观点，认为新的量刑立法被提出来的方式低于可接受的标准，而且也并未设计出与量刑者或者一般公众进行清晰交流的机制，更不用说同一条文的频繁重现（在保释期间犯罪是加重因素，有罪答辩是减轻因素）了。

不仅法院，而且量刑委员会也必须在立法机关确定的界限内工作。近些年来，立法机关已经在增加尝试涉足以前属于司法裁量的区域。其最高水平可以在《2003 年刑事司法法》第 269 条和附件 21（Schedule 21）中

---

① ［2008］2 Cr App R（S）578, at pp. 588-9；对于最近的例子，参见 *Chowdhury*［2014］1 Cr App R（S）168（维持最高刑期）以及 *Wilson*［2014］1 Cr App R（S）490（并不是最差情况）。

② Thomas（1997）.

发现：不仅是终身监禁这一谋杀罪的强制量刑，而且议会已经具体规定了各种法官本应在具体个案中考虑的最低刑的起点。尽管上诉法院已经缓和了这一强制性框架的边界，[①] 它仍然是对司法机关的重大限制。两项其他形式的立法限制在量刑立法中也非常突出——"规定的最低量刑"（pre-scribed minimum sentences）和"要求的最低量刑"（required minimum sentences）。二者经常被一起称为"强制的最低量刑"（mandatory minimum sentences），但是将这两种不同的形式区分开来非常重要。"规定的最低量刑"已经为第三项 A 级毒品交易罪和第三项入户夜盗罪颁布了：具体情况（将在下文第六、七章讨论）相当复杂，并且对于成立夜盗罪的法定要求是有些惯习夜盗犯罪成立，而有些不成立。对于夜盗罪和毒品交易罪都有确定的指南，正确的做法是先适用量刑指南，然后再用规定的量刑来核查。[②] 这两项规定的量刑是有关联的，都应符合以下要求：（a）对于有罪答辩可以减刑 20%；（b）如果遇有施以"规定的最低刑"会使其"不公正"的情形，拥有通过一项最低量刑的司法裁量权。更多的限制是对"要求的最低量刑"的，比如，在学校或公共场所，持有枪支，或者用刀具或其他攻击性武器威胁他人。[③] "要求的最低量刑"对使用武器犯罪是 5 年，对使用刀具或攻击性武器犯罪是 6 个月。两个最低刑适用于所有相关犯罪，包括初犯。枪支犯罪最低刑受制于"例外情形"，[④] 其他最低刑受制于"如若适用会导致不公正"的条款。这些量刑的详细内容将在下文第三章第五节第一部分讨论。枪支犯罪例外的狭窄性和缺少有罪答辩的减刑（仅在英国法中有规定）使得"要求的最低量刑"尤其严苛，并可能产生明显的不公正，因为其留给法庭的自由裁量权受到了严格限制。[⑤]

二 确定的量刑指南

除了量刑立法的增加，近些年另一项主要的发展——以及对量刑裁判的又一个主要限制——就是量刑指南的增加。目前，在治安法院量刑的多数重大犯罪都有了量刑指南，在皇家法院的多数量刑裁判也有了确定的量

---

① In *Sullivan* [2005] 1 Cr App R (S) 308；进一步的讨论见下文第四章第四节第一部分。

② *Andrews* [2013] 2 Cr App R (S) 26, at [7].

③ See the judgment of Lord Thomas CJ in *Gomes Monteiro* [2014] 2 Cr App R (S) 483.

④ 在被告人是 16 或 17 岁的情形下，最低刑是 3 年。

⑤ Wasik (2014), pp. 482–483.

刑指南（也有一般原则性量刑指南和少年犯罪量刑指南）。量刑指南的本质是为每一类罪行的不同严重程度提供量刑幅度，并且在每一个量刑幅度内，指明一个通常的起刑点（*starting point*）。这一技术的目标是规制司法裁量权——不是取消它，而是为法庭提供一个处理具体罪行的框架，通过将其适当置于框架内或框架外而反映案件事实（最明显的是加重或减轻因素）。引入这样的框架是有充足的宪法理由的。量刑裁判对公众（在一定程度上由于其会因为犯罪而表达对罪犯的谴责）、被害人以及罪犯自己都具有重要意义。其可能涉及重要的自由权的剥夺、限制，金钱、财产或其他资产的剥夺。因此应当尽可能对其适用法律规则是绝对正确的：尽管量刑通常将需要一项裁判要素，这一裁判应当在预先设定的原则和指南的框架内作出，这样法庭的裁判在方法上和起刑点上是一致的，即使当案件事实已经被考虑后会有些微的差异时。

最早的指南规定于 20 世纪 80 年代上诉法院的裁判中：① 其中一些仍然有效，将在下面的第五节第三部分（a）中讨论。然而，英格兰威尔士的首席大法官（Lord Chief Justice）相对较少作出指南裁判，到 90 年代晚期，其仅涉及一小部分犯罪。通过《1998 年犯罪和扰乱秩序法》第 80—81 条的规定，两个主要的变化被引入：首先，产生了起草量刑指南的量刑咨询委员会（Sentencing Advisory Panel），广泛咨询他们，并建议上诉法院应该采用的形式；其次，上诉法院作出量刑指南裁判的权力被限制于那些已经收到量刑咨询委员会建议的犯罪，尽管其并不一定要接受量刑咨询委员会的建议。这一安排持续了很多年，产生了有关因种族而加重罪行②和儿童色情③的指南裁判，还产生了修订有关强奸④和其他一些犯罪指南的裁判。

《2003 年刑事司法法》在主要方法上改变了这一结构。量刑咨询委员会保留（第 171 条）并继续设计指南草案，就其咨询社会公众和法定顾问，接着准备其建议。然而，建议的去向不是上诉法院而是一个新的机构，量刑指南委员会（Sentencing Guidelines Council，SGC），其有权

---

① 由一名大法官发布的第一个指南判决是在 *Aramah*（1982）4 Cr App R（S）407 中的毒品犯罪。上诉法院大法官劳顿更早的努力见 Pina-Sanchez and Linacre（2013）。

② *Kelly and Donnelly*［2001］2 Cr App R（S）341.

③ *Oliver，Hartrey and Baldwin*［2003］2 Cr App R（S）64.

④ *Milberry et al.*［2003］2 Cr App R（S）142.

发布"确定的指南"（第 170 条）。在 2004—2010 年，在诸如盗窃罪、性犯罪、攻击罪等犯罪，以及一般原则和少年罪犯量刑方面创制了几项指南。

《2009 年验尸官和司法法》（Coroners and Justice Act 2009）再次改变了量刑指南制度，创设了一个单独的机构［量刑委员会（Sentencing Council）］，承担所有相关任务。量刑委员会的组成和职责将在下文第二章讨论。此处关注的是：（a）有关指南的格式和量刑指南程序的重点；（b）有关偏离指南量刑测试（the departure test）和已经为法院所实施的方法。

（a）作为程序的指南。

量刑指南最显而易见的目的是为罪犯的量刑设置范围和起刑点。然而，量刑指南也应当具有在量刑者当中建立量刑推理模式，以及发挥在量刑时所必须考虑的许多问题的核对清单的功能。在 2004—2010 年由量刑指南委员会所提出的罪行指南里，对于作无罪答辩的初犯（first offender），建立了三四个量刑层次或量刑范围。这意味着任何先前定罪需要从量刑起刑点增加刑罚，并且有罪答辩需要减轻刑罚。每一项量刑指南也包含有一页有关"裁判制作的程序"的设置，这不仅是确认适当的起刑点以及考虑加重和减轻因素的需要，也是确认"危险犯"、辅助命令、总体原则和推理形式的需要。在这一模式中的许多量刑指南仍然有效，除非被量刑委员会所发布的指南所替代。

自 2010 年以来，量刑委员会所发布的罪行指南是建立在重构的模式基础上的，它合并了 8 个或 9 个步骤的程序中的范围和起刑点，目前居于核心地位，因为其体现了从起点到终点的整个裁判过程。在附录 X 中，阐释了《引发实际身体伤害的攻击犯罪指南》（guideline for assault occasioning actual bodily harm），作为量刑委员会早期样式的例子。该附录也包含部分欺诈罪的指南，作为不同方法的例子。其他确定的指南，例如，毒品犯罪和性犯罪指南，也采取了些许不同的方式。然而，其共同点是有 8 个或 9 个步骤的程序，现在必须对其进行概述与讨论了。

第一步：决定犯罪的类型（offence category）。

第一步要求法庭决定与手头上的案件最相似的犯罪的类型。指南提供了有可能在这一最初的归类时可能考虑到的详尽的伤害和可责性因素，这些被视为"犯罪的主要事实要素"。例如，对毒品犯罪而言，可责性因素与罪犯的角色（首要的、重要的、次要的）有关，并且伤害因素将每一毒品的不同数量分为不同类型或者层次；① 对于攻击性犯罪而言，诸如攻击引发实际的身体伤害，② 这些因素显示出更大的损害包括伤害、多次攻击，以及被害人的脆弱性，而体现更大可责性的因素包括仇恨动机、预谋、武器的使用、团伙犯罪中的主犯，等等。对于引发实际身体伤害的攻击犯罪，如果其涉及更大的损害和更大的可责性，法庭应当运用这些因素将犯罪归入第 1 类；如果涉及更大的损害与较小的可责性或者较小的损害与更大的可责性，应归入第 2 类；如果涉及更小的损害与更小的可责性，应归入第 3 类。对于欺诈罪，则是损失总量、被害人影响和可责性水平的合并。③

第二步：起刑点和类型范围（*category range*）。

在第一步中已经决定了犯罪的类型，指南目前对于那些类型提供了量刑范围，并指出了可被适用的起刑点。起刑点适用于所有罪犯，与答辩或先前定罪无关。④ 第二步的任务是参考"提供罪行和与罪犯有关的要素背景的额外事实要素的简单的清单"，以决定量刑应在多大程度上从起刑点开始增加或减少。罗伯茨（Roberts）和拉弗蒂（Rafferty）指称这一任务为"形成暂时的量刑"和调整"伤害和可责性标度"⑤。"增强严重性的因素"清单包括先前定罪和一整套规则的加重因素，诸如滥用诚信、企图处理证据、假释期间犯罪、忽视他人的警告等。在"减弱严重性因素或反映个性化减轻要素"的清单中是被孤立的事件、悔恨、身体条件差和精神错乱：这一清单通常比加重因素的短，某些人将其作为委员会在个性化减刑处理方法方面严重落后的标记。⑥ 关于《首要原则：严重犯罪（2004）》［*Overarching Principles*：*Seriousness*（2004）］，有一个一般性

---

① Sentencing Council, *Drug Offences*：*definitive guideline*（2013）.

② Sentencing Council, *Assault*：*definitive guideline*（2011）.

③ Sentencing Council, *Fraud*, *bribery and money laundering offences*：*definitive guideline*（2014）.

④ 在本质上这与先前的指南没有区别（因为在法庭应当为有罪答辩降低量刑，其暗含着起刑点假设在审理后定罪（而非答辩有罪）；并且如果先前定罪使量刑提高，那暗含着起刑点假设某人没有重要的先前定罪记录）。但是量刑委员会的模式更加清晰，并且防止量刑者暗示指南不能适用，因为他们仅适用于首批罪犯——正如量刑委员会有时所说的那样。

⑤ Roberts and Rafferty（2011），at p. 684.

⑥ 参见 Cooper（2013）的强烈措辞。

的指南，但其颁行已有十年之久，委员会修订这一主题的时机已经成熟。在一些案件中，在考虑某些加重因素和减轻因素（例如不良记录）之后，超出原来的量刑类型范围可以认为是恰当的，这在委员会指南中已经很明确了。指南也提醒量刑者在作出社区命令之前或者宣告适用羁押刑之前，必须先完成法律规定的检测。① 将这些门槛并入量刑指南是受欢迎的，但其被法庭参考的频率尚不清楚。

第三步：考虑其他减轻要素，诸如帮助起诉。

决定恰当量刑的多数工作在第1、2、4和6步中已经完成了，但是第3步是确保所有的因素都已经被考虑进去的一个提示。有关帮助起诉的参考与一项特别程序相联系，将在下文第五章第四节第二部分讨论。

第四步：为有罪答辩减轻刑罚。

这一步确保在所有其他要素都已经考虑进来之后，对有罪答辩的相关减刑能够实现。有罪答辩的刑罚折扣在下文第五章第四节第一部分会有详细讨论。

第五步：危险性。

对攻击犯罪和性犯罪，考虑到有关危险犯的法律规定（见下文第六章第八节），在这一阶段法庭必须考虑施以一项预防性刑罚。这一步适用于财产犯罪和毒品犯罪，也适用于没有纳入危险性法定概念的其他犯罪形式，关于这一类犯罪的指南有8个步骤，而非9个步骤。

第六步：总体原则（totality principle）。

当对一名罪犯的不止一项犯罪进行量刑时，或者罪犯已经在服刑，法庭必须考虑"对其犯罪行为而言，总体量刑是否公正，是否与其成比例。"这一原则会在下文第八章进行详细讨论。

第七步：辅助命令。

这一步提示法庭适用辅助命令的可能性，以及要求法庭适用或考虑适用特别命令的任何强制规定（比如没收）。下文第十一章将进行进一步讨论。

第八步：理由。

有关给出量刑理由，并且解释其效果的要求包含在《2003年刑事司

---

① 《2003年刑事司法法》（Criminal Justice Act 2003）第148条和第152条的这些门槛检测，将在第九章和第十章详细讨论。

法法》第 174 条中（修订的）。在下文第十三章第六节讨论。

第九步：考虑还押时间。

最后一步是让法庭考虑是否给予还押候审时间，以与《2003 年刑事司法法》第 240A 条的规定相一致。这一立法在第九章和第十章恰当之处进行讨论。

这种分步骤推进的程序有三个重要方面可以强调一下。第一项是在作出最终量刑裁判前法庭需要作出的各种决定的进程中的要素。这种分步骤推进的程序为决定作出的顺序提供了正确的结构；即使其被认为不过是份核对清单，也具有重要意义。有点类似于"量刑指南委员会"指南相伴的"裁判作出程序"，它并未被较多适用，可能是因为其并非量刑指南的突出部分。① 目前毫无疑问的是，量刑委员会在其颁布的每一项确定指南中都将其置于突出位置：法官被期望重视 8 个或 9 个步骤，② 这是一个重要的发展。

第二项重要的发展是第 2 步并入了在法庭施以社区刑或羁押刑之前所必须满足的法定门槛检测。这些法定检测很少在上诉法院裁判中受到重视，③ 并且人们好奇其是否对日常量刑活动产生了大量影响。但是其体现了意欲限制和确保比例性和简约化（见第 3 章）的标准，并且看到其在裁判制作程序中得以建立也不失为一件幸事。

第三项重要发展是第 1 步和第 2 步要素间的分离，以及与之相伴的指导意见数量。回顾一下，第 1 个步骤意欲仅仅主要包括犯罪的"主要事实要素"，而非与案件严重性相关联的所有因素，并且其清单是详尽的。该清单包括伤害和可责性，但遗留下某些严重性因素在第 2 个步骤中考量（例如信用滥用、被害人另外的堕落等）。在第 2 个步骤可能考虑到的要素清单并不详尽，目的是确保认为与量刑有关的犯罪的任何特性都能被考虑进来。不管怎样，量刑委员会决定对各种要素的权重分配不提供任何进一步的指导意见。有一种建议是一项犯罪如果具有两个或两个以上具体因

---

① 德海弥（Dhami）指出"量刑委员会的裁判作出程序"没有被置于每一项犯罪的指南旁边，而是在该文件更前面的部分中：Dhami（2013），p. 173. 有关这方面的例子，参见 SGC, *Causing Death by Driving*（2008），p. 9。

② 德海弥是委员会的专家顾问之一，主张裁判作出程序应当被作为一份流程作业图，而非引用文本：Dhami（2013），p. 176。

③ 一项例外是 *Seed and Stark*［2007］2 Cr. App. R.（S）436。

素，它应被仅仅置于某一犯罪类型中，但是委员会否定了这一方法，其依据是那样就太"死板"了，可能会给人留下量刑应当是一种"数字游戏"① 的印象。德海弥（Dhami）指出，不给各种因素的分配权重以指导意见是导致不一致性的原因，但她又补充指出，她所调查的量刑者"希望得到更多的信息，并且希望这些信息容易使用，但是不希望被指导如何使用这些信息"②。这是一种在量刑委员会中明显占据主导地位的观点。因此，例如，在第 1 个步骤和第 2 个步骤中绝对没有任何对如何作出裁判的指导意见，不仅在加重要素和减轻要素方面没有，而且在考虑（法律规定的）先前定罪方面也没有。对此将在第六章作更多的讨论，但是这里应当指出的是，委员会指南对于犯罪记录如何被解释与记录只字未提。指南对能够判断将规定的量刑提高到一个更高类型的犯罪记录的种类只字未提，即使其明确指出这是可能的。③ 虽然如此，有证据表明委员会有关攻击犯罪的指南在皇家法院得以被坚持适用。④

由量刑委员会所提出的量刑指南模式可以看做是对先前指南模式的完善，但是其对于量刑者决定的作出有何作用还得拭目以待。与前述问题有关，德海弥认为：

> 具体说明的缺失限制了改善量刑一致性和透明性的能力和减少偏袒性裁判的潜力。查明遵循何种裁判程序，以及为何会发生错误与不一致的情形，变得更加困难。⑤

其他人或许将这一"裁判科学"的观点当做是在不扭曲被评估事项的情形下，需要尽可能的更加精确。但是，将这两个问题分开来是很重要的。这里需要说明的是，即使在原则层面一个问题能够解决或者至少部分解决，也不可能设计出通过有效方法反映这些原则的实践指导意见。还有另一点需要说明的是，关键问题（比如，分配给各种先前定罪的权重）不能凭原则来决定：对这一观点将在第六章予以反驳。

---

① Sentencing Council, *Assault Guideline: Professional Consultation* (2010), p. 18.

② Dhami (2013), p. 180.

③ Sentencing Council, *Assault Guideline: Professional Consultation* (2010), pp. 20-21.

④ Pina-Sanchez and Linacre (2013).

⑤ Dhami (2013), p. 181.

最后，令人不安的是，大量的量刑仍然是审判法官在没有适当参考可以适用的指南的情形下作出的。尽管目前很少有上诉法院不参考相关指南的情形（除了整体性量刑指南，当法庭处理整体性问题时，其很少被提及），① 惊人数量的皇家法院的法官似乎能够在不参考可适用的指南，或者在不说明或者不论证其起刑点合理性时通过量刑，因为这是裁判作出程序所要求的。② 由于指南已经存在了 20 多年，确定的指南的存在也已有 10 年，这可能被认为是提出了某些关于对律师与法官继续教育的有意义的问题。

（b）对量刑指南的"偏离检测"。

《2003 年刑事司法法》规定法庭对具体案件有"考虑相关指南"的义务（第 172 条第（1）项），而且如果其在指南所规定的量刑范围外量刑时应当说明理由。第 174（2）（a）条规定，当在公开的法庭上说明量刑理由时，"在指南指向一项特殊类型的，或者在特殊范围内的量刑，对该罪行通常是适当的，而（法院作出的）量刑是不同类型的，或者在那一范围之外的情形下，法庭必须说明作出不同类型量刑决定或者在范围外量刑的理由"。因此，在 2010 年以前偏离检测在很大程度上是一个说明具体理由的问题。

正式的法定要求在实践中被极大地弱化了，至少就上诉法院而言是如此。有许多权威性论述主张"指南仅仅是指南而已"。③ 与此一脉相承的是，伊戈尔·贾奇爵士（Sir Igor Judge）（他当年还在职的时候）提出警告，反对以数学的方式解释指南，即每一项因素应当通过规定的数量增加或减少理论上的量刑：

　　然而，现实是量刑裁判要求法官平衡案件的所有因素，是加重还

---

① 一个极少见的情形是 *Dang*［2014］2 Cr App R（S）391, at［36-40］。

② E. g. *Attorney-General's Reference No 72 of 2009*［2010］2 Cr App R（S）58, *Wells*［2010］2 Cr App R（S）512; *Sturgess*［2011］1 Cr App R（S）686, *Hoare*［2011］2 Cr App R（S）1, *Hume*［2011］2 Cr App R（S）268, *Fadare*［2012］2 Cr App R（S）412, *Finn*［2012］2 Cr App R（S）569, *Attorney General's Reference no. 40 of 2012*［2013］2 Cr App R（S）34, *Wade*［2013］2 Cr App R（S）52, *Hassan*［2013］2 Cr App R（S）170.

③ 例如 Lord Phillips CJ in *Ismail*［2005］2 Cr App R（S）542, Latham LJ in *Attorney General's Reference No. 11 of 2007*［2008］1 Cr App R（S）26。

是减轻，以便于产生适当的量刑。没有网格系统。没有积分制度。尽管无论指南是由法院产生还是由量刑委员会创设，（追求量刑）方法的一致性无疑是值得鼓励的，这是指南的责任，指南就是指南。①

"网格"量刑参考意在通过矩阵或者坐标（见下文第十四章第二节）限制司法量刑的那种美国的指南制度，在英国成了司法梦魇的内容。而同时，在一本著作里，伊戈尔·贾奇爵士有关"平衡所有因素"的参考可能贴近臭名昭著的"直觉的综合"思想，② 这一段实际上还有关于要求法官"考虑"指南与在超越指南时说理援引法律规定的内容。在奥斯特惠珍（Oosthuizen）案③中，上诉法院考虑法官是否能自由地不遵从量刑指南委员会关于对有罪答辩减刑的指南，上诉法院大法官罗斯（Rose LJ）的结论是"不允许法官无视委员会的意见"。相似地，索（Saw）案④中的首席大法官贾奇勋爵建议法官和治安法官被期望使"指导"裁判中的"正常范围"也具有约束力，尽管当话题转到加重和减轻因素时，贾奇勋爵主张"现实中所要求的不是区分，而是评估"。

由于量刑指南委员会的指南在数量上的增加——并且或许是由于上诉法院中更多的成员获得了量刑指南委员会成员的经历——因此上诉法院开始更多地接触各种指南的详细内容与相关的量刑起刑点和量刑范围。这方面的一个很好的例子是2008年总检察长向法院提交的给予指导性说明的2007年第32、33和34号质询案 [*Attorney General's References Nos.* 32，33 *and* 34 *of* 2007（2008）]⑤，在该案中，上诉法院评论认为律师和审理法官已经讨论了相关指南的正确适用。相似地，在2009年赫尔利（*Hurley*）案⑥中，法官对超出相关指南范围的量刑说明了理由，并且上诉法院得出

---

① *Martin* [2007] 1 Cr App R（S）14, at [18]. 一个更早些的例子是 *Attorney General's Reference No.* 9 *of* 2005 [2005] 2 Cr App R（S）664, at [11], "no list of credit and debit" features。

② 来源于澳大利亚的案例 *Williscroft* [1975] VR 292；更近的澳大利亚高等法院的背书，参见 *Markarian*（2006）228 CLR 357，将在下文第十四章第二节中讨论。

③ [2006] 1 Cr App R（S）375.

④ [2009] EWCA Crim 1.

⑤ [2008] 1 Cr App R（S）187, per Hughes LJ at p. 192. 还参见 *Attorney General's Reference No.* 14 *of* 2008 [2009] 1 Cr App R（S）360；*Adeojo and Mugambwa* [2009] 1 Cr App R（S）376；*Shannon* [2009] 1 Cr App R（S）551。

⑥ [2009] 1 Cr App R（S）568.

了相同的结论。

当盖奇（Gage）工作组在其 2008 年报告中审查这一量刑指南案件时，其多数成员呼吁修订原先的超越检测，使其能够充分有力地提供"必要的一致性、透明性和可预测性"，以及保留司法裁量以避免由于严格坚持适用指南所可能产生的任何司法不公现象。① 这导致了《2009 年验尸官和司法法》第 125（1）条的产生，其规定：

> 在对罪犯量刑时，每一个法庭必须遵守任何与该罪犯案件相关的量刑指南……除非法庭认为这样做是与司法利益相冲突的。

这看上去建立了一种两阶段的超越检测：首先是遵守或适用相关指南的义务；其次是如果在本案适用指南将有违公正利益时享有超越指南的自由。如果作出那样的裁判，应当说明理由。当对罪行适用指南时，法院确实有义务辨别有关类型范围［第 125（3）（b）条］；但是当没有类型范围与手头案件充分相似时，法院就不必遵守该项义务。

然而，偏离指南量刑检测并不像其乍一看那么苛刻。这是因为第 125（3）条清楚地表明量刑者所"必须遵守"的不是适用于特殊案件事实的类型范围，而是适用于所有犯罪形式的罪行范围（offence range）。因此当法庭在最不严重类型的最低刑和最严重的最高刑之间量刑时，应当"遵守"指南的规定。对于多数的指南而言，那是一个极其宽广的范围。只有当法庭想迈出这一宽广的"罪行范围"时，才需要服从偏离指南量刑测试的要求并且明确提出其发现"遵守指南有悖于公正利益"。在实践中，超越的情形确实非常少——根据量刑委员会提供的数字，低于 3%。② ——但是在近年来最受瞩目的案子之一中，法庭没有正确地适用第 125 条。

这是一起涉及 2011 年暴乱中的 2011 年布莱克肖等人（*Blackshaw et al*）案③的几名罪犯的量刑上诉案件。这是第一起明确提出超越指南问题的上诉案件，上诉法院由首席大法官贾奇勋爵、上诉法院大法官莱韦森（Leveson LJ）（当时的量刑委员会主席）和上诉法院大法官托马斯

---

① Gage Report（2008），para. 7. 18.

② 《皇家法院量刑调查（2014）》：攻击犯罪 3%（p. 36），夜盗犯罪 3%（p. 38），以及毒品犯罪 2%（p. 40）。

③ ［2011］EWCA Crim 2312.

（Thomas LJ）（皇家法庭分庭的主席，后来的英格兰威尔士首席大法官）组成审判庭。召集一个由如此强大的成员组成的法庭，其目的可能在于指导下级法院，因而更遗憾的是，裁判并未包含对"司法利益"的正确分析，也没用提供其适用每项上诉的理由。此外，一旦超越指南，没有关于法庭量刑选择的指导意见。贾奇勋爵对于在指南外量刑的罪犯的适当起刑点只字未提，然而知晓法庭在多大程度上可以超越指南，以及在什么情形下可以超越指南，对被告人来说非常重要。即使法庭裁判在最高类型的顶点量刑，有关该案的事实也是不充足的——因为如果想要超越指南的上限，必须——正如朱利安·罗伯茨（Julian Roberts）已经明确提出的，应当继续践行作出裁判程序中的各个步骤。①

在布莱克肖案中的贾奇勋爵所主张的"必须遵守"的要求并不是要求"奴性的坚持"的观点是正确的：其目标应当是"在不牺牲维护单个与具体案件公正义务的情形下"②培育一致性。上诉法院在更近的2013年希利（Healey）案③的裁判中重申了其早些时候在奥斯特惠珍案④裁判中的观点，在裁判中上诉法院大法官休斯（Hughes LJ）认为：

"皇家法院法官所拥有的灵活性……无论如何不能延展到故意无视指南，并不是基于案件有确保其有别于一般标准的特殊事实，而是因为法官碰巧持有对一般标准的不同观点。后一种方法显然是不合法的……当他们宁愿（坚守）法律应该的（做法）而不是案件（公正）应该的（做法）时，几乎很少有法官足够幸运一生也不会遇到稀少（灵活适用）的情形。然而法官的职责是适用它，不论是在第一审级还是在这个法院，正如遵守法律是公民的义务，无论其碰巧同意还是不同意。"

这一方法证实了在异议和超越指南量刑之间存在明显区别。对指南有异议不是不遵守指南的充分理由。⑤但是，如果适当的检测符合要求，超越指南是可能的。

与超越量刑指南相关的一个难题是上诉法院并不总是，或者经常，

---

① Roberts（2012a）.

② ［2011］EWCA Crim 2312, at ［13-14］.

③ ［2013］1 Cr App R（S）176, at ［5］.

④ ［2006］1 Cr App R（S）385.

⑤ 还参见 Heathcote-Smith ［2012］2 Cr App R（S）133, and Taylor ［2012］2 Cr App R（S）581.

参考第 125（1）条中的"司法利益"的检测。① 如前所述，贾奇勋爵从未怠于证明指南仅仅是指南，而不是（形同）有轨电车的轨道，并且其同行在这一点上已经附和他。因而上诉法院大法官休斯宣称，"在例外情形下对于正当理由的有意识的宽容，在公正需要的情形下，仍然存在于任何量刑法官的裁判中"。② 并且在许多裁判中上诉法院认可量刑超越指南的上限，比如超越罪行范围，尽管有时假定这要求"例外情形"。③ 在举出超越指南上限或下限的例子之前，还需要说明一点的是有关上诉实践的问题。那就是，第 125（3）条规定，遵从指南意味着在罪行范围内量刑，不是在任何特殊的类型范围内量刑，法官将罪行置于错误的类型内为上诉提供了理由的观点已经被接受。因此，有许多提交到上诉法院的上诉——最明显的是《总检察长质询》（Attorney General's Reference），但也有许多其他文件——其实质是声称法官将罪行置于了错误的类型中和/或适用了错误的起刑点。④ 这是一项具有重要意义的发展。它减少了疏于偏离指南量刑测试的意蕴，这（正如上文所述）与作为整体的"罪行范围"相关联。如果上诉可以基于法庭类型范围和/或起刑点的选择而提出，这是恰当执行指南的一种方法，尽管法律规范的措辞不令人满意。

（1）超越下限：下面三个段落阐释了上诉法院已经迈出了批准或不批准超越指南下限量刑的宝贵步伐⑤的案件类型。以下将对两种情形分别予以讨论。

---

① 适用法定检测的三例最近的失败，参见 *Datsun and Rajak*〔2014〕1 Cr App R（S）137，*Stanton and Wildman*〔2014〕1 Cr App R（S）351，and *King*〔2014〕2 Cr App R（S）478。

② *Attorney-General's Reference*（*No. 6 of* 2011）〔2011〕2 Cr App R（S）660，at〔15〕；参考：*Dodds*〔2013〕2 Cr App R（S）358 at〔9-10〕，指南不是"紧身衣"。

③ 例如 *Makula*〔2013〕2 Cr App R（S）43，at〔10〕。

④ 八个例子是 *Pulido-Sanchez*〔2011〕1 Cr App R（S）641，*Attorney-General's Reference No 65 of 2010*〔2011〕2 Cr App R（S）209，*Harrison*〔2012〕2 Cr App R（S）449，*Blakeburn*〔2013〕2 Cr App R（S）500，*Jonsyn*〔2014〕1 Cr App R（S）438，*McDermott*〔2014〕1 Cr App R（S）502，*Blayden*〔2014〕2 Cr App R（S）447，and *McIntosh*〔2014〕2 Cr App R（S）503。

⑤ 参见 Gage Report（2008），para 7.18。

其中一个众所周知的案件是 2007 年的舒曼（Schumann）案，① 在该案中，一位失望的母亲怀抱其 2 岁的女儿从亨伯河（Humber）桥跳下，并使孩子在水中待了 45 分钟直到获救。审判法官鉴于被告人的失望状态及其成功努力拯救孩子的生命，对凶手施以一个不同寻常的宽容量刑（18 个月监禁）。当时尽管没有关于谋杀未遂犯的确定的指南，首席大法官菲利普斯勋爵（Lord Phillips C. J）主张"有一个词量刑指南中没有规定，那就是'宽容'"。法庭偶尔可以将指南和当局置于一旁而以宽容取而代之。② 法庭认为这就是一个这样的案件，并以社区刑替代。因此很清楚法庭本不需要遵守指南，即使其已经存在；根据现行对谋杀未遂的指南，③ 该罪行范围内的最高量刑是 6 年，法庭本应毫无悬念地主张如果遵从指南就会"违反司法利益"。

在 2010 年克拉克（Clarke）案④中，被告人在驾车时突发低血糖，汽车驶上了人行道并撞倒了 2 名男孩，其中 1 名死亡。法官从专家证据得出结论，被告人本应当有一段时间意识到低血糖发作，于是以危险驾驶致死罪判处其 3 年监禁。上诉法院认为适当的量刑类型范围是 4—7 年，但是将其刑罚做减轻处理，因为被告人意识到其状况（和停车的机会）本应是瞬间的事情，案件移交审判的时间已经有耽搁了，被告人所遭受的身体疾病之苦尤其使监禁成为其负累。量刑被减至 12 个月监禁，低于罪行类型范围（最低的类型范围是 2 年），⑤ 从将犯罪"显著低于"量刑范围量刑的"高度例外情形"中参考了降低了的可责性。没有舒曼案那样富有戏剧性，这一案件表明了减轻因素的累积可以一起促使涉案罪行低于其罪行范围。⑥

然而，也存在其他案件，试图说服法庭施以"宽容的"的量刑，但未成功。在 2010 年吉布森（Gibson）案⑦中，被告人因无权驾驶、酒后驾

---

① ［2007］2 Cr. App. R.（S）465.

② ［2007］2 Cr. App. R.（S）469.

③ Sentencing Guidelines Council（SGC），*Attempted Murder*（2008），7.

④ ［2010］1 Cr. App. R.（S）158.

⑤ SGC，*Causing Death by Driving*（2008），p. 11.

⑥ 这样的推理的其他例子包括 *Hussain and Hussain*［2010］2 Cr App R（S）399，*Foster*［2010］1 Cr App R（S）219，and *Wade*［2013］2 Cr App R（S）52。

⑦ ［2010］EWCA Crim 2813.

驶、无保险驾驶而被指控。警察看到被告人闯红灯后，示意其停车，但其没停；警察追赶，他撞毁了这辆车。① 被告人作出有罪答辩，被判处 12 个月监禁。考虑酗酒的刑罚加重因素影响，上诉时，被告人请求法庭将不适用羁押刑 "作为一项宽容行为"，因为羁押刑将会导致其被军队开除。上诉法院拒绝了其请求：被告人的军旅生涯不应左右法庭对于一项严重罪行适用一项适当的刑罚。在 2010 年戴德和雷诺兹案（*McDade and Reynolds*）案②中，上诉人已经就执行公务中的渎职行为和试图往监狱走私违禁品作出有罪答辩。被告人都是监狱官员，结果因为与一名罪犯的关系，戴德面临其新生儿的诞生。戴德就其所获得的 30 个月的监禁上诉，提出既然其犯罪动机不是贪欲而是爱，应当被宽容对待。上诉法院认为这一理由已经被考虑到个性化减刑和关于目前与母亲分离对婴儿的影响中了，结论是量刑 "已经有意识地体现出宽容"，不能再降低刑罚了。

（2）超越上限：许多罪行指南以在罪行范围的顶点与法定最高刑之间留下空白的方式被建构。因此，在 2010 年 *P.* 案③中，上诉人涉嫌将女孩和成年女性带到这个国家并强迫她们卖淫。贩卖人口的有关量刑指南将 4—9 年作为其最高类型范围。④ 这在法定最高刑 14 年以下留下了很大的空白，并且指南中指出，如果存在诸如 "涉及高级的有计划的、有组织的与复杂的、经济的或其他收益的大规模商业操作，以及表现出被害人的脆弱与受强迫性" 等加重因素时，在这段空白中的量刑长度或许是适当的。此案对第一上诉人判处 11 年刑罚，对第二上诉人判处 14 年刑罚，因为其定罪涉及两名女性。上诉法院的结论是，本案的大量加重因素——以不轨企图将女孩带入境内、通过强制手段逼迫儿童卖淫，大规模的商业操作——论证了在最高类型范围之上与超越罪行范围的合理性。有人假设根据 "司法利益" 检测，也会得出相同的判决。进入上诉法院的案件在超越指南上限时并未提出 "司法利益" 问题，上诉法院本身看上去对于法

---

① 译者注：《1992 年加重车辆盗窃法》（The Aggravated Vehicle-Taking Act 1992）是英国议会颁布的一项法律。该法通过创设加重车辆盗窃的具体犯罪修订了《1968 年盗窃法》（Theft Act 1968），将未经车主同意取走车辆并采用危险方式驾驶，或者给该车辆或者其他财产造成损害的，强制剥夺驾驶资格。

② ［2010］2 Cr. App. R.（S）530.

③ ［2010］2 Cr. App. R.（S）7；see also Dang［2014］2 Cr App R（S）391.

④ SGC, *Sexual Offences Act* 2003；*Definitive Guideline*（2007），p. 131.

定检测的参考也极少。这是在前述布莱克肖骚乱案件灾难性判决中的缺陷之一，① 其他上诉法院也存在不少在批准超越指南时不参考法定检测的案件。强制与②

2010 年谢泼德（Shepherd）案是上诉法院不批准超越指南上限的例子，该案中罪犯在超速驾驶后明知刹车与轮胎存在缺陷，仍然粗心驾驶，导致车子失控，致使另一名驾驶员死亡，因而被判处 4 年羁押。由于其较早作出了有罪答辩，这意味着审判法官本应将 5 年的法定最高刑作为起刑点。很显然，法官认为驾驶员本应当被以更严重的危险驾驶致死罪（其量刑的类型范围高于粗心驾驶）起诉。该罪被起诉后的类型范围幅度的上限是 3 年，而当上诉法院同意驾驶行为足够恶劣足以超出范围时，降低了原先的量刑：

> 通过将本案适用法定最高刑罚，除了答辩，（法官）对于可能包含其他加重特点或者有关先前定罪的这类案件没有留下空间。这可以说是硬币的另一面，其不能对于上诉人的年龄与先前优良品格作出任何权衡。③

因此这些事实并不被认为将该案列入该罪"刑罚最重"的案件中，部分是因为减刑因素的存在，缺少先前定罪。该案在《2009 年验尸官和司法法》生效前被量刑，但是认真适用"司法利益"检测，必定能得出相同的结论。

结论是，可以说量刑指南目前已经深深植入英格兰和威尔士的量刑实践中。但是，一小部分量刑判决未能引用可适用的指南，而绝大多数适用了指南，并真正适用指南与按步骤进行的裁判程序——布莱克肖案中的糟糕判决在两个方面都明显失败，是损害其本应拥护的法治价值的例子。④上诉法院对"司法利益"的检测是不一致的，但最重要的步骤已经被作

---

①　上引第 32 页注释②③和第 33 页注释①及附带内容；还参见 *Bond*［2014］2 Cr App R（S）12, at［15—18］。

②　E. g. Makula［2013］2 Cr App R（S）43, Roberts［2013］2 Cr App R（S）84.

③　E. g. Makula［2013］2 Cr App R（S）43, Roberts［2013］2 Cr App R（S）376. 用于法定最高刑，参见第 17 页注释⑤—⑥。

④　参见第 33 页注释②—④。

为上诉审理法官对于错误类型与错误起刑点选择的一个理由，给上诉法院监管指南使用的机会。一些证据表明委员会的指南改善了皇家法院量刑的一致性问题。①

三　司法裁判

自从刑事上诉法院于 1907 年创设之后，罪犯对量刑提起上诉成为可能。以前，法院有权对被告人上诉的案件增加量刑，但该权力在 1966 年被废除。然而，自从 1988 年以来，当检察长认为皇家法院的量刑过轻时，可以就皇家法院的量刑向上诉法院提起上诉，目前每年大约有 100 起这样的上诉案件。在这些案件中，法院认为适当时，有权增加量刑。在 1970—2000 年，进一步上诉到上议院的量刑案件极少，但是量刑立法的数量意味着目前某些案件基于一般公共价值的量刑法律的内容，正要上诉到最高审级（现在是最高法院）。② 然而，上诉法院仍是多数量刑案件的最终审级。

有价值的量刑法理的发展离不开上诉判决的定期报告。这缘起于 1954 年《刑事法评论》（*Criminal Law Review*）中的简短报告的形式，在 1979 年加快了脚步，那时《刑事上诉报告（量刑）》［*Criminal Appeal Reports（Sentencing）*］开始出版。这个系列（由托马斯创办并编辑）完全用于量刑判决，表明已经成为律师与法院判决增加援引上诉法院先前判决的一个因素。百科全书《当前量刑实践》（*Current Sentencing Practice*）（也是由托马斯创办并编辑的）通过整理判决与根据主题编排，创制出一系列报告，是提供给法官与法律实践者有关量刑法律中的多数问题的便利的文献资源。③ 因此，正如关于量刑的被报告的判决数量在过去 35 年以指数速度增长一样，上诉法院先前判决的援引也是如此。大致浏览一下 1979 年的《刑事上诉报告（量刑）》与最近一年的卷本，立即就能发现对先前判决更高的援引频率。

因而在普通法的传统中，由法院创制的量刑原则已经经历了逐案发展的过程。随着对更早已决案例的援引，判决报告的内容得以增加。称得上

---

①　Pina-Sanchez and Linacre（2013）.

②　最近的例子参见 *Varma*［2013］1 Cr App R（S）650 以及 *Waya*［2013］2 Cr App R（S）87，两者都解释了有关没收命令的立法。

③　还参见 Banks（2014）为量刑立法和裁判所作的整理。

法理的大量判决已经产生。从最早期开始，刑事上诉法院［目前是上诉法院（刑事分院）］建立起某些程序原则。一是法定最高刑期应当为最严重级别的案件而保留。[①] 另一个是法院只有在如果"存在原则上的错误"时才应当改变量刑，[②] 最近被改编成《总检察长的质询》，结果量刑只有在如果"像这样超过法官在案件中的裁量权的适当限制"时才得增加。[③] 因而量刑的普通法已经发展起来了，有关的法理已经得以发展的例子将在本书中随处可见。其包括将赔偿命令与羁押刑合用极少适当的原则，[④] 法庭不应仅仅因为罪犯出得起钱，就施以财产刑原则，[⑤] 对患病的罪犯调整羁押刑刑期的原则。[⑥]

量刑的普通法继续发展，即使当前上诉法院的主导作用是解释和适用量刑指南和量刑立法。在所有的这些问题中，特殊的上诉法院判决的分量发生了变化。法院的工作压力相当大［据一名上诉法院大法官（Lord Justice）反映，"筋疲力尽，没完没了"］[⑦]，导致事实被即兴裁判，并被以一定速度整合。在判决将要被作为先例的情形下，由英格兰威尔士首席大法官［或者有时候由副首席大法官（or occasionally a Vice-President）］主持的法庭将被召集起来。我们已经注意到上诉法院第一个主要的有关"骚乱"的判决，其法庭的组成人员包括英格兰威尔士首席大法官、王座法庭首席（Lord Chief, the President of the Queen's Bench Division）和量刑委员会主席（Chairman of the Sentencing Council）。[⑧] 对于更技术性问题的主要裁判，通常召集全院五名法官。[⑨] 这类裁判比普通量刑上诉的意义更大。

特别应关注上诉法院裁判的两种突出类型——指南裁判与指导裁判。

---

① *Harrison*（1909）2 Cr App R 94；参见第 21 页注释②，第 22 页注释①。

② *Gumbs*（1926）19 Cr App R 74.

③ *Attorney General's Reference No. 7 of* 1989（*Thornton*）（1990）12 Cr App R（S）1, at p. 6.

④ 参见 *Panayioutou*（1989）11 Cr App R（S）535，以及下文第十章第四节。

⑤ 参见下文第十章第五节。

⑥ 参见下文第五章第五节。

⑦ Darbyshire（2011），p. 328；参见其第十四章。

⑧ *Blackshaw et al*，第 32 页注释②。

⑨ 例如 *Sullivan*［2005］1 Cr App R（S）308（Lord Woolf C. J., 对于杀人的最低刑期）；*Attorney-General's References Nos* 14 *and* 15 *of* 2006［2007］1 Cr App R（S）215（Lord Phillips CJ, increasing sentences in Reference cases）, and *Oakes*［2013］2 Cr App R（S）132（首席大法官贾奇勋爵, 对于杀人罪的终身监禁）。

（a）指南裁判。

作为先例的特别重要的裁判来源于 2004 年"确定的指南"制定之前一段时期的指导裁判。指南裁判是单个的裁判，列出了处理某种类型犯罪各种变化的一般因素，考虑主要的加重和减轻因素，暗示恰当的起刑点或者量刑范围。这种裁判在 20 世纪 70 年代由上诉法院大法官劳顿首创①，接着，在莱恩勋爵（Lord Lane）成为英格兰威尔士首席大法官之后，由其接管。他发展了指南裁判的方式，结果构建了相当精细的框架，法官应当在此框架内决定刑期的长度。莱恩勋爵在其主政上诉法院期间，发布了大约 12 个指南裁判，在 20 世纪 90 年代，首席大法官泰勒勋爵（Lord Taylor CJ）和首席大法官宾汉姆勋爵都继续增加了指南裁判。这些裁判通过这一事实获得权威性，即英格兰威尔士首席大法官制作裁判：其目的是希望约束下级法院依此裁判。② 在严格意义上，就所有这些案件中的量刑指南是大量的附带意见这一点可能引起争议，因为大量的意见据说并非该特别案件的核心问题。③ 然而，主要的因素是其被希望通过多数上诉法院量刑裁判所不采用的方式约束下级法院。指南裁判的约束力在 1999—2004 年间得以提升，因为所有指南裁判都是根据量刑委员会的建议而作出的，并且其结构倾向于比更早的典型裁判更加明确。④ 其也从产生了量刑委员会和重塑上诉法院功能的《1998 年犯罪和扰乱秩序法》第 80—81 条的规定中获得了权威。

（b）指导裁判。

1998 年量刑咨询委员会创立伊始，在并未首先提交委员会的情况下，上诉法院就丧失了作出指南裁判的权力。⑤ 然而，这一限制通过《2003 年刑事司法法》在没有替代规定的情形下被废除了，所以或许可以推断法

---

① 有关非法性交往，参见例如 *Willis*（1974）60 Cr App R 146 on buggery, and *Taylor, Roberts and Simons*（1977）64 Cr App R（S）182。

② 有关鸡奸，参见例如 *Willis*（1974）60 Cr App R 146；有关非法性交往，参见 *Taylor, Roberts and Simons*（1977）64 Cr App R（S）182。

③ 澳大利亚高等法院曾走得更远，坚持正式宣布指南裁判是一项具有立法特点的行为，而非一个特殊案例的决定：参见 *Wong v. R.*（2001）207 CLR 584, and Freiberg and Murray（2012）, pp. 344-345。

④ 参见 *Attorney General's References Nos.* 37, 38 *and others of* 2003 ［2004］1 Cr App R（S）499, per Kay LJ at p. 503。

⑤ 《1998 年犯罪和扰乱秩序法》（Crime and Disorder Act 1998）, s. 80（3）。

院创制指南的权力已被恢复。确实，首席大法官贾奇勋爵竭力强调上诉法院（刑事分院）扩大、解释或者提供其本身的确定指南的权力，以及如果其认为时机适合而发布指南的权力等没有消失。①

这看起来有些言过其实了。创制"确定的指南"的权力，具有了所有的法定含义，当然应由议会明确授权。依据现行法律，其仅由量刑委员会（和以前的量刑指南委员会）授权。院长布莱恩·莱韦森爵士（Sir Brian Leveson，P.）在后来的裁判中"澄清"了贾奇勋爵的主张：

> 贾奇勋爵并不是说法院可以发布与委员会发布的确定的指南相冲突的自身的指南；也不是建议去找指南产生前的权力机构争辩其提供了法院应当遵守的方法，而非指南。当法院发布某项确定的指南所未覆盖的领域或情形的指南时，扩大与解释显然是法院的功能。如果司法利益表明一项指南需要修改，法庭无疑将辨别这一事实：那么委员会将要重新审查指南并担当起所有指南问题提出之前的必要的咨询工作。由于委员会的组成，我们怀疑方法的实质性差异很可能曾经存在过。②

在普通法上，上诉法院当然可以发布指南裁判，基于同样的基础，正如1998年以前的做法。然而，考虑到创制于1998—2004年上诉法院指南的法定框架，将2004年以来发布的任何这种裁判称为"指导裁判"而非"指南裁判"是更明智的。这样的裁判从司法判例的一般学说中获得了约束力，注意到了（如前文所述）了专门的上诉法院的构造。

为何上诉法院认为需要发布指导裁判呢？要回答这一问题需辨别以下三类情形。第一类情形是有关现行指南的解释，或者一起特别犯罪的量刑情形，量刑委员会已经将其列入议事日程。法定框架迫使委员会就指南起草问题进行咨询，所以创制一项确定的指南经常需要花费9—12个月的时间。在遇有重要事项，或者立法机关引入新的量刑法律的情形下，在委员会指南发布之前，或许有必要立即将指南提供给法院。因此，在2009年

---

① Per Lord Judge CJ in *Attorney General's References Nos. 73 and 75 of 2010 and No. 3 of 2011* [2011] 2 Cr App R (S) 555, at [5]; see also *Thornley* [2011] 2 Cr App R (S) 361, at [14].
② Dyer [2014] 2 Cr App R (S) 61, at [15].

索案①中，首席大法官贾奇勋爵知道关于入户夜盗罪指南的修改正在准备中，但是承认某些法官在解释现行指南时所经历的困难，其给出了新的指导意见，有效代替了多数先前的指南裁判。相似地，在 2013 年卡利（*Caley*）案②中，上诉法院休斯大法官［当时的上诉法院的副院长（Vice President of the Court of Appeal）］通过对现行确定的指南中的某些问题提供进一步的指导，根据刑事程序中的变化，回应有关有罪答辩指南的各种不确定性。然而，他认为法院试图对指南进行根本性的改变是不适当的，委员会的议事日程中已经列入了有罪答辩的议题，因为法院不能像委员会那样进行同样广泛的咨询。

第二种情形是当量刑委员会未将一议题列入议事日程，看上去有几个上诉案件背离了有关适当方法的不确定性的情形时，上诉法院可以决定创制指导意见。这或许要提及 2008 年 P 和布莱克本（*P and Blackburn*）案③，伊戈尔·贾奇爵士主持的法庭在罪犯供出对同案犯不利的证据的一些案件中，根据《2005 年严重有组织犯罪与警察法》（Serious Organised Crime and Police Act 2005）中的新规定，提供了有关量刑的指导意见。在 2010 年汉考克斯和达菲（*Hancox and Duff*）案④中，上诉法院大法官休斯提供了有关作出严重犯罪预防命令的一般指导意见。在 2012 年史密斯（*Smith*）⑤ 案中，上诉法院大法官休斯提供了有关制作性犯罪预防命令的一般指导意见。在没有来自量刑委员会指导的情形下，看来法院将继续提供指导意见，即使其不接纳在创制确定的指南之前委员会所能够考虑的证据的宽泛性。⑥

第三类情形是上诉法院相信构建一条特别的推理路线是正确的。这方面主要的例子是由首席大法官贾奇勋爵所领导的法庭，认为议会规定于《2003 年刑事司法法》附件 21 中的法定有关谋杀罪的最低刑的指导意见，意味着所有的杀人罪都应当被重新评价并提高量刑水平。这一发展将在下

---

① ［2009］EWCA Crim 1.

② ［2013］2 Cr App R（S）305.

③ ［2008］2 Cr App R（S）16, at p. 36.

④ ［2010］2 Cr App R（S）484.

⑤ ［2012］1 Cr App R（S）470.

⑥ 对于明确的给予指导的努力（有关鼓励或者帮助自杀，其未在委员会的行为列表中），see *Howe*［2014］2 Cr App R（S）311。

文第四章第四节第四部分作更详细的探讨，但是减轻责任的 2010 年伍德（*Wood*）案表明了推理的界限：

> 《2003 年刑事司法法》附件 21 的指导意见与适用于被减轻责任的过失杀人的量刑裁决所适用的原则之间并没有明确的法定关联……因此当量刑法院评估罪行的严重性时，其目的在于固定最低刑期，我们分辨不出其逻辑理由是什么，受限于内在于罪行中被降低的可责性的具体因素，被减轻责任的杀人罪的瞬间罪行严重性的评估应当忽略指导意见。确实我们建议这一关联应当是清晰的。[①]

有其他一些具有相似推理的裁判，[②] 尽管这是议会的意图还是法官的动机尚需判断。

最后，从整体来看上诉法院的裁判，多数上诉法院处理的是长期羁押刑或者严重案件中的其他命令，这仍然是事实。因此，法院的判例随着案件严重性的增长而更多了，由较低级别的皇家法院审理的案件数量则相对较少。然而，大量的指导意见（可能是多数）目前来自确定性量刑指南。既然其扩展到盗窃罪、欺诈罪以及主要针对人身与性犯罪等多数罪行，委员会的指南已经开始对某些量刑平衡和范围方面的缺陷采取补救措施。在上诉法院日常审理的案件中，其主要功能是决定法官是否选择了恰当的类型范围或者起刑点，偶尔决定量刑指南中术语的含义。[③] 这就是布莱恩·莱韦森爵士（Sir Brian Leveson）所提及的扩充与解释功能。[④]

四 治安法院

迄今为止的讨论认为多数重要的量刑裁判是由皇家法院作出的。当然，多数的严重案件是在那里得到处理的，但是绝大多数的量刑决定是由治安法院作出的——其处理超过 90% 的刑事案件。多数案件仅能通过简

[①] ［2010］1 Cr App R（S）6, per Lord Judge CJ at ［21］，代表全体法庭法官的意见。

[②] 在最近由于疏忽大意而导致的过失杀人的医疗案件中：*Garg*［2013］2 Cr App R（S）203。

[③] 例如"脆弱被害人"的概念，有关此内容参见 *De Weever*［2010］1 Cr App R（S）16 and *Sayed*［2014］2 Cr App R（S）318。

[④] ［2009］EWCA Crim 1.

易程序审理，并且最高量刑是罚金刑。但是有许多简易罪，监禁刑也时常被适用（普通攻击罪、无证驾驶罪、攻击警察罪、无权运输罪，等等），并且治安法院也比皇家法院对更多的"两可"罪进行量刑。① 自从19世纪80年代末期以来，已经出现适用于治安法院处理机动车犯罪和多数普通的非机动车犯罪的量刑指南，但其并没有法律效力。② 经过广泛的咨询，新的确定的量刑指南，即治安法院量刑指南，由量刑指南委员会于2008年颁布了。这些指南覆盖了大多数的高频被量刑的犯罪，其整合了所有其他量刑指南形成一个整体量刑框架，为每一项罪行提供了一个图示，并将其与一个一般的有关量刑方法和法院权力的评论合并。它被呈现于一个不同于皇家法院指南的版本中，因为其将范围与起刑点并入了一个具有明确组织结构的程序中。考虑到新的量刑委员会指南，这些指南被有规律地更新。虽然其被寄希望于能够实现全国量刑方法的一致性，但本地传统仍然有其坚韧的历史。

第六节　对量刑实践的非正式影响

量刑法律的正式渊源可以说为量刑裁判提供了一种外部框架，以及框架内是一些内部的规则、原则和标准，但是尽管指南被广泛适用，很明显在许多案件中，在法院手里仍然保留着大量的灵活性。当不同的事实混合在一起出现时，规则对于合理裁判的产生显得过于僵化与粗糙。没有自由裁量，不公正的结果就会从不同的案件被作出相同的对待中产生。然而，小心地评估这些推理很重要。30年以前，提起法庭职权外问题时，当时的首席大法官莱恩勋爵（Lord Chief Justice Lord Lane）宣布"量刑在于尽量调和大量的完全不相容的事实"③。有关"事实"的参考在两个方面是不准确的。第一个方面，其忽略了有关评估那些事实的原则的相关性，因此产生了错误的印象，那些"事实"仍然在未参考其相关性与特点的评估的情形下，决定了裁判结果。第二个方面，忽视了法官与治安法官司法实践的影响，其可能建立在不同的产生于不同时期的观点与方法基础上。

---

① 对同犯罪类型的框架参见上文第一——二部分。

② 参见下文第二章第五节。

③ HL Deb., vol. 486, col. 1295.

有关"事实"建构的更多的内容将在下文论述。但是,即使量刑指导意见的数量总是在增加——更多的立法,更多的确定的指南,日益增长的上诉法院裁判文集——新事实的混合产生了新问题的情形仍将继续存在。

这给自由裁量权以强烈支持,这是与反对法定最低刑和强制最低刑的推动力相一致的。正如《哈利迪报告》(Halliday Report) 所提出的,强制量刑在遇有指南运作制度时,可以取消。① 多数"指南运动"的支持者承认司法裁量权存在的必要性,因为指南并非车轨,如果新的因素产生提供了这样做的充足理由时,应当为法庭超越指南留有空间。这暗示量刑制度的结构本应具有两个目标:一是具有强烈的法治理由支持制定指南,目的在于确保量刑者在起刑点与主要量刑因素的权衡方面的一致性;二是保留自由裁量因素具有强烈的公正与平等的理由支持,目的在于使量刑者能够通过对不同事实组合产生影响以在个案中主持正义。这两个目标都存在缺陷:指南可能或者过于粗糙与规定过多,或者过于广泛与无效,并且在某种程度上自由裁量权的存在可以允许量刑者的个人偏好与其他相关因素(比如,种族与其他平等问题) 施加影响。

当然,这些类型的缺陷并不被认可。法官经常热衷于主张皇家法院的量刑通过上诉制度得到审查,那种无根据的超越指南和无关因素的侵入可以通过这种方式得到控制。但是上诉控制极大地依赖于给予上诉许可的制度,其是一项从来没有得到研究或者独立审查的制度,也依赖于上诉法院对指南的适用方法(已在上文第五节第 2 (b) 部分讨论过)。我们也已经看到了上诉法院处理了大量法官错误适用或者未意识到相关指南的案件。② 这是一个司法培训的问题,是一个意识到量刑不是回应"事实",而是将指南和指导意见适用于具体案件的各种事实中的问题。司法学院提供适用指南的充足培训的程度问题,将在下文第二章第四节进行讨论。

司法实践者很好地意识到某些法官的偏好,方法的非一致性问题或许本不应因为指南的广泛存在而得以消除。2008 年一项小型的皇家法院调查发现,只有 52% 的量刑是在相关的范围以内,32% 高于该范围,14% 低于该范围。③ 那是一个小型的,简单的调查。所忽略的——《盖

① Halliday Report (2001),ch. 8.
② 一个极少见的情形是 *Dang* [2014] 2 Cr App R (S) 391,at [36-40]。
③ SCWG (2008),pp. 16-17.

奇报告》（Gage Report）给予了充分的揭示——是有关理解英国量刑的可靠的统计基础。对量刑实践做出恰当评估所需要的相关事项的数据还未收集到。量刑委员会通过启动《皇家法院量刑调查》（Crown Court Sentencing Survey（CCSS））开始了这一任务，即从 2011 年以来，要求法官为每一起案件填写一个表格，提供案件的详细情况并指出哪些要素是法官在第一步、第二步、第四步（答辩）和其他步骤中所考虑的。与这一调查同样重要的是，还有两个重要的问题尚未涉及。一个是皇家法院量刑调查数据报告自豪地宣称 97% 的量刑在罪行范围之内，[①] 意味着其在最低和最高的指南量刑之内，对其是否处于恰当的类型范围之内这一更重要的问题只字未提。另一个重要的发展也未提及，是对皇家法院法官工作实践进行定性调研，以便使皇家法院量刑调研的苍白数据能置于一定背景下得以生动展现。"法官们是否实际上遵循了量刑指南，或者简单地口头和书面参考它们，当其私下思考一些不同问题的时候，成为心理学家所感兴趣的话题。"[②] 量刑委员会的设置就在于从事这样的研究并说服法官予以配合。

　　在治安法院，有关立法、确定性指南和上诉法院指导意见的前景会更好吗？20 世纪 80 年代的研究暗示治安法官相信立法必须依据"常识"来解释，倾向于表达其自身的观点和实践，[③] 并且上诉法院的原则并不能在治安法院的量刑实践中得到一致的反映。[④] 当 20 世纪 90 年代内政部进行详细的统计研究时，在皇家法院和治安法院中都被发现有局部变化，[⑤] 但是最近有关皇家法院依据委员会指南量刑的定量研究暗示一致性问题已经得以改善。[⑥] 是否《2008 年治安法院量刑指南》［Magistrates' Court Sentencing Guidelines（2008）］的出现已经减少了地方文化的影响并改善了全国的一致性问题，仍是有待进一步研究的主题。

　　直至更进一步的目标明确的研究得以展开，对量刑裁判的其他可能的影响因素的研究仍然是重要的。一个影响的来源或许能在刑事司法制度中

---

① Sentencing Council（2013）.

② Goodman-Delahunty and Sporer（2010），p. 20.

③ Parker，Sumner and Jarvis（1989）.

④ Henham（1991）.

⑤ Flood-Page and Mackie（1998），p. 128.

⑥ Pina-Sanchez and Linacre（2013）.

的其他人的工作实践中发现：在上文第四节我们看到了来自警察、检察官、管理机构和其他机构决定的影响，并且在第十三章缓刑官和法律顾问的影响也将进行讨论。更进一步的可能的影响源自不同量刑者的态度和信念的复杂性。在存在自由裁量的情形下，这样的态度很可能形成法院的量刑方法。对此将尝试在接下来的段落中予以探究。

当在某一具体案件中作出裁判时，什么要素可能被认为会进入或影响量刑者的思考过程？以下四组要素可以被确认：

Ⅰ. 关于案件事实的观点。

Ⅱ. 关于量刑原则的观点。

（ⅰ）关于罪行严重性的观点；

（ⅱ）关于现有量刑类型的目标、有效性和相对严重性的观点；

（ⅲ）关于量刑的一般原则的观点；

（ⅳ）关于加重和减轻因素，先前定罪和量刑整体性权重的观点。

Ⅲ. 关于犯罪与刑罚的观点。

（ⅰ）关于量刑目标的观点；

（ⅱ）关于犯罪原因的观点；

（ⅲ）关于法庭量刑功能的观点。

Ⅳ. 量刑者的人口统计学特点。

（ⅰ）年龄；

（ⅱ）社会阶层；

（ⅲ）职业；

（ⅳ）城市或农村背景；

（ⅴ）种族；

（ⅵ）性别；

（ⅶ）宗教；

（ⅷ）政治倾向。

我们将会看到第Ⅰ、Ⅱ和Ⅲ组所表达的内容是想强调量刑者有关各种因素的观点：就是这些观念，可能或者不可能符合权威或者客观的表述，可能会影响行为。

第Ⅳ组因素的相关性是什么？观点必定是我们每个人都会将可以追溯至上面列出的一个或者多个人口统计学因素的我们个性中的某些方面展现于我们的日常决定中。坐在法庭上的许多人可能主张习惯于防止其个人偏好影响其裁决。然而，并没有证据证明其能够多么成功地做到这一点，而且在任何情形下某些偏见来源可能是无意识的———种从一个特定的视角看待或者选择某些种类的信息的倾向，这可能是量刑者所没有意识到的。有关在英国量刑中的种族偏见问题仍然存在大量的争议：证据在第七章第二节被审视，其显示出监狱中的少数族裔人数过多，而在量刑者中少数族裔人数过少。年龄歧视的可能性被较少讨论。多数量刑者至少比多数罪犯要大一个辈分，经常是两个辈分，其或许不会理解年轻人某种行为的背景或含义。30 多年以前罗杰·胡德（Roger Hood）发现治安法官的年龄与危险驾驶案件中罚金的数量有关联，较年长的治安法官在处理 2 起涉及较年轻的驾驶员的案件中相对严厉，而在 3 起涉及较年长的驾驶员案件中，相比较年轻同行的罚金处理则相对宽大。① 这可能还是真的吗？在对加拿大的研究中，贺加斯（Hogarth）也发现了量刑者信仰与年龄的关系，较年长的治安法官倾向于将犯罪的社会学解释最小化，并且通常在量刑方法上的犯罪导向多于罪犯导向。②

　　第Ⅳ组的人口统计学特点通过什么程序会影响量刑司法实践呢？有关四分之三的高等法院法官与多数巡回法官上过公立学校并进入牛津或剑桥大学这一反复发现的结果说明了什么？③ 佩妮·德比郡（Penny Darbyshire）认为"高等法院的法官在精英大学受过教育"是自然与适合的，因为其被期望承担复杂与持续性的工作。④ 但是，随之而来的还有些问题需要回答。一个可识别的特点（社会高层，或者至少优势教育）可能会与特别的观点有关联吗？拥有这些背景的法官可能会倾向于较少考虑将社会状况或者刑事司法制度的作用作为可能的罪行理由吗？［见第Ⅲ（ⅱ）］⑤ 或者拥有这一背景的法官可能倾向于对"受尊敬"的人实施的所得税犯罪或者财务犯罪持一种更宽容的态度吗？⑥ 第Ⅳ组要素提出了一些关于人格要素对量刑影响的假设，留待在英国进行更全面的检测。胡德

---

① Hood（1972），p. 140.

② Hogarth（1971），p. 211.

③ 参见例如，Oxford Pilot Study（1984），p. 32；Darbyshire（2011），ch. 3。

④ Darbyshire（2011），p. 46.

⑤ Oxford Pilot Study（1984），p. 27.

⑥ Oxford Pilot Study（1984），p. 25.

（Hood）的研究发现治安法官们的品质仅仅对量刑发生有限影响，[1] 但有必要进行更广、更新的研究。

转到第Ⅲ组因素，在一个允许相当数量的自由裁量存在的制度中，量刑者有关犯罪和刑罚的观点将产生某些影响，这看上去是具有内在可能性的。有时第Ⅲ组中的观点可能是第Ⅳ组所列出的人口统计学特点的产物。有时更强大的来源或许是治安法官所加入的法庭。因而胡德发现相同法庭的成员，未与其他同事商量就作出量刑裁判，仍然"更可能与其同事作出相似的裁判，而非我们偶尔所期望的"，并且其发现"某些有关刑事政策假设的证据是为同一法庭治安法官所共享的"[2]。塔林（Tarling）对于30个治安法院的研究也发现，法庭的传统是解释量刑模式的一个主要因素。[3] 德比郡（Darbyshire）在20世纪80年代早期对司法职员的研究暗示某些法庭的传统可以追溯到其职员的影响，职员在治安法官培训中发挥主要作用。[4] 尽管这一制度目前已被改变，部分影响可能仍然是巨大的。

同样的分析不能适用于法官和记录法官，因为其独自审判案件。在20世纪80年代早期，牛津试点研究提出了一系列有关法庭中心规模和同事对法官和记录法官的影响之间关系的问题。例如，在非常小的法庭中心，法官易于被隔离；在比较大的法庭中心，有如此多不同的法官和记录法官作出裁判（每周或每两周一次），以致很少有共同裁判的意识得以发展。中等规模的法庭中心，有5至6名法官一起吃午饭，看起来是最有共同裁判意识的。[5] 确实法官每3年都要参加司法学院的进修课程，另外他们还在其巡回区接受培训，但这在多大程度上减少了任何隔离尚未可知。

第Ⅲ组因素提出了量刑者自己感觉其所具有的作用的问题。这里一个特别的问题是他们在多大程度上考虑了民意。许多在牛津试点研究中被访问的法官认为他们已经在大众传媒更喧嚣的因素和其他批评之间把握了平衡，并使其自身与"了解情况的民意"和"正确考虑社区成员"的标准

---

① Hood（1972），pp. 140-143.

② Hood（1972），p. 145.

③ Tarling（1979），and Tarling（2006）.

④ Darbyshire（1984）.

⑤ Oxford Pilot Study（1984），pp. 34-36；更多内容一般参见 Darbyshire（2011），pp. 135-136 and ch. 9。

保持一致。这些观点和标准符合自己的看法，看上去是一般的假设，① 因此，强化了贺加斯的发现，即"量刑者倾向于以最大程度上符合其个人观点的方法确定一个可操作性的限制"②。这些观点和标准或许恰好和诸如社会等级、年龄等人口统计学因素关联。与"了解情况的民意"的概念有关的一个难题是无数次发现许多社会成员对一般的犯罪趋势，尤其是量刑实践，并无正确了解。来自1996年的《不列颠犯罪调查》的证据说明了这一影响，多数被访问的法官实质性地高估了被记录的暴力犯罪的比例，没有意识到法院的量刑范围，低估了法庭对诸如强奸、走私和夜盗等罪行的监禁的使用。③ 其他误解包括暴力犯罪的比例，以及英格兰和威尔士谋杀罪的比例。④ 霍夫、雅各布森和米莉所调查的许多量刑者承认多数公众和媒体的观点是无知的，⑤ 然而他们中的许多人也承认民意状况的改变影响量刑水平。在法庭试图增加量刑以回应公众对宽大量刑的批评时，看上去很清楚，当那些批评是基于误解，那将导致错上加错。

转向第Ⅱ组因素，有人可能希望量刑者关于量刑原则的观点会与其关于刑罚目标的观点紧密关联。一项过去的研究发现治安法官有关犯罪和刑罚的观点不会决定其量刑实践，⑥ 但那项研究需要在当代环境下进行复制。依据《2003年刑事司法法》，一名量刑者被要求考虑可能的量刑目的全部范围，而且尽管均衡性是确定性指南中的一项主要因素，⑦《2003年刑事司法法》第142条所列目的的作用是什么以及如果有作用，作用有多大，并不为人知晓。胡德的研究暗示由于案件事实越来越不寻常，量刑差异逐渐加大，得出的结论是，存在"对于量刑解释的一般支持，其将治安法官对量刑感知的方式与罪行分类上的差异看作产生不一致量刑的一项重要因素"。⑧ 这对于由霍夫、雅各布森和米莉访问的量刑者而言也是主要因素——他们感到犯罪正变得更加严重，他们必

---

① Oxford Pilot Study（1984），pp. 30 - 34；有关 Queensland，还参见 Mackenzie（2005），pp. 143-145。

② Hogarth（1971），pp. 209-210.

③ Hough and Roberts（1998）.

④ Hough and Roberts（2012），pp. 280-283.

⑤ Hough et al.（2003），pp. 53-54.

⑥ Lemon（1974）.

⑦ 参见 Sentencing Guidelines Council, *Overarching Principles*：*Seriousness*（2004）。

⑧ Hood（1972），p. 141.

须对其有所回应。①

其他的影响因素可以在第Ⅲ（ⅱ）组中，量刑者有关现有量刑形式的目标、有效性和相对严重性的观点中发现。可能这里经典的例子是量刑者对缓刑的理解：立法绝对清楚地规定其是一种监禁刑，其仅适用于法庭已经决定这一案件应判处某一期限的监禁刑。但是，历史表明在英格兰和威尔士缓刑制度整体"失灵"。最初的 1967 年法律的失灵是因为许多量刑者将其看作是一种带牙齿的非羁押刑，并且在先前本应适用社区刑的情形下适用它；而且量刑的暂缓时间会更长。自从 2005 年缓刑命令再生以后，同样的情形已经发生了。② "失灵"这一术语在这里已经被采用了，但现实中这是一个量刑者超越法律字面含义自行理解的例子。来看监禁刑本身，由温道尔（Wandall）所开展的丹麦的研究表明量刑者关于监禁刑目的的观点与量刑实践是如何施加影响的，③ 其他国家可能也是如此。许多年来某些量刑者已经表达了对某些形式的社区刑的组织的担心，并因此倾向于更少地适用它们。各种司法观点已经在牛津试点研究中被展示，④ 多是来自个人的或者报道的经验而非研究的结果。没有证据表明近些年增加司法培训是否会减少方法的多样性，但是霍夫、雅各布森和米莉的研究已经发现了许多对量刑前报告、毒品治疗和检测命令的积极态度和其他社区基础的发展。⑤ 实际上，雅各布森和霍夫随后的研究证明了法官个性化减刑观点与其适当量刑的观点（通常在这方面是社区刑）共同发生作用，使某些罪犯的刑罚低于羁押刑门槛。⑥

相似的观点会在有关与加重和减轻因素（第Ⅱ（ⅳ）组）的相对权重的观点中提出。单独评价一项因素的权重是一回事，在一个案件中协调加重因素和减轻因素则绝对是另一回事。莎丽·戴蒙德（Shari Diamond）在其美国研究中发现，"当加重和减轻因素都出现时……法官之间的观点

---

① Hough et al.（2003），p. 30.

② 参见 Bottoms（1981）的研究，在下文第九章第四节第五部分讨论。

③ Wandall（2008），ch. 8.

④ Oxford Pilot Study（1984），pp. 28-30.

⑤ Hough et al.（2003），pp. 46-49.

⑥ Jacobson and Hough（2007），ch. 4；有关 Danish 法官的相似模式的推理，还参考 Wandall（2008），ch. 3。

分歧会更大"。① 在英格兰，一项由治安法官和司法职员参与的模拟量刑训练让克莱尔·科比特（Claire Corbett）得出这样的结论，至少在他们提供的理由中，不同量刑者倾向于将不同的价值置于相同的因素上。② 这些反馈很可能同样适用于对先前定罪和量刑整体性的权衡，对此，量刑者可能会持不同的观点。③ 正如古德曼—德拉哈蒂（Goodman-Delahunty）和施波雷尔（Sporer）从其回顾心理学研究中所得出的结论：

> 几个运行于法官意识之外的其他一些预料之外的不一致的来源会冲击量刑平等原则。可归于无意识的法外因素的比例在实质上少于法内因素，但是这些影响使量刑结果产生极大的差异。④

在第 I 组中唯一的因素是量刑者关于案件事实的观点。其重要性被量刑者与研究者所广泛接受。量刑者被告知"没有两个案件是相同的"并且"每个案件必须依赖其自己的事实"，或者（在当代的版本）表述为"在每个罪行中所涉及的犯罪活动的具体事实特征仍然是首要的考虑因素"⑤。首席大法官莱恩勋爵（Lord Lane CJ）甚至认为量刑"是一门艺术而不是一门科学"。⑥ 我们已经注意到这样的表述经常被用于反对量刑规则和指南的观点。据说，灵活性是需要的，以便于法庭可以在个案中反映特别事实的组合。相似地，有些人主张，根据犯罪相关和罪犯相关事项，以及加重和减轻要素，量刑裁判的法律分析从来都捕捉不到个案的独特性。依据这一观点，只有通过重视"整个案件故事"的详情才有可能搞清楚量刑的含义，而不是通过难以避免的人工分类和评论员的构建。⑦ 此外，这种观点在一定程度上是正确的：在实质性事实的组合上案件之间确实存在极大的差异。其论证了规则并不能完全迎合所有可能发生的事件的

---

① Diamond（1981），p. 407.

② Corbett（1987）；还参见 Hood（1972），p. 124。

③ 有关犯罪记录的实证研究结果，参见 Roberts（2008），chs. 5 and 8。

④ Goodman-Delahunty and Sporer（2010），p. 30.

⑤ 这是首席大法官贾奇勋爵在 2012 年托马斯案（*Thomas*［2012］）1 Cr App R（S）252, at［62］）中的构想；许多其他例子之一见 *Reeves*［2013］2 Cr App R（S）129, at［13］。

⑥ 当拒绝允许有关法官量刑实践的研究项目继续进行时首席大法官莱恩勋爵所言：Oxford Pilot Study（1984），p. 64。

⑦ 例如，Tata（1997）。

观点，但其当然不能得出规则与原则因而应当最小化的结论。实际上，主张每一起案件依赖于其自己事实的许多法官也都认为经验在量刑这一艰难的任务中是最重要的。这一推理难以自圆其说，正如胡德已经指出的：

> 治安法官和法官……将特别的价值置于其量刑经验中。现在，假如这一经验是有价值的，那么所有的案件都不会是独一无二的，至少在某些方面它们是可比较的；并且即使假如认可在某种程度上所有案件是独特的，在量刑实践中这不可能是决定性的，因为判决经常是通过"经验"的帮助而作出的。于是，治安法官在其恰当量刑的考虑中会将某些可观察到的因素包括进来。①

因此，因案而异和量刑必须是"建立在具体事实的基础上"的主张中的事实要素，不应当允许模糊两个其他主张的重要性——事实不决定案件，而是法庭对属于关键事实的处理方法决定案件；并且确定应当对量刑产生主要影响的某些因素是可能的，即使其他次要因素会因案件的不同而发生相当大的差异。②

然而，"案件事实"概念的调查仍是一个重要的研究问题。事实不会带着重要的或是不重要的准备好的标签而到来。检察官的事实陈述，或者甚至答辩的辩护基础，都可能影响法庭的方法。但是，或许是评估案件事实的法官或者治安法官通过将其自己的观点适用于第Ⅱ组和第Ⅲ组事实建构其自己认为的重要事实的图画。这一建构过程中的一个重要因素看上去是法官对于其在法庭上所观察到的被告人品格的印象。从牛津试点研究期间的观察可知，很明显，法官可能受到被告人外貌与其对法庭态度的影响。③ 卡罗尔·海德曼（Carol Hedderman）的小型研究暗示被告人在法庭上的举止（比如表情狂妄，表现自然不像事先被教唆的，表现镇静而非紧张与悔悟）既影响治安法官对被告人的反应方式，也影响到量刑的严厉性，这是为何女性（其经常比男性表现得更加痛苦）所获得的量刑更宽大的一个可能的理由。④ 对这一观点进一步的支持可能是来源于作为内

---

① Hood（1962），p. 16.

② 有关最后一点，参见 Moxon（1988），p. 64。

③ Oxford Pilot Study（1984），pp. 20-4.

④ Hedderman（1990）.

政部有关女性量刑项目一部分的对治安法官的访谈，其揭示了治安法官可能对那些感觉恭敬与傲慢的罪犯有不同的反应，并且多数女性属于前者。① 古德曼—德拉哈蒂和施波雷尔所进行的研究使他们得出这样的结论，即"法官可能无意识地被易于观察到的罪犯的特点所影响，比如罪犯的性别、童颜、外形出众以及情绪化表现"。② 当反思电脑量刑的可能性时，库克勋爵（Judge Cooke）更接近于放弃这些品格评估的影响。

> 在最后时刻，对量刑的自由裁量权必须保留在人的手中。你不能设计一个电脑程序，记录案件的"感觉"，或者被告人对量刑者的影响。③

如果"案件的事实"不是一个客观实体而是某种程度上的建构的观点能被接受，必定涉及对不同要素分配的权重，在量刑实践中实现一致性以及进而实现法律面前平等的问题就被作为尖锐的问题揭示了出来。这并非暗示权威的指导意见没有发挥作用；而是暗示其作用并非如此强大以至能够排除量刑者重大的个体差异，尤其是其留给法庭裁判的那些事项（如有关加重和减轻的因素，先前定罪和量刑的整体性）。④

于是，这一讨论自然地进入了在其变得更加严格或复杂以至比没有它们会产生更多的司法不公之前，有关规则、原则、指南等适用范围的争论。法官倾向于通过主张量刑是一门艺术而不是一门科学以维护其广泛的自由裁量权，其实质是进行裁判，而非适用规则或者指南的问题。这一观点最极端的形式是被更高等的澳大利亚司法机构所支持的思想——量刑判决包括一种与每起案件相关的事实与原则的"直觉的合成"，任何为这样的判决确立起刑点或指南的企图必定导致权力滥用与司法不公。⑤ 从实践上和心理上，这走的都过于遥远了。实践中，英格兰与威尔士的高级法官

---

① Hedderman and Gelsthorpe（1997），pp. 30-4；这一研究也质疑了恭敬和傲慢感觉的准确性，尤其当解释少数族裔成员行为时。

② Goodman-Delahunty and Sporer（2010），pp. 26-27.

③ Cooke（1987），p. 58.

④ 在第五、六和八章中进一步讨论这些问题。

⑤ 详尽的阐释，参见 the judgment of McHugh J in *Markarian v. R.* ［2005］HCA 25，在下文第十四章讨论。

已经通过接受指南的发展承认，首先作为上诉法院裁判的组成部分，然后是确定的指南形式的量刑指南的发展都是站不住脚的。根据心理学研究，从直觉（方法上的迅捷与结合）到分析（缓慢与深思，认知上的苛求）存在一个裁判作出的类型范围，具有存在于统一联合体中间位置的准理性的认知方式，并且包括直觉与分析因素。[①] 在从"直觉合成"开始的范围的另一端存在一种观点，认为量刑可以简化为一套稳定的允许很少或没有自由裁量的规则。如果在一定程度上其没有给特别的罪行与罪犯的量刑留有裁判的空间，由此阻止法庭作出个性化裁判，这一观点也过于极端了。美国的量刑指南制度有时以这些术语来描述，尽管可能并不准确。[②] 更现实的目标是强制或强制最低量刑，其在很大程度上限制了法官。[③] 然而，该范围内的两个极端都可以因为不适合量刑而遭拒绝——因为"直觉合成"在量刑中并未给予法治价值、原则与方法的一致性以充分的权重；因为规则约束的方法未给予量刑者在反映非寻常事实组合时运用裁判权以充足的空间。

拒绝两种极端的态度仍然给应当提供给法官的理想数量的指导意见以及不应考虑的压制诸如导致量刑不平等的因素等影响的有效方式的异议留下了相当大的空间。本章的第 5 部分已经阐释了英国的确定性指南对于法官与治安法官作出裁判设置了一个特别的框架，但是也为其个性化量刑留下了相当大的范围（比如涉及加重与减轻因素、先前定罪以及量刑的整体性）。这或许应当受到称赞，因为其在允许"裁判的空间"存在时提升了法治价值。[④] 某些研究过量刑裁判的心理学家认为已经有充分的有关"强调可能源于直觉裁判的错误与偏见"的研究，因而"天平需要进一步朝向一种量刑的结构化、分析的方法倾斜"。[⑤] 因而任何个性化量刑的参考都存在量刑者个人观点介入以及无意识的偏爱与信仰对罪行与罪犯形成印象的风险。所以，下文将主张量刑委员会应当在规制量刑者对于加重与减轻因素（第五章）、犯罪记录的重要性（第六章）以及量刑的整体（第八章）等方面有更大的作为。这样的发展能够将法治价值带入目前其并

---

① Dhami, Belton and Goodman-Delahunty (2014).

② 进一步的讨论，参见第十二章第二节。

③ 参见上文第五节第一部分；对于司法反对，参见 Mackenzie (2005), pp. 49-51。

④ Hutton (2013), p. 102.

⑤ Dhami, Belton and Goodman-Delahunty (2014).

未充分产生影响的量刑领域。此外，这是一个应被更加广泛适用的主张：正如本章第四节部分所述，从各种审前分流的形式到羁押的裁量释放过程中存在一个可以公正地描述为"量刑"的一系列判决，对其应当适用相同的原则。

第二章

量刑和宪法

近些年在量刑领域的重大变化已经产生了在这个国家和其他地方有关宪法本质问题的一些问题。涉及权力分立的量刑地位需要澄清,尤其是强制量刑和强制最低量刑引入立法的背景下在多大程度上司法独立原则被这样的发展所侵犯?因制作量刑指南的量刑委员会的出现已经产生了其在宪法框架中的地位问题。基本权利的日益凸显,尤其是那些由《欧盟法》和《欧洲人权公约》所支持的权利,已经产生了对量刑法律和量刑程序兼容性的挑战。鉴于当前在英格兰和威尔士以及其他地方的争论,这些问题以及相关的宪法问题将在这一章分析讨论。

第一节 量刑中的分权

分权理论仍然在英国宪法理论中有一些相关性,但是量刑领域中的问题从来没有被完全解决。原则上,立法机关控制了量刑的权力和政策——受制于《欧盟法》(见下文第六节)和《欧洲人权公约》(见下文第七节)。司法机关处理对单个罪犯的量刑法律和量刑原则的适用问题。执行机关对判定的量刑的执行问题负责。但这些命题的中的每一个都需要进一步的探讨。

一个明确的出发点是立法机关拥有比法院更高的权力:如果立法机关(英国议会)通过了立法,法院必须遵守。因此,当艾弗·詹宁斯爵士(Sir Ivor Jennings)确定英国法院的三个特征时,第一个特征就是"它们对于立法机关的服从"。① 这一点作为公理被接受并非暗示司法机关不能

---

① Jennings (1959), pp. 241-242.

在立法机关搁置的事项上发展政策。因此,当詹姆斯·史蒂芬爵士阐述假如法院要承担制定量刑原则的任务,"其将行使一项宪法没有赋予他们的权力"① 的时候他走得太远了。这一论述无关紧要:它是没有的,因为英国宪法并没有明确"赋予"任何机构这一权力。然而,澳大利亚的高等法院坚持认为假如上诉法院制定量刑指南,其就在扮演立法角色,那这是对分权原则所不容许的违反。② 这是值得怀疑的,因为指南仅仅是指南,并不具备强制最低量刑的立法特征。接受法院居于立法机关下位这一前提,即使这一委托的或者仅仅遗留给法院的(权力)可能被议会收回,法院当然可以拥有指导司法裁量权适用这一立法机关遗留的权力,那么,对立法机关或法院能力有任何限制吗?记住当议会决定立法时其拥有高于法院的权力。

假如回顾历史,那么人们会发现广泛的司法裁量权仅是过去百年左右英国量刑的独有特征。在 19 世纪前半期,有两个要素极大地限制了司法裁量权。对许多的罪行有最高和最低的量刑。几部立法规定了不同等级极限刑罚的多样化的不同犯罪。在 19 世纪的大部分时间内,法官与其 20 世纪和 21 世纪的同僚相比享有较小的自由裁量权,③ 任何有关广泛的量刑裁量权"属于"司法机关的主张都是没有历史基础的。其合理性仅仅是来自 19 世纪末和 20 世纪初立法机关对最低量刑的放弃,以及一度取代过多的狭隘定义犯罪的趋势,每一起犯罪都有独立的最高量刑,有少量"宽泛地带"的罪行具有相当高的法定最高量刑。④ 那一方法被《1968 年盗窃法》(Theft Act 1968)和《1971 年犯罪损害法》(*Criminal Damage Act 1971*)所采用,两者都取代了大量的单独规范犯罪,(这一)源自 19 世纪的一些被广泛定义的犯罪。这些立法拓展了量刑中法官的裁量权,但是,那种方法现在已经被废弃了,诸如《2003 年性犯罪法》(*Sexual Offences Act 2003*)等立法回归到了以前的多样化的罪行有单独的最高刑的方法。

然而,这并非暗示着 19 世后期法官在量刑上受到严格约束。实际上,存在量刑不一致的充分证据,正如利昂·拉齐诺维奇(Sir Leon Radzinow-

---

① Stephen (1885).

② *Wong v. R.* (2001) 207 CLR 584.

③ Thomas (1978); and Radzinowicz and Hood (1986), chs. 22, 23.

④ Thomas (1974).

icz）和罗杰·胡德（Sir Roger Hood）两位爵士所曾经证明的那样。① 在内政部中存在忧虑，甚至在 1889 年向皇家委员会提出的有关通过立法实现量刑一致性的建议中也存在这样的忧虑。当时的上议院大法官霍尔斯伯里勋爵（Lord Chancellor, Lord Halsbury）依据（令人怀疑的）量刑是法官的职责的观点，成功地对此进行了反驳。② 几年之后，在 1901 年，首席大法官阿尔弗斯通勋爵和 6 名皇家高等法院的法官（王座法庭法官）起草了一份"标准刑罚备忘录"（"Memorandum of Normal Punishments"），寻求为普通案件建立标准的刑罚。③ 因此，经常认为是 1907 年刑事上诉法院的创立使得实现量刑标准的司法控制成为常态，早几年的阿尔弗斯通备忘录（Alverstone Memorandum）标志着向这个方向上迈出了重要一步——固然是作为对许多公众和政府对 19 世纪的前几年量刑不一致的焦虑的回应。尽管如此，逐步的（和在 20 世纪最后 25 年，迅速的）来自上诉法院量刑裁判的积累必然很可能确实地强化了这一信念，即这是司法领域的事情并且几乎不需要详细的有关量刑的立法规定。

那一信念，在司法领域被广泛接受，相信上诉法院监管下的司法裁量权比更大的法定限制更可能产生公正的量刑结果。这是一个有争议的论题，将在下文第 14 章进一步讨论。但是，它与司法独立原则不同，也不能正确地为立法机关设置最大量刑和引入新的量刑形式的任何原则提供基础。因此，在《1997 年犯罪（量刑）法》［Crime（Sentences）Act 1997］之前，当对有关将最低量刑引入英国法律存在激烈争议时，资深法官抛弃了"司法独立"的观点并且诚实地面对这一政策问题。正如宾汉勋爵所说的，

> 是否以建议的（或非建议的）方式限制法官的量刑裁量权是令人满意的存在合理争论的空间。但是甚至这不是一个宪法争论。正如议会可以规定并不侵犯法官宪法独立地位的一项最高量刑，所以其可以规定一项最低刑。在最广泛的意义上，这是一个政治问题——一个什么是有利于政体利益的问题——不是一个宪法问题。④

---

① Radzinowicz and Hood（1986），pp. 741-747.

② Radzinowicz and Hood（1986），p. 754.

③ Radzinowicz and Hood（1986），pp. 755-758, and Advisory Council on the Penal System（1978），Appendix E.

④ Bingham（1996），p. 25；see also Taylor（1996），p. 8, and Mason（2001），pp. 25-26.

当对澳大利亚法律要求法庭对特殊犯罪判处专门性刑罚提出宪法挑战时，澳大利亚高等法院这样驳回它：

> 因为案随境迁，法院不应该有量刑处置上的裁量权这既是不寻常的，依我看，一般也是不受欢迎的，而且法院竭力针对案情以及犯罪本质做出恰当的量刑是其传统功能。但是，有关法定犯罪的自由裁量权是否应给予法庭由议会决定。不可否认的是，有一些情况可能授权法庭有义务判处专门刑罚是合理的。如果议会选择否决法庭有这项裁量权，并且施加这样的责任，正如我已经提及的，法庭在这方面必须遵守法律，在其他方面也是如此。以我的观点，这不是违反宪法，也不是将判处刑罚的任何裁量权委托给法庭。①

同样的观点可能适用于《2003 年刑事司法法》第 269 条，在该条规定中，议会限制了法官对判处谋杀罪者适用最低刑罚权的裁量权，提出了一个司法起刑点的限制性框架。②

然而，假如立法机关的意图是通过一项对特定个人规定某种刑罚的法律，这是一个不同的问题。这一问题在澳大利亚得以验证，在那里，《1994 年新南威尔士社区保护法》（Community Protection Act 1994 of New South Wales）授权和要求州法院基于社区保护的目的对特定个人判处 6 个月预防性羁押的刑罚。在凯布尔（*Kable*）案③中，澳大利亚高等法院主张该项立法无效，理由是要求法院仿佛在行政机关命令下进行活动违背了分权原则。本案和接下来的高等法院的判决确立了立法不应实质性地损害法庭的"制度完整性"或"界定作为法庭的特点"。④

分权原则因此看上去确认了法庭量刑权可以由立法创制、规范和限制，甚至在某种程度上要求判处强制的或强制最低量刑，只要那些要求不

---

① *Palling v. Corfield*（1970）123 CLR 52，per Barwick CJ at p. 65；爱尔兰最近对强制量刑规定的宪法质疑参见 O'Malley（2013），pp. 221-223。

② 见下文第四章第四节第一部分。

③ （1996）189 CLR 51.

④ 有关讨论参见 Freiberg and Murray（2012），pp. 339-340；还参见 O'Malley（2013），阐释了量刑司法选择的宪法意义，p. 221。

侵犯罪犯的公约权利。① 司法机关保留了在议会制定的框架内处理单个罪犯的权力。

这导致了有关量刑的最终宪法问题——司法独立原则的真实含义。尽管在立法的量刑改革背景下其已经被过度援引，② 这项原则的真实含义是在每起案件中通过量刑时，法官或治安法官应以无顾虑、不偏袒、不带感情、不仇视的立场执行法律。③ 施加给法庭采取一种方式或其他方式判决案件的压力都不应该得到支持。在议会制定的框架内，裁量权不应当以个人的或政治的理由行使：其应当根据法律原则作出裁判。任命法官不应当出于政治动机。摆脱偏见、偏袒和不正当影响是法治的任何定义的不可或缺的部分。这确实是《2005 年宪法改革法》（*Constitutional Reform Act 2005*）第 3 条题为"确保持久的司法独立"的含义。

在法官被严格限制，作为政治性的被任命者，被期望沿着被认可的路径前行的世界的那些部分，这一原则被认为是极其重要的。④ 然而，值得铭记的是在这个国家"司法任命是受政党政治考虑所影响的，而且这一特质，融入进了 20 世纪"，而且"直到世界大战后，乔伊特勋爵（Lord Chancellorship of Lord Jowitt）的大法官任期内，我们才看到了现代实践的确立"。⑤ 在这个领域，有关立法机关角色问题以及司法独立和司法功能的现代概念具有比许多人相信的更短的历史。

第二节　量刑委员会的宪法地位

宪法对英格兰和威尔士量刑指导意见的安排在十年间经历了三次变革，第一次是被依据《1998 年犯罪和扰乱秩序法》第 80—81 条任命的量

---

① 参见本章第七节。

② 创设强制量刑制度的建议有时被认为损害了司法独立原则，但是其没有。参见治安法官协会对有关量刑指南的约束性本质的《验尸官和司法法》的规定的回应，*The Times*，26 February 2009。

③ 对富有启发性的历史，参见 Stevens（1993）；还参见女王巡回法官委员会网页有关司法独立的各种网站。

④ 参见《1985 年有关司法机关司法独立原则的联合国宣言》（UN Declaration of Basic Principles on the Independence of the Judiciary（1985））。

⑤ Munro（1992），p. 4。

刑咨询委员会所改革；第二次是依据《2003 年刑事司法法》第 169—170
条所创设的量刑指南委员会所改革；第三次是被《2009 年验尸官和司法
法》中代替上述两个机构的量刑委员会所改革。这些机构的工作在第一
章第五节第一部分中已作了介绍，现在我们转而考虑其宪法地位。

　　量刑咨询委员会在 1999 年 7 月成立，有 11 名成员，并且很快形成了
14 人的标准。成员中的 4 位是量刑者（2 名巡回法官，1 名地区法官和 1
名治安法官），3 位是学者，其他 4 位是近期或当时对司法系统（监狱、
检察机关、警察机构和缓刑部门）有经验者，余下的 3 位是与刑事司法
无关的外行人员。量刑咨询委员会的主要职能是审查与被判定的犯罪的量
刑相关的问题，咨询专家和公众对指南的建议，最后将"建议"提交给
上诉法院。法庭有接受、拒绝或部分接受量刑咨询委员会建议的自由。这
些安排的宪法功效在于指南的制定被视为司法职能的一部分，（正如其曾
经在普通法上那样）由上诉法院来实施。即使它算得上具有政策的形式，
并且在立法机关所确立的界限内，其仍然在高级司法机关的直接控制下。

　　这一安排在 2001 年受到了《哈利迪报告》的审查，其主张必须采取
措施以形成全面的量刑指南，并应当考虑新的机制。这个被选择的机制是
咨询委员会继续运行，以便于执行最初的工作并且从事广泛的咨询工作，
新的量刑指南委员会将会产生以对指南的形成和发布承担最终责任。因
此，政府创设量刑指南委员会（SGC）的目的是：（a）从对个体上诉的
量刑裁判功能中将创制指南的功能分离出来（因此将创制指南的功能从
上诉法院中拿走）；（b）为议会在创制指南中有发言权做好准备。假设对
于（a）需要一个完全的司法主体，所以咨询委员会（拥有多样的成员）
是不恰当的，取而代之的是完全由司法人员组成的量刑指南委员会将被引
入，完全意识到"独立的司法机构的重要性"。① 因此，2002 年提交给议
会的《刑事司法法案》（Criminal Justice Bill）提供了一个由 7 名成员组成
的量刑指南委会（SGC）——英格兰威尔士首席大法官，2 名上诉法院大
法官，1 名高等法院大法官，1 名巡回法官，1 名地区法官（治安法院的）
和 1 名外行治安法官。

　　因此，正如该法案通过议会在运行，上诉法院收到了量刑咨询委员会

关于入户夜盗（domestic burglars）的建议。① 首席大法官沃尔夫勋爵（Lord Woolf CJ）作出指南裁判，接受了咨询委员会的多数意见，但是显著地降低了第一次和第二次实施中等水平夜盗罪的罪犯的起刑点，建议对他们适用社区刑。② 尽管沃尔夫勋爵参考了各种政府政策的声明，小心地解释这些变化，大众媒体和接下来的内政部长都谴责这一裁判是不当的仁慈。接踵而至的愤怒吸引了媒体的广泛关注，内政部长似乎已经决定整个司法机关不能被委托以创制量刑指南的重要社会功能。政府提出了法案的修正案，将会在量刑指南委员会（SGC）中增加了 5 名非司法成员——这些人员分别拥有警察、刑事起诉、刑事辩护、犯罪被害人福利的促进和量刑管理工作的经验。相信有量刑管理经验的人将是来自内政部的公务员，在上议院有一项针对它的宪法异议。为了将量刑指南委会成员从完全的司法机关扩展到包含更广泛成员是一回事；但扩展其成员以包括公务员，一个注定会提出部门意见的行政人员，则确实是另一回事。上议院宪法特别委员会对此问题征询了意见，得出的结论是这样的被任命者可能不具有独立性，表达了"对公务员应当作为量刑指南委员会成员建议的担忧"。③ 修正提案的这一部分最终被放弃，尽管 1 名高级公务员被允许出席量刑指南委员会并发言。④

假如量刑指南委员会成员应该全部是司法人员这一最初的设想是基于量刑指南的创制是一项司法职能的信念，现在那项假设已经被冲淡了，并可能仅适用于拥有多数司法人员的机构（正如量刑委员会那样）。然而，在本书以前的版本中⑤已经提出拥有一个在刑事政策广泛事项方面有多样化经验的机构是可取的，不仅仅是因为许多法官有支持现有的安排而不赞成改革的倾向，⑥ 而且因为其他视角在审议时有合法地位。

这一点已经被很好地收入《盖奇报告（2008 年）》中，一份要求在

---

① Sentencing Advisory Panel, *Advice to the Court of Appeal-8: Domestic Burglary* (2002).

② *McInerney and Keating* ［2003］2 Cr App R（S）240；进一步参见 Davies and Tyrer（2003）。

③ House of Lords（2003），para 6.

④ Criminal Justice Law 2003, s. 167（9）.

⑤ 参见第一版（1992 年）和第二版（1995 年）最后一章，包括可能在这一主题上对政策制定的某些影响的建议。

⑥ 这是主要的反对观点，第五章，Tonry（2004），参见 Wasik（2008）对 2009 年以前的指南制度的审视。

6个月内完成的"检查一个结构化的量刑框架和常设量刑委员会的优势、劣势和可行性"的委员会报告。这份报告支持对量刑指南的变革方法，反对美国式的量刑网格模式（sentercing grid）（见下文第十四章第二节），并且偏爱一种建立在由量刑咨询委员会和量刑指南委员会所采纳的方式基础上的方法。这份报告强烈建议改进收集量刑资料的制度和对量刑实践展开全面研究。这一结果之一就是立法——《2009年验尸官和刑事审判法》——分配给委员会超越其前任的多样的权力和义务。[①] 那些权力和义务产生了宪法问题，其被作为下面来源于委员会创制的4个宪法问题的第4个问题而考虑——其成员，其与议会的关系，指南对法院的约束程度，及其更广泛的政策范围。

第一，委员会的成员包括8名司法成员，来自所有级别的刑事法院，以及6名非审判成员（在7个专门领域之一有从业经验：刑事辩护，起诉，警务，量刑政策和司法管理，犯罪被害人，相关学术研究，以及统计的使用）。为了反映量刑的司法经验，司法人员占多数非常重要。但是司法人员占多数并非任何宪法原则所要求的，正如上文所主张的。司法人员占多数仅在有必要确保指南的司法可接受性上才是合理的。此外，非司法成员名单中未包括任何社会公众成员，尽管《盖奇报告》对其介入量刑建议委员会表示赞同，并将其看作这一新机构的"主要特点"。[②]

第二个宪法问题关注这一新机构与议会的关系。正如本章第一节所主张的，议会不应当通过有关量刑问题的详细立法的宪法原则是没有理由的，并且也没有来自同样立场的强烈的宪政观点反对议会对指南的批准或修改。然而，在政治层面，风险在于投机主义的缺陷——政客将会关注在政党内部的投票胜利或者增长而不是试图对主题问题采取深思熟虑和全面看待的观点的风险。量刑指南委员会（SGC）需要咨询相关的部长和下议院的司法委员会；这些回应一般而言是建设性的和经缜密思考过的，政党政治的观点不被采纳。《盖奇报告》明确考虑了指南提交给议会批准的建议。主流观点对此表示反对，他们相信这会导致指南的政治化以及旷日持

---

① 在《验尸官和司法法》通过时所提出的问题的进一步的讨论，参见 Roberts（2011a）and Ashworth（2010）。

② Gage Report（2008），para 6.14.

久的争斗或者僵局。少数人认为应当将指南作为一个整体批准或不予批准，① 这个程序将"使指南具有更大的合法性"。② 一个重大的问题是委员会的工作实践：英国指南机构从未思考立即发布一整套的指南或制度，而是更偏爱循序渐进的方法。假如具体的罪行指南需要议会批准，要比像新西兰所设想的那样"打包"提出一整套指南，更有可能受到政党政治的干涉。

　　第三个宪法问题关注指南约束法官和治安法官的紧密程度。《2003 年刑事司法法》要求他们"考虑"确定的指南，并且假如偏离指南需要说明理由。《盖奇报告》在其是否充分方面存在分歧。多数人认为应该有指南必须被适用的推定，然而少数人坚持在《2003 年刑事司法法》中的任何紧密性检测会阻止法院在某些案件中通过公正的量刑。③ 正如我们在第一章第五节（b）部分中所看到的，多数人建议的观点获胜了，结果法庭必须"遵循"指南的要求，除非确信在罪行范围内量刑会"违背司法利益"。在上文第二章第一节已经表明对此并不会有宪法异议，也没有违反司法独立的原则。

　　第四个宪法问题来自委员会的广泛的权力和义务。《盖奇报告》恰当地批评了有关量刑和指南效果数据的匮乏，《验尸官和审判法》开始着手对其补救。该法第 127 条要求任何指南草案或确定的指南都要有资源评估，表明指南在监狱和缓刑服务方面的可能性效果。第 128 条施加给委员会"监管量刑指南的运行和效果"的义务，以及考虑从监管中所能得出的结论。④ 该法第 129 条要求委员会公布关于当地量刑的数据，以及授权委员会"提升有关英格兰和威尔士法庭对罪犯量刑相关问题的意识"。该法第 130 条和第 131 条详细说明了年度报告的内容，但特别值得留意的是该法第 132 条规定委员会有义务评估对英国上议院大法官（Lord Chancellor）提到的有关量刑政策或立法的任何政府建议的矫正资源的影响。当形成指南时，这与委员会考虑"不同量刑的司法成本及其预防再犯罪的有关效果"（与该法第 120（11）（e）条）的义务紧密相关。迄今为止委员会表现出对该项目义务未予重视。这可能与它主要是司法机关（司法

---

① 这是新西兰立法所规定的，见 Young and Browning（2008）。

② Gage Report（2008），p. 30.

③ Gage Report（2008），pp. 25-26.

④ 为提供被要求执行这一责任的这一数据，《皇家法院量刑调查》得以执行。

成员占多数）的事实有关；但是，就像委员会当前的组成，无论其是否体会到了这些要求，这都是一项法定义务。

除了根据 2009 年法律的有关量刑委员会的地位问题外，有两个更广泛的问题需要以宪政视角进行评论。将创制和发布量刑指南的职权授予给一个新的，但其组成人员不全是司法人员的机构是否适合。这一问题已经在美国联邦量刑指南的宪法挑战中在美国最高法院经受了检验。美国联邦量刑指南由美国量刑委员会依据《1984 年量刑改革法》（Sentencing Reform Act of 1984）而制定。在 1989 年米斯特雷塔诉美国［Mistretta v. United States（1989）］案①中，最高法院以 8：1 的多数否定了这一宪法挑战，主张尽管一度"国会几乎授权量刑法官在通常的广泛范围内对适用何种量刑有无限自由裁量权"，其仍然坚持"关于量刑的司法裁量范围受到议会控制"的立场。因此，立法机关收回其曾经给予法庭的广泛裁量权，在法律明确规定的限制内，授权给独立的量刑委员会，一点也不违宪。这一推理当然同样地适用于英国的宪法立场，支持将创制指南的权力授予委员会。随后，最高法院在 2004 年布莱克利诉华盛顿［Blakely v. Washington（2004）］案②的裁判中提出了关于美国指南制度合宪性的问题。该案的明确观点是否决了上诉人由陪审团审判的宪法权利，假如他的量刑被加重，超过了指南所标示的量刑范围，这一量刑是由法官而不是陪审团决定的结果。然而，布莱克利案证明是减轻量刑指南约束效果的一系列裁判中的第一个裁判。因此，在 2005 年美国诉布克［United States v. Booker（2005）］案③中，最高法院实际上指出联邦量刑指南是建议性的而非强制性的。在 2009 年斯皮尔斯诉美国［Spears v. United States（2009）］案④中，最高法院主张假如量刑法庭反对以指南为基础的政策，量刑法庭可以偏离指南，在这一案件中，将其适用于把强效可卡因与粉末状可卡因相关联。这一关于可卡因的特殊争论已经解决了，至少在某种程度上，由美国《2010 年公平量刑法》解决了。⑤

最后一个宪法问题关注量刑指南委员会，以及现在的委员会曾发布的

---

① （1989）109 S. Ct 647.
② （2004）124 S. Ct. 2531.
③ （2005）543 U. S. 220.
④ （2009）555 U. S. 606.
⑤ Steiker（2013）.

"确定性指南"。这些是什么法律呢？他们不是原初立法、授权立法，或者法庭裁判的一部分。基于量刑者的义务，他们有权"遵守"确定性指南（除非司法利益另有所指），但是以其他什么方式，他们的立法权威得以彰显，尚不清楚。对拒绝遵循指南的法庭的司法审查行为不太可能会被受理：毫无疑问上诉人将被指示使用正常的途径对量刑提起上诉。因此，正如在20世纪八九十年代，司法量刑指南被认为在普通法上有约束力，即使实质上他们是对包含其中的裁判的附带说明，其也显示确定性指南将通过立法的（合格的）义务根源部分获得其权威以遵循它们，并且部分通过上诉法院得以执行。作为法律的一种，它们自成体系。

第三节　司法机关、行政机关和量刑政策

当新的量刑指南体系出现引发关于其宪法地位的问题时，司法机关与行政机关在量刑政策方面的斗争仍在继续。一个长期存在的特征是庄严的减免量刑的特权，宽大的特权，已经由内政部长行使（一名行政机关成员）。在过去的某段时间，这一权力被大力行使，像丘吉尔在其1910—1911年短暂的内政部长任期内那样：量刑的不一致和几个极其严苛的量刑例子使其如此震惊，以至其运用特权命令立即将几名被监禁者释放。[①]当死刑的废除已经被争论之时，这一特权的行使通常要受到监督，[②] 但在近些年它已经被主要用于值得怜悯的案件和其他与一般量刑政策无关的案件。[③]

直至2003年，内政部长才对被判处终身监禁的被监禁者应被羁押多长时间拥有突出的权力。然而，最近的判例法已经确认这种做法是与公约不一致的，因为（其）关于监禁的期限是由行政人员决定而不是由"独

---

① Radzinowicz and Hood（1986），pp. 770-775.

② Radzinowicz and Hood（1986），pp. 676-681.

③ Smith（1983）；基于"富有同情心的理由"释放权的进一步讨论，参见下文第六章第八节在 *Vinter v. United Kingdom*［2014］Crim. L. R. 81 and *Newell*［2014］Crim. L. R. 471 中的裁判的分析。

立的和无偏袒的法庭”来决定的。① 相似地，终身监禁者应当有权由法庭决定其是否需要被持续羁押［《公约》第 5 (4) 条］，并且为完成这些目的 “法庭” 可以由一名法官主持的假释委员会（组成）。②

当局设置了行政权对个人量刑的界限，但是在有关量刑政策问题上行政机关试图影响司法机关和司法机关试图影响行政机关时，规则和惯例就相当不稳定。严格的原则必须是法院没有义务服从行政机关。1978 年下议院开支委员会（House of Commons Expenditure Committee）表达了这一立场（尽管以一种相当戏剧性的形式）：

> 我们讨论问题的出发点必须意识到司法机关作为独立于立法机关和政府的执行机构的宪法地位。这意味着内政部告诉法官做什么是不适宜的，即使司法行为的结果将威胁到监狱制度的崩溃，这非常接近曾经的局面。③

来自 “告诉法院做什么” 的一个步骤是努力说服法庭遵循一定的路线。其中一个例子是 1977 年内政部将咨询委员会有关刑罚制度的中期报告《监禁刑的长度》（*The Length of Prison Sentences*）的复制本送给每一位法官和每一位治安法官。这个报告提供了更长的量刑并不比更短量刑具有更大的犯罪预防效果的证据，目的是 “邀请” 法庭 “作出他们的贡献” 以解决监狱人满为患的问题（也就是说，判处更少和更短的羁押刑）。④ 这是温和、劝诫的语言，⑤ 但人们可以看到这种从行政机关到司法机关频繁的公函或许被认为逾越了界限，更不用说还有另一个拥有使法官们被告知的领导法官的机构（司法学院）。

然而，影响量刑实践和政策的努力并不总是单方面的。近些年，还出

---

① 关键性的裁判是 *Stafford v. U. K.*（2002）35 EHRR 1121，在 *R v. Home Secretary*, *ex p. Anderson*［2003］1 AC 837 中适用；进一步的讨论参见下文第四章第四节第一部分。

② 有关这一点的两个主要的 Strasbourg 裁判是 *Thynne*, *Wilson and Gunnell v. UK*（1989）13 EHRR 666（裁量的终身监禁）和 *Stafford v. UK*, above n. 40（对杀人罪的终身监禁）。

③ House of Commons Expenditure Committee（1978），para. 37；参考 Woolf（1991），para. 10. 154。

④ Advisory Council on the Penal System（1977），para. 12。

⑤ 另一个解释性说明的例子在 2002 年由大法官和内政部联合发布，参见本书第 5 版，第 62—63 页。

现了高级法官们发表公众演说和利用媒体传达司法观点的更大的意愿。诸如泰勒勋爵、宾汉姆勋爵和沃尔夫勋爵等英格兰威尔士首席大法官们（Lord Chief Justices）充分利用了媒体对量刑的兴趣。可能这方面最突出的例子就是在 1996 年的一天，当时的内政部长迈克尔·霍华德（Michael Howard）宣布其对强制量刑和最低量刑的建议。很明显先前已和更高级的司法机关进行了磋商，在一小时之内，泰勒大法官就召开媒体发布会批评这一建议，主张（对于其他事项）强制量刑不能震慑罪犯，因为破案率太低了。他和宾汉姆勋爵受邀发表公开演讲，同样的观点被以更充分论证的方式提出。[1] 他们在上议院的辩论中继续这样的攻击，泰勒勋爵的评论令人难堪："在刑法史中从来没有以如此不足信和可疑的证据为基础提出影响深远的建议。"[2]

更近些时候，在依据《2009 年验尸官和司法法》创设量刑委员会之前的争论中，是巡回法官委员会利用媒体表达了对政府建议方面的反对意见。然而，在这种情况下，正如有关量刑咨询委员会和量刑指南委员会的产生一样，既不是司法部门也不是议会实际上反对将控制量刑指南的权力（赋予）非司法和非议会团体的意见。司法机关似乎已经满足于只要指南提供团体中有多数司法人员（即可），议会看上去满足于只要此团体对建议的指南有义务咨询议会和政府领导即可。既不是量刑指南委员会也不是咨询委员会已经被看作将量刑与政治问题隔离的一种手段。[3] 在 2009 年法案产生量刑委员会这一问题上，提高一致性似乎是主要的驱动力，伴随成本控制作为一项要素。

当行政机关和司法机关的一些政策冲突在公众面前上演之时，关上门后私下的对话可能更频繁的发生。在 20 世纪 80 年代存在一些这种可能的例子，[4] 21 世纪第一个十年也暗示着司法言论导致政策改变的实例。法官对不幸的为公共保护目的而实施的监禁（imprisonment for public protection, IPP。以下简称"公共保护监禁"）的强制规范的反对可能是

---

① Taylor（1996），Bingham（1996）。

② HL Deb.，23 May 1996；在同一场争论中 Lord Williams of Mostyn 成为支持 1997 年法律的后来的工党政府的总检察长，他指责该法是"扭曲了正义。这种事情基于警句在政党会议上被处理是非常羞辱的"。

③ 在其他司法管区，这有一个著名的原理。在美国，参见 Barkow（2005），p. 812。

④ 参见本书第 5 版，第 63 页。

为什么强制要素在 2008 年被废除的一个理由，① 尽管羁押的不可预测性是另一个主要因素。一个更有趣的转变事件涉及同一部 2008 年的立法《刑事司法和移民法》，与少年罪犯的量刑有关。这部法律是十年来有关少年罪犯的量刑权的第一次修改，要求法庭尤其应考虑"量刑的目的"。它以下列形式来表述：

（1）罪犯的惩罚；

（2）罪犯的改造和复归；

（3）公共保护；

（4）罪犯对受到犯罪影响的人所做的赔偿情况。②

将这一系列量刑目的与《2003 年刑事司法法》第 142 条对成年人的量刑目的③相比较，缺少一个目的——"犯罪的减少（包括由震慑所减少的犯罪）"——非常突出。量刑咨询委员会参考相关实证证据，指出了这一点④，并且在废除建立在个别威慑或者一般威慑（individual or general deterrence）基础上的少年量刑时，援引了加拿大最高法院的裁判解释了相似的加拿大立法。⑤ 量刑咨询委员会的建议得到了量刑指南委员会的考虑。不久以后，当政府下令颁布 2008 年法案时，上述第 142A（c）条并未生效，尽管立法的其他部分生效了。这里发生了什么呢？

有两个可能的解释自圆其说。一是政府认识到其从少年犯量刑的目的中排除威慑的动议提交给议会是错误的，因而拒绝执行这一规定。另一个解释是资深法官受咨询委员会建议的警示，与政府沟通了其对剥夺少年犯判处威慑刑权力的忧虑，政府通过排除（c）部分在 2008 年规定中的执行作出回应。并没有证据表明两种解释中哪种是正确的，⑥ 但假如第二种解释中有任何实质内容，这是司法权力进一步的显现，尽管在这一特别事件上控制政府权力看上去几乎没有明确的目标意识。

---

① 进一步的讨论参见下文第六章第八节和 Ashworth（2013）。

② 《2003 年刑事司法法》（Criminal Justice Act 2003）第 142A（c）（c）条，由《2008 年刑事司法和移民法》（Criminal Justice and Immigration Act 2008）第 9 条插入。

③ 在下文第三章第一节阐释。

④ Sentencing Advisory Panel, *Sentencing Principles-Youths*（2009），paras. 53-56.

⑤ *B. W. P.*［2006］SCC 27.

⑥ 有趣的是，当澳大利亚立法机关从量刑目的的清单中去掉一般威慑时（根据澳大利亚法律改革委员会的建议），法院狡猾地主张这是"立法的失误"，并且主张一般威慑仍然是一项重要的量刑考虑事项：*DPP*（*Commonwealth*）*v. El Karhani*（1990），52 A Crim R 123。

最后，应当关注的是《2005 年宪法改革法》第 5 条规定英格兰威尔士首席大法官对任何有关司法机关或者司法行政的重要问题可以向议会作出书面陈述。如果英格兰威尔士首席大法官认为法官和治安法官在量刑裁判上维护正义受到威胁时，使用这一权力是可能的。

第四节　司法学院

据说第一次致力于量刑事项的司法会议于 1963 年由首席大法官帕克勋爵（Lord Parker CJ）召集。1975 年内政部长、上议院大法官和英格兰威尔士首席大法官成立了一个以贾斯蒂斯·布里奇先生（后来的勋爵）（Mr Justice（later Lord）Bridge）为主席的委员会，"（i）审查有关罪犯处理的事务和刑罚系统的传播信息机制；（ii）审查培训的范围和内容、所提供的培训方法；以及提出建议"。委员会 1976 年的工作报告在其标题中使用了"司法培训"的术语，一个某些法官们反响强烈的术语。正如该委员会在其 1978 年报告中所言，

> 据说，"培训"意味着存在可以培训人们成为法官的"培训者"，只要这个概念有能力影响那些关注司法培训规定的人们的思想，尽管有相反方面的抗议，这必然代表着对司法独立的一种威胁。[1]

随着时间的推移，这种极端的敏感性已经在很大程度上消失了。[2] 布里奇委员会（Bridge Committee）的报告导致司法研究董事会（Judicial Studies Board，JSB）于 1979 年成立。其最初关注皇家法院的量刑，在 1985 年司法研究董事会扩大了，被赋予了包括培训治安法官以及刑事、家事和民事事项的法官等的更广泛的责任。依据《2005 年宪法改革法》，英格兰威尔士首席大法官现在有培训法官的义务，所有从事司法工作人员的培训，自 2011 年 4 月起已经由一个机构负责，即司法学院（Judicial

---

① Bridge（1978），para. 1. 6.

② 参见 Darbyshire（2011），ch. 6。

College）。①

　　学院致力于就职和继续培训课程以及在线学习的司法培训计划。看上去培训以其信息和新颖性而突出："最有效的司法培训是要求司法职员积极参与到支持性环境中去，给其提供实践和发展技能的机会。"② 强调法官技艺很重要，但其让法官自己确保能跟上立法的最新变化以及指南和发展中的案例法。法官在网上能查阅辅助资料，并且定期获得关于法律发展的电子邮件。然而，就量刑委员会引入的量刑变更的规模而言，不幸的是学院的策略文件对量刑委员会和学院的关系，或者有关法官被培训适用量刑指南的方法，没有过多谈及。③

第五节　治安法院的地位

　　治安法官处理大多数刑事案件，但是对此制度长期存在批评。治安法院的构成，以及有关使治安法官更具有代表性的努力的相对失败，经常被援引。当女性占据了所有外行治安法官的半数时，还存在少数族裔代表过少，而老年人、白人代表过多的问题。治安法院本质上是地方机构：即使现在的培训由司法学院监督，量刑指南是全国性的，仍保留着地方文化，仍然存在地方法官的书记员（local justices' clerks）和地方联络法官（local liaison judges）权力的问题需要研究。④ 此外，在许多地区的治安法院还有一名或更多的地区法官参与审判，这产生了其他问题。⑤ 例如，20世纪 90 年代中期的研究发现，外省领薪治安法官（现在是 DJMCs）适用羁押的频率是大城市的两倍。⑥ 这些问题需要更详细的研究。《奥尔德评论》（Auld Review）重新考虑了治安法院的地位，以及非领薪治安法官和

---

① "Strategy of the Judicial College, 2011-2014", at www. judiciary. gov. uk/training-support/judicial-college.

② "Strategy of the Judicial College, 2011-2014", at www. judiciary. gov. uk/training-support/judicial-college, para. 21.

③ 参见 Padfield（2013），pp. 49-50。

④ Darbyshire（1997a, 1997b）；还参见 Padfield（2008），ch. 6。

⑤ Darbyshire（2011），pp. 167-172.

⑥ Flood-Page and Mackie（1998），pp. 67-70.

领薪治安法官（DJMCs）的工作划分，但是未提出结构性的改革。① 司法学院为地方法官提供指导和培训资料，还为地区法官（治安法院）、法律顾问以及担任主席的外行治安法官开设课程。

在量刑指南的发展中具有特别影响的是治安法官协会（Magistrates' Association），一个拥有大约 27000 名治安法官的志愿者的协会。在全国性的争论中，它代表着治安法院，对政策建议发表评论，回应咨询报告，偶尔支持或反对法律中的特别变化。协会的地方分部基于治安法院利益定期开会，在全国层面，它已经通过为其成员提供指导显示出其对量刑一致性的关注。在 1966 年该协会第一次发布《道路交通犯罪刑罚建议》（Suggestions for Road Traffic Penalties），对于需要法官量刑的所有普通道路交通犯罪的起刑点提出建议。这份文件更新了几次。② 一些地方的治安法院改编了（比如改变）全国刑罚的尺度。在 20 世纪 80 年代，几名地方法官通过为一些其他普通犯罪增加"起刑点"或量刑指南增补其自己的协会"建议"版本。柴郡（The county of Cheshire）研制了指南小册子，1987 年海尔森勋爵（Lord Hailsham）作为大法官和治安法官协会的主席，赞扬了柴郡的指南并提出了一些国家指南的想法。协会已经在着手这方面工作了，在 1989 年，它发布了《刑事犯罪量刑指南（除道路交通犯罪外）》[Sentencing Guide for Criminal Offences (other than Road Traffic)] 和《赔偿表》（Compensation Table）。这为大约 20 个常见的犯罪提供了起刑点，并在序言中提供了一般原则。③ 适用道路交通案件的指南被并入一般指南之中，它由包括法官的书记员（justices' clerks）和领薪治安法官（后来的地区法官）组成的工作组在 1992 年、1993 年、1997 年、2000 年和 2004 年进行了改造。然而，从一开始指南就遇到一个主要的困难：作为一个自发组成的协会的产物，他们绝对没有法定的权力，而且地方法官、联络法官和法官的书记员很清楚地知道其没有法定的义务去遵循他们。尽管如此，协会在缺乏任何权威来源的充分指导的情况下，通过以"自己动手的方式"去实现量刑的一致性以显示其领导角色，并发挥了重要作用。

---

① Auld（2001），ch. 4.

② 该协会还组织了有关其效果的研究：Hood（1972），以及在 Ashworth（2003）中的讨论。

③ 有关 1989 年协会发布该指南的决定过程中争议的讨论，参见 Ashworth（2003）。

那些自发形成的指南构成了目前的《2008 年治安法院量刑指南》的基础，（其）是由特别委员会（包括治安法官，地区治安法官，司法职员，以及量刑咨询委员会和量刑指南委员会成员）设计的大量活页文件夹，并被量刑委员会不断地更新。后来这些被加入《2009 年的青少年犯罪量刑》[*Sentencing Young Offenders* （2009）] 的指南中。这些文件一起第一次给治安法院带来了具有法律约束力的指南。自从《2003 年刑事司法法》包含了双倍提高治安法官在单一犯罪上的量刑权，从 6 个月到 12 个月之后，甚至有了更大变化的条款（规定）。这无疑将对他们审判和量刑的案件类型产生影响，将其司法审判权范围扩大至包括了许多现在由皇家法院审判的案件。然而，相关的条款还没有付诸实施。

第六节　欧盟法

欧盟法规制"自由、安全和正义"事务，其通过有关执行自己多样化活动的指令和对诸如儿童色情产品和环境保护问题有关的指令来追求"自由、安全和正义"目标。埃斯特拉·贝克（Estella Baker）曾经将欧盟量刑法描述为"貌似丰富的、多样化的、笨拙地组织起来"[1] 的一部法律，一个相对简单的例子来自欧盟的自由活动的权利，但其也使成员国能够惩罚那些没有携带所需文件而利用那一权利的那些人。欧洲法院曾坚持对违法者的量刑必须与相关权利成比例：任何刑罚若"与侵权严重程度不成比例以至于它成为行使自由权利障碍"都有违共同体法律。[2] 这一点已经被《欧盟基本权利宪章》（EU Charter of Fundamental Rights）的"刑罚的严重性必须与刑事犯罪成比例"[3] 的规定所强化，尽管并不清楚在成员国之间的量刑规范存在分歧的背景下欧洲法院将如何解释和适用这一规定。然而，欧盟法涵盖了对包括恐怖主义犯罪、洗钱犯罪，非法入境和伪造货币犯罪等在内的某些跨国犯罪的最高刑的规定，贝克主张量刑委员会

---

① Baker （2013），p. 260.

② *Casati* [1981] ECR 2595, para. 27；还参 *Pieck* [1980] ECR 2171，在 Guldenmund, Harding and Sherlock （1995），pp. 110–117 中的讨论。

③ Art. II. 49 （3），由 vanZylSmit and Ashworth （2004）讨论；参见 Clayton and Murphy （2014）。

有义务确保其指南与相关欧洲法令一致，随着欧盟所关注的领域得以扩展，这一义务将变得更加明显。①

第七节　欧洲人权法

欧洲人权法对量刑的影响也具有宪法意义。英国允许个人向位于斯特拉斯堡的欧洲人权法院申诉，《1998 年人权法》（Human Rights Act 1998）要求所有在英国境内的公共机构（包括法院、检察院、监狱、犯罪管理机构）行为与《公约》保持一致。虽然公约的主要刑事司法影响在于刑事程序，它的规范对一些量刑问题有重要的影响。这些将在本书的恰当部分进行充分讨论，但这里方便提及六点影响。②

其一，《公约》第 3 条禁止酷刑和"残忍或不人道待遇或者刑罚"。这排除了肉刑的司法适用③，并且结合《第六议定书》（Protocol 6），也废除了死刑。假如人们考虑在刑罚形式可接受性上的历史变迁，曾经有一个脱离肉刑——那些影响身体，在某种意义上直接的痛苦刑罚——向影响精神的刑罚转变的发展历程。诸如截肢、拷打甚至肉刑那样的措施都是违背《公约》第 3 条规定的。斯特拉斯堡法院曾主张没有释放可能的监禁刑（终身监禁意味着一生的生活是与《公约》第 3 条相违背的。）④ 正如鲍尔-福德（Power-Forde）法官所指出的，"否定［终身监禁者的］希望将是对人性的基本方面的否定，那样做是可耻的"。上诉法院反对斯特拉斯堡对英国法的解释，⑤ 但是"逐渐出现的合意"赞同在所有案件中，罪犯都有康复、被释放和重返社会的可能性。另一个问题是与另 2 名被监禁者共处一个有或者没有共用卫生间的囚室，待上许多时间并且几乎没有机会，例如活动，是否有违《公约》第 3 条的规定。许多年以后，现代观

---

① Baker（2013），pp. 273-279.
② 对最近美国量刑中的宪法权利调查，参见 Hessick and Hessick（2011）。
③ *Tyrer v. United Kingdom*（1978）2 EHRR 1（使用鞭打作为惩罚违反了第 3 条的规定）。
④ *Vinter v. United Kingdom*［2014］Crim. L. R. 81.
⑤ *Newell*［2014］EWCA Crim 188.

念目前转向反对立场并认为这确实没有充分尊重人的尊严。① 佩戴电子标签是否被归于"有辱人格的惩罚"还有待讨论。

其二,《公约》第 3 条和第 5 条可以一并或者单独援引以排除不成比例的量刑。斯特拉斯堡法院曾认为,对小额价值的抢劫犯判处终身监禁可能不成比例以至于等同于不人道的和有辱人格的刑罚,尽管在一定的情形下将其作为预防性刑罚有可能是合理的。② 相似地,当首席大法官沃尔夫勋爵在奥芬(第二号)案③ [Offen(No. 2)] 中主张对第二次"严重犯罪"自动适用终身监禁应当遭受更广泛的异议,首席大法官沃尔夫勋爵将《公约》的权利作为其推理的部分,仅仅一个推搡导致严重脑部伤害不能被定为"严重犯罪":

> 该罪行是过失杀人。罪犯在其还是年少成年人时可能就实施了另一个严重罪行。在这种情形下的终身监可能是武断的和不成比例的,违背《公约》第 5 条的规定。它也可能是一项违背《公约》第 3 条的刑罚。

这一裁判的结果是"读懂"了创造所谓"自动终身监禁刑罚"的立法。对不成比例的量刑的宪法性禁止在加拿大和南非已经得以适用,但在美国较少获得成功。④ 在洛克诉安德拉德案(Lockyer v. Andrade)案中,美国最高法院认为对于涉及总共 11 个空白录像带的两起盗窃案件判处两次终身监禁(最少 50 年)不是"严重不成比例"的,因此不是一项"残忍的和不寻常"的刑罚。⑤

其三,《公约》第 5 条对与终身监禁刑有关的程序也有重大影响。斯特拉斯堡法院(Strasbourg Court)在适用第 5(4)条规定时,坚持认为,对继续羁押需要进行定期的司法审查,首先将其适用于裁量终身监禁⑥,

---

① 参见《欧洲委员会有关防止酷刑和不人道的有辱人格待遇》的报告,在下文第九章第一节第三部分中提及。还参见 Napier v. Scottish Executive [2004] UKHRR 881。

② Weeks v. United Kingdom (1987) 10 EHRR 293.

③ [2001] 1 Cr App R 372.

④ Van ZylSmit and Ashworth (2004).

⑤ (2003) 123 S Ct 1166;还参见 Ewing v. California (2003) 123 S Ct 1179。

⑥ Thynne, Wilson and Gunnell v. United Kingdom (1989) 13 EHRR 666.

并且最终适用于对谋杀犯的终身监禁。① 这一效果将转移给由法官任主席的假释委员会，其任务是决定为保护公共利益，终身监禁的时间需要持续多久。

其四，《公约》第 6 条规定了公平审判权，这包括量刑决定。《公约》第 6 条与其保障措施将因此适用于可能导致对某人判处"刑罚"的任何程序的情形。② 这带来的一个结果就是内政部长不能对谋杀设置最低刑罚，因为它不是《公约》第 6 条所要求的"独立的和无偏私的法庭"。③ 当被告人是孩子的情形下，法庭程序必须进行特殊的调整，以方便有意义的参与。④

其五，《公约》第 7 条表明没有人可以遭受比犯罪之时更重的刑罚。英国法的分类不是决定性的，因为斯特拉斯堡法院主张没收命令是一项"刑罚"⑤，尽管似乎多数的预防命令都不被当作刑罚。⑥ 更具普遍意义的是改变量刑法不能溯及既往的原则。⑦ 这与近些年立法引入的量刑权的经常变化尤其相关。

其六，《公约》第 8.1 条宣布每个人都享有其私人的、家庭的生活，以及其住宅和通讯获得尊重的权利，第 8.2 条还阐释了干涉那些权利具有正当性的情形。即使在干涉权利行使具有正当性的情形下，对任何定罪的量刑必须与干涉原理成比例，必须反映权利被损害的事实。因此，在拉斯基诉英国（*Laskey v. United Kingdom*）的施虐受虐狂案⑧中，欧洲法院表明了其基于这一理由严格审查量刑严苛性的意愿（在审判中适用的刑罚已

---

① *Stafford* v. *United Kingdom*（2002）35 EHRR 1121，背离其在 *Wynne* v. *United Kingdom*（1994）19 EHRR 333 中的裁判。

② 对于"刑罚"的含义，参见 *Welch v. United Kingdom*（1995）20 EHRR 247。

③ 正如为上议院在 *R* v. *Home Secretary, ex p. Anderson*［2003］1 AC 837 中所坚持的，审查先前的 Strasbourg 裁判。

④ *V and T* v. *United Kingdom*（2000）30 EHRR 121；*SC* v. *United Kingdom*［2005］Crim LR 130.

⑤ *Welch v. United Kingdom*（1995）20 EHRR 247.

⑥ 参见，例如 *Ibbotson v. United Kingdom*（1999）27 EHRR CD 332，坚持性犯罪登记不是一项刑罚。

⑦ Cf. *Ghafoor*［2003］1 Cr App R（S）428 有关少年量刑原则的适用。

⑧ （1997）24 EHRR 39.

经被上诉法院减轻，没有必要作进一步的调整）。这一观点被 G 案①中的多数法官所接受了，即使这个案件在别的方面都让人不是太满意。

这六点说明了《公约》在量刑法上的广泛影响，② 以及将《公约》中的观点贯彻后续章节的需要。通过斯特拉斯堡和英国法院一系列稳定的判决，《公约》对被监禁者的权利的影响更加广泛，但是这些判决超出了这项工作的范畴。③

第八节　结论

近些年，量刑政策日益成为政治问题，然而宪法争论也不时产生，尽管经常（尤其是有关司法独立原则）没有一个稳妥的理由。可能，对于量刑期限最大的宪法限制来源于《人权法》和《公约》权利，如被注意到的，尽管欧盟法也有可能对其进行规制，如上文第六节所建议的。诸如创制量刑委员会等主要的机构创新已经引入了宪法性的新事物；尽管我们并不知道"确定性指南"是什么样的法律，这种模糊性并不会成为一种缺陷。根据未来发展，最有趣的可能性在于量刑委员会的法定权力。正如上文第二节中我们所看到的，量刑委员会除了拥有创制确定性指南的权力之外，还拥广泛的权力。它以极大的热情从事对量刑数据的编撰任务，但对各种形式量刑的效果进行审查的兴趣却小得多，并从未被要求对政府将要提出政策的效果给出意见或评论。这些广泛的权力可以给量刑委员会带来极大的影响力，而且确实可能（对其成员作出某些改变）将其变成一个有关量刑政策的独立机构，类似于与利率有关的英格兰银行的货币政策委员会。尼古拉·莱西（Nicola Lacey）和不列颠研究院（British Academy）都曾提出将这种模式作为一种在刑罚政策中减少部分政治因素的手段，将其置于更稳定和理性的基础之上，④ 这样的动机将在最后一章中进一步讨论。

---

① *G.* ［2008］UKHL 37, *G v. United Kingdom*［2012］Crim. L. R. 46.

② 更充分的论述参见 Emmerson, Ashworth and Macdonald（2012），ch. 20。

③ 参见 Livingstone, Owen and Macdonald（2008）。

④ Lacey（2008）；还参见 British Academy（2014）。

第三章

量刑目的、原则和政策

第一节　刑事司法制度的目标

"刑事司法制度"不是一项作为一个系统而被规划的结构。它也不是被组织起来以便于几个关联部分协调运行。在英格兰和威尔士，正如在许多其他司法管辖区一样，刑事司法的实施在这些年以零碎的方式逐渐发展起来，留下了不同的发展阶段的痕迹。所谓的"制度"的指称因而仅仅是为了方便和表达愿望。不应当假设多样化的安排是被计划好的或实际上作为一项制度运行的，尽管认识到不同部分的相互依赖和将其合并进任何计划之中仍是必要的。

分清刑事司法制度的目标与量刑的目标很重要，量刑目标仅仅与一项要素相关。正如我们在第一章第四节中所看到的，该制度包含一系列的阶段和决定，从最初的犯罪侦查，经过各种审前程序，刑法的规定，审判，刑罚的形式，以及量刑后的决定，例如监督，释放和召回程序。它几乎不可能形成一个单一的、有意义的适用于各个诉讼阶段的"刑事司法制度的目标"。人们确实可以汇总一系列目标，例如：预防犯罪，公正对待犯罪嫌疑人和被告人，适当尊重犯罪被害人，根据犯罪的有关严重性恰当认定犯罪，等等。但是将这些目标归并入某些首要目标，诸如"通过公平和公正的法律和程序维护社会和平"，当然将其虚化了，因为它没有提及所产生的冲突和需要决定的优先顺序。因此，该制度的不同阶段的目标群需要以这样的方式表述以实现最大化连贯性，还能够确保遵守诸如《欧洲人权公约》和《联合国儿童权利公约》的国际义务。

这一程序的一个方面应是确保不会在刑事司法制度的单一阶段确立不

切实际的目标。更早的时候，① 我们看到仅仅一小部分犯罪进入法庭并被量刑——根据内政部的数据是大约 2%。即使假设（承认）公开报道可能表明法院正在处理比这更高比例的量刑案件，为改变社会中犯罪的模式和频率的量刑潜能也被相对很少的犯罪被量刑的事实所严重阻碍。然而，可以认为量刑在刑事司法制度中承担了不可或缺的公共职能：没有全副武装的警察、量刑机构和法院，当然将会有更多的犯罪发生。至少一些证据表明没有警察，法律和命令将会失灵，② 因此，作为一个长期的威慑手段，使用强制制裁的量刑制度是必要的。但是，并不是增加量刑水平就将在总体上带来一般犯罪预防效果的增长，正如我们将在本章第二部分威慑理论的讨论中看到的。

第二节　国家的作用

　　一般认为惩罚犯罪的国家义务仅仅是现代主权国家的一个方面，但是（正如我们将在下文第三章第三节第七部分看到的）任何这样的观点都受到那些主张被害人及其家庭，或者被害人及其社区（通过恢复性司法），应当成为对犯罪回应的核心的人们的反对。然而，我们这里所直接关注的是国家更广泛的义务——尤其是国家在预防伤害和确保安全方面的作用。这是比惩罚罪犯更复杂的义务，因为其既不是排他的，也不是定义明确的。理解什么是国家预防功能的基础，需要密切重视国家与公民关系、国家的角色和职权范围以及公民的义务等基本问题。③

　　有关国家和公民关系的古典自由主义概念聚焦于公民对国家的义务和国家对公民的义务。公民遵守法律的义务有多样的解释：通过对权威默示的同意；公平对待其他公民；当接受政府提供的保护和服务利益时，责任互惠；或者从结果意义上理解，缺乏对法律的遵守，结果将导致混乱或者

---

① 见上文第一章第四节。

② 这方面的证据可能来源于广泛的违法，多半是财产犯罪，1923 年在 Melbourne 警察罢工期间（有关内容参见 Bagaric and Alexander 2011, pp. 280-282）及 1999 年在 Liverpool，1944 年在丹麦警察力量固定化时期。Mathiesen（1990, pp. 62-63）主张，这是非典型的将文本中的建议作为无支持的主张。

③ 参见 Ashworth and Lucia Zedner（2014），ch. 1 and *passim*。

回到霍布斯的国家自然状态。① 国家对公民的回报较少得以明确，但似乎总是包括提供免受其可能面对的危险和威胁的保护。② 因此，作为对他们的人身和财产保护承诺的交换，公民被假定同意放弃自我管理权和服从国家强制力。霍布斯在其《利维坦》（Leviathan）一书中研究了顺从国家权力的目的是"个人人身的安全"。由此国家的首要任务和它存在的理由是为其公民确保作为自由基础的秩序和安全的条件。遵循来自国家的首要功能这一个特征的两个关键点是：其一，保护与预防功能被写入国家权力的组织体系中并施加给国家公布法律和寻求为公民提供安全的政策的义务；其二，公民对国家和其他公民负有当然的遵守法律以及接受作为和平与良好秩序必要对价的国家强制力的义务。

对犯罪预防的不懈追求因而是刑事司法制度整体上的至关重要的目的，最近几十年已经有了巨大的发展。有一系列的预防举措。③ 一些是发展战略，可能包括家庭计划和父母教育，通过学前制度去识别和管控处于犯罪"危险边缘"的孩子。④ 还有情境犯罪预防，通过各种举措获得支持，诸如改变建筑和机动车的设置以减少一定种类犯罪的机会，"靶向强化"（target-hardening），进入控制，等等。⑤ 这一举措的主要部分是增强监控，例如现在广泛使用于公共场所、公共交通和购物中心等地方的 CCTV 监控摄像头。⑥ 还有一个举措是社会犯罪预防或"社区犯罪预防"：这是意在包括对家庭防护，社会和娱乐设施，教育和就业的改善，以及对于警力调配的地方偏好。⑦ 这些举措由地方"减少犯罪和混乱合作组织"操控，目前致力于"国家社区安全计划"（National Community Safety Plan）工作。⑧

一些犯罪预防战略已经显示出减少了犯罪并由此减少了执法机构的负担，也把标记为罪犯的人数减少到最低。"机动车犯罪"的历史表明，在

---

① 进一步的分析参见例如 Knowles（2010）。

② Ryan（2011），pp. 228-299.

③ Note Ashworth and Lucia Zedner（2014），pp. 5-6，有关"预防"的概念，其不应当暗含某种程度的所有伤害都可以被根除，只是其应当被极大地减少。

④ Crawford and Evans（2012），pp. 781-783.

⑤ Crawford and Evans（2012），pp. 773-781.

⑥ Goold and Neyland（2009）.

⑦ Crawford and Evans（2012），pp. 784-788.

⑧ 参见 www. crimereduction. homeoffice. gov. uk for key objectives。

20 世纪 60 年代转向锁的引入在减少盗窃车辆案件中的重要影响——远比更严厉的量刑政策对减少犯罪有更多的作用——在 20 世纪 90 年代机动车制造商联合提升汽车的安全性作为防范这类犯罪的更新努力的一部分。然而，尽管他们应当以比现在有更大的热情追求建立在证据基础上的犯罪预防战略，但必须记得至少有三个缺陷。第一是对小型地方计划的热情可能远胜于小心和严格的评估。计划经常是很难进行评估，不仅仅是因为人们不得不调查在形成其他领域中或其他种类违法的情形下可能的"替代"作用。犯罪预防的举措的政治吸引力有时在恰当评估他们的影响之前就允许实施了。① 第二项危险是这个计划将用于拓展社会控制网络，通过增加国家对个人、家庭和居住区的控制方式来提升所谓的"社区"举措，因此带来了其他的不利因素。对通过一些技术手段（比如 CCTV）所产生的犯罪预防中伦理问题的关注很不充足。② 第三项不受欢迎的结果是情境方法可能导致"堡垒型"社会的心理，被锁头、栅栏和牢不可破的物品包围，尽管其减轻了客观风险，但这可能增加对犯罪的恐惧。③ 尽管有这些缺陷，在犯罪发生之前预防犯罪仍是最好的政策，只要其可以在以权利为基础的框架内通过使用建立在证据基础上的战略实现。

在那些犯罪预防没有起作用的案件中，国家必须准备对已经实施了的犯罪做出回应。然而，有充分的证据理由说明为什么量刑不能或不应当被期望作为一种犯罪预防机制发挥有效的功能。因为量刑和犯罪率可能各自独立地变化着，因为（i）犯罪率受诸如人口中的年龄因素等人口因素和（诸如移动电话）令人渴望和易于偷窃商品的可获得性的变化影响，以及（ii）不足所有犯罪中的半数被报告给警察，正如我们在上文第一章第四节所看到的，④ 当对犯罪有正式的回应时，这不总是意味着起诉—定罪—量刑，因为有各种分流处理方法可以使用。对那些移送法庭的案件，量刑是一个本身具有极大的社会意义的程序。量刑决定经常可能被视为公共谴责的核心或者标签程序，因为它给予了罪行是"如何坏"的裁判，并以这一裁判解释当时这一国家的特殊刑罚趋势。量刑具有表达功能，正如涂尔干（Durkheim）所主张的，"最好的刑罚是将指责放在最具表现力但尽

---

① 参见 Maguire（2004）有关当时政府取消好高骛远的目标。

② 参考 von Hirsch, Garland and Wakefield（2000）。

③ Lucia Zedner（2009）.

④ 进一步的讨论参见 Bottoms（2004），pp. 60-61。

可能节约的形式中".①

这一表达或者责难功能通过对被定罪的罪犯施加强制性措施来实现。刑罚的适用需要正当理由。我们不应该赞同实施了任何犯罪的任何人丧失所有的权利，以及由国家以法庭判决的任何方式来处理的主张。那将意味着任何被定罪的人完全受到刑事司法制度的处置，而不是一个享有权利的个人。取而代之的是，我们应该为当前的量刑实践寻求更强有力的正当性理由，尤其是因为在许多国家监禁刑适用的增长和非羁押刑适用的更大限制。但在转而考虑量刑的可能性原理之前，首先有必要讨论一下国家刑罚制度。

惩罚在国家机构而非被害人或其他人手中的重要性在于法治价值观。有关惩罚的决定应该由独立的和无偏私的法庭作出，而不是由对此事件有情感牵连的个体。该结果不应当依赖于被害人是否图谋报复或意欲宽恕，而应当依赖于公正的既定原则的适用，尤其是将罪犯作为有自由选择权的公民并且将对犯罪适用成比例的量刑作为一个关键价值的原则。② 正如索布恩（Thorburn）曾指出的，发展康德（Kantian）的观点，国家对刑罚权垄断的正当性"来自只有国家有资格以权利体系的名义行事而不是狭隘的党派利益的事实"。③ 因此国家有责任提供一个机构对犯罪予以权威回应，这构成了对犯罪者行为的公共评价。④ 有时，这些观念以国家或其法庭的名义表达要比被害人及其家庭更"客观"，但是人们必须当心这里客观性的概念。近些年，犯罪与刑罚问题的政治性变得极强，即使量刑在不是由被害人及其代理人选择的意义上是客观的，（但）在免于政治造势或者拉取选票政策上并不是客观的，在最近几十年，政治造势或拉取选票的政策已经倾向于形成量刑立法（并且因此而形成法官量刑）。

因此，人们是否将国家刑罚的正当性作为有关社会契约主题中的一个变量⑤或者（更实用的）通过维持构成一个独立的和权威的犯罪回应的社会实践来取代个人复仇和反击，⑥ 在解释任何专门刑事司法制度的正当性

---

① 引自 Garland（1990），p. 46。

② Ashworth（2002b）.

③ Thorburn（2012），p. 282.

④ 进一步的讨论参见 von Hirsch and Ashworth（2005），ch. 2。

⑤ 参见 Knowles（2010）和补充文本。

⑥ Gardner（1998）；cf. the critical analysis by Thorburn（2012），pp. 278-284.

方面都存在问题。许多迹象反映了戴维·加兰（David Garland）所称的"主权国家的衰落"①，即使他的一些分析并没有看起来的那样令人信服，② 而国家为其国民提供安全的简单模式在许多国家并非可持续的，却是真实的。责任正在转向私人业主和当地权力机构，犯罪一直被认为是主要的社会问题。在一些国家中，有时国家及其机构的合法性被颠覆，那些悲惨的情形将迫使对基本原理进行重新思考。③ 因此，我们可以安东尼·达夫（Antony Duff）所言作为结论，尽管政府对刑事司法承担责任具有正当性，他们依政府完成契约情况来决定他们的正当性，④ 但是在许多国家存在疑问。这方面的疑问使审查一般量刑政策、量刑适用的类型以及适用于罪犯的条件的正当性变得更为重要。

第三节　量刑的原理

一　宣告基本原理的支持理由

当法官讨论量刑时，其中最经常话题之一是自由裁量权。正如我们在上文第一章第五节、第二章第二节、第二章第三节中所看到的，在法律规则和灵活性之间存在着一种持续的紧张关系。有许多人同意量刑者应当有充足的自由裁量权考虑个案中的具体事实。诚愿如此。但是，其反驳了将法治价值尽可能深入到量刑决定的主张了吗？法治，在这种情况下，意味着司法决定应当公开和参照预先公布的标准作出。⑤ 赞成法官应当享有裁量权，以便于他们能调整量刑以适应在个案中的事实组合是一回事，建议法官在具体案件或案件类型中选择所适用的量刑原理是另一回事。从各种原理中选择的自由是一种对政策选择的自由，不是回应不寻常事实组合的自由。它更多的是一种许可法官追求他们自己的刑罚哲学，而不是一种对案件事实敏锐回应的鼓励。

---

① Garland（2000）.

② Lucia Zedner（2002）.

③ 对于参考资料，参见 Ashworth（2002b），pp. 580-581.

④ Duff（2001），p. 197.

⑤ Raz（1979），ch. 11.

经常认为对量刑原理的设置问题仅有两种选择途径：或者（i）宣告一项单一的原理；或者（ii）允许量刑者在几项量刑原理中有相当的自由选择权。对第一种方法的批判是认为它太僵化了，尤其是当存在如此广泛的犯罪和罪犯时。于是认为第二种方法是唯一的"现实"的方法，认为它比单一原理的学究，甚至禁欲体制更"均衡"或"多样"。因此，许多法官和治安法官对追求哪种方法是他们认为对"基于案件事实"更恰当的自由给予了极大的重视。① 维多利亚最高法院的一个著名判决表达了许多法官可能相信的思想：

> 刑罚的目的是多方面的，每一项要素将不仅在不同的犯罪中而且在一起具体的犯罪中具有不同的意义……最终，每一个所适用的量刑都代表着量刑法官对在惩罚程序中所涉及的所有各种相关要素的本能综合。②

这种"本能综合"的无法预测的思想接近于另一个未明确的观念，即不同的量刑目标应该在每起案件中都是"平衡的"。然而，已经完全确定的是，量刑不一致主要源于存在于法官和治安法官中的刑罚哲学的差异性，③ 并且很可能通过"对所有人的自由"的刑罚目的的方法得以强化。那么，这种方法根本没有给法治价值留下任何权重。

但存在第三种可能性，其既是实用的并且也与法律规则相一致：（iii）宣告一个基本原理，并规定在某些类型的案件中一个或另一个原理可给予优先性。这种方法自 1989 年已经在瑞典施行，将应得理论或比例原则作为基本原理，在一定（某些）类型的案件中其他目标优先。④。它也是在《1991 年刑事司法法》中得到体现的方法，报应理论被作为基本理论，在某些类型的案件中使无能力（incapacitative）具有优先性。并且

---

① 参见有关这一概念的上文第一章第六节。

② *Williscroft*［1975］VR 292, at pp. 299-300；参考 *Markarian v. R*（2005）79 ALJR 1048（High Court），以及 *Murray v. HM Advocate*［2013］HCJAC 3. 中的 Scots 裁判。

③ 参见 Hogarth（1971），在上文第一章第六节引用过，以及由加拿大量刑委员会（1987），para. 4. 1. 2 的研究的更广泛的审查。

④ 对于该法律的英文文本，参见 von Hirsch and Jareborg（1989）；对于讨论，参见 Jareborg（1995）。

它在欧洲理事会"量刑一致性"的建议中获得了批准。

A.1 立法者，或者其他主管当局，在宪法原则和立法传统许可的情形下，应当努力宣告量刑的原理。

A.2 当必要时，特别是在不同的原理有可能发生冲突时，应当在这样的量刑原理的适用中指示确立可能的优先途径。

A.3 在可能的情形下，尤其是对某些类型的犯罪或罪犯，应当宣告一项基本原理。①

然而，英国政府看来已经放弃了这种清晰的结构化方法。《1991 年刑事司法法》的体系在 2003 年被废除了，在其位置上我们有了一个看上去体现最糟糕的"拼凑式"量刑。《2003 年刑事司法法》第 142 条规定：

> 任何一个法庭在处理有关（18 周岁及以上年龄）② 被告人的罪行时必须考虑如下量刑目的：
> （a）罪犯的刑罚；
> （b）犯罪的减少（包括通过威慑的减少）；
> （c）罪犯的改造和复归；
> （d）公共保护；
> （e）由罪犯赔偿受犯罪行为影响的人。

按照其本义来解读，这一规定通过要求法官考虑不同的目的，然后可能优先考虑某个要素，似乎会招致量刑的不一致性。尽管它给予法治较低的价值，这种方法似乎在加拿大③、新西兰④和澳大利亚具有一些政治声望。

然而，似乎第 142 条规定的影响已经被《2003 年刑事司法法》中的其他规定削弱了，量刑委员会已经将其采纳为量刑指南的标准。因此，在设置了第 142 条的规范后，先前的量刑指南委员会继续声称"量刑者必须首先考虑罪行的严重性"，接着引注第 143（1）条：

---

① Council of Europe（1993），p.6.

② 该条不适用于年龄更小的罪犯：对于少年司法和量刑存在独立的法定框架目标，将在下文第十二章第一节中讨论。

③ Canadian Criminal Code, s.718.

④ Sentencing Act 2002；参见 Roberts（2003）。

在考虑任何罪行的严重性时，法庭必须考虑罪犯所实施的罪行的可责性和该罪行所导致的、意欲导致或者可能预见导致的任何伤害。

其他的"首要原则"（*Overarching Principles*）指南关注第 143 条中的比例原则，没有回到第 142 条。[①] 很明显，第 143 条构成了所有英国量刑指南的基础，包括那些自从 2010 年起由量刑委员会发布的指南。除第 143 条之外，还有两个充分的理由。一是个体法官所选择追求的目的观念很难与依据指南的量刑观念一致。《2003 年刑事司法法》和创设量刑委员会的《2009 年验尸官和司法法》都清楚地考虑到法庭应一般遵循任何可适用的指南。二是社区刑和羁押刑的法定门槛转向了"罪行的严重性"，其与第 143 条中所规定的比例原则相关。

尽管如此，第 142 条的颁布强化了审查六个当代量刑理论的需要：威慑、恢复、使无能力、报应、社会理论以及修复或者赔偿。这些目标中的每一个都有相当深厚的哲学背景和刑罚语境，难以在这里进行充分阐述。建议读者参阅附有评论和参考书目的选集以做进一步的研究。[②]

二　威慑[③]

在关注量刑的预防性结果意义上，威慑是几项被描述为"结果主义"的刑罚原理之一。因此，威慑仅仅是通过量刑产生犯罪预防的一种可能方法：它典型地依赖于由法定刑罚所产生的威胁和恐惧，然而正如我们将在下文所看到的，恢复和使无能力采取了实现预防目的的不同方法。

一开始，个别（或特殊）［individual（or special）deterrence］威慑和一般威慑之间的区别就应当明晰。后者的目标在威慑其他人不要从事此类犯罪，然而个别威慑关注于威慑这一特殊的个人不重新犯罪。一个将个别威慑作为主要目标的司法制度将可能对惯犯逐步提升量刑，其理由是假如非羁押刑不能威慑则必须适用羁押刑，假如一年羁押刑不能威慑则必须适用两年羁押，等等。不是犯罪的严重性而是再犯罪的习性应当是量刑的主要威慑对象。[④] 个别威慑依赖于严重性给其威胁以实质内容，但是有证据

---

① SGC, *Overarching Principles-Seriousness*（2004）.

② Von Hirsch, Ashworth and Roberts（2009）.

③ 同上，ch. 2；还参见 Brooks（2013），ch. 2。

④ 参见有关先前定罪和量刑的英国法律，在下文第六章第三节第三部分中分析。

强烈暗示使用更长期限的监禁并不能减少再犯的发生。①

更有意义的是一般威慑。杰里米·边沁（Jeremy Bentham）是这一思想的主要支持者，他从所有的刑罚是痛苦的并应当因此而避免这一主张出发阐述其观点。然而，假如利益（在一般威慑意义上）将会超过被惩罚的罪犯所遭受的痛苦，并且假如这种利益不能够通过非刑罚方法获得时，该刑罚或许具有正当性。因此量刑应当足以威慑其他人从事这类犯罪，不多也不少。这一设想假定公民是理性人，其应能根据量刑法所规定的禁止事项调整其行为。同样的假设导致了对边际威慑的信仰——通过一定程度上增加量刑水平将导致犯罪率的下降。诸如理查德·波斯纳（Richard Posner）的现代经济理论家们采取了相似的方法，将刑罚视为一种价格制度。② 较片面的理性选择视角，被刑法学家罗纳德·克拉克（Ronald Clarke）作为某些类型犯罪的解释而采纳并被运用于产生专门的预防战略。这一观点主张特殊类型的犯罪倾向于来自一种理性计算（不是完美的理性，而是"有限的理性"），对此类犯罪的回应应该考虑这一点并战胜它。③

对威慑理论的批评可分为实证的和原理的两个方面。主要的实证性批评是：关于必须建立的威慑制度的事实数据很少存在，针对各种犯罪的刑罚水平和各种类型的边际一般威慑效果的可靠性调查结果很难发现。研究中的一项要素是一个恰当的威慑定义，建立对法定刑罚的恐惧是导致避免禁止行为的特定要素。威慑必须通过潜在的罪犯的头脑得以运行，因此，他们知道可能被判处的刑罚的严厉性是必要的，当决定是否犯罪时将这一点考虑进去，相信存在被抓到的相当大的风险，相信假如被抓并被量刑，将被适用刑罚，并且因为这些原因将会避免犯罪。④ 这些主观上的信念是威慑政策运行中的关键要素，假如研究是可靠的，所有这些必须予以调查。很少有研究满足这些标准，而且他们对那种在减少犯罪水平的期望中仅仅涉及增强刑罚严苛性的量刑政策没有提供基础。这是受内政部委托，剑桥研究的主要发现，尽管它的确发现有更好的证据证明高风险的侦查

---

① 对于主要的元研究，参见 Nagin, Cullen and Johnson（2009）。

② Posner（1985）, excerpted in von Hirsch, Ashworth and Roberts（2009）, ch. 2.

③ Cornish and Clarke（1986）.

④ 参见 Bottoms（2004）, p. 65。

（所相信的）要比刑罚（所相信的）更具有威慑效果。① 《哈利迪报告》审查了证据并得出结论认为：有限的证据"并没有为量刑严苛性的变化与威慑效果的差异之间建立因果联系提供根据"。②

后来由杜布（Doob）和韦伯斯特（Webster）所做的国际评述已经意识到威慑假说的直觉吸引力，但仍然发现有证据表明"量刑的严苛性对社会中的犯罪水平没有影响"。③ 博顿斯（Bottoms）和冯·赫希（Von Hirsch）认为这个无价值的假说走得太远了：假如所有必要的主观要素都存在，潜在量刑的严重性可能会产生一些边际威慑效果。④ 因此，理查德·哈丁（Richard Harding）发现抢劫犯倾向于避免用枪武装自己，假如对持枪会导致重大的加刑。⑤ 这可能被用来阐释这一命题，一般威慑对有计划的或"职业性"犯罪可能要比对激情犯罪更有效，尽管哈丁指出，假如其会具有重大预防效果，威慑量刑需要结合宣传和恰当的"社会学习"机会。反对观点由戴维·赖利（David Riley）对醉驾者的研究得出，在这个研究中，他发现一般威慑策略的问题在于司机对被抓风险的乐观性，对刑罚的忽视，对构成犯罪需要的酒精消费量的忽视。⑥ 法律威慑力没有很大效果的另一个领域是夜盗：对夜盗犯的访谈发现，他们中的大部分并不是理性的计算者，而是短期的享乐主义或永远的乐观主义者。⑦ 涉及毒品或酒精或者兼而有之的一些潜在犯罪人的混乱生活方式，可能使他们成为威慑战略难以对付的人。⑧ 特别有趣的是博内特（Burnett）和玛茹娜（Maruna）的发现，尽管那些被定罪的监狱犯中的绝大多数想要在释放后停止犯罪，但仅很少部分人成功做到了这一点，而这更倾向于是希望哲学将其进行了区分。因此，严苛的羁押条件作为威慑的概念是不够充分

---

① Von Hirsch et al. （1999），chs. 3 and 7；还参见 Bagaric and Alexander （2011），引用由 Entorf 所进行的德国研究，其发现定罪的确定性具有重要的威慑效果，而增加羁押的长度则没有。

② Halliday （2001），p. 129.

③ Doob and Webster （2003），p. 143；Webster and Doob （2012）.

④ Bottoms and von Hirsch （2010）.

⑤ Harding （1990）.

⑥ Riley （1985）；see also Weatherburn and Moffatt （2011）.

⑦ Bennett and Wright （1984），chs. 5 and 6. 还参见 Kleck （2003）更普遍的发现，即一般而言所相信的惩罚水平和实际的量刑水平没有关系。

⑧ Bagaric and Alexander （2011），pp. 271-272.

的。① 因此，如果具备必要的条件，一般威慑能够发挥作用，② 但已有研究确实证明了从直觉或者个人经验归纳出的东西对于其他人的可能反应是危险的。③ 需要主观认知的可靠的、明确的证据。

即使存在一般威慑效果的确信的证据，威慑理论的原则性批评仍然适用。一个这样的批评是该理论会使惩罚无辜具有正当性，如果其确定能够阻止其他人（他们相信这个人是有罪的）：一个简单的功利计算将使这一不公正发生，没有对无辜者权利的任何尊重；另一个更实际的批评是该理论可以使对罪犯判处不成比例的严苛的刑罚以威慑其他人犯同样的罪行，这一理论将使对罪犯施加不成比例的严厉量刑正当化。这就是所谓的"示范量刑"，其不公在于用一个人（通过适用不成比例的严苛的刑罚侵犯权利），期望实现防止其他人进一步犯罪的目标。

可以简要讨论两个众所周知的示范量刑的例子。一个已经成为司法知识一部分的事件是 1958 年诺丁山种族暴乱（Notting Hill race riots）案后对某些罪犯适用示范量刑。认为在这种情况下，通过诺丁山地区种族问题减少的结果（说明）如此量刑可能是正当的（尽管在接下来的数月里在其他城市存在相似的困境）。但是，谁能断言是示范量刑（四年监禁而不是两年）导致了否则将可能发生的犯罪数量的减少？不可能是警察已经逮捕和起诉了首要分子吗？没有他们不会有继续的暴乱吗？或者所增加的警察巡逻被认为提高了被抓的风险吗？诺丁山案例只不过强化了作为短期威慑的示范量刑有效性的证据收集的困难。除非对于人们行为的变化没有其他合理的解释，人们不可能自信地正确解释一系列社会事件。相似点出现自 1973 年伯明翰史多雷（storey）建筑抢劫案（Birmingham mugging case of *Storey*（1973））的后果。④ 一名年轻人因为参与了一名醉酒者的暴力抢劫案而被命令羁押 20 年。该量刑在伯明翰和国家报纸上，作为示范量刑被广泛宣传。研究人员能够绘制出伯明翰和其他两个城市在量刑前后数月里所报道的抢劫案的比率。抢劫案的比例看上去并未受到该案量刑的丝毫影响：确实在伯明翰有报道的抢劫案的比例在审前开始上升，并且在几周后到达高峰后继续上升。这对人们可以做出符合人性行为的一般假

---

① Burnett and Maruna（2004）.

② Nagin（1998）.

③ Mathiesen（1990），pp. 67-68，在这点上强烈主张。

④ （1973）57 Cr App R 240.

设提出了疑问，除非认为该案花了几周时间才传到伯明翰的潜在的所有抢劫犯的耳中。困难的是我们并不理解理由，这再次表明有关一般威慑效果的固有断言存在一些问题。

第二个原则性反对的真实检测是：即使人们相信诺丁山轶事，这能使对因该犯罪量刑的第一个人的超长量刑具有正当性吗？例如，为了威慑其他人，应当多牺牲一个人两年的自由吗？对这点的反对经常以康德的格言（Kantian Maxim）来表述，"人应当总是被作为他（或者她）自己的终极目的来对待，而从来不应被仅仅作为手段"。对个体的自治和道德价值的尊重，意味着公民不应当在整个社会利益的某些计算上仅仅被看作是数字的集合。整个惩罚机制的基本正当性是依据整个社会利益，这可能是真实的，同样的方式正如对税收的正当性。也有大量的"为了更大利益"的其他强制例子，诸如隔离、财物的强制购买等。然而，这些措施并没有量刑所具有的谴责方面。示范量刑通过对一名罪犯堆砌不适当的刑罚以希望威慑其他人，是令人反感的，因为他们惩罚个人以实现社会目的——并且这样做没有任何额外惩罚必要性的实际标准。对此预防不设限制的威慑理论在国家和司法制度中投入了更大的权力，而没有尊重个人自治。

英国法官对边际一般威慑作为量刑原理的辩护看上去是矛盾的。当泰勒勋爵作为英格兰威尔士首席大法官，反对强制最低量刑进入英国法律时，参考了反对这一点的证据以及侦查风险更加强有力的证据，暴露了政府相信这样的刑罚将有极大的威慑效果的天真。[1] 然而，他和他的继任者作为英格兰威尔士首席大法官主持了上诉法庭的审判，许多基于这样的一般震慑理论推导的判决都得到了支持，其中的一些将在下文第三章第六节讨论。可能最突出的最近的例子是布莱克肖等人案[2]的判决，是关于2011年英国暴乱的。首席大法官贾奇勋爵认为由暴徒导致的灾难使法庭预防那种进一步骚乱的威慑刑目的而超越量刑指南的量刑具有正当性。没有资料说明对此战略缺乏支持证据。没有任何努力去论证增加量刑的量的正当性。简单地反复考虑犯罪社会背景的重要性与威慑性量刑的"需要"被认为是充分的正当性理由。[3]

为了保留威慑理论的某些要素（比如刑罚系统作为一种长期威慑的

---

[1] Taylor（1996），p. 10.

[2] ［2012］1 Cr App R（S）679.

[3] Ibid., at［4］，［75］，［85-86］，［91］and［125］.

需要），同时避免原则性的反对，一些混合的惩罚理论已经被提出，最著名的人物是 H. L. A. 哈特（H. L. A. Hart），① 他主张惩罚的一般正当性目标必须建立在预防和控制犯罪基础上，但在决定惩罚谁和多大程度上惩罚方面，主导性原则应是报应理论（desert）。那就是说，只有有罪的人才应当被惩罚，并且仅仅应与他们罪行的严重程度成比例。这抛弃了威慑作为特殊量刑的原理，但是另一方面，在惩罚的基本正当理由中却找不到报应理论的位置。有一个强烈的观点主张为了使惩罚具有正当性，必须坚持个人应得的惩罚和全社会利益。②

量刑不是来自刑事司法制度的一般威慑的唯一形式。在某些案件中，程序就是惩罚——被起诉，出庭庭审，在当地报纸上报道——而不是量刑本身。关涉家庭和朋友的羞愧和尴尬一直被认为要比量刑本身具有更强烈的效果。③ 另一方面，量刑和程序的威慑效果可能被执行政策，或者至少被侦查风险的信念极大地削弱。正如我们更早些时候所注意到的，证据暗示其是关于侦查可能性的主观信念而不是刑罚的量度更可能影响人的行为。④ 然而，极少有对罪犯和潜在信度和思考过程的详细知识，剑桥的研究表明有必要在这些问题上更集中的研究。⑤ 有时当对所有犯罪的侦查率是大约是四分之一时，而对夜盗和抢劫仅有五分之一的侦查率时，假如知道相当低的侦查率的话，就会有理由相信任何量刑水平对任何潜在罪犯都有威慑效果的推理可能被极大地削弱。正如更早些时候所提到的，有更少的研究性证据支持通过增加刑罚严苛性支持边际威慑：很少有这样的效果被可靠地识别出来，并且存在一些尴尬的问题，比如需要将严苛性提高到何种程度，如何能传达到目标受众，是否刑罚的严苛性已经达到了饱和点。⑥ 因此，所有的迹象表明一些人凭直觉发现的在法庭量刑和犯罪行为之间具有液压关系的假设是天真的。

---

① Hart（2008）.

② Lacey（1988），pp. 46-56；von Hirsch（1993），ch. 2.

③ 参见由 Willcock and Stokes（1963）所进行的少年调查。

④ 参见 von Hirsch et al.（1999），ch. 6 的评论。

⑤ von Hirsch et al.（1999），ch. 6；Bottoms and von Hirsch（2010）.

⑥ von Hirsch et al.（1999），ch. 10；Bottoms and von Hirsch（2010）.

三　使无能力①

第二个可能的量刑原理是使犯罪人无能力，也就是说，以一种使他们在很长一段时间内没有能力犯罪的方式来处置他们。在"公共保护"或"社区保护"这一流行的形式中，作为一般量刑目标这可能是先进的。②选择性失去能力关注犯罪的特殊群体，而集体性失去能力采用监禁水准的一般性增长。争论经常关注监禁和失去能力的漫长时期（例如，禁止驾驶资格，禁止从事儿童工作，禁止成为公司主管）。一些社区措施，诸如宵禁，也可能被包括进去。

什么已经被宣告为选择性使无能力呢？这一问题在下面有关惯犯的和"危险的"罪犯的情境下进行详细的讨论，③但有两个这样的战略可在这里提及。一个是对被认为是"危险的"罪犯适用长期的、使其失去能力的羁押刑。其认为可以识别一定的犯罪人是"危险的"，即假如被释放到社会中其可能实施严重的犯罪，对被害人的风险非常大以至于拘禁这样的罪犯更长时间是正当的。对其主要的反对观点是过度预测（over-prediction）：甚至当前的英国联合政府已经承认了预测未来严重犯罪能力的有限性……质疑许多罪犯被判处"不确定的保护性量刑"的整个基础。④ 这意味着在比例量刑上增加的任何羁押可能对防止个人从事进一步的严重犯罪不仅是不值得的而且也是不必要的。

第二个选择性使无能力战略的实证基础同样是存在争议的。美国的格林伍德（Greenwood）宣称人们可以识别一定的高风险抢劫犯并将他们长期羁押起来，以使抢劫犯罪数量减少和降低其他抢劫犯的量刑水平。⑤ 这一犯罪预防利益是非常明显的，但是这一战略已经表明有重要缺陷。随后给美国国家科学院（National Academy of Sciences）的报告表明，格林伍德夸大了使无能力的效果，将其计算建立在被羁押的抢劫犯而不是一般的抢劫犯的基础上，并且其预测方法的再版版本产生了令人失望的结果。⑥

---

① 更充分的讨论和著述精选，参见 von Hirsch, Ashworth and Roberts（2009），ch. 3。

② 正如《2003 年刑事司法法》（*Criminal Justice Act 2003*）中的条 142（1）（d）。

③ 参见下文第六章第七节和第六章第八节。

④ Ministry of Justice（2010），para. 186.

⑤ Greenwood（1982）.

⑥ Blumstein et al.（1986）；还参见 Zimring and Hawkins（1995）。

更多最近的研究工作已经发现犯罪类型自身并不是罪犯（犯罪）职业剩余期限的重要预报器。① 《哈利迪报告》审查了有关使无能力的研究，得出"已有证据并不支持改变［量刑］架构的情况……仅仅是为了增加使无能力效果的目的"的结论。② 尽管存在这些不利的发现，选择性或者非过度选择性使无能力的政策继续具有政治吸引力：他们成了美国许多"三击出局"（three strikes and you're out）政策（来自棒球术语，三次犯罪后就不能享受假释政策等）的基础，并且将第三次夜盗和毒品交易犯罪的最低量刑在 1997 年引入英国的法律中，持有枪支的最低量刑以及在下面第六章第八节讨论的"危险性"量刑，也被《2003 年刑事司法法》引入。

针对使无能力量刑，除了实证的反驳，也有原则性反驳，其与对一般威慑量刑的反对相似：为了保护未来被害人受到伤害，罪犯以超过和高于他们应得的刑罚被惩罚。道德上的异议不仅是为了增加其他人将来的安全而牺牲一名罪犯的自由，而且如此做的基础是这个人属于有一定犯罪概率者。③ 当成功的预测率低的情形下，这样的反对力量尤其强烈，但是高尚的道德内涵经常被诱人的增加公共保护和公共安全的参考因素所埋没。更困难的问题是，假如可以达到一个相当高的预测率，是否这一异议应当给予绝对的支持。在一些情况下，监狱、医生和其他人，依据暴力攻击和性侵，确信某一名监狱犯对其他人具有更严重的危险。即使假如存在共识性的严重犯罪的高风险，康德学派的异议应该得到支持吗？弗拉德委员会（Floud Committee）认为正当的风险再分配应当导致高风险罪犯的更长时间的羁押而不是对被害人危险的增加。④ 某些对他们方法的批评者们，希望支持对一个人权利的剥夺不超过其所实施的犯罪的比例，承认在"鲜活的危险"情形下，为了使无能力的目的而延长羁押具有正当性。⑤ 然而，这样做更充分的正当性理由在于公共保护利益巨大增长的现实前景，而不是通过比较罪犯的权利和潜在被害人的权利。⑥ 这一点很重要，因为

---

① Kazemian and Farrington（2006）.

② Halliday（2001），para. 1. 68；参见由 Zimring and Hawkins（1995）所进行的全面的评论。

③ 有关"新"的刑罚学，参见 Feeley and Simon（1974）。

④ Floud and Young（1981），由 Walker（1982）支持。

⑤ 著名的 Bottoms and Brownsword（1982）。

⑥ 参见 von Hirsch and Ashworth（2005），ch. 5。

对自由主义个人权利的强调不必然地导致忽视社会背景和权利冲突可能性的绝对权利。因此，甚至个人权利最可信赖（最坚定）的倡导者都可能承认有一些例外情形被定罪人的个人权利应该放弃。所有这些将依赖于成功预测的可接受的高比率，即便如此，因为与社会的隔离纯粹是基于预防理由，拘禁不应在监狱而应在一些民用设施中引发强烈争议。①

集体性使无能力的实际例子是在美国羁押人数在 1973 年和 2008 年间增长了 7 倍，② 并且在 1993 年和 2011 年间英格兰和威尔士羁押人数翻了一倍。这一战略是全面增加羁押数量和量刑期限，以降低犯罪率。正如博顿斯和冯·赫希所主张的，毫无疑问这样的战略具有使无能力的效果，但是其程度是有争议的，因为这依赖于犯罪发生频度的假设。此外，具有使无能力效果的事实，并不必然意味着在经济上或社会性上（在家庭分裂和社会混乱方面）那是划算的。③ 关于集体性使无能力的粗糙假设因此应当避免。

四　复归④

如同威慑和使无能力，量刑的复归原理（有时被称为"再社会化"）试图证明强制措施是实现犯罪预防的一种手段，这是涉及罪犯复归的独特方法。这通常需要一系列量刑和设施设计以提供各种治疗方案。有时，关注态度和行为问题的改变。有时，目标是提供教育或技能，相信这些能使罪犯去寻找工作而不是去犯罪。因此，量刑者关注的关键问题是罪犯被感知的需求，而不是其所实施的犯罪的严重性。复归方法是与将犯罪的原因定位于个人病理或个人不适应的实证主义犯罪学的那些形式紧密关联，不论是精神性的、心理性的，还是社会性的。而威慑理论将罪犯作为理性的和审慎的，复归理论目标在于那些被认为需要帮助和支持的人。决定那些需要的关键要素是来自专家的报告——例如由缓刑监督官准备的量刑前报告，或者有时是精神病学报告。在英格兰，一个被称为罪犯评估系统

① Ashworth and Lucia Zedner（2014），ch. 7.
② 有关内容参见 Travis, Western and Redburn（2014），ch. 5。
③ Bottoms and von Hirsch（2010）.
④ 更进一步的讨论和精选的论著，参见 von Hirsch, Ashworth and Roberts（2009），ch. 1；Brooks（2013），ch. 3。

（OASys）的诊断工具已经被发展起来用于评估罪犯。[1] 结果报告将通常基于适合罪犯被感觉所需要的项目形式来提出建议，然后法庭可以做出恰当的命令。

在其适用的鼎盛时期，这些"治疗模式"的运行经常导致不确定的量刑，在基于以专家的意见治疗已经有效果时，某人应当被从刑责义务上解放。这种量刑方法在 20 世纪 60 年代达到顶峰，尤其是在某些美国司法管辖区。20 世纪 70 年代经常被说成带来了复归理念的衰退，但这一衰退并不是终点，复归要素自始至终保留着。为什么在 20 世纪 70 年代复归理念的信念衰退了呢？有两项主要的问题可以辨识出来。一种批评是这些治疗方案中很少有比普通的、非治疗性的量刑更能预防重新犯罪。已经有许多对特定项目有效性的研究，通常以在接下来的一些年中再定罪率来评估，并且一项广为人知的由马丁森（Martinson）和其他人做的调查研究的结论被作为"没有效果"的代表。[2] 实际上，马丁森不认可这样完全消极的结论，[3] 一个由斯蒂芬·布洛迪（Stephen Brody）进行的英国调研更慎重地指出仅有有限数量的项目被尝试和恰当评估。[4] 而且人们逐渐意识到寻找"交互作用的效果"比再定罪率的全面下降明智——换句话说，可能存在适用一定类型的治疗有显著的更好的或者更坏结果的罪犯子群体，但这样的效果通过对所有罪犯的再犯罪率的简单观察可能不明显。[5]

对复归政策的第二个反对理由是它们极大地增加了所谓的专家的权力，并且认识到个人的权利没有受到应有的平等尊重和关心。不确定的或者甚至半确定的量刑把释放罪犯的权力交到监狱或者缓刑机构的手里，通常没有严格的标准、清楚的义务或者可以质疑和合理决策的途径。个人的权利不应屈从于与所实施的犯罪的严重性不成比例的强制的国家干涉，（这）是没有疑问的。甚至假如犯罪是相对轻微的，一个犯罪人被评估为需要帮助也可能被政府长期控制。动机可能是仁慈的，并且"以该罪犯的最佳利益考虑"。实际上，单个罪犯可能更多的被作为可操控的对象而

---

[1]　参见 Merrington （2004）。

[2]　Martinson et al. （1974）.

[3]　Martinson （1979）.

[4]　Brody （1976）.

[5]　有关密集缓刑的早期英国研究 （Folkard 1976） 并未从这一观点中产生令人印象深刻的结果。

不是作为享有权利的个人。①

　　复归原理近些年已经复苏了。对第二点的回应，"尊重人格"异议已经发生了变化：一些人承认通向成功的复归项目的路线是让罪犯建立对那些（尤其是缓刑监督官）监督他们的治疗措施的人的道德权威的尊重，②而其他人（尤其是、必须说到的、政府圈内的）将重点更多地放在需要罪犯在主要的刑罚框架内服从公共安全和公共利益。③ 对第一点的回应，"缺乏证据"的异议已经暗示对大量的小型复归计划的"元分析"（meta-analysis）表明积极的结果可以在有利的环境下取得。因此，麦肯齐（Mackenzie）得出结论认为，当在治疗者和参与者之间有实质意义的接触和当项目使用行为方法发展技能的情形下，复归项目能够更有效率地运行。④ 研究者警告，如果要获得积极的结果需要严格地执行计划。不幸的是，《哈利迪报告》未能充分强调这一点，其宣称在认知—行为项目中的投资可以减少"5—15个百分点"⑤ 的犯罪，被博顿斯描述为"鲁莽的"。⑥ 这不是暗示复归项目应当被抛弃，而是应当采取更谨慎和慎重的方法。正如雷纳（Raynor）和罗宾逊（Robinson）所得出的结论，英国新的复归运动"试图快速、迅速推进"，仍有待详细的评估。⑦

　　在英格兰和威尔士对复归的持续支持可能与它在"风险"是流行语的时代作为风险管控手段的再塑造有关；来自对断念的兴趣和对设计以帮助罪犯确定他们的目标，并用他们的生活技能以成就他们目的的规划兴趣；以及来自伴随强调对罪犯"承担责任"的表意性。⑧ 仅仅在近些年，研究才开始认识到那些帮助罪犯采取断念步骤的因素或者"方法"，并设计社区措施以能够回应罪犯自己停止犯罪的决定要素和"诱因"。⑨

　　因此，接受有充足的理由去设计和评估新的项目、恰当的配置资源和以合理的原则为基础，一些问题产生了。我们有能够对于大多数罪犯起作

---

① 参见 Allen（1981），摘自 von Hirsch，Ashworth and Roberts（2009），ch. 1。

② 有关讨论参见 Rex（1998）。

③ 例如充斥着国家标准的语言，在下文第十章讨论。

④ Mackenzie（2006），p. 385；还参见 McGuire（2002）。

⑤ Halliday（2001），para 1. 49.

⑥ Bottoms（2004），p. 61；现在参见 Bottoms and von Hirsch（2010），part IIIA。

⑦ Raynor and Robinson（2009），p. 136.

⑧ Robinson（2008）.

⑨ 讨论与进一步的参考，参见 Farrall，Hough，Maruna and Sparks（2011）。

用的复归项目吗？我们有可以人数较少，但仍然是罪犯的重要群体起作用，并且其适合性可以预先认定的项目吗？甚至在该项目所持续的时间超过了恰当的量刑的情形下，这些项目也能被法庭适用吗？即使所有问题都得到了否定的回答，仍然有足够的继续将复归项目适用于罪犯的人道主义理由。然而，对个人权利的尊重暗示该项目所持续的时间应当保持在比例原则所设定界限内，① 过多的要求或者"成功减少再犯"的目标应该被避免。在第九章羁押刑和第十章社区项目背景下，我们再回来讨论这些问题。

五　报应主义②

报应主义（Retributivism）［有时称为应得理论（desert theory）］③具有多义性。该理论的主要支持者无疑是安德鲁·冯·赫希（Andrew von Hirsch），他是 1976 年美国《匡扶正义》（*Doing Justice*）报告以及一些后续论文和书籍的作者。④ 他认为刑罚具有两个连锁的正当性理由：一个因素在于报应与刑罚之间的直观联系：报应是"褒奖和批评的日常司法裁判不可分割的组成部分"，⑤ 国家的刑罚使谴责功能制度化。因此，量刑传达了官方的谴责或责备，传达的主要对象是罪犯，还在很大程度上包括被害人和社会。然而，仅有谴责是不够的：人性本质的不可靠性使得有必要对规范的理由附加一个谨慎的理由。因此，第二个正当性理由在于一般威慑的潜在需要：没有警察、法庭和刑罚制度，"加害行为似乎可能变得如此广泛，以至于使生活实际上变得肮脏、粗野"⑥。该原理的预防要素被认为是量刑制度（可能的）的基础，但它不能使严苛的刑罚具有正当性：相反，假如刑罚是严苛的，它将"湮没"责难的道德品质。⑦

因此，现代报应主义的本质是量刑将罪犯视为道德的代理人，认为其

---

① Rex（1998）.

② 更充分的讨论和论著，von Hirsch, Ashworth and Roberts（2009），ch. 4；Brooks（2013），chs. 1，5 and 6。

③ 参见 Matravers（2011）支出报应形式和应得理论之间的区别。

④ 尤其参见 von Hirsch（1993）and von Hirsch and Ashworth（2005）。

⑤ Von Hirsch（1986），p. 52.

⑥ Von Hirsch（1986），p. 48.

⑦ 进一步的讨论参见 Narayan（1993）；and von Hirsch（1993），ch. 2. 参考下文 Duff（2001）的方法。

有能力去对其行为的官方评价做出评估和回应。这一评估通过施加符合比例要求的量刑来表达，从而尊重法治的价值（诸如确定性和可预测性）和限制国家对罪犯的权力。很明显的，比例的概念是试金石，对这一术语的两种理解必须予以区分。序数比例（Ordinal proportionality）关注罪行的相对严重性，罪行的序数排列是一个有争议的问题，在下文第四章第三节和第四章第四节将给予重点关注。基数比例（Cardinal proportionality）将序数比例与一定范围刑罚关联，要求刑罚不要超出与所涉犯罪的严重性比例。不同的国家有他们刑罚天平的不同锚星，经常是发展了多年，没有有意识地反思并认为是当然恰当的。有时宣称应得的修辞可能导致更严苛的刑罚，但在那些已经最充分地信奉比例理论的司法管辖区——芬兰、瑞典和明尼苏达州——当然不是这个结果。在一些其他司法管辖区，诸如加利福尼亚，刑罚水准确实大幅度增长，但其主要是因为引入使无能力的量刑理论所致。[1] 现代报应主义的领军者们曾坚持限制适用羁押刑，[2] 但在实践中政策的执行依赖于一般政治趋势和在所涉及的司法管区的司法态度。

诸如诺弗尔·莫里斯（Norval Morris）等批评家们呼吁的是一种不那么规范形式的报应主义，其认为比例概念不能充分地精确表明犯罪和刑罚的等级。[3] 这是"限制性的报应主义"，其排除不成比例的严苛量刑和不成比例的宽大量刑，但其建议，在那些外部界限范围内，其他指导原则应当决定处罚的形式和幅度。复归和使无能力原则会被允许有一些运作空间，但重点会是强调刑罚谦抑原则（penal parsimony）。[4] 限制性报应主义的一个问题是，既然量刑确实表达了谴责的程度，对相似罪行的任何不同水平量刑的适用将被解释成不一致性。虽然限制性报应主义者正确地表达了给定刑罚幅度的基本比例和锚点是随机而定并因此有争议的，但对序数比例和比较罪行严重性的原则评估存在更大的空间。在那一层面上的分歧会产生更大的不公正并且应当避免。

安东尼·达夫发展了一个不同的报应理论。[5] 他将比例原则作为核

---

① 进一步的讨论参见 von Hirsch and Ashworth（2005），ch. 6。

② Notably von Hirsch，例如在（1993）中，ch. 3。

③ 参见 Frase（2013）的重述，Introduction and ch. 1。

④ 也参见 Tonry（1994）。

⑤ 尤其参见 Duff（2001）。

心，但是他的理论的本质是量刑是交流性的。该刑罚促使罪犯关注其传达的非难。刑罚的目标是让罪犯对错误行为忏悔，并提供给罪犯"思考"和表达悔恨的方法。因此，刑罚具有重大的心理因素，罪犯对量刑的回应可以看作是一种对被其罪行伤害的社区的道歉①

批评者曾在多个方面攻击现代报应主义。② 将如此强制性的回应，即使是在一定程度上，仅仅置于刑罚是对犯罪的恰当的自然回应的直觉上，这难以令人满意。③ 而且什么确实值得谴责和惩罚——可罚的行为或者意向？④ 当强大的社会缺陷可能是大量犯罪的根源时，在一定程度上，将报应部分建立在个人可责性基础上，也是不公平的。⑤ 对此的一个回答是，当坚持社会中不平等的财富和机会分配应当被量刑之外的手段所处置时，已经遭受了极大的社会（权益）剥夺的罪犯被认为有理由减轻刑罚。⑥ 当社会不公普遍存在的情形下，这"不会减少……一般致害犯罪的有害性"，尽管其强化了减少整体惩罚水平的情形。⑦ 批评者们还主张序数比例和基数比例的关键概念过于模糊和存在分歧解释的可能性，但这应被视为挑战而非障碍。

希望对国家的刑罚权施加原则性限制的理由被广泛地接受。因此，值得注意的是欧洲理事会提出了有关量刑一致性（见本章第二节第一部分）的如下建议：

A4. 无论宣告什么量刑原理，都应当避免在罪行的严重性和量刑之间不成比例。⑧

相似地，《2000 年欧盟基本人权宪章》［*Charter of Fundamental Rights of the European Union（2000）*］第 49（3）条规定：

刑罚的严重不应当与刑事犯罪行为（的严重性）不成比例。

---

① 对于这一理论的丰富、详尽的发展，参见 Duff（2001）。对于某些批评，参见 von Hirsch and Ashworth（2005），ch. 7。

② 参见 Frase（2013），pp. 107-120。

③ 参考 Lacey（1988），pp. 21-26，with Moore（1988）。

④ 对此和其他观点，参见 Walker（1991）。

⑤ Mathiesen（1990），p. 121；更广泛的讨论参见 Lacey（1988），pp. 18-22。

⑥ 对于其将不连贯引入报应理论的观点，参见 Norrie（2014），ch. 12。

⑦ von Hirsch（1993），pp. 107-108.

⑧ Council of Europe（1993），p. 6.

同样地，报应主义的批评者诸如迈克尔·汤瑞（Michael Tonry）① 和尼古拉·莱西②接受了不成比例的量刑不可能具有正当性的观点，因此致力于某些形式的报应的推理的研究。对限制"不成比例"的支持强调报应主义者为序数量刑目的努力确立犯罪等级标准，③ 和对先前定罪与量刑相关性的尴尬问题确立原则方法，根据人性的弱点将对初犯的让步合理化和评估各种类型先前记录的相关性（见第六章第二节）的重要性。许多建议需要进一步细化，但比例理论的要义将在它与一些被广泛坚持的道德观点的明显一致性中，在它对单个犯罪人的权利尊重中，以及在它对国家权力的限制中被发现。托马斯·马蒂森（Thomas Mathiesen）曾攻击报应理论，因为其在诸如"相称性"、"序数和基数比例"、"可责性"和"犯罪的严重性"术语上暗含客观性和精确性要求。④ 一个不同的解释是这些术语对刑罚正当性的重要性和伴随的法治关怀的信仰，将继续推进报应理论向这些主题更进一步地探索。

六　量刑的社会理论

一些当代作者对上述四个"传统"刑罚理论，尤其是报应理论脱离更广泛的社会和政治环境处理量刑问题的趋势并不满意。各种各样的理论正在被开发，以试图使量刑的方法对社会条件和社区期待具有更好的回应。这一趋势的三个例子可以简略地描述如下。

芭芭拉·哈德逊（Barbara Hudson）在她的著作中坚持认为，应当优先考虑犯罪预防以及通过刑罚制度减少羁押的适用。有关职业、教育、住房和休闲设施的社会政策的变革要比狭隘地讨论量刑比例对司法更重要。当谈及量刑时，应更关注"整个人类的问题"，而不是某些具体行为：国家不应当只关注"凌驾于人民之上的特权事件"，而是应当将更多的重点放在复归机会的提供上。然而，在量刑阶段这样的发展应当发生在由比例理论所确立的框架内。⑤

同样地，尼古拉·莱西主张第一步必须是国家承认其有义务为所有公

---

① Tonry（1994）.

② 参见下文第六部分。

③ 参见下文第四章第三节。

④ Mathiesen（1990），ch. 5 and *passim*.

⑤ 例如 Hudson（1995）。

民提供恰当的设施和公平机会来培育社区意识。一旦其在社区得以实现，惩罚作为加强这项曾被决定通过刑法保护的价值就具有了正当性。在量刑中比例原则仍然是重要的，但促进社会福利的对应价值也同样重要。莱西（Lacey）不同意报应论者和预防论者坚持将一般的优先性分配给单一的价值：对她来说，每一项价值的核心必须保留，妥协必须分别和慎重地协商，并适度关注以避免性别和种族偏见。然而，莱西承认这些问题的社区决定进一步产生了限制和执行的问题，承认必须保持警醒以便于确保"以社区为基础"的安排保持包容性并不会产生新形式的社会排斥。①

约翰·布雷斯韦特（John Braithwaite）和菲利普·佩蒂特（Phillip Pettit）发展了他们所谓的刑事司法的共和主义理论（republican theory）。其核心价值是支配权，被定义为依据每一位公民都有能力在他们参与形成的社会和政治的框架内，做出生活选择，并且在那些选择中应该得到保护。在其对犯罪的回应中，刑事司法制度应当采取最小介入的方法，但在适当时可以通过量刑寻求预防政策。比例量刑不是主要的关注点。实际上，共和主义理论将谴责从量刑中分离出来。谴责可以通过羞辱和其他形式的社会反应更有效地实现，假如羞辱的预期看上去不错的话，具体的量刑可能更低。除此之外，当作者们对比例上限含糊不明确的时候，他们似乎接受了基于预测和预防理论的实质量刑是可以接受的观点。②

这些复杂理论的简略示意图应当至少表明有关量刑适当目标争议的持续活力。而且即使在比例框架内，这些关注也应当并可以严肃对待。③ 就本章所概述的所有理论而言，有必要研究原始文本以便于获得对该理论和批评得以构建的精确步骤的理解。强调罪行的社会背景的理论的特征是，在各种程度上，相比单个量刑的相对公平，他们更重视减少刑罚的整体水平和消除更广泛的社会不平等。

七　恢复和赔偿④

20 世纪最后 25 年中刑事司法方面的主要发展之一是对于犯罪被害人

---

① Lacey（1998）.

② Braithwaite and Pettit（1990）；cf. Dagger（2008）.

③ See Lippke（2007），ch.4.

④ 更充分的讨论，参见 von Hirsch, Ashworth and Roberts（2009），ch.5；还参见 Dignan（2005）and Hoyle and Cuneen（2009）。

的权利和需求的逐渐增长的认识。这由联合国在 1985 年的《有关被害人公正和权力滥用的基本原则的声明》（*Declaration on the Basic Principles of Justice for Victims and Abuse of Power*）和在 1990 年的政府的《被害人宪章》（*Victim's Charter*）中予以清楚标明。[①] 它也可以从量刑理论中至少两个不同方面得以证明。一个是在刑事司法制度中对被害人权利不断增长的关注，包括批准被害人有权向法庭对有关罪行作出陈述的权利。[②] 第二个发展将是这里所关注的——不断增长的刑事司法的恢复性理论数量。基本主张是对被害人的公正应当成为刑事司法制度和量刑的核心目标。这意味着所有在犯罪中的"利益相关者"（罪犯和被害人，他们的家庭，以及社区）都应该成为有关对犯罪的恰当回应的讨论内容。其目标将是带来道歉，以确保罪犯为其犯罪后果补偿被害人和更广泛的社区，并采取步骤确保犯罪不会再次发生。因此，正如露西娅·砦德（Lucia Zedner）所言：

> 刑事司法应当更少地关注对违法者的谴责，而应关注恢复个人损害和修复破裂的社会关系的过程。代替面对进一步施与痛苦的刑罚的痛，一个真正的赔偿系统将寻求社会的整体性修复。它也将必然挑战政府对犯罪回应的主张，取而代之的是，将邀请（或可能要求）社区介入修复过程中。[③]

大量的恢复性司法计划在世界不同地方产生。第一个主要的倡议被引入新西兰的《1989 年儿童、少年及其家庭法》（*Children, Young Persons and their Families Act 1989*）：少年罪犯在"家庭组会议"中得到处理，在这个会议中包括被害人、罪犯及其家庭，与作为促进者的社区代表，他们一起制定回应罪行的计划。[④] 在澳大利亚最著名的计划是在堪培拉，在该计划中，被以（暴力、财产、商店盗窃、酒驾）四种类型罪名起诉的人

---

① 现在参见《2004 年家庭暴力、犯罪和被害人法》（*The Domestic Violence, Crime and Victims Act 2004*），第三部分。

② *Practice Direction*（*Criminal Proceedings: Consolidation*）Part III. 28（2013）. 某些司法管区走得更远，允许被害人提出有关量刑的意见：参见下文第十三章第七节进一步授予国家与司法机构强大的权力。

③ Lucia Zedner（1994），p. 233.

④ 参见 Morris（2002）。

被随机地分配到法庭或者恢复性司法。对结果的解释是不确定的，① 但是据称进入恢复性司法会议的被害人会对程序更满意，并且表明仅仅暴力犯罪的罪犯在接受恢复性司法之后较少可能重新犯罪，而不是那些从事了其他三类犯罪之一的罪犯。

　　一些恢复性司法的举措已经在英国开始实施了：一个由泰晤士河谷警察局（Thames Valley police）发起的恢复性警示计划（scheme of restorative cautioning）已经拓展到其他地区，② 被设计成包括成年人和严重犯罪的三项计划已经运行了多年。③ 然而，对全欧洲（包括英格兰和威尔士）的恢复性司法实践研究进行评估后，卡洛琳·霍伊尔（Carolyn Hoyle）得出结论认为基于当前的证据，难以清楚（表明）恢复性司法是主要关于被害人的。"④ 在减少再犯罪的潜力方面存在持久的利益：因此罗宾逊和撒普兰（Shapland）发现已经参与恢复性司法的罪犯在两年内存在较小的再犯可能性，并且他们主张恢复性会议可以促使或者巩固罪犯停止犯罪的决心。⑤

　　恢复性司法作为一种回应犯罪行为的建设性和社会包容性的方法具有极大的吸引力。但是，仍然存在各种原则性的问题困扰着批评者。⑥ 一个是决定恢复性司法的目标：许多观点暗示其可以导致治愈被害人，修复社区秩序和减少再犯罪，但没有证据证明它可以圆满地实现所有这些目标，看上去可能关注一项目标而不能增进其他目标的实现。而且恢复社区秩序的概念覆盖着神秘的色彩，正如实际上有关"社区"的识别一样。假如，恢复性司法被适用于非轻微的犯罪，那么允许被害人和/或被害人的家庭在决定回应中发挥作用是有问题的。原则上，这样的决定应当由独立的和无偏袒的法庭来做出，鉴于罪犯被施压，主张罪犯"赞同"恢复性司法过程的观点是不能令人信服的。⑦ 假如恢复性司法被适用，那么至少应有

---

① 例如，Kurki（2001）。

② 参见 Hoyle and Young（2003）。

③ 参见 Robinson and Shapland（2008）。

④ Hoyle（2012），p. 418.

⑤ 同上。

⑥ 对于批评观点的列举或者回应，参见 Morris（2002）。

⑦ 进一步的讨论参见 Ashworth（2002b）。

对会议权力的限制以便于确保比例性约束规则不会被违反。① 恢复性司法的拥护者经常抱怨所有这些保障措施都是不必要的，并且恢复性司法是一项不涉及严苛性的积极的经历。然而，在20世纪60年代恢复性司法的经历警示热衷者的要求可能运行于证据之前，施加于罪犯的控制和强制的程度可能超过了其罪行所应得到的惩罚。

八　对《2003年刑事司法法》第142条的反对观点

我们在上文第三章第三节第一部分中看到，英国《2003年刑事司法法》第142条要求法庭在决定罪犯的刑罚时，考虑量刑的五个目的。对第142条的两个批评在那个阶段被提出来——如此明显的无拘束的选择量刑原理的裁量权与法治的需求不一致，而且明显地与要求法庭遵循指南（其系建立在比例原则基础之上）的量刑指南制度不一致。对那些批评，我们现在增加两个更进一步的难题——有一些强烈的原则性观点反对一些已经宣布的目的，并且一些被宣布的目的并不能被实证结果所支持。例如，已经有观点认为在个别威慑和一般威慑的原理以及使无能力原理中都存在（原理，以及实证支持）劣势；可是，那些原理却最经常地被立法者和法官所引用。根据对诸如第142条（和其他国家的同类规范）立法宣称的批判的权衡，认为其没有用处，应该废除。实际上，人们可以走得更远，提出这样的声明是令人迷惑的，无益的，因为他们没有明显地意识到原理的不足和影响某些声明目的的证据。基于原理和实证证据的公开讨论应当取代夸张的但最终落入空虚的立法规定。

第四节　一些原则和政策

评估量刑和量刑制度的正当性的工作不仅仅是一个考虑全面或最终目标的事情。一些离散的原则和政策也可能对一般量刑政策或者单个量刑决定有规范性的要求。建议有一个这些原则和政策的稳定核心，其可以被组织在一起，成为一个统一的整体，是一种奢望。现实是在刑罚历史的不同阶段它们形成了一个波动的体系，随着刑罚政策此消彼长的发展，其被选

---

① 有关这一点与其他问题，参见 von Hirsch and Ashworth（2005），ch. 9。

择性地引用。刑罚制度可以被作为社会制度之一（与家庭、宗教、武装力量等一起），在这一背景下，量刑是一个表达社会价值的机制，也是一种诊断刑罚学目的的工具方法。一个更广阔背景的意识：

> 使其更容易主张诸如正义、人道、宽容、正直、人性和文明的价值追求应当是任何刑罚机制自我意识的一个组成部分——一种其功能的本质的和基本的方面——而不是偏离其"真实"目标或者抑制其"有效性"能力。①

这些价值可能是什么，并且它们可能如何被表达？下面将有一些尝试对于六项原则和政策给予简要的描述，它们有某种程度的现时关联性——第一个借由法律权威，其他基于道德、社会和政治理由。很清楚，在它们中可能产生内部冲突；每一项尝试都有一个不确定的因素；其中一些尝试提出了与他们所解决的问题同样多的问题。尽管如此，它们有一定的规范力量，并因此值得探索。

一　尊重法治价值和基本权利的原则

这是一项既有正式的程序内涵，也具有实体内涵的原则。在其最纯粹的形式上，法治可能被认为需要"稳定的、可知的和确定的规定"②。然而，在一定程度上，可被要求的定义的确定性是有限度的，而且，在量刑过程中保留一些裁量权有强力的正当论据。法治原则可能要求强化自由权和在行使国家权力过程中减少独裁，但很少有人会倡导纯粹形式的法治，因此有关裁量权的恰当程度问题存在大量争论。转向对基本权利的尊重，在英联邦国家，这是现在一个积极立法的问题，以及一项国际义务。因此，《1998 年人权法》要求所有的公共权力机构（包括法庭、检察官、监狱等）的行为都要遵从《欧洲人权公约》中所确立的权利。相对地，极少数权利涉及量刑过程，正如我们在上文第二章第七节所注意到的，但当他们这样做时，他们有强大的影响力。作为一项原则，法庭和立法机关应当确保那些权利在量刑过程受到尊重并且不被回避和边缘化。

---

① Garland (1990), pp. 291-292.

② Raz (1979), pp. 214-215.

二　在羁押适用中的限制原则

认识到监禁是一项对正常权利的严重剥夺，其使用应当受到限制的观点已经被广泛正式地接受。《有关犯罪预防和罪犯待遇的联合国第八次会议的决议草案八》（Draft Resolution VIII of the Eighth United Nations Congress on the Prevention of Crime and the Treatment of Offender）建议"监禁应当作为最后的制裁手段"，① 在更早些时候，欧洲委员会在倡导更广泛地适用非羁押制裁时，也曾采用相似的政策。② 但是，伴随着许多国家监狱人口的迅速增长，尤其是美国，以及后来的英格兰和威尔士，这些正式的声明中的大部分在 20 世纪最后十年和 21 世纪最初十年从人们的视野中消失了。因此，1990 年的一份《白皮书》曾将监狱描述为"使坏人更坏的昂贵方式"③，并且限制原则也被 1990 年伍尔夫监狱暴乱的调查所强烈倡导，④ 1993 年作为内政大臣迈克尔·霍华德（Howard）的到来改变了官方方法的语言和内容。霍华德宣告"让监狱效果发挥作用"，并催促量刑者更多地使用羁押刑。在接下来的几年里，法官和治安法官们发现他们无法抵御政治和媒体支持更高量刑的压力，正如首席大法官宾汉姆勋爵随后所承认的。⑤ 1997 年政府的更迭没有从部长们那里带来惩罚措辞上的减轻，尤其是在戴维·布朗奇（David Blunkett）任内政部部长（2001—2004 年）的那些年，但惩罚措辞自从 2010 年开始在联合政府中已经不突出了（尽管没有完全消失）。

自从千禧年起，公平地说这个经常保持在政府公共宣传中的"民粹主义的惩罚性"，⑥ 已经不再严厉了。详细的政策和声明产生了对其他方面关注的迹象。《2003 年刑事司法法》有了一些复原的方面——有关羁押门槛的更严格的语言，有关羁押期限长度的更严格的表述⑦——自从 2004

---

① United Nations（1990），para. 5（e）.

② Council of Europe（1976），Res. 10.

③ Home Office（1990），para. 2. 7.

④ Woolf（1991），在下文第九章第一节讨论。

⑤ "从 1993 年以来羁押的适用迅速增长，以回应（似乎可能）某些为社会高度关注的犯罪、立法、大臣演讲以及强烈的媒体压力。" *Brewster*［1998］1 Cr App R（S）181, at p. 184.

⑥ 该术语为 Bottoms（1995）所创。

⑦ 参见上文第一章第五节。

年量刑指南的模式已经在决定程序中包括了这些要求，法官必须在决定适用羁押刑前适用这一程序。① 羁押适用的限制原则比这走得更远。其强调的不仅是核心自由权利的剥夺，而且是监禁的人力物力的高成本以及预防再犯罪效果的缺乏。② 因此这一原则指向更少羁押刑的适用，并使其期限比最近已在英国成为标准的期限更短。此外，它也指向对监狱制度的反思以便于尊重囚犯的"权利"和尽可能地使他们的生活"正常化"。③

三　谦抑原则

基于所有的刑罚是痛苦的，因此在可能的情况下应当避免或者减轻的考虑，边沁主张在刑罚上实行谦抑原则（principle of frugality）：④ 在所有的案件中，应该选择适用最轻的刑罚。诺瓦尔·莫里斯发展了一个相似的"谦抑"原则，⑤ 这被迈克尔·汤瑞在最近的辩论中所力促。⑥ 实际上，它是一个更一般的羁押适用的限制原则的版本。支持者在什么层面上推进该原则总是弄不清楚。它可能被认为是一项适用于政策制定者的原则——羁押适用的限制原则的更广泛的版本，可能以最小干涉来表述。这将认可刑事程序和公开对许多罪犯的惩罚效果，并会主张对不严重犯罪形式转移措施的突出重要性。它也支持对那些判处罚金或者附条件释放太重的案件保留社区刑罚，一种隐含于《2003 年刑事司法法》的方法。一个更彻底的"减轻策略"将会随着时间的推移而逐步减轻刑罚的力度。⑦

或者，甚至另外，谦抑原则可被认为是量刑者在个案中（适用）的一项原则。问题是，这将在多大程度上适用，假如法庭有两起案件要处理——都是盗窃犯罪，一起犯罪的被告人地位低微（例如，来自"犯罪"家庭或者居住区），另一个是其背景让法庭相信他不太可能是将再次犯罪的公民。假如法庭判处第二个人较轻的刑罚，它可能遵从了谦抑原则，但

---

① Sentencing Guidelines Council, *Overarching Principles*: *Seriousness* (2004), Part E.

② Nagin, Cullen and Jonson (2009). Durlauf and Nagin (2011), and Travis, Western and Redburn (2014), ch. 5.

③ 参见例如 Lippke (2007), Liebling and Crewe (2012)。

④ Bentham (1789), ch. xv, para. 11.

⑤ Morris (1974).

⑥ 参见，例如 Tonry (1994)。

⑦ 参见 Braithwaite and Pettit (1990)，以及 von Hirsch (1993), ch. 5。

这是公平的吗？其当然地违反了法律面前平等原则（下文）。同样的情形适用于假如法庭判处有工作的罪犯比没有工作的罪犯更轻的刑罚，基于假如前者将失去工作，使其家庭和其他方面陷入困境，那将是不幸的理由。在下面第七章将讨论，谦抑原则应该在一般性或立法水平上去追求，而法律面前平等原则应当在个案量刑决定上优先适用。但是，莫里斯和托尼谴责这会产生"痛苦的平等"，并倡导在个案量刑决定中也适用谦抑原则。①

四 管理主义和控制公共支出的政策

政府总是关注公共支出，但 21 世纪第一个十年几乎没有证据证明经济限制是控制监狱人数的理由（正如不同于缩减监狱运行成本）。2008 年政府的审查要求司法部"大规模节省成本"和"用更少的资源实现我们的目标"，② 而不是减少被羁押的数量或者缩短他们量刑的长度。实际上，被羁押者的数量在 2011 年升至创纪录的 88179 人，在联合政府选举后的一年，尽管从那时起它已经有所回落。值得关注的是，当制定量刑指南时，量刑指南委员会被要求关注"不同量刑的成本和他们预防再犯罪的相对效果"，③ 并且量刑委员会同样被要求关注量刑成本和相对效果，尽管很少有证据表明这被认真对待。④ 这样的要求没有施加于政府各部部长；实际上，当工党政府委托调查监禁和其他刑罚措施的效果时，⑤ 没有表现出对基于如此多的理由羁押人口的迅速增长是浪费的一致发现的兴致，尽管存在更广泛的经济状况，成本—效果表现出低优先性。

五 法律面前平等原则

这是一项量刑决定应当平等对待罪犯的原则，无论他们的财富、种族、肤色、性别、能力，或者工作，或者家庭地位。如果犯罪是由基于对种族、宗教信仰、性取向或者残疾的敌意所激发或者伴随这些敌意，英国

---

① Morris and Tonry（1990），在下文第七章第七节中讨论。

② Ministry of Justice（2008），p. 5.

③ 《2003 年刑事司法法》（*Criminal Justice Act 2003*），条 170（5）（c）。

④ 《2009 年验尸官和司法法》，条 120（11）；第 127 条要求委员会出版每一项目新指南的资源评估。

⑤ See Moxon（1998），以及由内政部实施的，为剑桥所进行的威慑研究的 von Hirsch et al.（1999）。

法律目前将它作为一项法定加重因素。① 更长期存在的先例表明有钱的罪犯不应当被允许通过支付大量罚金或者赔偿金的方式"将其自己从监狱里买出来……"② 这样的平等原则几乎不需要理由，因为在量刑阶段基于任何这样的理由惩罚罪犯确实是不公平的。然而，在实践中存在困难。正如我们将在第七章所看到的，存在基于财富的偏见证据，在某些方面存在种族和性别歧视的证据，并且有基于雇用状态的理由而歧视的确切的证据。最后一个特别困难的问题是：法庭经常试图通过量刑确保一个有工作的人能够保住工作，尽管所隐含的是失业的罪犯是受歧视的，因为减轻量刑的资源并不适用他们。这导致了在本章第三节第五、六部分中已经讨论过的一个问题，在一个充满不公正的社会谈及"公正"或"公平"是否合适。

六　平等影响原则

这一原则主张量刑应当是适当的，以便对被量刑的罪犯产生平等的影响。或者，从反方面表述这一原则，该制度应当努力避免由于不同的资源和情感所产生的非常不平等的影响，因为那将是不公平的。这一原则最明显的适用是罚金，其应当被调整以反映不同罪犯的不同的财力。③ 另一个应用可能是对那些有特殊的精神或医学疾病的犯罪人进行监禁，这可能使羁押更加的痛苦，④ 尽管基于同情而不是惩罚影响的平等性可能有一个替代选择的正当性理由。⑤ 由平等影响原则所产生的许多问题将在下文第七章进一步讨论，在那一章中将审视将其纳入比例量刑制度的问题。

第五节　实践中的量刑原理：威慑

第三章第三节第八部分的结尾主张在实践中某些量刑所依据的原理在适用时没有被提及，没有明显地意识到其在理论和证据依据上的缺点。这

---

① 《2003 年刑事司法法》（Criminal Justice Act 2003），第 145-146 条。
② See *Markwick*（1953）37 Cr App R 125 以及下文第七章第五节中所讨论的其他裁判。
③ 讨论参见下文第七章第五节。
④ 参见 Ashworth and Player（1998）。
⑤ 参考 von Hirsch and Ashworth（2005），Appendix C。

种倾向最明显的是与一般威慑有关的，这方面的例子在下面的段落中讨论。

一　一般威慑理论和强制最低量刑

在英国，谋杀罪的量刑曾是终身监禁的强制量刑，因为死刑在 1965 年被废除了。另一个长期存在的强制量刑曾经是最低 12 个月的驾驶资格剥夺，适用于（除发现特殊理由）过度饮酒驾驶的定罪。然而，在近些年，政府已经将一些强制最低量刑引入英国法律。规定的最低量刑仅涉及有先前定罪的罪犯，将在下文第六章第七节进行分析。无论有无先前定罪，涉及特定犯罪适用的强制最低量刑，将在这里讨论。

三个突出的例子中的第一个是对违反《1968 年枪支法》（*Firearms Act 1968*）（由《2003 年刑事司法法》插入）第 51A 条规定的拥有被禁止的枪支或者弹药者适用强制最低 5 年监禁，除非发现例外情形。第二个例子是违反了《2006 年暴力犯罪减少法》（Violent Crime Reduction Act 2006）第 29 条，利用某人管理危险武器的犯罪：在该危险武器属于被禁止的武器的情形下，这会带来 5 年强制最低量刑（除非发现例外情形）。第三个例子是用刀或者进攻性武器威胁另一个人的犯罪，由《2012 年罪犯的法律援助、量刑和惩罚法》第 142 条引入，除非法庭发现适用那一刑罚是不公正的，适用最低六个月的监禁刑。

最后的一个例子在"这样做不公正"条款中蕴含相当大的弹性，[①] 前两个例子仅仅允许法庭在例外情形下的量刑可以低于最低量刑。上诉法院曾注意到在一些情形下这可能产生的不公正，但一般都坚守立法机关的意愿。有关第 51A 条枪支最低量刑的判例是 2006 年雷曼和伍德［Rehman and Wood（2006）］案[②]，在该案中，首席大法官沃尔夫勋爵通过宣布议会想将威慑量刑适用于这些罪行，拟释放仅仅拥有武器也能够对社会公众造成危险的信息。然而，首席大法官沃尔夫勋爵坚持第 51A 条不应当被允许要求法庭施加在人权方面是"武断的或者不成比例的"量刑。[③] 对"有关犯罪或者罪犯的例外情形"的但书将被解释为与人权限制相一致。

---

① Lord Thomas CJ 在 *Gomes Monteiro*［2014］2 Cr App R（S）483 中给出了有关这一点的指导。

② ［2006］1 Cr App R（S）404.

③ 违反了《欧洲公约》第 3 条和第 5 条的规定，正如上文第二章第六节所讨论的。

因此，首席大法官沃尔夫勋爵注意到"如果罪犯不知道其正在做错事，威慑性量刑将对他没有威慑效果"，因此，对法律的无知，一些案件的特征，经常被作为"例外情形"① 对待，并且诸如年老或者缺少强力的威胁也可以被如此对待。② 没有必要发现单个的例外情形：一些减轻要素的累积效果（除了有罪答辩，它不包括在内）就够了。③ 然而，涉及例外情形的案例似乎相对稀少。④

这种最低量刑是正当的吗？为最低量刑经常提供的正当理由在于它们是透明的、公平的，并且通过它们所宣称的刑罚的确定性来阻止人们犯罪。⑤ 每一个主张都是令人怀疑的。最低量刑本身是透明的，但起诉者可以决定不同的控诉并因此相当大的自由裁量权被起诉决定所隐藏。⑥ 宣称最低量刑是公平的，意味着他们以相同的方式处理显著不同的案件：自由裁量权的缺乏产生如同一碗水端平的相对无价值形式的不公正。至于威慑声明，根本没有证据支持这一说法。被研究的最多的最低量刑制度可能是加利福尼亚的"三击出局"法律，并且甚至加利福尼亚州的立法机关最终承认"无效果"的研究发现的清晰性。⑦ 如果英国的政客们宣称威慑是最低量刑的一个正当理由，那么，他们没有支持性的英国证据，并且其与国际共识相悖。

二　一般威慑和司法机关

司法机关与作为量刑目标的一般威慑具有一种长期的和矛盾的关系。我们在上文第二章第三节中看到，当政府首先建议在 1996 年引入强制最低量刑时，资深法官迅速地谴责那一政策对威慑的依赖。皇家法院首席法官泰勒认为，根据许多刑法学家将会承认的理由，一般威慑可以通过增加被抓住的可能性发挥作用，但主张通过提升量刑水平实现有效性的证据是

---

① 这适用 Rehman，但不适用于 Wood；还参见 *Ramzan*［2013］2 Cr App R（S）221。

② 有关威胁和有关因素，参见 see *Jones*［2012］1 Cr App R（S）151。

③ *Jones*，同上，适用雷曼和伍德案，Ibid.，156。

④ 对于坚持最短刑期的例子，参见 *Wood*，同上；*Ocran*［2011］1 Cr App R（S）223；*Attorney General's Reference No. 82 of* 2012［2013］2 Cr App R（S）406。

⑤ 参见 Tonry（2009）的主要论文。

⑥ 参见在 *Brereton*［2010］2 Cr App R（S）397 and *Ramzan*［2013］2 Cr App R（S）221 中第 51A 条（最小刑罚）和第 51B 条（非最小刑罚）的讨论。

⑦ Tonry（2009），pp. 90-100.

"薄弱的和可疑的"。① 对强制最低量刑的一般威慑前提的攻击应与同一法官坚持议会本不打算将法定权力从威慑量刑上移除的观点相比较。泰勒因此对《1991 年法案》的第 2（2）（a）条（错误）解释如下：

> 羁押刑的目的必须主要是惩罚和阻止。因此，"与犯罪严重性相符"的措辞一定意味着与罪行的严重性所需要的惩罚和威慑相符。②

这种对法条的公然的误读——显而易见的是来自《1991 年法案》之前的白皮书③——为法官开辟了继续依赖作为某些量刑的正当理由的一般威慑推理，虽然支持其有效性的证据如同泰勒勋爵所宣称的那样是"薄弱的和可疑的"。

威慑推理的司法偏好，不顾原则性的反对和实证证据的缺乏（见上文第三章第二节第二部分），持续到今日。它是首席大法官贾奇勋爵在英国布莱克肖暴乱案中裁判的主要特征，④ 其在涉及武器的重大案件中很突出，⑤ 并且它也被表述为坚持将监禁作为一个对妨碍司法进程以及同类的犯罪⑥，伪造商品⑦和护照的犯罪⑧作出回应的理由。然而，有观点认为威慑语言的运用实际上并非意味着法庭正在对比例量刑增加威慑的溢价。一些犯罪如此严重以至对其基于报应刑理论的施以重刑是正当的（例如，涉及暴力或性侵犯罪的严重犯罪），法官可能参考威慑理论，因为减少这样的犯罪的数量具有强大的社会利益，不意味着量刑要会违背比例原则的要求。⑨ 这种可能性的解读在一些严重案件中被司法评论所支持，在法官曾确认五个或六个加重因素并接着说需要威慑量刑

---

① Taylor（1996）：参见第二章，注释第 45—46 以及附随文本。

② (1993) 14 Cr App R (S) 444 at p. 447.

③ Home Office (1990), para. 2. 8.

④ [2012] 1 Cr App R (S) 679, above, n. 57.

⑤ *Hagan* [2013] 1 Cr App R (S) 483, at [11-12]; *Cardwell* [2013] 2 Cr App R (S) 284, at [22-23].

⑥ 例如 *Dittman and Anderson* [2013] 1 Cr App R (S) 113。

⑦ *Wooldridge* [2006] 1 Cr App R (S) 72.

⑧ *Attorney General's References Nos. 1 and 6 of 2008* [2008] 2 Cr App R (S) 557.

⑨ 参见在 *Graham v. R.* [2014] NZSC 55 中有趣的新西兰的讨论。

的情形下。① 相似地，根据它是否授权法庭超越比例量刑，在委员会有关环境犯罪的量刑指南中"威慑"的出现是相当模糊的（"惩罚、威慑以及剥夺所获利益的目标"）。②

　　如同在第二章第三节中所指出的，议会在本应重申对 18 岁以下罪犯不包括威慑的量刑目的的《2008 年刑事司法和移民法》中通过了这一条规定。当有关对少年犯量刑的法条被实施时，那条规定并没有生效，（看上去）主要是因为司法机关坚持保留威慑作为在某些例外案件中对少年犯量刑的原理。律师在 2013 年哈根案 ［*Hagan*（2013）］③ 中反对将威慑理论适用于 16 岁的罪犯，④ 但是，在缺少有效法律规定的情况下，上诉法院可以依靠更老的普通法授权使其正当化。

　　由于这里的主张是司法机关已经长期与威慑量刑的思想相关联的主张，因此提出有关司法偏好——犯罪的泛滥性的问题是恰当的。多年来，法院偶尔将犯罪的泛滥性作为为其增加量刑水平的一般理由，但是那容易产生至少两个主要的反对观点：很少有任何确凿的泛滥性的证据，如果泛滥性真的是量刑的主要因素，这本会产生荒谬的商店盗窃者（甚至非法停车）将会被大幅提升量刑水准。⑤ 量刑指南委员会寻求对泛滥性概念的适用制定指南以增加量刑。一般而言，它表述为量刑不应当基于相信特殊类型犯罪的流行性而增加。但是，在"例外的当地情形下"，以及当有关于犯罪的泛滥性的"来自外部来源的支持证据"的情形下，法庭可以适用一个比适合犯罪的严重性比例更高的量刑。然而，这将是"例外的"，并且"一旦泛滥性已经被解决了，量刑者必须在量刑指南范围内量刑"。⑥ 这是一个强大的限制性的指南，上诉法院曾坚持认为在量刑可以包括威慑

---

① 例如 *Howard* ［2013］1 Cr App R（S）405（武装抢劫住宅小区附近的商店），*Ekajeh*［2013］2 Cr App R（S）291（受雇员身份欺骗），*Kasprzak*［2014］1 Cr App R（S）115, at［15］。

② Sentencing Council, *Environmental Offences*: *definitive guideline*（2014），pp. 12，18 and 21.

③ ［2013］1 Cr App R（S）483.

④ ［2013］1 Cr App R（S）483.

⑤ 由上诉法院的 LloydLJ 在 *Masagh*（1990）12 Cr App R（S）568 中的杰出裁判清楚地阐释了这些反对意见，但令人遗憾的是其似乎未曾减少对这一概念的司法参考。

⑥ SGC, *Overarching Principles*: *Seriousness*（2004），paras. 1. 38-1. 39.

要素之前应详细分析泛滥性的支持证据。① 因此，看上去泛滥性更可能在犯罪处于低级或中级严重程度的情形下被考虑，然而，一般威慑本身更经常在为严重犯罪的量刑中被引用。

第六节　民意的作用

本章的重点迄今为止都在量刑的原理上，从原则的观点和证据支持的点来考虑。然而，实践中，政府有关量刑政策的许多决定倾向于建立在"民意"概念的基础上。博顿斯曾命名的"民粹惩罚"（populist punitiveness）——政治家们试图参考其相信是民意的东西使刑罚措施具有正当性②——在英国量刑的最近变化中已经发挥了主要作用，强制最低量刑（上文第三章第五节第一部分）和监禁刑的增加适用（上文第三章第四节第二部分）是两个强有力的例子。相似的现象曾在其他一些司法管辖区被观察到过。③

在"民主"被广泛认为是一种美德的时代，"民意"的突出性可能看起来是朝向正确的方向迈出的一步。但是，在得出任何结论前，确实有必要对正在提出的建议进行准确的评估。什么可以算作是民意？如果那一问题可以被满意地解决，民意应当以什么方式进入量刑？对于第一个问题，一些"民意"的乞求可能仅仅是愤世嫉俗地计算什么将赢得选票或者什么将赢得媒体支持。假如我们按照其本身的术语严肃地对待"公民意见"的概念，就会有一个迫在眉睫的问题。研究表明公众对犯罪趋势和量刑实践的知识一般是较少的。④ 不仅在于随机询问公众成员诸如量刑太过严厉、太过轻柔，或者正确与否的宽泛问题没有什么价值；但是，即使提出目标性更强的问题，公众态度将经常建立在误解的基础之上，他们因而不是影响政策的坚实基础。研究还表明，通过提供信息改变态度是可能

---

① 参见，例如 *Oosthuizen* ［2006］1 Cr App R（S）385, *Lanham and Willis* ［2009］1 Cr App R（S）592, and *Moss* ［2011］1 Cr App R（S）199, at ［12］。

② Bottoms（1995），p. 40.

③ Pratt（2007）.

④ Hough and Roberts（2012），pp. 280-283.

的。① 尽管如何对整个公众群体实现这一目的（而不是为研究目的而招募的一群人）是更有疑问的。不管怎样，召集代表性的核心群体，接收关于刑事司法的信息，并接着提供他们的关于可能的政策选择的意见是可能的。

假设适宜的了解情况的"民意"可以被动员起来，基于什么目的其可以被使用呢？② 它可能是一种确定犯罪严重等级的方法，它是任何以比例为基础的量刑制度的重要因素，在下文第四章第二节予以考虑。它也可能是一种为各种严重形式的犯罪适用恰当量刑水准及考虑是否特殊因素应当被作为加重或减轻的因素的一种方法。在后者的问题中，一个恰当的研究方法也将使发现支持特别公众态度的推理成为可能。保罗·罗宾逊（Paul Robinson）是他所称谓的"经验主义应得理论"（empirical desert）的忠实倡导者，即，以比例为基础的制度是通过对犯罪严重性和刑罚严厉性的公众评估而为人知的，他主张与民意的紧密性将强化量刑制度可感知的合法性。③ 是否可以收集到充分的证据，是否罗宾逊的各种例外将减少所宣称的合法性的收益，是需要进一步讨论的问题。④

如果有关关键量刑问题的知情的民意可以获得，什么将是作用于它们的最恰当的方式呢？量刑委员会（和其前身的量刑咨询委员会）使用有关民意的相关调查结果告知其量刑指南的发展。这不是说他们总是采纳所有的调查结果，而是在起草一份指南之前，量刑委员会讨论了知情的民意和基于此的推理。这产生了两个问题。第一，被赋予信赖的"民意"不是一种公众的或社区的观点，而是被提供了精确信息的一个小的代表性群体的观点。结局一般可能不受公众欢迎，因为他们注定相对不了解情况。⑤ 第二，当谈及起草为有罪答辩而减轻量刑的新的指南时，评估委员会如何处理其自己的民意调查结果是重要的。这是政治家们和法官们中的敏感问题，对与司法观点不一致的任何民意给予多大权重的分配将构成一个严峻的考验。正如朱利安·罗伯茨主张的：

---

① Hough and Roberts（2012），pp. 287-289.

② 对于这些问题的广泛的考虑，参见在 Ryberg and Roberts（2014）中的论文。

③ Robinson（2008），部分依赖于 Tyler（2006）。

④ 对于批评和参考，参见 Frase（2013），pp. 95-100，和 Roberts（2011），第110—112页。

⑤ De Keijser（2014）.

　　根据这一模式，量刑政策不是简单地追随民意——该结果将是无原则的量刑。然而，当一项特殊的政策或实践很明显与社区价值不一致时，这种不一致应当至少引发对这些观点的本质的探究，和对量刑实践的可能调整。①

　　因此，该观点是了解情况的民意不应当被认为是一张王牌，而仅仅是作为讨论中的一项重要的要素，是关键变量的重要性的程度。

第七节　结论

　　在上面第三章第二节我们看到英国法律，像其他一些司法管辖区一样，提出了"量刑目的"的目录。这一方法显得幼稚，因为它没有注意到对原则的反对意见和证据支持上的缺乏，正如我们在第三章第三节所看到的，证据支持上的缺乏困扰了罗列出的一些目的。实际上，许多政治家和法官认为极其重要的量刑目的是威慑（有关威慑可参阅第三章第五节），这很可能（是）量刑目的中最有争议的。虽然本章已经承认威慑、公众保护和"民意"的概念驱动了一些量刑政策，但这里的重点已经被放在审查量刑制度的原则基础和证据基础。这一任务将在以下章节继续讨论。

---

① Roberts（2011），p. 121.

第四章

比例原则的原理

　　本章研究量刑中比例原则在英国的实际适用。在研究了相关法律规范后，我们开始探究实践和理论上的比例原则的思想。在本章第二节讨论学者们的有关不同犯罪相对严重性的观点。第三节讨论决定犯罪严重性的一个可能性理论框架。第四节讲述适用于英国犯罪选择的这个框架：现在，犯罪严重性的大多数问题是量刑指南的主题，而且一个问题将是指南结构如何解释比例原则。第五节我们考虑了可责性的变化，第六节展示了一些有关比例原则原理的暂时性结论。

第一节　比例原则

　　在 1990 年，内政部毫无疑问的在《1991 年刑事司法法》改革的目的中引入了"一种基于犯罪严重性或者应得惩罚而构建的有关量刑的新的立法框架"。[1] 主张作为量刑目的的复归理论和威慑理论都存在缺陷，白皮书宣称：

> 　　假如刑罚是公正的，并且与犯罪的严重性成比例，被害人、被害人家庭和朋友们，以及公众将会满意于法律给予的支持，将不会要求去进一步地报复或私力复仇。[2]

　　正如在上文第三章第五节所述，1991 年的法律没能清楚地传达这个

---

[1]　Home Office（1990），para. 2. 3.

[2]　Home Office（1990），para. 2. 4.

信息，并导致了一些困惑。在《2003 年刑事司法法》中，混乱的来源更加显而易见，因为正如在前一章所述，第 142 条确立了法院"必须考虑的"五个（互相冲突的）量刑目的。

然而，2003 年法案的其他条文似乎坚持量刑与犯罪严重性的成比例。因此，第 143（1）条款规定"在考虑任何犯罪的严重性时，法庭必须考虑犯罪人对其所犯罪行的可责性和因犯罪导致的任何伤害，是（其）有意导致的或者可能预见导致的"。该法条表明依据 2003 年法案，其引发出严重性何时成为一个相关事项的问题。法条指示三个至关重要的门槛决定是具有相关性。第一，第 148（1）条规定社区刑罚不能适用，除非犯罪"足够严重到适用这一量刑具有正当理由"。第二，第 152（2）规定法庭不能适用羁押刑，除非犯罪"如此严重以至单独的罚金和社区刑罚适用于这一犯罪都不具有正当性"。这一构想要求法庭将其对犯罪严重性的评估与罚款或社区刑的可能刑罚相关联。第三，第 153（2）条款规定当法庭适用羁押刑时，量刑"必须是最短刑期，以法庭的观点，其是与犯罪的严重性相适应的"。

指南中的首要原则是：犯罪的严重性，量刑指南委员会从这些法定条款中推导出比例原则应是量刑决定的核心。因此"1.3 量刑官必须从考虑犯罪的严重性开始……"，而且"1.4 法庭通过的量刑需要与犯罪的严重性相称……"[1] 同样的，在它的最早的草稿指南中，量刑委员会阐明它的目的是"增加在攻击性犯罪范围内量刑的比例性"[2]。

序数比例的（量刑）天平如何构建呢？一些美国的量刑制度已经通过划量刑"网格"来实现，其将犯罪分类为多个群组，接着给它们分配指南量刑；依赖于量刑范围的幅度和偏离指南量刑测试的狭窄设计，留给法庭或多或少的裁量权。[3] 在芬兰，《刑法典》的第 6 条简单地规定"刑罚应该准确被衡量以便于使其与被犯罪导致的损害和危险以及在犯罪中显示的犯罪人的罪过成比例"。[4] 其让法庭用法定的原则进行计算，如同在

---

[1]　SGC, *Overarching Principles*: *Seriousness*（2004）.

[2]　Sentencing Council, *Assault Guideline*: *Professional Consultation*（2010），p. 5；还参见后续对"委员会的比例性目标的参考"（p. 8）。

[3]　对充分的讨论，参见 Frase（2013）；或者更简略的讨论，参见 von Hirsch, Ashworth and Roberts（2009），ch. 6. 2。

[4]　Lappi-Seppala（2001）.

1989 年引入的《瑞典刑法典》第 29 章规定的那样。规定量刑应该基于犯罪的刑罚来评价："刑罚评价由被告人认识到或者应当已经认识到的，犯罪行为涉及的伤害、侵犯或风险，以及被告人的动机和目的来决定。"①

除了上面提及的第 143（1）条，在英格兰和威尔士的 2003 年法案中没有包括对"犯罪的严重性"术语的详细阐述。一个可能性的原因是刑法的结构。一些英国罪名在其规定的（例如谋杀和强奸，尽管区分每一个犯罪的程度是可能的）行为上是相对狭窄有限的。许多其他罪行包括广泛的行为领域，而没有法定的区别：抢劫可以涉及从临时起意抢夺钱包到武装抢劫银行的任何情形，盗窃没有根据被盗财物的价值或犯罪人的情况进行区分。实际上，这可能意味着犯罪的严重性的决定有时很难与加重和减轻要素相分离。不管怎样，我们将在第五章讨论后一个问题，这里尽可能地关注犯罪严重性本身。第一个任务是发现是否存在有关犯罪相对严重性的任何共同观点。下一个任务是从可以付诸实践的理论观点来审视这个问题。

第二节　有关犯罪严重性的观点

民意调查在不同的国家已经进行了许多次，目的是探明在犯罪相对严重性上的公众观点。并不推荐在这里讨论所有的这些民意调查，即使一些已经取得了相当大的成就。② 现代调查的起源是由塞林和沃尔夫冈（Sellin and Wolfgang）在 1964 年设计的量刑标尺，当其被适用于对不同职业和社会地位主体的调查和在不同国家进行的主题调查时，其已被宣称产生了相似的排序。③ 由维多利亚量刑咨询委员会 [Sentencing Advisory Council of Victoria（SACV）] 所做的最近的一份调查，使用知情的市民焦点小组，发现对 12 岁以下儿童的性侵被置于与谋杀一样的严重程度上，然而，毒品交易犯罪和抢劫犯罪要低于这一严重程度。反之，在暴力犯罪严重性上有更广泛的一致意见，在毒品犯罪、与 13—16 岁儿童通奸犯罪和一般的财产犯罪的相对严重性上有更少的一致性意见。

---

① Jareborg（1995）.

② 有关概要参见 see Roberts and Stalans（1997），ch. 4。

③ 参考带有 Sellin and Wolfgang（1978）引言的 Roberts and Stalans（1997）。

在多大程度上，不同背景的人有不同的观点呢？肯恩·皮斯（Ken Pease）对来自 1984 年《不列颠犯罪调查》的大量资料的分析表明，根据被询问人的社会阶层并没有极大的观点差异，并且被害人并不是要比非被害人倾向于把犯罪视为更严重。① 维多利亚量刑咨询委员会发现惩罚评级倾向于被调查人随着年龄增长而增大、随着教育水平的上升而下降，② 其他国际性研究显示缺少更正式的教育和在更小社区生活的人倾向于认为犯罪更严重。③

尽管有相当高比率的统一意见，一定的保留思想必须要有。

首先，这些调研经常基于对不同类型犯罪的简要描述，而对构成处理犯罪等级划分任务主题的基础方法的主观想法和信念问题缺少认知。而且关键的不同可能是在有预谋或者有计划的犯罪与突然的或者冲动性犯罪之间。这些可责性上的不同对量刑实践施加了强大的影响，很可能影响了人们的犯罪判断。忽略这一维度的调研不仅忽视了一个在判断上的关键要素，而且还会让这个要素"松散地"漫游，因此它可能以不同的方式进入到对不同主题的评估。由莱斯利·塞巴（Leslie Sebba）进行的调研试图考虑可责性的维度。他发现人们对严重性的观点不仅根据明定的主观要素而不同，而且当没有明定的主观要素时他们倾向于认为犯罪是主观故意的，除非它是一种"管控"犯罪（"regulatory" offence），它们仅倾向于认为是疏忽要素。④ 诸如维多利亚量刑咨询委员会更多的新近研究承认并且包括了可责性维度。

其次，在严重性排序上反映出来的态度可能经常是基于错误的信念，因为可以确定的是，许多公众成员对犯罪的普遍性，对被害人的影响，以及由法院普遍施加的量刑水准有不完善的认识。⑤ 然而，近些年在一些犯罪的严重等级上明显发生的变化必须有一些解释。在过去 20 年一些犯罪已经被认为是更严重了，其中一个就是强奸犯罪：依据相关文献研究发现，有关强奸犯罪影响的更广的宣传，已经导致在警察局和法庭将这类犯

---

① Pease（1988）.

② Sentencing Advisory Council（2012），p. 38.

③ Roberts and Stalans（1997），pp. 67-68.

④ Sebba（1980）；还参见 Roberts and Stalans（1997），pp. 61-62。

⑤ Hough and Roberts（2012），pp. 280-283.

罪作为更严重的犯罪处理。① 另一个严重犯罪是危险驾驶致人死亡犯罪：曾经这"仅仅"被视为一种交通犯罪，但逐渐认识到其导致的损失和毁灭性结果以及其可避免性已经引起公众的关注（国会和法庭已经通过提升犯罪的严重程度来予以回应）②。他们认为这些增长反映了公众对强奸和危险驾驶致人死亡的严重等级的观点。但是，在公众观点上的转变是在法律变革之前还是附随之后尚不明确，大众中绝大多数成员观点为什么和如何发生改变的也不明确——是否当它一出现，他们的观点就改变了。因此，到目前为止，看上去多种民意调研承担的仅是对政策制定者考虑不同犯罪的严重性等级予以比较的广泛性指引。需要采行更大量的和谨慎的精心设计的调研，对那些对犯罪本质（和可责性以及涉入每起犯罪的有害性）有一定认知程度的民众进行调研，为这种犯罪严重性评价提供强有力的证据。

第三节　序数比例的构建参数

某些犯罪的被认为是严重性上的变化例子，包含了对未来困难的暗示。强奸犯罪的严重性可从犯罪对心理上如同对身体上的影响得出，比例性的量度必须考虑到那一点。同样的可在夜盗罪上说起，表面上看犯罪是对财产的侵犯，但可能有严重的情感影响。危险驾驶致人死亡是杀人犯罪，因此在任何比例量度上都是相当高的。它是比谋杀或者一些形式的杀人犯罪的可责性更少的犯罪，但是在多大程度上它的严重性可以在与那些犯罪的比较中予以打折呢？必须有某种方式对此类犯罪与故意伤害和其他非致命伤害犯罪进行比较。在交易领域没有个体受害人：它是一种违反金融市场原则的（行为），它可能带来对犯罪人更大的利润，没有任何个体的重大损失（尽管可能有对市场信心上的丢失）。比例性应考虑获取的利润吗？作为对导致的损失的替代？这两个可以被合并为单一的比例吗？同样的可应用在社会保险欺诈行为上：它更是一个获取不公正财产利益而不

---

① 参见下文第四章第四节第七部分。

② 参见下文第四章第四节第七部分，其中讨论了有关严重机动车犯罪民意的最近的研究；但没有将那些犯罪从其他类型的犯罪中分类出来。

是导致可感知的损失问题。

在建立序数比例一些参数的最重要的现代尝试是 1991 年安德鲁·冯·赫希和尼尔斯·亚勒堡（Nils Jareborg）的方法。[①] 他们的方法，仅处理针对侵犯个体受害人的犯罪，是确定专门犯罪的典型性情形对被害人生活水准的影响。第一个被问到的问题是什么利益被侵犯了或受到了来自犯罪的标准情形的威胁，他们识别出四个一般性利益：

（i）身体的完整性：健康、安全和身体伤害的避免；

（ii）物质上的支持和便利设施，包括营养、住所和其他基础便利设施；

（iii）免于羞辱或有辱人格的待遇；

（iv）隐私和自主权。

这个列表可以增加附加内容，但他们的目的是聚焦于针对个体受害人的犯罪案件的范例形式。他们采用标准案例以便于强化基本框架的简单化和当决定犯罪人的可责性和它对犯罪的严重性影响（他知道被害人是年老的吗？）时以及当量化任何对被害人应付的赔偿时考虑任何特殊犯罪的非标准性特征。

一旦被侵犯利益的本质已经确立了，第二步是评估违反那些利益对典型被害人的生活水准的影响。这些影响可分成四个层面：

（i）生存：维持基本人性功能的存在——在这层上没有满意的预设；

（ii）最低的康乐：最低的舒适和尊严标准的保持；

（iii）充足的康乐：舒适和尊严的"充足"标准的保有；

（iv）重大的强化：生活质量的显著提高，超过仅是充足标准。

在四个层次上的差异由相当一般性的术语来表达，诸如"充足的"和"重大的"，假如研究是为了确立一般性原则，这是不可避免的。比例原则被适用于犯罪和它所导致的损害，并且它的优势之一是刺破惯例，因为惯例导致诸如伤害的"传统"犯罪被认为是自然的要比诸如危险驾驶或保持不安全工作环境的"现代"犯罪更严重。层次标准自身并不产生序数比例的一项指标，但在那个方向上处理了一个关键性步骤。

因此，对受保护利益的侵犯是犯罪严重性判断的一个关键要素，经常表达为损害或伤害，但也包括不法行为的概念，因为它不仅是身体上或精

[①]　最近修正的版本参见 von Hirsch and Ashworth（2005），附录 A。

神上的伤害结果，而且是造成被害人伤害的不法行为的性质，其在评估犯罪严重性时是相关的。① 更进一步的是将可责性的判断整合进犯罪等级的计算之中，在一些例子中，其可能对最终的犯罪等级有相当大的影响。例如，一般杀人罪经常被认为是严重的犯罪，并且涉及的伤害是死亡，属于（i）等级利益的排序。但是，如果涉及的可责性仅仅是一般攻击行为（在英语国家法律中是充分的）的可责性，人们可能认为这种杀人行为的形式表现为比其他杀人犯罪等级程度上更低。

除了可责性外，另外的要素是犯罪与损害结果发生的远离（程度）。法律包含一些并不需要有关损害实际发生的犯罪，诸如企图犯罪（如企图抢劫、企图强奸），有危险性和产生风险的犯罪（例如，危险性驾驶、酒驾、不安全的工作环境），以及保护性或预备性犯罪（例如，拥有攻击性武器或者制假工具）。此类犯罪严重性的程度应该依据与最终的结果性伤害的远离程度，比照有结果性伤害的专门犯罪的水准来打折，但是打折的程度可能是一个争论的问题。②

遵循冯·赫希—亚勒堡原理（von Hirsch-Jareborg principles），在评价犯罪严重程度的过程中，迄今的讨论已经识别出四个阶段。第一个阶段，它是决定被侵犯的利益的问题。第二阶段，它是有关影响被害人生活水准的典型情形的影响程度的定量化。第三个阶段，考虑犯罪人可责性。在最后一个阶段，反映与实际损害结果远离度而（对犯罪）严重程度予以可能的折扣削减。作者们自己展示了他们的原理适用于一定范围的犯罪，并说明了通过设计的受害规模尺度如何在四个阶段有效地适用。一旦第二个阶段已经实现，有必要将那些对生活水准影响的定量化转移为某些种类的受害尺度。作者们认为这可能或多或少是精确的尺度。例如，它可能是100点的数字尺度，但他们反对将这作为展示一种"精确感觉的误导"③而宁愿是一个有五个广泛区域带的标尺，每一个区域保留着为了进一步区分不同程度的空间。因此，严重伤害的产生依据对典型被害人生活水准的影响程度应在程度（ii）中被评估，由于它只给被害人最低程度的舒适和尊严；这可能符合程度（ii）关于损害程度（标准），但它也可能被削减，因为犯罪人仅仅是疏忽的，或者因为犯罪仅仅是一种企图。

---

① 有关错误和伤害的最近的论著，参见 Simester and von Hirsch（2011）。

② 进一步的讨论参见 Ashworth and Lucia Zedner（2014），ch. 5。

③ Von Hirsch-Jareborg（1991），p. 28.

　　让我们盘点争论到此。前一自然段已经展示了冯·赫希—亚勒堡原理以四个阶段的方式测量损害的严重程度的方式。一种批评声音可能是参数模糊和不能确定性表达，结果是他们将允许相同尺度内不同的使用者之间可能产生不一致结果的空间。然而，承认这一点可能暗示着更精确的尺度是可能的，而作者们则正确地专注于建立一种方法来决定这些棘手问题。另一个批评可能是这个原理是如此复杂以致其与实际应用要求甚远。这一点不应被承认，因为不得不决定这些问题的法官们和立法者们的头脑中尽管是主观的并且甚至不一致的，许多作者们的努力已经对有时发生的这个智力过程予以了形式化。

　　一个更值得研究的问题是是否作者自我强加于犯罪是对个体被害人的限制不会削弱他们规划的实用性。可以理解的是他们希望在处理更复杂的领域之前构建一些有坚实基础的理论，但是在为英国量刑建立比例原则参数的紧迫需要背景下，一些附加要素和调整因素是必须要有的。例如，盗窃犯罪覆盖不同情形下的广泛宽度的（犯罪），一些涉及个体被害人而一些没有。在那些仅涉及个体受害人的案件中，一些包含有更宽广意义的要素。一个例子可能是违反信用的盗窃，在这类案件中一名律师侵占了当事人的资金。它不仅是对典型被害人生活水准的影响，而这种影响会决定犯罪的严重性，而且市民倾向于依赖的信任被律师违背了。这可能在个体受害人的犯罪中被看作一个"公共"要素。抛开它作为一个加重要素而不是一个犯罪的整体要素这可能是不能令人信服的，因为是否有任何如此清晰的分界线是令人怀疑的。不同的法律制度将不同的要素并入他们犯罪的概念中。

　　更进一步说，许多盗窃犯罪是从公司里盗窃。探查盗窃对公司"生活水准"的影响将不能视为富有成效的，因为个别的盗窃对一个公司的经济实体的影响可能是不大的。有争议的问题是对被害人微不足道的影响是否使犯罪不严重，或者是否关注犯罪人的收益不是一个更好的方法。有一种观点可能认为，一般的，从公司盗窃比从个人盗窃在严重性上更轻微得多，因为犯罪对被害人可能有更小的影响，也认为据说公司通过交易方式促进了犯罪。（清楚的是，在百万富翁的个人情形和拥有很少资产储备的小公司的情形是例外的，但我们是关注典型情形。）有任何理由解释为什么一个人偷了雇用他的公司10000英镑应被通过盗窃对典型公司的影响来裁判，（而）没有与从非公司途径侵占10000英镑的严重性做比较吗？

确实相关的是，犯罪人是个 10000 英镑的更富有的人，然而偷个体被害人得到更小数量金钱的人获得的更少。这个推理链条暗示着在冯·赫希—亚勒堡原理的第二个阶段，引入"对典型犯罪人生活水平的有益性"的概念作为对被害人生活水准的影响要素的替代选择是恰当的。10000 英镑的收入将极大地强化大多数人的生活水平，这暗示着涉及如此收获的犯罪应该在可责性和减轻要素被考虑之前，在犯罪严重程度的第四个类型上放置高一点的位置——可能在严重尺度上的标准（iv）或标准（iii）的位置。①

如何将冯·赫希—亚勒堡方案的修改版本呈现出来？它可以被定性为遵循下列顺序的一系列决定，适用于刑法所禁止的任何行为。

（i）四个或更多的伤害维度：身体的完整性，物质支持和便利设施，免受屈辱，隐私/自治，司法行政的廉洁性。

（ii）在典型案件中生活水准的影响或收益，最低的幸福，充分的幸福，增强的幸福。

（iii）（犯罪）严重程度尺度的图示，例如，五个等级。

（iv）可责性：有计划的，冲动的，明知，轻率的，疏忽的等；相应的调整严重程度尺度等级。

（v）远离（度）：已完成的，企图的，风险的，预备或预防性犯罪；在犯罪上的参与或牵连程度；相应的调整严重程度尺度等级。

（vi）加重的和减轻的（情节）：评估多样的要素，并相应地调整严重程度尺度等级。

（vii）从犯罪严重程度尺度转移到与之相称的量刑。

上面（vii）设想的"转移"如何实现呢？犯罪的严重性形成一个比例尺度，刑罚的严厉性则是另一回事。在它们之间没有自然的或必然的关系：关系可能仅仅是惯例的和象征性的。② 假如有一个共同的愿望去改变惯例，可能带来的一种变革是：在 20 世纪 50 年代荷兰的法官和起诉检察官降低了他们的量刑水准，③ 并且在 20 世纪 80 年代英国的少年法庭是这

---

① 更充分的讨论，参见本书第五版，第 109—115 页。

② Walker（1991），ch. 12；参见 Lacey（1988），pp. 20-21；以及其接受"社会所认可的严重性成比例能够在强调社区价值方面服务一项有用的功能"，即使其他作用也很重要。（p. 194）。

③ Downes（1988）.

样做的,① 然而20世纪90年代英国法庭提高了他们的量刑水准。② 尽管这是传统的或象征性要素,但可能有观点认为一定的刑罚对应一定的犯罪是过分的。例如,假如三年监禁是商店盗窃犯罪的标准刑罚,有人可能认为这是不相称的。因为一项罪行不过是财产权利的剥夺,剥夺犯罪人诸如个人自由的基本权利是很难正当化的。因为一起典型的商店盗窃导致的仅仅是商店的很少损失和犯罪人的很少收获,它不可能使一个人的自由的减少和相应的监禁痛苦正当化,更不用说三年(羁押)了。③ 因此,这肯定是一个彻底的比例失调,虽然没有所谓的绝对比例这回事。

　　然而,在那些外部限制范围内,传统的思维模式往往会在媒体和政客的影响下发挥重要作用。首席大法官宾汉姆勋爵承认这一强烈的政治因素的作用:

　　　　从1987年到1992年,羁押刑罚的适用普遍下降,可能是对立法、内阁演讲和白皮书关于"犯罪、司法和公共保护"(Crime, Justice and Protecting the Public)的回应。自从1993年起,羁押的适用增长得非常迅速,(看上去可能是)对一定的广泛报道的犯罪,立法,内阁演讲和强烈的媒体压力的一种反映。④

　　羁押期限问题的详细分析或在社区活动自由上的限制程度将放在第九和第十章讨论,承载它们的专门政策将在那里被讨论。但是,关于犯罪之间差异的数值表示和刑罚尺度的校准上仍然存在着一些难以回答的问题。

　　凯瑟琳·菲茨莫里斯(Catherine Fitzmaurice)和肯恩·皮斯(在1986年)提出了有关量刑被忽视方面的许多问题。如果决定一起罪行的严重性是另一起罪行的二倍,它是否应遵循双倍刑罚呢?对三个法官进行的假设测试表明,严重性的增加在量刑反映的方式上可能是不同的,一些法官主张急速的提升,其他法官主张一种和缓的倾斜。⑤ 没有绝对的理由说明为什么严重性的加倍应当导致量刑的加倍,尤其是当经年累月,经验

---

① 参见下文第十二章第七节。

② 参见上文第一章第三节。

③ 进一步的讨论参见 Ashworth(2013b)。

④ *Brewster* [1998] 1 Cr App R(S)181, at p. 184.

⑤ Fitzmaurice and Pease(1986),p. 87.

性的量刑严厉性可能增长的更剧烈。① 因此，有关量刑的典型性影响的犯罪学知识可能与量刑严厉尺度和一个通约性比例的设计有关。另一方面，可以创设一个量刑天平表明对最低严重程度犯罪的容忍程度和对非常严重犯罪的痛恨：这一推理将是，一个典型的强奸不是如同典型的住宅盗窃的严重性的二倍，而是四倍的严重性。这将产生一个通约性的比例，通过阶梯型向上的曲线展示：许多较轻的犯罪将获得较轻的量刑；在中间范围的犯罪，量刑严厉性的增长是常规的；但对严重程度的犯罪，量刑的严厉性疾速地增长。这大致上是双轨的或分叉的政策，通常严厉地处理严重的和暴力犯罪，然而降低大量的财产犯罪反应的（量刑）尺度。这是否确实是比例原则的一个方面或者通过一定犯罪者作为替罪羊的方式来安抚媒体的实际妥协是一个有争议的问题。

这导致我们去校正刑罚严厉性的尺度。不同严重性犯罪之间的差异应如何标记？众所周知，在 19 世纪，英格兰通过了先前用作流放期间的长度作为监禁量刑的倾向。议会倾向于通过"七倍表格"（seven times table）产生最大的量刑——实际上，许多犯罪仍有最大 7 年或 14 年的刑罚——一些法庭遵循着。② 很少有人如同"维多利亚羁押监狱系统最高指挥官"，埃德蒙·杜·凯恩爵士（Sir Edmund du Cane），一名"被认定为具有严厉纪律，刚性……并信仰刑罚惩戒的震慑"③ 的人，质疑这些旧的惯例是否不会导致不必要痛苦的施加。更进一步的挑战来自科学家弗朗西斯·高尔顿爵士（Sir Francis Galton）在 1895 年的一篇文章，表明更短期的刑罚如何倾向于簇集于 3 个月、6 个月、9 个月和 12 个月，稍长期的刑罚情形如何可达到年，甚至在更高一层刑期有更大的期限。高尔顿认为像这些数字的运行证明了强大干扰原因干涉了依据应得刑罚理论有秩序的刑罚分配。④ 那些评论今天同样恰当。法庭有他们自己的"偏爱数字"，而且为什么一个完全不同的校准模式不能被选择并没有一个原则性的理由。当一个法庭需要做一个与 6 个月量刑"明显差异"的量刑时，倾向于给出 9 个月的刑罚——而不是 7 个月或 8 个月；当希望有别于 8 年监禁的

---

① 参见 Kolber（2009）。

② 参见 Thomas（1978）and Advisory Council on the Penal System（1978），paras. 36-66 and Appendix，K。

③ 引文来自 Radzinowicz and Hood（1986），p. 747。

④ 参见 Fitzmaurice and Pease（1986），pp. 103-104。

"明显差异"的量刑时，它倾向于 10 年而不是 9 年。这些是首选的数字，它们的使用"可能会保护量刑者不去考虑量刑在实际上的意义是什么"。①

一套完全不同的常规可以被选择吗？一个长期存在的论点是所有少于一年的羁押条款应以周来表达，超过一年的，以月表达。这将导致量刑者重新思考它们的差异性，可能导致在监禁适用上的更大约束限制。在这个方向跨出的一步是 2003 年法案第 181 条的规定，其规定少于 12 个月的羁押刑罚"必须以周的方式表达"。这个方法目前在《2008 年治安法院量刑指南》中应用，并且所有其他的确定性指南都有对关于少于 12 个月羁押刑罚的表达。假如这可能被看作是迟来的法律对数字有影响的承认，惯例可能产生额外的痛苦，正如杜·凯恩（Du Cane）和高尔顿在一个世纪前所提出的，需要研究的问题是是否已经对量刑的期限产生了影响。优先适用的一些数字与先前结构有关（例如被经常使用的 26 周），但假如目的是质疑并且缩减量刑长度，使用诸如 6 周和 12 周的理由应该被仔细审查，考虑适用 5 周和 10 周或者 4 周和 8 周。②

第四节　在实践中的犯罪严重性

建立序数比例的尺度并将其与量刑的严重性挂钩的一些问题的研究并没有给我们留下清楚的方法，但却已经产生了有关当前司法实践的许多问题。唯一的现代英国量刑标准调研委员会（committee of inquiry into English sentence levels），有关刑罚系统的量刑咨询委员会（Advisory Council on the Penal System）于 1978 年关注过监禁的标准问题，但没有对犯罪之间的相关性过多讨论。在同样的 10 年间，在 1975 年的特纳案 [*Turner*（1975）] 中③，上诉法院大法官劳顿通过取谋杀犯罪的平均期限量刑作为起点试图绘制上层梯级的量刑图表，接着对其正在处理的严重的持械抢劫向下推演。自从 1975 年以来，有关量刑结构的重大变化——尤其是有关羁押量刑减免的废止，以及对许多谋杀犯罪拘禁有效期的延

---

① Fitzmaurice and Pease（1986），p. 113.

② 《治安法院量刑指南》（*The Magistrates' Court Sentencing Guideline*），pp. 42 and 68，包括"6 周、12 周、18 周"羁押的起点；委员会的性犯罪指南使用 13 周的。（at p. 77）

③ （1975）61 Cr App R 67，at pp. 89–91.

长——使得特纳案的数字不再可靠了。但是特纳案的判决中至少有一个理由仍是相关的：在多大程度上，如果有的话，其他严重犯罪的量刑水准应该和谋杀犯罪的量刑相连接或挂钩。当削减量刑系统时，"绕过"谋杀罪的量刑长度是符合逻辑的吗？或者经常提到的谋杀作为犯罪的"独特性"暗示其他什么吗？①

这些问题的尖锐性来自 2003 年法案的附件 21，在其上国会规定了谋杀犯罪的最低量刑期限的起刑点。这些起刑点是明显地高于之前量刑的事实，将对谋杀罪的最低量刑和对其他严重犯罪的量刑期限之间的关系置于极大的紧张状态中，正如我们将在下面几页中看到的。因此，已经有了在恐怖主义案件中恰当量刑的焦灼的讨论，尤其是在没有实际损害发生的情形。在英格兰的法律中最长的确定量刑在 1988 年的欣达维案 [*Hindawi* (1988)]② 中得到了支持。犯罪人在他怀孕的女朋友携带的包中放置了炸弹，其女友将乘坐运送大约 370 多人的飞机。炸弹是定时爆炸的，将在飞行中途爆炸，但在机场的时候被发现了。因为试图在飞机上放置可能破坏或损毁飞机的爆炸装置相当于破坏或损毁飞机，欣达维被判处了 45 年监禁。上诉法院表明"幸亏这一申诉人的图谋并没有成功毁灭 360 条或 370 条生命"，支持这一量刑"没有一天是太长的"。这一决定在 2008 年巴罗 [*Barot* (2008)] 案③中被认真地考虑了，该案中，犯罪者对谋杀的谋划进行了有罪答辩，承认他涉入了相当于大规模谋杀的恐怖袭击计划的制定。他已经参加了恐怖培训营，但还没有拥有任何爆炸物、资金、交通工具等。他被判处终身监禁，最少 40 年期限，理由是他的危险性。那（正如我们将在下面第一部分将看到的）相当于 80 年的确定量刑。首席大法官菲利普斯勋爵（Lord Phillips CJ）的判决承认现在采取了恐怖主义是更严重的观点，这是更职业的和协同的一套计划而不是在欣达维案中的企图，尽管在这个案件中犯罪者并没有在犯罪的道路上走得更远。考虑到犯罪人计划杀死无辜群众的大规模性，上诉法院主张 30 年的最低刑罚是

---

① See 首席大法官贾奇勋爵 in *Thomas* [2012] 1 Cr App R (S) 254，下文，第四节第八部分 and [2012] 1 Cr App R (S) 254。

② (1988) 10 Cr App R (S) 104.

③ [2008] 1 Cr App R (S) 156；还参见 *Al-Banna* (1984) 6 Cr App R (S) 426（对暗杀以色列大使未遂判处 35 年和 33 年羁押）；还参见 *Asiedu* [2009] 1 Cr App R (S) 420（对为恐怖主义目的阴谋引发爆炸坚持判处 33 年羁押）。

恰当的（等同于 60 年的确定刑罚）。以任何标准来看这些都是额外长期的量刑，但是他们必须通过对于谋杀罪的量刑的比较来评估，谋杀量刑将在下面第一部分节附随更紧密的诸如蓄意谋杀和非谋杀杀人犯罪来研究。

一　谋杀

由于《1969 年谋杀犯罪法》（废除了死刑）［Murder（Abolition of Death Penalty）Act 1969］，法庭可以对谋杀犯罪适用的唯一量刑是终身监禁。谋杀罪的量刑被分为三个部分。首先是现在所熟知的最低刑期［前身是，量刑水准期（the tariff period）］，目的是反映特定犯罪的相对严重性。它是一个服刑全满的术语，并且适用于所有确定羁押量刑的提前释放规范不能在这里适用。一旦最低刑期届满，第二个部分由基于公共保护考虑而决定的拘禁来组成：一些人可能被相对快速地释放，然而被认为仍然存在危险的谋杀犯罪人可能被羁押数年之久。第三个部分是特许释放，必须一生忍耐并保有可能重召回监狱羁押（recall to prison）的可能性。

直到 2003 年，强制终身监禁量刑的前两个部分都是由英国内政大臣决定的事项，其将确立最低刑期（在接收到有关这个问题的审判法官和英格兰威尔士首席大法官的建议后），之后确立释放日期（在收到假释委员会的建议后）。① 这项制度受到以人权为理由的攻击，认为这些决定相当于量刑功能，因此应由一个"独立的和不偏倚的法庭"来执行。斯特拉斯堡法院最终在 2002 年斯塔福郡诉联合王国（*Stafford v. United Kingdom*（2002））案②中接受了这个建议，移除了内政部决定强制终身监禁量刑的第二部分决定释放的权力。在那不久，英格兰法庭在 2002 年（基于安德森申请）女王诉内政部部长［*R*（on application of *Anderson*）v. *Secretary of State for the Home Department*（2002）］案③中主张，由内政部在谋杀案件中决定的最低刑期是与第 6 条不相一致的，因为它不是一个"独立的和无偏倚的法庭"。

来自两大主要政党的阁僚们一直坚持这种决定应该由一名由选举产生

---

① 参见 Padfield（2008），ch. 10。

② （2002）35 EHRR 1121，跟随在 *V and T v. United Kingdom*（1999）30 EHRR 121 中给出的范例。

③ ［2003］1 AC 837；还参见 *Lychniak and Pyrah*［2002］UKHL 47。

的政客来控制，因此议会迅速通过立法将这种裁决的影响最小化。①
《2003 年刑事司法法》第 269 条本质上要求法庭，在决定一名从事谋杀罪
的人所应服刑的最低刑期时，应考虑到由该法附件 21 上确立的原则。那
一附件的结构指出了三个起刑点：

• 完全的终身监禁最低刑期适用于特殊严重的案件，诸如预谋杀害二
人或更多的人，性或虐待儿童的谋杀，或者政治性谋杀犯；

• 30 年羁押适用极其严重的犯罪，诸如谋杀警察或狱警，涉及枪支
谋杀，性或虐待性杀戮，或者因种族或性别歧视而加重的谋杀；

• 15 年适用没有落入（上述）更高类别之一的其他谋杀犯。

在 2010 年，在持刀犯罪令人焦虑的时期，司法部长运用他的权力对
在现场持刀或者其他武器，意图能够用上它或正在使用它的谋杀犯罪者引
入了一项更进一步的 25 年起刑点。② 在 2012 年，进一步修正案在（2003
年法案）附件 21 中的第 5 条基于以实际的或感知的变性人身份的人为攻
击目标的谋杀犯罪和其他因性取向而加重的谋杀犯罪一起，将其起刑点有
效地从 15 年加倍到 30 年。

在附件 21 中的所有起刑点都比那些先前适用的起刑点更高，尤其是
因为这些期限需全部服满，因此相当于普通羁押监禁量刑长度的 2 倍。③
然而，在附件 21 中的语言不是约束性的。尽管标准枚举为终身监禁和 30
年监禁起刑点，但他们被表达为"通常的"指示如此量刑的要素。随后，
有条文规定法庭要考虑的任何进一步的相关要素，并明确表示"对加重
和减轻要素的详细考虑，可能导致任何长度的最低量刑期限（无论起刑
点是什么？）。当首席大法官沃尔夫勋爵讨论附件在 2005 年沙利文
［*Sullivan*（2005）］案④中的有效性时，他强调第 269（3）条表明法官
必须详细说明"法庭认为恰当的"最低刑期，实际上表明只要法官在头
脑中存有附件 21 设置的这些原则，"他也不必必须遵循它们"——尽管
对任何偏离（量刑）的解释应该被给出。他也关注了纳入附件 21 的有罪
答辩的折扣（规范内容），尽管量刑指南委员会已经表达在谋杀案中的折

---

① 有关表 21 的迅速（有些人会说，疾速）产生，参见 Jeremy（2010），pp. 595-600。

② 上诉法院在 *Kelly*［2012］1 Cr App R（S）318 中分析了该命令的明确期限。

③ 因而最低刑期 15 年意味着在监狱里至少待 15 年，而 30 年的确定刑意味着在监狱待 15
年（接下的 15 年受监督许可约束：参见下文第九章第五节）。

④ ［2005］1 Cr App R（S）308.

扣应该大概是确定量刑的一半，以便于在实践中取得类似的效果。①

关于谋杀犯罪最低期限的恰当计算有非常多的案例法，尤其是因为在15年、25年、30年和终身监禁起刑点之间的巨大差异。在2009年黑特和安德森 ［*Height and Anderson*（2009）］案②中，上诉法院强调在附件21第5条中列出的要素不是详尽的，那个附件不应该导致量刑上的"算术"计算方法。同样的，在2013年格里菲斯等人 ［*Griffiths et al*（2013）］案③中，上诉法院再次表达了第5条款并不是详尽的，假如一个案件并没有落入第5条款的明确表述中，法官有自由在那个条款确立的例子上做出类比适用。

依据附件21的"终身"最低期限的条款与公约第3条是否兼容仍是模糊不确定的。一个由全体法官出席的上诉法庭在2013年奥克斯 ［*Oakes*（2013）］案④被召集来考虑这个问题，法庭主张一些谋杀罪可能是如此的令人发指，终身监禁的最低刑期是恰当的，司法部长基于同情的理由释放监狱犯人的权力使终身刑罚是"可削减的"。欧洲人权法院的大法庭（The Grand Chamber of the European Court of Human Rights）在2014年文特诉联合王国案⑤ ［*Vinter v. United Kingdom*（2014）］中主张终身监禁的最低刑期可能是正当的，但一定有一个审查的可能性，允许考虑是否监狱犯人已经有了变化并且在可恢复性上有了重大进步，达到了继续拘禁可能依据犯罪学理论不再是恰当的程度了。司法部长"基于同情的理由"释放的权力是在这方面最易引起歧义的，因为并没有清楚的为监狱犯人给予希望的机会。这个判决在2014年纽厄尔 ［*Newell*（2014）］案⑥被另一个上诉法庭所考虑，法庭拒绝遵循斯特拉斯堡判决，主张司法部"基于同情的理由"释放监狱犯人的权力应以和公约第3条兼容的方式来解读，正如人权法案所要求的，因而他为终身监禁者提供了在特殊情况下有希望或可能予以释放的机会。不清楚的是这种不一致将如何得以解决（考虑到

---

① SGC, *Reduction in Sentence for a Guilty Plea: revised guideline*（2008），paras 6.5-6.6；参见下文第五章第四节第一部分。

② ［2009］1 Cr App R（S）676.

③ ［2013］2 Cr App R（S）330；还参见 *Minto*［2014］2 Cr App R（S）301。

④ ［2013］2 Cr App R（S）132.

⑤ ［2014］Crim. L. R. 81.

⑥ ［2014］Crim. L. R. 471.

英国政府有义务执行与此相反的斯特拉斯堡判决），但上诉法院的判决将"同情理由"的术语延展到了一个不足以令人信服的程度。

对谋杀犯罪设定强制性惩罚的正当性保有争议性。犯罪有多样程度的严重性，并可能有时比非预谋杀人还轻微。[①] 强制性量刑并不需要任何危险性的发现，[②] 并且生命刑罚的三个阶段适用于所有的谋杀犯罪。先前的报应主义观点认为只有高级政府部长能够保护公众脱离危险，一种除政治民粹主义外的令人生疑的观点。现在政府部长的功能已经荡然无存了，对谋杀的量刑应该与所有其他严重犯罪量刑持相同的立场。实际上，2010年联合政府认为附件21"没有经过慎重考虑和过于死板"。[③] 由凯特·菲茨—吉本（Kate Fitz-Gibbon）研究发现有大量的实践者观点支持量刑的裁量权以反映广泛多样的谋杀犯罪，[④] 由巴里·米切尔（Barry Mitchell）和朱利安·罗伯茨的研究表明，公众成员认为这将是一个可接受的选择。[⑤] 假如基于危险性的发现，谋杀犯罪满足了终身监禁的条件，那将是一个恰当的过程。[⑥] 在缺少此种发现的情况下，法庭将施以确定性量刑。[⑦]

二　蓄意谋杀

从欣达维和班纳家族（*Hindawi and Al-Banna*）案[⑧]，我们更早地看到在企图犯罪或者事实上等同于那样的控告案件中，非常高的量刑被适用了。可责性要求蓄意谋杀犯罪有杀人的意图，其（似是而非）是比对谋杀更高程度的可责性，是有导致严重的身体伤害目的就得以实现的犯罪。那些裁决强烈的坚持量刑应基于犯罪者意图产生的结果而不是他的努力实际造成的后果。这符合量刑指南委员会对那些实际伤害比企图造成的伤害小得多的案件中赞同的一般原则："犯罪者的可责性……应是在决定一起

---

① 考虑 *Inglis*［2011］2 Cr App R（S）66 案（最短刑期为 5 年）。

② 参考在 *Offen*（*No.*2）［2001］2 Cr App R（S）44 中有关自动终身监禁的推理。

③ Ministry of Justice（2010），ch 4. 这项声明后没有伴随行动。

④ Fitz-Gibbon（2013）.

⑤ Mitchell and Roberts（2012），ch. 6；他们在第八章提出了对一种谋杀量刑的新方法。

⑥ 参见下文第六章第八节的这一量刑的讨论。

⑦ 对于有关这如何施加确定刑的建议，参见 Wasik（2000），pp. 174 - 83，and Mitchell（2013），pp. 59-70。

⑧ 上文，p129 注释③、p130 注释①。

犯罪的严重性上的最初要素"。①

　　由 2003 年法案引入的谋杀犯罪量刑的高起刑点的结果产生了谋杀和蓄意谋杀量刑之间的巨大差距。这个问题是量刑指南委员会直接面对的问题：量刑指南委员会广泛地接受了量刑咨询委员会有关其他侵犯个人的犯罪的建议，在 2008 年签发了指南，② 但是它在对蓄意谋杀犯罪的指南作进一步的协商问题上犹豫不决。关键性的问题是是否蓄意谋杀的量刑应该接近作为最严重的非致命性的暴力犯罪的量刑，或者不如说作为谋杀犯罪的早期形式的量刑。在进一步的磋商中，量刑指南委员会阐明它已经"决定了咨询指南应是建立在清楚和明显的与《2003 年刑事司法法》附件 21 制定的谋杀量刑方法相关"③。有关蓄意谋杀的确定的指南在 2009 年发布了。不仅它的三个量刑范围在程度上的设置与附件 21 的谋杀起刑点有关，而且标准 1 的文本明确指的是（如果谋杀已经被实施的）将落入附件 21 的第 4 或 5 条款的犯罪。④ 在三个标准中的每一个，都有三个伤害程度需要考虑——"严重的和长期的身体或心理伤害""某些身体或心理伤害"，"轻微或没有身体或心理伤害"。这些指南可以在 2013 年巴纳比 [*Barnaby*（2013）] 案⑤的法律运行中观察到，法庭也是不得不考虑附件 21 第 5 条的影响，其将持刀进入犯罪现场引入了 25 年的谋杀起刑点。上诉法院主张当对蓄意谋杀犯罪量刑时，法官必须考虑这个修正案。这就保留了与附件 21 的谋杀罪的校准的联系，尽管由指南标明的量刑大约是谋杀犯罪量刑的 50%，因为他们是确定的量刑，一半在监狱中服刑，一半被假释执行。

三　一般杀人罪

　　这是一个有不同法律基础的单一犯罪。就本书目的，一般杀人罪应该分为四种类型：因为减轻刑责的杀人（指不完全精神病人等需要减轻刑事责任的杀人），因为失去控制的杀人，非预谋杀人和过失杀人。所有类型的杀人都涉及死亡原因的归责性，正如谋杀罪一样，冯·赫希—亚勒堡

---

① SGC, *Overarching Principles*：*Seriousness*（2004），para. 1. 19.

② SGC, *Assault and other Offences against the Person*（2008）.

③ SGC, *Attempted Murder*：*Notes and Questions for Consultees*（2007），para. 1. 3.

④ SGC, *Attempted Murder*：*Definitive Guideline*（2009），p. 7.

⑤ ［2013］1 Cr App R（S）302；还参见 *Kela*［2012］1 Cr App R（S）195。

（von Hirsch-Jareborg）的犯罪严重程度标尺应以对身体完整性的攻击影响（甚至毁灭）其生存来进行分类。由于损害是所有伤害中最严重的，在什么程度上，减轻的可责性应减少犯罪的严重性？对于杀人罪的前两种类型，减轻刑责杀人和失去控制杀人，谋杀的所有要件存在但有一些情况导致犯罪减轻到一般杀人。对第二对杀人罪，没有杀人的意图或者导致严重的身体伤害的目的：犯罪的可责性基础是更低的，源自更弱的企图或者来自粗心大意。

我们从上面第四章第四节第一部分观察到附件 21 的谋杀的起刑点是（a）比之前的谋杀案中的最低刑期更长，并且（b）更大的量刑空间以便单一的加重要素可以在 15 年和 25 年或者甚至 30 年起刑点上有所不同。这些不同在议会中没有被充分讨论是一个历史问题。① 关键的问题是在什么程度上谋杀起刑点的引入表明对其他杀人犯罪行为的量刑应该提高。在考虑这个问题的最初的主要裁判中，首席大法官贾奇勋爵表明"在谋杀量刑和其他可能有时非常接近谋杀的杀人犯罪量刑之间的比例失衡将是有害于司法公正的"②。他继续说道：

> 我们明显地从现实中获得了进一步的、间接的对我们方法的支持，现实是立法已经得出结论，一般地，处理谋杀犯罪，对谋杀犯罪人的量刑要素应该增加。这符合对那些导致死亡的犯罪量刑提高的标准，诸如因为危险驾驶导致的死亡和粗心驾驶导致的死亡。国会的意图看上去是清楚的：导致死亡的犯罪应该给予比以前更严厉的对待和处理。我们的结论并不是由这个方法控制的，但是与其相一致的。③

因此，贾奇勋爵的方法得以胜利，不仅是基于附件 21，而且基于其他的法定变革。看上去这里有五条理由——历史的、宪政的、立法的、公众反应和逻辑的——它们可能是主要考虑的（方面）。历史上的观点是不明确的：不管内政部长的目的是什么，在条例提交上议院之前政府并没有同意附件 21 的结论将是或应该是其他犯罪量刑水准"逐步提高"的理

---

① 有关该问题参见 Jeremy（2010），pp. 595-600。

② *Wood*［2010］1 Cr. App. R.（S）6, at［22］.

③ Ibid., at［23］.

由，并且谋杀罪独特的十恶不赦被引用作为支持。① 宪法的理由也不是更好的，因为附件 21 背后的立法意图是不明确的，因此并没有清楚的可为司法遵循的路径。在上面引述的段落，首席法官费尽力气表明他的方式是"不受议会意图管控"的，不论议会使他们是对的还是错的。

源于 2003 年法案第 143（1）条的法律观点要求法庭，在考虑任何犯罪的严重性的时候，考虑犯罪人的可责性和"犯罪导致的任何伤害，是有意导致或者可能已经预见可导致的"。贾奇勋爵描述这个条款为"新的"，并且似乎认为视其作为更加强调伤害，甚至死亡。② 然而，它是否是引入或者意图引入任何新的原则，是不清楚的。第四个观点是假如在谋杀犯罪量刑和其他严重犯罪的量刑之间有巨大的差异，公众的信心可能会被伤害。是否将会如此可能并不明朗，但不同谋杀犯罪的起刑点之间的巨大差异是否同样的难以理解是存疑的。最后是逻辑的理由。这是与蓄意谋杀犯罪具有最强关联性的（在本章第二节已被考虑），但可能也适用于一般杀人犯罪。如果不考虑一般杀人犯罪量刑，实质性地增加谋杀犯罪量刑是否符合逻辑？尤其是，有减轻刑责理由或者失去控制理由的一般杀人犯罪，所有的谋杀要素其都具备，确定地表明附件 21 是对这些"减轻的谋杀"杀人犯罪量刑考虑的恰当的起刑点。这一推理可适用于其他犯罪多久，依赖于在谋杀犯罪的"独特罪恶性"上的信念可以承载多重。一些资深法官已经有观点认为谋杀是独特的，法官应该在谋杀和杀人之间的量刑适用上保持谨慎的犹豫。③ 另一方面，正如贾奇勋爵主张的，如果真正的问题是人权的价值问题，那么他是恰当地参照了交通肇事导致死亡的各种犯罪的量刑程度的提升（以及为"健康和安全"犯罪增加的刑罚），并推导议会已经重新评估了对于死亡的重要意义。然而，这些"导致死亡"犯罪的量刑增长与谋杀犯罪量刑的急剧增长相比是非常少的，因此剩下的问题是：在什么样的程度上附件 21 中的非常高的起刑点可以渗入相关的犯罪上？

---

① 参见 Baroness Scotland 的话，引自 Jeremy（2010），pp. 598-599。

② *Attorney General's Reference No. 60 of 2009（Appleby）*［2010］2 Cr App R（S）311, at［12］；相似地，在 *Mahil, Shoker and Peters*［2014］1 Cr App R（S）101 中，Treacy LJ 在关注实际上由犯罪引起的伤害的直接注意时，援引第 143（1）条，而其条款仅仅关注有关可责性的伤害。

③ 例如，May LJ in *Porter*［2007］1 Cr App R（S）706, and Latham LJ in *Attorney General's References Nos 90 and 91 of 2006*［2007］2 Cr App R（S）177。

　　让我们来研究一下有关上述显著区别的四类杀人犯罪的这些问题。在有理由减轻责任的杀人罪中，这类案件本质上是一个谋杀犯罪降为一般杀人犯罪，因为思想上的变态"实质性损害"了犯罪人理解他自己行为本质的能力和形成理性的判断或者进行自我控制。法官收到了关于犯罪人的精神病学报告，1983 年的钱伯斯［*Chambers*（1983）］案判例①就建立了三个主要的量刑选择。当精神性证据指明需要治疗并符合相关的精神健康法规范的条件，法庭应当做出医疗命令，经常没有时间上的限制。② 假如没有建议支持医疗命令，需要考虑犯罪人的危险性，终身监禁的条件可能被满足：伍德（2 号）［*Wood*（*No.*2）］案③的上诉法院合议庭认为，符合终身监禁的稀少案件可能是极其严重的案件，被告人的责任即使被减轻，刑期仍然很高，最低刑期应当参考法定的谋杀起刑点，并恰当地削减。在其他的案件中，法庭可能施加监禁的明确量刑——可能是 10 年，但是，更典型的是 3 年到 5 年的范围。这是在刑罚和医疗之间的明确的妥协：理由是量刑的长度应反映责任的分配，责任是在精神异常已经被扣除的责任，这是一个相当奇怪的从没受到挑战的观念。④

　　唯一的有关一般杀人罪的确定量刑指南是量刑指南委员会对有关因挑衅原因导致杀人（*Manslaughter by Reason of Provocation*）案件的指南，发布于 2005 年。他们指出法官应该评估通过行为性质和持续性所展示的挑衅程度，以及报复的程度和时机。罪后行为也是相关的，但应警惕的是杀人武器的使用不应必然地被作为案件更应极其严重对待的条件，也不应必然地将案件移向更高量刑范围——这是避免歧视，因为女性倾向于使用武器去杀人，然而，男性可能通过身体强力去实施报复。指南建立了三个量刑范围，每一个预设了关于挑衅的时间长度的前提。当有更低的挑衅程度时，12 年的起刑点和 10 年的幅度范围；有实质性的挑衅程度，8 年的起刑点和 4—9 年的幅度范围；有高程度的挑衅，则适用 3 年的起刑点和直至 4 年的幅度范围。

　　指南的持续的权威性已经因两个理由而被质疑——它并没有考虑

---

　　① （1983）5 Cr App R（S）190.

　　② 参见下文第十二章第三节。参见，例如 *Walton*［2004］1 Cr App R（S）234。

　　③ ［2010］1 Cr App R（S）6；对终身监禁，对终身监禁，参见下文第六章第八节。

　　④ 例如，参见 *Slater*［2006］1 Cr App R（S）8，以及（在被适用终身监禁的情形下，最低刑期的计算）*Attorney General's Reference No.* 83 *of* 2009［2010］2 Cr App R（S）161。

2003 年颁布的谋杀犯罪起刑点规范的附件 21，并且被 2009 年法律变革所超越，这时挑衅的辩护被废除以支持失去控制的辩护。在 2011 年索恩利 [Thornley（2011）] 案①中巡回法院首席法官贾奇勋爵采纳的观点是，尽管有那两个变化，指南仍保有权威性并且在特殊情况下的任何困难可以"司法利益"的理由为出发点得到解决。当认识到需要考虑那两点变化时，随后的裁判也依赖于量刑指南委员会的指南。② 在这两种情况下，考虑认罪和其他事项之前，选择的起刑点是 10 年。这样产生的效果是距离谋杀犯罪 15 年最低起刑点有一个大的差距，因为 10 年刑罚是相当于 5 年最低刑期的量刑。这又产生了是否失去控制的减轻量刑影响太大的问题：如果所有的谋杀犯罪要素存在，上诉法庭正确考虑了上述确立的两个变化了吗？在那两个案件上认定了大约 6 年量刑，它不会产生关于杀人量刑与诸如抢劫和毒品交易量刑的关系处理问题吗？

　　其他两类一般杀人罪，当死亡结果来自非预谋或者来自过失，另一个尴尬的矛盾就浮现出来。非预谋的杀人在它的严重性上变化极大，一些案件接近谋杀罪的边界并被相应地量刑。③ 原则的困难问题发生在量刑比例尺度的低端，该非法行为非预谋是一个攻击性或者其他相应较低的犯罪，其产生了死亡的后果。仍然经常作为参考的是 1991 年的科尔曼 [Coleman（1991）] 案件④，首席大法官莱恩勋爵在一个简单的拳击导致跌倒而致死亡的案件给出了量刑指南。他从更严重的案件中区分了这样的案件，在那些严重的案件中遭受了实际的殴打，或者武器被使用而导致了伤害，或者躺在地上的一名受害人头部被踢了。他主张有罪答辩的 12 个月监禁应是一个仅被拳击后而跌倒导致死亡案件的起刑点：如果犯罪人有暴力行为记录或者假如有不止一下的击打而应获得更高的量刑，而如果击打是无预谋的并且仅仅是适度的力量则量刑应更低。后来，在 2006 年的弗比案 [Furby（2006）]⑤ 中，首席大法官菲利普斯勋爵复查了先前上诉的有关"一击杀人"的大约 19 起案件。他得出的结论是，当存在有罪答辩和没

---

①　[2011] 2 Cr App R（S）361.

②　参见 Bird [2013] 1 Cr App R（S）391, Ward [2013] 2 Cr App R（S）。

③　例如，Hussain [2004] 2 Cr App R（S）497，在通过参与房屋的汽油爆炸导致 8 人死亡的杀人案罪犯坚持判处 18 年羁押的情形下。

④　（1991）13 Cr App R（S）508.

⑤　[2006] 2 Cr App R（S）64.

有加重要素的情形下，在科尔曼案中表明的 12 个月羁押仍然是恰当的起刑点，因为如果结果是不可预测的，量刑不应该失去比例。然而，他指出在公众场合饮酒导致的暴力行为的案件中，量刑范围应该提升到至少 4 年。最后一点是由贾奇勋爵在 2010 年总检察长向法院提交的《2009 年第 60 号（阿普比）质询案》中所强调的两个问题中的一个。① 法官提到在街道上的"无端的非挑衅性的暴力"和"醉酒抢劫"，建议那一击打应被认为是采取更严重观点的背景。他也援引了上面引注的伍德案中的篇章，② 以及最近几年导致死亡的原因的各种立法规定。他得出结论：

> 对被害人死于因为非法暴力行为事实的关注的上升，即使定罪为一般杀人罪的情况下，也应该根据立法意图，被给予更大权重。③

贾奇勋爵在这里得出由危险驾驶导致死亡和其他导致死亡的犯罪增加最大量刑的结论，没有得出断言议会在颁布附件 21 时目的是引发所有杀人量刑的重新评估。然而，贾奇勋爵确实引注了第 143（1）条，声称它是新的，并声称当没有证据表明这样的立法目的时，它给出了杀人量刑重新评估的权重。

非预谋杀人罪的矛盾之处存在于考虑到犯罪人错误基于犯罪行为自身本质严重性的量刑与基于一定程度上未预见的不幸结果予以量刑之间。研究结果表明公众对行为的看法严重依赖于实际导致的损害结果。④ 然而，由于结果性伤害不过是命运的转折，以错误为基础的方法确实是更公平的。对意外的死亡而不是犯罪人的错误给予多大的量刑权重仍存在着冲突性认识，重要的是避免混淆赔偿诉求的正义和刑罚公正。许多人实施轻微的攻击但仅造成了任何轻微伤害，除了厄运没有什么能将成千上万的案件与少数碰巧导致死亡的区分开来了。量刑指南委员会支持的恰当的方法是，量刑不应该由异常的运气管控而应由犯罪人相信的他正在做的或风险

---

① ［2010］2 Cr App R（S）311.

② 文本在 p136. 注②。

③ ［2010］2 Cr App R（S）311, at［22］；还参见 *Doblys*［2014］2 Cr App R（S）355, at［15］。

④ 参考 Mitchell（1998）with 罗宾逊 and Darley（1995）。

是什么来控制，或者至少在行为实施的档口可理性预见到的内容来控制。① 因此，单独的一记拳击行为的强度和情形应该被考虑，在 2013 年达克沃斯［*Duckworth*（2013）］案②中，一个强力的击打由一个有暴力记录的强壮男性实施，导致被害人倒下并且头部撞到路面，被判处 6 年监禁的刑罚。因为导致严重的身体伤害的最大刑期是 5 年，③ 这个量刑表明超出杀人罪刑期的情形。也有来自 2011 年虐待婴儿的伯里奇［*Burridge*（2011）］案④的证明，10 年的量刑被适用于这起严重的案件。

在这里讨论的第四种类型的杀人案件是过失杀人。上诉法院曾经表明对这种犯罪量刑水准必须提高。在 2011 年霍尔顿［*Holtom*（2011）］案⑤中雇主被判杀人罪，因为其让雇工在不安全的环境中工作，法庭认为重点在于犯罪行为的致命后果。在 2012 年巴拉斯［*Barrass*（2012）］案⑥中犯罪人未能呼叫急救车救护受其抚养的妹妹，法庭对遵循阿普尔比裁判（*Appleby* decision）的杀人案件的"量刑水准的提升一步变化"进行了援引裁判。这些裁判在其他案件中被遵循，包括医疗杀人案件。⑦

四　因驾驶致人死亡案

- 因危险驾驶导致死亡，最高刑期 14 年；
- 因过度饮酒粗心驾驶导致死亡，最高刑期 14 年；
- 因加重承载而导致死亡，最高刑期 14 年；
- 粗心驾驶导致死亡，最高刑期 5 年；
- 在没有资格、没有驾照或者没有上保险的情况下驾驶导致的死亡，最高刑期 2 年。

---

① 进一步的讨论和参考，参见 Mitchell（2009）；还参见 SGC, *Overarching Principles：Seriousness*（2004），para. 1. 18："在通常严重伤害结果并未被罪犯所预期并超出了罪犯控制的情形下，可责性将受到该伤害本应当被预见的程度的影响。"

② ［2013］1 Cr App R（S）454; see also *Folkes*［2011］2 Cr App R（S）437.

③ 如果发现该罪犯故意导致严重的身体伤害，该犯罪本应是谋杀。

④ ［2011］2 Cr App R（S）148，由首席大法官贾奇勋爵在 *Attorney General's Reference No 125 of 2010*［2011］2 Cr App R（S）534 中讨论，法庭将刑期增加到 5 年。

⑤ ［2011］1 Cr App R（S）128.

⑥ ［2012］1 Cr App R（S）450.

⑦ 尤其参见 *Garg*［2013］2 Cr App R（S）203，以及 Quirk（2013）的在金钱错误和知晓从正确的实践偏离之间的差别的讨论。参见 *Kovvali*［2014］1 Cr App R（S）199.

量刑最频繁的是这些犯罪中的最长期存在的、因危险驾驶导致死亡的犯罪。在 1984 年的博斯维尔［*Boswell*（1984）］案①中，对这一犯罪的最初指南裁判发布时，最高量刑是 5 年，并且首席大法官莱恩勋爵的裁判目的之一是说服法官增加他们量刑的长度。在 1993 年议会将最大量刑从 5 年增加到 10 年监禁，在 2003 年法案中进一步增加最高量刑到 14 年。②在最高量刑的最新的增长生效前，在 2003 年库克斯利［*Cooksley*（2003）］案③中，基于量刑咨询委员会的建议，④上诉法院给出了一个指南裁判。不清楚的是从 10 年到 14 年的增长目的是否在于仅仅适用于在最高范围的案件，或者它是否应该是对所有范围的案件的增长的反映。上诉法院在 2007 年理查森［*Richardson et al.*（2007）］案⑤中解决了这个问题，支持量刑增长适用于所有范围的犯罪，但是现在的问题是（2008年）危险驾驶致死案，受到量刑指南委员会的影响。

有关危险性驾驶导致死亡，指南建立了一些"严重性的决定因素"，希望法官在将这些犯罪分类在三个范围带之一之前考虑。这些要素包括危险性认识（包括没有注意到警告），酒精或毒品的影响，不当的汽车速度，以及严重的应受谴责的行为（包括斗气驾驶，使用手提电话，以及严重困乏时驾驶）。也有一些加重要素（包括导致不止一人死亡的原因）和减轻要素（良好的驾驶记录，在现场给予支持）。当将这些犯罪放置在这三个层次之一中时，所有这些问题必须被考虑并且给予权重。

第一层次是最高级别的严重类型，涉及故忽视道路交通规则并且漠视对其他人的危险性。起刑点是 8 年，幅度范围是 7—14 年。在 2003 年诺布尔［*Noble*（2003）］案⑥中，法庭支持了对一名犯罪人的 10 年量刑（当时，这是最高的量刑），其在超过饮酒驾驶限制 2 倍半的情况下，因为超速驾驶，导致 6 人死亡，并且他声称其他人在驾驶车辆。依据量刑指南委员会指南，假如增加最高量刑到 14 年刑罚，这起案件无疑会导致比

---

① （1984）6 Cr App R（S）257.

② 《2003 年刑事司法法》（Criminal Justice Act 2003），第 285 条；因饮酒过量进行粗心驾驶和因加重偷车致死的最高刑也被提高至 14 年。

③ ［2004］1 Cr App R（S）1.

④ SAP, *Causing Death by Dangerous Driving*（2003）.

⑤ ［2007］2 Cr App R（S）211.

⑥ ［2003］1 Cr App R（S）312.

现在更长的量刑。些微的不严重的但仍然在最高级别案件类型中的是2008 年巴尼和巴尼［*Barney and Barney*（2008）］案，① 两兄弟沿着长长的延伸的道路驾驶他们的汽车，野蛮驾驶，在弯道超车，在导致其他车辆相撞后仍不停车。他们被给予 8 年和 7 年的量刑，反映了他们（迟来的）有罪答辩和后悔要素，并得到了支持。

第二层次包括案件犯罪人的驾驶产生了对其他人的实质的危险性风险。起刑点是 5 年，有 4—7 年的量刑幅度范围。在这一个幅度范围的最高点量刑的案件是 2008 年库蒂和彻丽［*Kuti and Cherry*（2008）］案②，两名犯罪人在一英里内赛车，超速行驶，其中一人撞上了一辆载有四名女性的正在转弯的车辆，其中三人死亡，另一人重伤。该案被处以最高幅度的量刑（没有有罪答辩），上诉法院仅轻微地减少了刑罚，减到 6 年半，反映了两名犯罪人的良好品格。属于这一类案件的非常不同的案例是总检察长向法院提交的给予指导性说明的 2004 年第 158 号质询案③，一名卡车司机在临近一天下班时睡着了，撞上了另一辆汽车。上诉法庭认为审判法官错误地将这个犯罪放在了第三层次（见下文）。它应被放置于第二层次，因为犯罪人在它准备开车前，一定知道他缺少充足的睡眠和休息。这将符合"严重可责性行为"，尤其是对职业驾驶员来说。在 2011 年威尔逊［*Wilson*（2011）］案④中，一名司机睡着了并撞死了两名行人，上诉法院认为她一定已经意识到她是多么的疲劳，它是唯一的有强大的减轻要素的情形，减少到 3 年羁押的有期徒刑。

第三层次是犯罪人驾驶产生了对他人极大危险风险的案件。严重性的决定要素将不能在这里被期待发现，这些将是典型性的瞬间疏忽或者单一的危险性操控的案件。因此，在 2008 年侯赛因［*Hussain*（2008）］案⑤中，一辆微型出租汽车司机从一个道路接合处出现，没有看到正在过来的摩托车手。他的驾驶记录中没有污点，因为这个瞬间

① ［2008］2 Cr App R（S）208；还参见有关在 *Attorney General's Reference No.* 40 *of* 2012 ［2013］2 Cr App R（S）34, at［15］中对共同被告人的量刑。

② ［2008］2 Cr App R（S）369；cf. *Attorney General's Reference No.* 40 *of* 2012 ［2013］2 Cr App R（S）34.

③ ［2006］1 Cr App R（S）274.

④ ［2011］1 Cr App R（S）11.

⑤ ［2008］2 Cr App R（S）485.

疏忽法庭缩减量刑从 30 个月到 15 个月。同样地，在 2008 年艾莉婕 [*Akujee*（2008）] 案①中，一名司机没有注意到十字路口行走的一名儿童，他无污点记录，并且因这（无法解释的）瞬间的疏忽法庭将量刑从 36 个月减少到 18 个月。

"导致死亡"犯罪的第二类是在酒精影响下粗心驾驶导致死亡。这里严重性的主要决定要素是中毒的程度和粗心的程度。再一次，量刑指南委员会基于这两个要素的坐标轴的交互点，表明了三个层次的严重程度。实践中，这类犯罪的羁押量刑的平均长度比危险驾驶导致死亡的情形略高一点点，相比在 2013 年的 52.4 个月，其是 61.3 个月。②

现在转向由《2006 年道路安全法》（Road Safety Act 2006）引入的两起犯罪，③ 它们中的每一个都有争论。粗心驾驶导致死亡的犯罪结合了粗心驾驶的简易犯罪（最高量刑，第 5 等罚金，没有监禁）和导致死亡，产生了一个议会为此给出的最高 5 年监禁刑罚的犯罪。推测最高量刑迎合了恰好低于危险驾驶的门槛（也就是说，这类驾驶案件低于，但不是远远低于，危险驾驶需要的标准）：因此，指南的一级标准提供了 15 个月的起刑点，有从 36 周到 3 年的量刑幅度，因此这类案件不足以构成危险驾驶。假如案件是接近危险驾驶，法官可能会正当地偏离指南而进入超过 3 年的量刑幅度（但低于法定的最高 5 年的刑罚）。④ 第三层次，最低一级标准，是对那些瞬间疏忽没有加重特征的案件：起刑点是一个中等程度的社区量刑，有一个从低等到高等社区刑罚的量刑幅度范围。在第一和第三层次之间，是第二层次，针对"其他粗心驾驶案件"，有 36 周监禁的起刑点和从高等程度社区刑罚到 2 年羁押的刑罚幅度。第二层次是一个让量刑法官适用极其困难的量刑层次情形，因为没有被一致认可的案例，并且跨越了羁押门槛。上诉法院已经指出了这一点，但没有能在量刑指南委

---

① ［2008］2 Cr App R（S）188；还参见 *Attorney General's Reference No.* 16 *of* 2008 ［2009］1 Cr App R（S）138。

② Ministry of Justice, *Criminal Justice Statistics* 2013（2014），Table 8.1.

③ 因加重偷车致死的罪行在这里没有被分开考虑：其并不经常被起诉，在量刑委员会的指南中也未包括。

④ 正如在 *Shepherd*［2010］2 Cr App R（S）370，at［23-25］中那样。

员会工作基础上前进一步，指示出任何可考虑的可靠的粗心驾驶程度的指标。① 关于这一犯罪确实有焦虑，考虑到错误的结果（可能是低的，并且许多司机不时是抵挡不住的）和灾难性结果之间较大的鸿沟。正如我们在下面应该看到的，公众成员对这一犯罪的存在是有观点冲突的。

针对无驾照、无保险或者取消驾驶资格而致死亡的犯罪而言，议会已经制定了最高 2 年监禁的刑罚。驾驶方式上没有错误是这个罪名犯罪构成所要求的：它的基本原理是犯罪人在犯罪的当时不应该在路上，因此应承担意外导致死亡的事故责任（例如，一名儿童从车前跑过）。政府指出统计数据表明，这类案件中的司机有三倍和九倍的更大可能涉入交通事故。量刑指南委员会的指南将取消驾驶资格的视为三种情形中最坏的一种，因为取消驾驶资格将被视为维护道路交通安全的理由。因此，第一层次犯罪包括那些被取消驾驶资格驾驶致人死亡，以及无驾照或无保险驾驶员和两个加重要素，起刑点是 12 个月，有 36 周到 2 年的量刑幅度。第二层次犯罪包括无证或无保险驾驶和一个加重要素（起刑点是 26 周，量刑幅度从高等社区刑罚令到 36 周的刑罚）。② 第三层次犯罪包括无驾照或者无保险驾驶员并且没有加重要素（起刑点是中等社区令，从低等到高等社区令的量刑幅度）。

作为咨询过程的一部分，当为量刑指南委员会准备建议时，量刑咨询委员会委派了有关这些犯罪的公众意见调查。研究证实典型性的公众意见相信法庭通过的量刑远低于他们倾向的量刑，尽管事实上法庭量刑表现为与公众期望的量刑是一致的。③ 这是与多数公共意见研究相一致的。总的来说，在目标群体中的一半成员或者调研结果默许由咨询委员会建议的和量刑指南委员会发布的起刑点。④ 然而，公众强烈反对因取消驾照驾驶导致死亡犯罪所给予的等级：这类犯罪的严重性等级几乎是以危险驾驶导致死亡和在酒精影响下粗心驾驶导致死亡的情形，严重性甚至超过了粗心驾驶导致死亡的情形。然而，议会制定了粗心驾驶导致死亡最高 5 年和取消驾照驾驶导致死亡最高 2 年的刑罚，公众的观点强烈地支持这是一种错误

①　*Campbell*［2010］2 Cr App R（S）175；*Odedara*［2010］2 Cr App R（S）359；*Zhao*［2014］1 Cr App R（S）97.

②　有关加重因素的累积作用，参见 *Headley*［2013］1 Cr App R（S）224。

③　Roberts, Hough et al.（2008），pp. 530-532.

④　Ibid. pp. 535-536.

的立法。部分原因是取消驾驶资格驾驶是故意的违法行为，而粗心驾驶是绝大多数司机都会偶尔犯的一种过失。无论如何，由于因为量刑咨询委员会的建议（和量刑指南委员会的指南）必定会嵌入法律框架中，量刑咨询委员会没有在这个强烈的发现上有所作为。

在这些问题上，公众的观点是正确的吗？被深思熟虑的四个"因驾驶导致死亡"的犯罪是多么严重呢？按照冯·赫希—亚勒堡的量刑尺度，伤害处于量刑的最高水准，因为他们违反了身体完整性的价值并剥夺了被害人的生存能力。原则上，可责性远低于故意导致死亡或伤害，但那个点不能偏离得太远。前两类犯罪涉及可避免死亡的风险（或者至少严重身体伤害）犯罪而产生的可责性，这可能被认为在相对严重的犯罪尺度上这类犯罪新近增长的正当性理由。另一方面，迈克尔·赫斯特（Michael Hirst）认为这两类驾驶犯罪比现在许多一般杀人犯罪还高的水准上被量刑，这不是通过或者实质性或者不同犯罪的定义上得到保证的。[1] 他引证了一些裁判以支持这一主张，但问题是无论第一还是第二层次的危险驾驶致人死亡的案件都没有展示出更大的可责性——经常超过一段时间——比他引证的裁判。不管怎样，自从 2009 年，大量的杀人犯罪量刑水准上有了增长，正如我们在本章上文第三节所看到的。

第三类犯罪，因粗心驾驶而致死亡，有如此轻微的可责性要求，一个可能适当的质疑是它将是否足够充分地被归类为过失杀人犯罪。[2] 正如通过被剥夺驾照、无保险或无驾照驾驶导致死亡，考虑的要素和因果关系理由是——假如驾驶者没有故意忽视他的驾驶禁令，死亡将不会发生——但驾驶方式上没有错误（否则它将是更严重的犯罪）。公众对这类犯罪的严重性的观点看上去将实际造成的伤害纳入考虑要素之中，并没有更多地关注灾难事件的不可预测性。

五　毒品犯罪

涉及被禁止的毒品的运输或供给的犯罪，在当前英国序数比例量刑体系中处于高位。在 1982 年阿拉玛 [*Aramah*（1982）] 案[3]中，它们是莱恩勋爵指南裁判的首要主题。议会随后对 A 类毒品的运输、供应或生产

---

[1]　Hirst（2008）.

[2]　一般参见 Cunningham（2007）对这两项新罪行的批评。

[3]　[1982] 4 Cr App R（S）407.

的最高刑罚从 14 年提高到终身监禁，并且阿拉玛裁判指引（*Aramah guideline*）在一些裁判上依法修正了。量刑咨询委员会在其职能终止之前对毒品犯罪提出了明确的量刑指南建议，① 并且量刑委员会经过进一步的研究，公布了有关 2012 年毒品犯罪［*Drug Offences*（2012）］的确定的指南。

对每一个主要的毒品犯罪——运输、供给、生产、容留场所使用和占有——量刑指南采取了二维的表格形式。第一步，量刑官必须决定犯罪者的可责性，以及其发挥的作用（领导者，重要的或次要的成员），以及损害的类型（涉及毒品的等级和数量）。第二步，初步的分类被转移到二维表格上，包括相关的分类范围和起刑点。第二步可能看上去像广受批评的在美国指南系统普遍适用的表格的版本，因此并不令人吃惊的是上诉法院一直强调毒品量刑指南不应该被视为"一种算术的过程"②，并且"分类不能如同提供了一种紧身衣，每一起案件（都）必须挤进去"。③ 在步骤1 和步骤 2，量刑官需要对案件的特别事实作出回应。

因此，在 2014 年卡恩［*Khan*（2014）］案④中，犯罪人被以街头交易定罪，是处于一个不寻常的更大的（量刑）尺度，并且上诉法院批准了法官的裁判，将该犯罪从指定的案件严重程度类型中取出，放到更高程度类型处理。这起案件和一些其他的案件表明，上诉经常基于量刑官在量刑表格的二维图上的一个（或两个）方面。在委员会指南中有两个特殊特征值得评析。第一个是，通过研究适用于作为运送毒品的快递员的一些"毒骡"的情况，委员会决定减少对这些毒骡的量刑标准，这些毒骡是因为"压力、强迫、恐吓而从事这些活动"，并且"通过天真的行为/被利用而涉入"。那些要素将快递员放置在"更小作用"的最小可责性的类型。但是，这不能适用于所有的快递员，他们中的一些被恰当地放置在更高的严重类别，"重要功能"，因为他们是受"经济上的或者其他获利动

①　SAP, *Sentencing for Drug Offences*（2009）.

②　Per Hughes LJ in *Boakye*［2013］1 Cr App R（S）6, at［39］.

③　Per Hallett LJ in *Attorney-General's References Nos.* 15, 16 *and* 17 *of* 2012［2013］1 Cr App R（S）289, at［12］.

④　［2014］1 Cr App R（S）42.

机驱使的"。① 第二个值得评价的特征是指南已经清楚地表明"当在最严重的和商业的规模上操作，涉及比类型 1 更高的极大毒品数量时，依据犯罪人的角色，20 年甚至以上量刑可能是恰当的"。这个措辞在步骤 1 出现，对 A 类毒品进行运输的最高刑罚（类型 1 的犯罪起主导作用）有 12—16 年的量刑幅度，起刑点是 14 年。那种犯罪的伤害类型有 5 公斤可卡因或海洛因的明定数量。在 2013 年总检察长向法院提交的给予指导性说明的《2012 年第 15、16 和 17 质询案》中，② 运输的毒品相当于 4 公斤可卡因和 80 公斤海洛因，市面价值大约 400 万或 500 万英镑。上诉法院增加了量刑，认为这是"大量规模"的运送毒品，并认可了对初次犯罪人 20 年的刑罚。这是否是偏离指南的授权并不清楚——20 年是比任何类型量刑幅度更高的刑罚，尽管由委员会自己的表述所鼓励——但推测起来它将被认为是基于司法利益。

这带来了一个关键问题：毒品犯罪应该放置在序数比例量刑尺度上的哪个位置呢？大量论点已经提出来了。在阿拉玛案（Aramah）中，莱恩勋爵认为，帮派之间的火拼"可能是暴力和两败俱伤冲突中一个富有成效的原因"。那可能符合一些行动，但是，除非那些犯罪被证实，否则它是错误地允许如此推测和以二手结果增加毒品犯罪严重性的评估。莱恩勋爵增加了另一个次生结果（理由）：那些沉湎于由这些毒品犯罪者输入的毒品的人们不得不求助于犯罪，以便于他们支付毒品消费。这导致了"最令人恐怖的形势"："由毒品带给成瘾者堕落和痛苦以及非罕见的死亡。这也就不难理解为什么在世界上一些地方对大量贩卖海洛因的犯罪判处死刑并执行。"③ 这在论据上暗示着毒品交易实际上是杀人的前奏，因为贩毒者引诱上瘾的人进入一种身体和精神上的崩溃状态，那可能导致死亡。然而，支持这个观点需要很大程度的家长主义，因为那些使用 A 类毒品的人必须被期望在他们开始（使用）时是理性的公民，即使他们上瘾后会削弱他们的自由意志。换句话，他们不能被说成是普通意义上的不愿参与的受害人；而且依据冯·赫希-亚勒堡的犯罪比例尺度，毒品犯罪与身体完整性伤害是远离的，更不用说死亡了。即使成瘾者的生活水准已

---

① 参见在 *Boakye* ［2013］1 Cr App R（S）6, at ［34-37］中的讨论；以及在 *Lopez-Sacido* ［2013］1 Cr App R（S）440, at ［18］中的讨论。

② ［2013］1 Cr App R（S）289.

③ ［1982］4 Cr App R（S）407, at pp. 408-409.

经极低了，那也可能并没有压力、害怕或者欺骗。最多，类比于帮助和教唆自杀，而不是谋杀。

虽然与谋杀的任何关联因此是薄弱的，委员会调查的公众观点表明，在聚焦的群体中的公众成员倾向于支持对因贩毒行为而获得高额利润的毒品贩卖者适用非常长的监狱量刑，即使他们所犯的是比中等或低等严重性犯罪更小惩罚的犯罪。① 然而，不清楚的是这是否会足以使争论向更远深入。监禁量刑不是对贩毒者责难和剥夺的唯一形式：依据《2002 年犯罪收益法》，法庭也有广泛的义务和权力去命令没收他们的资产，并且有很好的理由更加重点地强调对毒品犯罪的回应。② 假如在大量实质上的羁押监狱量刑被适用的情况下，他们将如何将量刑适用于持枪抢劫和多重强奸呢？我们将在本章下文第八节看到主要的使用枪支的抢劫倾向于在 16—25 年范围内的量刑，反映了致命武器使用和故意对他人进行威胁，以及财产上的获益。对强奸最高程度的量刑类别范围是 13—19 年，但是指南指出"犯罪可能是如此严重，例如涉及强奸活动，20 年或者以上的量刑可能是恰当的"③。

对于量刑水准最高（量刑）的认识混乱是一个表明亟须进一步重新考虑毒品政策的理由。其他欧洲国家已经开始改变他们的方法，并有证据基础地呼吁整个世界抛弃以极端的刑罚方法对待毒品犯罪。④ 这并不是表明有任何直截了当的解决方案，而是确实地鼓励全面的反思，这是量刑委员会不能承担的。如此的反思将是聚焦于更广泛的社会和健康政策，但不可避免地会影响量刑。

六　严重的伤害

我们已经注意到一些蓄意谋杀犯罪导致了生命受到威胁的伤害并导致了重大的量刑问题（上文第二节）。我们现在转向考虑一些案件，其中杀人的企图没能建立——因此并没有对蓄意谋杀定罪——但有对伤害或严重伤害定罪。量刑委员会 2011 年已经发布了明确的有关攻击犯罪 [on

---

① Jacobson, Kirby and Hough (2011).

② SAP, *Sentencing for Drug Offences* (2009), paras. 22-24.

③ Sentencing Council, *Sexual Offences: Definitive Guideline* (2013), pp. 10-11.

④ 参见 [2013] Crim. L. R. 271-272。

Assault（2011）］的（量刑）指南，① 分别处理六类犯罪：有目的的伤害
或导致严重身体损害，非法的伤害或严重的身体损害，攻击引发的实际的
身体伤害，伴有拒捕的攻击，攻击巡逻的警察，以及一般攻击。我们现在
关注的是这组犯罪中的最严重的两类犯罪。一般攻击将在后面的治安法院
量刑指南中讨论。

　　这些犯罪中最严重的犯罪是依据《1861 年侵犯人身犯罪法》
（*Offences against the Person Act 1861*）的第 18 条，通过企图导致严重身体
伤害的目的而致伤害或导致严重的身体伤害。步骤 1，与严重性的三个类
型选择有关的要素包括暴力伤害的程度，被害人的脆弱性，预谋性，武器
或其功能等价物的使用，在群体中的主导功能，以及基于年龄、性别、社
会性别等展示的敌意。严重类型 1 有 12 年的起刑点，伴有 9—16 年的幅
度范围；类型 2 有 6 年的起刑点，伴有 5—9 年的幅度范围；类型 3 有 4
年的起刑点，伴有 3—5 年的幅度范围。因此，在 2012 年格拉布［*Grubb*
（2012）］案②中被告人和两名男性，对一名男性进行了报复性攻击，怀
疑其虐待了她的孩子。她的作用是引发攻击和促使其他人参与。他们导致
了被害人的眼睛、肺部的严重伤害，断了肋骨，肾脏肿了，并且头部流
血。被告人被审判后定罪，以严重类型 1 犯罪被处以 11 年刑罚。上诉法
院同意这是严重类型 1 犯罪，但将量刑减少到 8 年作为反映她发挥次要作
用以及一些个人的减轻情节。

　　英国法律这个部分的特征之一是下一个严重程度更低一等的犯罪——
非法伤害或严重身体伤害，违反了 1861 年法律第 20 条——有极大降低的
最高 5 年刑罚。假如检察官接受了对第 20 条犯罪的有罪答辩，或者这一
更轻犯罪的陪审定罪，那个裁判必定对量刑有重大的影响。对第 20 条犯
罪的量刑指南有三种类型。类型 1 有 3 年的起刑点，伴有 2 年 6 个月到 4
年的量刑幅度；类型 2 有 1 年 6 个月的起刑点，伴有 1—3 年的量刑范围；
类型 3 有最高的社区命令起刑点，伴有低等社区命令到 51 周羁押的量刑
幅度范围。③ 在 2011 年钱纳［*Channer*（2011）］案④中，被告人对第 20

---

　　① 这项指南代替了 the SGC's *Assault and other offences against the person*（2008）。

　　② ［2012］2 Cr App R（S）248.

　　③ 向下的下一个犯罪，攻击引起实际的身体伤害，具有相同的 5 年最高量刑，但是该范围和
起刑点有些低于那些第 20 条规定的犯罪的范围和起刑点：参见 Sentencing Council, *Assault*, p. 12。

　　④ ［2011］1 Cr App R（S）464.

条犯罪进行了有罪答辩，通过口咬的方式攻击了他的前女友，用烟头烧伤了其脸颊，三次拳击她的脸部，打伤了颧骨。上诉法院同意了这一犯罪应被判处类型 1 的量刑（适用前量刑委员会指南，但当前的量刑委员会指南将产生同样的结果）。法庭同意起刑点应是 4 年，处于类型 1 的最高刑罚，因有罪答辩给予 25% 的削减。在 2012 年劳伦斯［*Lawrence*（2012）］案①中被告人 D 在周日的橄榄球比赛中跑进球场并且沉重地击打了在四分位刚刚犯了规的球员的头部，打破了他的眼窝、脸颊。上诉法院一致同意这起犯罪放入类型 2，理由是较重的伤害和较小的可责性（法庭并没有解释为什么责任是较小的）。法庭支持 9 个月监禁的量刑，在类型 2 犯罪的 1—3 年幅度范围中适用刑罚，引证了被告人先前的好名声和只是一个单一的打击行为的事实。

这些犯罪侵犯了身体的完整性和自主权，按照冯·赫希—亚勒堡的话。他们的影响通常是最小的康乐而不是生存，减轻和加重要素再次承担了关键作用。指南倾向于关注伤害的程度，包括武器的适用，以及被告人的可责性。由于导致严重的身体伤害意图的证据是谋杀犯罪充分的可责性条件，可能表现为在连接第 18 条对谋杀犯罪的量刑比连接对蓄意谋杀者的谋杀犯罪的量刑具有不相上下的逻辑性。实际上委员会表达了这一信念"（对严重攻击）的量刑水准应该被连接到对谋杀的规范上"②，尽管结果上它对第 18 条情形适用的指南设置没有先前量刑指南委员会指南高。更大的困难是第 18 条犯罪的犯罪范围和第 20 条犯罪（由各自的法定最大量刑所规范的）之间的巨大差距，结果是严重暴力可能适用第 20 条的量刑。而且看上去这些攻击导致的伤害经常是远超过抢劫案件的伤害程度，抢劫的量刑却是在相同的或更高的程度上适用，这点在本章下文第八节抢劫犯罪中讨论时进一步考虑。对英格兰和威尔士的犯罪调查报道，2012—2013 年涉及伤害的暴力案件有 13% 的下降，更长期的持续趋势表明在 1985 年有伤害的暴力犯罪数是 240 万件，在 2012—2013 年是 91 万件。③

七　强奸和其他严重的性犯罪

强奸是所知道的犯罪概貌在过去 30 多年发生了极大变化的犯罪中的

---

① ［2012］2 Cr App R（S）243.

② Sentencing Council, *Assault Guideline*: *Professional Consultation*（2010），p. 8.

③ Crime Survey England and Wales（year ending September 2013），Figure 4.

一种。在 1985 年，仅有不到 2000 件的强奸案件报道，被陌生人强奸、被关系人强奸（"关系强奸"）和熟人强奸，处于粗略上平等的比例水平。在 1986 年有大约 6000 起被报道的强奸案件：在数量上陌生人强奸并没有增长，因此现在仅占总数的 12%，然而报道的关系强奸占据了 43% 的比例，并且被熟人强奸占据了 45% 的比例。①《不列颠犯罪调查》表明，当前的伙伴关系者要对 45% 的强奸案件负责，陌生人强奸仅占 8% 的比例。②警察记录的强奸案件数量在 2002—2003 年是 12300 件，在 2012—2013 年是 18300 件，这种增长部分归咎于历史上犯罪的报告，包括那些犯下据称名人的强奸犯罪报道。警察记录的其他性犯罪在 2002—2003 年是 44400件，在 2012—2013 年是 41133 件。③

　　2003 年的性犯罪法拓展了强奸犯罪的定义，包括口腔的、阴道的和肛门被生殖器插入的形式，还包括其他的性犯罪形式。量刑指南委员会在 2003 年法案上发布了强奸犯罪和其他犯罪的指南，④ 现在已经被量刑委员会有关《2013 年性犯罪》［Sexual Offences（2013）］ 的确定的指南所替代。强奸犯罪指南的结构涉及三种类型，每一种都有两个可责性标准。类型由一个或更多的八个要素的存在或缺失来决定，包括严重的身体或生理伤害，怀孕，额外的暴力或侮辱，脆弱的被害人，以及未被邀请而进入被害人家。假如一个或更多的那些要素以极端的形式被发现，那表明是类型1。假如一个或更多要素存在，但不是极端的形式，那表明是类型 2。假如没有任何要素是存在的，那表明是类型 3。此外，有 11 个可责性要素，包括团伙犯罪，进行摄像，以及信用的滥用。假如一个或更多的其他要素存在，三个量刑范围是：类型 1，15 年的起刑点和 13—19 年的幅度范围；类型 2，10 年的起刑点和 9—13 年的幅度范围；类型 3，7 年的起刑点和6—9 年的幅度范围。假如没有任何 11 个可责性要素存在，对每一类犯罪有更低的量刑幅度范围。指南更清楚地表明"犯罪可能是如此的严重，

---

① Harris and Grace（1999），p. 6.

② Myhill and Allen（2002），ch. 5.

③ Kershaw et al.（2008），p. 67.

④ SGC, *Sexual Offences Act* 2003（2007）；最初的强奸指南由 Lord Lane CJ in *Billam*（1986）82 Cr App R 347 创制，被 Millberry［2003］2 Cr App R（S）142 取代，其建立在来自量刑咨询委员会的建议的基础上。

例如涉及强奸案，20 年或者以上的量刑可能是恰当的"①。

　　当为上诉法庭准备 2002 年建议时，量刑咨询委员会开展了对公众中抽样样本成员，包括一些强奸被害人对强奸的观点的实证调研。② 这项研究清楚的结果中有一个观点是，关系强奸不是更少的创伤，因此不是必然没有陌生人强奸严重，因为尽管后者是令人恐怖的，关系强奸中亲密的信任关系的破坏，可对被害人有同样深刻的影响。量刑咨询委员会因此建议，上诉法院接受了，无论是陌生人强奸还是关系强奸，起刑点应该是同样的。这点在量刑指南委员会和量刑委员会的指南中得以保留，其也指出有关被害人是女性或者男性，以及强奸是对阴道、口或者肛门，并不需要做出区别对待。

　　强奸犯罪应该如何严肃地归类在犯罪梯级上的哪一级呢？大约三分之二的强奸涉及一些暴力或者暴力威胁，许多犯罪涉及其他性侮辱的施加。③ 然而，被性攻击损害的基本利益是在性问题上的自主权和选择权。被害人受到虐待不仅是她们受尊重的隐私生活权利的侵犯，而且是作为核心特征的性自主权利的侵犯。④ 性元素的独特性引发了价值和非价值的评价——自我表达，亲密关系，共享关系；羞耻，蒙羞，剥削和物化——这些经常是理解性犯罪受害影响要素的关键。⑤ 根据冯·赫希—亚勒堡的量刑标尺，通常是隐私和自主权的蒙羞和剥夺到了重大的程度，经常结合着身体完整性的危险。对受害人典型性的影响因此可能是在最低的康乐程度上的。人们不认为更多的强奸是有计划的，武装抢劫经常是这种方式，但可责性将经常是高的，因为犯罪人将确实地知道什么正在被实施。⑥ 这产生了有关强奸量刑与下面讨论的抢劫商店和许可证的关系问题。

　　从对强奸犯罪的量刑尺度往下的性攻击犯罪，最高法定刑罚是 10 年。委员会的指南指明了三种伤害类型，类型 1 包括 a）严重的生理或

---

① Sentencing Council, *Sexual Offences* (2013), p. 10.

② Clarke, Moran-Ellis and Sleney (2002).

③ Harris and Grace (1999), p. 19.

④ 有关《公约》第 8 条的法理强调了这一点——例如 *Sutherland and Morris v. United Kingdom* (1997) 24 EHRR CD22, para. 57。

⑤ 进一步的讨论，参考 Lacey (1998) with Gardner and Shute (2000)。

⑥ 相似的分析参见，*Sexual Offences Act* 2003。

身体伤害，b）诱拐，c）暴力或以暴力威胁，以及 d）强迫地/未受邀请地进入被害人家庭；类型 2 包括 e）性器官的触摸，f）持续很久的事件，g）额外的退化以及 h）脆弱的被害人。可责性被分为 A 和 B，罗列了 11 个要素，任何一个要素都将犯罪置于 A。类型 1A 有一个 4 年的起刑点，有 3—7 年的类型范围；类型 2A 有 2 年的起刑点，有 1—4 年的重叠的类型范围；类型 3A，因为案件涉及类型 1 和 2 没有的要素，有 26 周羁押的起刑点和高程度的社区命令到 1 年的羁押的幅度范围。更低的范围被提供给那些可责性标准仅仅是 B 的案件。一起案件，一名男子用刀强制威胁，迫使女性为其手淫，将可能被划入类型 1。[1] 在案件中，被告人爬进邻居家，在女子脸部 2 寸的位置握着他的阳具，接着竭力强迫分开女子的大腿，将可能被置于类型 2。[2] 以冯·赫希—亚勒堡的量刑尺度，如这个案件自然展示的，这些案件将总是涉及蒙羞与隐私和性自主权的剥夺。

八　抢劫

此类犯罪的定义是不寻常的。[3] 抢劫犯罪包括两个要素，盗窃和暴力的使用或威胁以便于窃取。暴力将盗窃转化为抢劫的情形可能变化极大，从用胳膊拖拉以便于影响到包的脱离，到使用枪支或其他武器以杀人相威胁。正如我们在本章上文第六节看到的，当暴力在其他环境中被威胁或适用，法律提供了累进的犯罪层次，从谋杀到蓄意谋杀，严重的身体伤害，非法的伤害和攻击引起实际的身体伤害，直到攻击。那些有害他人的每一起犯罪都有它自己的量刑范围。但抢劫就是抢劫，单一的完整的犯罪，其留给量刑官做暴力程度的恰当评估。

对抢劫犯罪的量刑实践可能被分为五个层次或者标准。量刑指南委员会指南包括最低的三个层次标准，高等程度的两个标准留给司法裁判的指南来发展。量刑指南委员会指南清楚地阐释暴力要素是量刑中最重要的问题——引发任何伤害的严重性，威胁的本质和程度，产生恐惧的结果，武器的适用，等等。量刑指南委员会的抢劫犯罪指南将标准 1 作为最低类型

---

① *Attorney-General's Reference No. 79 of 2010* ［2011］2 Cr App R（S）333，根据量刑委员会的指南，量刑增加到 4 年。

② *Elliott*［2010］2 Cr App R（S）377，根据量刑委员会的指南，量刑减少到 18 个月。

③ 这里的这一观点在 Ashworth（2002a）中阐释得更充分。

而不是最高类型，因此，那种方法将在此遵循。标准 1 抢劫是典型的街道抢劫或者"行凶抢劫"，涉及一些暴力的威胁或者适用，导致身体瘀伤或疼痛。起刑点是 12 个月的监禁，伴有直到 3 年的幅度（不是基于被规定的幅度）。许多涉入这类的抢劫犯罪将涉及夺取移动电话、钱包或者手包，正是在这种情形下，沃尔夫勋爵在 2002 年做出了一个臭名昭著的判决，呼吁震慑性量刑。[1] 量刑指南委员会的指南取代了那个裁判（并且量刑指南委员会也创建了对一个年轻犯罪人的如此犯罪的不同指南）。[2] 指南适用的一个例子是 2008 年的维耶尔曼［*Vuillermet*（2008）］案[3]，该案主要的犯罪涉及被告人和另一名男子侵略性地接近两名正在停她们汽车的女性，被告人说"给我你的手机，否则我将给你黑眼罩"，她给了他手机，他接着要妇女的钱包；当她说她并没有钱包时，他和另一人男人离开了。被告人，因先前的定罪，被处以四年半的量刑。法官没有参考量刑指南委员会的指南，上诉法院认为这是恰当的标准 1 抢劫案件，对其恰当的量刑是两年半。上诉法院并没有指明将这起案件做出如此高的超过 12 个月起刑点的特征。

标准 2 包括典型的抢劫小型公司，尽管它包括其他的使用武器去威胁或者使用强大的武力去抢劫。这里起刑点是四年，伴有 2 年到 7 年的幅度范围。因此在 2008 年赛克斯［*Sykes*（2008）］案[4]中三起抢劫的本质是被告人进入了一个小型商店，戴着面具并挥舞着厨房刀具，从钱柜中偷走了钱。上诉法院认可了被告人对该罪判处 7 年量刑的上诉：对每起犯罪的起刑点应该是 5 年（因为伪装和使用刀具，高于标准 2 的起刑点 4 年），对三起犯罪量刑提高到 7 年，[5] 并因为有罪答辩再次减少到 5 年。也被放置在标准 2 的（另一起）案件是相当不同的 2008 年的摩根［*Morgan*（2008）］案[6]，被告人和另一名男子挟持了一名购物后正要返回家中的 73

---

[1]　*Attorney General's References Nos.* 4 *and* 7 *of* 2002, *and Q*［2002］2 Cr App R（S）345, at p. 348；对于这一裁判所导致的过度量刑，参见 *Attorney General's References Nos.* 150 *and* 151 *of* 2002 ［2003］2 Cr App R（S）658。

[2]　少年司法委员会（The Youth Justice Board, 2002）尤其对 Lord Woolf's 对少年罪犯的裁判的适用不满，因为当其中半数人员获得社区命令时，其似乎一度取消了对这一犯罪的社区刑的适用。

[3]　［2008］2 Cr App R（S）204.

[4]　［2008］2 Cr App R（S）10；还参见 *Razack*［2009］1 Cr App R（S）17。

[5]　参见下文第八章有关合并量刑与累积量刑的原则。

[6]　［2008］2 Cr App R（S）93.

岁的老妇人，他们强迫她进入电梯，另一人紧紧捂住老太太的鼻子和嘴，而被告人从她的包中取出了 300 镑，从她手上取走了戒指。上诉法院认为，因为对一个脆弱的受害人使用暴力，导致了她脸部的疼痛，这起案件恰当的地落入了标准 2。然而，基于有罪答辩，对简单的通过恐怖性抢劫这一主要方式对第二被告人判处 6 年半量刑太重了，因而被减少到 4 年。

标准 3 来自"相对不复杂的商业抢劫"，典型性的涉及武器的使用和重大的暴力或者严重的伤害。起刑点是 8 年，有 7—12 年的量刑幅度范围。如同其他两类标准，加重要素包括团伙犯罪，有计划性，戴面具，发挥主要作用；减轻要素包括悔恨，从属参与，以及非计划性犯罪。适用这类标准的案件是 2013 年的霍华德［*Howard*（2013）］案①，一个有卖酒执照的酒吧的抢劫，涉及很少的损害但有严重的通过金属棒和长刀的威胁，加上 28 次先前定罪。起刑点是 12 年，因有罪答辩削减三分之一，导致 8 年的量刑。

尽管量刑指南委员会表明了它们的大致范围，两类抢劫标准超出和超过了量刑指南委员会量刑指南。标准 4 包括在家中的暴力性人身抢劫，对此 13—16 年的量刑幅度是量刑指南委员会建议的。一个可能的例子是 2000 年总检察长向法院提交的给予指导性说明的《1999 年第 89 号［法罗（*Farrow*）］质询案》② 提供，犯罪人强行进入房间，用刀威胁老年的居住者，用绳子勒住他的脖子直至他失去意识，接着偷了大约 120 镑。上诉法庭表明恰当的量刑应是基于有罪答辩的 10 年监禁。在这类案件中，暴力被恰当地认为是比赃物更重要的评价因素。

标准 5 是最高的类别，援引量刑指南委员会"职业的有计划的营利性抢劫"和先前的被认为的"甲级抢劫"。量刑指南委员会参考过去的 1975 年特纳案③提供了这一标准的恰当的量刑框架，但似乎是现在更多的裁决已经采取了高于在特纳案中指示的 15—18 年量刑标准的量刑。因此，在 2009 年詹金斯等人［*Jenkins et al.*（2009）］案④中，上诉法庭清楚地表达了特纳案裁判不再是对最严重的武装抢劫案可信赖的量刑

---

① ［2013］1 Cr App R（S）405.

② ［2000］2 Cr App R（S）382.

③ ［1975］61 Cr App R 67, at pp. 89-91；See（1975）61 Gr App R67, at pp. 89-91，以及附文。

④ ［2009］1 Cr App R（S）109.

标准指南。上诉法院认为对一系列的 5 起抢劫案，适用 25 年的起刑点是恰当的，在这些案件中抢劫犯持有枪管锯短的猎枪并有时开火攻击安全保卫人员。法院在 2012 年的托马斯［*Thomas*（2012）］案①中采取相同的观点，这是一起有计划的袭击伦敦珠宝商店案，涉及取走价值4000 万英镑的珠宝，使用枪支威胁职员、劫持人质和向公众开火等罪行。首席大法官贾奇勋爵认为，尽管特纳案裁判确立的量刑标准不再具有可信赖性，但该案的推理仍保持相关性。"在对谋杀和对所有涉及暴力的严重犯罪的量刑水准之间"必然有关系。因为对谋杀的最低刑期比在 1975 年更长了，对严重抢劫的更高量刑是正当的。在这起案件中，在 16—23 年的量刑在事实上得到了支持。

抢劫犯罪的量刑如何在冯·赫希—亚勒堡量刑尺度上占据恰当的关系位置？偷窃的因素将不再是许多案件中很重要的因素，尤其是在标准 1上，主要的任务将是评估被害人身体完整性攻击的严重性，包括生理上的伤害。因此，量刑指南委员会正确的表述，正如其指南的基础，"暴力是抢劫犯罪最严重的要素"，尽管其他要素诸如被害人的恐惧经历也是重要的。② 为追求一致性的方法，因此依据量刑委员会的攻击指南上指示的标准来建立刑罚幅度范围是更可取的。那将是第 1 步，结合在第 2 步中考虑的其他要素，尤其是诸如高的经济收获（如在托马斯案中）或者使用火器（除非单独控诉）的加重要素。在 2014 年 10 月，量刑委员会发布了关于抢劫指南的磋商性文件，提议三类抢劫覆盖整个范围的抢劫。③

九　夜盗（Burglary）④

为了量刑的目的，这一犯罪经常被细分为两种不同的类型，住宅夜

---

① ［2012］1 Cr App R（S）254；还参见 *Wynne*［2014］1 Cr App R（S）63。

② SGC，*Robbery*，pp. 4–5.

③ Sentencing Council，*Robbery Guideline*：*consultation*（2014）.

④ 译者注：Burglary，n.（1）普通法的夜盗罪，指怀着犯罪意图在夜里打开并且进入他人住宅的行为。（2）制定法夜盗罪，与普通法夜盗罪相比，制定法夜盗罪在三个要件方面有所区别：①现代制定法已把住宅［dwelling］这一概念扩大到工厂车间、商店、办公处以及一切建筑物；②多数制定法取消了"夜里"这个时间要素；③有些制定法把"意图犯重罪"要件扩大为"意图犯重盗窃罪或轻盗窃罪或任何重罪"。薛波主编：《元照英美法词典》，法律出版社 2003 年版，第 180 页。为与后面的"盗窃"（Theft）相区别，本书采用元照法律词典的通常翻译用语"夜盗"（Burglary）称谓。

盗和非住宅夜盗（商业的或工业园区夜盗）。《1991年刑事司法法》通过将非住宅夜盗的最大刑罚减少到10年，低于对住宅夜盗的14年刑罚。住宅夜盗被认为比纯粹的财产犯罪更严重：量刑委员会评析认为它是严重的犯罪，"因为它涉及对隐私的侵犯，并且可能留给被害人受到侵害和不安全的感觉"①。可能性的影响被1982年马奎尔所证明，作为犯罪结果，他发现住宅内发生的夜盗超过四分之一的被害人遭受了相当严重的惊吓，并且大约三分之二被害人的生活在犯罪后数周的一段时间内受到影响。

　　住宅夜盗案的量刑实践一直是多样的，尤其是因为犯罪可能从不期而遇入内夜盗到有计划的和定向目标的夜盗变化多样。在1997年国会对第三次住宅夜盗引入了一个假定的最低量刑：简要地说，② 一个法庭对第三次住宅夜盗必须通过至少3年监禁的量刑，除非它这样做将是"在任何情况下都是不公正的"，但是如果它是与另一个符合资格的夜盗行为被定罪后所实施的犯罪相关的话，一项夜盗定罪才符合这个目的。量刑咨询委员会采取的观点是对第一次和第二次夜盗犯罪量刑需要接近那个标准。量刑咨询委员会因此建议对第一次住宅夜盗适用9个月监禁的起刑点，对第二次适用18个月的起刑点。③ 在2003年麦金纳尼和基廷 [*McInerney and Keating* (2003)] 案④中，上诉法院拒绝了采纳量刑咨询委员会的起刑点建议，认为这样监禁量刑阻碍了打破犯罪循环的建设性努力。⑤ 这导致首席大法官沃尔夫勋爵建议社区量刑作为对第一次犯罪的起刑点，并且甚至也适用于对第二次住宅夜盗犯罪的量刑。他也指出，推定的最低量刑"在推定可以被反驳的情况类型给予了量刑法官相当实质程度的自由裁量权"⑥。这一裁判导致了公众对司法宽容的极大愤怒并受到内政部对沃尔

---

① Sentencing Council, *Burglary Offences Guideline*: *Professional Consultation* (2011), p. 10.

② 该规定已在上文第一章第五节第二部分中讨论过，还将在下文第六章第七部分中在惯犯背景下讨论。

③ SAP, *Domestic Burglary* (2002).

④ [2003] 2 Cr App R (S) 240.

⑤ 同上，在38-39段，引自社会排斥防止局（Social Exclusion Unit）(2002)（社会排斥防止局 (2002)）的报告。

⑥ [2003] 2 Cr App R (S) 240 at para. 16.

夫勋爵的批评。①

　　麦金纳尼和基廷案判决指南的影响所致的持续混乱，导致贾奇勋爵——作为英格兰威尔士首席大法官自己远离沃尔夫裁判。在 2009 年索案②中，贾奇勋爵指出指南已经证明是"矛盾的"和"适用困难的"，需要新鲜的指导法庭的指南出炉，直至一个确定的指南能够发布。贾奇勋爵的多数裁判清楚地表明了将夜盗视为一种对家庭安全和隐私侵犯行为的重要性，一长串的加重要素被讨论。然而，索案的裁判和量刑委员会接下来的夜盗指南对第 3 类犯罪保留了非羁押的起刑点。因此，委员会确定了六个要素指明了重大伤害：损失程度的严重性（经济的、伤感的或人身的）；污损，洗劫或者破坏；居住者在家里或在夜盗过程中返回家中；对受害人的严重创伤；暴力或威胁；以及一般性公众混乱的情景。指明较少伤害的因素是仅仅低价值财产被偷走，或者有限的损毁或对财产的扰乱。可责性因素簇集于故意和计划性。对类型 1 犯罪的起刑点是 3 年，有 2—6 年的幅度范围；类型 2（52%的案件属于这类）③ 的起刑点是 1 年羁押，伴有从高等级社区令到 2 年羁押的幅度范围；类型 3 的起刑点是一个高等级社区令，有从低等级社区令到 26 周的羁押的幅度范围。在步骤 2，指南表明在步骤 1 伴有伤害或可责性的多重特征的极其严重的案件，可以参考在 6 年监禁（有罪量刑幅度的最高程度）和法定最高 14 年的幅度范围，正当化起刑点高于对类型 1 犯罪的幅度范围。④

　　指南对非住宅夜盗在步骤 1 有同样的伤害和可责性要素，但在步骤 2 有更低的范围。对类型 1 犯罪的量刑幅度范围是 1—5 年，有 2 年的起刑点；对类型 2，量刑幅度范围是低标准的社区令到 51 周的羁押，有 18 周羁押的起刑点；对类型 3 量刑幅度范围是 B 级罚金到 18 周羁押，有中等程度社区令的起刑点。尽管量刑范围上的重叠本质上保留了对类型 3 犯罪羁押（适用）的可能性，即只要法庭认为羁押和在指南上设立的社区门槛可以纳入他们的考虑范围，但是这些量刑幅度范围反映了商业夜盗一般

---

　　①　对于 Lord Woolf 的指南比实践低得多的暗示，参见 Davies and Tyrer（2003），尽管那项研究未考虑减轻因素的作用。

　　②　［2009］2 Cr App R（S）367.

　　③　《皇家法院量刑调查》（CCSS），第 18 页。

　　④　Sentencing Council, *Burglary Offences*: *Definitive Guideline*（2011），pp. 8-9.

较少有身体伤害影响的特征。①

十 盗窃 (Theft)②

2008 年有关寓所外的建筑内夜盗和盗窃的量刑指南委员会指南确立了一些形式盗窃的指南,包括对违反诚信盗窃、寓所内盗窃、从人身上盗窃和从商店内盗窃。英国法律有一个单一的、无差别的盗窃犯罪,因此,这些分类仅仅是为了量刑的目的。一般的并没有对盗窃的指南,因此当处理另一类盗窃犯罪时,量刑官依据现存的指南来发展类似的判例(例如,没有站在诚信角度上的雇员盗窃,或者拾遗不报的盗窃)。③ 我们在这里关注指南中的三种(类型)。

我们首先处理违背诚信的盗窃。这些案件涉及律师、银行管理者、建筑协会出纳员、俱乐部财会人员和其他的许多此类人,负责转移在他们控制下的资金。邮政雇员从信件中偷窃以同样的理由被量刑。④ 为什么这样的犯罪被认为是极其严重呢?答案是,至少与公共官员和职业人员有关,他们被选择出来拥有所从事职业的地位以便于普通人们能够信赖他们。如科克斯(Cox)在 19 世纪时所说,职业人"基于他们的诚实而交易。他们销售的是他们的信誉"⑤。上诉法院评论认为"假如人们不能以诚信上的绝对的信赖与律师进行交流,国家的商业将以多种形式被严重地影响"⑥ 同样的推理大概构成了英国税务海关总署(HMRC)起诉会计人员的根据,发现他们为了税款目的而做了虚假报告,这与他们极不情愿起诉其他纳税人员,即使极大数量的税款没有被付,形成鲜明对照。⑦ 这似

---

① Sentencing Council, *Burglary Offences*: *Definitive Guideline* (2011), p. 13.

② 译者注:Theft, n, 盗窃罪、偷盗罪 [laeceny] 的通用名。指未经所有人或持有人同意而获取占有其财产的偷盗行为,并具有剥夺原主所有权并为己利使用的故意。故意永久剥夺他人对其财产的占有、使用、收益之权利而为以下行为之一可以构成此罪:①未经允许而获取并使用、控制该物;②以欺骗或威胁方式获取并控制该物;③明知该物是偷盗所得而获取并控制该物。盗窃罪含义较广,包括偷盗、诈骗、侵占和抢劫。薛波主编:《元照英美法词典》,法律出版社 2003 年版,第 11340 页。

③ 参考 *Jagintavicius* [2012] 2 Cr App R (S) 567。

④ 例如 *Molcher* [2007] 1 Cr App R (S) 268。

⑤ Cox (1877), p. 55.

⑥ *Wooding* [1978] Crim LR 701.

⑦ Roording (1996).

乎意味着是对违反诚信盗窃的控诉要旨不仅在于被害人的损失，而且来自对职业责任违反的公共价值。它不仅是对受害人生活水准的影响，而且事实是那些损失是由那些被信以为真保持和保护他们水准的人所导致。违反信托诚信的公共要素产生了对冯·赫希—亚勒堡量刑框架适用的困难，因为对典型被害人的生活水准（他可能是法人，或者是许多遭受微小损失的小储户中的一员）并没有必然的影响。假如这些情形可以被顾及，一些种类的公共维度必须加入框架之中。也有进一步的要素影响这些犯罪的严重性：一方面，他们经常涉及计划性和经常持续很长一段时间，另一方面他们经常由那些有先前好品质的人员所实施，作为犯罪的结果，他们将遭受许多利益被剥夺的后果（失去工作的前景，失去养老金保障的权利）。

对违反信托犯罪的量刑是两个上诉法院判例指南的主题，[①] 但是现在它是量刑指南委员会指南限定的内容。这指明了对四个层次犯罪的起刑点和幅度范围。最高一级标准是适用于对涉及超过 125000 镑（或者超过 20000 镑，如果处于一个高层次要求的诚信职位）的案件，有 3 年的起刑点和 2—6 年的量刑幅度范围，所有的数据都是与审判后定罪的初次犯罪人有关联。这个范围是由对这个犯罪最高 7 年的量刑所限制。实际上，法庭偶尔的不得不处理涉及更大数额的由在高端信托职位的职业人员实施的偷窃，通常的是有一系列控诉以便法庭可以通过累积的量刑判决而达到一个更高的刑罚总量。[②] 第二级标准是适用于对企图盗窃大约 20000—125000 英镑（或者 2000—20000 英镑，如果处于一个高层次要求的诚信职位）的案件，有 2 年的起刑点和 1—3 年的量刑幅度范围。第三等级是适用于对偷窃 2000—20000 英镑（或者在 2000 英镑，如果处于一个高层次要求的诚信职位）的案件，有 18 周的起刑点和从一个高级别社区刑罚到 12 个月的监禁。最低标准是适用于 2000 英镑以下的案件，有中等级别社区刑罚的起刑点和从罚金到 26 周监禁的幅度范围。在将犯罪施与恰当的量刑幅度范围时，法庭应该考虑所有经常的加重和减轻要素，也要关注特别的加重要素比如长期的犯罪，故意转移怀疑视线到其他人，以及特别

---

① *Barrick*（1985）7 Cr App R（S）142，在 *Clark*［1998］2 Cr App R（S）95. 中被修正。

② 参见例如 *Miles*［2007］2 Cr App R（S）19（律师盗窃 130 万英镑，7 年羁押被支持）；*Fielding*［2007］2 Cr App R（S）117（580 万英镑被支持）。因为在这两个案件中都存在有罪答辩，这暗含 10 年和 11 年的更高的起刑点（在因有罪答辩减轻前）。

的减轻要素比如自愿停止犯罪和报告没有发现的犯罪等情形。

在上面讨论违反信用犯罪的严重性的重要性的同时，当前有强烈的相反的观点认识盛行。第一，有观点认为这些犯罪是非暴力的、非性侵的和非令人恐惧的。他们"仅仅"是财产类犯罪，尽管可能在结果意义上导致那些受损失的人们极大的悲痛。这产生了暴力犯罪和性犯罪指南的关系问题。第二，在这个类型犯罪中的几乎所有犯罪人都有无瑕疵的先前记录并且他们的定罪将遭受职业的和身心的痛苦。指南相当清楚地表明"就这些犯罪而言，除了在极其例外的案件情况下，职业的损失和任何间接的痛苦不应成为个体减轻的情节"。在违反信誉的盗窃犯罪量刑与其他盗窃量刑之间是否有一个公平的关系，我们下面将转向这个问题。

另一种形式的由英国法律的单一的盗窃犯罪所覆盖的是从人的身上偷窃（*theft from the person*）。这往往采取扒窃的形式，量刑指南委员会把适用暴力或威胁，与被害人的对抗，以及导致他人高度的不方便（正如从外国游人身上盗窃信用卡）作为加重要素。指南规范了这个犯罪的三个程度标准。最高程度标准是对脆弱的被害人运用暴力或威胁的方式盗窃，有18个月的起刑点和1—3年的幅度范围。中等程度量刑适用于从脆弱被害人身上偷窃但没有采取威胁方式，有18周的起刑点和高级别社区量刑到12个月监禁的幅度范围。所有其他的从他人身上盗窃是最低等的，有中等级别社区命令的起刑点和从罚金到18周监禁的幅度范围。

什么是这些犯罪的控诉要旨呢？据说它们在侵犯个人隐私方面与夜盗和抢劫相近，因此它们具有"攻击性和恐惧性"的本质。[①] 量刑范围的宽度允许法庭对两个进一步的要素予以回应——团伙和"半职业化"犯罪的涉入，以及事实上一些犯罪人有长期的犯罪记录。尽管如此，在许多案件中，总体上被认为是低等到中等严重程度的案件，犯罪是典型的非对抗的、非暴力的和非性侵的。这些犯罪的深思熟虑性、计划性和重复性有时导致法庭倾向于超越指南的检测进行量刑。因此，在2012年冈萨雷斯·拉米雷斯和帕迪利亚［*Gonzalez Ramirez and Padillo*（2012）］案[②]中，两名智利侨民来到伦敦并从事一些盗窃犯罪，通常通过分散注意力的方式，

---

① James Committee（1975），para 92.

② ［2012］2 Cr App R（S）26；对指南出台前的裁判，参见 *Gwillim-Jones*［2002］1 Cr App R（S）19 and *McGhee and Hughes*［2004］1 Cr App R（S）399.

盗窃的多是贵重物品，比如电脑、珠宝和移动电话。他们有罪答辩了6起此类犯罪，被判处3年零4个月监禁。这是等同于审判后5年的量刑，上诉法院认为这个水准的量刑是正当的，基于犯罪的严重性（"精心策划的高回报犯罪"），有加重情节并没有重要的减轻要素。然而，这个犯罪并没有涉及"暴力或威胁"，那些属于第3类犯罪的特征，并且涉案的总额极大地少于违反信托案件的有利可图性，因此，对这个裁判必须登记上可怀疑性。

　　第三种类型的盗窃案件是从商店盗窃（*theft from a shop*），一种最频繁的在英国法庭被量刑的犯罪。[①] 所有一般的加重和减轻要素适用于这些犯罪，如同其他犯罪一样，包括深思熟虑的计划性和团伙犯罪。另外，涉及儿童犯罪、威胁恐吓的使用，在禁令下的被告人都是加重要素。指南指示了四种程度的犯罪。在最高程度上是组织团伙用威胁方式的盗窃，起刑点（经常是审判定罪的初次犯罪人）是12个月，有36周到4年的幅度范围。在第二等程度上涉及的是或者恐吓，或者高水平的计划，或者重大伤害；起刑点是6周的监禁，伴随高等级别的社区令到36周的幅度犯罪。第三等程度上案件涉及最低程度的恐吓或者计划或者损害，有最低级别的社区刑罚的起刑点和从罚金到高等级别社区刑罚的幅度范围。从商店盗窃的最低程度盗窃包括伴有几乎无计划的最低案值的案件，起刑点是罚金和从附条件指控到最低级别社区令的幅度范围。

　　在缺少恐吓性的情况下，这类犯罪必然处于比较严重性上的量刑比例尺的非常低的位置。涉及的数额经常是小的，并且可以形成的一种情形是，这样的犯罪增加了我们（购买商品的）价格，减少了我们所依赖的商店的商业生存能力，但当认为这些犯罪是非暴力的、非性侵的、非恐吓的和非有利可图的时候，这样发散的观点不能有大的权重。主要的困难来自先前定罪的功能。量刑咨询委员会进行的研究显示，在那些因盗窃一家商店被判刑的犯罪中，前科定罪的平均数量是42起。[②] 犯罪者中的多数是因毒品的依赖，入店行窃以便于为其购买更多的毒品提供资金。其他是半职业的，某种意义上他们是定期地从商店盗窃。即使同意那些依赖毒品的犯罪应被提供社区令伴有药物治疗的条件要求，将仍有许多其他的犯罪

---

① 某些这样的犯罪被通过无秩序刑罚通知处理：参见上文第一章第四节。

② SAP, *Sentencing for Theft from a Shop*（2006），para 9.

人，以及那些给予药物治疗令后又再次犯罪的人需要一并量刑。一个问题，将在第六章第三节面对的是，在什么程度上先前定罪应该对，在犯罪规模上，是相对低等的犯罪，允许增加量刑。指南表明"当一个犯罪证明是一个'顽固的'或'严重顽固的'犯罪，社区刑罚和羁押门槛可能被横跨，即使犯罪的其他特征在其他方面保证它是更低的量刑"。① 那仍有未解决的问题是犯罪人的 42 个前科定罪应被多大程度上允许对有一些计划的、伴有量刑幅度（在第二低等程度）仅提升到高级别社区量刑的犯罪予以量刑（考虑）。在这样的一个案件中施加任何羁押量刑的正当性要求更审慎的详细审查，这将在下面第九章阐述。

现在，让我们努力在违反信托诚信盗窃、从个人身上盗窃和从商店盗窃之间做一些比较。违反信托的案件特征在于犯罪人所处位置的社会重要性，依据公众对其廉洁性上的公共依赖；在这些案件中涉案数额比掏兜或商店盗窃要高得多。然而，第二等的信托犯罪，涉案总额在 2000—20000 英镑，起刑点是 18 周——与从脆弱人身上盗窃这一可能有更显著的更低数额的犯罪适用了相同的起刑点；它也是在从商店盗窃第二高等类型犯罪的量刑幅度范围，在该类犯罪中涉案金额可能是非常低的。所有商店盗窃和从人身上盗窃是确定地处于冯·赫希—亚勒堡量刑尺度的最低等级带，除非有极大的威胁恐吓。违反信托的多数案件也将在那个水准上，即使它们涉及更大数量的金钱。无论违法信托犯罪的恰当位置为何，因此，必须考虑商店盗窃和掏兜类犯罪的量刑是否太高了——是否，实际上，是先前定罪而不是犯罪的罪行本身导致量刑趋向于羁押。量刑委员会已经对盗窃犯罪进行了磋商讨论，新的量刑指南即将到来。

十一　儿童色情

在 2000 年，对拥有一张下流的儿童图片的最大量刑从 6 个月增长到 5 年，对制作、散布或出版这样图片的最大量刑从 3 年增长到 10 年。② 量刑咨询委员会递送了一个建议，上诉法院在 2003 年的奥利弗［*Oliver*（2003）］案③吸收进了指南裁判。接下来被体现在量刑指南委员会有关

---

① SGC, *Theft and Burglary in a building other than a dwelling*, p. 16.

② 通过《2000 年刑事司法和法院服务法》（*Criminal Justice and Court Services Act 2000*）第 41 条。

③ ［2003］2 Cr App R（S）64, adopting SAP, *Offences involving Child Pornography*（2002）.

性犯罪的指南中,① 现在, 它以不太复杂的形式在量刑委员会有关性犯罪的确定的指南中呈现。② 委员会的指南有三个类型层次; 类型 A 涉及插入性行为的图片和涉及与动物或性虐待狂性交活动的图片; 类型 B 由涉及非插入性行为的图片组成; 类型 C 是对所有其他不属于类型 A 或类型 B 的下流图片。一旦图片被归类了, 在步骤 1 中的其他问题是犯罪人的作用是拥有者、传播者还是制作者。这两个要素——图片的分类和犯罪人的角色——决定了分类范围和起刑点。例如, 图片的严重性属于类型 A, 拥有图片者的起刑点是 1 年, 传播者的起刑点是 3 年, 制作者的起刑点是 6 年。

这些是实质的监狱量刑。它们是正当的吗? 依据冯·赫希—亚勒堡的量刑标尺, 儿童低俗图片的实际制作者可能侵犯两个重要利益——从使儿童蒙羞的对待中脱离的自由以及它们的隐私权和自主权。在一些案件中, 可能是许多案件中, 拍摄活动可能对他们的心理调整有长期的影响。③ 然而, 在什么程度上, 一名仅仅下载了图片的犯罪人应依据涉足对年幼儿童的利用上获得量刑? 按照量刑咨询委员会的观点, 基于的指南是:

> 因拥有儿童色情作品被定罪的犯罪人应该以涉及图片产生的最初的儿童性虐待活动具有某种程度上的同谋关系来对待。对拥有图片的犯罪人的量刑也应该反映通过拷贝和进一步散播色情图片而对被害人或受害群众的持续伤害。④

对下载行为的量刑观点与适用于销赃犯罪的量刑相似, 销赃犯罪与最初的犯罪 (夜盗、抢劫或盗窃) 借由获取的赃物形成关系。⑤ 该观点或者是一种表现力行为——犯罪人通过下载图片表示了他对此活动 (指代制作色情产品) 的认可和支持——或者是一种震慑——假如人们不下载这

---

① GC, *Sexual Offences Act* 2003 (2007), pp. 108 - 114, 在苏格兰 *HM Advocate v. Graham* [2010] HCJAC 50. 中得以遵守。

② Sentencing Council, *Sexual Offences*: *Definitive Guideline* (2013), pp. 75-79.

③ 对这样一种情形, 涉及实际上给非常小的孩子拍照, 参见 *Saunders* [2004] 2 Cr App R (S) 459。

④ SAP, *Offences involving Child Pornography*, para. 13.

⑤ 参见在 *Webbe* [2002] 1 Cr App R (S) 82, at [15] 中的指南裁判。

些图片，就没有对他们去制作的动机刺激。震慑观点是有争议的，因为当然地，有一些人他们下载这样的图片仅供他们自己使用。[1] 表现力的观点是更有说服力的，因为对故意下载这样图片的人（来说），他们如何抗辩他不能被宽恕的行为？他的下载行为可能是与图片的最初制作行为相去较远，但是，在缺少任何过失答辩的情形下，他必须在某种程度上承认他所做的（错误）行为。然而，即使这解释了为什么下载这样的儿童图片不能与制作它们的行为耦合，它保留着指南对拥有（儿童色性图片）犯罪的量刑是太低了、恰当的或者太高了的讨论（可能）。

十二　治安法院量刑指南

　　正如在上面第二章第五节勾画的，单独的治安法院量刑指南有一个漫长的历史。直到最近，所有的指南都是自发形成的，除了得到上议院大法官和英格兰威尔士首席大法官赞许的以外，都没有法律地位。然而，第一套治安法院的确定指南在 2008 年签发。一个小型工作组，包括 4 名量刑咨询委员会成员和一些非带薪治安法官、书记员和地区法官，准备了一个新版本的治安法院指南，与所有专门的量刑指南委员会指南相互衔接。经过恰当的咨询，《治安法院量刑指南》（Magistrates' Court Sentencing Guidelines（MCSG））发布了，而且自从针对专门犯罪的新的确定的指南被考虑后它们已经更新了。

　　治安法院量刑指南的格式在更新中，部分是它的原初形式，部分采取新的形式。原初的形式设计成融入所有现存的量刑指南委员会指南并且为其他一般犯罪提供指导。目的是产生一个活页文件夹，在两页里处理每一起犯罪，第一页设计最高刑罚和犯罪的法律定义，第二页设计一个伴有三个备选起刑点（定制成一般由治安法官量刑的各种犯罪）的决策程序。许多犯罪仍有这种形式的治安法院量刑指南，但由量刑委员会发布的所有指南在治安法院量刑指南的单独部分出现，与所有法院的指南以相同的形式出现。因此，举例来说在治安法院量刑指南的主体部分并没有针对普通攻击行为的指南，因为它将被发现朝向文件夹的背面，在一个专门用于量刑委员会指南的部分。

---

[1]　E. g. *Saunders*，［2003］2 Cr App R（S）240.

第五节 个体可责性

迄今，本章关注了比例要素中的一个——犯罪的严重性，以及犯罪严重性要素中的一个——由犯罪人的行为造成的风险或伤害。犯罪严重性的其他主要维度，个体犯罪人的可责性，已经在各个点上提及，但并没有仔细地审查过。

> 伤害指由犯罪行为导致的伤害或风险。可责性指代意图、动机和那些决定犯罪人应为他的行为承担多大责任的要素。可责性，反过来，影响伤害的评估。在计量行为有害性时需要考虑的后果应是那些可以恰当归因于行为者的选择的结果。[1]

本章上文第四章第四节讨论的大量指南取决于犯罪人可责性的程度。现在是开始探讨相关原则的时候了。

在英国法律中，本章上文第四节讨论的犯罪中的大部分需要对导致被禁止的伤害的目的的证明，或者在那个方面的粗心大意的证明。这有时称为刑事责任的主观原则：对大多数的严重犯罪，刑事可责性依赖于犯罪人的选择或对他所做的事情的意识。[2] 在英国法律中，目的的概念是足够广泛的、包容很大范围的思想状态，从计划性、经过考虑，到一个匆忙的构思意图，一个"瞬间刺激"的决定和一个对情势的冲动反应。所有这些精神态度满足了英国法律对目的的定义：只要犯罪人在瞬间认识到行为的本质，就可能被认为是有故意的。然而，有人可能认为有预谋的犯罪人是比一时冲动行为的人更有责的。正如边沁所言，犯罪人在反社会动机的持续影响下越长，他拒绝社会动机的证据就越可信。[3] 因此在目的的概念内有可责性的程度，从精心计划到突然的冲动。

同样可能被恰当地谈到的是粗心大意的法律概念。经常它被定义为对风险的意识，但可责性的程度确实是依据风险的程度和涉及的估计的总量

---

① Von Hirsch（1986），pp. 64-65.

② 对更充分的讨论参见 Ashworth and Horder（2013），ch. 5。

③ Bentham（1789），ch. XI，para. 42.

而变化。尽管"粗心大意"可能被认为是通过放任实施的不负责任的行为，但有一个沿着两个维度运行的粗心大意的尺度：第一，有一个伤害将实现的可能性的预测程度，从高到低的风险；第二，有一个在主观意图上的同样的尺度，从仔细估算风险到冲动风险。再一次，刑事责任的决定不能提供给量刑者对可责性评估的很详尽的必要支持。一些粗心大意的更有计划性的形式可能被调整为比意图的冲动形式更为严重的形式。汤姆·哈登（Tom Hadden）认为法庭在审判中需要决定诸如预谋或冲动的问题。① 他接受这将增加程序的复杂性和时间长度，一些人可能认为这是充分地去谴责这一建议的理由，但他的理由是这些决定对犯罪人的量刑和法律现在所要求的"目的或粗心大意"的决定一样重要。

目的和粗心大意两个关键法律概念并不能究尽确实和将要影响可责性的裁判要素。疏忽（negligence）要素属于一些严重犯罪的裁判要素，尤其突出的是因疏忽大意的杀人犯罪（见本章第三节部分）。而且依据《1968年盗窃法》和《2006年欺诈法》（Fraud Act 2006），更多的犯罪需要对"不诚实"要素进行证明，一个吸收了更广泛的违反道德的观念。除了那些构成犯罪的要素，也有一系列可能对刑事责任的抗辩理由——精神错乱，胁迫，事实错误，以及在某种程度上的法律错误和醉酒。英国法严谨地限定了这些抗辩理由中的每一个，② 这样处理，部分原因是在量刑阶段可能给予了可责性上的变量影响。正如马丁·沃斯克（Martin Wasik）认为的，有一个"辩解理由的量刑比例尺度，从辩解情形，通过部分辩解到减轻情形向下运行排序"③。因此，挑衅和圈套不能组成英国法上的一般辩护理由（尽管失去控制可能将谋杀降格为一般杀人），但法庭为量刑目的而评估可责性时期望考虑这些理由。重要的一点是可责性是一个比由目的和粗心大意两个法律术语所代表的认知要素更广泛的问题，它延展到了一个广泛的意志和情景化要素的范围。

进一步的和更广泛的有争论的问题，有时是由辩护律师提出，具有不利背景的犯罪人的可责性更小。因此，有观点认为社会剥夺性应该被认为衰减了一些犯罪人的能力；那种社会性缺少的人可能发现他们自己是在压力下去实施犯罪，或者在一种犯罪是"更少的罪恶"的情形下实施犯罪；

① Hadden（1968），pp. 534-5.
② Ashworth and Horder（2013），ch. 6.
③ Wasik（1982），p. 524.

或者社会性缺少的人已经被其他人虐待和粗暴对待了，已经深受其害，因此不应该被进一步地惩罚，或者至少不应被对他们自己的犯罪负担完全的惩罚。[1] 因此，在2009年洛基［*Lockey*（2009）］案[2]中上诉法院减轻了量刑，基于被告人没有给予充分减轻效果的过去的家庭破败，欺凌，虐待，缺少成就，残疾和家庭灾难为特征的事实。一些小型的皇家法院调查发现，"困难/缺少资源的背景"是第二个最频繁提及的减轻要素，并被认为在夜盗和抢劫案件中尤其相关的。[3] 同样的道理，可能的观点是一些人受困于犯罪的生活方式，在直接的威胁下，没有更多自由选择的能力，因此，他们不应被认为同其他人那样期待适用相同的规范。[4] 批评意见者认为这混淆了对辩解的解释：研究可能证明了社会剥夺和犯罪行为之间的强烈关系，但这并不能否定以其他方式行动的公平机会和能力，[5] 并不是所有来自这些背景的人们都从事犯罪活动。然而，正如芭芭拉·哈德逊警告的：

> 自由意志的概念是在可责性的理念下被假定的……是一个比穷人和无能力人经常经历的更强烈的概念。个人有选择那是一个基本的法律假设：环境限制选择不是（法律假设）。法律推理似乎无法认识到世界是一个自由选择舞台的存在主义观点是特权者的视角，而自我实现的可能性对于那些生活在物质或意识形态上受到限制的人来说，远不是显而易见的。[6]

因此，可能有一些案件法庭被说服一种社会剥夺的形式已经限制了一个犯罪人的选择，某种程度上足够充分减少他们的可责性。[7] 从更广泛的犯罪学视角来看，确实地，有累积的证据表明"犯罪人在许多方面不同

---

① 参见 Morse（2000）和 Frase（2013），pp. 226-230 的批判性评价。

② ［2009］1 Cr App R（S）565.

③ SCWG Survey（2008），pp. 14-15.

④ 对更充分的讨论，参见 Lacey，Wells and Quick（2003），pp. 408-12。

⑤ E. g. Moore（1985），Kadish（1987），pp. 102-106.

⑥ Hudson（1994），p. 302；进一步的讨论参考 cf. Hutton（1999）。

⑦ 参见上文第三章第三节第五部分。

于非犯罪人，包括冲动性、智力、家庭背景和社会经济条件的匮乏"。①
但是，有关如此不同如何影响他们生活其中的社会（和机构）的证据，
保持着某种不确定性，②并且无论如何，这些不同从一个案件到另一案件
在程度上将有所变化。它们是否恰当地落入到可减轻责任（本章）或个
人的减轻要素（第五章）不是重要的，因为在这一点上它们之间似乎没
有明确的分界线。

第六节　比例原则和犯罪的严重性

　　本章已经慎重考虑了对各种犯罪所威胁或导致的伤害严重性的测量方
法，评估可责性涉及的主要问题，以及反映偏离伤害的"折减"严重性
的问题。加重和减轻问题留到第五章讨论。先前定罪的影响留给第六章。
对犯罪人必须为两个或更多的犯罪而量刑的案件因为比例原则而产生的问
题将在第八章研究：这是一些困难的问题，因为更多的讨论针对两个需要
被比较的单独的犯罪。最后，也有在犯罪严重性和量刑严厉性之间实现某
种比例原则的困难，已在本章的第三节讨论，并将在第九章和第十章进一
步讨论。因此，当前的章节仅仅是在比例原则的关键概念的解释上，犯罪
的严重性，以及在专门的刑事司法系统上的实际例证的探究。

　　实际上，所有比例原则的要素不断地发挥作用。严重性和"可度量
性"的概念是2003年法律方案的核心，是社区刑和羁押刑门槛及决定羁
押刑长度的关键。在上文第四节我们开始评估犯罪严重性的相对性，构成
了过去十年发布的各种量刑指南的基础。量刑委员会的一个任务是关注对
各种类型犯罪的犯罪范围之间的整体相对性。本章讨论的来自相对性的一
些主要问题已经得到鉴别，以下三个可以被选出来进一步讨论。

　　第一个是是否所有的起刑点都可以基于比例原则的理由来辩护，或者
在一些案件中它是否有必要去依赖一个可替代的原理（也就说，震慑原
理）。假如对强奸和企图导致严重身体伤害的量刑方法与对那些适用于抢
劫和贩毒的量刑方法比较时，这个问题清楚地产生了。在本章第四节，由

---

① Farrington（2007），p. 629.

② Smith（2007），pp. 674-5；Frase（2013），p. 229.

冯·赫希—亚勒堡建议的改进的方法版本被用于这些犯罪和其他犯罪。可以很坚定地认为对持械抢劫和毒品输入的起刑点没有处于与那些对类型 3 强奸（起刑点是 5 年和 7 年，依赖于可责性要素）和在犯罪现场携带武器导致的创伤或严重的身体伤害（类型 2，起刑点 6 年）的量刑处于恰当的相互关系。然而，强奸和严重的身体伤害属于影响一个人的生活水准的基本要素，抢劫和毒品走私可能在它们的影响上更遥远或者被稀释了。实际上，许多抢劫比违反第 20 条导致严重身体伤害的一些犯罪涉及更小的伤害，正如来自上文第四节第六、八部分显现的。

因此，有一种趋势，基于震慑原理去正当化对抢劫和毒品走私的量刑方法。这意味着英国的量刑系统对财产比对身体保护给予更大的重视。毒品走私是有暴利可图的，尽管基于对其他人伤害威胁的（遥远）理由，企图已经正当化了其高位，看上去有利可图是核心的焦点，被计划性和组织性要素当然地支持着。假如两个组成部分被分别处理，看上去似乎持械抢劫不可能会排在如此高位：假如量刑基于攻击性指南（见上文第四节第六部分）威胁和涉及暴力的适用将不会引起大量的量刑，许多建筑群内抢劫和街头抢劫的钱都是相当有限的。假如它是震慑理论给这些犯罪在量刑水准上的高位置，那么支持的证据并不具有说服力，正如我们在第三章第三节第二部分看到的。对最近的综合证据的仔细评估表明，并没有足够的实践基础可以支持相信从提高量刑高于比例原则的量刑水准的边际震慑获得了更大的意义。[①]

第二个问题关注当对涉及死亡的犯罪量刑时，通常在严厉性上增加量刑水准的影响。如在本章第四节第一部分注意到的，议会在 2003 年大量地增加了对谋杀犯罪的最低条件，同时，议会也增加了对危险驾驶导致死亡和因健康和安全犯罪导致死亡的最大量刑。问题是对导致死亡的一些犯罪的重新评估是否将 a）导致对其他导致死亡犯罪的刑罚水准上的提高，以及 b）导致对其他相关犯罪（比如蓄意谋杀和导致严重身体伤害）和对其他犯罪的刑罚标准上的更一般性的提高。首席大法官领导了一个以增加对所有关联犯罪量刑水准的运动，但是看上去确定的指南并未反映出这一增长，然而没有确定的指南的杀人犯罪（尤其是有减轻责任的杀人、非

---

① 参见 Halliday（2001），p. 129，Bottoms（2004），pp. 63 - 66，以及第三章第三节第二部分。

法行为杀人和粗心大意杀人）在上诉法院的量刑上已经看到了显著增长。在第四节第三部分的讨论中，有主张诸如杀人、蓄意谋杀和导致严重身体伤害的关联犯罪的量刑水准有了一些实质提升，但任何这样的观点都极大地削弱了对抢劫和毒品犯罪（的量刑），因为人们（可）降低攻击的规模。

　　第三个问题是距离问题。那些对毒品运输、供给或生产予以高量刑正当化的人们认为它导致了毒品依赖、堕落和死亡，但那些结果如同它们在严重性一样，在距离性上也是增长的。而且它们必须通过吸食毒品人们的一些自愿行为，自愿行为一般被认为切断了因果链条。[1] 当然，一旦依赖性建立起来，在自愿性上的程度就可能减少；但是仍然有空间去讨论（毒品）输入者、供给者或生产者是否能被认为对任何那些后果的重大程度负责。偏远问题的论点也被发现与盗窃物品的销赃上的犯罪有关（销赃者默许了物品获得的方式，同样地，假如它们是抢劫的收益的话，也默许了暴力），并在与儿童色情图片下载问题上相关（观看者认可了图片获得的方式，也即认可了儿童性行为的表演）。一些人可能认为这些观点过分热心了，至少因为在销赃处理者或下载者与之相关之前，暴力或性行为事件已经发生了。其他人可能更倾向的反应是，假如抢劫所得到的物品或拍摄儿童性行为产生的影像没有市场的话，那很少有人将从事那些犯罪。

　　这三个主要的问题是实际的问题，需要有原则性的回答。不能期待量刑指南系统对所有犯罪的所有类型都能充分覆盖。虽然对每一起犯罪的严重性标记上重要性等级的结构化指南是具有令人信服的正当性的，但也一定具有基于司法利益从而偏离指南量刑的可能性。但是，更深入的原则性问题——诸如对非暴力、非威胁和非性犯罪的天花板刑罚在哪里，并且是否没收或其他机制应该调整以处理高价值但非暴力盗窃的问题——这是政府和量刑委员会需要面对的。对长期监禁的严重依赖是最恰当的反应吗?

---

① *Kennedy*（*No.* 2）［2008］1 AC 269.

第五章

加重和减轻

第一节　一些初步的原则性问题

　　被确认为加重或减轻的因素曾经常被认为是不复杂或没有争议的，或者（在英国司法制度的术语中）是"众所周知"和"已经确定的"。然而，在本章它们中的许多将被认为产生了争议性问题。这些问题由于四个理由被认为尤其重要：

　　• 正如我们将看到的，根据《2003 年刑事司法法》，一些加重因素和一个减轻因素是法定的要求；

　　• 《2003 年刑事司法法》第 166 条重申了适用羁押刑和社区刑的各种法定门槛不应当解读为"以法庭的观点，通过考虑诸如与减轻量刑相关的问题防止法庭减轻罪犯的量刑"；

　　• 《2003 年刑事司法法》第 174（2）条要求法庭在任何案件中"提及任何法庭已经认为极其重要的加重或减轻要素"；

　　• 目前多数量刑决定由指南所指导；许多指南标明了相关罪行的重要的加重和减轻因素，并且当决定适当的类型范围时，量刑委员会的指南在步骤 1 中使用一些这样的要素。

　　由于这四个理由，对特殊的加重和减轻因素的正当性的分析成为一个比迄今本应有的任务更紧迫的任务。而且由霍夫、雅各布森和米莉所进行的量刑研究表明，主要是个体减轻要素的影响使"在风口浪尖的案件"出现社区刑罚和羁押刑罚之间的差异，[①]并且《皇家法院量刑调查》证实

---

① Hough et al.（2003），pp. 39−43.

甚至一些原始的加重或减轻因素也与羁押刑的可能性和期限相关。①

　　第 166 条重申了减轻量刑权力已被广泛地框定，它立即产生了是否考虑一些可能在量刑基本原理之外发现个体减轻要素的正当性——正如在上文第三章和第四章所主张的，量刑应与犯罪的严重性成比例的问题。这将未必不符合逻辑：在上文第三章第四节所主张的，维护一个刑罚系统有一个基本原理，并且也允许在涉及某些类型犯罪或某些类型犯罪人时其他原理有优先性是可能。关键性的条件是这些理由是强大的和具体的。同样地，所有的加重和减轻要素必然地应该与基本原理相关联的见解因为观点太严格而必须被反对，尤其在像量刑那样与社会政策如此紧密纠缠并且具有如此政治敏感性的一系列法律的背景下。如果加重和减轻因素与基本原理无关，它将会很奇怪或可能是矛盾的，但没有为什么额外因素不应当被承认的理由。所有事情都取决于对这些要素正当性的仔细审查。

　　主要的加重和减轻因素应当与基本原理相关的一个理由，是它们的地位本身可能是完全偶然的。一种法律制度可能有明确的抢劫和武装抢劫的犯罪，后者这样的定义是为了便于惩罚涉及使用或者威胁使用枪支的抢劫。另一种法律制度，诸如英格兰和威尔士，可能存在一个单一的抢劫犯罪，并可能处理使用或威胁使用枪支作为一个加重因素。相似地，某些国家有各种盗窃罪，根据盗窃的数量或者盗窃者的犯罪地位划分等级，然而，英国法律将这样的事项作为一种加重单一盗窃犯罪的因素。因而它可能是是否这样的因素是犯罪定义的一部分，或者留给量刑的立法传统的问题，但是将这种因素作为加重要素所需的正当性理由没有什么不同。相似地，指南在第一步中列举了作为伤害或可责性的某些因素，这仅仅是一种使指南更清晰的努力，实际上并非不需要讨论认可它们作为加重或减轻要素的正当性。然而，必须注意的是许多指南列举了比减轻因素更多的加重因素，倾向于不提及一些被认可的减轻因素并且由此甚至在很大程度上更多地离弃它们。②

　　一个更进一步的初步问题是有关加重和减轻因素之间的实践关系的。通常认为一项减轻因素的对立面被认为是加重的（例如，冲动的反应可能使减轻刑罚具有正当性，预谋可以成为加重因素），这尤其适用于两个

---

① 《皇家法院量刑调查》（CCSS）（2014），第 26—30 页。

② 参见 Roberts（2011a），pp. 9-10，Cooper（2013）。

因素可以作为在一个量刑图谱上处于极端两点的情况。然而，也可能存在其他的情形，在这种情形下缺少减轻因素不应被当作加重看待。考虑因有罪答辩而"打折"的量刑：很清楚地，被定罪的做无罪答辩的人不能获得这个折扣，结果那个人的量刑将会比犯有相同罪行的答辩有罪的人更高。但是，那意味着答辩无罪并对起诉进行证明是一项加重要素吗？答辩无罪当然要比答辩有罪可能多付出代价；但原则上，答辩无罪后被定罪的人将获得通常的量刑，而不是加重量刑。因此，本质上，在每起案件中对要素有三种形式的回应——加重、中立和减轻。这些可能仅仅代表了量刑图谱上的点（例如，在冲动和预谋之间）。但在这一要素与另一单一要素存在与否有关的情形下（例如，有罪答辩或无罪答辩），就有一个它们将如何描述其特征的问题。错误的方式是假定减轻因素的相对的或相反的一面必然是加重因素；它可能是中立的，正如有罪答辩折扣理论所表明的那样。相似地，假如罪行是针对年老的或者非常年少的被害人，其是一项加重要素是被广泛接受的，但宣称基于被害人年龄大，说是处于 20 岁和 50 岁之间是减轻因素是荒谬的。那仅仅是一项中立因素。

第二节　作为增加严重性的加重因素

一　法定加重因素

英国法律目前要求法庭将某些因素作为加重因素。《2003 年刑事司法法》阐释了三项这样的要素，后来又增加了一项要素。第一项要素——对相关的和最近的罪行的先前定罪——将在第六章讨论。其他三项——发生在保释期间的罪行，对"受保护的特性"的敌意，与恐怖主义相关的犯罪——在这里将得以讨论。

1. 发生在保释期间的犯罪。

《2003 年刑事司法法》第 143（3）条规定，"考虑到罪犯在保释期间所实施的任何罪行的严重性，法庭必须将在那种情形下实施犯罪的事实作为一项加重要素"。这重新表述了一项若干年前就已被承认的原则，[①] 但

---

① 实质上，它是《2000 年刑事法院的权力（量刑）》（*PCCS Act 2000*）第 151 条和《1991 年刑事司法法》（*CJA 1991*）第 29（2）条的再现。

是它的正当性是什么呢？罪犯在保释期间实施犯罪的事实不能增加该犯罪所导致的伤害，也不会增加与该犯罪相关的罪犯的可责性。大概这一观点是它构成了藐视法庭的行为，或者违背了通过对他的案件听审待定的保释而释放他所给予罪犯的信任，或者至少表明他没有留意在针对他的诉讼程序开始时所暗含的官方警告因素。① 因为这也是一项原则，即在保释期间所犯罪行应与最初的犯罪合并量刑，② 这一因素的加重影响应当相对较小。合并量刑原则无论如何将增加量刑，情节加重量刑很可能具有额外的威慑效果的观点如同有关威慑的多数断言一样没有事实根据。③

2. 对"受保护特性"的敌意。

《1998 年犯罪和扰乱秩序法》引入了伤害和攻击犯罪（第 29 条）、刑事伤害（第 30 条）、公共秩序犯罪（第 31 条）和骚扰犯罪（第 32 条）的带有种族歧视的加重犯罪。在修正后的《2003 年刑事司法法》的第 145 条和第 146 条中，也有两个更一般的条款，在一起犯罪表明或者是由建立在种族、宗教、性取向、残疾或者对被害人的变性身份基础上的敌意所激发的情形下，法庭必须将这一事实作为加重因素对待，并且必须在公开的法庭上声明这项罪行是被这样加重的。

建立在种族加重基础上的 1998 年法律规定的罪行具有一个不寻常的最大化量刑的结构，这是一个导致量刑咨询委员会在 2000 年建议对种族歧视加重罪行制定指南的理由。④ 注意到确认种族犯罪的立法意图以便于将他们标记出来进行特别的谴责，该委员会建议建立一个提升量刑计划以处理这类案件。上诉法院在 2001 年凯利和唐纳利 ［*Kelly and Donnelly*（2001）］ 案⑤中考虑了咨询委员会的建议并在某种程度上接受了这一建议。法庭应当首先声明没有种族（或宗教）因素的量刑将是什么，接着宣告包括那一因素的量刑。正如上诉法院大法官罗斯所评论的，"这将导致量刑的透明，符合公共利益，确实，也对这个法庭有

---

① 可以主张提起控诉暗含着谴责 ［参考 Ashworth and Redmayne（2005），ch. 8］；该分析可以依赖被告人是否想要做出有罪答辩或者反对有罪。

② 参见下文第八章第二节第三部分。

③ 参见上文第三章第三节第二部分。

④ SAP, *Racially Aggravated Offences: Advice to the Court of Appeal*（2000）.

⑤ ［2001］2 Cr App R（S）341.

益，如果接下来通过的量刑是争议的主题"。① 咨询委员会继续建议对基本罪行的量刑一般应当提升 40%—70%，但上诉法院更喜欢留给法官在没有任何指南的情形下去考虑恰当的全部量刑。法庭同意咨询委员会建议的加重因素，包括种族主义者的行为模式，种族主义群体的资格，故意羞辱被害人，以及重复或者长期地表达种族敌意。可能使行为较不严重的两个因素被认为是种族行为相对短暂，以及没有种族动机和存在任何种族虐待证据的情形是轻微的或是偶然的。② 目前同样的考虑也适用于基于其他四个受保护的特性的加重。

因这些理由加重量刑可能一般地被认为基于重申和强化对种族和宗教群体多样性的宽容和尊重的社会价值是正当的，更特别的是对这样的行为经常有对被害人的羞辱影响的标记。无论议会颁布一些特别的种族和宗教歧视的加重罪行是否正确，③ 基于这样的理由的加重量刑的一般原则当然是正确的，符合量刑中的比例原则。被规定于凯利和唐纳利案中的方法，现在需要被认为是对与其他三个受保护特性相关的加重因素予以提升量刑的曙光，并且法律委员会曾建议量刑委员会制定对所有此类犯罪量刑的主题指南。④ 这与涉及这种加重要素的犯罪的更好记录一道将是一个重大的进步。

3. 与恐怖主义关联的加重因素。

《2008 年反恐怖主义法》（*Counter-Terrorism Act 2008*）第 30 条规定，如果法庭判决该犯罪与恐怖主义有关联，它必须在量刑时将其作为加重因素。这是一个宣告式或明确的原则，它重申了法庭无论如何应该可能做什么的法律规范。

二 在确定的指南中被承认的一般加重因素

在其指南中的首要原则：严重性中，量刑指南委员会确立了一些一

---

① ［2001］2 Cr App R（S）347. 法庭因而推翻了在 *Saunders*［2000］2 Cr App R（S）71. 中的更早的裁判中所坚持的观点。

② 对于 *Kelly and Donnelly* 程序的谨慎适用，参见 *Attorney General's Reference No. 78 of 2006*［2007］1 Cr App R（S）699，at pp. 704-705。

③ 有关这一点参见 Law Commission（2014），ch. 4。

④ Law Commission（2014），ch. 3.

般加重因素，或者"指明更高可责性的要素"。[①] 该列表并不趋于详尽，它包括了已经提及的法定加重因素，但可能有助于引起对其他因素的注意：

犯罪的计划；

意图造成比该犯罪实际导致的更严重的伤害；

在团伙或集团中运作的罪犯；

为获取经济利益的犯罪委员会（在此不是犯罪的内在本质）；

犯罪收益的高水平；

企图隐藏或处置证据；

没有对他人所表达的关于罪犯行为的警告或忧虑予以回应；

在许可释放期间实施的犯罪；

对少数群体的敌意所产生的动机进行的犯罪，或者故意以脆弱被害人为目标的犯罪成员；

在酒精或毒品的影响下用武器威胁或伤害被害人而实施的犯罪；

故意和无端的暴力或财产损失，超过实施犯罪需要（伤害的）部分；

滥用权力；

信赖职位的滥用。[②]

量刑指南委员会的设想是这些因素指明了更大的伤害或可责性，因此符合比例原则。至少审查一些已经列出的因素，我们可以考虑这是否正确。[③]

以脆弱被害人为目标

在罪犯实施了针对脆弱被害人的犯罪的情形下，预示着更大的可责性：有一个广泛共识，利用一个相对无助者是更坏的，因此罪犯假如意识到被害人是尤其脆弱的（例如，老人、非常幼小的孩子、残疾人等），更加应当受到惩罚。[④] 因而，在 2005 年总检察长向法院提交的给予指导性

---

① 指南的修订正在准备过程中。

② SGC, *Overarching Principles*: *Seriousness*, para. 1. 22.

③ 瑞典量刑法认可了几项相似的因素：参见 vonHirsch and Jareborg（1989）。

④ 对于"脆弱的"的定义，参见 *De Weever*［2010］1 Cr App R（S）16, *Sayed*［2014］2 Cr App R（S）318, and *Halane*［2014］2 Cr App R（S）375。

说明的《2004 年第 38 和 39 号（兰德尔和多纳休）质询案》中①，上诉法院认为该抢劫犯是极其可恨的，因为罪犯们以有认知障碍者的家为犯罪目标。在 2002 年奥布里耶 [*O'Brie*（2002）] 案②中，被告人曾假装成水务公司的一名雇员以欺骗方式进入一位 81 岁老妇人的家中，并偷走了200 英镑、一块手表和一部手机。他有相似犯罪的记录，法官判处其 9 年监禁的量刑——以夜盗的标准看是非常高的，尤其是当所涉财产总额是这样低的时候。③ 上诉法院考虑到最初的量刑并没有充分地反映有罪答辩，将量刑稍微减轻到 8 年，但法庭声明罪犯的犯罪特点是以脆弱的老年人为目标。他欺骗他们使他们允许他进入他们的房间，盗走了他们的财产。他在监狱服过刑，接着非常快地重操旧业。这种类型的夜盗给老年人的生活带来了阴影：他们开始恐惧前门不期而来的敲门声。

法院同意量刑法官的 "社会正确地保留它对那些袭击诸如老年人的脆弱群体的最强烈谴责" 的评论。同样的观点在总检察长向法院提交的给予指导性说明的《2006 年第 42、43 和 44 号质询案》④ 的判例中被强调，上诉法院大法官贾奇（Judge LJ）详细阐述了将这些案件加重量刑的原理：

> 对那些更年轻的人去理解，在晚年，正直的普通人经过多年所建立的信心如何被这种犯罪所破坏，可能是困难的。但事实可能是这样的，并且我们有证据表明它已经存在于许多这样的被害人的案件中了。

马丁·沃斯克在审查相关的正当理由时，曾主张在这些案件中不但有更大的可责性而且有更大的伤害性——来自奥布里耶案的引证暗示着伤害可能是对一般意义上的年老的人，而不仅是对特定案件中的被害人。⑤

---

① ［2005］1 Cr App R（S）267；还参见 *Attorney General's References Nos.* 22 *and* 23 *of* 2005 ［2006］1 Cr App R（S）286（对具有明显残疾的男性的报复攻击）。

② ［2002］2 Cr App R（S）560；还参见 *Cooper*［2012］2 Cr App R（S）344。

③ 参见上文第四章第四节第九部分。

④ ［2007］1 Cr App R（S）493, at［47］.

⑤ Wasik（1998）.

这些判决，与其他认可对密谋欺骗脆弱者的案件适用长期刑罚的裁判一起，[①] 产生了关于这一加重因素的功能的难题。20 世纪 80 年代的研究表明，在皇家法院，存在老年被害人是与立即羁押刑和更长的羁押刑最强关联的加重因素，[②] 而且皇家法院量刑调研显示它是当前对抢劫和性犯罪量刑的一个经常的加重因素。[③] 然而，仔细审查一些案件中被认可的量刑，发现其中暗示被害人的脆弱性在量刑中可能是比作为量刑基础的犯罪更重要的要素，可能推动量刑达到与严重的伤害和严重的强奸犯罪可比较的程度。例如，在 2007 年柯蒂斯［*Curtis*（2007）］案[④]中，通过什么样的计算可以对一起单一的骗局夜盗（所有被盗商品都被迅速归还了）判处 5 年监禁？该罪犯具有几项先前定罪，但审理后量刑应是 7 年或 8 年。可能在该案件中的答案是夜盗本身是"值得"适用 3 年羁押的，目标针对老年被害人则增加 2 年量刑。在那起案件中，加重因素几乎与犯罪本身相等。此外，通过什么样的计算在奥布里耶案中对有罪答辩的被告人可能判处 8 年监禁（可能审判后是 11 年）？对一起骗局夜盗，产生了几百英镑（犯罪收获），由有一些先前定罪的人实施，多久的量刑将是恰当的？如果答案是大约 4 年，那意味着以脆弱被害人为目标能够有效地加倍量刑吗？这些裁判产生了两个重要问题——程序上，是否一定的加重因素（和减轻因素？）的功能运作完全不受指南约束，实质上，是否针对脆弱被害人为目标的加重因素被认为是（几乎）与犯罪本身同样重要，并且如果如此，它是否站得住脚的。夜盗罪本身看上去几乎被关注以脆弱被害人（加重的可责性）为目标和对这样的被害人的效果（加重的伤害）所掩盖。[⑤]

在团伙或集团中犯罪的罪犯

在犯罪是由两个或更多人实施的情形下，加重量刑的正当性很可能在

① 参见 *Johnson*［2011］1 Cr App R（S）493（对于重复以脆弱的老年人为目标的，维持 9 年羁押；*Field*［2012］1 Cr App R（S）395（对于阴谋诈骗 28 名脆弱老年人的，维持 8 年羁押）；*Attorney-General's References Nos.* 41, 42, 43, 44, *and* 45 *of* 2011)［2012］1 Cr App R（S）589（对于阴谋诈骗 29 名脆弱的老年人的，维持 6 年羁押）；有罪答辩后的全部量刑。

② Moxon（1988），p. 9；also see p. 31。

③ 《皇家法院量刑调查》（CCSS）（2014），第 27-28 页；还参见 Pina-Sanchez and Linacre（2013）。

④ ［2007］2 Cr App R（S）322.

⑤ 参见第四章第四节第九部分中的讨论。

于它所涉及的更大伤害性——尽管委员会的指南建议"在团伙或集团中犯罪的罪犯"增加了可责性因素。在一群人聚集在一起，目的是"通过数量优势以追求一个共同的和非法的目的"的情形下，可能如此。① 在两名或更多的罪犯面对一名被害人的情形下，一个重要的因素是被害人可能处于更大的恐惧中并且感受到更多羞辱和无助。这些因素可能在这些案件中是相关的：（a）广泛的公共混乱；（b）群体实施的犯罪，经常是有组织的；（c）团伙实施的犯罪。广泛的违法性的背景效果据说是"巨大的"加重因素，首席大法官贾奇勋爵在 2012 年布莱克肖〔*Blackshaw*（2012年）〕案②中这样认为：

> 那些故意参加到大规模的骚乱中的人，导致了对甚至是最勇敢的公民的伤害、损害和恐惧，在这个骚乱过程中单独实施进一步犯罪的人是正在实施加重量刑的犯罪。

至于群体实施的犯罪，在这些案件中加重量刑的一个理由可能是群体压力的持续可能使这样的犯罪更不可能被放弃，群体动力可能导致更大的伤害和损害。③ 当团队或系统运行以使利益最大化时，一些群体犯罪可能被描述为"有组织犯罪"。不管他们是否被作为"阴谋集团"起诉，当存在有组织性或脆弱被害人选择的证据情形时，法庭甚至把中等数额的有组织盗窃作为尤其严重的情形来处理。④ 然而，量刑者应当在首犯和次要参与者之间划清界限。⑤ 就在团伙环境下实施的犯罪而言，上诉法院认为威慑要素必须添加到这样的量刑中，以"表明社会将不能容忍那种类型的文化，以及预期相关的暴力，"⑥ 尽管暴力团伙冲突的实施为量刑加重提

---

① Caird et al.（1970）54 Cr App R 499, per Sachs LJ at p. 507；参考 Pina-Sanchez and Linacre（2013），暗示团伙因素在实践中并不总是加重量刑。

② 〔2012〕1 Cr App R（S）697, at〔4〕and〔7〕.

③ 例如 Lord Lane CJ in *Pilgrim*（1983）5 Cr App R（S）140, "暴徒的暴力依赖其自身"。

④ 参见 *Attorney General's References Nos.* 42, 43 and 44 of 2006〔2007〕1 Cr App R（S）493, 以及在 p180 注释①中引用的其他案例。

⑤ 正如在诸如 *Keys and Sween*（1986）8 Cr App R（S）444, 和 *Chapman*〔1999〕2 Cr App R（S）374 的裁判中强调的。

⑥ 参见 *Thompson and Nelson*〔2010〕2 Cr App R（S）461, *Attorney-General's Reference No.* 106 of 2011〔2012〕2 Cr App R（S）387, *Hagan*〔2013〕1 Cr App R（S）483。

供了一个报应性理由。

犯罪的计划

计划或有组织要素也可能存在于个人实施的犯罪中。计划犯罪者一般更具有可责性，因为该犯罪是有预谋的且因此该罪犯的犯罪动机比冲动犯罪者更坚定，因为他在其违法行为上更是经过了深思熟虑的。（这种例外的一种情形是计划指向使该罪行的伤害结果最小化。）有计划的违法表现为对社会价值的经过考虑的攻击，比无意识的犯罪具有更大的投入和可能的持久性。①

在酒精或毒品影响下实施犯罪

将酒醉作为一项加重因素已有很长的历史，它被量刑指南委员会（SGC）规定于加重因素的列表中②，并被规定在量刑委员会的指南的第 2 步中。③ 这一方法的内涵是那些自愿醉酒的罪犯更具有可责性，估计是因为他们意识到（或者应当意识到）这将导致具有不可预测结果的放任行为。在法庭处理反复醉酒暴力行为时，加重的效果是最能被切身体验到的，④ 因此明明知道在酒醉时有暴力倾向秉性的罪犯是更应受到谴责的。因而，皇家法院量刑调研显示醉酒是一项经常的加重因素，在纵火和刑事损害案件中占 30%，在攻击和公共秩序案件中占 24%，在夜盗案件中占 16%，以及在驾驶案件中占 27%。⑤

然而，正如尼古拉·帕德菲尔德（Nicola Padfield）所指出的，这在量刑裁判中至多是醉酒重要性的部分理由。醉酒可以加重量刑，但它也可以减轻量刑。当没有酒醉不端行为的人作出"行为失常"答辩的情形下，法庭可以减轻量刑。⑥ 此外，在被告人能够说服法庭其同意或者将要同意治疗，这可能使法庭倾向于支持一项复归量刑。这在皇家法院量刑调查中显示出来，其表明"决定/证明纠正毒瘾/行为"在 15% 的纵火和刑事损

---

① 对这一点更充分的讨论，参见上文第四章第五节；参考 Roberts（2008a），pp. 80-83。

② SGC, *Overarching Principles：Seriousness*（2004），p. 6（"当在酒精或者毒品影响下实施犯罪时"）。

③ 例如，Sentencing Council, *Burglary Offences：Definitive Guideline*（2011），p. 9；Sentencing Council, *Sexual Offences：Definitive Guideline*（2013），p. 11。

④ 参考 Dingwall（2006），第二章和第三章的分析。

⑤ 《皇家法院量刑调查》（CCSS）（2014），第 28 页。

⑥ Padfield（2011），p. 90，讨论 *Trace*［2010］EWCA Crim 879 和其他上诉案例。

害案件中，在 13% 的毒品案件中，在 9% 的夜盗案件中，都是一项减轻因素。① 量刑委员会特别指出了在被告人有滥用毒品的秉性和"具有充分的成功前景"的情形下，做出有吸毒治疗要求的社区命令作为"短期或中等期限羁押刑的一个恰当的替代"② 的可能性。那适用于毒品而不适用于酒精依赖，并且也不能在后续的有关性犯罪的指南中发现。

如果醉酒可以依据环境和将来复归的前景来加重或减轻量刑，量刑指南应当如何处理这一问题？帕德菲尔德问道：

> 法庭打算如何从危险性醉酒中区分出懊悔性醉酒，从酗酒者中分出一次性醉酒者，从那些并不知道他们喝醉了的人中区分出喝醉了以便于去实施他们犯罪的人？③

这些作为证据问题被设计，并且它们指向了实际的证明问题。但是，标准的问题是法院应当被给予什么样的指南，④ 帕德菲尔德的三个配对开了一个好头。如果被告人后悔了，那可能减轻量刑（见下文）。如果它是一次性的场合或者被告人并没有意识到醉酒的影响，可能有理由减轻刑罚。但是，对那些醉酒的目的是实施犯罪，或者知道他们酒醉后的性情而去犯罪，那就是一项加重因素。如果犯罪不是太严重，具有良好的治疗上瘾的前景，那可能使法庭从低级或中级羁押转向社区刑。

未能回应警告

一些犯罪指南也将未能回应他人的警告作为一项加重因素。这可以证明对某人行为结果的一种无情的冷漠，一项已经在各种类型犯罪中出现的因素。因而，在该罪犯通过危险驾驶导致死亡的情形下，他忽视来自乘客减速的警告或者恳求是一项确定的加重因素。⑤ 相似地，有关违背健康和安全的法律，"面对先前的事故和先前的抱怨的不作为"被认为加重了罪

---

① 《皇家法院量刑调查》（CCSS）（2014），第 31 页。

② Sentencing Council, *Burglary Offences：Definitive Guideline*（2011），p. 8，改变在量刑委员会中所暂时采取的立场，*Burglary Offences Guideline：Professional Consultation*（2011），pp. 16-17。

③ Padfield（2011），p. 97.

④ 参考 Padfield（2011），其和 Dingwall and Koffman（2008）. 怀疑制定有用指导的可能性。

⑤ 正如在量刑委员会中重申的，*Causing Death by Driving*（2008），p. 11。

行的严重性。①

信赖职位的滥用

在违背信任或滥用权力是犯罪的一个要素的情形下，加重的压力更多地来自犯罪的社会环境。犯罪可能是没有计划的，由个人实施的，并不涉及暴力或威胁。但是信赖是许多社会关系的基础，正如在上文第四章第四节第十部分所讨论的，信赖或权威的一个负担是清廉。正如上诉法院在一例涉及股票经纪人的案件中所述，违反信赖"削弱了公众的信心，因为除非那些代表公众成员执行这些交易的人有信心，否则处理此人涉及的金钱事项不能被执行"。② 同样适用于警察所实施的犯罪，正如上诉法院曾言：

> 公众保留对我们警察力量的充分信任非常关键。必须存在的信赖的一个特点是公众可以期待他们将不会被警察攻击，即使他们是令人讨厌的人。任何那一基本但合理的预期的侵蚀将深深地伤害必然存在于公众和警察服务之间的良好关系。③

法庭的推理有时曾建立在威慑基础上：处于信赖或权威位置的人的面前将不可避免地拥有巨大的诱惑，法律必须为了压垮他们而对其配置强大的量刑。但是这是令人生疑的论点，因为在这样一个位置上犯罪而被抓经常有其他的灾难性后果（失去工作，失去养老金和其他权利，无能力去发现可比得上的职业），将使基于震慑理由的强力量刑不必要。④ 社会顺利运转的信赖和权威网络的基础作用当然是确实充分地解释了额外的损害。20 世纪 90 年代的调研暗示着违反信赖在皇家法院是与适用羁押最强

---

① *Firth Vickers Centrispinning Ltd.* ［1998］1 Cr App R（S）293.

② Per Stephen Brown LJ in *Dawson*（1987）9 Cr App R（S）248. 还参见从上文第四章第四节第十一部分中 Cox 的引文。

③ *Dunn*［2003］2 Cr App R（S）535 at p. 540. See also *Nazir*［2003］2 Cr App R（S）671, and, 对于监狱官员实施的犯罪，*Mills*［2005］1 Cr App R（S）180. 相似的考虑适用于社会工作者对其指控的义务：the responsibility of social workers towards their charges：*Hardwick*［2007］1 Cr App R（S）54。

④ 在居于信托位置的某人实施了性犯罪的情形下，适用相同的推理：例如 *Cornwall*［2013］1 Cr App R（S）158。

烈相关的一个因素。①

针对公共官员的犯罪

在这一点上，这可能是值得考虑的一个有关联的要素，这一关联要求并未包括在指南列表中，但其经常被认为是加重因素——那就是针对公共官员而实施的犯罪。对警察的攻击应当被认为比对普通公民的攻击更严重吗？一个答案是有时警察会把自己置于易受攻击的脆弱位置，这是他们工作的一部分，而利用这一点会犯更严重的罪行。这一观点很可能能够与先前段落的观点相关联：社会需要人们担任警察工作和其他权力职责，一名故意攻击这样一位官员者是正在攻击基本制度，这与攻击普通公民的方式是不一样的。因为其重大的社会意义，其应当被认为更严重。因此，在1995年总检察长向法院提交的给予指导性说明的《1995年第35号（哈特利）质询案》中首席大法官泰勒勋爵明确了对"一名仅仅在履行职责"的警察使用暴力，是一项应予加重量刑的犯罪，② 上诉法院也在总检察长向法院提交的给予指导性说明的《2003年第99号（维德勒）质询案》中基于相似的理由增加了量刑。③

从对一般加重因素的这一简单考虑可知，很明显法庭并不总是倾向于依据它们在增加罪行的严重性的效果来使其正当化。取而代之的是，法庭经常采用威慑术语，可能并没有考虑量刑的不同原理。在谨慎地构建威慑理论过程中，比例观念确实很重要，因为边沁以整个一章来阐述它，并且包括诸如"对重罪所谓的风险要比轻罪大"的警告④，然而，这里的建议是上面要素中的每一个都被正确地认为增加了犯罪的严重性。

三　特定的加重因素

特定于个案的加重因素的数量是巨大的，在这里列举他们毫无用处。在诸如2011年凯利和唐纳利案⑤的指南裁判中可以发现一些例子，其中上诉法院遵从量刑咨询委员会所罗列的在种族加重犯罪中的加重因素，诸

---

① Flood-Page and Mackie（1998），p. 11.

② ［1996］1 Cr App R（S）413, at p. 415.

③ ［2005］1 Cr App R（S）150；参考 Pina-Sanchez and Linacre（2013），暗示在实践中这一因素并不总是加重量刑。

④ Bentham（1789），ch. XIV, rule 2.

⑤ ［2001］2 Cr App R（S）341, at p. 348. 参考上文第三章第五节第二部分中的讨论。

如种族主义组织的成员，故意羞辱被害人，以及对特定地方社区的影响。在确定的指南中也可以发现这样的例子。然而，量刑委员会制定指南的方法是在第一步将罪行的类型作为决定因素，否则这些因素就会被作为加重因素，接着在第二步处理剩余加重因素。因而，在第一步，关于入户夜盗的指南规定了诸如"污损，洗劫或破坏财产"，"使用暴力或以暴力威胁被害人"，以及"团伙或集团的成员"等因素，而在第二步规定了诸如"对被害人的无端诋毁"和"在实施犯罪时，孩子在家"等作为加重因素。[①] 类似地，对于运输和供给毒品的指南，在第一步将一项准加重要素（被告人是否发挥主要或重要功能）作为犯罪严重性的一项决定因素，将其他加重因素放在第2步予以考虑，诸如"所隐藏的复杂本质"和"暴露出对他人比通常的危险更多的危险"[②]。

上文的讨论已经关注到了对各种加重因素的识别和原理，但存在另一个主要问题——它们的量化——其仍然在很大程度上未被涉及。重要的是根据它们对量刑决定的实质影响，进一步努力定量或者"权衡"加重要素，如果量刑指南的目的（根据建立量刑的一般方法）不是被广泛的不受规制的裁量权所破坏。[③] 当然，程度问题比比皆是，但在毒品案件中将罪犯划分为三种角色（领导的、重要的、更轻微的）标志着一个重要的开端，即使存在一些不能准确地划归任何类型的罪犯；向这个方向的进一步努力很有必要。

第三节　作为削弱严重性的减轻

在英格兰，被认为是减轻量刑的因素是比加重因素具有更多样化的集合。法庭仅需要考虑一个法定减轻因素——有罪答辩，其独立于犯罪的严重性（见下文第五章第四节第一部分）；《2005 年严重有组织犯罪与警察法》（*Serious Organized Crime and Police Act 2005*）第 73 条也规定法庭可以考虑罪犯对侦查者和起诉者提供的任何帮助（见下文第五章第四节）。除了那些法定因素，《2003 年刑事司法法》第 166（1）条也规定了广泛的

---

① Sentencing Council, *Burglary Offences*: *Definitive Guideline* (2011), pp. 8-9.

② Sentencing Council, *Drug Offences*: *Definitive Guideline* (2012), pp. 4-14.

③ 进一步参见 Roberts (2008b)。

许可条款，规定适用羁押或社区刑的法定检测不应阻止法庭通过考察"任何诸如此类事项，在法庭看来，在量刑减轻上是相关的"来减轻量刑。在本章，个人减轻要素将留待下文第五章第四节讨论，这里关注点将放在减少罪行严重性的减轻要素方面。一般减轻因素和那些仅与特殊类型的犯罪相关的因素的区别将再次被采纳，并且我们将会看到的是，一些因素反映了被减轻的犯罪的伤害性，而且更多的因素反映了被削减的罪犯的可责性。

一　特殊的减轻要素

正如多数量刑指南都确立了一些特殊的犯罪加重要素，所以它们也罗列了一些特殊的犯罪减轻要素（尽管经常是极少的）。因而，有关入户夜盗的指南确立了两项"指示更小伤害的因素"（"什么也没偷到或者仅仅偷到了被害人的价值很小的财产"和"对财产的有限的损害或干扰"）以及三项"指示更低可责性的因素"（"基于冲动而实施的犯罪，对财产有限侵入"，"被其他人利用的罪犯"以及"与犯罪实施相关联的情形有精神病或智力障碍"）。那些因素在第一步得以运行，而其他减小严重性的要素在第二步出现，比如"在团伙或集团中处于从属地位"和"年龄和/或不成熟，这种情形影响着罪犯的责任"[1]。通过对比，关于强奸和其他主要的性犯罪的指南不包括指示更少的伤害或更低的可责性的任何要素的参考；他们确实在第二步参考了一些减轻要素，但"年龄和/或不成熟"以及"精神病或智力障碍"位于被削弱的严重性和个体减轻因素之间的界限上。[2]

二　有关严重性的一般减轻因素

我们已经注意到一起犯罪的严重性可以依据行为的损害性或潜在的损害性，以及罪犯的可责性进行分析。落入前一种类型的是这样的要素，比如所导致的损害较小或被偷走的财产的数量不多，或者罪犯所起的作用不大。但是，正是在后一种类型中，我们发现了减轻因素的核心——作为减轻可责性的罪犯的个体因素。因而，在罪行是在冲动或突然实施的情形

---

① Sentencing Council, *Burglary Offences*: *Definitive Guideline*（2011），pp. 8-9.

② Sentencing Council, *Sexual Offences*: *Definitive Guideline*（2013），pp. 10-24.

下，其一般被作为减轻因素：① 这位于始于计划和预谋因素的量刑图谱的另一端，计划和预谋被作为加重因素，而一项故意的但没有计划的犯罪可能居于中间位置。

在皇家法院量刑调查记录中，一项经常的减轻因素是"影响责任的年龄/缺少成熟"，其不仅适用于未成年人而且适用于 18—25 岁的年轻成年人。这一要素出现在 43% 的抢劫罪、34% 的性犯罪、31% 的致死罪、30% 纵火罪以及刑事损害案件等当中。② 涉及被减轻的可责性的其他情形是落入刑法刑事辩护狭窄范围之外的诸如精神病、强迫、必要性或者法律错误的情形。实际上，当情形恰好落入辩护的法定条件之外期待法庭将批准实质性的量刑减轻时，许多的减轻要素被严格地限制。③ 一个例子是罪犯正在遭受精神错乱之苦而没能提供精神病的辩护的情形；因而在总检察长向法院提交的给予指导性说明的《2004 年第 37 号（道森）质询案》中④上诉法院认为附带精神治疗要求的社区复归命令不是对正患有临床抑郁症的罪犯实施故意抢劫的宽大处理。另一个例子是在该罪犯有可辩解地不懂法的情形，因而在 2006 年雷曼和伍德案⑤中，上诉法院不得不决定是否有例外的情况正当化了从拥有非法枪支的强制最低 5 年量刑偏离，法院在初次犯罪人不懂法的情形中发现了这种情形（5 年羁押被削减为 2 年），而不是在第二名罪犯不懂法的情形中，因为他是一个武器收藏者，本应知道核查特殊枪支的合法性。⑥

把话题转回到由警察或者一名卧底对罪犯的诱捕，英国法庭已经宣告

---

① 在皇家法院的这项小型调查中，四分之一的夜盗案件中"激情犯罪"减轻因素，并且大约半数这些因素导致量刑的减轻：SCWG Survey（2008），p. 15；还参见 Jacobson and Hough（2011），p. 149 有关"自发犯罪"。

② 《皇家法院量刑调查》（CCSS）（2013），第 31 页。

③ 对充分的讨论参见 Wasik（1983）。

④ ［2005］1 Cr App R（S）295；还参见 Attorney General's Reference No. 83 of 2001（Fidler）［2002］1 Cr App R（S）588（对于因患精神分裂症而实施的抢劫，社区复归命令被维持），但是参考 Jackley［2013］2 Cr App R（S）521。

⑤ ［2006］1 Cr App R（S）404，at pp. 414-418；在上文第三章第五节第一部分中已讨论。还参见 Beard［2008］2 Cr App R（S）232.

⑥ 还参见 Thomas［2006］1 Cr App R（S）602，and Wilson［2012］1 Cr App R（S）542（无视《2003 年性犯罪法》（Sexual Offences Act 2003）所带来的变化，某些减轻是允许的）。

这种情况有可能严重到可以以滥用程序为理由暂停检控程序。[1] 但是更轻程度的诱捕应当是在适当案件中的量刑减轻问题。在存在重要的诱捕要素的情形下，上诉法院已经减轻了量刑，[2] 即使"圈套"是由记者（做卧底）所操作的。[3] 法院也已经认可了在暴力威胁达不到强迫辩护的案件中，可以给予量刑的削减。[4] 最后，在该罪犯已经处于异常紧张或情感压力的情形下，这一般将被认为是在减少的可责性的基础上的减轻因素。[5] 这被认为是不足以算得上一项完全的有责性辩护中的大量要素中的一种，但符合减轻要素，其在一个适当的案件中可能具有实质性。然而，醉酒的效果是不同的：其经常是加重因素（见上文第二节第二部分），但在作出一项决定，或采取证明的步骤以处理其陷入毒瘾或酒瘾的情形时，"与性格不相符（行为失常）"醉酒情节可能是减轻因素。

第四节　个性化减轻因素

研究表明，在实践中可以提出的减轻量刑的因素的范围极其广泛。[6] 一个明显的减轻因素是罪犯先前所具有的良好品格：比例理论赞成更宽容的处理可以解释为一个孤立的一时失足的罪行，承认人性弱点且亦显示出对作为理性个体的罪犯的尊重，能够对其所适用的量刑的内在谴责予以回应。但是当罪犯积聚了先前定罪时这一正当性迅速消失了，正如我们将在下文第六章第二节中有关这一问题的详细讨论中将要看到的。现在我们开始走出比例和罪行严重性的概念，去考虑什么样的其他形式的减轻因素可能被承认。在接下来的段落里，聚集在一起作为"个性化减轻"的要素并不取决于减轻的可责性或减轻的损害：它们的范围从有罪答辩和其他有

---

① *Looseley*［2001］1 WLR 2060.

② 例如 *Chalcraft and Campbell*［2002］2 Cr App R（S）172。

③ *Barnett*［2008］1 Cr App R（S）354.

④ *Hynes*［2009］1 Cr App R（S）535.

⑤ 正如在某些针对小孩子的暴力案件中：例如在 *Isaac*［1998］1 Cr App R（S）266 中的产后抑郁。

⑥ 参见由 Shapland（1981、2011）所进行的研究，以及由 Jacobson 和 Hough（2007、2011）所进行的研究。

助于使刑事司法制度顺利运行的其他要素，到罪犯的一般社会贡献，到量刑对罪犯和其他人的影响，以及罪犯复归和停止犯罪的前景。在每一个方面，重要的是去审查可能的正当性——必然地不受比例惩罚理论约束——因为基于如此无关的考虑理由而削减量刑。

一　法定的因有罪答辩而减轻量刑

在英国量刑的普通法中，已经很好地确立了有罪答辩一般应当获得量刑的减轻，有罪答辩启动得越早，减轻的幅度就越大。① 然而，在 1994 年政府决定，遵守有关刑事司法的皇家委员会（Royal Commission on Criminal Justice）的报告，② 通常为人所知的是"有罪答辩折扣"应当采取法定形式。在 2004 年，量刑指南委员会下发了在有罪答辩情形下量刑折扣的确定指南，修订后的指南在 2007 年发布。该委员会很快产生了一份指南。在解释了法律和量刑指南委员会的指南之后，我们将在下文继续讨论现有统计，以及由有罪答辩折扣所产生的深刻的原则问题。

1. 法定条款。

起源于《1994 年刑事司法和公共秩序法》（*Criminal Justice and Public Order Act 1994*）第 48 条的这一规定目前见于《2003 年刑事司法法》第 144 条中：

（1）在决定应当对一名已经在庭前程序或另一程序中对罪行作出有罪答辩的罪犯通过什么样的量刑，法庭必须考虑。

（a）在该罪行的诉讼程序中，该罪犯表明了其对罪行做出有罪答辩的意愿；

（b）这一指示给出的具体情境。

（2）在依据《量刑法》（*Sentencing Act*）第 111 条或 110 条（2）对某罪量刑的情况下，③ 那个条款并没有规定阻止法庭，在对本条第（1）款所涉及的任何事项进行考虑后，给予任何不低于在那个条款所确定的量刑的百分之八十。

---

① 参见，例如，*De Haan* ［1968］2 QB 108, and *Buffery*（1993）14 Cr App R（S）511. 对于一般的刑事司法批评，参见 McConville and Marsh（2014）。

② Royal Commission on Criminal Justice（1993），ch. 7.

③ 这是对于《2000 年刑事法院的（量刑）权力法》［*The Powers of Criminal Courts（Sentencing）Act 2000*］的缩写。

这必须结合第 174 （2）（d）条的规定阅读，其规定是：

> 作为考虑援引第 144 （1）条规定的任何事项的结果，法庭对该罪犯适用比否则会适用的刑罚更轻的刑罚，［它必须］说明那一事实。

第 144 条的不受限制的术语意味着折扣适用于所有的法庭，治安法院和皇家法院，适用于所有形式的量刑，不仅是羁押。没有对谋杀案件适用不同原则的参考，因而被定谋杀罪的人所适用的最低刑期的计算应当考虑折扣问题，尽管以某种减弱的形式。① 第（2）款调整了对两项规定的量刑的方法，对第三次入户夜盗的最低量刑为 3 年和对第三次交易 A 类毒品犯罪适用最低 7 年量刑。② 这里折扣被限制在 20%，大概是在对有罪答辩设置某些鼓励的同时，强化最低刑罚的严格性。然而，法律并没有包括对武器犯罪 5 年最低量刑的类似的参考，③ 所以上诉法院已经认为对那种犯罪的有罪答辩可以不给予折扣。④ 这是英国法律没有对有罪答辩规定量刑缩减的唯一情形，并且其给予的最低量刑相对更严厉，没有任何令人信服的理由。

然而，从一开始，就没有专门的有关有罪答辩折扣的立法规定。第（1）款是以一种明显的暗示的方式起草的。其不但丝毫未提及折扣的水平，而且仅仅在答辩越早、折扣应当越大的原则方面做了暗示。结果，在 1994 年和 2004 年间上诉法院处理了一系列的有关这一主题的上诉，这强调了有必要建立有关在有罪答辩案件中量刑的适当方法的指南。

2. 2007 年的指南。

量刑指南委员会在指南前言中重申了有罪答辩折扣的目的，内容如下：

---

① 这是起草有关该主题的委员会的指南中的一项争议问题：对于该问题的讨论以及社会公众与政府的回应，参见 House of Commons （2004）。在谋杀案件中适用指南的例子，参见 *Roberts and Mould*［2008］2 Cr App R （S）350, at p. 353。

② 在上文第三章第五节第一部分讨论过，在下文第六章第七节中也将讨论。

③ 参见上文第三章第五节第一部分的讨论。

④ *Jordan*［2005］2 Cr App R （S）267.

　　量刑的削减是恰当的，因为有罪答辩避免了审判的需要（因为能使其他案件更迅速地得以处理），缩短了起诉和量刑之间的时间，节省了大量的成本，并且在早期答辩的案件中，为被害人和证人省去不得不提供证据的忧虑。缩减原则源于司法的有效管理的需要，并不是作为量刑减轻措施的一个方面。[1]

　　所提到的前三项因素（加速该制度的实施，削减还押时间，以及成本）是有关澳大利亚法院已经称为"便利司法进程"的所有的实践理由。[2] 在苏格兰最有指导性的格默尔（Gemmell）一案中，一些法官主张法官应当试图量化特殊案件中答辩的公共利益，[3] 但是可靠的信息来自何处或者这一活动需要多少时间都不清楚，具有一项标准尺度当然是更好的。[4] 第四项因素——挽救了被害人和证人的焦虑和痛苦——承诺给那些否则将提供证据者以极大的宽慰。可能引起争议的是这在特殊案件中应当视情况而定——研究表明某些被害人和证人坚持他们宁愿（如果他们有机会）经历提供证据的痛苦，如果其意味着该罪犯会承受更长的量刑（例如，没有折扣）[5] ——但既然该原理是对被告人的一种激励，当然更可取的是将量刑折扣建立在被害人和证人的具有影响力的宽恕基础上。

　　在委员会有关正当理由的列表中有两点被遗漏了。其中第一点就是懊悔。传统上，法官们曾将懊悔作为有罪答辩折扣的主要正当理由。[6] 与此有关的一个难题是法庭怎样才能从有罪答辩能导致更低量刑的纯粹现实主义认知中（经常通过法律建议）识别出真实的悔罪。建立在悔罪基础上的推理在有罪答辩发生于最后时刻，或者在审判的早期阶段的案件中确实是难以信服的。[7] 量刑者经常将懊悔作为可以使他们不适用羁押刑的一个

---

①　SGC, *Reduction in Sentence for a Guilty Plea*：*revised guideline*（2007），para. 2. 2.

②　例如 *Cameron v. R.*（2002）209 CLR 339；*Ironside*（2009）195 A Crim R 483。

③　*Gemmell* 2012 JC 223.

④　正如 Leverick（2014），pp. 342-343 中所主张的。

⑤　这是由该委员会所实施的有关强奸的研究的发现：参见 Clarke，Moran-Ellis and Sleny（2002）。

⑥　例如 *Fraser*（1982）4 Cr App R（S）254，*Archer*［1998］2 Cr App R（S）76。

⑦　正如在前一个 *DeHaan*［1968］2 QB 108 引导性案例中的。

因素，[1] 但至少他们中的一些人承认评估其是否真实是困难的（尤其是在他们仅仅看到给罪犯量刑的情形下），以及将"表现出来的"悔恨作为减轻因素的关键是很难评估的。[2]《皇家法院量刑调查》揭示了悔恨是迄今为止被引用最多的减轻因素，其与37%的纵火和刑事损害案件、34%的攻击案件、29%的性犯罪以及26%的毒品犯罪等有关联。[3] 即使法庭可能确信一名特定的罪犯懊悔了，应当与量刑相关联吗？如果该观点是该罪犯对其错误行为的接受意味着需要更小的刑罚以威慑或改造，基于这两个理由是令人怀疑的——是否威慑或复归考虑应当被给予这样的权重，是否该假设实际上是真实的。[4] 罪犯的可责性几乎不能为懊悔的表现所削减，但基于应得理论，承认罪犯已经以道德代理人期待回应的方式作出了回应是正确的。[5] 将懊悔作为减轻因素存在公众的支持，[6] 但是一些人会认为懊悔仅仅是对针对过去的，作为减轻因素的更可靠的基础是承诺改变。[7] 2007年的指南规定了法庭应当将懊悔和其他减轻因素与有罪答辩分离开来。这保留了法庭将懊悔作为一般减轻因素的可能性，但将其与有罪答辩折扣相分离。

2007年的指南还有一项遗漏是引诱无罪的人答辩有罪的有罪答辩折扣的风险。委员会表达了对此的忧虑，认为40%的折扣会是对有罪答辩的过大的鼓励。[8] 2010年政府将折扣提高到50%的建议并未被采用，理由是其不会产生额外的有罪答辩，且会削减公众的信心。[9] 2007年的指南对这些问题未作评论，但是量刑建立在也应当建立在原则研究的背景下，这是一项不能忽视的因素（进一步的内容见下文第四节第一部分）。此外，"过多的鼓励"转变成压力的问题由上诉法院在2006年固特异［*Goodyear*（2006）］案[10]中重新得以审查，即当基于法官对一名正在做无罪答辩但

---

[1]　Jacobson and Hough（2007），ch. 2.

[2]　Hough et al.（2003），p. 41；Jacobson and Hough（2007），ch. 3.

[3]　Crown Court Sentencing Survey（2013），p. 31.

[4]　Maslen and Roberts（2013），p. 125，援引悔恨是停止犯罪的微弱的标识。

[5]　Maslen and Roberts（2013），pp. 126 and 134.

[6]　Roberts，Hough et al.（2008）.

[7]　Shapland（2011），将在下文第五章第四节第四部分进一步讨论。

[8]　SAP，*Reduction in Sentence for a Guilty Plea*（2004），para. 11 and paras. 21-24.

[9]　有关该折扣的社会公众观点将在下文讨论，见第199页注释[5]。

[10]　［2006］1 Cr App R（S）23.

希望知道基于有罪答辩的可能量刑的被告人给予"预先量刑指示"的情形下决定给出什么是所谓的"指南"。《奥尔德报告》（Auld Report）曾建议建立这样的一项程序，询问"在法官的判决中什么样的额外压力不能接受，或者相反，他曾要求告诉他其立场，指明更准确的替代选择?"①《2003 年刑事司法法》将其（在表 3 中）引入治安法院。固特异案中的法庭，包括首席大法官沃尔夫勋爵和首席大法官贾奇勋爵，同样地表达了如果被告人寻求法官的观点，"我们不明白为什么一个来自被告人信息请求的司法回应应当自动被认为构成对他不恰当的压力"。当然，在辩护律师的预测和司法指示的权威性之间存在差异：轮盘已经转起来，但法官的指示可能对被告人施加巨大的压力，尤其在有关有罪答辩变化所指示的量刑并不涉及立即监禁的情形下。② 固特异案件的程序无疑比在法官密室的秘密会议更透明，③ 但仍然存在这样的事实，结合对有罪答辩量刑缩减的指南，其对有罪和无辜同样都施加了巨大的压力。④ 在产生有罪答辩方面，它是否比固特异案之前的程序更有效还没有表明已经成了研究的主题。⑤

　　回到指南，其规定量刑减少的水平应当在一个滑动的尺度上，在有罪答辩于第一个合理的机会被作出或者启动的情形下，缩减最大；三分之一的量刑减少到四分之一，假如审理的日期已经确定；如果答辩在"法庭的门口"或者在审判已经开始之后作出，可以减少到十分之一。⑥ 指南给出了什么可以认为是"第一个合理机会"作出答辩的说明，这已经由上诉法院大法官休斯在 2013 年卡利案⑦的判决中得以讨论和发展。指南坚持认为，即使对于那些在审理开始之时改变答辩者，总是必须存在一些激

----

① Auld（2001），pp. 434-434.

② 对于强有力的批评，参见 McConville and Marsh（2014），chs. 3 and 4；有关维多利亚的量刑指示，参见 Flynn（2009）。

③ Darbyshire（2006）.

④ 进一步参见下文第十一章第四节第二部分。对于在这些情形下，对咨询的金钱和其他动机，参见 Tague（2006 and 2007）。

⑤ 由 New South Wales Law Reform Commission（2013），第 8 章，在其量刑指示制度的审查中所感到惋惜的。

⑥ 本质上，其遵循 Auld（2001），p. 441 所提出的方法。

⑦ ［2013］2 Cr App R（S）305，at［9-22］；还参见 *Creathorne*［2014］2 Cr App R（S）382。

励或回报。① 在作出了一项早期的有罪答辩但接着罪犯对于罪行情况的观点在牛顿听审（*Newton* hearings）程序中遭到拒绝的情形中，可能会失去在量刑中的一些正常的缩减。② 因而在程序上指南建议采用下列方法：

- 考虑加重和减轻因素，决定对犯罪的量刑；
- 参考滑动尺度选择对有罪答辩缩减的程度；③
- 将缩减应用到被决定的量刑中；
- 宣告量刑，表达如果没有作为有罪答辩结果的削减，那么将是什么量刑。

尽管整个指南的"滑动的尺度"都有量刑的参考，但这并不能很好地适用于折扣具有将羁押量刑削减到社区刑效果的案件。指南清晰地规定"在量刑者对有关羁押刑是否恰当存在疑问的情形下，归因于有罪答辩的量刑削减将是一个相关的考虑。在这是导致适用非羁押刑的要素之一的情形下，将没有必要对有罪答辩的折扣适用进一步的削减"④。这是一种折扣的合乎逻辑的适用，但是（i）它对被建议在羁押边缘的罪犯是一个关键和重要的决定，能够对有罪答辩施加巨大的压力；而且（ii）这样的决定并不能建立在"滑动尺度"的本身基础上。应用指南的逻辑是，仅有早期的有罪答辩可以削减羁押刑，比如将 12 周的羁押刑减少到缓刑或社区刑；而一个迟一些的答辩可能仍然符合削减量刑的效果，比如以同样方式的缩减量刑 2 周。

在普通法上有一些允许在一定的情形下分散拒绝量刑折扣的权力，但量刑指南委员会重新考虑了这一恰当的方法。2004 年的指南规定仅仅因为该罪犯被当场抓住或者另外没有针对控告的辩护而阻止量刑折扣是没有理由的。然而，对这种背离先前实践的做法存在一些司法忧虑，导致量刑指南委员会主席被认为"关注指南在什么程度上已经被一致的适用"。⑤假如给予折扣的目的是鼓励在最早的时机作出有罪答辩并因此怜惜被害人

---

① 参见例如，*Attorney-General's Reference No. 35 of* 2010［2011］1 Cr App R（S）711，at［26］。

② Cf. *Caley*［2013］2 Cr App R（S）305，at［26-27］。

③ 该指南（参见下一注释）宣告了一项"建议方法"，并且法官们可以因为充足的理由偏离：参见例如，*Ward*［2014］1 Cr App R（S）466。

④ SGC, *Reduction in Sentence for a Guilty Plea*（2007），para. 2. 3.

⑤ 同上，前言；并且参见 *Oosthuizen*［2006］1 Cr App R（S）385。

和证人以及节省金钱，一些折扣也应当在这些案件中被给予。① 修订后的指南重申了这一点，并建议 20%的削减应当是可获得的最大折扣。

普通法上也存在一些对折扣是否应当给予被视作危险之人的罪犯的疑问：指南现在规定该折扣应当适用量刑的比例部分（也即最小期限），"但不是量刑的公共保护要素"。② 该指南还强调，法院或许不给折扣，仅仅因为他们认为对犯罪的最高量刑过低了；③ 但是治安法庭或任何处理少年罪犯的法庭可以给最大可能的量刑，如果确信一个更长的量刑（在皇家法院，或者对少年的长期拘留的量刑）在缺少有罪答辩的情形下本应具有正当性。④

更多的原则问题已经在苏格兰、澳大利亚和其他地方的法院和法律改革机构讨论过了，⑤ 尽管英国的机构还没有利用这些讨论的推理。而一项滑动的标尺已经在南澳大利亚建立起来了，⑥ 在维多利亚和在苏格兰曾有对正式的"滑动标尺"的拒绝，他们支持该问题的逐个案件的自由的评估和恰当的折扣。这是一个对于不一致量刑的处方，并且减少了由正式指南所提供的任何"刺激"。⑦

3. 统计数据。

来自《2013 年量刑统计》（*Sentencing Statistics 2013*）的数据表明在皇家法院，在那些答辩有罪者和被定罪者之间的羁押量刑的整体差异是相当大的：因而，在 2013 年，那些被定罪的答辩无罪者的 72%获得了立即执行的羁押刑，相比较而言，那些答辩有罪者是 56%，并且平均的羁押

---

① 对于支持性讨论，参见 *Wilson* ［2012］2 Cr App R（S）440, *Caley* ［2013］2 Cr App R（S）305, at ［23-25］, and *Tarcuta* ［2014］2 Cr App R（S）499；参考在 *Sutton* ［2004］NSWC-CA 225 中的澳大利亚裁判，以及在 *Gemmell* 2012 JC 223 ［有关内容参见 Leverick（2014）中的 Scots 裁判 pp. 346-347］。

② 同上页注③，para. 5. 1. 参见在苏格兰在 *Gemmell* 2012 JC 223 中分离的合议庭。

③ 同上，para. 5. 6. 对于例子，see*Kirby* ［2008］2 Cr App R（S）264。

④ 同上，paras. 5. 8 和 5. 9；1 对少年的长期羁押将在下文第十二章第一节中讨论。

⑤ 参见上文 p. 192 注④、p. 194 注⑨、p. 196 注①、②；以及目前的 NSW Law Reform Commission（2013），ch. 9。

⑥ NSW Law Reform Commission（2013），para. 9. 32。

⑦ 还参见 Leverick（2014），pp. 342-345。

程度分别是 54 个月和 24 个月。① 尽管这些差异不能从表面判断,因为它们已经反映了先前定罪或减轻因素影响的"净"量刑,但是,它们产生了关于法院适用的减轻量刑的规模。来自《皇家法院量刑调查》统计的出版物使回答这些问题取得了重大进步,其在附件 B 表 10 中得以重述。这一表格指出了一般地遵循 2007 年指南中所建议的条款,但有异常现象需要解释。最明显的是在晚些时候答辩案件中的分歧,暗示"在最后机会进入有罪答辩的被告人给予比指南设计的更宽大的解释"②。几乎一半的晚些时候的有罪答辩者都获得了超过建议数字的 10% 的减刑;同时,罗伯茨(Roberts)暗示这些案件中的一些涉及了对脆弱证人或被害人的宽恕,③ 事实是这表现为指南没有被彻底废除的长期实践。④

　　《皇家法院量刑调查》的发现是受欢迎的,但有两个问题是它们仍没有处理的。一个是有罪答辩削减对量刑的类型的影响,而不仅是其长度。统计数据和讨论看上去认为量刑削减是关于更短的羁押刑的,而 2007 年的指南清楚地意识到有罪答辩是将羁押刑削减到非羁押刑的一个重要因素。⑤ 这些是被告人所感受到的可能是最大的压力的情形,有关它们的更充分的数据将会有助于说明这一点。其次,正如在本书先前版本中所讨论的,⑥ 在不同类型的犯罪之间,在量刑削减的实践中可能存在重大的区别。假如通过危险驾驶致人死亡并做出有罪答辩的被告人,平均来说,比那些答辩无罪的被定该罪者获得更长期限的量刑是真的,对这一点的理由需要探索。有人可能推断那些答辩有罪者已经实施了最严重的犯罪,而那些答辩无罪者则更接近于粗心驾驶导致死亡的更轻的犯罪的边界;但是,对这一点和其他明显的异常现象的理由的确认将会是有益的。

　　4. 折扣是正当的吗?

　　什么是有罪答辩折扣的正当性(理由)?2007 年的指南认为削减原则

---

　　① *Sentencing Statistics* 2013,Table A5. 9. 平均的羁押期限并不包括被判处终身监禁或者为公共保护而监禁的罪犯,但是这些本应是对差别产生主要影响似乎是不可能的。

　　② Roberts(2013),p. 116.

　　③ Roberts(2013),p. 118.

　　④ 参见 Flood-Page and Mackie(1998),pp. 91-92。

　　⑤ SGC,*Reduction in Sentence for a Guilty Plea*(2007),para. 2. 3;对于实证证据,参见 Jacobson and Hough(2007),ch. 2。

　　⑥ 本书第五版,pp. 176-177。

不是"减轻量刑的一个方面",而是"源自司法有效管理的需要。"① 这指成本和行政节俭,并且免去了被害人和证人不得不提供证据的焦虑。然而,在这种情况下所指称的公共利益一定是一种净计算,在某种意义上该利益被认为值得放弃任何另外的可能从通过更长的量刑中(不给予任何折扣)获得的公共保护利益。这个计算是没有证据基础的,因为没有人试图确定该量刑削减是如何有效地产生有罪答辩的。有一个强力学说认为,如果有罪答辩折扣被放弃或者甚至被削减,刑事司法管理将会逐渐停止;但是有证据证明对于被告人,该"临界点"是当他们意识到他们将可能被定罪的时候,而不是折扣的大小,② 并且美国也有相关的证据。③ 确实地,在没有努力去为它们提供一个充分的实证基础(的情况下)做出有关需要量刑折扣的无条件的断言是不明智的。

社会公众表现出对量刑折扣毫无热情。量刑委员会进行的研究确认多数人并不接受成本减少作为一个强有力的理由,而更支持怜悯被害人和证人的重要性,但是反对对晚些时候的有罪答辩的折扣。④ 公众的这些观点应当作为进行实证研究的进一步的刺激,公开计算,以及重新审查与量刑目的有关的原则的基础。

在这一过程中,刑事司法制度应当尊重的其他原则应当被考虑——很明显,是无罪推定和非歧视原则。因此《欧洲人权公约》第 6.2 条规定了无罪推定。因而,把针对她或他的案件被证明到排除合理怀疑的程度就不是一个人的权利了吗?坚持那一点者,作为结果,应当在量刑阶段处理得更严厉,这是正确的吗?坚持无罪答辩不是一项加重因素,而仅是一项中立因素,这似乎是一种软弱无力的回应,而有罪答辩是一种减轻形式——尽管当欧洲人权委员会在 30 多年前审查这一问题时,接受了这一观点。⑤ 毫无疑问,对有罪答辩的一项不可避免的结果是对被告人的无罪答辩有其代价。这不是一个简单的羁押刑长度的问题:我们已经看到羁押

---

① SGC, *Reduction in Sentence for a Guilty Plea*(2007), para. 2. 2;参考 McConville and Marsh (2014), ch. 8 的批评。

② Dawes et al.(2011), ch. 5.

③ 例如 Tonry(2004), p. 87。

④ Dawes et al.(2011).

⑤ *X v. United Kingdom*(1972)3 DR 10 at p. 16;这样古老的委员会的裁判不具有重要权威作用,并且应当重新考虑该问题。

和非羁押刑之间的决定也可能受到影响。这有助于强调所料想的被告人的压力，作为结果或者是其律师已经建议的、或者依据固特异案①来自法官的一个量刑的预先指示，其是羁押量刑附随着定罪而非羁押量刑附随着有罪答辩。② 没有证据证明某些无辜的被告人屈服于这一压力并决定通过答辩有罪"以减少其损失"：刑事司法皇家委员会所进行的研究暗示高达11%的有罪答辩者声称自己无辜，③ 斯蒂芬·琼斯（Stephen Jones）最近的研究表明为什么一些女性在坚持无罪时会做有罪答辩。④ 皇家委员会的结论是：无辜的被告人感到有罪答辩的压力的"风险"一定是"权衡比较了司法系统利益和鼓励有罪被告人答辩有罪的利益"（的结果）⑤。这是一个可怕的"权衡"比喻的例子，没能优先考虑避免给无辜人定罪的基本危害。⑥ 至少，"无罪推定"的主张应当导致对量刑缩减规模的重新考虑：⑦ 它不仅仅是一定的缩减是否更有效的问题，而且是在多大程度上诱导被告人牺牲他们的权利的问题。

可能有观点认为有罪答辩折扣不仅与《欧洲人权公约》第6.2条所宣称的无罪推定的精神相违背，而且与其第14条的精神相违背，该条宣布在公约中的所有权利"应当被保护，不因性别、种族、肤色……的任何理由而受歧视"。在其有关种族和量刑的研究中，胡德发现来自加勒比海黑人背景的被告人倾向于比白人（倾向于更经常被无罪释放）更经常会做无罪答辩，但那些已经被定罪者大部分获得了更长的量刑，但并不完全，因为他们已经丧失了其"折扣"。⑧ 这可以认为是一种间接的歧视：一般的原则（量刑折扣）对少数民族成员具有不成比例的影响，仅仅因为他们更经常地行使一项权利（被假定无罪直到被定罪的权利）。胡德认为这提供了重新考虑折扣的另一个理由。皇家委员会仅仅阐述给予量刑折

① ［2006］1 Cr App R（S）23 和附随文本。

② 有关主张没有压力：参见在 Re West ［2014］EWCA Crim 1480 中的裁判。

③ Zander and Henderson（1993），pp. 138-42；McConville and Bridges（1993）.

④ Jones（2011）.

⑤ Royal Commission on Criminal Justice（1993），para. 7. 44，Ashworth and Redmayne（2010），ch. 10，以及 Darbyshire（2000），对其进行了批评。

⑥ 另一个例子，参见 Ironside（2009）104 SASR 54。

⑦ 进一步参见 NSW Law Reform Commission（2013），paras. 9. 32 and 9. 41。

⑧ Hood（1992），p. 125，声称量刑中的三分之二的"种族影响"来源于因作出无罪答辩而丧失折扣。

扣的政策"应当在审查下给予折扣"① ——一种令人惊讶的胆怯的表述。《奥尔德评论》确实严肃对待了这一问题,但支持不公正的源泉可能更在于其他方面而不是量刑折扣的观点,② 而迈克尔·汤瑞强烈主张量刑折扣是歧视问题的核心。

二 协助刑事司法制度

我们已经看到对有罪答辩折扣的首要的原理是罪犯对刑事司法制度顺利和有效运行的贡献。同样的原理构成了两个其他形式的个性化减刑的基础。首先,上诉裁判认为罪犯在其行为被其他人发现之前承认了犯罪应被视为减轻因素。在 2003 年一起 (由检察总长申请) 诉索尔兹伯里市法院 [*R* (*on application of DPP*) v. *Salisbury Justices* (2003)] 案中③,罪犯在喝过酒之后,进入一位老妇人的公寓并偷走了她的手提包。第二天他走进警察局并坦诚地供认了他的犯罪,说他喝醉了,并非常后悔他所做的一切。他返还了所盗窃的财物。尽管他有许多先前夜盗的定罪,但他已经两年多未犯罪,他在没有来自警察的任何压力的情况下自愿承认犯罪的情形是法庭决定命令其仅仅赔偿被害人损失的主要因素。分院拒绝批准对这些法官裁判的司法审查,接受了犯罪的"非常特殊的因素"和他对犯错行为的反应是适用这一量刑的充分理由。这极大地帮助了警察和被害人得到有关犯罪的报告与不需要大量侦查的完全供认,这个支持应当记录下来。

犯罪后行为的第二种形式直接地适用相同的推理:通过提供证据给警察以支持起诉并且/或者在法庭上提供证据使得能够对其他罪犯进行侦查和定罪,某人在普通法上为此可以获得赞颂的期待,尤其是在罪犯被量刑前提供这一帮助。④ 还有由《2005 年严重有组织犯罪和警察法》引入的法定项目。简言之,第 73 条允许法庭对一名已经"遵从与特定的检察官的书面协定,就有关该起犯罪或任何其他犯罪帮助或者主动帮助警察或检察官"的罪犯减刑。这一权力甚至适用于在立法规定对该犯罪的最低量

① Royal Commission on Criminal Justice (1993), para. 7. 58.

② Auld (2001), pp. 440—441.

③ [2003] 1 Cr App R (S) 560. 对更早的权威, 参见 *Claydon* (1994) 15 Cr App R (S) 526. 还参见 *O* [2004] 1 Cr App R (S) 130, 其处于早期有罪答辩和自发的承认之间的边界上。

④ 在 *A and B* [1999] 1 Cr App R (S) 52, 上诉法院坚持量刑后给予帮助的信用一般是监狱和假释机构的事, 而非法庭。

刑的情形［第73（5）条］。在罪犯被量刑之后帮助检察官（并且没有获得量刑折扣）的情形，以及在罪犯获得量刑折扣后未能依据承诺提供帮助的情形，第74条规定了一个审查程序。在2008年P和布莱克本案①的裁判中给出了行使这项权力的一般指导意见，伊戈尔爵士（Sir Igor）指出为了利用该折扣罪犯需要坦白其所有的先前犯罪。在涉及严重犯罪的情形下，削减的正常标准应该在所应当适用的量刑的二分之一和三分之二（仅在例外的情形下会有更大的削减），对有罪答辩者的量刑作出进一步削减，以反映答辩所作出的阶段。法院承认了为了实用的目的，量刑削减的大小不得不是巨大的，以便于超过这些罪犯被揭露的巨大危险（在监狱和外面），但这很大程度上取决于给予的帮助。②

三　有价值的社会贡献

一项被大量使用的减轻因素是该罪行"不符合其品格"（out of character）：良好的品格（实际上是，没有先前定罪）经常对量刑有影响，正如《皇家法院量刑调查》所显示的。③ 不管怎样，上诉法院的一些裁判中曾支持或倡导因为与犯罪无关的"良好行为"给予罪犯赞许的实践。例如，在1982年里德［Reid（1982）］案中④，上诉法院依据罪犯的行为缩减了对夜盗罪的量刑，在等待审判期间，其试图从燃烧的房子内营救3名儿童。那种行为，在法庭看来，可能正当化了、可致人们假定的"上诉人是一位比他的犯罪行为更好和更有价值的人"的结论。还有其他的同类决定，有关诸如营救落水儿童，⑤ 帮助防止狱犯逃跑，⑥ 以及在先前情形下帮助抓捕罪犯。⑦ 在2005年温曼［Wenman

---

① ［2008］2 Cr App R（S）16.

② See *H and D*［2010］2 Cr App R（S）104, *Bevens*［2010］2 Cr App R（S）199, and *Hankin*［2014］1 Cr App R（S）30.

③ "不符合其品格的犯罪"出现于21%的纵火/犯罪伤害 criminal damage，19%驾驶犯罪，22%的盗窃或者欺诈，以及18%的抢劫中；"良好品格/榜样行为"出现于16%的攻击和17%的毒品犯罪：《皇家法院量刑调查》（CCSS）（2014），第31页。

④ （1982）4 Cr App R（S）280.

⑤ *Keightley*［1972］Crim LR 272.

⑥ *Dawn*（1994）15 Cr App R（S）720.

⑦ *Alexander*［1997］2 Cr App R（S）74.

（2005）〕案中，① 一名罪犯因酒后粗心驾驶致人死亡被定罪，当在等待审判过程中，他曾对滑落满水池塘的汽车中的另一名司机予以施救并且挽救了那人的生命。上诉法院将其量刑从 4 年削减到 3 年以反映其"勇敢和高度责任心"，其暗示"他是一名本质上拥有爱心和责任心的人"。

　　批准基于这些理由的减刑意味着量刑的适用是一种社会效果的形式，法庭在量刑时应当草拟一种权衡清单（意指：做出一种量刑的权衡核算）。被实施的犯罪应该是主要的不利因素；任何值得称赞的社会行为将是主要的有利方面的因素。维多利亚和一些其他的澳大利亚司法管辖区采纳了这一方法，规定罪犯的性格是量刑过程中应被考虑的因素，并且其所包括的不仅仅是先前的定罪，而且还有"由罪犯对社区所做出的任何重要的贡献"。② 英国的量刑指南差异很大：多数的指南将"良好的品质和/或典范行为"作为第二步减轻因素，③ 对更严重的性犯罪的指南规定"先前良好的品格/典范行为是不同于没有先前定罪的"，即使如此，对于严重犯罪而言"先前的良好品格/典范行为……在否则什么将是恰当量刑上一般地不会使缩减具有正当性"④。在有价值的社会贡献应被考虑的情形下，什么是正当化的理由？一种观点是良好的行为，像懊悔，暗示着罪犯需要更少的刑罚以便他或她重归社会。但是即使在这一点上，对复归理由给予优先考虑是正当的，主张那些偶尔有良好行为者再犯率比那些不能主张这样的"社会贡献"者可能更少的证据是什么呢？无论如何，法庭本身关注这些问题是法庭的正确职能吗？法庭是对实施的特别的犯罪进行量刑。对英勇行为和对社区提供杰出服务的行为有民间奖励。支持在量刑时考虑这些要素的实践的唯一方式是借助于一些作为一种道德和社会强化形式的量刑改良的涂尔干概念，然而未能认识到该罪犯的主要社会贡献的法庭可能象征性地贬低了这些贡献，并且那可能反过来被认为削减而非强化了社会的集体意识。如果公众期待积极社会贡献被考虑，那么对于一个拒绝这样做的系统，它将会有更少的信心。

---

① 〔2005〕2 Cr App R（S）13.

② Sentencing Act（Vic.）1991, s. 6, 由 Roberts（2011a），pp. 11-12 讨论。

③ 例如 Sentencing Council, *Burglary Offences：Definitive Guideline*（2011），p. 9.

④ Sentencing Council, *Sexual Offences：Definitive Guideline*（2013），p. 11.

四　自愿赔偿

另一个源自罪行实施后事件的减轻缘由，是在案件进入审理程序之前罪犯已经补偿或者赔偿了被害人的情形。在逐渐强化赔偿被害人的背景下，由罪犯实施的这样的行为可能被认为是值得称赞的，并且由于其对刑事司法制度目标的贡献是值得奖赏的。实际上，在过去三十年里，已经存在允许法庭延迟最高 6 个月量刑以便考虑罪犯被定罪后的行为的法律规定，包括赔偿被害人，而且《2003 年刑事司法法》重新确认了这一点。①此外，在《2003 年刑事司法法》中所罗列的法定量刑目的之一是"由罪犯赔偿受其犯罪行为影响的人"。这暗示着，罪犯在没有法庭督促下实施了赔偿行为的情形，这应当被认为是一项积极的减轻情节。自愿赔偿的罪犯公开地承认其做错了，并被认为是对于被害人真诚的懊悔和关心。然而，正如在有罪答辩案件中，这可能如此，或可能不如此。在实践中，两者可能都被作为对一项承诺对有罪答辩和自愿赔偿者予以刑罚减轻制度的评估回应，任何优秀的法律顾问都肯定会告知被告人采取这两项措施中的一项或者两项所可能产生的利益。

即使法庭确信存在对被害人的真正的关心，仍然有同等的反对基于这一理由减轻量刑的理由，正如在 1974 年克罗斯比和海耶斯 [*Crosby and Hayes* (1974)] 案②中所认可的。在那一案件中，两名罪犯曾努力赔偿损失，但其中一名罪犯有经济能力赔偿，而另一名则没有能力赔偿。上诉法院认为给他们不同的量刑，仅有的理由是其中一人有经济能力而另一人没有，在原则上是错误的，并且"没有司法执法的坚实基础"。法律面前平等原则（见下文第七章），因此反对这一减轻理由。在同一起案件中有两个或更多的共同犯罪人的情形下，这一点是很明显的，但其仍应当适用于罪犯宣称由于其自愿赔偿了被害人而应当受益的情形。另外，坦率地说，这是对中产阶级的减刑情形。正如乔安娜·沙普兰（Joanna Shapland）所认为的，如果罪犯可以表明他们正在"尽力处理导致其犯罪的生活的那些部分"，那么从原则上来说，这是更可取的，也更容易被受害者接受。因此，沙普兰所谓的"象征性赔偿"，目的在于确保进一步的

---

① 《2003 年刑事司法法》（*Criminal Justice Act 2003*），附件 23，取代《2000 年刑事法院（量刑）权力法》[*The Powers of Criminal Courts (Sentencing) Act 2000*]，第 1—2 条。

② [1974] 60 Cr App R 234.

被害不会发生，更倾向于（恢复性）赔偿。①

五　量刑对罪犯的可能性影响

在上诉法院，基于诸如罪犯的年龄或者身体的或精神的状况，量刑对其他人的影响以及量刑对罪犯的职业影响而减轻刑罚的判例，有一些零散的支持。《瑞典刑法典》第 29 章第 5 节有一些相似规定：

> 在决定刑罚时，除了刑罚价值外，法庭应当在合理的程度上考虑：
> 1. 作为犯罪的结果被告人是否已经遭受了严重的身体伤害；
> 2. 作为犯罪的结果被告人是否已经经历了或可能经历失去工作或者丧失其他资格或者在其所从事的工作或贸易中遭遇极大的困难；
> 3. 根据犯罪的刑罚价值是否所施加的刑罚将由于年老或者不健康非常不合理地影响被告人……

让我们审视一下这些所谓的减轻因素的基础。

更早些时候，我们看到对罪犯的严重伤害在危险驾驶导致死亡犯罪中被认为是一项减轻因素，② 并且存在其他接受这一点作为减轻因素的英国裁判。③ 为什么这一因素被认为是相关的？推理可能基于上文所批评的那种"社会效果"，或者也可能是根据罪犯的身体状况（见下文），这一量刑将对他或她产生更大的影响。瑞典的方法似乎是，这应当被认为是一种"自然正义"的形式，某种意义上说罪犯由于来自犯罪导致的伤害而"已经在某种程度上被惩罚了"。这一推理存在两个弱点：首先，它是其本身造成的，源自罪犯自己的错误。其次，仅在（弱的）隐喻意义上，其是"自然的"惩罚。法庭是否应当努力规范罪犯因犯罪的结果所遭受的全部痛苦，或者应当忽视这些附带产生的问题吗？如果他们所做的是前者，他

---

① Shapland（2011），pp. 76~77.

② SGC, *Causing Death by Driving*（2008），para. 22，在上文第五章第三节第一部分被援引；例如，参见 *Revell*［2006］2 Cr App R（S）622。

③ 例如 *Barbery*（1975）62 Cr App R 248，因为在实施犯罪时该罪犯的手被切断，所以量刑减轻。

们应该走多远——在罪行发生后被其家庭成员所排斥的罪犯应当获得更轻的惩罚吗?

瑞典的法律表明对罪犯的职业或者职业前景的消极后果可能恰当地减少量刑,而明尼苏达州的指南指出了它的歧视性影响并阻止法庭考虑它。[1] 由雅各布森和霍夫进行的研究暗示英国的量刑者在这一问题上的态度是分化的,一些人将良好的雇用记录作为强烈的减轻因素,其他人建议拥有稳定的工作不能是贪婪的犯罪的减轻要素。[2] 但是,这些理由全部是在实用主义层面上。原则问题是那些足够幸运的有工作者是否应当受益于失业者享受不到的减轻因素的资源。这看上去像歧视,在原则上它是有异议的。站在同样的原则上,诸如当更贫穷的罪犯将被适用羁押量刑时不能允许富有的罪犯通过支付大量的金钱刑罚"将自己买出监狱"。量刑委员会还没有考虑这一点,但它是一个应当在指南制度中处理以增进方法一致性的原则性问题的例子。

在这点上,该观点融入下一个需要考虑的问题:犯罪对罪犯职业的影响如何?有关这种附带结果的英国的裁判看上去分为两类。在犯罪与罪犯的职业无关的情形下,有时存在愿意考虑诸如失去工作以及失去养老金权利的问题。[3] 但是在犯罪源于罪犯的职业并被认为是诚信职位的滥用的情形下,应当不允许对这些附带事项适用任何折扣,这已经被作为原则问题确立下来。[4] 因此,有关诚信滥用的盗窃的确定指南中附随这样的声明:"除非在最特殊的情况下,职业损失和任何间接的困难不应当构成个性化减轻(的要素)。"[5] 指南也清楚地表明缓刑仅仅在最低范围的案件中被允许适用,涉及 2000—20000 英镑的损失而不是高度诚信的职位。对这一特殊类型的犯罪的指南在过去并没有表现出被忠实地遵循:尽管首席大法官莱恩勋爵主张"在严重违反诚信的案件中延缓量刑的任何部分通常将是不恰当的",20 世纪 90 年代中期的实证研究结果表明在皇家法院审判的

---

① 参考 Ashworth (2011b), p. 30。

② Jacobson and Hough (2007), ch. 3;还参见《皇家法院量刑调查》(CCSS)(2014),第 31 页;在 11% 的盗窃、欺诈和 14% 的性犯罪中通过"失去工作或者名誉"宣告减轻刑罚。

③ E. g. *Stanley* (1981) 3 Cr App R (S) 373, an army sergeant convicted of perjury; *Pearson* (1989) 11 Cr App R (S) 391, a young man hoping to join the army.

④ *Barrick* (1985) 7 Cr App R (S) 142, 在 *Clark* [1998] 2 Cr App R (S) 95 中更新。

⑤ SGC, *Theft and Burglary other than in a dwelling* (2008), p. 11.

违反诚信的所有盗窃案件中仅有一半的案件导致立即羁押，量刑适用的比例比其他犯罪更高（8%相比于3%）。① 新的指南如何发展是一个有待研究的问题。

在这一减轻刑罚的来源中有任何优点吗？一旦法庭开始对附带结果调整量刑，这不是一个朝向上文所反对的更广泛社会效果迈出的一步吗？在许多案件中人们可以认为这些附带结果与罪犯所承担的职业责任相伴而生，并且因此它们不应当导致量刑的削减，因为罪犯当然知道其含义。而且这里也存在一个歧视性观点。如果附带结果作为一般减轻因素被接受，这将以有利于职业阶层的成员而不利于没有工作或者从事犯罪记录对其工作没有障碍的工作的"普通的盗窃者"的方式运行。支持在有工作的罪犯和无工作的罪犯之间构建歧视性的原则，当然是错误的。②

一个更稳固的减轻量刑的基础在那些正常量刑可能对特殊罪犯具有额外影响的案件中被发现。当罪犯非常年轻，非常年老，或者遭受威胁生命的疾病时，这可能是相关的，因为在这样的案件中一项实质性的羁押刑可能是尤其难以承受的。在某种程度上只要有一个量刑应当对罪犯具有大致相同影响的原则，这就暗示着在某些罪犯可能比多数的其他人遭受极大不同程度的量刑影响的情形下，可以减少量刑长度。③ 有关非常年轻的人，这个原理的影响在2000年欧洲人权法院的 *T* 和 *V* 诉英国 *UK* 案 [European Court of Human Rights in *T and V* v. *UK*（2000）]④ 中是非常明显的，强调一项刑罚是否"有辱人格的"，在某种程度上取决于一个人的"性别、年龄和身体健康状态"。⑤ 上诉法院的一些案件已经允许对老年罪犯的量刑长度适用一些缩减，特别是如果通常恰当的刑期"在80岁时以上的时候就会被释放"。⑥ 对于如此年老者适用正常量刑可能耗费他余生

---

① Flood-Page and Mackie（1998），pp. 85-86.

② 另一方面，确保对白领罪犯作出的任何附带命令（例如剥夺成为公司董事的资格）都保持一定的比例很重要：参见下文第十三章。

③ 参考 Ashworth and Player（1998）with von Hirsch and Ashworth（2005），Appendix C。

④ （2000）30 EHRR 121，paras. 70 and 99-100.

⑤ 对于该项原则的实施，参见 SGC，*Overarching Principles*：*Sentencing Youths*（2009）。

⑥ 这些案件在 *Troughton* [2013] 1 Cr App R（S）417 中受到审查，在减轻量刑以使被告人在83岁时被释放的情形。参见 *Attorney-General's Reference No.38 of 2013* [2013] EWCA Crim 1450，在 CA 注意到 Stuart Hall，被定罪的艺人，是83岁，但将量刑增加到30个月的羁押的情形。

的大部分时间，但是可能引发争论的是对于这样一个正值青春年华的年轻人适用这样的量刑可能其所遭遇的灾难并无不同。监狱生活对于一个80岁的人而言更艰难的替代观点或许可能存在空间；但那可能是另一个问题，将依据下面的原则来处理。

关于严重的和/或者晚期的医疗状况，1997年伯纳德［*Bernard* (1997)］案①的主导裁判产生了两项一般原则。第一，可能在不可预期的将来某天，影响生命的时限或者监狱当局满意地处理罪犯的能力的医疗状况，不是法庭干涉否则可能是恰当量刑的一个理由，但其可能是需要引起内政部关注的问题。患有艾滋病的监狱罪犯属于这一类。第二，严重的疾病状况，即使当在监狱里很难处理时，也不能给罪犯减刑，尽管法庭给予更轻的量刑可能是作为一项怜悯的举动。第二项原则不令人满意，因为其表现为将该问题完全留给法庭裁量。② 这一问题应该在原则层面上得以解决，有利于考虑此种情形，而且调整的程度应当反映疾病状况的性质及其可能产生的影响。③ 第三项相关原则是《公约》的第3条必须遵守，所以法庭必须避免对被告人适用非人道或有辱人格的待遇的量刑。然而，在监狱中有一些安排，以处理患有严重疾病的监狱犯人，并且仅当被监禁的事实可能暴露被告人违反第3条的实际风险时，法庭才不应该对其监禁。④ 正如来自多重残疾和疾病的犯罪人案件所显示的，⑤ 这样的行为仅很少地会被认为是必要的。

一类更难的情形是当其他监狱犯的可能反应或者罪犯曾被其他监狱犯袭击或伤害使罪犯在服刑的大部分时间将被单独羁押以实现对其保护成为不可避免。上诉法院曾提出"被告人被其狱友的对待一般不是法庭可以适当考虑的一个因素"，相反地被告人应当通过官方申诉程序提起诉讼或者向内政部申请怜悯地提前释放。⑥

---

① ［1997］1 Cr App R（S）135，由 Ashworth and Player（1998）讨论。

② 在 *Stevens*［2003］1 Cr App R（S）32 中，法庭基于罪犯患有"严重心脏病……预后效果差并且引发许多问题的羁押量刑的真实可能性"。

③ 还参见 Piper（2007）。

④ *Qazi and Hussain*［2011］2 Cr App R（S）32, at［35］.

⑤ *Hall*［2013］2 Cr App R（S）434.

⑥ *Nall-Cain*（*Lord Brocket*）［1998］2 Cr App R（S）145, at p.150; see further Piper（2007）, pp.144-145.

　　另一类情况涵盖由于对犯罪人施加量刑的结果（导致）另一个人或一些人遭受反常的痛苦的情形。很少有任何量刑的缩减以罪犯的家庭将遭受痛苦为理由，① 因为这被认为是一种监禁的正常附随结果，但是在家庭成员正在遭受威胁生命的疾病的情形下，则方法是不同的。上诉法院在一些案件中曾"出于仁慈"的理由缩减了量刑。② 这一减轻情形的最经常的例子可能是母亲照顾婴儿。尽管在一些裁判中母亲们曾被减轻监狱量刑或者推迟刑罚的执行以便于她们照顾其婴儿，③ 但有许多其他的案件采取了更强硬的态度：

　　　　法庭经常是最不愿意看到年幼的孩子的母亲被处以监禁刑。不幸的是有时是不可避免的……没人不被孩子的困境所感动，但悲哀的是案件中经常被描绘的图景是年轻的母亲涉足了严重的犯罪行为的情形。已经向我们描述的情形一点都不是例外。④

　　一些裁判暗示，对于严重到可以适用 9—12 个月监禁的罪行，法庭不可能出于对罪犯的孩子的同情而暂缓量刑或适用社区刑。⑤ 如果犯罪比那更严重，看上去相对小的量刑减少可能是最为可能的，甚至依据《公约》第 8 条和《联合国儿童权利公约》（*U. N. Convention on the Rights of the Child*）第 3 条考虑"家庭生活的权利"。⑥ 在罪犯是怀孕的妇女的情形下，法庭有时愿意避免羁押刑罚，⑦ 但是，当犯罪被认为是严重的情形下，法庭可能发现他们不能遵循这个路线。这里如同在别处一样，当问题

---

① Cf. *Grant*（1990）12 Cr App R（S）441.

② 例如，*Haleth*（1982）4 Cr App R（S）178，儿子患肾病。

③ 例如，*Whitehead*［1996］1 Cr App R（S）1, *Bowden*［1998］2 Cr App R（S）7。

④ *Smith*［2002］1 Cr App R（S）258 at p. 261, 对于阴谋逃避 70000 英镑的关税坚持 12 个月的羁押。很明显根据"发挥作用的是什么"内政部白皮书声称："监狱可以破坏家庭……每年 125000 名儿童受父母羁押的影响"：Home Office（2002），p. 85。

⑤ *C*［2007］1 Cr App R（S）357, at para. 25；*Seepersad*［2007］2 Cr App R（S）34, at para. 7。

⑥ 充分的讨论参见 Hughes LJ in *Petherick*［2013］1 Cr App R（S）598；还参见 *Wilson*［2011］1 Cr App R（S）11, 以及 *Spencer-Whalley*［2014］2 Cr App R（S）451。

⑦ 例如 *Beaumont*（1987）9 Cr App R（S）342；在由 Jacobson 和 Hough（2007, ch. 3）所进行的调查中的法官们被以其对该问题的方法分开。

应当在原则层面上解决的时候，法庭倾向于偏爱"表现出怜悯"的语言。有一个强烈的观点主张这种结果应当通过其他方法减少，因为这种情形偏离比例原则量刑不应当被允许：正如苏珊·伊斯顿（Susan Easton）所指出的："减轻的影响击中了报应理论的心脏。"① 然而，如果认为基于实用主义的理由量刑，法庭应当基于这些理由中的一个做一些削减，或者如果采用平等影响的原则可以在报应理论框架内调整，② 这一问题应当公正地面对，不必滑入怜悯的泥淖中。

一个表明对第三方不寻常的关注的案件是 1989 年奥利弗和奥利弗 [*Olliver and Olliver*（1989）] 案③，在该案中被定以中等严重的暴力犯罪的两兄弟获缓刑和罚金，而不是立即监禁，主要是基于在他们的木器加工公司中大约有 23 名雇工的生活依赖于他们继续的自由（之身）。这确实不是所谓恰当的减轻量刑的问题，而更是一个调整量刑以便于使对未涉案的第三方的损害后果最小化。对罪犯来说，是个意外的收获。在总检察长向法院提交的给予指导性说明的《2006 年第 86 号质询案》中④上诉法院不允许基于对雇员工作前景的影响而减轻量刑，因为犯罪涉及雇员未能采取恰当的防护措施的重大过失杀人。

六　罪犯的现在和未来："准备好改变了吗"？

在第五章第四节中讨论的大多数减轻因素关注于罪行或者罪犯的过去。然而，在《2003 年刑事司法法》第 166（1）条的规定中并没有这样的限制，其允许法庭考虑"任何诸如，以法庭的观点，与减轻量刑相关的问题"。而且在《2003 年刑事司法法》第 142（1）条中法定的"量刑目的"中是一些有关未来目的的，诸如"减少犯罪"和"罪犯的改造和复归"。当量刑者有证据表明犯罪人正在解决那些导致犯罪（诸如毒品或者酒精问题）时，他们热衷于追求这些目的。⑤ 因此乔安娜·沙普兰主张

---

① Easton（2008），p. 116. 对于通过完善社会支持和监狱条件处理羁押的父母和照顾者更可取，而非使其离开这种适当的量刑的观点，参见 pp. 112-114。

② Ashworth and Player（1998）.

③ (1989) 11 Cr App R（S）10.

④ [2007] 1 Cr App R（S）621, at para. 36.

⑤ 对此，参见 Jacobson and Hough（2007），表 2.2 and p. 10；Shapland（2011），pp. 68 和 75；Padfield（2011）。

在量刑者正在追求"改造或复归"的目的，或者以现代术语表述的"一个断念的范例"的情形下，关键因素是"由罪犯向机构表明——向改变他们的生活的期望的方向转变"。她的研究也表明受害人"热衷于有关罪犯努力处理他们生活中导致他们犯罪的那些部分"①。同样地，雅各布森和霍夫的试验性量刑脚本揭示"毒品治疗的动机"依据的重要性在减轻因素中被置于第二位。②

尼古拉·帕德菲尔德认为量刑者试图确定一名罪犯是否"准备改变"，"应当被允许在量刑中冒一定风险以便帮助罪犯打破其犯罪的循环"③。问题是这些有关未来的因素如何融进比例量刑的框架，答案是在被认为有一个真正的改变前景的情况下，可以设置有限的例外。例外是一项有限的因素，不适用于严重的犯罪。因而，量刑委员会的夜盗指南规定：

> 在被告人依赖毒品或有滥用毒品的癖好并有充分的成功前景的情形下，附带药物康复要求的社区令可能是对短期或中期羁押刑的恰当替代措施。④

性犯罪的指南包括对性犯罪罪犯治疗的相似的限制性参考。⑤ 这些指南的规定确认了当他们判断存在"充分的成功可能"和犯罪不是太严重的时候，量刑者享有做出向下偏离（指南量刑）的裁量权。

第五节　实践中的减轻和加重因素

减轻和加重因素来源的探索仅触及了其在量刑中呈现的众多问题中的一些。然而，已经清楚浮现的是减轻和加重要素在两个方面的巨大作

---

① Shapland（2011），p. 76.

② Jacobson and Hough（2011），p. 155.

③ Padfield（2011），p. 99.

④ Sentencing Council, *Burglary Offences*：*Definitive Guideline*（2011），p. 8. 这为何仅仅援引毒品治疗而非酒精治疗，并不清楚。

⑤ Sentencing Council, *Sexual Offences*：*Definitive Guideline*（2013），p. 18.

用。首先，正如研究所表明的，减轻因素在决定一个处于羁押的"边缘"的案件是否可以通过非羁押刑的形式处理发挥关键性的作用。霍夫、雅各布森和米莉发现，鉴于送去羁押的案件取决于犯罪的严重性或者罪犯的先前记录，把"边缘"案件的刑罚减为社区刑的关键因素是诸如悔恨、有罪答辩、提出个人问题的动机、家庭责任或者良好的职业记录或前景等减轻因素。[①] 当更详尽地调查这一问题时，发现在大约四分之一的案件中个性化减轻的影响将把应适用羁押的犯罪降低到了羁押门槛之外；其次，在另外四分之一的案件中个性化减轻因素具有减少羁押时间的作用，还有一些案件有罪答辩自身具有那种效果。[②] 量刑指南很少精确定位"羁押的门槛"，并且这表现为留待量刑者对罪犯及他或她的前景进行道德评估：

> 对个性化的强调无疑使量刑过程成为一个高度主观性的过程，其间个体量刑者（或者在治安法院案件中的量刑群体）不得不评估罪犯的意愿和能力以及他或她对犯罪和犯罪行为的态度，诸如懊悔的存在或缺失以及停止侵犯的决心。这些评估为裁判提供了有关责任和可责性。换句话说，量刑者的决定是在一套明确的道德概念框架内做出的。[③]

这些道德评估在一个特殊的环境下发生，其间辩护方律师试图以特殊的方式建构罪犯的品格，而量刑者（们）从罪犯在法庭上的举止和其他行为得出推断。[④]

加重和减轻因素证明其实际作用的第二个方面，是其在羁押刑的长度上的影响看上去（几乎）超过了犯罪本身的影响。因而，一个高度的挑衅能够极大地缩减谋杀犯罪的正常最低刑。[⑤] 另一方面，针对老年被害人的犯罪能够极大地增加对中等强度夜盗、欺诈或盗窃犯罪的量刑，正如我

---

① Hough et al.（2003），pp. 36–37.

② Jacobson and Hough（2007），ch. 2 和表 2.3。

③ Hough et al.（2003），p. 41.

④ 进一步参见上文第一章第六节，和 Jacobson and Hough（2011），p. 161。

⑤ 参见上文第四章第四节第一部分。

们更早些时候所看到的。①

　　加重和减轻因素的这些强烈作用发生在立法和确立了一些加重和减轻因素的法定效果的确定性指南的制度内，但很少给出有关一项特殊因素应当如何权衡的指示。在继续讨论加重和减轻因素指南制度的方法之前，将先讨论四个原则性问题。第一，如果存在一项减轻因素，罪犯有权被减轻量刑或者这是可以自由裁量的吗？第二，是否存在一般的减轻因素可能仅仅对其具有微不足道的影响的一些种类的犯罪吗？第三，法庭应当如何处理加重和减轻因素的混合情形呢？第四，法庭出于"宽容"而减少量刑在何时是恰当的？

一　减轻刑罚是一项授权吗？

　　戴维·托马斯（David Thomas），基于对早期英国裁判的综合考虑，认为它不是。②早期的案件暗示当法官们希望追求一些诸如威慑等其他刑罚目标时可以不给予减刑，但是当前的量刑框架不会允许同样的灵活性。确实，仅有一个法定减轻因素——有罪答辩折扣——和《2003年刑事司法法》第166条的条款是允许的。《2003年刑事司法法》第142条建议法庭可以追求它所希望的任何刑罚目的也是真实的，尽管量刑指南清楚地表明这必须在比例原则框架内运行。大多数的量刑指南仅仅标明相关的加重和减轻因素，留给法庭在每起案件中分配其恰当的权重。然而，如果量刑拒绝反映其中的特殊减轻因素，这将是上诉和审查裁量权的理由。原则上，在其事实基础被建立起来的情形下减轻因素应当是一项授权。

二　减轻刑罚的效果会根据罪行的严重性而变化吗？

　　有罪答辩折扣的讨论表明量刑减少的目的是同样成比例的处理，无论量刑是长期监禁或者仅仅是一项罚金（如上所述，尽管存在对强制最低刑和谋杀的政策驱动的例外）。然而，那一方法不能适用于所有的减轻因素，最明显的例子是先前的好品格。第一次犯罪者可以希望比多次犯罪者获得更宽大的处理。然而，一名初次犯罪人是强奸或者武装抢劫的罪犯不能期望获得非常大的折扣：这里，犯罪的严重性被认为超越了一般的减轻

---

① 参见上文第五章第二节第二部分。
② Thomas（1979）p. 47；还参见 pp. 35-37，194。

诉求，当错误是如此恶劣的时候，对"人性弱点的让步"的推理看起来相当的赢弱。这在量刑者中表现为主导性的观点，[1] 并且我们注意到上文第五章第四节第六部分夜盗和毒品犯罪量刑指南将"准备改变"处理的命令限制为中等严重程度的案件。

三　对加重和减轻要素的混合情形的处理

实践中，很少有单一的减轻因素或者加重因素独自出现。在许多案件中存在两个或更多的减轻因素，以及两个或更多的加重因素，并不罕见。法庭将如何评估这样因素的整体效果呢？研究表明这是量刑不大一致的一个缘由，[2] 并且甚至在指南对某个罪行已经有规定的情形下，缺少关于权重的确定指南可能产生明显的不一致。[3] 英国指南的典型性结构是指示各种起刑点，接着一定的加重或减轻要素可采取比这个起刑点高或低的量刑——没有建议对单一要素的权重，更不用说建议哪一个要素是典型性的更重要的了。有人可能接受增加或减少的算术展示将是不当的机械性计算，但关于那个命题的两点限制必须得到承认。第一点，对英国法官和治安法官的实际计算所知甚少。他们具有一种倾向于撤退到"没有两个案件是相同的"或"怜悯的"方法后面，而不是确定涉及的原则问题和因素的相对强度。[4] 第二点，有罪答辩折扣和对种族加重因素的强化（以及其他受保护的特点）不得不被量化，表明一些计算上的清晰是可能的。

四　怜悯

在少量的案件中，法庭做出了强烈向下偏离指南的裁判并且考虑了有关罪犯情况的特别要素。在上文第一章第五节第（b）部分讨论的 2007年舒曼案[5]中，一名患有临床抑郁症的女性怀抱其小孩子跳下了亨伯河桥，想结束她俩的生命。首席大法官菲利普斯勋爵认为"存在法庭可以将指南和当局放在一边而代替适用怜悯的情形"，撤销监禁刑，支持有监管要求的社区刑。相似地，在总检察长向法院提交的给予指导性说明的

---

[1]　Jacobson and Hough（2007），ch. 4.

[2]　对于英国的研究，参见 Corbett（1987）；对于美国，参见 Zeisel and Diamond（1977）。

[3]　Ranyard，Hebenton and Pease（1994），pp. 208，216.

[4]　Jacobson and Hough（2007），ch. 5.

[5]　［2007］2 Cr App R（S）465.

《2007 年第 11 号质询案》中[1]作出有罪答辩当街抢劫的罪犯的量刑的减轻部分是其姐姐病危，并且接着死掉了。上诉法院拒绝在 6 个月的基础上增加量刑，认为怜悯是恰当的。怜悯也是对严重伤害夜盗其家者的户主减少或者暂缓量刑的理由，[2] 并且怜悯也是对受到继子威胁和刺激而为努力解决绝望境遇伤害了其继子的犯罪的暂缓量刑理由。[3] 重要的是法庭也被允许反映这样极端的混合情形，但正如上述有关伯纳德案[4]所主张的，当罪犯患有不能在监狱治愈的严重疾病的情形下，减少量刑应当被认为是法庭的自由裁量权是错误的。如果表明应当表现出怜悯的强烈情形，法庭应当就为什么在"司法的利益"指示向下偏离指南的裁判说明理由，并且应当对减轻因素的强度和削减的量的理由进行评述。"怜悯"的分配是量刑实践中的一个重要方面，但是使用该术语不应当允许法庭的行为偏离正当性。

第六节　结论

英国量刑指南规定的减轻要素比加重要素少，然而由雅各布森和霍夫所进行的研究确认了个性化减轻因素可能对法庭量刑的性质和数量具有重大影响，其最强有力的功效是或者将羁押刑起刑点减少到非羁押刑的结果，或者缩减羁押刑的长度。[5] 许多这些要素是与比例原则不相关的，问题是是否它们中的每一个都具有正当性。在上文第五章第四节第二部分主张，罪犯通过他们犯罪后的行为，对刑事司法制度顺利运行或实现其目的作出贡献，应当获得某些刑罚的减轻。这承认了量刑以在社会中的一定价值构成了刑事司法系统的一部分。但是，在第五章第一节第一部分主张同样的情形不应当适用于有罪答辩折扣，正如当前所计算的，因为基于那一理由极大地减少量刑朝向剥夺被告人重要权利的方向走得太远了，这是不

---

①　[2008] 1 Cr App R (S) 26.

②　*Hussain and Hussain* [2010] 2 Cr App R (S) 399.

③　*Attorney-General's Reference No 95 of 2009* [2010] 2 Cr App R (S) 535.

④　Hood (1992), p. 125, 声称量刑中的三分之二的"种族影响"来源于因作出无罪答辩而丧失折扣。

⑤　Jacobson and Hough (2007), 表 2.3 和第二章；还参见 Padfield (2011) 以及《皇家法院量刑调查》(CCSS) (2013)。

应当被牺牲的重要的社会价值（人权）。在上文第五章第四节第一部分也主张法庭应当考虑正常量刑将对单个罪犯所产生的任何反常影响。边沁强烈支持在其威慑理论背景下的这一平等原则的影响，[①] 它并非与比例原则理论不一致。[②] 然而，它仅仅是一项原则而不是一项绝对的规则，与其他诸如非歧视规则（在法律面前人人平等）等原则相冲突的可能性将在第七章进行更全面的讨论。

在上文第五章第四节第五部分所展示的观点反对将定罪的附带后果的相关性作为减刑因素，在上文第五章第四节第四部分反对诸如挽救落水者的声誉的更广泛社会效果的企图。如果他们试图描绘一个罪犯的社会贡献的权衡清单，它不仅是量刑官不会知道在哪里停止；支持这个方法的政策或者原则的观点看上去是不充分的，除非有人采用了修改过的法庭功能的涂尔干观点（Durkheimian view），并且强调重点在于公众期待法庭做什么。然而，与将来相关的因素可能比与过去相关的因素更强有力：第五章第四节第六部分认为在存在罪犯将努力改变的良好期望的情形下，个性化减轻因素可能恰当地将一个低等或中等的羁押刑减轻到社区刑。

加重和减轻要素最令人不满意的是，在多数情况下，英国量刑指南没有指示它们应该承担的权重（例如，一个专门的要素是否可以永远，或者通常的，将一个案件脱离类型化范围），也没有指明当加重和减轻要素在一起案件中时，它们是如何相互影响的。对这点最主要的例外是对有罪答辩的量刑减少；也有一些关于先前定罪的影响的指南，我们将在下一章看到。目前传统的反应是加重和减轻因素的力度和强度随案而易的变化，因此明智的指南是不可能有的。但那经常是对需求犯罪指南的反应——这种类型的犯罪的变化如此巨大以至于对其不可能设计指南。那一障碍目前已经克服了，其理应让指南创设主体去尝试完善加重和减轻因素的指南，尤其是因为研究清楚地表明它能够给予量刑巨大的影响。我们在上文第第五章第二节第二部分看到，在以老年人或残疾被害人为攻击目标的情形下，量刑可能远高于该罪行所通常可能适用的量刑——在某种程度上被害人的年龄和脆弱性遮蔽了犯罪本身的严重性。在一些有计划或者有组织犯罪的情形下，诸如掏兜犯罪，法庭也会施加超过盗窃数量或导致的痛苦的

---

① 参考 Bentham（1789），ch. XIV，para. 14。

② 参考 Ashworth and Player（1998）with von Hirsch and Ashworth（2005），Appendix C, and Easton（2008）。

不成比例的量刑，因为罪犯表现出"职业性"。[①] 上文主张对加重因素给予如此压倒性的影响并没有充分的正当理由；这是量刑委员会应当面对的问题。

　　指南的整个目的是培育量刑方法的一致性，在某种程度上加重和减轻因素大体上被遗弃了——更不用说考虑一定的要素是否正确这一疑问——因此在指南中将会存在极大的缺陷。说每一起案件依赖于其自己的事实并且因此法庭本应在这一问题上具有自由裁量权是没有答案的：正如本章在许多点上所证明的，有可以和应当解决的原则问题。因此，本章已经给出了支持朱利安·罗伯茨观点的理由，罗伯茨的观点是指南仅仅提供标准的加重和减轻因素的清单是不够的，它应该指出允许每一项因素具有那一影响的原理；应当规定有关不同因素的不同权重的指南，尤其是有关羁押门槛的；如果要素被分类，那至少会是向前迈出的一步，以便其原理可以更清晰地浮现；个体化要素应当在所有的指南中被充分处理；为了产生一系列的非减轻因素（和非加重因素）的目的，一定的争议因素应当明确予以考虑，诸如有价值的社会贡献或良好的职业记录的减轻要素。[②] 例如，澳大利亚法律改革委员会的报告（report of the Australian Law Reform Commission）处理了诸如量刑对扶养人影响的有争议的要素，[③] 并且趋向法庭应该关注的一系列要素运行。委员会还讨论和决定了不应当加重的因素，不应当减轻的因素，以及不应当考虑的其他因素。[④] 量刑委员会应遵循这一引导，并形成对这些重要问题的自我评估。接着应当考虑最好以什么形式对这些问题制定指南，[⑤] 其中许多要素在更多的案件中再次出现而不是专门的犯罪指南。除非已经采取了这些步骤，否则不会实现强化量刑方法一致性的目标。

[①] 参见上文第四章第四节第十二部分，以及下文第六章第四节。

[②] Roberts（2008b），Cooper（2013）.

[③] ALRC（2006），paras. 6. 121-6. 127.

[④] Ibid.，paras. 6. 160-6. 196.

[⑤] 进一步参见 Shapland（2011）。

第六章

惯犯、预防和预测

本章研究对重复犯罪的人予以量刑的冲突性问题，包括"危险犯罪人"的子群类型。概要的历史介绍后，本章第二节研究对惯犯（persistent offenders）量刑的4个方法，第三节研究《2003年刑事司法法》的相关条款。第四、第五节研究两个专门性问题，"职业"犯罪人和轻微犯罪惯犯。在第六节对重复违反规则（的人）的一种不同处理方法进行研究—民事预防令的使用。第七节转向作为预防犯罪战略的可择性使无能力问题，参照英国法律最低的"三击出局"量刑法。在第八节评估对"危险"犯罪人提供适宜量刑努力的最近立法，一些结论性思考在第九节可以找到。贯穿这些专题有一个关注未来犯罪行为风险评估和促进安全的主题。对这些理论的援引相当于偏离了比例原则的原理，对此的正当性理由将被给予密切关注。

第一节　历史介绍

以惯犯治理为专门性目的的英国举措的历史似乎被广泛地认为是一个失败的历史。至少在最近的百年内法官有充分的自由裁量权，允许他们对严重惯犯施以相当长时间的量刑而不必援引任何专门权力。但是，刑罚改革者和政府已经不约而同地感觉到没有对惯犯的进一步的专门规范，就没有重大改革实现的可能。1895年格莱斯顿委员会（Gladstone Committee）提出了针对惯习偷窃和抢劫犯罪人的专门措施，否则他们接受的是一系列相当短期的刑罚并因此频繁地返回社会继续犯罪。委员会的建议，经过大量辩论后①形成了《1908 年犯罪预防法》（*Prevention of Crime Act 1908*）。这授权法院，针对从 16 岁起有三起先前重罪的犯罪人，除对犯罪的正常量刑外，施予 5 年到 10 年的预防性羁押量刑（所谓的"双规"量刑系统）。在 1910 年丘吉尔成为内政大臣时，这部法律的实际焦点很快被修改了。他认为法案，正如它被执行的情况，不当地聚焦于仅仅是违法上的重复性，他揭示了已经导致预防羁押适用的一些犯罪的轻微本质。他发布了新的公告，公开宣称"纯粹的顺手牵羊盗窃，没有任何严重的加重要素伴随，不再正当化（适用）"预防性羁押，并且提议一个一般性的测试检验犯罪的本质是否"如此严重以至于指示犯罪人不仅是可恶的而且是对社会严重危险的"。② 预防羁押的目的因此成为"保护社会防范来自职业犯罪这个最坏级别的侵犯"。实际上，法庭经常发现他们在此类案件中的普通量刑权一般是充分的，因此预防性羁押的适用呈现减少趋势。

由《1948 年刑事司法法》（*Criminal Justice Act 1948*）引入的新形式的犯罪预防举措针对年龄 30 岁或以上的惯犯，以 5 到 14 年量刑代替（不是除了）一般量刑。1932 年达夫—威尔逊委员会（Dove - Wilson Committee）建议这主要对"故意通过对公众进行（犯罪）掠夺而谋生的职业犯罪人"的适用，③ 但是在 1948 年，吸收入立法时，政府设想它也应覆盖"相对轻微犯罪的惯犯"。④ 法官很快发现他们通过的对犯罪人的预防性羁押量刑，犯罪人的犯罪记录展示出来的，并不都是严重的犯罪。在 20 世纪 50 年代末期，法官逐渐地反对这么做，1962 年，英格兰威尔士首席大法官甚至发布了限制预防羁押适用的实践指导。⑤ 根据咨询委员会 1963 年的《罪犯处置》（*Treatment of Offenders*）的悲观报告和两个其他研究证明预防性羁押适用对象实施的许多犯罪本质上是轻微的，⑥ 预防性羁押量刑实际上废弃不用了。

介绍的下一个举措是延长刑期（加重量刑）：当根据犯罪人的犯罪记

---

① Radzinowicz and Hood（1986），pp. 265-278.

② Radzinowicz and Hood（1986），p. 285.

③ Dove-Wilson（1932），para. 42.

④ Hammond and Chayen（1963），p. 11.

⑤ 参见［1962］1 All ER 671。

⑥ Hammond and Chayen（1963），West（1963）.

录，为了保护公众的目的，被认为是必要的时候，《1967 年刑事司法法》（Criminal Justice Act 1967）授权法院超过一般量刑幅度或者（在有限的情形下）超过法定最高刑罚量刑。1965 年的白皮书已经建议对那些"对社会构成真实威胁"的犯罪人适用延长刑期的刑罚，[①] 但是，一项议会修正案要求法院对当前罪行的严重性进行考虑，但这一修正案并未被政府接受。再一次，法院很快发现那些落入延长刑期范围的犯罪很难被描述为真正的威胁，这种延长量刑没有在量刑实践任何阶段发挥重要作用。

《1991 年的刑事司法法》是第一个包括了对惯犯犯罪人量刑一般规定的成文法：尽管它目的是重申普通法精神，它的起草是模糊的且在 1993 年被废止了，取而代之的是一项乏味的条款，在 10 年间，它没有成为上诉法院权威考虑的主题（尽管大量的惯犯犯罪人被量刑）。1991 年法律也包括了一个条款，在 2（2）（b）条款规定中，假如认为"仅在如此的量刑将能充分保护公众免于来自犯罪人的严重伤害"的话，允许法庭通过超越比例量刑原则对暴力或性犯罪进行量刑。然而，这条规定在关键问题上是模糊的，并且在法庭解释的范围内具有不可接受的宽泛性。[②] 适用超越比例量刑的更长刑罚的权力相对很少适用，可能（再次）因为法庭无论如何都倾向于对严重犯罪适用长期刑罚。《2003 年刑事司法法》再一次改变了相关法条，它的条款在本章的剩余部分将进一步讨论。

这个概要的历史考察揭示了两个经常发生的困难。首先，对惯犯的立法经常以宽泛的词汇进行规范，有关可以包括的和排除在外的犯罪人的类型经常没有清楚的和精确的指南。其次，而且是更基础的，应该成为专门量刑目标的犯罪群体或者分类并没有一致的协议。诸如"职业犯罪人"和"真实威胁"的术语没有精确性上的大幅进展，并且当法律最后确实地明确规范暴力和性犯罪的惯犯时 ［区别于财产盗窃犯罪人最突出的累犯（recidivists）形式］，那些被包括进来的许多是在量刑比例中的量刑最少的部分。

---

① Home Office（1965）.

② 对于《1991 年刑事司法法》，参见本书第 3 版第 169—172 页和第 183—189 页中的讨论。

第二节　惩罚惯犯的四种方法

　　对惯犯量刑所表达的不同观点不能总是清楚分类，但基本的四种范式是：（i）固定比例的量刑（flat-rate sentencing），（ii）累积原则（cumulative principle），（iii）减轻情形渐进减少（progressive loss of mitigation），以及（iv）温和的惯犯溢价（a moderate recidivist premium）。这些方法的优点和缺点是什么呢？[①]

一　固定比率量刑

　　依据这个方法，量刑应由所犯罪行来控制而不是犯罪人的先前犯罪记录（控制）。此种观点由一些应得惩罚理论者所支持，最突出的是乔治·弗莱彻（George Fletcher）[②]和理查·德辛格（Richard Singer）[③]。简言之，他们的主张是犯罪人应得的惩罚应按照实施的犯罪，根据它的危害性和与犯罪有关的有责性来衡量。任何先前的犯罪不能对此犯罪的量刑有影响。实际上，它们不仅与此量刑衡量无关，而且在量刑时再考虑先前犯罪实际上是惩罚犯罪人两次以上——假如对先前的犯罪已经适用刑罚了，因此顾及先前惩罚过的犯罪增加后续犯罪的量刑是不公正的。弗莱彻认为考虑先前犯罪的应得理论者沉溺于变相的预防战略。弗莱彻说，因为基于应得理论的理由增加的量刑不能是正当的，如此的著述主张者实际上是努力在如此案件中实现适度总量的个体预防或使其无资格能力。

　　固定比例量刑方案很少有实际的适用案例。非法停车是一个：量刑不会根据先前犯罪的数量而增加，一个人可能每天犯罪而不会收到比固定刑罚更高的惩罚。许多其他轻微犯罪有固定的刑罚或者如此低的最大限度罚金，他们可能被认为是固定量刑比率的犯罪，尽管实际上贫穷的犯罪人可能说服法院减少对其的量刑。

---

①　参见在 Frase（2013），第四章中的讨论。

②　Fletcher（1978），pp. 460-466.

③　Singer（1979），ch. 5.

二　累积原则

至少在 19 世纪中期以来都有对惯犯犯罪人量刑的累积原则的支持。基本观点是对每一个新的犯罪，量刑应该比先前犯罪的更严厉。以这种方式，量刑应该是累积的，目的是震慑个体犯罪人以防止其重复犯罪。累积原则最为人所熟知的倡导者可能是格洛斯特郡治安法官巴威克·劳埃德·贝克（Gloucestershire magistrate Barwick Lloyd Baker）。1863 年，他提议对第一次的重罪定罪惩罚应是一周或十天的粗茶淡饭的监狱羁押（Prison）；对第二次犯罪给予 12 个月的监禁；对第三次犯罪给予 7 年的劳役拘禁；对第四次犯罪给予终生或者非常长时期的劳役羁押，（这）将对犯罪人一生的大部分时间以假释方式才能离开的方式予以监控监管。他视此为通过个体震慑实现公共保护，而且毫不怀疑其公正性："如果你清楚地告诉一名男士在他从事犯罪前什么将是犯罪的刑罚，那么在适用过程中并没有什么不公正。"[1]

这种严厉的刑罚方法没有顾及到一些犯罪是轻微的犯罪以及一些是来源于人性弱点或者贫穷的犯罪而不是来自"邪恶"或不道德的犯罪的事实。它遭遇了极大的反对，突出的来自弗朗西斯·霍普伍德（Francis Hopwood），在 19 世纪末作为利物浦的记录法官，他不遗余力地谴责对轻微累犯犯罪人予以严重刑罚（的做法）。那个时代的英格兰威尔士首席大法官柯勒律治勋爵（Lord Coleridge）似乎对霍普伍德的方法有更大的同情，因为他主张他仅对"在我面前审判的特殊犯罪的犯罪人"施以如此刑罚。但是甚至柯勒律治勋爵都承认他的一些同事有"不同的指导思想"。[2]

尽管贝克的原理是震慑，使无能力（无资格性）可能也被援引支持累积方法，尤其是考虑到当代强调安全和风险（的趋势）。然而，贝克并没有限制他的方法（仅适用）"危险犯罪人"：他认为对轻微犯罪惯犯的累积量刑将每年减少大约 6000 件轻微犯罪（的发生）。[3] 众所周知，再犯罪率根据前罪定罪的数量急剧增长（对有 3 次到 6 次先前定罪的惯犯 2 年内有 45% 的再犯罪率，对有 7 到 10 次先前定罪的是 56%，对那些 10 次或

---

① 参见 Radzinowicz and Hood（1986），pp. 237-238 以及参考资料。

② Radzinowicz and Hood（1979），pp. 1311-1312.

③ Radzinowiz and Hood（1980），p. 1330.

者更多次的先前定罪的是 76%）。[1] 问题是这些犯罪的绝大多数是处于刑罚比例尺中的更低端：累犯率高的原因是较轻的犯罪（往往是财产型犯罪），因此累积原则倾向于对轻微犯罪和相对没有威胁的犯罪人积累量刑。这将显著地不成比例。[2] 限制暴力和性犯罪的累积原则的公平性在本章第七节进行讨论，并对一定类型犯罪人适用可选择性的无能力原则的建议予以审查。

对累积量刑的更一般的原理是个别预防。这是贝克的主要观点：累积量刑将阻止犯罪人犯罪，或者如果他们不这样做，他将实际上是"瞪大眼睛谨慎地给自己量刑"。[3] 基于这个论断，一些问题产生了。所有的或者大多数惯犯犯罪人，是该理论所主张的有理性动机的邪恶犯罪人吗？在本章第一节主要评估的，对惯犯犯罪人调研的历史证据，暗示着它们中的许多并不是有理性动机的。[4] 抛开在下面第七节讨论的"危险"犯罪人不谈，惯犯犯罪人的主体部分包含大量的社会弱势群体，或者个人生活混乱，或者物质依赖，或者精神失常。因此，朱利安·罗伯茨所采访的被定罪的累犯，都提到了重复犯罪人被"教导了一课"（译者意指累积量刑惩罚），以及法院需要对为什么一名特别的累犯会重新犯罪的原因进行调查，主张一个更个性的，更少公式化的方法。[5] 因此，对非危险性的惯犯者，对他们犯罪原因的调查可能表明应该采取更建设性的措施——一种与累积原则不同的方法。

累积战略在预防犯罪上是有效的吗？这不仅依赖于诸如在犯罪人中量刑知识的要素和抵消因素的缺少（例如，低破案率，对人们所需的恰当社会供给的缺乏），而且也在于刑罚的影响性。英国法长期有一种形式的累积量刑——对道路交通犯罪的刑罚扣分系统。当法院对一定的交通犯罪的犯罪人量刑时，它可能（或必须）施加一些量刑罚分，当犯罪人累积12 分，附随的是驾驶资格的即时失格。适用机动车犯罪而不是其他犯罪的这个刑罚系统的正当性还没有被广泛地讨论；但是当进入基于监禁量刑

---

① Roberts（2008a），p. 31.

② Roberts 也表明不成比例的量刑不会获得大量公众的支持，即使坚持进行某些完善：同上，p. 166 and pp. 171ff.

③ Radzinowicz and Hood（1986），p. 238.

④ Radzinowicz and Hood（1986），chs. 8–12，有关在 19 世纪的这些争论。

⑤ Roberts（2008a），pp. 148–152.

的预防系统时，一个反对的声音早在 1932 年以前就由达夫-威尔逊委员会提了出来：

> 这个推理是，当前的方法不仅没能检验这些人的刑事犯罪习性，而且实际上可能使罪犯适应监狱条件，其应该是削弱而不是加强他们的性格，从而导致渐进的恶化。[1]

因此羁押监狱量刑的重复适用可能适得其反，使这些犯罪人更不能守法地生活并且更可能在释放后重新犯罪。如果累积量刑是基于对个人的震慑，并且如果震慑目的是保护公众，为这个目的而严重依赖监禁可能不仅走向了抑制原则的反面（见第三章第四节第二部分），而且在很大程度上会弄巧成拙。

基于十年前对刑事犯罪职业的典型特征可获得证据的综述，戴维·法林顿（David Farrington）主张：“由于第一次或第二次犯罪后犯罪人断念的高比率性，因此，重大的刑事司法干涉可能可会被推迟到第三次犯罪。在第一次或第二次犯罪后的牵制性措施可能是恰当的。”[2] 再定罪率表明第一次犯罪后有 13% 的再犯可能性，犯了一罪到两罪后是 30% 的再犯罪率。[3] 这在累积量刑和预防犯罪之间造成了进一步的隔阂。假如预防是主要的问题，就不意味着累积量刑是取得这个效果的最有效的方式，尤其是在两次或三次犯罪后，而且尤其是如果涉及羁押量刑的时候。如同许多量刑政策，累积量刑可能对政治家和媒体有一个表面的吸引力，因为它表现出“强硬”，但是它依赖于粗糙的犯罪原因假设，并没有理解断念模式，未能抓住量刑制度自身易于产生犯罪的效果。

三　减轻情节的渐进消失

这种对惯犯的量刑方法不用于固定比例量刑方法在于其允许一些先前犯罪记录的强化功能，不同于累积原则在于考虑比例原则的整体概念从而强烈限制先前定罪记录的影响。这一减轻情节渐进消失的原则事实上包括两个部分：一方面是第一次犯罪的犯罪人应该收到了量刑的减轻；另一个

---

[1]　Dove-Wilson（1932），para. 3.

[2]　Farrington（1997），pp. 564-565.

[3]　Roberts（2008a），p. 31.

方面是有两次或更多次犯罪的犯罪人应该逐步失去减轻情形。所有的减轻情形多快消失是后面要讨论的问题，但清楚的是，不管犯罪人有多少先前的定罪，该原则假定了一个界限，量刑不能逾越这个限制。当前犯罪（单个或多个）的严重性确定了量刑的"天花板"：一个不良先前犯罪记录将意味着犯罪人失去这个减轻来源，但是犯罪记录不应被作为加重要素对待。正如托马斯所说，一个不良记录"不能正当化监禁期限的适用超过为当前犯罪事实可能适用的天花板刑罚"。[1]

　　减轻情形渐进消失的理论基础是什么？它是被应得理论者所典型接受的方法，其认为对犯罪的严重性的量刑比例是量刑的主要决定要素。为什么应得理论者想要对以犯罪为基础的量刑（伤害加有责性）并入一个犯罪人过去历史的要素呢？被安德鲁·冯·赫希[2]重申和明确的观点是，基于失足和宽容的思想。普通人确实有偶尔失常的情形。人性的弱点并不少见，尤其是在同类压力或多重社会劣势条件下。量刑系统应该认识到的不仅是这点，而是人们对正式谴责的反应，以确保他们将来的行为遵从法律。这具体体现在给人们一个"二次机会"的理念。[3] 因此，对一些初次犯罪人的折扣的正当性理由部分在于认识到人性的易谬性，部分地在于尊重人们对量刑所表达的责难的反映。对第二和第三次定罪逐渐取消减轻情形的正当性是"第二次机会"已经给你了但（你）没接受：[4] 犯罪人应该丧失了（司法）宽容（机会），以及相关的量刑折扣，因为接下来的犯罪选择表明其没有充分地对公共谴责予以回应。[5] 因此，原则上，第二次犯罪应该承受比第一次更大的谴责（除非，有好的理由表明有例外），第三次犯罪可能是完全的谴责。但是犯罪的严重性必须保持为量刑的主要决定因素，因此适用于重复犯罪人的量刑不应累积以致导致量刑可能比当前犯罪正当的量刑更重。这一"天花板"原则也促进了谦抑原则并限制了

---

[1]　Thomas (1979), p. 41.

[2]　Von Hirsch and Ashworth (2005), pp. 148-155.

[3]　对于反对观点即道德观念的疏忽不适合于严重到成为犯罪的事项。参考 Bagaric (2001)，ch. 10.3.1，然而，每一项犯罪行为是否都足够严重以至于从疏忽中排除该观点的道德力量是存在疑问的。Bagaric 也主张对于第一名罪犯的量刑折扣的思想是一种诡计而已，并主张实际上我们正在讨论要求将先前定罪作为一项加重因素运行。对于反对观点，参见上文第五章第一节。

[4]　对于真实的原理是惯犯解决其犯罪行为的可责性疏忽的观点，参见 Lee (2009)。

[5]　Roberts (2008a), p. 59，主张这一方法应当被作为对违法信用的逐渐损失而合理化，并主张疏忽的观念不能不止一次地故意利用。*Sedquaere*。

羁押的适用。

一个可能的反对理由是失足观点表现为没有考虑到第一次犯罪人可能已经精心设计了犯罪计划的可能性，并且可能已经对非法行为的严重性有了充分的认识。然而，"二次机会"理论取决于对正式谴责和刑罚的反应能力，而不在于对违法性行为的认识。[①] 第二种反对理由是给予的正当化理由似乎假定所有的犯罪是建立在理性选择的基础上，忽视了犯罪学研究的发现。因此，理性选择（中的一种）可能被那些采行特殊生活方式，诸如职业窃贼所认可。[②] 但是，一些惯犯主要是去特殊的场所以及与特别的人结交的附属结果，就像帮派活动或在某些公共场所饮酒的暴力行为一样。[③] 一些惯犯可能源于刑事羁押机制内形成的联系，在那里信息被交换，联盟得以形成。[④] 大量的惯犯可能与毒品使用有关。[⑤] 而且更普遍的是，一些惯犯是社会资源剥夺和/或者个人生活混乱的恶性循环的一部分，它可能会或不会被监禁的经历所加深，正如所谓的轻微犯罪的惯犯一样。[⑥] 犯罪断念的研究，聚焦于犯罪人典型的放弃犯罪的环境，已经长期地表明与稳固关系，一个孩子，一份工作，以及一个生活中的其他平凡要素是有关联的。[⑦] 在认识到一些犯罪人有遵守法律的困难时，国家有很好的理由不应简单地给予人"二次机会"。在这种情形下，很重要的是认识到欧洲委员会关于量刑的两个建议：

> D1 先前定罪在刑事司法系统的任何阶段，不应机械地用于对被告不利的因素。
>
> D2 尽管在量刑的宣称理由内考虑犯罪人的先前刑事犯罪记录可能是正当的，但是量刑应与当前犯罪（数个犯罪）的严重性保

---

① 参考 Ryberg（2010）. 中建构一种"疏忽"的批判性探索。

② 例如 Maguire（1982），Bennett and Wright（1984）。

③ Walmsley（1986），pp. 17–18.

④ 参见下文第九章第二节。

⑤ "在社会变量中，滥用毒品与再犯可能性强烈相关"：Halliday（2001），Appendix 3, para. 11，还参见 p230 注释①以及附随引文。

⑥ 参见本章第六节第五部分。

⑦ 例如 West（1963），Burnett（1994），Maruna（2001）。

持成比例。①

　　建议 D1 强调在每起案件中考虑再犯罪理由的重要性。这对应得理论者而言并不是一个问题，正如我们在第四章第五节看到的，他们可以接受基于减弱的能力、社会的剥夺和其他因素而减轻量刑的理由。建议 D2 认识到，即使在那些预防是其主要的量刑原理的国家，对惯犯犯罪人的量刑（也）应有比例的限制。"第二次机会"观点的最大价值在于，一个明确的公正原则被赋予了一个中心地位。② 因此，减轻情形的渐进减少认为第二次和第三次犯罪值得更大的谴责，但如果其他对惯犯的解释看上去有说服力并且坚持严格的比例限制的话，那么它就会符合欧洲委员会为其他国家回应留下空间的要求。③ 这最后一点明显地区别于累积方法的是，它可能导致对非严重犯罪的惯犯的长期量刑。

　　多年来，上诉法院一直声称渐进减少减轻情形是对惯犯量刑的恰当方法。④ 然而，实践中对许多惯犯犯罪人有大量的惯犯溢价惩罚。在法院的原则表述及其实际应用之间的分离清楚地出现在 1988 年贝利［*Bailey*（1988）］案。⑤ 犯罪人被定以两项罪行——其中一项是盗窃几件女士睡衣案，他从商店里盗走几件女式睡衣并带到附近他的律师事务所办公室里；另一项是医院内夜盗案，以从医院的冰箱内取走了四包冰冻的鲟鱼块的形式盗窃。审判法官对盗窃罪判以两年的监禁，对夜盗罪处以累积的 18 个月羁押，总共是三年半的刑罚。犯罪人的犯罪记录被上诉法院描述为"确实令人震惊的"：它可以追溯到 25 年前，尽管多数都是"相对轻微的盗窃犯罪"。审判法官适用这个量刑的目的显然在于使贝利长时间无能力（继续犯罪）（一种累积原则的版本），但是上诉法院认为在原则上这是错误的。上诉法院大法官斯托克（Stocker LJ）认为：

---

　　① Council of Europe（1993）；对于相似的作用，参见 ALRC（2006），para 6. 179 中的澳大利亚的建议。

　　② 对于只有采取统一比率量刑对穷人和处于劣势者的偏见才能被大大减少这一反对观点，参考 Bagaric（2001），ch. 10。

　　③ Roberts（2008a），p. 56；参考 Reitz（2010），p. 149 and ch. 8 *passim*。

　　④ 例如，参见 *Queen*（1981）3 Cr App R（S）245。

　　⑤ ［1988］10 Cr App R（S）231.

　　毫无疑问，一个被定罪的刑事被告的过去记录组成了他被量刑的总量的部分。显然的，没有哪个法院会对第一次犯罪人判处监禁刑期与有大量前科犯罪记录的人所应当判处的适当的刑期一样。在某种程度上过去的犯罪记录是需要考虑的相关要素。另一方面，正如法庭经常说的……施加的量刑必须与被施加的相关犯罪的严重性相关……当完全理解了促使有经验的法官去适用全部的三年半量刑的动机后，我们感到有必要说那些量刑与犯罪的严重性之间的关系是如此之小，以至于即使考虑到这个上诉人的骇人的背景，它们也不可能是正当的。①

　　法院对盗窃减少量刑到 15 个月，对获取冰冻鲟鱼块的夜盗犯罪施以累积的 3 个月刑罚。基于什么标准 15 个月的监禁是对相当轻微的盗窃女士睡衣犯罪的天花板刑罚，它导致了事件发生后相当迅速的被盗财物的恢复原状吗？贝利案的判决表明法庭的修辞用语与他们的量刑实践的真实性经常是不同的。然而，正如我们将在下面第三节看到的，这个原则现在已经从英国法律中销声匿迹了。②

　　即使当这个原则真的构成了法律的一部分，它也不能适用于所有的犯罪。一个不同的方法，更类似固定比率量刑的，适用于严重的犯罪。在 1975 特纳案③的开创性裁判中，基于适用于武装抢劫和一般意义上的严重犯罪的量刑水准，上诉法院大法官劳顿表述"一个人没有多少犯罪记录的事实，如果有的话，也不是法庭处理这个严重的案件时需要考虑的强有力的要素"。对这个限制的正当性必须沿着这条线路运行，当有恶劣的行为时应采取不迁就人性的弱点。通常的"对人性弱点的迁就"意味着犯罪可以视为一个不幸的失足，然而对那些屈从于诱惑去从事严重犯罪的人不能有容忍的空间，除非有证据表明有激情或者其他强烈的减轻情形。④ 这可能意味着一种滑动比例量刑，对一些初次犯罪人适用一般的"对人性弱点让步"的方法对待，逐渐的对恶劣的行为给予更严格的处理。

---

①　[1988] 10 Cr App R（S）233.

②　逐渐丢弃减轻仍然是爱尔兰的（官方）方法：O'Malley（2006），pp. 140-144。

③　(1975) 61 Cr App R 67，at p. 91，在上文第四章第四节第八部分中讨论。

④　有关这一点参见 Roberts（2008a），p. 57。

四　惯犯的额外（量刑）

对惯犯量刑的第四种方法由朱利安·罗伯茨提出。他的工作致力于更多地关注公众成员的观点并且也关注被定罪人关于这个问题的观点，发现前者似乎是支持对惯犯的实质性额外惩罚，而后者，尽管在一些方面采取了相同的强硬立场，（同时）也想要一个更个性化的方法以区别那些有问题需要处理的惯犯。然而，罗伯茨教授不主张公众观点应该决定政策，因为他论证了如何"对惯犯模式的错误认知有助于解释对惯犯额外量刑的支持"。[①] 他的观点是，基于应得理论，有先前定罪的犯罪人已经提高了其刑事责任，需要给予比初次犯罪人恰当的量刑更严厉的回应：

> 意识到这个先前的法律谴责应该唤起个人对法律的尊敬；犯罪人如果再犯罪是与有预谋犯罪的犯罪人一样的。两者是值得更大程度的道德谴责以反映他们的强化的有责性程度。预谋犯罪人和惯犯犯罪人的行为都代表着更明显的背离可接受行为。[②]

这个强化的有责性，基于对他行为的不法性的逐渐增长的认识，不是与每一起更进一步的犯罪成指数性的增长：最大的增长是"在初次犯罪人和有两次先前定罪的犯罪人之间"，并且需要一个"更多维的方法"用于评估更大数量的先前定罪（的情形）。[③] 他的方法的精髓是坚持重复犯罪，一般来说，是更有责任的并因此应该得到更严厉的惩罚。对罗伯茨而言，量刑从第一次犯罪人到第二次、第三次和第四次犯罪人的渐变，实际上，可能与减轻情形逐渐减少原则产生的阶段性渐变没有什么不同：最大的不同之处是他的方法不参照减轻情形和它的减少（他认为它让人理解上困难和牵强），而是对第二次和接下来犯罪的惯犯处以额外刑罚，以反映他认为的更大的有责性。罗伯茨坚持对惯犯溢价量刑的比例上限：尽管他并没有明确这个限制应如何被固定，它可能是等同于运行于减轻情形逐

---

① 有关这一点参见 Roberts（2008a），p. 189；参考 pp. 209-212。

② Roberts（2009），p. 154。在《美国量刑指南手册》（*The U. S. Sentencing Guidelines Manual*，2008，para. 4A）中可以发现更简明的声明："有先前犯罪记录的被告人比初犯更具有可责性因而应受到更大的惩罚。"

③ Roberts（2008a），p. 89.

渐消减的"天花板"或比例帽子（意指"上限"的含义）的情形。假如如此，它将是同样地与谦抑或限制原则相一致。然而，类比于他的方式适用的预谋犯罪的说服力在对冲动或酒醉驾驶犯罪以及其他个人问题的犯罪人来说是极大地消减的，就惯犯而言，此类情形似乎是比罗伯茨分析焦点的理性计算的惯犯情形数量更多（见下文第三节第一部分）。①

如同减轻情形渐进减少的支持者一样，罗伯茨坚持正式的法律谴责的关键意义。即使犯罪人先前已经实施了犯罪但没有对他们定罪（或只是给了了一些种类的正式的警告），法院的定罪（才）是关键的因素。其他一些人已经赞同了第一次正式法律谴责的意义，但已经提出了预谋理论的替代观点。因此，李永杰（Youngjae Lee）主张当一个人第一次犯罪后再犯罪，那证明犯罪人对组织他或她的生活以便预防进一步犯罪上的不作为。② 按照他的观点，在由法院的定罪中隐含的正式谴责中产生了应由犯罪人对定罪予以反应的义务并且应该努力去遵从法律——一个特别的义务，超过公民一般的遵守法律的义务。③ 这个义务的恰当理由仍需要进一步论证，但李是正确地关注到了法庭定罪在正式谴责中的意旨。他也主张，即使义务的违背是一个额外的错误，但它是一个不应受到量刑上的极大强化的因素。他因此主张对惯犯施以一个受限制的额外量刑。

第三节 先前定罪和《2003 年刑事司法法》

当前，关于惯犯量刑的法规规定见《2003 年刑事司法法》第 143 (2) 条款。这里从分析惯犯的官方政策开始讨论；接着详细审查立法条款；最后考虑这个法律规定对量刑实践的影响。

一 惯犯问题的框架梳理

对惯犯的量刑政策应在刑事司法更大的背景下审视。一个需要讨论的好的出发点是关于人的特质的一些事实：

---

① 对相似的批评，参见 von Hirsch（2009）和 Tonry（2010），pp. 107-111。

② Lee（2010）.

③ Bennett（2010），p. 80；Tonry（2010），pp. 104-106.

10 万名最常见的惯犯拥有一个共同的特征。一半的惯犯是 21 岁以下年龄并且其中近四分之三在 13—15 岁之间开始犯罪。接近三分之二是致瘾的毒品使用者。超过三分之一是在监护中的孩子。一半没有任何资历并且接近一半被学校开除。四分之三没有工作并且很少或者没有任何法定收入。

这一个重要的引证不是来自犯罪学教科书，而是来自主要的内政部框架性文件。① 自从此文件形成时起，似乎形势不可能发生了显著的变化。而且有 15 起或者更多先前定罪的以可起诉的犯罪定罪的犯罪人的比例已经从 2006 年的 23% 提高到 2013 年的 33%，证明了刑事司法系统有必要关注对惯犯情形的反应（见附件 B 的列表 11）。

对这一个确实问题的主导性方法，规定在 2003 年法案中（下一步将要讨论），以惩罚那些表现出对司法系统的藐视行为。"面对国家再三努力纠正而不断持续的犯罪行为，呼吁增加（对其的）谴责性和报复性。"② 毫无疑问的，《哈利迪报告》在它建议的更严厉的刑罚中，主张应该"更加强化对改过和恢复的努力"，但问题是这个方法对上面引证的由内政部指示的惯犯犯罪的动机和原因是否给予了充分的关注。许多惯犯犯罪者不是理性的计算者，而是一些受多样社会劣势影响的人，③ 假如它是与犯罪预防相关时，官方的回应应该考虑这一点。犯罪学研究表明，许多人的犯罪生涯是短暂的，并且男性中大部分犯罪年龄是 15—25 岁，有各种的个人的和社会结构性的解释说明为什么犯罪人在一些年以后停止了犯罪。最近的，对 19—22 岁之间的年轻男性累犯断念犯罪的谢菲尔德（Sheffield）研究表明，随着年龄的增长，他们中的很大一部分说想停止犯罪，并且他们基于诸如伙伴、工作和家庭支持的多样"缘由"而采取措施来停止犯罪。④ 然而，他们很少立刻停止犯罪，更经常的是减少犯罪的频度，时常

---

① Home Office（2001），Appendix B，para. B. 7. 沿着相似的路线，参见 the Joint Inspection Report（2004），para 6. 14，参考众多罪犯的困难，以及罪犯总体而言，根据"思考技能、毒品滥用、雇用培训和教育、居住、生活方式、态度和财富等问题"。

② Halliday（2001），para. 2. 7.

③ Halliday 确实声明"在社会变量中，滥用毒品与再犯联系最紧密"：（2001），Appendix 3，para. 11。

④ Bottoms and Shapland（2011）.

采取不与一定的人交往或避免去某些区域来实现。

这可能意味着当他们在法庭上出现时，他们可能看上去似乎仍是顽固的惯犯。逐步提升刑罚的镇压政策可能未能把他们在停止犯罪断念上的努力考虑进去。接下来的危险是任何羁押刑量刑可能延迟了（停止犯罪的）断念并且有其他的消极影响。[1] 需要的是更加不同的方法，当有证据表明恢复性方案可能对专门的犯罪人更有成效时，坚持总体的比例原则限制但便利于恢复性的方案。[2]

此外，尽管有充分的证据表明，最好的再犯预报器是先前定罪的数量，[3] 但是这个命题未能考虑个体犯罪的相对严重性。这是贯穿于许多风险讨论的一条断层线。对惯犯、再犯犯罪和犯罪预防的参考文献往往忽视了一个现实，惯犯最大程度上是与最不严重的犯罪相关。当10年前，多产犯罪人计划（Prolific Offender scheme），随后重命名为多产和其他优先犯罪人计划（Prolific and other Priority Offender scheme）启动时，目的是识别和发现多产的犯罪人并接着在量刑后安排对他们的重新安置。一个早期的对规划的回顾发现，迄今最常见的犯罪是商店盗窃，占所有属于这个定义范畴犯罪的36%。符合此资格的犯罪中仅仅5%是寓所内夜盗。[4] 这证明了，正如在上面6.1章节所描述的，对有关惯犯政策方面的历史教训的理解是不幸的、失败的，毫不吃惊的是由联合检查报告（Joint Inspection Report）做出的第一个建议是限缩定义，以便于"识别更有限数量的优先权犯罪人"。[5] 如果集中资源于专门的群体，锁定目标是那些特别关注的——尤其是最严重的犯罪，是英明的。

然而，在前工党政府的声明中，对惯犯响应的优先性上是模糊的。司法部表述为"我们的出发点是公众必须被保护以免受那些构成威胁的罪犯的侵害。这就是为什么监狱是对最危险的、最严重的和最顽固的惯犯的

---

① Farrall, Hough, Maruna and Sparks（2011），p. 17.

② 记住在 Sheffield 研究中 19—22 岁的累犯（recidivists）具有艰难的背景，比如半数被拒于学校门外，86%离开了学校而没有毕业证书，60%在前 12 个月没有工作，47%在吸毒，等等：Bottoms andShapland（2011）。

③ 参见，例如 Halliday（2001），Appendix 3。

④ Joint Inspection Report（2004），para. 6. 13.

⑤ Joint Inspection Report（2004），para. 7. 8.

最好的去处"①。这最后的话似乎强调了顽固性而不是犯罪的严重性，从而打开了对那些重复的轻微犯罪适用长期量刑的可能性。由英国下议院司法委员会进行的彻底审查谴责"政府明显地接受对惯犯的短期羁押刑罚"，认为这是"不符合比例原则的"，并且批评了"一个需要逐步加大处罚的立法框架"。② 它就是我们现在通过的立法框架。

二　现行法律

《2003 年刑事司法法》第 143（2）条款规定：

> 当犯罪人有一个或更多的先前定罪，在考虑由其实施的犯罪（"当前的犯罪"）的严重性时，如果（在定罪的情形下）法庭认为已经考虑到，尤其是以下情形被考虑到时，必须将每一起先前定罪作为一个加重要素，可能如此对待是合理的：
> （a）与定罪相关的犯罪的本质以及与当前犯罪的相关性；
> （b）自定罪后（惯犯犯罪）的时间间隔。

这一条款的起草产生了明显的紧张。一方面，它表明法庭是一定要（"必须"）将每一起先前定罪作为加重当前犯罪的一个要素，并且应该每一次定罪量刑时都如此处理。③ 这似乎需要一种累积计算方法，因此，例如，对第五次犯罪量刑时，法庭需要将四起先前定罪的每一起作为一个加重严重性的（要素）来处理，以便这一罪行更加严重。另一方面强制性表述的刚性，"必须对待……作为加重要素"，似乎被后面的条款软化了，"如果法庭认为它可以合理地对待"。如果不同意适用累积方法量刑，那是回复给法庭追求一个对先前定罪不同政策的自由裁量权了吗？当然没有：将每一起先前犯罪作为一个加重要素的合理性看上去是与犯罪人先前行为的关联性（有关）。因此法庭应该考虑每一起先前定罪的关联性和近因性，如同在（a）和（b）中规定的，并且（考虑）可能来自那些先前定罪的任何其他要素。对法条的注释性解释明白无误地表达出近期性和相

---

① Ministry of Justice（2008c），p. 2.

② House of Commons（2008），paras. 107-108.

③ 也可以考虑来自其他司法管区的定罪［下属（4）和（5），但是否在这样的背景下附随释放的定罪作为先前定罪并不清晰］。

关性定罪"应被认为是应当增加量刑严重性的加重要素",没有给司法裁量权和考虑其他要素的空间。

前科犯罪与当前犯罪是否相关的标准应是什么呢?《哈利迪报告》指出绝大多数的惯犯有形形色色的犯罪记录,因此认为"是否先前犯罪和当前犯罪是相同类型应给予更少的权重",因此,关键在于,先前犯罪是否正当化了更严重的观点"。① 这种情况下,这暗示着先前犯罪的严重性是关键性问题,完全不同于第 143(2)条款所草拟的"相关性",其确实被视为表明主题问题的相似性。因此,对暴力犯罪的量刑实践,法庭更多地关注先前定罪的暴力性而不是其他。这被小型的皇家法院调查所证实,调研发现那些导致法官提升量刑的先前定罪倾向于那些与当前犯罪相关的犯罪,尤其是当他们发现呈现不断升级的犯罪情况。② 罗伯茨和碧娜—桑切斯(Pina-Sanchez)最近的研究,运用来自《皇家法院量刑调查》的数据,表明英国法官将许多先前的定罪视为与本案无关,但不清楚的是什么样的相关性标准被适用了。③ 由朱利安·罗伯茨在较为早期的研究中所访谈的犯罪人认为"专业性"应被更严厉地对待。④ 当有不诚实或夜盗犯罪记录时,法庭可能决定将犯罪人作为"职业性"对待(见下面 6.4 部分)。然而,《哈利迪报告》的附件 3 和法林顿的犯罪职业研究回顾形成了一个结论,典型模式是微小程度的职业化"叠加给了大量的一般的或多样的犯罪",大量的暴力犯罪人的犯罪是非暴力的。⑤ 因此,专业性是比较罕见的,并且一个可能性的问题是,如果先前定罪的数量和严重性是类似的,它是否必然地比多样性还要糟糕。

失足的概念在这里有任何适用吗?一时的发脾气和拳打他人的人性弱点可能被认为是与屈服于经济犯罪诱惑不同的人性弱点。因此,有一些理由主张由先前以财产犯罪定罪的犯罪人实施的第一次性犯罪应该被认为

---

① Halliday (2001), para. 2.17;然而,在本段的较后部分,该报告声称"完全不同的……先前定罪应当被给予较少权重"。

② SCWG Survey (2008), pp.10-11.

③ Roberts and Pina-Sanchez (2014);还参见《皇家法院量刑调查》(CCSS)(2014),第 30 页,显示考虑最大数量的先前定罪是在夜盗案件中,最小数量是在性犯罪案件中。

④ Roberts (2008a), pp.153-154.

⑤ Farrington (1997), p.380.

"与其性格不符"，应该在某种程度上减轻量刑。① 但这个观点不能走得太过分。暗示着每一个人都有暴力犯罪的"打折"资格，一个"打折"的诈骗，一个"打折"的性犯罪，等等，这是荒谬的。因此，哈利迪建议先前犯罪的严重性应是主要的决定要素，就"是否有刑事犯罪行为的持续性过程"而言。② 但是，再一次说，这不是第 143（2）（a）条款所说的那样：它依赖于相关性的概念，大概是根据犯罪的类型或类别来解释的。

普通法的原则认为犯罪的时间间隔应该作为减轻先前犯罪的影响（的要素）在第 143（2）（b）条款被重申了，它需要法庭考虑到每一起先前定罪后已经消逝的时间长度。这一原则的一个老例子是 1980 年的福克斯 [*Fox*（1980）] 案③，该案，上诉法院减轻了一位三十五岁被定以严重身体伤害的犯罪人的刑罚，许多年以前他有两个先前的定罪："在我们的裁判中，他之前的暴力犯罪记录是在他十八九岁和二十五岁左右实施的，在决定采取什么量刑时应该不予以考虑"。各种理由可为这一让步提供解释——例如犯罪人值得给予改过自新的机会，或者当前的犯罪在某种程度上依据他当前的行为是"不符合他的行为特质的"，或者犯罪间隔期间表明他将很少可能再重新犯罪——但是最直接的方法是确认了《1974年罪犯复归法》（Rehabilitation of Offenders Act 1974）的潜在原则。一般来说，如果一个人不得不无限期地承担先前定罪的负担，那就是不必要的严厉了：经过一些年以后，一个人应该能重新获得完全的公民权利，并且如此原则甚至可能提供一种不再重新犯罪的激励。许多美国的指南系统提供了一个先前犯罪在十年后"衰减"的可能，例如，在被提议的《南非量刑法案》（South African sentencing code）中，它已经被采纳了。④ 尽管

---

① 参见 *Davies* [2006] 1 Cr App R（S）213：由于"100 多项犯罪覆盖广泛种类的犯罪活动"，36 次出席法庭的被告人首次被认定性犯罪。上诉法院明确不将先前定罪作为加重因素，但未提及《2003 年刑事司法法》（Criminal Justice Act 2003）。

② Halliday（2001），para. 2. 17.

③ （1980）2 Cr App R（S）188；还参见 *Bleasdale*（1984）6 Cr App R（S）177："4 年没有麻烦的 22 岁男性"是对其有利的一项重要特征。

④ South African Law Reform Commission（2000），s. 42："在从完成最后一项量刑的日期和实施任何后续犯罪的日期的 10 年间已经过去的情形下……为量刑的目的必须忽视最后一项定罪和所有先于此的定罪。"

表现为很少有公众对这个原则予以同情,① 它组成了英国法律的一部分,并且适用了衰减原则,这是正确的。然而,一些小型皇家法院调查发现了在时间间隔司法解释上的分歧,一些观点主张仅回溯 5 年,另一些观点主张考虑超过 10 年的定罪。②

第 143 (2) 条款所缺失的是对完整的比例原则限制的参考, 如欧洲委员会 (Council of Europe) 所建议的 (见上 6.2.3 章节部分), 如由瑞典国家法律所采纳的。③ 第 143 (2) 条款的措辞看上去与累积方法是相符合的, 由于进一步的定罪被记录, 增加每一起后续犯罪的量刑的严厉性, 允许量刑 (例如, 对从商店盗窃) 提升到两年、两年半或者三年的监禁。哈利迪坚持认为 "先前犯罪的影响应受限于当前犯罪的严重性所导致的量刑界限的限制"④。同时, 部长们指出第 143 (2) 条款仅是 "对比例原则的调整以便于先前的、相关的定罪可以作为一个加重要素", 并且它不是要导致 "鲁莽的非比例量刑"。⑤ 但是, 第 143 (2) 条款的语意并没有揭示如此限制。

最后, 我们将回到第 143 (2) 条款 "必须" 的使用问题上。给法庭的命令 "将每一起先前犯罪作为加重要素" 意味着议会想要排除社区刑罚对惯犯犯罪人的量刑吗？彼得·琼斯 (Peter Jones) 法官提出了一起案件, 犯罪人高频率地从事盗窃诸如旅行洗漱包 (化妆用品包) 等物品, 想要卖了它们以便获得金钱买毒品。⑥ 如此一个犯罪人可能面对法庭时有 30 起、40 起或者更多的先前定罪。假如法庭希望以社区令刑罚处理被视为犯罪的根本原因的犯罪 (获取毒品), 如此做将是合法的吗？哈利迪个人想要看到社区刑罚在此类案件中更广泛的适用, 但他总是与他建议的对惯犯 "增加谴责性和报应性" 的政策⑦相冲突, 他的建议导致了第 143 (2) 条款的产生。这是一个实践问题：我们已经注意到有 15 起或更多先

---

① Hough, Roberts et al. (2009).

② SCWG Survey (2008), p. 11; 目前参见 Larrauri (2014)。

③ Von Hirsch and Jareborg (1989): see ch. 29.4, "法庭应当……在合理的程度上考虑罪犯的先前犯罪"。

④ Halliday (2001), para. 2.20.

⑤ Baroness Scotland, HL Deb. 24 February 2003.

⑥ Jones (2002).

⑦ 同上, pp. 185-186, 引用 Halliday (2001), para. 6.6。

前定罪的被起诉者的比例逐渐增多,①那些数字也表明不是所有有 15 起或更多先前定罪的犯罪人被判处了羁押刑罚。上诉法院和量刑委员会同意法庭可以用低或中等羁押量刑代替社区刑罚来处理,假如它判断这是恰当的。②为了使这符合第 143(2)条款的规定,法庭将不得不寻找相关的先前定罪不能合理地被认为是加重要素,如果那些定罪被整合成与证明潜在的酒精或毒品成瘾治疗目标相关,或许这将不是一个问题。经验性证据表明,如果被说服一名惯犯已经证明有意向去改变的话,法官往往准备将羁押刑减为社区刑罚。③

对第 143(2)条规定的法律的这些反思表明它与实践是相异的。一名记录法官表述在 2003 年法案实施后 5 年内他没有曾被法律顾问要求哪怕一次适用该条的规定,即使许多案件属于该条的作用范围。④上诉法院偶尔地会参考第 143(2)条,⑤但是处理这个问题的正常方式似乎没有参考任何专门的立法。⑥

三 量刑指南和先前定罪

在适用量刑指南的美国司法辖区中的绝大多数,有一种两个维度的"量刑网格",一个是犯罪严重性维度,另一个是"犯罪历史"。例如,明尼苏达州量刑网格有七个级别的犯罪历史分值,从零到六或更多,随着一名犯罪人的犯罪历史向上攀升,对给定犯罪的量刑长度的影响是逐渐地更加严厉。⑦在许多美国司法区,犯罪历史分值的计算是一项复杂而精细的任务;但是运行的结果是随着分值上升,表明一个据此推定的量刑会更

---

① 参见附录 B 表 13 与附随文本。

② 例如,*Attorney-General's Reference No.* 64 *of* 2003 [2004] 2 Cr App R (S) 106;Sentencing Council, *Burglary Offences*: *Definitive Guideline* (2011), p. 8。

③ 例如,Hough, Jacobson and Millie (2003), pp. 36 – 41;Millie, Tombs and Hough (2007), pp. 243 and 255。

④ Wasik (2010), pp. 164–165.

⑤ 一个罕见的例子是 *Howard* [2013] 1 Cr App R (S) 405, at [14],尽管该提及的内容未伴有任何解释。

⑥ 这些的例子中的四个是 *Sims* [2011] 1 Cr App R (S) 471, *Moore* [2012] 1 Cr App R (S) 19, *Mitchell and Kellman* [2012] 1 Cr App R (S) 387, and *Thomas* [2013] 2 Cr App R (S) 546。

⑦ 这在 Roberts (2008a), pp. 96–98 中得到很好的阐释。

严厉。

如此明显的刻板的量刑方法在英格兰和威尔士是被排斥的，那里量刑指南的方法是更有弹性的。然而，就先前定罪而言，弹性逐渐变为实际指南的缺失。由前量刑指南委员会发布的指南类型是罗列了作为加重要素的先前犯罪，并且指出：

> 当一名犯罪人有加重当前犯罪严重性的先前定罪，那可能会使暂定的量刑超出给定的量刑范围，尤其是当有重大的其他加重要素存在的时候，更是如此。①

当先前定罪被作为加重要素对待时，这给了法庭超出指示量刑范围的自由，但它没有给出在多大程度上先前定罪可以加重量刑的指南。《盖奇报告》指出先前定罪是对量刑长度有极大影响的一个要素，并提议应该给予更完善的指导。可以预见地，"许多有经验的法官表达了没有必要对这个问题制作进一步指导的观点"，因为相关要素是众所周知的，并且它是由法庭在每起案件中去评价它们。②《盖奇报告》得出的结论是一些进一步的指导是值得要的，但是又增加道不应该努力"在量刑过程中对先前犯罪应给予的权重予以量化"③。

在量刑咨询委员会结束其使命前，对这个主题进行了咨询，作为一个咨询结果建议了五项原则：

（i）先前定罪的最主要的意义是在某种程度上它们表明了犯罪行为上的某种趋势和对早期量刑的反应；

（ii）如果它们是相同的类型，先前定罪将总是与当前犯罪相关性的；

（iii）不同于当前犯罪的一种类型的先前犯罪，当它们是指示惯犯时，可能具有了相关性；

（iv）许多的和经常性的先前犯罪可能指示一个潜在的问题（例如，一种成瘾），在社区内它可被更有效地处理而不一定表明羁押量刑是必

---

① 在多数量刑委员会的指南中发现了该措辞。参见例如 SGC, *Theft and Burglary in a building other than a dwelling* (2008), p. 8。

② Gage (2008), para. 7. 9。

③ 同上，para. 7. 10. 参考 ALRC (2006), paras. 6. 176–179, 支持澳大利亚罪犯具有先前定罪历史的事实本身不应当被作为加重因素的立法声明。

要的;

（v）相关的先前定罪的加重影响通常将随着时间推移减少；自最近的相关定罪以来，已经有相当长的一段时间了，他们可能会停止产生任何影响，这取决于犯罪的性质以及造成这一时间跨度的原因。①

这些原则反映了咨询者的反馈、公众意见和由量刑咨询委员会提出的（例如，有关严重但是不同的先前定罪的影响）规范推理的混合产物。

量刑委员会第一个举措是抛弃量刑指南委员会所坚持的量刑指南范围是与一些初次犯罪人实施的犯罪有关，法庭需要调整这些指南以便于考虑到先前的定罪的情况。这个方法对法庭来说据说是不现实的（很少被量刑的人是第一次犯罪），并且产生了困惑（一些量刑官认为指南一点也不能适用有先前定罪的犯罪人）。委员会恰当地寻求在这个问题上建立清楚（的态度），因此宣称所有它的指南和量刑范围"在所有的案件中，适用于所有的犯罪人"。一旦起刑点在给定的案件中确立起来了，法庭应该考虑"先前犯罪以便在量刑范围内进行调整"②。指南继续阐述道："特别是，相关的最近定罪可能导致一个向上的量刑趋势。"在一些案件中，考虑到这些要素（例如，先前定罪和其他加重要素），"超出明定的量刑幅度范围，可能是恰当的"③。不幸的是，这一松散的方法导致当法庭超过定罪幅度范围（量刑时），裁判未能聚焦于"公正的利益"检验，而且几乎没有包含量刑量化的理由。④

委员会的方法等同于"指导"吗，或者它是简单地交托所有的问题给司法裁量吗？它否决了《盖奇报告》的方法并且确实地与《2009年验尸官和司法法》第121（6）条规定中的法定要求不符合，该条款规定委员会的指南应当"（c）包括对决定一名犯罪人先前定罪的权重给出标准和提供指导"？就盗窃犯罪的咨询中，委员会重申了它的典型性措辞：

特别地，相关的最近定罪可能使量刑向上的调整是正当的，包括

---

① SAP, *Overarching Principles of Sentencing*（2010），pp. 35–36.

② Sentencing Council, *Burglary Offences*：*Definitive Guideline*（2011），p. 2；有人可能坚持在逻辑上该范围必须假设没有先前定罪或者有一些先前定罪，因为量刑者被鼓励对于初犯减轻刑罚并对惯犯加重刑罚。很可能该范围建设一项先前定罪，但这一逻辑难题不重要。

③ Sentencing Council, *Burglary Offences*：*Definitive Guideline*（2011），p. 9.

④ 例如 *King*［2014］2 Cr App R（S）478。

超过量刑类型幅度范围进行量刑。在涉及重大的惯犯犯罪的情形下，即使可能犯罪原本适用更轻的量刑，社区刑和羁押刑的门槛可能被逾越。

它接着解释道这不是想实质上改变量刑而是"规范"它，并继续阐述道：

> 有关前科犯罪的表述目的是给量刑官提供向上调整量刑的自由裁量性和弹性，包括超过量刑类型范围，基于提交给量刑官的个体事实特征而不是法定表述的量刑官应该如何在每一起案件反映这个问题。①

这似乎等同于回到"没有两起案件是相同的"和"每一起案件基于其自己的事实"的断言，这是在 20 世纪 80 年代定罪指南被第一次发展起来之前在法官中间的普遍认识。那些断言作为与定罪指南相悖的理由不再有效，并且它们也不应该成为指南对先前定罪指导的障碍。正如很明了的来自上述第二节和第三节第一部分和来自量刑咨询委员会的建议，有一些重要的原则性问题需要解决。不可否认的是许多案件有不同的事实，明智的是留给司法裁量权来处理它。但是原则性问题应该在一般层面上由委员会基于指南来解决，并且法官和治安法官们应该针对个体案件的不同事实尽可能地适用那些原则。

原则性的问题是什么呢？在上面的讨论中我们已经发现了它们中的一些，一个显而易见的出发点将是由量刑咨询委员会阐明的并在上面阐述的五项原则。原则（v）是被广泛接受的，但其他原则中的每一项原则都需要进一步讨论。如果原则（ii）被接受，是否有可能表明，如果要将量刑超过类型范围，或者甚至超过罪行范围时，是否需要指出类似的犯罪需要多么严重或多么频繁吗？②原则（iii）是合理的吗，它是符合第 143（2）条款规定的吗？该指导应该包括对避免与当前犯罪不成比例的全部量刑吗——正如由哈利迪力促，并由政府部长同一时间表述的，但是在第 143

---

① Sentencing Council, *Theft Offences Guideline: Consultation* (2014), p. 22.

② 例如 *Howard*［2013］1 Cr App R（S）405, *Andrews*［2013］2 Cr App R（S）26, *Roberts*［2013］2 Cr App R（S）84。

（2）条款表述中没有任何依据?[1] 委员会决定将先前定罪放在步骤 2 而不是步骤 1 限制他们的影响了吗?[2] 并且这是（没有任何进一步指导情况下）一个令人满意的方法吗？量刑官应该关注出庭的数量，或者定罪的数量吗?[3] 法庭将如何确切地处理数量众多的先前犯罪，诸如 40、50 和 60 起先前定罪，尤其是当定罪是相对低等程度的犯罪呢?[4] 假如法庭形成了观点认为惯犯犯罪人肆无忌惮，尽管没有实施在第一等级严重性的犯罪，那是一个好的理由去超过类型范围（量刑）吗?[5] 这些和其他的原则性问题不应该留给专门的量刑官员来自由裁量，尽管在每起案件的事实基础上应有适用这个原则的自由裁量。

第四节　"职业犯罪人"的问题

在过去，正如我们在本章第一节看到的，打击惯犯的严厉政策往往被认为是合理的，理由是它们旨在打击"职业犯罪人"，尽管它们经常将许多轻微犯罪人扫入这个职业犯罪人网。法庭仍然描述一定的犯罪人为"职业的"犯罪人，这引发了有关挑选出这一群体的正当性理由，以及对此进行定义的质疑。相当清楚的是，法庭的目的是震慑或公众保护。理由似乎是职业犯罪人故意地将他们自己与社会其余人员相对抗，并努力、系统地开发犯罪机会去获得收益。因此，在这个群体中没有人性弱点的问题，没有偶尔的屈服于诱惑，没有潜在的医疗状况问题：他们被认为是理性的计算者，因此对他们的回应应该是严厉的。

但是，这个群体如何被定义呢？这是一件确认职业犯罪人是无情地和

---

[1] 参考 *Thomas*［2013］2 Cr App R（S）546，在犯罪记录是不良时，上诉法院坚持与现在的犯罪成比例不能是一种限制的情形。

[2] 参见 Roberts and Pina-Sanchez（2014），根据《皇家法院量刑调查》（CCSS）的数据起草以揭示法官发现相对较少的"有关的"的先前定罪并且自从有关攻击的委员会指南生效后，那一先前定罪似乎仅具有较小的重要性。

[3] 参见 Wasik（2010），pp. 168-170 的讨论。

[4] SAP，*Sentencing for Theft from a Shop*（2008），para.9，记录了所发现的盗窃商店的先前定罪的平均数量为 42 这一研究结果。

[5] 例如，*Moore*［2012］1 Cr App R（S）19，*Jones*［2013］2 Cr App R（S）419，*Guminski*［2012］2 Cr App R（S）280，*Bond*［2014］2 Cr App R（S）12。

系统地迫害守法公民的事情。这是另一种确保这类犯罪人团体被定义为仅包括那些符合描述的那些人而排出其他犯罪人。正如我们在上面第六章第一节部分所看到的，在 20 世纪早期，丘吉尔"震惊地发现重复性是施加预防性拘留的标准，无论所实施犯罪的严重性如何"。有一长串的犯罪人名单被以预防性拘留量刑，"比如对盗窃一双靴子，或两个先令，或四个盘子，或者手帕，或者家禽，或者石板瓦等，诸如此类琐碎犯罪"。① 有当代的这样的替代定义吗？当适用长期量刑时，法庭已经倾向于用形容词"职业的"关联顽固的扒手和抢包。因此在 1989 年的弗里曼［*Freeman*（1989）］案②上诉法庭支持对扒手惯犯给予 5 年的量刑，他被描述成一个职业犯罪人；在 1994 年的奥·鲁尔克［*O'Rourke*（1994）］案③法院支持给一个惯习的拎包贼施以 3 年量刑；在 1995 年的斯潘塞和卡比［*Spencer and Carby*（1995）］案④对描述为职业掏兜的犯罪人适用同样的量刑得到支持；在 2002 年的格威利姆—琼斯［*Gwillim-Jones*（2002）］案⑤对一名职业的包裹盗贼的 3 年量刑得到支持。因此，形容词"职业的"似乎表明犯罪是一名犯罪人的主要收入来源，或者是一个常规的收入来源，或者犯罪时被计划去最大化获取利润和最小化侦查风险，或者犯罪时通过很高的技能来实施，或者简单地说犯罪人经常实施可获利的犯罪。⑥ 但是在那些情况下，实施的所有犯罪是充分地正当化如此长量刑的严重性了呢？例如，有时说"犯罪人在入室盗窃犯罪上的犯罪记录比在一些其他犯罪案件中是更重要的"⑦，但是这背后的理由并没有清楚地阐明。当对盗窃低价值物品的犯罪或甚至为企图型盗窃的犯罪（盗窃未遂）进行定罪时，那么这些准则指示了低等程度社区刑罚的起刑点；对从人身

---

① Radzinowicz and Hood（1986），p. 283.

② ［1989］11 Cr App R（S）398; see also *Whitrid*［1989］11 Cr App R（S）403，以及在上文第 4.4.10 章中的讨论。

③ （1994）15 Cr App R（S）650；还参见 *Glide*（1989）11 Cr App R（S）319。

④ （1995）16 Cr App R（S）482.

⑤ ［2002］1 Cr App R（S）19.

⑥ 还要注意在 Davies and Tyrer（2003）所进行的研究中法官们所使用的"职业"的各种定义；参见 *Daniels and Smith*［2012］2 Cr App R（S）532，at［12］，"有经验的"罪犯。

⑦ *Brewster*［1998］1 Cr App R（S）181，endorsed in *Saw*［2009］2 Cr App R（S）367，at［24］.

上的盗窃（不是从脆弱被害人），起刑点是中等程度的社区刑罚。[1] 因为坏的记录被认为指示了其是职业化的，代替成比例的量刑，对其施加羁押量刑是正当的吗？相比在社区刑罚保护下有目的地干涉，羁押是否更可能改变这些犯罪人的生活方式，这是令人怀疑的。[2]

职业犯罪人的概念可能会与有组织犯罪联系在一起，会呈现精心计划他们犯罪的"企业家"（犯罪）形象。[3] 当无关轻重的盗窃犯被量刑时，这两个概念必须分开。有一些个人，他们的犯罪似乎具有明显的职业性，就某种意义而言，他们的技能、计划性和有利获取的计算将把他们纳入此大多数定义中——一个例子是 A. E. 布鲁斯特（Brewster）的职业（犯罪），他已经多次地在伦敦市中心的豪华住宅、公寓中实施对高价值物品的夜盗，被判处长期的量刑（10 年和 9 年的量刑在两个上诉法庭的案件中获得了支持），接着又重新回归了同一个犯罪职业。[4] 涉及有组织犯罪的证据，例如通过主要的武装抢劫或者非法移民上的交易，可以证明"职业化"这个术语。但是，那个术语适用于扒窃和拎包盗窃，作为一个适用于一些强奸和严重伤害犯罪的同样量刑范围的理由，不能是正当的。不清楚的是一个法庭可以在相关范围上走多远：[5] 并且由于 2003 年法案第 143（2）条款的措辞看上去是鼓励而不是阻止对如此犯罪人的长期量刑，认识到形容词"职业的"的适用变得更加重要。

第五节　轻微犯罪的惯犯

监狱调研已经揭示，有相当数量的监狱服刑人员主要是因为他们社会无限性和重复实施轻微犯罪，经常是"令人讨厌"的或者公共秩序类的轻微犯罪。内政部的一个研究表达了如此观点："无家可归的贫穷人可能持续地被带到法庭面前（接受审判），并因此惯常地被送入监狱，因为持

---

[1]　SGC, *Theft and Burglary in a building other than a dwelling* (2008), pp. 15–17.

[2]　参见下文第十章第六节。

[3]　参见由 Levi（2012）所进行的有组织犯罪的定义的广泛讨论。

[4]　*Brewster* (1980) 2 Cr App R (S) 191 and [1998] 1 Cr App R (S) 181; 还参见 *Jenkins* [2002] 1 Cr App R (S) 22。

[5]　对不具体的推理的例子，参见 *Bond* [2014] 2 Cr App R (S) 12。

续的不能以任何其他方式对待"。① 由社会排斥防止局（Social Exclusion Unit）进行的众所周知的调研认为，许多监狱服刑犯（尤其是那些服短期刑罚的）"经历了一生的社会排斥"，评论认为与普通民众相比他们是"十三倍可能作为孩子被监管照顾，十三倍可能是失业者，十倍可能是逃学者……"等等。②

然而，在 2003 年法案中有两个条款对这种类型的犯罪人产生了不成比例的严重量刑的可能性。

首先，尽管《2003 年刑事司法法》第 152（2）条款规定仅仅允许羁押量刑适用于假如犯罪是如此严重以至于罚金或社区刑罚是不充分量刑的情形，这表现为违背了在第 143（2）条规范中的对惯犯犯罪人刑罚规范。内政部表达了对"从监狱中移出轻微犯罪人，因为短期羁押刑罚对他们没有什么意义"的支持，③ 其没有注意到第 143（2）条款的相反趋势。但是，如果第 152（2）条被赋予恰当的规范力，法庭应该会发现他们遵循了上诉法院大法官劳顿在 1975 年克拉克［*Clarke*（1975）］案④的裁判精神，该案中其宣称（尽管该案涉及精神疾病的要素）法庭不应被作为"处理困难问题的垃圾桶"，改变 18 个月监禁量刑为对损害花盆行为给予 2 英镑罚金。这相当于强烈宣称这些人多数是偶然的或者症状性的犯罪人，应该得到社会服务的关注。对他们提供支持和关爱不是刑事司法系统的责任。它是更广泛地关于教育、住宿、培训和（当必要时）社会关怀的社会问题。但是第 143（2）条可以在另一个方面理解它的规范要点。

其次，法案的第 151 条授权法院给一个犯罪人适用社区刑罚，他已经在至少三起先前犯罪行为中被判处罚金，并且［尽管依据第 143（2）条款的效力］法庭不会认为当前犯罪已经足够严重到应适用社区刑罚。⑤ 法庭必须决定它是基于司法利益做出如此的命令，并且采行这种方式给犯罪人提高刑罚。量刑指南委员会的指南强调法庭仅在这些最低程度严重的案件中适用社区刑罚，并且警告说：

---

① Fairhead（1981），p. 2.

② 社会排斥防止局（Social Exclusion Unit）（2002），第 6 页。

③ Home Office（2004），para. 23.

④ ［1975］61 Cr App R 320；还参见 *McPherson*（1980）2 Cr App R（S）4。

⑤ 这一实质上重新颁布的《刑事法院的权力（量刑）2000》［the Powers of Criminal Courts（Sentencing）Act 2000］。

当一名犯罪人被处以非羁押刑犯罪或违法行为时，更大的关注需要用于评估社区刑罚是否是恰当的，因为没有遵守社区刑罚可能导致羁押刑罚。①

然而，如果法庭适用这条路线，存在轻微犯罪人将被送入监狱的危险。

第六节　作为对惯犯回应的民事预防令

民事预防令可以视为反对惯犯犯罪人战略的一个部分。这一混合命令的基本模式是民事或刑事法院可以做出一个专门的命令，禁止从事一定的行为，并且当违反禁令构成一个刑事犯罪时给予实质的最大化量刑（经常是 5 年的监禁）。民事预防令的范围将在第 11 章详细讨论，但是现在主要讨论的例子是反社会行为令（anti-social behaviour order，ASBO）及 2014 年的替代品。在 1998 年的人权法案成为法律的同一年，反社会行为令由《犯罪和扰乱秩序法》（Crime and Disorder Act）第 1 条引入。② 它是一项民事命令，由民事法庭上的治安法官依据警察、当地政府或者房东申请而做出，对一个人施加至少两年的限制条件。治安法官必须确信这个人已经以某种方式做出了导致或可能导致使他人烦恼、恐慌或悲痛的行为，而预防令有必要保护当地人们免于进一步如此行为的（伤害）。这个命令可禁止这个人从事任何可能让人们暴露于进一步的反社会行为中（不必是已经证明的相同类型的行为）。它也是可以由刑事法院对犯罪人定罪后做出的一个禁令。违反这个命令属于刑事犯罪，最高可判处 5 年监禁。

为什么反社会行为令与本章内容有关联？理由主要是，法庭做出禁令所关涉的行为可能是非刑事的或刑事的，当禁令做出关涉的是刑事行为时，这实际上是对惯犯犯罪的一种回应。反社会行为令将伴随《2014 年反社会行为，犯罪和治安法》（Anti-Social Behaviour, Crime and Policing Act 2014）的实施而消失，并且被两个新的举措——《预防妨碍和干扰禁

---

① SGC, *New Sentences: Criminal Justice Act* 2003, para. 1. 1. 10. 99。对于这两部法律的冲突政策的讨论，参见 Ashworth（2004）。

② 对于这两部法律的冲突政策的讨论，参见 Ashworth（2004）。

令》（Injunction to Prevent Nuisance and Annoyance，IPNA）和《刑事行为
令》（Criminal Behavior Order，CBO）所取代。这个禁令的详细规定可在
该法第一部分发现，它是一个民事措施（如果有对他人的暴力风险或伤
害，附随有逮捕的权力）通过藐视法庭的普通程序来执行。如果满足了
盖然性标准表明主体已经从事，或威胁实施，某种可能导致对任何他人的
妨碍或干扰的行为，并且禁令对预防进一步的如此行为的目的是恰当的和
方便的时候，一个民事法院（或者少年法庭）也将能够做出一个禁令。
从这个概要可以明显地看出禁令将是反社会行为令的重要延伸，尽管仅在
郡法庭和其他民事法庭（针对成年人）和少年法院（针对那些小于 18 周
岁的人）适用。目标性行为超出了"骚扰、恐慌或危难"① 以致包括
"可能导致的对人的有关房屋住宅占有的妨碍或干扰"，客观性检验转向
两个非常广泛的概念"妨碍"或者"干扰"的判断。进一步地，做出一
个预防妨碍和干扰禁令不需要是"必需的"，正如做出反社会行为令一
样，而仅仅是"正当和便利的"即可，一个非常宽泛的措辞。此外，证
明标准可能是更低的，除非法庭坚持，正如他们做出反社会行为令时一
样，② 可能出现的违反禁令的严重后果需要更高的证明标准，等同于刑事
案件中的那样。两个严重的结果表明需要这种更高的标准：第一点，禁令
可能包括禁止或者"要求被申请人去做任何事情"，在没有为受其影响的
人提供支持的情况下，采取积极的义务；第二点，尽管违背一项预防妨碍
和干扰禁令并不一定等同于刑事犯罪，但它可能导致因藐视禁令行为的监
禁。考虑到大约 57% 的反社会行为令被违反了，违反禁令中的大约 53%
被给予了羁押量刑，③ 不清楚的是民事法庭是如何抵制因藐视行为施加更
多的羁押监狱量刑的压力。因此，反社会行为令的寿终正寝产生了深刻的
疑虑。④

转向《刑事行为令》，细节详情将见该法第二部分，这是仅可以由刑

---

① 参见 Cornford（2012）的批评。

② *Clingham v. Kensingston and Chelsea Royal LBC*；*R（McCann）v. Crown Court at Manchester* [2003] 1 AC 787.

③ Ministry of Justice，*Anti-Social Behaviour Order Statistics England and Wales* 2011.

④ 对于 2013 年法案中建议的批判性评论，参见 House of Commons Home Affairs Committee，*The Draft Anti-Social Behaviour Bill：Pre-Legislative Scrutiny*（2013），以及 Liberty，*Committee Stage Briefing on the Anti-Social Behaviour，Crime and Policing Bill in the House of Commons*（2013）。

事法院在定罪和量刑后做出的命令。法院必须满足犯罪人已经从事了可能导致骚扰、惊慌或危难的行为，并且做出这项命令将有助于预防进一步的如此行为（发生）。① 然而，这项命令可以包括为达成预防犯罪人从事反社会行为的任何禁止或要求。违反禁令是一种犯罪，最高可判处 5 年监禁的刑罚，但是至少有要求其遵从禁令的监管规定（第 24 条）。还有一个问题，那就是为什么有最小 2 年的期限：不清楚的是为什么这不应该留给法庭，正如它的最大期限。② 考虑到法院广泛的量刑权力（包括社区刑罚，以及它们需要的范围），并且考虑到从民事法院取得预防妨碍和干扰禁令的可能性，人们对刑事行为令的必要性表示怀疑。违反刑事行为令的实质的最高刑罚——5 年监禁——将确保它仍然是完全的不成比例性的量刑，可能仅仅因为没有遵守法庭命令（而并不需要行为造成伤害）导致进一步的羁押量刑。

刑事行为令是对反社会行为多数异议的公开回应，首先是对违规行为的回应。大约 57% 反社会行为令被违反了，③ 远高于附条件量刑和许可证被违反的比例。此外，对违反行为的刑罚可能与涉及的行为完全不成比例。最高 5 年的监禁量刑——远高于许多刑事犯罪的刑罚，而且当然地对非犯罪行为或者不需要羁押惩罚的犯罪行来说是尤其严重的惩罚——如同注解的，大约违反（禁令）的 53% 导致了立即的羁押。对违反禁令的犯罪人予以量刑时，考虑其整个反社会行为的过程，包括导致最初禁令适用的行为，其量刑的恰当性是有问题的。斯图尔特·麦克唐纳（Stuart Macdonald）认为这是与引入反社会行为令的目的相一致的，假如恰当的程序保护被引入最初的听审，法庭应被允许适用其称为的"综合"的量刑。④ 然而，如果这个方法是与恰当的量刑原则相一致的话，就必须进行重大变革，例如，任何人都不应因未被承认或被定罪的罪行而被判刑的原则。⑤

---

① 有关反社会行为禁令的立法要求该命令应当是"必要的，由司法研究委员会（the Judicial Studies Board, 2007）所发布的指导有效地阐释了这一要求"。

② 对成年人最短是 2 年；对那些 18 岁以下者，有最低刑（1 年）和最高刑（3 年）：该法第 25 条。

③ 对于 2013 年法案中建议的批判性评论，参见 House of Commons Home Affairs Committee, *The Draft Anti-Social Behaviour Bill: Pre-Legislative Scrutiny* (2013)，以及 Liberty, *Committee Stage Briefing on the Anti-Social Behaviour, Crime and Policing Bill in the House of Commons* (2013)。

④ Macdonald (2006).

⑤ 参见下文第八章第一节第二部分。

量刑指南委员会关于反社会行为令的指南指出一名犯罪人应该因为其形成违反禁令的行为而被处以刑罚，但是"导致做出一项禁令的最初行为是一个相关的考虑，其在某种程度上指示了导致损害的程度且其是否是故意的"。① 这不是认可合并量刑的原则，而是将最初行为作为量刑决定的背景相关联的要素来考虑。

当违反（禁令）的行为构成了一个独立的刑事犯罪时，量刑的恰当方法是进一步的难题。量刑指南委员会指南表明，无论另一个犯罪是否单独起诉与否，恰当的方法是对两个错误行为量刑——例如，如果仅仅一个实质性的刑事犯罪被控诉，对反社会行为令（现在是刑事行为令）的违反作为一个加重要素来处理。在对引起极大争议的这个问题的处理时，② 指南指出：

> 当违反反社会行为令也构成了另一犯罪，具有比违反禁令最高刑罚更轻微的量刑，这个刑罚被认为是一个符合比例原则的要素，尽管法庭在判决成年人或青少年违反（禁令）规定时并不受其限制。③

正如拉客卖淫一样，当议会已经做出一个深思熟虑的决定来减少犯罪的量刑从羁押到非羁押的时候，这个原则产生了一个困难。④ 此外，在这个领域刑事行为令可视为对惯犯犯罪可能回应应中的一个。以它现在的形式⑤，它是对一些尤其严重的组成部分回应：广泛的禁令可能被包括进来，任何情况的违反都构成了一个刑事犯罪并且羁押刑量刑经常附随发生。量刑指南委员会指南强调：对违反法庭禁令进行量刑的主要目的是实现命令的目的，并且指出社区令应是对违反行为的起刑点，当没有导致或意图导致伤害，也就是说，没有骚扰、惊慌或悲痛产生或意图产生时适

---

① SGC, *Breach of an Anti-Social Behaviour Order* (2008), p. 4.

② 例如，在 *Morrison* ［2006］ 1 Cr App R（S）488 中，和 *H, Stevens and Lovegrove* ［2006］ 2 Cr App R（S）453。

③ SGC, *Breach of an Anti-Social Behaviour Order*, para. 22.

④ 《1982 年刑事司法法》（Criminal Justice Act 1982），第 70-71 条。参考 *Fagan* ［2011］ 1 Cr App R（S）619，在上诉法院未充分严肃地对待这一点的情形下。

⑤ 以不同的形式，其或许被作为一项对惯犯行为比第 143（2）中体现的更轻微和更加具有建设性的回应，允许罪犯有条件地获得自由。然而，即使为此，还是应当在刑事诉讼中设置作出命令的理由，该命令应当更短，违反它的刑罚应当更宽大。

用，"违反行为包括饮酒或乞讨"或"禁止乘坐公共交通工具或进入禁止的场所"。① 除非指南被严格地适用，仍有对违反刑事行为令行为的量刑使"轻微惯犯犯罪"类型的许多人进入监狱的危险，正如上面第五节部分所考虑的。《布兰得利报告》（*Bradley Report*）尤其关注了由于这些方法将脆弱人群扫入刑事司法系统的危险。② 就刑事行为令被用于非刑事犯罪行为而言，羁押的适用是更加地不成比例。

民事预防令的更多讨论将在下面第 11 章展开。一言以蔽之，以上所述的许多观点适用于其他的民事预防令，经常地被用于对惯犯行为或"反社会"行为的一个反应，诸如严重犯罪预防令（serious crime prevention order，SCPO）和性犯罪禁令（sexual offending orders）。预防严重犯罪或者性犯罪无疑是重要的。问题是如此显著地偏离正当量刑原则是否正当。

第七节　最低限度量刑和有选择的使无能力

上面提到对累犯量刑的累积原则的支持者认为它是犯罪预防的一个重大措施，即使对此予以支持的证据并不乐观。而且由于未能区分严重犯罪人和非严重犯罪人，这一主张逐渐弱化。因此，尽管统计数据表明有 5 个或更多先前定罪的人有 90% 的可能在 6 年内实施另一起犯罪，并且很可能很快地实施犯罪，③ 但是它们并没有告诉我们将会是什么类型的犯罪。历史证据表明，对累积原则的追求将导致对轻微犯罪人的严厉刑罚。④ 严重的犯罪人是可能收到基于比例原则的实质量刑，每一次都有使其失去（犯罪）能力多年的附带效果。

在 20 世纪 80 年代初期，有观点声称对被选择的抢劫犯罪人和夜盗犯罪人的延长羁押于监狱量刑的政策将在预防这些趋利型和恐怖型犯罪上有重大的效益。⑤ 然而，由美国国家科学院对这些数据进行重新评估得出的

① SGC, *Breach of an Anti-Social Behaviour Order*, pp. 2 and 8.

② Bradley（2009），ch. 2.

③ 参见例如 Halliday（2001），Appendix 3。

④ 参见本章第一节。

⑤ Greenwood（1982）.

结论是，他们并不能为选择性使其无（犯罪）能力的有效政策提供一个稳妥的基础。[1] 而且数据并没有充分地考虑到将自主停止犯罪的犯罪人的比率。[2] 即使这个预测技术可以改进，如此政策是正当的吗？选择性使无能力将涉及对一些犯罪人的不成比例的长期量刑的适用，不仅根据他们最初的犯罪记录而且通过［以格林伍德的模式（Greenwood's model）］参考了诸如药物使用和雇佣记录等生活形式要素。后者的标准产生了法律面前平等和弱势群体的不平等对待的问题，这将在第 7 章进一步讨论。该原则的更深刻的问题是如此一个犯罪人是否可以被恰当地处以比其当前犯罪成比例的量刑更重的刑罚处罚。

在美国，因为混合了震慑、使无能力和报应观点的理由，这个问题被以肯定的方式回答了。20 世纪 90 年代一些州出台了累积量刑法律，在流行的"三击出局"的旗帜下，其对第三次定罪给出了长期的或不确定期限的监禁刑罚。加利福尼亚的"三击"法在 1994 年引入，在影响上可能是最广泛的一部法律，对第二次严重犯罪批准了双倍的量刑而对第三次重罪定罪给予 25 年到终身的监禁刑罚。尽管先前两罪必须是"严重的重罪"，类型上包括夜盗犯罪，其在所涉及的犯罪类型上没有任何限制。在 1994 年，美国国会在联邦司法辖区出台了"三击出局"法律：对第三次"出局"犯罪给予终身羁押，但所有的三次定罪必须是毒品走私犯罪或者暴力犯罪（广义的）。由齐姆林（Zimring）和其他人对加利福尼亚法律效果的仔细研究表明，因为控告方和其他主体的自由裁量，强制性的"三击"量刑仅被适用于符合条件案件中的 10%，[3] 几乎没有重大犯罪预防效果的证据（在 1999 年，州长否决了提供资金研究该法效果的议案），并且因为先前的法律几乎很少不是镇压性的，作为反对犯罪的强硬政策"三击出局"法律的政治传奇（也）是一个谎言。[4]

最低限度、强制性或假定的量刑制度的基本原理是多种多样的：通过震慑或使无能力（犯罪）方式减少犯罪是一个主要目的。然而，加利福

---

① Blumstein et al.（1986）；还参见 see also 在 von Hirsch, Ashworth and Roberts（2009），ch. 3 中的论著。

② 有关内容参见 Burnett and Maruna（2006）and McNeill（2006）。

③ Spohn（2002）援引在纽约、曼彻斯特和密歇根的相似发现。

④ Zimring, Hawkins and Kamin（2001）.

尼亚州和其他的评估①产生了对这些量刑制度达到其目标方面的有效性产生了重大怀疑。汤瑞对这项研究证据的主要评估表明没有确凿的震慑效果。② 除了预防性目的，汤瑞还确定了强制量刑的两个其他目的——量刑上的公平，以及过程上的透明性。量刑公平倾向于不可能发生，因为强制量刑经常被检察官和/或者法官所绕过，导致裁量权的回归，强制量刑条款被有目的地排除适用。由于在公众视野外与检察官发生的协商，透明是同样地受到侵害。而且，公平和透明的两个理念都假定了公正的概念，忽视了罪犯之间的显著差异，应该会导致不同的量刑结果。

尽管这些原理有其弱点，强制量刑保持了在政治术语上的重大表现力——它们表现了采取强硬行动来应对这个问题的表象——并且世界上许多国家已经引入了一个或更多（的同样举措）。③ 在英格兰和威尔士，最近的强制最低量刑已经针对那些实施特殊类型犯罪的犯罪人，不管是第一次或者重复犯罪。④ 再早些，英国对惯犯的如此有表现力和镇压性政策兴致的高潮点是《1997 年犯罪（量刑）法》，其推出了三个最低限度量刑。这些举措中最严厉的，自动的终身羁押（一个"两击"量刑举措），被《2003 年刑事司法法》所废除，以给新的对危险犯罪人的量刑框架让路（见下文第八节部分）。这里，我们将审查其他两个，构思为对二次犯罪人的"规定性"量刑。

1997 年法的第 3 条（被收入作为《2000 年刑事法院（量刑）权力法》的第 110 条）需要法院对已经因相同犯罪有两次定罪的 A 类毒品贩犯罪人适用至少 7 年的监禁量刑，除非"在所有的情况下如此做可能是不公平的"。这是一个推定（非强制性）最低量刑幅度的量刑，设计为产生一种国会正在采取坚决反对毒品交易的（态度）印象，而事实上在任何情况下对第三次 A 类毒品交易人适用高于 7 年的更高量刑是很正常的，⑤ 除非有强烈的减轻要素。立法允许法庭对有罪答辩给予直至 20% 的折扣，但法庭不得不发展"在所有情况下如此做是不公正的"例外。在

---

① Zimring, Hawkins and Kamin（2001）；还参见 Tonry（2009）and Spohn（2002）。

② Tonry（2009），pp. 95-100.

③ Warner（2007）；对于在加拿大的发展，参见 Manson, Healy et al.（2008），pp. 451-480。

④ 参见上文第三章第五节。

⑤ 正如在 *Willoughby*［2003］2 Cr App R（S）257 中那样。

2006 年的特纳案① ［*Turner*（2006）］法院减少了量刑，理由是犯罪人不是一个贩毒者，而仅仅是一个朋友间的媒介人。2006 年的麦当诺案② ［*McDonagh*（2006）］法院减少了量刑，因为先前的符合条件的定罪是大约 10 年以前了，一个实质性的时间空白地带出现了。③

　　1997 年法案的第 4 条（并入作为 2000 年法案的第 111 条）需要法庭对家庭夜盗犯罪通过至少 3 年监禁量刑，（要求）夜盗案犯罪人的年龄至少 18 周岁，有两个先前的入室夜盗的定罪，而每一个定罪都是在 1999 年 12 月 1 日以后，它们中的每一个涉及的犯罪都是在先前定罪后实施的。④ 同样，如果在所有的情况下如此做都将是不公正的，法庭不是必须去实施"规定的量刑"；并且当然地，基于正常的比例原则，可自由地超过法定的量刑（量刑）。如同对毒品交易的规定量刑，对有罪答辩 20% 的折扣是可获得的。⑤ 在更早些的有关入室夜盗的指南裁判，⑥ 首席大法官沃尔夫勋爵给出了三例情形适用最低量刑可能是不正当的。

　　　　假如这些犯罪中的两个是在第三个犯罪实施许多年前实施的，这个量刑将是不公正的；或者假如犯罪人做出了切实的努力去改变或者征服他自己的毒品或者酒精成瘾，但是一些个人悲剧促发了第三次犯罪；或者假如先前的两个犯罪是在犯罪人还未满 16 岁时实施的。⑦

　　看上去似乎法庭也将遵从在先前自然段提到的，对毒品交易规定量刑的决定。考虑到这些量刑的推定本质和大量的惯习夜盗犯面临法庭审判，

---

① ［2006］1 Cr App R（S）565.

② ［2006］1 Cr App R（S）647.

③ 这一"空白"原则与有关先前定罪的法律相一致（参见上文第六章第三节第二部分）。

④ 审判法官误解了在 *Hoare*［2004］2 Cr App R（S）261 中所要求的顺序，并且结果在当其不受最低量刑立法的约束时，以为他自己受约束。

⑤ 这不适用于对武器的两项强制最低刑（参见上文第一章第五节第二部分），因为它们适用于初犯和累犯（*recidivists*），所以在这里没有讨论。

⑥ *McInerney and Keating*［2003］2 Cr App R（S）240，现在被 *Saw*［2009］EWCA Crim 1 和 Council guidelines 所取代；参见上文第四章第四节第九部分。

⑦ ［2003］2 Cr App R（S）240, at p. 251. 注意第一个例子符合著名的近因原则，由此犯罪中的空白应当作有利于罪犯的理解，但是那一原则在上文 p251 注③的 *Willoughby* 中不适用。

人们可能希望第 111 条被经常的援引。然而，每年仅仅 600—700 起案件①表现出践行了第 111 条的限制性要求，突出地表现为每一起犯罪必须在前一犯罪已经被量刑后实施。没有可获得的研究表明最低量刑对监狱人口的影响或者对犯罪预防的影响。然而，必须承认的是，这个最低量刑比许多其他的司法区有更少的强制性，因为"在所有情况下都是不公平的"是一个潜在的宽泛的意外：表现为符合最低量刑幅度的那些夜盗案中不到一半的案件实际上被判以 29 个月或更多的量刑（29 个月是最低量刑幅度量刑，伴有 20% 的有罪答辩折扣）。②而且当对重复夜盗犯罪量刑时，正确的方式是依据盗窃犯罪指南计算量刑，然后再与第 111 条进行交叉核对，而不是用 3 年监禁作为起刑点。③

这两个规定量刑的主要原理是震慑理论——"对那些致瘾毒品交易人的严厉的震慑量刑是……必要的"④——并且我们看到它已被首席大法官泰勒勋爵多么有力地攻击，理由是低破案率将削弱任何震慑效果。⑤但是也有使无能力要素的原理。毫无疑问，在这些规定或最低刑罚背后的想法是借用了美国的，但是它的借用没有恰当注意到有关它们运行上的证据情况。正如前面提到的，美国的研究对最低量刑的有效性提出了质疑。因此，它们将被视为一种政治象征，设计为支持政府的政治前途，它们不值得任何打算从事证据引导政策的政府去仿效。⑥

在美国强制最低限度量刑已经受到了原则性攻击，主要的理由是它们可能导致不成比例性并且因此"严酷的和不寻常的刑罚"，这与美国宪法相违背。在 2003 年洛克诉安德雷德案⑦ ［*Lockyer* v. *Andrade*（2003）］，犯罪人已经被处以 2 倍的不少于 50 年最低限度量刑的监禁刑罚，包括两个终身羁押量刑（每一个是最低 25 年限度量刑），因为这两起盗窃案件涉及总共 11 个空白录像带。最高法院法官中的多数认为，这并没有违反

---

① 参见第五版 p. 227. Table 14，对于更早些时候的数字：分析似乎未被继续。

② *Sentencing Statistics* 2007，Table 6. 12. 这一表格记录了 491 名被判处羁押刑的夜盗罪犯，表 6. 11 指的是另外 90 名根本没有被送去羁押的罪犯。

③ *Andrews* ［2013］2 Cr App R（S）26，［7–10］.

④ Home Office（1996），para. 11. 2.

⑤ 参见上文第二章第一节。

⑥ 参考 Tonry（2004），ch. 1 中的强有力的观点，以及 Warner（2007）的分析。

⑦ ［2003］123 S. Ct 1166，由 van ZylSmit and Ashworth（2004）讨论。

宪法规范下的"严重比例失调"检验。少数者批评说"如果安德雷德（Andrade）的量刑不是严重的比例失调的，那么这个原则就没有任何意义了"。①

第八节　"危险的犯罪人"和 2012 年法案

许多法律制度包含一套专门的法律规定，目的在于保护公众免受被认为是"危险的"的犯罪人（的侵害）。在最近数十年，英国法律已经改变它的"危险性"条款很多次了。一些早期的法律制度保留着与被拘留犯罪人的释放的相关性，一些与在许多年前实施的，现在被定为重罪的人是相关的。就当前目的而言，在转向《2012 年罪犯法律援助、量刑和惩罚法》之前，最新的三套"危险性"条款将简要地予以概述。

对于在 1997 年和 2005 年间实施的犯罪而言，被《1997 年犯罪（量刑）法》修订的《1991 年刑事司法法》下的量刑结构是有效的——对第二次生命承载性犯罪自动适用终身羁押刑罚，② 是比对性犯罪和暴力犯罪成比例量刑更长的量刑，③ 是延长量刑和对终身羁押刑罚的裁量性量刑（从普通法保留下来的）的最初版本。下一个阶段，从 2005 年到 2008 年，管控条款在《2003 年刑事司法法》第 12 部分第 5 章可以发现。第 224—226 条规范"危险性犯罪人"，它们引入了一个全新的被归类为危险的犯罪人的量刑框架。主要的特征是强制性的"危险性犯罪人"量刑结构，需要法庭适用三种程度的量刑之一——终身监禁，公共保护监禁（IPP），或者延长性量刑。然而，强制性量刑结构导致大量的犯罪人成了公共保护监禁（IPP）量刑对象：符合条件的犯罪范围是如此宽泛，以致法庭经常地适用公共保护监禁（IPP）量刑于量刑的最低比例程度（依据被定罪的犯罪的严重性计算）仅仅是 12 或 18 个月的一些犯罪——之后，它们倾向于不确定期限的拘禁直至满足释放的条件。

将如此多的非严重犯罪人置于不定期刑的不公正性是突出的和令人不

---

① ［2003］123 S. Ct 1166，由 van ZylSmit and Ashworth（2004）讨论，at p. 1179，per Souter J。

② 有关这一问题参见本书第 3 版，第 193—196 页。

③ 参见本书第 3 版，第 183—189 页。

安的，更不必说这些意外激增的罪犯对监狱的影响。作为回应，通过在
《2008 年刑事司法和移民法》上涵盖的修正的方式，政府放松了 2003 年
法的结构。主要的不同是，从 2008 年到 2012 年，当符合条件的时候，法
院有权力但没有义务去适用三种程度保护性量刑中的一种，并且不再有对
某些犯罪人的危险性的假定。①

　　先前管理制度中的多数，以及最明显的公共保护监禁（IPP）量刑，
伴随着《2012 年罪犯法律援助、量刑和惩罚法》的第 3 部分颁布而消
失——尽管超过 5000 名公共保护监禁（IPP）监狱犯人仍在监狱度过他
们最低期限刑期，无法说服假释裁决委员会（Parole Board）去释放他
们。② 这固然是一个事实，政府第一次认识到为公众保护的不定期刑的不
可靠基础，表述了"我们在预测将来严重犯罪能力上的局限性……对许
多犯罪人被以公共保护监禁（IPP）量刑的整个基础［提出］质疑"③。
新的规划保留了 2003 年法规范下的终身监禁的强制量刑并且保留普通法
上的终身监禁刑罚，以及引进了两个新的危险性量刑——对第二次非常严
重犯罪的自动的终身监禁量刑，以及延长性刑期的修订版本。

一　强制性的终身监禁

　　可以施加于危险犯罪人的最严厉的刑罚仍是终身监禁。2003 年法的
第 225 条并没有受到 2012 年法律的影响，需要法院施加终身监禁，如果
（其）认为有：

　　　　（1）由他的进一步专门性的犯罪的实施，可能引起对公众成员
　　的重大危险的严重伤害。
　　　　（2）并且法院已经考虑到犯罪的严重性，或者犯罪与一个或更
　　多个犯罪相关，对这个犯罪适用终身监禁是如此的正当。

　　因此，如果条件满足了，法院适用终身监禁是强制性的。第二个不
清楚的是在什么程度上必须确立禁止适用的条件：在普通法终身监禁适
用前，犯罪自身往往必定具有一定的严重性，但不清楚的是这个线将在

---

①　对于根据 2003 年和 2008 年法律的该法律的分析，参见本书第 5 版，第 228—235 页。

②　See *James*, *Wells and Lee v. United Kingdom*（2013）56 E. H. R. R. 399.

③　Ministry of Justice（2010），at［186］.

哪划（尽管有一些权威建议当前的犯罪必须至少值得 7 年监禁的量刑）。① 当法院有公共保护监禁（IPP）量刑可获得的时候，这个问题在 2003 年法和 2012 年之间并不是紧迫的问题，因为那也是不确定的且在一些方面与终身监禁是难以区别的。因此，在 2009 年基欧 [Kehoe (2009)] 案②上诉法院撤销了对一般杀人案的终身监禁量刑而支持了一个公共保护监禁（IPP）量刑，理由是递减的责任。最低限度刑期被设置成 3 年（少于羁押待审的期间）。法院指出，终身监禁量刑"应该适用于那些犯罪人的有责性极其高或犯罪自身极其严重的案件"。然而，上诉法院现在已经决定，终身监禁量刑可以适用于先前已经适用了公共保护监禁（IPP）量刑的那些案件，③（含糊地）主张这是议会的目的。这使决定终身监禁可能恰当地被适用的最低限度量刑变得更重要了。

在普通法经常提及进一步的必要条件——精神不稳定的证据，或者一些无法衡量的表明了一个不定期刑恰当性的要素。然而，在 2008 年麦克尼、耿德华和拉塞尔 [McNee, Gunn and Russell (2008)] 案④中，上诉法院接受这作为一般性原则，但继续坚持那种不稳定在所有的案件中并不是必要的。这是一个普通法上的决定，而不是 2003 年法的规定，并且法院院长伊戈尔·贾奇爵士（Sir Igor Judge P）表明了终身监禁的适用并不需要医疗证据建议的不合理性，或者个性上的不稳定性，以达此目的。危险可由完全的理性个人所描写。法官有权做出他自己的判断。在这个案件中，计算的方式是犯罪人已经计划了对两个人的报复性杀人（由未知的职业杀手来实施），这被认为是得出犯罪人构成了"一个对不确定将来有持续危险"结论的充分性的基础。

当条件已满足，法院决定犯罪是适宜终身监禁的，法院必须指明一个最低限度期限——通过决定对当前犯罪（数罪）成比例的确定量刑，考

① Gray [1983] Crim LR 691.

② [2009] 1 Cr App R (S) 4.

③ Saunders [2014] 1 Cr App R 258，被 Burinskas；Attorney General's Reference No. 27 of 2013 [2014] 2 Cr App R (S) 359, esp. at [8] 中遵循。

④ [2008] 1 Cr App R (S) 108. 对相同的作用，参见 Lord Phillips CJ in Barot [2008] 1 Cr App R (S) 156 的裁判，还有有关 2005 年之前的法律。

虑正常释放规定而量刑减半，接着减除羁押候审所耗费的期间。① 在 2008 年的霍格［*Hogg*（2008）］案②，基于对一个顽固不化的犯罪人有进一步的虐待儿童的极度危险，审判法官没有确立一个最低量刑刑期，这是不恰当的，上诉法院确立了 10 年的期限。在麦克尼、耿德华和拉塞尔案中，法院院长伊戈尔·贾奇爵士认为在共谋谋杀案中法院考虑到 2003 年法附件 21（对谋杀者的最低限度量刑）是恰当的，并且考虑到案件的事实，支持对罪犯判处 25、35 和 30 年的最低限度量刑。③ 那是倾向反应双倍长度的确定量刑。同样地，在 2008 年的巴洛特［*Barot*（2008）］案④，上诉法院主张最低 30 年的刑期对涉及预谋实施大规模谋杀的恐怖主义分子是恰当的，是从初审法官裁判的 40 年削减的（等同于确定的 80 年量刑）。一旦最低刑期已经届满，犯罪人的假释就是假释委员会的事情了，其将签发准许证给予释放命令，仅仅当满足拘禁犯罪人对公众保护不再是必要情况下（见《1997 年犯罪（量刑）法》第 28 条）。

至此，我们在这个问题的讨论关注于 2003 年法上关于终身监禁适用的立法框架。尽管这个讨论是冠以"裁量性的终身监禁"，2003 年法第 225 条的用语是强制性的——假如条件已满足了，法院"必须"适用终身监禁。然而，这一措辞的一个逻辑结果是它并没有废除在普通法上的可获得的对终身监禁的真正的量刑裁量权。因此，正如由托马斯主张的并且被上诉法院在桑德斯（*Saunders*）案⑤中所接受的，即使第 225 条规范的条件没有满足，仍然有适用终身监禁的裁量权。这是普通法上的终身监禁，它的要求已经如此陈述过了。

最后，什么决定终身监禁的释放呢？法官必将确定一个最低限度刑期，并且指出它不是全部生命期限的刑罚，⑥ 期限届满是释放的第一个条件。那之后，当它满足了不再有必要以监狱犯人受到限制而保护公众

① *Marklew and Lambert*［1999］1 Cr App R（S）6；*Attoney General's Reference No.* 3 *of* 2004（*Akuffo*）［2005］1 Cr App R（S）230 at p. 240.

② ［2008］1 Cr App R（S）99.

③ *Marklew and Lambert*［1999］1 Cr App R（S）6；*Attoney General's Reference No.* 3 *of* 2004（*Akuffo*）［2005］1 Cr App R（S）230 at p. 240.

④ ［2008］1 Cr App R（S）156.

⑤ 参见对 *Cardwell*［2013］Crim. L. R. 508 和 *Saunders*［2013］Crim. L. R. 930 的评论。

⑥ 对此参见 *Vinter v. United Kingdom*［2014］Crim. L. R. 81，and the discussion in Ch. 4. 4. 1。

时，假释委员会将指示终身监禁犯罪人的释放问题。[1] 这是一个预测性的决定，假释委员会自然地在释放政策上谨慎。[2] 一名被释放的终身监禁犯人保有适用余下刑期的特许证，并且是遵从于召回服刑的特许证，如果有任何风险要素给出了认为终身监禁犯人有对社会的风险的合理理由——意味着他们可能无期限地回到监狱，理由是一些被认为是他们可能做的事情。[3]

二　对居于第二位列出的犯罪的终身监禁

2012 年法律的第三部分，通过修订 2003 年法案的方式，引入了一个新的强制性终身监禁量刑。正式的题目是"对居第二位罗列犯罪"的终身监禁，在插入 2003 年法的新修订的附件 15B（Schedule 15B）中可以发现这个列表。这个列表包括了附上 44 项罪名加谋杀，一些犯罪不承载终身监禁的量刑。如果一名犯罪人是年龄至少 18 周岁并且在 2012 年法案这个部分生效后实施了列表上的一个犯罪，并且两个进一步的条件都满足的话，他必然被判以终身监禁（除非法庭发现"特别的情形"将使适用这个必需的刑罚是不正当的）。那两个条件是"量刑条件"和"先前犯罪"条件，在新的 224A 条中确立如下：

> （3）量刑条件是，倘若没有本条，法庭将，依据第 152（2）和第 153（2）条，适用一个 10 年或以上的监禁量刑，不考虑依据 226B 条规定适用的任何延长期限；
> （4）先前定罪条件是（a）在犯罪实施时，犯罪人已经被以附件 15B（"先前罪名"）中罗列的一个罪名定罪了，并且（b）相关的终身监禁量刑或者确定期间的拘禁因为先前的定罪被适用于犯罪人。

量刑条件的效果是极大地削减了适用的范围，因此当前的犯罪必须已经在其他方面确保了最终的至少 10 年的最终量刑——意味着，例如，如

---

[1] 《1997 年犯罪（量刑）法》（Crime（Sentences）Act 1997），s. 28（6）（b）。

[2] 参见 Padfield，Morgan and Maguire（2012）。

[3] Appleton（2010），p. 36.

果一名犯罪人已经受到了一个早些时候的有罪答辩的所有恩惠，犯罪应需要"值得"15 年刑罚以便于产生最终的 10 年量刑。非常少的犯罪人将满足这个条件。"先前定罪"条件的影响是犯罪人必须已经受到一个确定的至少 10 年的量刑，或者一个终身监禁刑罚或者附随最低刑期至少 5 年的公共保护监禁（IPP）刑罚（不考虑等待审判的任何时间耗损）。这是一个"相关"量刑的意义，它的效果是再一次极大地削减了可获得的犯罪人的范围。当这个量刑被适用后，假释的条件是终身监禁的裁量权（见上文）。

这个针对第二个列表犯罪的新的终身监禁量刑的狭义范围是受到欢迎的。鉴于公共保护监禁（IPP）量刑过于宽泛，因此在它的范围上是不公正的，这个新的量刑被定义以便于仅抓住已实施两个非常严重犯罪的犯罪人（在新的附件 15B 上罗列的种类的犯罪）。事实上，1997 年引入的"自动终身监禁量刑"是强制性地，除非法院发现"特别情形"，这个新的量刑不再是强制性的，如果法院判定有特殊的情形使适用终身监禁不正当的话，它不必遵从去如此做。

这个新的规范安排的最主要缺陷是终身监禁量刑裁量权的持续性获得——那就是说，如果法院未能坚持适用足够高的量刑门槛，结果可能是，对大量的那些先前被以公共保护监禁（IPP）量刑的案件适用了不定期刑。由于上述原因，这将是不公正的。实际上，政府承认公共保护监禁（IPP）量刑对那些受到此量刑的多数案件产生了不公正，如果法官要恢复这种不公正的来源，那将是不幸的。

三 延展性量刑

延展性量刑适用于所有的罗列在新的附件 15B 上的"规定的犯罪"。这个新的附件是由《2012 年罪犯法律援助、量刑和惩罚法》引入的为数不多的改变之一，其通过新的第 226 条取代了 2003 年法案的第 227 条。四个条件是：

- 被定罪的犯罪是在附件 15B 中的一个规定的犯罪；
- 终身监禁是难以获得的或者不正当的；
- 法庭认为犯罪人具有"危险性的"，在某种意义上说公众有极大的风险遭受由犯罪人进一步实施特定犯罪而导致的严重伤害；
- 或者犯罪人有在附件 15B 上的一个犯罪的先前定罪，或当前的犯罪可正当地处以至少4年的羁押刑期。①

延展性量刑的特色要素是法院也必须确定延展的期限，以适用于犯罪人。尽管延展期被限制在被规定的暴力犯罪5年和性犯罪8年，第226（a）条表述为延展期限应是"与法庭认为的为保护公众免受犯罪人进一步实施规定犯罪导致的严重伤害的目的而有必要的长度"。在2005年前的延展量刑形式上的指南裁判（其对2005年后没有更多的说服价值），上诉法院指出有一个比恰当的羁押量刑更长的延展期间没有什么矛盾的，因为标准是不同的。后者应与当前犯罪（数罪）的严重性成比例的，但是前者是由对将来犯罪的预测所决定的。如果禁止条件被违反了，纵然犯罪人可能实际上在监狱中服刑了一些或绝大多数的延展刑期刑罚，"要求延展期限和犯罪的严重性之间呈现严格的比例性将是不符合逻辑的"，即使比例原则确实与整体量刑"有一些相关性"。② 延展期和羁押期的总和一定不能超过犯罪的最高刑罚。

延展性量刑的有效性已经被2012年法案改变了：先前的释放是在服刑了一半的羁押刑期之后自动生效的，现在的一般原则是在服刑三分之二后释放是自动生效的。然而，对此有两个例外：如果恰当的羁押刑期是10年或以上，或者延展量刑被适用于附件15B部分所罗列的一个犯罪，释放是由假释委员会来决定的。如果假释委员会满意于不再有必要对被延展量刑监狱犯人予以羁押来保护公众，释放命令将被做出。释放是基于对全部延展期的许可，如果应遵守的条件未被遵守将遭受召回服刑的结果。正如来自终身监禁的释放和随后的召回一样，巨大的权力授予了假释委员会而没有任何在量刑指南上给予量刑官的详细指南（以供参考）。③ 无可否认地，假释委员会正在处理风险和预估，鉴于更多的指南是关注于比例原则和相关的严重性的，但是这强化而不是削弱了原则性指导对将要在实践中采取的裁判的影响。

四 危险性——扳机条件

明显地，在法院适用自由裁量的终身监禁，对第二列表犯罪的终身监禁或者一项延展性量刑之前，它必须对犯罪者做出某些预测结果。本质

---

① Criminal Justice Act 2003（as amended），s. 227（2B）.

② *Nelson*［2002］1 Cr App R（S）565.

③ Padfield（2008），p. 464；Ashworth and Lucia Zedner（2014），pp. 157-161.

上，正如由上诉法院提供的指南所澄清的，① 在裁判中这个要素的关注点是关于预估和保护，有两个关联点是法庭必须满足的。第一，犯罪人是有极大的危险实施进一步的规定犯罪吗？第二，有极大的风险如此犯罪将导致对公众的严重伤害吗？

在这种情况下，危险性评估是现在法庭司法裁判的一个问题：2003年法案已经为一些犯罪人（那些有专门规定罪名的先前定罪的犯罪人）设定了危险性推定，但那个推定涵盖太广而被 2008 年修订废除了。法庭应该基于有关当前犯罪的性质和犯罪人在世界上的任何地方已经被定罪的其他犯罪的本质和情况的所有可能信息，以及关于犯罪人和犯罪形成的任何行为模式的信息达成它的裁判。

转向法庭必须满足的第一点，犯罪人有极大的风险将实施进一步的专门规定的犯罪吗？那些犯罪可能或者是暴力犯罪或者性犯罪，正如在附件15B 中确立的那样。这个风险必须是"重大的"：议会本可以选择"实质"这个形容词，但事实并非如此，它可能被认为"重大的"意思是不是无关紧要的，也不是微不足道的。朗（Lang）案中的法庭认为考虑被告的社会环境、思想、情绪状态和对犯罪的态度（到目前为止，这些都是在先前量刑报告中表现出来的）是恰当的。② 约翰逊案（Johnson）中的法庭又增加说明，先前犯罪的存在或不存在不能决定危险性。法官必须考虑整个犯罪历史，尤其是当前犯罪和任何先前犯罪的事实要素。法庭也表述先前犯罪不是必须是"专门规定的"（依据附件 15B）以便于来进行相关的处理，一系列的轻微的逐步上升严重性的先前犯罪可能是尤其相关的。③ 法庭在量刑的时候必须评估未来的风险，而不是竭力去评估罪犯在释放时可能拥有的风险。④

第二，与之相关的更重要的一点，法庭必须满足的是，这些预估的犯罪是否可能产生对公众严重伤害的重大风险。在这里这个问题不仅仅是风险程度——"重大的"的问题，而且也是预估伤害的本质——"严重性"的问题。第 224 条定义了"严重的伤害"意味着"死亡或严重人身伤害，

---

① 尤其参见 Rose LJ in *Lang* ［2006］1 Cr App R（S）13 and Sir Igor Judge P in *Johnson* ［2007］1 Cr App R（S）674。

② ［2006］1 Cr App R（S）13, at ［17］；还参见 *Cheshire* ［2014］2 Cr App R（S）430。

③ ［2007］1 Cr App R（S）674, at ［10］。

④ *MJ* ［2012］2 Cr App R（S）416。

无论身体的还是心理的"。因此，一个进一步的重复的低等程度犯罪的预估将不能满足严重性的门槛。在行为的意义上预估的犯罪是严重犯罪的事实并不意味着它们必然地产生一个导致严重伤害的风险。[1] 因此，在2007年麦格雷迪 [*McGrady*（2007）] 案[2]中，法官已经形成的观点是有一个由被告实施的进一步抢劫的高风险，但是当前的抢劫本质上是一个拎包抢劫，上诉法院认为抢劫犯罪没有使用武器或者强效武力，并不必然地产生严重伤害的重大风险。然而，在约翰逊案件中伊戈尔·贾奇爵士提出的观点是，即使当前的犯罪或先前的犯罪并没有导致真实的伤害，法庭也可以发现一个这样的风险。因此，假如一个犯罪人正在持有武器但没有使用它，法庭仍可以得出结论：它存在导致严重伤害的重大风险。[3] 法庭似乎也可以将一起旧的犯罪作为相关要素，即使它已经在许多年前被实施了。[4]

2003年法案（被2012年法案修正了）提供了一个等同于延展量刑的适用于不满18周岁犯罪人的规定。由量刑指南委员会发布的这个指南迫切要求"法庭应该在得出一名年轻人是一名危险犯罪人的结论前尤其严谨"，并且参考《少年司法委员会的指南》（Youth Justice Board guidance），预估一个这样的发现将仅在当一个量刑前报告发现严重伤害的"非常高的风险"，或者"在一些少量的案件中和专门的情况下，存在严重伤害的一个高风险"时，才能做出。[5]

五　经验性证据

预测特定的某人是否将对其他人构成危险的困难可以在犯罪学文献中很好地得到证明。弗拉德委员30年前可获得研究的调研表明，没有比鉴别非真亦假的预测方法更好的方法，其在预测"危险性"上有50%的成功率。实际上，许多的预测方法仅有三分之一的成功率。[6] 部分问题是严

---

[1]　*Lang* [2006] 1 Cr App R（S）13, at [17].

[2]　[2007] 1 Cr App R（S）256.

[3]　[2007] 1 Cr App R（S）674, at [10]，讨论 *Shaffi* [2006] 2 Cr App R（S）606.

[4]　将该参考资料与第上文第六章第三节中讨论过的第143（2）条中的最近和有关的定罪相比较。

[5]　SGC, *Overarching Principles−Sentencing Youths*（2008），p. 18.

[6]　Floud and Young（1981），Appendix C.

重犯罪实际上是非常少的案件，因此在预测准确性上是极其困难的。弗拉德报告也确证了，基于被选择的犯罪人的客观特征的精算预测方法，一般而言，是比临床预测更为可靠的，临床预测是基于有经验的诊断专家的判断——这是一项重要发现，因为在法庭上有一种自然的尊重有经验的精神病学专家判断的倾向，尽管这是个不可靠的证据。大约同一时间，有一个由布洛迪（Brody）和塔林开展的内政部研究，涉及临床医生对超过700名监狱服刑犯和选择依据一定的标准可能被定义为"危险"的人的犯罪记录进行审查。这些被如此分类的人中，48名已被释放且他们的犯罪记录在释放后的5年内被审查了。发现他们中的9人在那期间实施了"危险性"犯罪。这意味着，假如基于危险性的预测在5年内他们都被拘禁了，将有9名是预测正确的，39名是预测错误的——成功的预测率大约仅仅20%。这也是值得注意的，因为公众保护经常在此被说成是目的，700名被释放的没有危险的监狱犯人中有9人在5年内实施了一个"危险性"犯罪。① 换句话说，成为这些严重犯罪之一的被害人的风险从来自大量的"非危险"的犯罪人的，如同来自非常少量的"危险"犯罪人的一样重要。

即使假如当前犯罪是一个暴力犯罪，这不意味着任何接下来的犯罪将是同样的，这也是确实的。② 正如丝琪（Skeem）和莫纳汉（Monahan）的研究结论，"临床医生是相对不精确的暴力犯罪预测人"③。胡德和舒特（Shute）已经指出使用被定罪的犯罪（或先前犯罪）作为"高风险"判断的主要指标的困难性。④ 而且胡德等人也表明严重性侵犯罪人从监狱释放后只有不到10%的人在6年内实施了另一起性犯罪，而假释委员会成员倾向于过高估计由性犯罪人展示的极大风险。正如他们评论的，"当'基准利率'处于低位时，试图预测重新定罪的企图将不可避免地会产生'错误预报'的高比率"。⑤ 有关被认为是"危险"的犯罪人的风险评估的其他研究几乎没有理由乐观：⑥ 对于那些没有被诊断为精神错乱的犯罪

---

① Brody and Tarling（1981），pp. 29-30.

② 参见 Farrington（1997）。

③ Skeem and Monahan（2011），p. 39.

④ Hood and Shute（1996）.

⑤ Hood，Shute，Feilzer and Wilcox（2002）.

⑥ Brown（1998）；Brown and Pratt（2000）；Harcourt（2007）.

人实施的严重伤害预测的有效性方面，几乎没有任何研究。对那些被诊断出患有这种病的人预测仍然没有很高的成功率，[1] 并且《布兰得利报告》建议在公共保护监禁（IPP）量刑和精神混乱和无能力人之间的关系进行仔细研究。[2] 值得重申的是，在 2010 年政府表达了"我们预测将来严重犯罪能力上的有限性……对许多罪犯被判公共保护监禁的全部依据提出质疑。"[3]。

六　原则上的论证[4]

尽管在精确预测上至多50%概率的可怜前景，但对认为是"危险"的犯罪人的不成比例量刑的施加保持着对政客和立法者，以及在某种程度上对一些司法机构成员的吸引力，希望依此提高对公众的保护。果真如此的话，这样不成比率的自由剥夺如何是正当的呢？弗拉德委员会的结论是，这个问题其实是风险再分配的问题，即已知的犯罪者与被预测犯罪的潜在受害人之间的重新分配。它是在矛盾冲突的主张间的道德选择：谁应该承担风险？一般地，他们认为，每一个人是被假定为非有害的。但是，一个人一旦实施了严重犯罪，已经证明对他人有危害的可能性，那个无害假定就不再适用了。因此通过保护潜在的被害人（他不可能已经失去了无害假定）和让已知犯罪人［他已经失去了假定（无害）的利益］承担，重新分配将来伤害风险（的做法）可能是正当的。尽管在保护性量刑可以被适用前他们提议了对被告人的多样的程序保障机制，委员会结论是风险的重新分配应支持潜在的受害人。[5]

然而，依赖先前的犯罪行为来反驳无害的推定，不能被稳妥地作为对将来错误行为继续处置的充分证据。一个可替代的方法由瓦伦（Walen）建议，他主张被定罪的犯罪人"至少在暂时的一段时间内，已经失去了主张从对长期预防性拘禁（long-term preventive detention，LTPD）豁免的

---

① Monahan（2004）.

② Bradley（2009），ch. 4.

③ Ministry of Justice（2010），at［186］；以相同的风格，House of Commons（2008），paras. 39-85。

④ 进一步的论述参见 Ashworth and Lucia Zedner（2014），chs. 6 and 7。

⑤ Floud and Young（1981），chs. 3 and 4.

尊重中获益的权利的道德基础"。① 他认为，通常，国家应该给予其公民，他们是守法的公民的假定，就像"对他们的自治道德机构的基本尊重一样"，② 但是非常严重的犯罪或一系列严重犯罪的定罪表明"他们不再值得将是守法公民的假定"。③ 然而，这里也不清楚的是，这种状态的失去将持续多长时间，或者它将如何恢复。瓦伦主张他的方式保留了在将来指控方面的无罪推定并且因此避免了承担不应承担的刑罚的弱点，尽管他的主张依赖于法庭在实践中观察这个细微差异的能力和意愿。它也依赖于接受这种主张——预防性羁押不是刑罚，因为它不是法庭故意为之，也不是表达对错误行为的谴责（更多详述见下文）。④ 难逃异议的是政府对个人采取如此权力，是对他们自治权的一种不可接受的侵犯。否定了他们可以被信赖地在给定情形下做出正确的选择，（基于一个或更多的先前定罪）赋予他们一个他们无能力摆脱的性格特征。当然，从课税开始，有许多限制个人自主权的国家行为。弗拉德（Floud）和她的追随者们认为，必须在犯罪人自由权利（一定会失去，如果量刑因为预防性理由而被延长）和潜在被害人免除（在一个未确定发生概率的，不确定严重程度的）伤害的自由之间有一些平衡。这个冲突的解决绝不是简单明了的，但是预测的不可靠性和比例量刑的先前预防效果应该慎重权衡。

第九节　结论

在理论和实践上，对惯犯和那些被预测为危险的人进行量刑都面临着困难。正如本章所示，对惯犯量刑的当前趋势 ［在 2003 年法律第 143 (2) 条很明显的］是向累积原则的方向发展，并且倾向于忽略犯罪学家和犯罪断念实践者的工作。除非给出与此相对的明确指南，法庭将（继续）关注犯罪人的犯罪记录而不是当前的犯罪，至少在两个或三个犯罪被定罪以后。这是有异议的，因为犯罪仅仅被用作承载被宣称为预防（有时是严厉的）举措的一个借口，几乎不关注当前犯罪的严重性。正如

---

① Walen（2011），p. 1231.

② Walen（2011），pp. 1230-1231.

③ Ibid.，p. 1231.

④ 参见 Ashworth and Lucia Zedner（2014），ch. 7. 1。

下议院司法委员会主张的，对不严重的惯犯犯罪人的这个方法应该抛弃，因为它的无理由根据和不公正性。① 同样的异议可以指向刑事行为令，在实践中它似乎不大可能与反社会行为令有显著的区别，后者既有高的违反率，也有高的羁押率，即使当争议中的行为或者是非犯罪的或者是非羁押性的。

　　得到注意的是，一些类型的使无能力或"公共保护"量刑在许多的司法区被发现有政治上的吸引力。然而，英国政府开始认识到 2003 年法案中的严厉性不断上升的三个强制性的"危险性"举措的规范制度——延展性量刑、公共保护的监禁和终身监禁——是一个过度镇压性的错误。它把太多的罪犯扫进了监狱，因此他们的不定期刑，无论是预测的准确性，还是最新犯罪的严重程度都是不合理的。在 2010 年绿皮书（Green Paper）中，即将就任的联合政府面临的一个问题点是诸如公共保护监禁（IPP）的危险性犯罪人条款（众所周知）是建立在理论上和刑事上令人怀疑的基础上的。② 然而，历届政府都没能投注资源在此恢复性计划上，通过此计划超过 5000 名公共保护监禁（IPP）的监狱犯人可扳倒他们被假定的危险性的理由。在詹姆斯、威尔斯和李诉英国案（*James, Wells and Lee v UK*）中，欧洲人权法院发现对申请者的量刑后拘留（post tariff detention）依据《欧洲人权公约》第 5.1 条的含义是武断的并且因此是非法的"。③ 它听审的证据表明，尽管公共保护监禁已经为因犯提供了回复性治理的前提条件，但在它的条款中存在相当大的延误，这样一来，申请者"就没有机会去获得假释"。④ 法院认为"在缺少完整的相关治疗课程的情况下，对发生危险的任何评估都可能是一个无意义的实践"。⑤ 自詹姆斯、威尔斯和李诉英国案中的判决以来的三年里，这些困难还没有得以纠正。2012 年法案引入的危险性量刑框架是更多地受限制的，从这个事实上可以得到一些宽慰，尽管那依赖于法院强制性和自由裁量性的终身监禁刑罚被适用的方式。仍然存在的一种情况是，英格兰和威尔士比任何其

---

① House of Commons（2008），paras. 107-8.

② Ministry of Justice（2010），at［186］；以相似的风格，House of Commons（2008），paras. 39-85。

③ *James, Wells and Lee v UK*（2013）56 EHRR 399, at［221］.

④ Ibid., at［220］.

⑤ Ibid., at［212］.

他西欧国家有更多的监狱犯罪人服刑于不定期刑罚，占相对比较高的羁押人口比例的大约 20%。基于疲软的证据基础，政府倾向于利用政治上公共保护要求的不可抗拒性来推动压制性的措施。没有一个政治支持者支持一个被标签为"危险性"的人，但仍有强烈的观点基于原则和人权而坚持到底地对这些措施进行批评。

第七章

法律面前平等

第一节 原则及其挑战

许多国家的宪法都宣告了法律面前平等原则或不歧视原则，或者至少是平等的一般原则。[①] 英国没有这样规定的宪法，但（正如我们在上文第二章第七节所看到的）《1998 年人权法》将《欧洲人权公约》中的多数条款纳入了英联邦法律中。第 14 条宣告在公约中所享有的所有权利将应当确保"没有基于诸如性别、种族、肤色、语言、宗教、政治或其他意见，民族或社会出身，以及与少数民族、财产、出生或其他状况为理由的任何歧视"。这不是不歧视的一般原则，因为其仅适用于《公约》中所宣告的权利的歧视，然而其仍然很重要。[②]

在英国法律中，2006 年和 2010 年的《平等法》（*Equality Acts*）确立了一个一般的反歧视法律框架，由平等和人权委员会（Equality and Human Rights Commission）监督。被保护的特征是年龄、残疾、性别、变性、怀孕和孕妇，种族、宗教或信仰、性以及性取向。《2010 年平等法》第 149（1）条要求公共权力机构，a）消除基于任何这些理由的歧视或骚扰，b）促进那些具有被保护特征者的平等机会，并且 c）培养那些人和其他人之间的良好关系。尽管义务 a）是消极的，义务 b）和 c）要求公共权力机构采取积极行为——这是该法律的一个重要特征，因为刑事司法制度本身不能指望带来社会态度和机会的变革。[③] 可以认为强调比例原则

[①] 参见 von Hirsch，Ashworth and Roberts（2009），p. 343。

[②] 该《公约》的第 12 项议定书包括反对歧视的实质的和更广泛的保护，但其未被英联邦批准：Wintemute（2004）。

[③] 参见 Player（2012），pp. 245-247。

的量刑制度不应当留有歧视的空间，因为法庭会关注在每起案件中犯罪的严重性。然而，在第三章我们已经看到"2003 年刑事司法法"第 142 条表现为允许法庭追求除比例原则以外的其他目的；在第 5 章一些公认的加重和减轻因素与比例原则并无关联；在第 6 章，先前定罪和危险性的预测可以在量刑中发挥主导作用。此外，尽管存在对许多犯罪的量刑指南，但仍保留了裁量权，尤其在加重和减轻因素方面，而裁量权产生了歧视做法的可能性。

本章因此寻求审查原则问题和量刑实践中的证据问题，以便探求某些专题问题。英国的量刑实践给出了相信歧视因素在一些案件中存在的理由了吗？即使歧视性要素对于量刑并不是明显地作为主要理由，但它们是否通过诸如失业、先前记录或者先前的待审羁押等其他要素发挥了间接影响呢？如果是这样的话，不歧视原则是否应当赋予比其他相关原则更大的权重呢？

第一个和第二个问题是实证调查的事项，涉及种族、性别、就业状况以及其他要素的证据，将在下面简要回顾。这里所关注的是关于量刑的，但是，正如第一章第四节所讨论的，量刑仅仅是刑事程序中的一系列决定中的一个单一阶段，而在更早期阶段中的实践可能会对量刑产生更大的（即使可能没有被认可）的影响。对于其中的某些问题，现有证据是不确定的，期待明确的研究。

第三个问题进入量刑政策的基础问题。其有时被展示为一个量刑制度是否应当仅仅努力避免在其自身的裁决中产生歧视，或者量刑是否应当被计算以努力克服众所周知运行更广泛的歧视性的力量——在一些情形下导致了一种积极歧视。这一重要的问题也与更具体的问题相关。例如，谦抑原则（the principle of parsimony）应当如何与法律面前平等原则相关联？诺瓦尔·莫里斯和迈克尔·汤瑞采取强硬的立场："坚持罪犯 A 之所以入狱或入监，是因为理性处理罪犯 B 的资源缺少，这是对虚幻的平等理想以过度地敬意。"[1] 他们满意于看到白人或有工作的人获得非羁押刑，而同样的情况下，黑人或无业者则将被羁押。这加剧了谦抑，从某种意义上说，在这样的情况下，通过法律面前平等原则，更少的人会被监禁。莫里斯和汤瑞宁愿存在制度歧视也不要一致的刑罚。

---

[1] Morris and Tonry（1990），p. 33.

其他人主张法律面前平等是不可协商的：它是一项不能妥协的原则，并且对有关过度刑罚的任何忧虑应当通过整个制度而不是在单个罪犯之间的区别来处理。[①]

这一主张的另一方面是，现有统计倾向于暗示那些遭受一定社会劣势者（例如失业、没有住处、没有密切的家庭关系）比那些有社会优势者更可能被再次定罪。预防性量刑战略可能因此导致对社会劣势者的更严厉的量刑，对社会优势者相对更少严厉的量刑。然而，这将是在一个非常肤浅的水平上追求预防。更深层次的预防需要一个处理安居、就业、社区服务和相关问题的社会战略。通过量刑追求预防战略目的既短视，也不公正。因此伊莱恩·普莱耶（Elaine Player）认为"平等立法将对风险评估的专横和为公众保护而认为是必要的日益增加的惩罚性量刑施以重要的限制性影响"[②]。有关这些主题的相关参考将在下面各部分提供，并且原则观点将在结论性讨论中得以回顾。

第二节 种族[③]

法律面前平等原则的最清晰的适用是没有人基于种族或肤色的理由而被施以更严厉的量刑。有证据表明黑人、亚裔人或任何其他族群比白种人遭受更严厉的对待吗？[④] 在2013年，监狱中有大约26%的人是非白种人。这些人中超过三分之一是外国人。[⑤] 在非白色人种的英国公民中，迄今为止最大的群体是"黑人或英国黑人"，[⑥] 其监禁比率是白人的10倍。[⑦] 这表明量刑存在歧视吗？

除了监狱人口统计包括还押监狱犯人和其他犯人这一事实以外，还必

---

① 然而，这不应当排除对新措施的试点项目和地方实验。

② Player（2012），pp. 264-265.

③ Bowling and Phillips（2002）；Phillips and Bowling（2012）.

④ 这里使用的词语"black"指代来自非裔加勒比人背景的，"Asians"包括来自印度次大陆和那些出身于东南亚背景的人们。没有一个单词是范式用语。

⑤ Berman and Dar（2013），pp. 10-11.

⑥ 司法部的统计数据（同上）也显示在监狱里超过四分之一的女性是黑人，她们大多数是外国人（经常是毒品国家）；参见下文第七章第三节。

⑦ Phillips and Bowling（2012），p. 386.

须记得在法庭被量刑的罪犯是一个经选择的群体，来自各种形式的惩戒、审前阶段的调查和筛选。在这里必须强调在第一章第四节中提到的将法庭的量刑仅仅作为冗长程序中的一个阶段的意义。[①] 可以看到，例如在 2009 年被警察拦截并搜查的人中，15% 是黑人，9% 是亚洲人。[②] 依据《1994 年刑事司法和公共秩序法》第 60 条的无怀疑的更广泛的搜查权现在被更频繁地适用着：相比白人，"黑人［是］接近 27 倍的更高频率被拦截和搜查。亚洲人被搜查的可能性高出 6 倍"[③]。对黑人的指控表明无受害人、预谋和公共秩序犯罪的指控率相对较高，[④] 以及高指控率的抢劫。[⑤] 这些差异在多大程度上反映出真实的犯罪模式和对有关列入惩戒的或侦查的种族类型的影响仍有待调查。但是，他们在刑事程序中确实有影响，因为较高比率的黑人在皇家法院而不是治安法院出庭受审[⑥]——主要因为抢劫犯罪仅在皇家法院被审判，而不是因为更多的黑人选择在那里受审——并且，部分的结果，更高比例的黑人在押候审。[⑦]

指出对黑人和白人罪犯的量刑统计数据，或者更糟的，指出在监狱中黑人和白人罪犯的数量，并因此认为种族的不平衡证明了在量刑上的歧视，将会是错误的。即使法庭追求绝对公正的量刑政策，因为来到其面前的罪犯已经是歪曲分布的，（所以）结果将表现为歧视性的。因此，需要研究那些更早的程序；并且在量刑中恰当地考虑所有的主要变量（例如，罪行的类型、先前定罪等），至少在黑人、亚洲人和白人间予以区分（而不是将黑人和亚洲人放在同一个群体中），在皇家法院和治安法院之间进行了区分，并有足够大量的非白种人的样本。由罗杰·胡德（Roger Hood）在西米德兰兹郡（West Midlands）于 1992 年进行的研究满足了这些需求要素的大部分，尽管其限于皇家法院案件，不能对审前程序进行研究，目前已经有 20 多年的历史了。

胡德的样本包括 2884 名男性，其中一半是白人，一半是非白人（后

---

① 进一步参见 Fitzgerald（1993）and Bowling and Phillips（2002）。

② Phillips and Bowling（2012），p. 381.

③ Ibid. , p. 382.

④ Hood（1992），pp. 144-145. 这一类型包括毒品犯罪。

⑤ Hood（1992），ch. 8.

⑥ Ibid. , p. 442；Hood（1992），p. 51；Fitzgerald（1993），p. 21.

⑦ Hood（1992），pp. 148-149.

者所包括的黑人大约是亚洲人的两倍），443 名女性。因此它是皇家法院量刑曾处理的最大的刑事法庭量刑样本之一，除了种族问题之外，它还产生了许多相似的发现。因此，羁押比例在被研究的法院之间是不同的，而且即使在考虑了不同法院的不同的罪犯混合和罪行混合之后，这一量刑的不一致性仍然继续存在。胡德的方法包括基于除种族外的犯罪和罪犯的特征对量刑的预期分值的计算，以努力表明种族是否确实具有独立的作用。这一活动的结果显示更高比率的黑人陷入高风险（羁押）的类型，而更高比率的亚洲人陷入最低风险的类型。①

比较预期的羁押率和实际的羁押率，胡德发现了一个"残存的种族差异"，即一名黑人罪犯被送进监狱的可能性增加了 5%，其在一个法院较高，而在另一个法院较低。② 这种现象的起源似乎存在于某些特定法官的倾向中，即以低等或中等程度的羁押预期相对严厉地处置一些黑人。黑人罪犯与严苛性高度相关的两个特征是年龄在 21 岁或以上，以及失业者。③ 因此，如果我们回到在监狱中黑人男性的比率比一般人口高出许多倍的事实，从胡德的研究中能够得出什么因果推理呢？它估计大量的差异，大约 70%，是因为黑人出现在皇家法院量刑的人数；换句话说，这反映了上文讨论的所有审前裁决和过滤的影响。这不应当被认为代表累积的偏见：研究暗示在一些阶段存在歧视，但不是在每一个阶段都存在歧视。④

剩下的 30% 的差异是什么？胡德估计大约 10% 是由于黑人犯罪被定罪的罪名更严厉的本质所造成的。目前还没有研究表明黑人在多大程度上涉入更严重的犯罪，或者在多大程度上公众和法律执行官员有扩大化的陈规意见、标签化和偏差。⑤ 另有 13% 的比率归因于对黑人罪犯的更长时间的量刑，其追溯于黑人几乎全部都更倾向于做无罪答辩，因此他们不能获得有

---

① Hood（1992），pp. 68，197；参考 Flood-Page and Mackie（1998），在一项较小的拥有较简单分析的研究中，其发现在治安法院和皇家法院白人、黑人和亚洲人罪犯的比例非常相似。

② Hood（1992），p. 78.

③ Ibid.，p. 86 和第六章。

④ 确实，黑人和亚洲人的被告人具有更高的无罪率：Phillips and Bowling（2012），p. 385.

⑤ 参见 Cook and Hudson（1993），pp. 9-10。

罪答辩的量刑折扣。① 剩余的 7% 是因为适用比预期更多的羁押刑。如果对低于 21 岁的黑人罪犯进行同样的分析，大约 92% 的差异归因于被量刑的罪犯的人数和他们案件的严重性。胡德指出这些估算"必须以一定程度的谨慎来对待"，② 就量刑裁判而言，他认为"在大多数方面，亚洲人罪犯并不会比白人更糟糕，更不用说非裔加勒比人了"。③ 然而，20 年来，这仍然是英国的最仔细的和广泛的种族和男性罪犯量刑的审查，④ 并且它做出了关于在量刑问题上的种族歧视存在的警觉而不是自满的强大的例证。

在一些司法辖区，这一问题呈现出具有更基本的意义，因为他们关注现在是少数人群但是在监狱中占多数的土著种族群体，尤其是在加拿大和澳大利亚的土著居民。在 1999 年格拉德［*Gladue*（1999）］案⑤的裁判中，加拿大的最高法院给出了加拿大立法的解释，该立法设置成矫正这种不平衡，需要法院注意到导致土著人犯罪的社会的或其他背景要素。这一观点不能在这里详细地阐述，但他们指出了三个更广泛的量刑原则问题。一个是当对个案量刑时，法官是否应被期待纠正监狱中的全部种族不平衡的问题或者这应当被认为是一个更广泛的制度所关注的问题，远远超出了刑事司法制度。另一个问题是诸如社会不利因素，或者监狱对来自偏远社区人们的更严苛的影响，是否应当尤其地与土著罪犯相联系或者应当普遍地与罪犯相联系。一个更进一步的问题是这样的因素是否应当被允许为严重暴力减轻量刑，这已在第五章讨论过。

回到英格兰和威尔士，必须至少在三个不同层面观察量刑中的种族问题。

第一，存在最广泛层面的社会政策：除非在社会中种族歧视会消失，它可能在刑事司法制度中比在其他地方更能得以彰显。但是，尽管有立法和平等与人权委员会的工作，很难有变化——尤其是当种族问题已经融入公众对有关帮派、移民、寻求庇护和恐怖主义的忧虑之中。就社会政策而言，许多问题不能够且不应当独立于更一般的财富、雇佣和住房的不平等

---

① Hood（1992），pp. 124-125；围绕有罪答辩折扣的问题已在上文第五章第四节第一部分讨论过。

② Hood（1992），p. 130.

③ Ibid. , p. 183.

④ 参见 fHood 著作第十一章讨论女性量刑，但在样本中黑人和亚洲人的人数相对较少。

⑤ ［1999］1 SCR 688；对于讨论和参考资料，参见 Stenning and Roberts（2001）and Warner（2011）。

问题。这一点在下文第七章第七节作进一步讨论。

第二，刑事司法行政级别是不同的，少数民族比例是可变的。在顶部是青少年犯罪组织（16%）、缓刑官员（13%）以及皇家检控署（12%），而在底层是警察（5%）以及法官/记录法官（5%）。[1] 近些年来通过平等对待咨询委员会（Equal Treatment Advisory Committee，ETAC）的工作法官和地方法官的种族意识培训已有所增长。在司法学院的支持下，平等对待咨询委员会（ETAC）关于量刑结构和程序运行建议法官在其研讨会中讨论。这种培训有助于消除量刑者可能没有意识到的偏见——例如，一项研究发现，证据表明治安法官被法庭上的行为所影响，可能将一些被告人的身体语言误解为傲慢自大，导致不同情的回应。[2] 胡德、舒特和西蒙噶（Seemungal）发现在刑事法院中，白人、黑人和亚洲人感受到被不公平对待的比例没有很大的不同。他们确实发现皇家法院中五分之一的黑人被告人相信其曾遭受作为种族偏见的结果的不公平的对待（在亚洲被告人中是八分之一），比例比一些人可能期待的更低，但其仍是不可接受的高比例。[3]

第三，存在刑事司法政策层面的问题。各种计划、政策和目的可能已经产生，至少是相当于间接的无歧视的影响。因此，在美国刑事司法背景下，迈克尔·汤瑞曾认为"毒品战争"已经具有种族歧视效果，并且导致了年轻黑人们的牺牲（以更高比例监禁的形式），只为追求毒品控制政策。（这一政策）并没有比更少的镇压和更少的歧视对待措施更好的成功前景。[4] 他对这个国家的有罪答辩折扣也进行了同样的分析，认为它的废止会促进种族平等。[5] 可以不仅对毒品犯罪而且对抢劫犯罪追求相似的量刑分析。如果抢劫犯罪被废除，可以认为"抢劫"标签对量刑所具有的膨胀影响可能会消失，从而使检察官和量刑官员专注于盗窃和针对个人实施的任何犯罪。[6]

---

[1]　在 Phillips and Bowling（2012），p. 390 中的司法部的数据。

[2]　Hedderman and Gelsthorpe（1997），pp. 33-34.

[3]　Hood，Shute and Seemungal（2003）.

[4]　Tonry（2012），Garland（2013），pp. 60-63.

[5]　Tonry（2004）. 参考在 Tonry 与 Brownlee 之间的争论，in von Hirsch, Ashworth and Roberts（2009），pp. 354-365。

[6]　Ashworth（2002b）。

第三节　性别[①]

2016 年和 2010 年《平等法》的共同效果是对所有公共机构施加一个详细的"性别平等义务"。[②] 这一义务应如何承担呢？在量刑制度中有任何歧视或者支持妇女的证据吗？被定罪和量刑者中五分之一是女性，尽管在皇家法院，在更严重的犯罪被审判的情形下，数字是八分之一。正如表 2 和表 3 所展示的，成年女性比成年男性更容易被释放，比成年男性更可能被判处社区刑，但是较少可能被判处立即羁押（也有译即时监禁（immediate custody））。这些统计所显示的是女性在量刑阶段是受到有利对待的。然而，这些数字不能以表面的价值来对待，主要有三个理由。

第一，不同类型的犯罪一般地由男人和女人实施。女人比男人以更高比率被量刑的是盗窃及其相关的犯罪。对夜盗和毒品犯罪，位置则是颠倒的。[③] 一般情况是女性比男性更少被定严重犯罪。第二个变量是罪犯被量刑的法庭：更高比例的女性由治安法院量刑，并且研究证据表明皇家法院倾向于在在类似情形下施加更严厉的量刑。[④] 第三个变量是犯罪记录：在 2011 年大约 26% 的监狱中的女性没有先前定罪，比男性的两倍还要多（12%）。[⑤]

有关这些问题的量刑实践比较少地为人所知，但由丽赞妮·棠德（Lizanne Dowds）和卡罗尔·海德曼的研究发现，考虑到通常的变量，女性商店盗窃者要比男性更少可能获得羁押刑，无论是初犯（比率分别为 1% 和 8%）还是惯犯（分别是 5% 和 15%）。[⑥] 女性更可能获得社区刑和被免除刑罚，但这似乎是因为量刑者经常不愿意在其对男性适用罚金的情形

---

① For detailed discussion see Heidensohn and Silvestri（2012）and Player（2012）.

② See Player（2012），pp. 245-247.

③ Flood-Page and Mackie（1998），p. 134.

④ Hedderman and Hough（1994），drawing on Hedderman and Moxon（1992）.

⑤ Prison Reform Trust（2013），p. 32.

⑥ Dowds and Hedderman（1997），p. 11.

下也对女性适用罚金。① 在某种程度上如果这是真实的，可能意味着一些女性获得了比男性更严厉的刑罚（社区刑），因为她们被认为不适合判处罚金。

然而，长期以来，人们一直认为，是对妇女量刑的整体取向是不同的：量刑前报告的重点，在减刑和量刑方面的陈述经常基于女性多样的劣势。② 这可能是对社区刑更高比率适用的另一种解释，尤其是涉及监督管理的那些解释。因此，戴维·法林顿和艾利森·莫里斯（Allison Morris）发现离婚和分居的女性获得了比已婚女性相对更严厉的量刑，正如女性被认为是"离经叛道的"（例如，失业的未婚妈妈）而不是"正常的"。③ 硬币的另一面是传统家庭单位被认为是正常状态的核心。在父母确实具有家庭责任的情形下，这些有时会产生有利于她们的影响，④ 但是玛丽·伊顿（Mary Eaton）曾认为"通过他们的家庭背景对女性和男性被告人进行的裁判，法庭并没有显示出公平的，或者平等对待的，而是其在保护基于性别不平等的差异方面所起的作用"。⑤ 此外，这可能证实了一种观点，即那些不太传统的生活方式的女性往往会被无情的对待，正如可能在法庭上未能展现出被期待反应（流泪、道歉、悔恨）那些人一样。⑥ 我们下文回到如何在女性的量刑中提升平等性这一问题。

有证据表明当处理女性罪犯时，一些治安法官对减轻因素给予了更大的权重，尤其是比对男性量刑时更加努力地避免羁押刑。⑦ 然而，在监狱中女性的平均人数在 1992 年至 2002 年存在大幅上升趋势（从 1577 人增加到 4299 人，是 1992 年人数的 2.5 倍），并且尽管从那以后保持一定的稳定性，数字仍然保持在 4000 人左右。一项政府调查证实，一般意义上的女性罪犯，以及当然还有那些被送入监狱者，构成了一个来自"复杂

---

① Gelsthorpe and Loucks（1997），ch. 4，所采访的治安法官经常不愿意对女性判处罚金，因为她们没有独立的财产和/或因为从她们那里拿出钱来或许会使其照顾孩子的责任更加艰难。

② Gelsthorpe and Loucks（1997），ch. 3，记录他们所采访的治安法官倾向于认为女性罪犯是"烦恼的"而非"令人烦恼的"。

③ Farrington and Morris（1983）.

④ 有关这样的因素的减轻作用，参见上文第五章第四节第五部分。

⑤ Eaton（1986），p. 98.

⑥ 参见 Gelsthorpe and Loucks（1997），pp. 30-43 中引用的治安法官的评论。

⑦ Gelsthorpe and Loucks（1997），ch. 4.

问题"的具有"多重需要"的群体：

> 女性罪犯的精神健康疾患、受害、辱骂和滥用药物的比率很高，并且仅具很低的技能以及就业率。她们的具体需求与男性罪犯是有差异的。[①]

此外，监狱对女性来说是更艰难的，因为她们将可能进一步地远离其家庭（女子监狱极少），并且她们更可能失去对孩子的照顾并且失去其住所。[②] 这些是对女性最少适用羁押监狱量刑的强有力的理由，尤其是考虑到当女性被判监禁时，三分之二的女性获得 6 个月或更少的量刑。这样的量刑极少得到公共保护并且不能复归社会——确实，她们可能被认为产生了重新安置的问题而非解决任何困难。看上去多数这些短期刑被适用于惯犯的惩罚，或者违背许可令、保释或社区刑等惩罚的"最后手段"；但没有确切的数据。

需要进一步的探寻导致这样高比率非白人监狱罪犯进入英国监狱的路径，并且在这些和其他案件中对于羁押女性的正当性进行相应的审查。量刑委员会对 12 名因为试图进口毒品而被羁押的女性的研究探索了导致其从事这一犯罪的情境和压力，描述她们中的一些人是绝望的和幼稚的。[③] 作为结果，有关毒品犯罪的量刑指南对那些"因为压力、恐吓或威胁"而犯罪者或者那些"基本没有，如果有的话，很少意识到或者能够理解操作的规模"的犯罪者施以最低的可责水平。[④] 然而，当处理其他诸如从商店盗窃和诈骗犯罪时，委员会并没有对这个动议进行继续研究，女性犯罪人（在此类案件中）被羁押的数量是很大的。委员会关于妇女监禁的报告提出了一个强有力的理由，要求用更广泛的分流以回应女性罪犯的需要。[⑤] 虽然当一些措施被作出以回应这一报告时，但是不平衡并没有被反转，或者确实令人信服地被解释。[⑥] 2007 年男爵夫人科斯顿（Baroness

---

① Social Exclusion Task Force（2009），p. 3.

② 进一步参见 See further Prison Reform Trust（2000），and Corston（2007）ch. 5。

③ Sentencing Council（2011）.

④ Sentencing Council, *Drug Offences*：*Definitive Guideline*（2012），p. 4.

⑤ Prison Reform Trust（2000）；进一步参见下文第九章第六节第二部分。

⑥ See Heidensohn and Silvestri（2012）.

Corston）的《刑事司法制度中特别脆弱的女性的审查》（*Review of Women with Particular Vulnerabilities in the Criminal Justice System*）出版了，呼吁在处理女性罪犯时更明确的指引、专门的社区刑、在量刑方法上的根本改变。那些变化将包括一项监狱应保留给那些"对社会公众造成威胁的严重和暴力罪犯"的女性适用的原则，一项"为了女性其自身的利益应当永远不被送入监狱，给她们教训，为了其自身的安全或者获得诸如戒毒的服务"的原则，并且对处理违反命令的量刑者的限制放松。① 尽管有来自当时的政府的广泛的积极回应，引入诸如一个新的跨部门的团体和在刑事司法制度中的一个部长级的"部门"，② 有关女性监狱量刑的前两个科斯顿的建议既没有进入法律文本、也并没有进入量刑委员会，女性监狱人数一直维持在不可接受的高度。下议院司法委员会对科斯顿建议进行了六年的回顾，发现平等义务发挥的作用极少，而且国家罪犯管理机构（NOMS）不是参考女性来设计或者执行其新措施的（为男性设计，然后考虑对女性的适用问题）。③ 司法委员会对被短期羁押的女性的数量进行了指责，但没有提及量刑委员会在这一问题中的作用。

仍然存在关于在量刑中性别平等义务的含义是什么的争论——女性是否应当被以处理男人一样的原则来处理，或者是否应当存在适用于女性的特殊原则。一种方法是，相同的原则应当适用于两者。这应当意味着女性比男性获得羁押监狱量刑的频率更少、期限更短，因为其犯罪的严重性更小以及其先前记录更好：有一种强烈的观点主张坚持比例原则可以帮助女性罪犯，而不必假定女性罪犯具有病理原因。④ 这也会使女性更频繁地受益于与家庭责任相关联的某些减轻因素的利益，即使同样原则的运作（也）能够有利于男性。例如这一方法将会与对妇女的社区刑的特殊形式的发展十分协调：其关注点将是比例量刑，考虑犯罪的严重性和标准的加重和减轻因素。然而，另一些人主张"像处理男性一样处理女性"是一种错误的方法，在某种程度上接受了男性世界的观点，并且没有对不同的

---

① Corston（2007），ch. 5.

② Ministry of Justice（2007）.

③ Justice Committee（2013）；在 2013 年 10 月 25 日，新的女性罪犯部长，Lord McNally，宣布对于女性监狱罪犯的新的安置措施。

④ 参见 Player（2005），pp. 424-426。

情形采取不同的回应措施。①

　　一个替代的方法是发展一些单独的针对女性量刑的原则，这些原则考虑她们通常的不同背景以及监禁对她们的不同影响。就在其结束之前，量刑咨询委员会在其关于《量刑的首要原则》的建议中朝这个方向采取了措施。其建议性别差异应当在三个特殊的方面予以考虑：（1）当评估可责性时确认并着眼于个性化减轻因素；（2）考虑量刑对女性的不同的惩罚性影响；（3）在羁押和非羁押刑中回应对男性和女性的不同服务。尤其是，当对女性量刑时，因为监禁对其影响更大，对监禁的法定限制应当给予特别的强化；量刑前报告应当总是在判处女性羁押前获得；羁押从来不应当仅仅因为没发现适当的社区刑设置就被适用；女性收入低或者靠政府救济的事实不应当成为阻止法庭适用罚金，如果这是一个符合比例要求的量刑。② 虽然可以认为这些建议不能足以完成性别平等义务所产生的积极义务，③ 更不幸的是这些建议并未被量刑委员会采纳，或者甚至评论。所有最近的关于在刑事司法制度中妇女待遇的调查已经导致了相似的建议，但是，正如司法委员所得出的结论，④ 对她们的行动差强人意并且缺少保证。

第四节　　就业状况

　　在上文第五章第四节第五部分我们已经看到，良好的工作记录可以构成强有力的减轻因素。可以理解的是，法庭应当希望避免通过一项将导致罪犯失去工作的量刑，但这一方法的一个结果可能是失业的罪犯遭受歧视。这一减轻的理由是大约三分之二被量刑的罪犯得不到的。⑤ 尤其有趣的是，依据上文第七章第二节的讨论，发现在治安法院 75% 的黑人罪犯

---

① Eaton（1986），p. 11；Hudson（1998），pp. 246-248.

② SAP, *Overarching Principles of Sentencing*（2010），pp. 67-80.

③ Player（2012）.

④ Justice Committee（2013）.

⑤ Flood-Page and Mackie（1998），pp. 117-119，报道了 20 世纪中期的一项研究。社会排斥防止局（Social Exclusion Unit）（2002，p. 53）发现"在羁押期间，3 名监狱犯中有超过 2 名是无业的，大约是全部无业比例的 13 倍"。

是无业的，相比较而言，白人罪犯是 64%，亚洲人是 48%；皇家法院的数字差不多相似，分别是 75%、65% 和 64%。[①]

研究的证据是清楚的：更高比率的失业罪犯是被羁押的，然而更高比率的有工作的罪犯是被适用罚金或社区刑。[②] 由霍夫、雅各布森和米莉对羁押边缘案件中量刑者的裁决的研究表明，具有工作或者良好雇佣前景将经常对支持社区刑的适用有影响。"一份现有的工作和家庭，家庭的支持，或者家庭的责任，也可能被视为罪犯生活的积极方面"，这导致了这样的一种推论，即他们不太可能违反社区刑，因为如此做他们会"失去更多"。作者们评论道，这种对工作的强调表明，"在社会和经济处于劣势的罪犯在量刑程序中可能遭受进一步的劣势"。[③] 由雅各布森和霍夫所进行的研究证实了一项"稳定工作"的减轻作用，一些法官不愿意通过适用羁押监狱量刑损害一名有工作罪犯的前景或者考虑将失去工作作为减轻因素。[④] 然而，对于有工作的相关性的司法观点并不统一，一些量刑者主张有工作的罪犯更具有可责性，因为他们没有借口实施财产犯罪。

这些调研产生了一些强有力的基于就业状况的理由而存在歧视的暗示性证据，但其本质上不同于基于种族和性别的歧视。回顾在第五章对加重和减轻因素的分析，一个因素可能是加重的、中性的或减轻的。失业并不总是作为一项加重因素：更可能的真实情况是有工作往往是一个减轻因素，而失业是中性因素。然而那仍然意味着，失业的罪犯没有资格享受这一减轻的缘由，因此基于这一理由获得更严厉的量刑。对这一点存在社会正当理由吗？首席大法官莱恩勋爵认为：

> ［a］期望如果可能的话，原本在监狱处理的人在监狱外执行，这是非常令人欢迎的，因为正如我们所知道的，监狱此时是极其昂贵的，而且如果人们可以被以非羁押刑方式恰当地处理，罚金可能是所有非羁押量刑中最好的，应当适用。[⑤]

---

① 同上，Hood1992 年有关种族和量刑的研究显示，无业是对 21 岁以及更年长的黑人罪犯判处更重量刑的一个重要因素，尽管不是对白人或者亚洲人。

② 例如 Moxon（1988），Crow and Simon（1989），and Flood-Page and Mackie（1998）。

③ Hough et al.（2003），p. 42.

④ Jacobson and Hough（2007），ch. 3.

⑤ *Olliver and Olliver*（1989）11 Cr App R（S）10, at p. 13.

这种推理可以被强化，因为它不仅是费用（昂贵），而且是监狱的负面影响证明了它的限制适用是正当的。但是，这个一般的观点站得住脚吗？莱恩勋爵说这些话的案件是关于实施了相当严重的暴力犯罪的两兄弟。审判法官适用了暂缓监禁量刑和大量的罚金。一个理由是兄弟俩有工作。另一点（我们在这里不关注）① 是其他23人的工作需要依赖这两兄弟生意的继续。因为他们是有工作的而支持对他们的差别对待量刑，法庭实际上不是在对失业者差别对待吗？托尼·博顿斯（Tony Bottoms）曾指出暂缓量刑有时适用于"受过教育和有知识"者和"白领"罪犯，而它们不能适用于没有那些特征者，他认为这相当于"对中产阶级罪犯适用监禁的条款的中止"。② 霍夫、雅各布森和米莉辨别出良好的工作记录是一个量刑者可能作为脱离羁押处理措施的边界案件的因素。③ 在小型皇家法院的调研中，第二高频被提及的减轻因素是"当前在工作/培训或未来可能工作或者接受培训"。④ 这些发现的结果是，谦抑原则被给予比法律面前平等原则的优先适用性。更少的刑罚基于谦抑的理由被给予一定群体，尽管根据罪行和犯罪记录被做相似处置的其他罪犯并未获得这样的让步。然而，那种方法应当受到挑战：如果谦抑原则被认为是更有力的，其应当导致对所有罪犯量刑期限的削减，而不应是没有强烈正当性理由支撑的亚群体。

这里，追求法律面前平等的唯一方法是对所有基于就业的理由不给予让步。⑤ 因此，明尼苏达州的量刑指南规定就业状况不能在量刑中予以考虑。正如伊顿（Eaton）攻击妇女量刑者将传统家庭作为重点，所以某人可能指责职业道德在量刑中的影响作用。⑥ 毫无疑问，不应基于就业状况得出直接结论，导致就业者在道德和社会归属上优越于失业者。例如，在失业和个人的可责性或失业和缺少对家庭责任的尊重之间没有一般联系。正如最近的经验所证明的，失业率往往更多的来自于政府经济政策或者世

---

① 参见上文第五章第四节第五部分。

② Bottoms（1981），p. 18.

③ Hough et al.（2003），p. 42 and ch. 4 generally. 还参见 Jacobson and Hough（2007），ch. 3.

④ SCWG Survey（2008），p. 14.

⑤ 参考 Warner（2012），pp. 239–241。

⑥ 几乎10名女性罪犯中有6名无业并缺少技能，是导致其犯罪的因素：Social Exclusion Task Force（2009），p. 11。

界贸易形势的变化，很少源于员工的不称职。

第五节 经济情况

法律面前平等原则表明贫穷的罪犯不应当因贫穷的原因，比富裕的罪犯获得更少的优待。实践中，法庭以惩罚那些没有经济来源者为目标的较少，更多的是法庭发现他们自己对有经济来源者能够采取更仁慈的对待。然而，根据量刑原则，这一仁慈的路线已经长期被宣称是错误的。在众所周知的 1953 年马克威克 [*Markwick* (1953)] 案①中，一名富有的高尔夫俱乐部成员因从高尔夫俱乐部更衣室偷了两先令和六便士而被罚金 500 英镑这种情况让其他人产生了怀疑。它向刑事上诉法院提起了对量刑的上诉，法院以少有的方式回应了上诉，运用其权力（因为已经被撤掉了的）给被告人的上诉增加了严重的刑罚，判处马克威克两个月的监禁。首席大法官戈达德勋爵（Lord Goddard CJ）评论指出，在这样的案件中，一项高额罚金"将给富人一个将自己买出监狱的机会……不应该有任何关于一种法律处理富人，一种法律处理穷人的建议"。

同样的原则已经被适用于赔偿。因而，在 1979 年科普利 [*Copley* (1979)] 案②中，上诉法院大法官莱恩（Lane LJ）注意到"对于参与犯罪并做有罪答辩试图将自己买出监狱，或者购买更短的量刑者，主动支付金钱以赔偿被害人，是行不通的"。一些辩护律师仍然，明示的或暗示的，基于罪犯支付巨额罚款或者巨额赔偿金的能力提出减刑申请。说服法庭违背原则的这样的努力可能偶尔成功，但也可能失败。非但不能说服法庭暂缓量刑和适用金钱刑，法庭还可能会判处立即监狱羁押（immediate prison）和金钱罚款。③

还有一些司法机关支持相反的原则，即罪犯不应当仅仅因为法庭认为他或她没有能力支付充足的罚金而被判处更严厉的刑罚。④ 然而，实践

---

① (1953) 37 Cr App R 125.

② (1979) 1 Cr App R (S) 55；还参见下文第十章第四节 *Inwood* 裁判中的讨论。

③ 参考 *Olliver and Olliver* (1989) 11 Cr App R (S) 10，以及 *Fairbairn* (1980) 2 Cr App R (S) 284. 在下文第十章第五节第五部分中讨论。

④ E. g. *Myers* [1980] Crim LR 191, *Ball* (1981) 3 Cr App R (S) 283.

中，根据罪犯是否失业，存在明显的不同处理模式，正如在上文第四节部分所阐释的发现所证明的。失业的罪犯更少可能被判处罚金，更可能获得其他刑罚，尤其是释放和社区服务令。

没有研究曾阐释审查经济来源和量刑本身之间的关系，但总是存在一个强烈的暗示，即富有的被告人可能获得较好的待遇。曾有观点认为阶层差异在法庭上具有很大的影响，不论被告人是否被合法地代表。[1] 然而，可能最大的影响发生在案件进入法庭之前。从一开始，就存在"白领"罪犯将被在刑事程序外处理的更大的可能性。由公司或其员工所实施的犯罪可能被诸如健康与安全执行机构和多样的工业监管机构等法定机构来处理，对他们而言起诉是最后的手段。[2] 那些实施收入税犯罪者不可能被起诉，因为英国税务海关总署关注民事经济复苏措施；[3] 并且，即使那些实施福利欺诈行为的人也有可能遭受行政处罚以及受制于劳动和养老金部门的各种加税补偿规定。[4] 然而，这样富有想象力的方法不能适用于"普通的"盗窃和诈骗，其结果是一些罪犯（通常是富人）获得比其他实施同样严重犯罪的罪犯更多的宽恕回应。由上诉法院在与量刑相关问题上所宣称的平等主义原则在原则上是正确的，但作为整体它们需要适用刑事司法制度——尤其在财产犯罪方面。[5]

然而，整体上减轻这一制度中的不平等是量刑值得追求的目标。法律面前平等原则在这个方向上是有意义的。所以，平等原则也会产生影响：在法庭决定使用金钱刑的情形下，诸如罚金或赔偿命令，需要确保的是针对罪犯的财力调整。在当前的背景下，最重要的方面是为拥有有限财富者减少罚金的数额，这一法律已长期确立的原则。法庭抵制罚金应当因为财富而增加的推论，但自 1991 年已经有包含平等影响原则的立法规范，并规定罚金应当反映罪犯的财富，无论其效果是增加或减少其财富总量。[6] 近年来在其他欧洲国家所使用的"日罚金"制度中存在官方兴致复活现象，将在下文第十章第五节第三部分讨论，如果存在罚金下降的逆转趋势

---

① McBarnet（1981）.

② 参见 Hawkins（2003），以及上文第一章第四节。

③ www.hmrc.gov.uk/prosecutions/crim-inv-policy.htm.

④ Campaigns.dwp.gov.uk/campaigns/benefit-thieves/penalties.asp.

⑤ Ashworth（2013）.

⑥ 在下文第十章第五节将进行充分讨论。

并坚持平等原则的效果，一些这样的制度必须再次采用。

在理论层面，平等影响原则与比例原则相冲突吗？是否可以说对一个违反信任涉及价值 700 英镑财产的盗窃犯适用 7000 英镑罚金是不成比例吗？[①] 答案可以在犯罪严重性和罪犯的能力两个方面的分离中发现。考虑加重要素和减轻要素，比例性应该支配评估犯罪严重性的过程。仅当犯罪的相对严重性已经被评估了，法庭应该转向犯罪人经济资源，并努力去实现平等影响。说，"7000 英镑的罚金对涉及 700 英镑的犯罪是不符合比例要求的"，是做出了一个错误的比较。7000 英镑应当与有关犯罪的严重性和罪犯的财富相比较；不应当直接关联犯罪中所涉及的总金额，因为那仅仅是一个与其严重性相关的因素之一（违背信任是另一个问题）。在这种日罚制度被广泛适用于其他欧洲国家和一些美国司法管辖区的情形下，[②] 通过宣布罚金，而不是根据命令赔偿的实际金额，而是根据"天数"或"单元数"的数量（其代表犯罪的严重性）使这一点更为清楚。因而在比例原则和平等影响原则之间不存在不一致性。

然而，后者的原则是在至少两种情形下由于行政效率的理由而妥协。其一是某些计算的标准化本质，这些计算构成了任何单元罚款或日罚金的一部分。其牺牲了在个案中的最大化的精确目的（以便于）在较低级别的法庭获得大量案件被相对迅速地处理。因而，这样的制度可以要求更大的平等影响，而不是完美的平等。只要妥协对于那些有最少能力支付者来说是相对宽容的，它就可能是可以接受的。第二种形式的妥协是固定刑罚制度所固有的；大量的机动车犯罪和日益增长的其他犯罪具有固定的经济罚金，[③] 不依据罪犯的财富而改变。任何罪犯确实都享有选择进入法庭而不接受固定罚款的选择权，但这条路径存在明显的不确定性和其他相伴而生的不利因素。一些治安法官坚持认为能支付起一辆汽车行驶的任何人都支付得起这个数额的罚金，但那是太简单化的一种方法，因此，有理由重新审视固定罚款程序对经济上劣势者的影响。

---

① 正如在 *Fairbairn* （1980）2 Cr App R （S）315. 中不成功的主张。

② Greene （1998）.

③ 例如对无秩序的刑罚通知，对某些非严重犯罪的一项标准刑罚是 40 英镑或者 80 英镑。

第六节　社会地位

　　法律面前平等原则要求罪犯不应当因为其社会地位或者"声望"而被判处有利的量刑。实践中，社会地位有时是与已经讨论过的其他因素，诸如就业和经济状况等紧密相关。① 但是，有一些案件，刑事上诉法院考虑了对那些在犯罪前具有较高社会地位者予以量刑的更恰当的方法。在1913 年的嘉吉［*Cargill*（1913）］案②和1963 年的费尔［*Fell*（1963）］案③两起案件中，认为恰当的方法是根据犯罪的严重性来量刑。在总检察长向法院提交的给予指导性说明的2013 年第38 号（霍尔）质询案④案中，上诉法院认为"罪犯的成功的事业没有被作为减轻因素。相反，是事业将他置于他可以利用的可信赖的地位，并有助于其被当作一位开朗、风趣和基本体面的人"。因而，在犯罪涉及违反信任的情形下，如果罪犯的地位更高那一违反行为的严重性一般将是更大的。

　　存在上诉的权威机构在量刑中适用法律面前平等原则的事实，并不排除其他因素在更早的阶段运行的可能性。正如种族和经济资源一样，社会地位仍有在是否起诉，或者甚至是否报告某些案件的阶段间或有影响力。在城市某个部分的"年轻人"可能因为"粗暴"或者"情绪高昂"而受到非正式的警告，而在另一区域的"少年"可能因为相似被解释为"扰乱秩序"的行为被起诉或被正式警告。

第七节　平等、谦抑和风险

　　量刑中的不平等有时关联着量刑不一致，这是那些攻击英国量刑实践者的经常的战斗口号。相似的案件应当被相似地处理、不同的案件应当被不同地处理是一项基本原则。然而，这项原则的现实意义依赖于哪些相似

---

① 参见 Wandall（2008），p. 150.

② ［1913］8 Cr App R 224（"Hull 的杰出公民"："量刑更加严厉但是罪行相应的更大"）。

③ ［1963］Crim LR 207（资深公务员："某人的职位越高，责任越大"）。

④ ［2014］1 Cr App R（S）394, at ［75］.

和哪些差异被认为是相关的或不相关的权威共识。这就是主张某些不同点应被排斥并且使其与量刑决定不相关时，法律面前平等原则所适用的地方。基于比例原理，如果比例原则适用于整个量刑阶段，并且如果在实际量刑中不存在大量的不负责任的裁量权，量刑阶段法律面前平等原则是能够得到确保的。这些条件中没有一个似乎被英国量刑所满足。例如，减轻因素的适用已经很大程度上被留给法庭本身，在量刑指南中没有指导意见——所以，正如我们已经在本章第三节和第四节部分看到的，家庭责任和就业记录有时可以作为减轻因素而有时不可以，是有关羁押门槛适用的一个重大差别。[1]

　　有充分的理由重新关注法律面前平等原则在量刑决定中的实际适用，但本章已经证明了这样做的复杂性。法律面前平等不是这里可能相关的唯一原则或者政策，所以有一些冲突需要解决。一个明显的冲突是在法律面前平等和司法行政效率之间：在什么程度上，在什么情形下，为加快治安法院案件的诉讼进程在罚金上放弃最大的平等影响？现场罚金（扰乱秩序处罚令）的行政效率和效力的假定是比平等影响的原则更重要的充分理由吗？另一个冲突法存在于法律面前平等和谦抑原则之间，或者在监禁适用的限制上。当它们看起来效果似乎不比更大的刑罚少时，有强烈的观点支持适用更轻的刑罚；但是如果其导致有工作的罪犯优先于失业的罪犯，或者白人优先于黑人罪犯，应当那样做吗？这不是歧视吗？它应当被绝对禁止吗，或者谦抑原则有更强烈的要求吗？

　　在讨论这些问题之前，歧视的概念值得进一步地讨论。正如上文所主张的，考虑在量刑减轻中的积极因素的效果——例如，罪犯有稳定的工作，或者罪犯已经赔偿被害人——可能是对没有这样幸运的其他人的一种歧视。在极其相似的案件中，失业者或者贫穷的罪犯会获得更严厉的刑罚。我们在较早时候看到这并不等同于将失业或贫穷作为加重因素：它是一个中性因素，然而，良好的就业记录或赔偿的支付是减轻因素。在量刑减轻背后的动机可能是值得夸赞的，但效果是具有歧视性的。如果这些减轻理由具有正当性，那么，它必定参考了被认为是优于法律面前平等原则的价值。这样做的正当性理由能够被发现吗？

　　正如我们在本章第一节部分所看到的，诺弗尔·莫里斯和迈克尔·汤

---

① 参见 Hudson（1998），p. 231。

瑞主张谦抑原则应当作为比法律面前平等原则更大权重的原则。以他们的观点，比例性仅仅对特别严重的犯罪惩罚的严苛和宽大设定了宽松的外部界限。他们认为基本比例的核心概念在其适用上是如此的不确定，以至于破坏了应得理论的整个基础。他们说，没有任何标准来确定量刑尺度的锚定点，因而为何序数比例应当给予绝对优先的地位没有令人信服的理由。理性的人对不同类型犯罪的恰当刑罚水平的认识可能是不同的，但避免明显的比例失调是可以实现的。① 因此更可取的是允许谦抑原则在恰当的案件中导致更低的量刑，只要量刑不是低得不成比例：

> 发达的刑罚理论需要认识到，在同样的不配受的犯罪人之间的刑罚的精确平等在实践中是行不通的并且在理论上不可取的。我们认为所有能够实现的是一个大致的刑罚平等，其将允许给基于功利目的的惩罚分配原则留有空间，不受遭受相同痛苦的悲惨目的的约束。②

莫里斯和汤瑞所指的功利主义的目标是谦抑原则。他们尤其将适用于某些羁押监狱量刑：

> 没有对社区表现出严重威胁，并且监禁对震慑目的来说也不是必要的，对这样的重罪罪犯来说，监禁是昂贵的而且是不必要的，然而他们的罪行和犯罪记录可能使其被判入狱。我们是否允许过多地关注痛苦的平等以阻止紧缺的监狱空间和人员的合理分配吗？③

莫瑞斯和汤瑞清楚地表明他们方法的结果将是白人、中产阶层犯罪人可能比生活在国家福利的黑人犯罪人收到更怜悯的量刑，如果在第一个地方存在第二个地方所没有的社区治疗设施的话。④ 他们将法律面前平等原则描述为痛苦的平等原则，因为它拒绝对某些罪犯给予更宽大的量刑，如果结果将是基于不正当的理由对他人进行歧视的话。他们反对痛苦的平等，因为他们的功利主义所关注的是尽可能地减少痛苦。他们否认这将从

---

①   其理论的这一方面已在上文第三章第三节第五部分中进行过批判性讨论。

②   Morris and Tonry（1990），p. 31.

③   Morris and Tonry（1990），p. 90.

④   Morris and Tonry（1990），p. 33.

长远违反法律面前平等原则，因为他们主张其计划的一个结果将是对所有种族和社区阶层的罪犯产生更多的社区制裁。[①] 如果中等程度刑罚被认为是适用于白人、中产阶层罪犯，它们可能接着被拓展以使其能够适用所有人。应当容忍短期处理的不平等以便带来长期更大的平等。

就其本身而言，由这种方法（短期的歧视，目的是表明社区制裁的执行是可接受的）所产生的全部痛苦可能会比那种坚持法律面前平等原则，但还涉及努力引入更多的法庭会使用的社区刑的方法更少吗？这在很大程度上取决于政治制度、量刑者的态度、政府的资助等。在美国的困难，正如莫瑞斯和汤瑞所描述的，是获得对现在被送入监狱的罪犯适用社区刑的接受性。许多州没有罚金，有相对很少的其他制裁措施。英国的情况是不同的：存在很多可供选择的替代措施可以适用，问题是如何确保它们以更大范围和更原则的方式适用。问题可能不在于歧视问题而是一般不情愿适用罚金，以及对现在送入监狱的犯罪人适用用社区刑罚。[②] 不管在其他地方的可能性有多少，很难相信莫瑞斯和汤瑞方法将会减少在英格兰和威尔士的整体痛苦。

然而，基于理论上的理由，不能接受他们的分析。用漫画手法将法律面前平等讽刺为痛苦上的平等是没有说服力的。法律面前平等是一项不能简单废除的根本价值：它代表尊重人性尊严的主张，以及刑事司法运行的公平。这并不是说它应当被认为是绝对的和不可违背的。但是，这项原则应当被认为是多数现代社会中的基础，不能简单为了效率等方面的收获而交易。如果存在其不得不与诸如谦抑等原则相权衡的情形，这两项原则应当不仅在其内在的强度而且在其更广泛的社会效果上被考虑。刑事司法制度中的歧视可能会离间社区的各部分并促使种族紧张或阶层分化，以及削减对刑事司法活动的尊重。而且莫瑞斯和汤瑞方法不是唯一合理的方法。他们似乎认为谦抑原则在任何可能的情况下都有助于减少单个罪犯的量刑；另一解释是其要求惩罚标准的总体减低和社区制裁的膨胀，[③] 以及不是在个体罪犯间的歧视性区别。基于同样的推理，不应当存在为女性罪犯群体的个案诉求；"女权主义的犯罪学家和法律理论家们并不是要求特殊

---

① Morris and Tonry（1990），p. 33.

② 参见 Hood（1992），p. 141，的发现，有关缓刑官员和法庭不情愿为黑人罪犯考虑社区刑。

③ 参见上文第三章第四节。

情况下的宽大处理，而是……正在质疑现在的男性刑罚标准具有可推广性的假设"。① 削减对男性的刑罚标准也将是对谦抑原则的一个精彩适用。

当社会中存在如此多的明显不平等时，法律面前平等的承诺可能显得空洞。社会不公平可能主要是社会结构的产物，它的根源可能是制度安排而不是少数人的行为。② 还有观点认为，修补社会在诸如住房、就业和教育等方面的不平等可能是比刑事司法制度中所采取的专门措施更有力的减少犯罪的措施。可以说刑事司法制度对犯罪几乎没有什么作用除非以一定方法改变社会制度。因为量刑制度仅能够处理那些被起诉以定罪的罪犯，应当承认的是，其每年仅仅处理罪犯中的一小部分，量刑者对违法行为的影响要小得多，无论是情境的还是社会的。或许存在社会的或者宪法的观点支持量刑者象征性地标记某种差异，但是这种标记应当优于对法律面前平等的尊重吗？

缺乏一个公平调整的社会制度和刑事司法制度，在刑罚分配上的比例性和应得性的概念不堪重负。应得理论可以通过两种方式回应那一重负——首先，通过倡导减少战略以便取得更大的谦抑；其次，通过对每一项立法或者量刑更新进行一个平等影响评估。安德鲁·冯·赫希的主张是正确的：

> 对被定罪者的量刑不能等到根本的社会问题被治疗后，也不能等到它们被解决后而废除……解决根本的社会问题（这是可取的，的确，也是必要的）不能代替努力使量刑政策更连贯和公平。③

然而，至少应当坚持两项措施。采纳减少战略意味着全面地减少量刑水平以促进刑罚谦抑，而不是采纳由莫瑞斯和汤瑞所倡导的谦抑的机会主义的多样性。坚持对所有刑罚发展进行"平等影响评估"，适应美国倡导的"种族影响说明"，④ 应当引导公众探索各种措施的直接和间接歧视影响。这应该伴随量刑委员会的每一次磋商和由司法部提出的每一项立法建议。

最后，来自对风险评估日益增长的强化，对法律面前平等原则的危害

---

① Hudson（1998），p. 248.

② Cook and Hudson（1993），pp. 9-10.

③ Von Hirsch（1993），p. 98；See also Von Hirsch and Ashworth（2005），ch. 6.

④ 对于简短的讨论和参考资料，参见 Frase（2013），pp. 221-224。

进行标记是重要的。我们已经在第 6 章看到预测思想在量刑法上是多么重要，并且我们将在第 12 章看到在对由年轻人和由精神错乱者所实施的犯罪的社会回应中给予风险评估的位置是多么突出。对风险的关注越大，就会更加的关注什么可能是所谓的"非法"的变量因素——那不仅是先前定罪，还有教养、家庭规模，收入和住房。对这些因素的依赖极可能导致直接和间接的歧视。直接的歧视将针对穷人和失业者。间接的歧视将针对那些被不成比例地归入高风险的类型者，诸如某些少数族群和单亲母亲。因而在"风险社会"中的法律面前平等原则的威胁是一个现实问题，必须从这一角度仔细审视"社会安全"的正义宣言。

第八章

数罪罪犯

　　本章，像第六章一样，处理对惯犯量刑产生的一些问题，但关注点是在不同的背景下来到法庭的罪犯。在第六章，主要关注的是惯犯的量刑——那些被反复定罪的人，尽管他们已经遭受了刑事制裁。这里主要关注的是在被侦查和定罪之前实施了大量犯罪的罪犯，因此法庭不得不一次对数罪量刑。并非所有的这种数罪的罪犯都可以描述为"惯犯"，因为在一些情况下罪犯卷入了导致大量指控和定罪的单一事件。但是许多"数罪的罪犯"都是在出庭前几个周、几个月或者甚至几年前曾实施了一些犯罪，他们接着面对多项指控。这样拥有数罪的罪犯的犯罪记录可能各异：他们中的一些人也可能是累犯，曾在过去经历了一些刑事制裁，而另一些人将被归入看似不协调的"顽固的初犯"的类型——那些当他们第一次被定罪时，被判了几项罪行，这表明他们已习惯了违法行为，如果没有进入刑事程序的话。

　　于是，本章的关注点将是存在数罪的罪犯，他们中的一些人将因来自单一事件的大量犯罪而被量刑，但其中多数将因为他们在出席法庭前的不同时间所实施的犯罪而被量刑。看起来大约所有皇家法院案件中的一半和大约治安法院案件的四分之一涉及两个或更多的定罪，因此他们无疑处于量刑问题的核心。[①] 数罪的罪犯产生了理论与实践的困难，尤其是有关比例原则的问题。比较一个入室夜盗罪和一个强奸罪是一回事；比较两个、四个或者六个入室夜盗罪和一起强奸罪完全是另一回事。然而，在处理这些问题之前，必须简要探讨处理数罪罪犯的各种程序方法。

---

　　① Moxon（1988），p. 9，发现在其皇家法院中63%的案件涉及2项或者更多罪行；《皇家法院量刑调查》（the Crown Court Sentencing Survey）在这一类型中有48%的皇家法院案件。

第一节　指控数罪的罪犯

当一个嫌疑犯罪人可能实施了不止一项犯罪时，警察和检察官将采取什么样的方法来处理？对这个问题的全面回答将会导入大量的技术细节；就目前的目的而言，对起诉方的四个主要途径的概述应当为余下的讨论提供了充分的基础。

一　指控所有犯罪

直截了当的方法是起诉指控方拥有充足证据的所有犯罪。这里有一个劣势是这一起诉内容会很长，以至于法庭难以公正和准确地处理针对被告人的各种指控。如果存在无罪答辩，处理冗长指控的陪审团的任务可能是艰难的并超过了对他们的合理期待。因为这一理由，已长期被接受的是，尽管控方必须确保针对被告人的所有未决事项同时被处理，[1] 在被告人已经面临大量更严重的控告的情形下，有关相对轻微的事件的控告就不应当被提起了。[2] 在某种程度上提起针对被告人的多项指控仍然是控方的利益，因为他们可能同意不进行某些控告以换取被告人对其他一些犯罪做有罪答辩。在被告人确实对一些控告做出了有罪答辩的情形下，在控方看来被告可能获得一个针对那些罪行的广泛恰当的量刑，那么，控方放弃罪犯做无罪答辩的任何进一步指控通常是正确的。[3] 这需要，并且通常会得到，审判法官的同意。[4]

二　控告样本犯罪

在控方有证据证明相当长时间的一系列犯罪，通常但未必针对同一名被害人（例如，针对一名或更多儿童的性犯罪，盗窃雇主），他们可能决定仅仅控告一些事件作为"样本罪行"。被选择的"样本罪行"应当与被宣称的犯罪中的最严重的情形有关，并且目的是避免因太多的指控而使单

---

① *Bennett* (1980) 2 Cr App R (S) 96.

② 例如 Lawton LJ in *Ambrose* (1973) 57 Cr App R 538。

③ *Code for Crown Prosecutors*, paras. 4. 12. a and 4. 12. f.

④ *Broad* (1979) 68 Cr App R 281.

一的审判复杂化并避免一些审判，同时给予法官充足的理由来做出恰当的量刑。这对控方明显更容易了，因为免去了他们对一系列冗长犯罪中的每一起犯罪的举证责任。但是如果被告人不愿意承认没有被控告的犯罪，法庭能够像他们已被证明了那样量刑吗？只因为控方将其指控描述为样本（一个更长时间的犯罪）吗？在1998年卡纳万和基德［*Canavan and Kidd* (1998)］案的指导性判决中，① 首席大法官宾汉姆勋爵宣称：

> 被告人不能以他被指控的任何罪名定罪，除非和直到其犯罪被证明。这样的犯罪可以通过其自己的承认或者（基于指控）由陪审团裁决来证明。他仅可以因一个被证实的针对他的犯罪（通过承认或判决）而被判刑或者当量刑时其已经承认并请求法庭考虑的犯罪。如果，我们认为，这些都是刑事法施行的潜在的基本原则，那么我们就不容易看到被告是如何因那些没有被起诉的犯罪或者他已经否定的或拒绝承认的罪行而被合法量刑的。

他补充到"根据这一决定，控方将希望……在一些起诉书中包括更多的罪状"，并且表达了这将不是过于繁重的负担的观点。然而，一些检察官和审判法官已经发现了卡纳万原则的影响，并且在许多情形下——尤其是在2005年的托尼和斯密斯［*Tovey and Smith* (2005)］案② 以及在2012年的哈特利［*Hartley* (2012)］案③中——上诉法院不得不重申这项原则。④ 如果罪犯可以被认为已经表明同意法庭考虑其他犯罪，卡纳万原则就不适用了。⑤

如果控方希望偏重样本指控，那么《2004年家庭暴力、犯罪和被害人法》(Domestic Violence, Crime and Victims Act 2004) 第17条规定向皇家法院提起的起诉，一些罪状仅仅在由法官审判的公诉书中，而其他的由

---

① ［1998］1 Cr App R (S) 243.

② ［2005］2 Cr App R (S) 606.

③ ［2012］1 Cr App R (S) 166.

④ As in *BDG* ［2013］1 Cr App R (S) 134.

⑤ *Powell and Hinkson* ［2009］1 Cr App R (S) 30；参考在许多美国司法管区中的立场，法官在计算量刑时被允许考虑非定罪犯罪的情形，被称为"真实的犯罪量刑"。(Reitz 2010, pp. 236-243)。

陪审团审判。这意味着控方可以指控大量的犯罪，接着使法官确信他们中的一些可以被公正地作为其他罪行的样本。如果法官决定由陪审团审判每一个罪状是不切实际的，由陪审团审判的罪状是一个样本，以这种方式推进程序是出于司法利益，法官可能做出由法官单独审判其他罪状的命令。陪审审判然后继续进行，如果被告人被以"可能被作为在那些程序中审判的其他罪状的样本罪状"而定罪，法官可能接着审判被告人的其他罪状，作出合理的裁判（第19条）。在大多数情形下，被告人可能会改变这些其他犯罪的有罪答辩，但新的程序给起诉方一个绕开由卡纳万和基德所提出的实践问题和原则的机会。①

三　倾向于一项综合指控

另一种方法是，当长期存在一系列犯罪的证据时，构建一个综合指控，比如欺诈交易或欺骗税收。如果两个或更多的人涉入其中，控告合谋可能对控方具有程序优势并开启了通向更高量刑之路，尤其是如果不只涉及一项共谋的情形。②

四　应被考虑的罪行

当对被告被指控的犯罪量刑时，控方可以被告人请求法官考虑其他罪行。上议院已经规定被告人应当被明确告知每一项罪名，并被要求同意法庭在量刑时考虑每一项犯罪。③ 因而被考虑的犯罪不被视为被定罪了，但是法庭可能以增加量刑目的而考虑到它们，这是一个相对非正式地和迅捷地处理一个冗长系列的在本质上并不特别严重的罪行的程序。量刑委员会已经发布了有关应被（量刑时）考虑的罪行（TICs）的指南。④ 首先，法院必须能够通过一个反映所有犯罪行为的总体量刑，并且设置了6种允许考虑的罪行（TICs）的不理想情形。确立了各种程序保障。当法庭开始量刑时，力促将考虑的罪行（TICs）作为一项加重因素，并指出只要总

---

① 参见 the Criminal Practice Direction ［2013］EWCA Crim 1631，para. 14A. 4-13。

② 例如 *Attorney General's References Nos.* 120 *and* 121 *of* 2004 ［2006］1 Cr App R（S）44。

③ *DPP* v. *Anderson* ［1978］AC 964.

④ Sentencing Council, *Offences Taken into Consideration and Totality*：*Definitive Guideline* （2012）.

体原则（见下）被遵从，将其移出量刑类型范围以外可能是恰当的。①

第二节　对犯数罪罪犯的量刑问题

首先，必须公开承认对犯数罪的罪犯的量刑的任何理论讨论的局限性。在特定案件中犯罪组合的广泛多样性，以及法庭必须处理的犯罪时间跨度的同样的广泛多样性，足够检验量刑的任何一般哲理。凯文·赖茨（Kevin Reitz）指出在对惯犯的大多数的系统处理上（一些类型的惯犯的溢价量刑，产生于相继的量刑）和对数罪罪犯的处理上（对于大量犯罪的某些种类的折扣，产生于同时发生的量刑）的不一致性，他认为人们寻找一个有说服力的理由是徒劳的。② 在一篇最近的重要文章中，马丁·沃斯克已经挑战了当前英国方法所建构的逻辑。③ 有可能确认某些一般原则吗，或者个案的多样性只是允许一种不整齐的实用主义吗？

正如直接起诉的方法是对有初步证据（primafacie evidence）的每一起案件提出指控，所以量刑的直接方法是对每一起被定罪的犯罪施加一个量刑。被定以一项罪名的罪犯获得一个量刑；被定以三项罪名的罪犯获得三个量刑，每一项量刑都是另一项量刑的额外刑罚。然而，这一方法的逻辑，绝非完美。直接方法存在两个问题。第一个问题是，在一定的情形下，当理论上一个犯罪是足够的，法律可能规定（和起诉指控）一些犯罪，而在其他情形时当它是自然地想到两个或三个犯罪时，法律却规定（和起诉指控）一个犯罪。例如，加重夜盗的犯罪违背了《1968 年盗窃法》第 10 条的规定，倾向于包括一起案件，一人实施了夜盗并且随身携带了枪支，一个攻击性武器或者一个爆炸物；因此，它是没有必要以夜盗的一个罪名情形指控同时再以拥有枪支、攻击性武器或爆炸物的另一个罪名来指控。法律规定了单一犯罪，加重型夜盗，法庭在其计算过程中将自然地考虑犯罪的两个要素（夜盗和持有型犯罪）。另一方面，诸如故意杀

---

① The CCSS（2014），p. 28，记录涉及 TICs 的那些夜盗罪的量刑平均比不涉及 TICs 的长 1 年。

② Reitz（2010）；下面的/同时存在的术语是 Frase（2013），ch. 4 中的表述。

③ Wasik（2012）.

人和抢劫这样的犯罪中并没有明确规范武器的使用；然而，如果被告人正持有枪支，控方将通常依据《1968 年枪支法》的规定增加一项指控，这严格来说是没必要的。因为抢劫犯罪的量刑指南将使用或者携带枪支作为一项加重因素的规定，并且整个事件可以根据对抢劫犯罪的规定来处理。

从计算全部量刑的角度，在这样的案件中是否增加对枪支的指控是不重要的。量刑者拥有所有的事实，对杀人或抢劫的最大量刑是充足地高，足以允许充分考虑任何这样的加重因素，案件的这些特征会被量刑忽略是非常不可能的。但是，存在有关量刑如何表达的选择问题。如果仅有故意杀人或抢劫被指控，明显地，将有一个单一的量刑。如果根据《枪支法》，存在一项额外的定罪，在理论上量刑者有一个选择：如果裁决是，比如说，9 年是恰当的全部量刑，这一全部量刑可能依据两个连续的量刑（例如，对于抢劫的 6 年量刑，其中对于携带枪支的 3 年量刑）或者根据两个同时发生的量刑（例如对于抢劫的 9 年量刑，对于携带枪支同时量刑 3 年）得以表达。因为其忽略了起诉裁量和英国刑事法律模式的难以预测，直接方法（一个犯罪，一个量刑）不能处理这种问题。在一些活动领域中，法律规定了几项分离的犯罪，在其他领域则是一项单一的无所不包的犯罪。仅仅对每一项犯罪增加一个量刑忽略了这些历史和惯例的怪癖。

直接方法的第二个问题是与比例原则冲突的强大的直觉。简单地对分离的犯罪量刑相加，可能导致对其他犯罪量刑完全的不成比例。将一些较不严重的犯罪（例如，七项夜盗）与一个更严重的犯罪（例如强奸）并肩，总的量刑会违反序数比例。为免于此，法院发展了一项戴维·托马斯称为"总体原则"（totality principle）的原则，其要求法庭考虑与犯罪的整体有关和与其他犯罪的量刑水平有关的整体量刑。《2003 年刑事司法法》第 166 条保留的原则表明，在法案中没有什么将阻止一个法庭，"在一名被告人被定以一个或更多的犯罪的案件中，就量刑的整体而言通过适用任何法律规则去减轻他的量刑"。在 1972 年的一个未报道的判决中可以发现早期的权威（表述）：

> 当多样的犯罪案件摆在法庭前面时，法庭必须不能满足于算术计算和以算术程序通过该量刑。其必须研究犯罪行为的整体并且扪心自

问对所有的犯罪的恰当量刑是什么。①

　　这个原则的适用产生了什么是有效的对批量犯罪的折扣。法庭被期望施加一项低于通过对每一起单个犯罪严重性的正确评估所达到的全部量刑的量刑。惯犯将一定收到一个，假如因为同样数量的犯罪他被法庭在一些分别的情形量刑，更低的整体量刑——确实，正如赖茨（Reitz）所指出的，惯犯会经常由于连续犯罪获得越来越严重的量刑，与其形成对照的是有数罪的罪犯，对其整体量刑原则传达了越来越轻的量刑。这显著地在一名罪犯要求法庭考虑其他犯罪（见上文第一节第四部分）情形下得以证明，尽管因为作为对供述的一种刺激并因此能够将犯罪予以"澄清"可能正当化了这一折扣。然而，在一名有数罪的罪犯被量刑的大多数案件中，罪犯被给予折扣是因为其整体量刑与更严重的个体犯罪量刑相比较时显得过重了，那是因为在其被抓之前他成功实施了如此多的犯罪。

　　这项原则的内涵是一个有别于通常使用的比例原则不同的比例的观念。问题不在于一类犯罪是否在条件不变的情况下比另一个更严重；它是一个系列犯罪，有时是相同种类的，有时是不同种类的所有案件，可以被归入主要与单一犯罪相关联的一个概念体系内。上诉法院在霍尔德内斯（Holderness）案的评述中对这一问题作了说明，托马斯描述这一案件如下：

　　　　由于各种指控，主要是驾驶机动车犯罪，上诉人所获得的量刑总计是4年监禁。法庭认为量刑者未能"采取后退一步而看到量刑的整体效果……的步骤"，假如他已经这样做了，"他本应立刻领会到他正在施加适用于确实严重犯罪的那种量刑"。量刑被缩减到27个月。②

　　由审判法官所通过的4年的全部量刑并没有因为对每一项单个犯罪恰当量刑的总和而被非难。量刑者未能考虑的是总体量刑与其他可能引起如此长期限监禁的其他犯罪——可能一个单一的严重伤害或者一个强奸犯罪

_____

① *Barton*（1972），由 Thomas（1979），pp. 56–57 援引。

② Thomas（1979），p. 58.

的关系。在第 4 章已经讨论过在不同类型犯罪之间的比例标准可以取得某些进步。我们可以给出为什么单一的中等级别的强奸在条件不变的情况下比单一的中等等级的夜盗或单一的无证驾驶更严重。但什么理由可以用来说明一个中等等级的强奸比四起夜盗或 9 起偷车案件更严重呢？假设存在关于什么构成中等等级夜盗的一致意见，[①] 仅仅是"做算术"和满足于此似乎是难以置信的。"做算术"可能意味着强奸被给予 5 年羁押，那么四起夜盗，每起 12 个月羁押，总计是 4 年羁押；9 起商店盗窃，每起 4 个月羁押，总计 3 年。有一种直觉认为，任何对强奸（5 年）和一定数量的夜盗或从商店盗窃之间的判决都是如此接近，这违背了常识。直觉暗示序数比例是总体原则背后的驱动力———一种序数比例的拓展概念将单个犯罪类型的严重性置于反复多个轻微犯罪的严重性之上。根据量刑指南，在对当前英国法律进行批判性调研后，我们返回到规范问题上。

第三节　对有数罪的罪犯量刑的指南

依据法定义务，量刑委员会被要求准备"有关量刑总体性的任何法律规则适用"的指南。[②] 2012 年其发布了一项确定的指南，并且我们已经提到了它对被考虑到的罪行的处理方法（见上文第一节第四部分）。关于有数罪的罪犯和量刑总体性问题，该指南规定了两项一般原则：

1. 所有的法庭，当对超过一个单一犯罪量刑时，应当通过一个反映在其面前的所有的犯罪行为并且是恰当的和成比例的总的量刑。不管是否量刑是由于同时的或者累积的组成的。因此，同时的量刑通常要比对一项单一犯罪行为的单一量刑更长。

2. 对数罪仅仅通过将概念性的单一犯罪的相加方式实现一个公正和成比例的量刑往往是不可能的。有必要将犯罪行为连同对该罪犯

---

① 前文第四章第四节第十部分 *McInerney and Keating*［2003］2 Cr App R（S）240 中的指南裁判中，法庭（遵循 SAP）描述了一项"标准夜盗"并将其用作一个标记。

② Coroners and Justice Act 2009, s. 120（3）（b）.

而言具有个性化的因素作为一个整体来处理。①

　　该指南继续设置了合并量刑（或可译为同时量刑）或者累积量刑（或可译为连续量刑）一般地将是恰当的情形，但是其坚持在这点上没有固定不变的规则，"高于一切的原则是所有的量刑必须是公正的和成比例的"。因此，总体性原则被描绘为量刑必须是"公正的和成比例的"，但是没有给出有关法庭应当如何完成这样的量刑的指南。

　　当对数罪罪犯量刑时，总体原则应当用作法庭推理的终点还是起点呢？通常其被作为对正常的量刑原则有限制或约束作用而提出，因此被作为终点。然而，存在一些证据，实践中，法官并不总是通过首先计算每一项犯罪的恰当量刑，接着把它们相加，然后削减总量以达到一个公平的总体量刑。玛丽安·威尔斯（Marianne Wells），在她对西澳大利亚的数罪量刑的详细研究中，认为许多案件显示了一个始于总体原则而不是终于它的"自上而下"的方法。

　　　　总体原则成为总体量刑是否恰当的主要决定要素；个体量刑是否被正确计算和被正确累积（也即连续不断的）的考虑被归入总体量刑是否恰当的一般问题中。②

　　这使她认为，在某些情形下，是原则驱动量刑而不是限制量刑。奥斯丁·洛夫格罗夫（Austin Lovegrove），在其对维多利亚的详细研究中，也得出总体原则是决定和限制其效果的结论。③ 英国的指南阐释了对有数罪的罪犯量刑的四个步骤，其中第三步是"测试总体量刑是否违反公正的和成比例的要求"，其仅应适用于在法庭已经计算了合并量刑或累积量刑之后。然而，指南以上文所列出的第一个和第二个"一般原则"开始，并且他们关注总体原则，清楚地表明，合并/累积问题仅是一个表象问题。对总体原则的强调可能导致量刑者关注它而不是对各种犯罪的个性化量

---

　　① Sentencing Council, *Offences Taken into Consideration and Totality*: *Definitive Guideline* (2012), p. 5.

　　② Wells (1992), p. 43.

　　③ Lovegrove (1997). 对于当给有数罪的罪犯量刑时，维多利亚法官们的推理的详细分析，还参见 Lovegrove (2004)。

刑。沃斯克（Wasik）的总体量刑原则应发挥的功能是"作为法官整个量刑活动中的参考，而不是作为只在起点或只在终点才存在的事项"的建议具有相当大的吸引力。量刑委员会声称反对量刑程序的这一特征，即使其指南的第二步要求法庭"反映所涉及的全部犯罪"，并且"考虑是否总计的量刑长度是公正的和成比例的"。①

转向指南中的四个步骤，第一步是考虑对每一起犯罪的量刑，参考相关的量刑指南。第二步是决定案件是否需要合并量刑或者累积量刑（其已这不比总体量刑的全部问题重要）。下文将首先讨论合并量刑，接着在第三部分考虑累积量刑。

一　合并观点

在法庭不得不对两个或更多个犯罪量刑时，在理论上量刑可能合并做出或者累积做出。把这一问题放在原则高度考虑，什么是合并概念的含义呢？② 最明显的参照是时间性的：同时实施的犯罪应当获得同时的量刑。当然，在时间上同时发生不是一个精确的概念：如果一起犯罪立刻跟着另一起犯罪，或者甚至迅速跟着另一起犯罪，有人可能禁不住将它们作为同一时间发生并且作为相同事件的一部分来处理。另一方面，事件持续的时间越长，其通常可能更严重；因此，不管是否连续的一系列犯罪被认为需要合并量刑或累积量刑的程序问题，这样一系列犯罪应当被认为在同样条件下作为一项更严重的犯罪比单一的这样的犯罪更严重确实是正确的，并且给予更大的总体量刑具有正当性。

然而，即使在存在确实的暂时的同时发生的事件，也有可能存在其他理由认为合并量刑将是不恰当的。考虑一个罪犯进入房屋的夜盗案件，开始偷东西并且装入包中，被房主发现了，袭击了主人以便成功逃脱。一般认为在夜盗时暴力行为同时发生；③ 原则上伴随暴力行为的夜盗罪应当被

---

① Cf. Wasik（2012），p. 291，with Sentencing Council，*Overarching Guideline Professional Consultation*：*Allocation，Offences Taken Into Consideration and Totality*（2011），p. 17. 还参见《维多利亚量刑手册》（*Victorian Sentencing Manual*），其强调了总体原则作为一项"指导原则"的作用：Judicial College of Victoria（2014），s. 6. 4. 1.

② 对大陆法的博学分析，参见 see Jareborg（1998）。

③ 在技术上，如果根据《盗窃法》（the Theft Act）第 9（1）（a）条指控夜盗而不是第 9（1）（b），在入口时是完美的。但时间差异会仍然很小。

认为比没有暴力的夜盗更严重；夜盗罪不足以包括所有暴力案件；① 因此，通过累积量刑或非合并量刑可能在逻辑上和道德上都是恰当的。尽管犯罪在同一个时间点同时发生，它们违反了不同类型的法律禁止规定（例如，侵犯财产犯罪、侵犯人身犯罪）。罪犯应当被贴上侵财犯罪罪犯和暴力犯罪罪犯的标签，其犯罪将被视为较其单独实施了财产犯罪更严重。

二 合并量刑（也可译为"同时量刑"、"并行量刑"）

委员会的指南规定在以下情形下，"合并量刑将通常是恰当的"：

a）犯罪产生于同一个事件或事实；

b）存在一系列相同或类似种类的犯罪，尤其当实施针对同一个人的犯罪的时候。

命题a）反映了一个长期存在的当两个或更多犯罪被分别起诉并且它们组成了"单一事务"的一部分的情形下，法庭一般应当施加合并量刑的原则。其有时指在很短的时间内实施的一些犯罪，有时指产生了两个或更多指控的单一事件的犯罪。因此，在2010年总检察长向法院提交的给予指导性说明的2009年第57号质询案②，罪犯的房间被突然搜查时发现拥有一些枪支，其被给予合并量刑。上诉法院被要求连续通过一些量刑来提高整体量刑，主要是规避被认为过低的最大量刑。法院拒绝这样做，理由基于量刑是从单一事务产生的应被合并量刑。其他判决采取了相似的立场。③ 指南本身给出了"在武器犯罪是辅助抢劫的，并不区别和独立于持枪抢劫犯罪"的例子。④ 指南继续说明抢劫量刑"应当正确地反映武器的存在"，并且对于武器犯罪的独立量刑应当同时进行"以便于避免低于有关抢劫量刑的表象"。

---

① 违反第9（1）（b）条的夜盗包括导致严重人身伤害，但是没有更轻形式的暴力。加重的夜盗（s. 10）涉及携带，不是使用武器。

② ［2010］2 Cr App R（S）190.

③ E. g. *Whittingham et al*［2011］2 Cr App R（S）96.

④ Sentencing Council, *Offences taken into Consideration and Totality*：*Definitive Guideline*（2012），p. 6，援引 *Celaire and Poulton*［2003］1 Cr App R（S）610。

　　然而，构建一个"单一事务"的可行性概念非常困难：沃斯克论证了在上诉法院手中这一概念的弹性，其援引了看上去使时间期限更窄或更宽而没有任何解释的几项裁决，更不用说正当性理由了。[①] 问题是存在一个无可争议的核心含义，所以在一些情况下毫无异议地因为有时间上的同时性，一些犯罪产生于一个单一的事务；但是有一个不确定的半影区，其中没有可以给予法庭的和可用于操作的确定的指南。在这些半影区案件中，"单一事件"原则似乎仅仅是一个限制总体量刑的实用主义手段，而不是严格分类区分的反应。沃斯克，与具有同样风格的亚勒堡，得出"单一事务"原则"过于延展和模糊而不能为从累积量刑区分出合并量刑形成一个有用的基础"的结论。[②] 稍后我们将返回原则问题。目前，"单一事件"原则形成了确定指南的一部分；在一些裁判中，上诉法院忠实地适用它，[③] 而在其他案件中，其利用了指南没有努力澄清的不确定的半影。[④]

　　命题 b）的正当理由更难以分辨。如果所有其他因素是不变的——在一定的时期内所实施的一定的案件数量；暴力的本质和情形；或者在盗窃或欺诈中所涉及的金额，或者性侵害的程度——很难看出为什么针对相同被害人所实施的犯罪，或者正如该案这样，针对不同被害人所实施的犯罪，这样的事实应当使案件的严重性具有实质性差异。同样很难看出为什么在全部严重性中，可能的细微差异应当在适用合并而非累积量刑的判决中反映出来。指南本身看上去将其作为表象事项。给出的第一个例子是"来自同一人的重复性的小盗窃，诸如由雇员所实施"：指南预计量刑"将会考虑有关所获得的总金额和犯罪发生的时期"。换句话说，量刑的长度应当依据总体原则来决定，于是量刑应当同时合并的方式表达，"每一个量刑反映总体严重性"。因而总体原则表现为量刑的主要决定因素，而不是一项限制原则。

　　该指南所援引的情形，合并量刑"通常是合适的"。其未涉及有关可能的例外。但是至少有两个案件已经被确立为普通法的权威。第一个是持有枪支不仅应当在独立定罪中被标记，而且在累积量刑中也应当被标记。

---

① Wasik（2012），pp. 294-297.

② Wasik（2012），p. 296，援引 Jareborg（1998），p. 131。

③ See［2010］2 Cr App R（S）190；Eg. Whittinghametal［2011］2Gr App R（S）96.

④ SeeWasik［2012］. pp. 294-297 援引的案例。

一个长期存在的权威是 1972 年的福克纳［*Faulkner*（1972）］案①：罪犯在一座仓库的房顶上被发现并被警察追捕，随后被定以包括密谋盗窃、攻击以及违反《枪支法》等各种犯罪。他因枪支问题被判处 3 年监禁的量刑，因为其他犯罪又被判处 3 年量刑。在上诉中，主张这些犯罪构成了单一事项的组成部分并且应当带来合并量刑。法院驳回了诉求，认为如果罪犯在实施犯罪时故意持枪，应当适用累积量刑，目的是阻止这样的行为。这是一个威慑性的推理，但同样的结果也可以通过提及对枪支犯罪的特殊严重性的需要而达到。尽管量刑应当是累积的，法官应当确保"总体量刑在所有的案件情形下是正确的"，以使罪犯"不会因为持有枪支被两次以上量刑"。② 还有一种权威认为，对警察或其他试图合法逮捕的人的攻击应该是累积的量刑（或曰连续量刑）。正如上诉法院在 1972 年的卡斯特库［*Kastercum*（1972）］案中评论的，③ 对作为一种逃脱方式而攻击警察的严重性的强调，累积量刑一般是更可取的。支持这两个例外的观点似乎很强烈，但是考虑这些政策的社会意义时，有人质疑是否有必要跟随沃斯克将其标记为累积量刑。为什么不对同时发生的案件施加分别量刑，允许法庭标记出行为的整体严重性并且登记出对枪支或任何企图逃避司法的行为的分别量刑？

三　累积量刑（或译为连续量刑）

委员会的指南规定，"累积量刑一般在下列情形下是恰当的"：

a）犯罪来源于不相关的事实或事件；

b）相同的或相似种类的犯罪但总体性犯罪不能被合并量刑充分地反应；

c）一个或更多的犯罪符合法定的最低量刑，而合并量刑将不恰当得破坏这一最低限度。④

---

① ［1972］56 Cr App R 594.

② 对于相同的效果，*Kent*［2004］2 Cr App R（S）367：当给过失杀人量刑时，法官纠正给枪支犯罪适用累积量刑，但全部量刑从 15 年减少至 12 年。

③ ［1972］56 Cr App R 298，在 *Wellington*（1988）10 Cr App R（S）384 中被遵循。

④ *Offences taken into Consideration and Totality*, p. 7.

命题 a）是有关合并量刑的命题 a）的镜像：它是"单一事务"原则的必要含义。那么，它与上文第八章第三节第二部分所指出的内容具有相似的优点和缺点。因此，"单一事件"和"不相关事件"之间的界限远未清晰。有大量无可争辩的案件——不仅是那些有冗长和明显的时间差异的案件，还有来自前一段（攻击警察以便逃避逮捕）的第二个例子。在保释期间实施的犯罪也可以被添加。被清晰地归入这一类的裁判是 2012 年哈特利等人 [*Hartley et al*（2012）] 案,① 当一群男性制造了伪造 20 英镑钞票的机器，他们被侦查并被指控共谋（犯罪）（conspiracy），而在保释期间他们在另一个地区制造了另外一台生产假币的机器，其成为独立的另一起共谋所指控的对象。上诉法院驳回了对这两起共谋（犯罪）合并量刑是恰当的主张，坚持量刑应该是累积的，服从包含一切的总体性。不仅两起犯罪间隔时间大约是 4 个月，而且第二次犯罪是在第一次犯罪的假释期间实施的。"无关事实或事件"的概念可能被适用于一些清楚的案件，但是也留下了一些令人怀疑的半影案件,② 仍没有比有关已有的合并量刑更多的（累积量刑）指南。

命题 b）试图通过有关合并量刑的命题 b）的一个例外的方式运行。因此一系列相同或相似种类的犯罪应当被合并量刑，"尤其当针对同一个人实施时"，除非犯罪涉及家庭暴力或性犯罪，在这类案件中可能需要一些累积量刑。大概目的是为了标记那些种类犯罪的特殊严重性；但正如为什么针对同一被害人的犯罪应当比针对不同被害人的犯罪以较不严重地来处理并不清楚一样，因此为什么是这两种犯罪被挑出也不清楚。如果被恰当的量刑，这些罚行就会受到严重的处理，其他种类的犯罪也是如此。

命题 c）重申合并/累积的特殊性不应被允许具有绕开最低的或者规定的量刑政策的作用，或者实际上具有绕开被认为是过低的最大量刑的作用。③ 因而合并和累积量刑之间的差异可能不仅仅被表面地适用，而且还应确保对其他量刑政策的尊重。

---

① ［2012］1Cr App R（S）431.

② On which see Wasik（2012），p. 296.

③ See *Raza*［2010］1 Cr App R（S）56，在 E. g. *Whittingham et al*［2011］2 Cr App R（S）96；Sentencing Council，*Offences taken into Consideration and Totality：Definitive Guideline*（2012），p. 6，citing *Celaire and Poulton*［2003］1 Cr App R（S）610 中的案例。

四　总体原则

该指南规定了四个步骤，其中第三步是"根据公正和成比例要求检测全部量刑"。这是建立总体原则作为对数罪适用的所有量刑的最终的参考点的一项努力。存在两个困难。第一个是该指南没有提供指导法官或者治安法官应当处理该问题的方式究竟是什么。总体性如何评估？在磋商阶段委员会没有表现出将总体计算与特殊类型犯罪的指南相联系的欲望：托马斯的构想，合计的量刑不应当超过最严重的犯罪的范围的最高值，被驳回的理由很简单，因为一些犯罪的范围接近最高量刑——一个无论如何仅适用于一小部分犯罪的理由。① 结果，总体性计算似乎被留给了"本能"和"感觉"，在量刑指南制度中产生了一个最不令人满意的漏洞。

该指南第三步的第二项困难，与第一项困难相混合，是总体原则在第二步已经出现了两次，这产生了对有关该指南的原理过程的疑问。因此，在第二步，当法庭已经决定适用合并量刑时，"量刑应当反映所涉及的全部犯罪。量刑（也就是说，总体量刑）因为关联犯罪的存在而应被恰当加重"。这里委员会关注的是，在其提议表明合并量刑的情形下，确保那些合并量刑的水平应当足以反应数罪所涉及的事实，通常是将其他犯罪作为加重每一项罪行的量刑。这意味着法庭必须形成"公正的和成比例的"有关量刑水平的观点，目的是计算恰当的合并量刑。因而总体原则在第二步就涉及了。当第二步的命题表明累积量刑时，这一点甚至更明显了："当通过累积量刑时，对每起犯罪的量刑相加并考虑总计长度（量刑）是否是公正的和成比例的"。该指南接着提出了可以削减全部量刑的方法。因而总体原则是完全参与到这些计算中来的。② 其被用作委员会所称谓的适用于第三步的"在决策过程接近尾声时"的"退一步而看全图"（stand back and look）的测试是没有异议的；③ 但是，在更早期的阶段没有涉及这一点的建议是错误的，沃斯克的其应当被认为是"整个量刑程序的参照点"的建议是更现实的。④

---

① Sentencing Council, *Overarching Guideline Professional Consultation*：*Allocation*，*Offences Taken Into Consideration and Totality*（2011），p. 18.

② College of Victoria（2014），1.

③ Ibid.，p. 17.

④ Ibid.，对大陆法系的学术分析，see Jareborg（1998）。

　　回到委员会的总体原则适用的第一个难题，该指南未能超越"公正和成比例的"这一措辞意味着不仅对量刑者没有配备指导，而且上诉法院也并不需要对其关于总体性的论断给出特别的理由。在这一点上，英国量刑实践的模糊性可以以两个裁判来说明。在 2009 年詹金斯等人案中①，罪犯因在 6 个月内五次武装抢劫保安人员被判刑。上诉法院讨论了起刑点应该是多少，并且决定"当暴力被使用的时候，对一些武装抢劫"适用 25 年刑罚是恰当的。法院接着决定对这五起抢劫，21 年是恰当的起刑点，并由此计算了恰当的量刑。很明显，这是总体原则的适用；但是关于这个数字是如何得到的，尤其是，这一抢劫的实际数量是如何影响量刑刑期长度的，没有任何线索。相似地，在更早提及的哈特利等人案②中，上诉法院同意量刑应当是累积的，但得出的结论是，审判法官并没有因总体性而做出恰当的缩减。然后，上诉法院将总体量刑从 12 年 2 个月缩减到 10 年 8 个月，但对于该调整的总量未说明任何理由。这种模糊性的进一步例子是大量的，并且应当补充的是，最近处理总体性的裁决甚至未提及委员会的指南③——这并不令人吃惊，因为它所宣称的目的是汇总当前的实践，但却有程序上的缺陷。

五　总体性的其他适用

　　目前为止的讨论仅限于对适用于确定的羁押刑时的数罪的量刑。该指南还指出了一些其他情况下的首选方法，诸如在罪犯被适用以不确定的羁押刑或者被延长的量刑的情形，或者已经正在服羁押刑，或者是违反了特许令的情形。这里将不再讨论这些细节问题。

　　原则上，当处理导致社区命令或者罚金的多种不严重的犯罪时，法庭应当采取相同的方法是正确的。该指南表明累积的社区命令（例如，无偿工作）将是少见的。其指出一个对数罪罚金的首选方法，首先是"全部的罚金是不可避免的累积"（也就是说，没有合并罚金）的主张。一个相关的裁决是 1989 年英女王诉切姆斯福德皇家法院，及单方面诉伯查尔

---

①　[2009] 1 Cr App R (S) 109.

②　On which see Wasik (2012), p. 296.

③　参见例如 *May* [2014] 1 Cr App R (S) 58, *Wynne et al* [2014] 1 Cr App R (S) 63, *Williams* [2014] 2 Cr App R (S) 464。

[*Chelmsford Crown Court*, *ex p. Birchall* （1989） ］ 案①，在一年之中的 7 月 12 日和 7 月 19 日，罪犯正在采石场和一些道路施工场地之间驾驶其卡车履行合同。调查人员发现，在这些路途中有十次卡车已经超重了。在给这十次犯罪量刑时，一个治安法庭简单地将每一次犯罪的罚金相加，产生了一个总数为 7600 英镑的罚金。皇家法院驳回了其针对量刑的上诉。上诉法院主张该量刑"确实令人吃惊"，因为下一级的法庭仅仅是"对每一起犯罪适用一个严格的公式"，接着将由此产生的罚金相加到产生一个总数。在将罚金减少到 1300 英镑的裁判中的主要观点是没有考虑到罪犯的财产，但是上诉法院也不赞成未能关注到总体原则。

第四节　总体性：是时候重新开始了？

当开始处理数罪时，无论有没有指南，英国量刑制度都处于一种不规范的状态。它没有几项合理的原则，它的核心概念是总体性这个模糊概念。在最后一节中，讨论从英国量刑法的这一分支中的核心概念的一些反思开始，然后转向一些更深层次的原则问题，并且最后提出对这一棘手问题引入结构和一致性的一些方法。

一　重新评价合并/累积的区别

上文第三节第一、二部分主张存在一些核心的情形，其中一些犯罪构成了单一事件或事务是没有争议的，并因此合并量刑是完美的；同样的，存在一些情形，其中一些犯罪并非单一事件的组成部分是没有争议的。问题是（i）某些单一事件的情形由于两个不同的违法行为是在同一个时间所实施的，而且它们应当被恰当地标示出来，因此某些单一事件的情形可能正当化了累积量刑，和（ii）当一个理性的人可能不同意某些犯罪是否构成了单一事件的部分时存在一个不确定的半影带。这些难题，尤其是第二个，已经导致沃斯克和其他人支持重新评价合并量刑/累积量刑的区别。一种方法将是取消累积量刑，仅保留合并量刑。量刑长度由最严重的犯罪决定，其他犯罪作为加重因素。第二种方法是引入支持合并量刑的推定，

---

① 　［1989］11 Cr App R （S） 510.

为表象目的允许累积量刑的存在。① 理查德·弗拉塞（Richard Frase）借鉴各种美国制度，主张采用这种方法。推定将支持合并量刑；为某些有限的目的，累积量刑会被允许，例如，标出枪支犯罪或针对执法官员犯罪的严重性；但是，会存在一个总和刑限制，其可能是指南对主要犯罪量刑的两倍。② 第三种方法是继续允许法庭展示他们所希望适用的量刑，运用合并或累积量刑，只要全部的量刑符合总体性原则即可。在所有的这些计算中，总体原则将是最有力的因素，任何立法的改变都不会影响量刑的整体严格性，只是它们的陈述会（依据与罪犯、被害人以及更广泛的公众的有效交流）有所不同。然而，存在第四个选项——留给法庭在事实清楚地指向一个或另一个方向的情形下使用合并或者累积量刑，但强调在存疑的案件中法庭可以提出其所希望的量刑只要总体性被遵守，并且没有双倍计算或者过低量刑。在明晰的情况下，合并/累积量刑的区别确实是有意义的，但沃斯克的观点是正确的，从根本上说，问题是一个陈述，而计算全部量刑是最重要的任务。

二　总体原则的基础

什么论点支持总体原则呢？似乎与民意有些共鸣：由罗宾逊和达利（Darley）对大众评价的研究发现，多数人在直觉上采用类似于英国的模式，因此，对犯数罪的罪犯的量刑是增加的，但该方法是增加"对每一个额外犯罪的渐减的量刑增量"。③ 在司法推理中也有大量证据表明总体原则具有强烈的直觉吸引力，但是原则的论点在哪里呢？

一个观点是在量刑阶段该原则被宽恕的适用所支持。因此，托马斯确定了一项司法原则：即总的量刑不应该给那些前景并非无望的罪犯施加一个沉重的负担。④ 在洛夫格罗夫（Lovegrove）对维多利亚的研究中，这似乎是对量刑对犯罪者的毁灭性影响的关注而不是对比例原则的关注，导致

---

① 这与澳大利亚维多利亚州的法律相似，其规定量刑应当是共时的一般推定，尽管《维多利亚量刑手册》（the Victorian Sentencing Manual）第6.4.9.1条规定实践中累积量刑经常被适用：Judicial College of Victoria（2014）。

② Frase（2013），pp. 144 and 149，and ch. 4 generauy.

③ 罗宾逊 and Darley（1995），p. 193，以及 Roberts（2008a），pp. 180-182 的评论。

④ Thomas（1979），p. 9.

法官考虑量刑的总体性。① 因而《维多利亚量刑手册》 （Victorian Sentencing Manual）规定量刑者应当尽可能避免在任何可能的时候给予将产生"压迫影响"的那种量刑，通过诱发一种无助感或者通过破坏释放后对有益生活任何合理期待的方式。② 在复杂的总体原则的讨论中，安东尼·博顿斯（Anthony Bottoms）认为该原则应当作为一种理性的仁慈方式予以支持。③ 然而，表述这样的怜悯行为是正当的条款必须被审慎地表达。由托马斯和洛夫格罗夫（Thomas and Lovegrove）主张的公式中（上文），一项非常长的量刑的压倒性影响（托马斯补充到，"施加于前景并非没有希望的罪犯"）使量刑的削减具有了正当性。但是，如果我们忠诚于博顿斯的怜悯的适用必须是理性的观点，这意味着当相同的（未被推翻的）推理适用时，也必须执行怜悯。一般来说，刑期很长吗？在第四章我们注意到非常长的量刑不仅适用于杀人犯罪，而且适用于抢劫、毒品运输和强奸犯罪。如果罪犯因为这种单一的恶性犯罪而获得一个非常长的量刑，同样的怜悯理由应当被用于削减量刑的长度吗？《维多利亚量刑手册》确实一般性地适用这一原则，尽管它也规定一些犯罪是如此严重以至一个"压倒的"量刑将是恰当的。因此如果这种怜悯行为被限于有数罪的罪犯，基于什么理由其应当被特殊对待呢？最有效地，为什么关于怜悯的同样的推理不能适用于累犯，其被定罪许多次并由每一种情形获得一个更长的量刑？正如赖茨曾主张的，④ 经常被定罪的累犯可能与数罪罪犯具有相同数量的定罪，或者甚至更少，但量刑原则倾向于不给他或她施与怜悯——实际上，许多量刑制度是增加而不是减少可被适用的量刑的严厉性。

如果怜悯原理看上去不那么令人信服，我们还应当在哪里寻找呢？似乎有这样一种印象，对数罪罪犯的累加量刑可能被视为是不成比例的，除非由像总体性原则的原理来限制。在这里起作用的比例原则似乎有两种不同的感觉。正如威尔斯（Wells）所主张的：

> 即使所有的量刑是恰当的并且与单一犯罪成比例的且是正确地累

---

① Lovegrove （2004）.

② Judicial College of Victoria （2014）, section 6.6.

③ Bottoms （1998）, pp. 63-70.

④ Reitz （2010）, pp. 145-147.

加的，总体量刑参照更严重的犯罪是过于严重了，这是一回事；在同样的情形下，总体量刑就所涉及的有关总体行为是过多的，这是另一回事。如果量刑因为其超过了对更严重犯罪的量刑规范范围而被缩减了，其没有必要遵循被缩减的量刑是与总体行为成比例的。①

在所谓"犯罪之间"和"犯罪之内"的比例的这种模糊性在英国量刑指南上是明显的，其需要一个"反映所有犯罪行为并且是公正和成比例的"的总体量刑——因而包括两种形式的比例性。② 正如威尔斯（Wells）所指出的，满足一种形式的比例而不满足另一种形式的比例的量刑是可能的。有人可能会说对 14 起猥亵攻击儿童犯罪的量刑保持低于通常的强奸犯量刑，③ 但是如果有 24 起或 34 起猥亵攻击儿童的犯罪该怎么处理呢？在那种可能性情形下，可能认为总体量刑应当仍然低于强奸犯罪的水平（可能，起刑点是第二级），但依据所涉及的一系列的性犯罪，其可能认为量刑是不成比例的。哪一种比例应当优先适用呢？对这个问题的主流性回答是"犯罪之间"的比例感觉应是最重要的，应是首要的。正如在下文第四节第三部分中很明显的，努力去"抓住"总体原则倾向于从对所实施的犯罪中最严重的犯罪的恰当量刑开始，以便保持犯罪类型之间的比例性。其结果是，因为 20 起或 50 起犯罪被量刑的数罪罪犯由于大量的犯罪仅被很少并且几乎没有现存量刑的增加，由此有时无法满足犯罪之内的比例感觉。因此，赖茨（Reitz）反对道：

> 说一起抢劫加上十起夜盗不能超过一起抢劫的最严重的门槛，或者六起对不同的 14 岁以上被害人的性攻击可能永远不会超过对一名 10 岁儿童的最严重的强奸的严重性，都是令人难以置信的。④

合理性可能依赖由可被适用指南的量刑范围的宽度，但一般而言赖茨的观点是言之有理的，尤其是如果有人将有数罪的罪犯的量刑与那些在每

---

① Wells（1992），p. 38.

② Sentencing Council, *Offences taken into Consideration and Totality*：*Definitive Guideline*（2012），p. 5.

③ 例如 *Attorney General's References No. 38 of* 2013（*Hall*）［2014］1 Cr App R（S）394。

④ Reitz（2010），p. 146.

一起夜盗或性攻击后被定罪的惯犯的量刑相比较时。然而，在这一段所关注的是有关直觉的观点：似乎存在强大的公共和司法的直觉认为犯罪间的比例性是主要的驱动力。

对累犯和数罪罪犯采取不同的方法的，一个可能的理由是，尽管已经被正式地谴责，前者仍然继续犯罪。正如我们在第六章第二节第四部分中所看到的与先前定罪相关的，通过定罪的官方谴责应当能使罪犯调整其行为。① 在某种程度上，有数罪的罪犯现在为其数罪进行量刑时并没有在犯罪期间有如此一项定罪，这一情形原则上是不同于那种涉及先前定罪的。然而，无疑地，有关（先前）定罪的公共谴责的重要性是否足以支持在总体原则的减轻效果和惯犯额外对待的加重效果之间的广泛差异。因而"官方谴责"观点有一些，但还不够，引起共鸣。

三 总体性得以实施

很显然的，贯穿本章最强有力的概念是总体性。然而，英国指南规定了这一标准，"总体量刑应当是公正和成比例的"，但对于取得这一点的方法只字未提。存在强烈的观点认为量刑委员会在其法定义务方面已经失败：盖奇委员会（Gage Committee）呼吁有关总体性的"陈述性指南"以"支持透明和一致性并且可能完善可预测性"，② 但是，2012 年的指南不能说已经完成了这一点，或者甚至已经将其作为一个目标。

应当做些什么呢？已经注意到委员会基于相当脆弱的理由，拒绝采纳由托马斯所阐述的原则，即"总计的量刑不应当比由罪犯实施的最严重犯罪所在的案件类型的正常量刑的上限更长"③。一些这样的方法将是朝向犯罪间比例的一步，并且相当类似于由咨询委员会建议的有关刑罚制度的内容。④ 德国法的方法也是类似的，择出其中最严重的犯罪并把其他犯罪作为加重因素，但一直坚持量刑者对罪犯自身和个性化犯罪做出综合性

---

① 还参考 Lee（2010）的停止再犯的道德义务源自犯罪的事实，它也会标示在数罪和惯犯之间的区别的观点。

② Gage（2008），para 7. 13.

③ Thomas（1979），p. 9，See *Raza*［2010］1 Cr App R（S）56，以及在 Sentencing Council，*Offences taken into Consideration and Totality: Definitive Guideline*（2012），p. 6，citing *Celaire and Poulton*［2003］1 Cr App R（S）610; Wasik（2012），pp. 294-297.

④ ACPS（1978），para. 219.

裁判。这类似于英国关于将犯罪行为纳入考虑的指南（见上文第八章第一节第四部分）。德国制度的实际结果可以在由汉斯—乔治·阿尔布雷克特（Hans-Jörg Albrecht）所进行的研究中看到，正如尼尔斯·亚勒堡所提出的：

> 一起夜盗罪的平均"刑期"是 7.9 个月，三起夜盗罪是 15.6 个月（由于多了两起犯罪 97% 被增加），五起夜盗罪是 22.9 个月（47%），七起夜盗罪是 24.6 个月（7%），9 起夜盗罪是 26 个月（由于多两起犯罪被增加 6%）。来自该数据的粗略的规范表明，总体量刑被发现在最严重犯罪的刑罚和对所有犯罪的刑罚总量之间。也是明显的实践中适用的刑罚规模的上限（不是法定的最大刑罚）有指导效果。①

德国体系的细节并不像一般的方法那么重要。在诸如英国的制度中，关键步骤是在特定的犯罪指南和对数罪的总体原则之间建立一个明确的联系。没有这个，量刑指南的目的可能被削弱，那么，频繁的数罪行为就会频繁发生。

为了简述一种可能的方法，我们将回到上文第六章对惯犯的讨论。我们注意到犯罪指南倾向于在第二步罗列最近和相关的先前定罪作为首要的加重因素，并且增加这样的相关定罪可能使（量刑）"移出被确定的类型范围"是恰当的。② 那一构想因其模糊性而受到批评，因为其没有提供有关可能使超出类型范围具有正当性的先前记录类型指南。然而，它可能是一个重大的步骤，如果对数罪的量刑方法被置于相同的基础——作为与被定罪的最严重的犯罪相关的一个加重因素，其在恰当的情形下可能导致超出这一类型范围。这将有很大的好处，那可能有将数罪的总体量刑联结到最严重犯罪的犯罪幅度上和实现犯罪间比例的衡量标准，只要指南指明对加重要素量化的恰当方法。因此，犯罪指南应该通过给出对数罪量刑中的实际问题的例子以及提出建议的解决方案而建立起来。在这些例子中可能有大量的数罪的案子，针对数个被害人的数罪的案子，等等。

---

① Jareborg（1998），p. 135.

② 例如 Sentencing Council，*Burglary Offences*：*Definitive Guideline*（2011），p. 9。

　　无疑地会有对这样一种方法的司法抵制，认为这是自由裁量和裁决的一个最为卓越的领域，而"数学方法很容易产生一个不恰当的答案"。①然而，对有数罪的罪犯量刑的重新思考应当建立在由量刑委员会所实施的研究的基础上，既有统计的，也涉及与法官讨论关于他们针对总体性量刑的方法。将总体原则与犯罪指南相联系并不比量刑指南的余下部分更"数学化"。当前一定存在一些法官自己使用的经验法则（rule - of - thumb）。资深法官无疑会说这是一个司法经验问题。但是，正如第一章所指出的，如果"经验"是有价值的，那么所有案件就不会是独特的，一定存在被给予特别权重的可识别的因素。在本章中我们已经看到总体原则是实用主义的，有着不稳固的理论基础，但具有强烈的直觉吸引力。现在的目标应当是确保具有一个法官在个案中可以适用的一致性的结构。同样重要的是对法官如何进行这些计算进行实证研究，以捕捉在实践中影响法官的要素，并构成他们的"经验"。

---

① Per Judge P in *P and Blackburn* ［2008］ 2 Cr App R （S） 16, para. 39.

第九章

羁押量刑

本章对羁押量刑的法律和实践展开批评性评价。监禁涉及自由的剥夺，并且是英国和其他欧洲国家可适用的最严酷和侵犯性的量刑，涉及欧洲公约宣称的一些权利。在刑罚机制上的自由剥夺和羁押因此需要特别的理由。为了开始那一过程，有必要理解羁押量刑的实践意义。这依赖于对罪犯将在羁押中耗费的名义上量刑的比例计算，什么条件下罪犯将被羁押，基于什么条款他们后来会被释放的各种规定。然而在法庭上宣布的量刑确立了刑罚的框架，在监狱中可以自由裁量并且通过假释委员会在决定实际服刑时间上发挥强大的影响力。[①]

本章以英国监狱的现状作为开端，接着考虑用于羁押量刑的原则和政策，并且转向适用羁押的法定检测分析，以及对长期羁押量刑适用的普遍方法。本章最后对产生特别原则问题的各类被监禁群体的概要进行讨论。

第一节　监狱的现状

在近些年，英国监狱的条件是什么样的，并且在可预见的未来它们会是什么样呢？下面的简要调查着眼于监狱的人口趋势、监狱的房产和监狱的最新问题。

一　监狱人口

监狱人口的规模，在相当大的程度上由量刑法律和实践决定。然而，也有一些其他重要的影响（因素）：在上面第一章第四节我们可以看到，

---

① 参见 Padfield, Morgan and Maguire（2012），pp. 967-981。

在报告、记录和起诉上的实践可能改变，并且影响到了定罪和量刑；还押受审的适用和违反条件重被召回监狱，两者都有影响；监狱权力机构和假释委员会对有关被量刑罪犯释放时间拥有自由裁量权。在过去30年间，这些变化影响的潮起潮落已经导致了英格兰和威尔士监狱人口的重大变化。在1980年达到42000余人；1988年已经达到大约50000人，但接着开始重新下落，达到1992年12月的40606人以下；从1993年急剧增长，在1999年末达到66000人，2011年达到顶峰88000人，在2014年轻微回落到85000人。必须不能忘记的是监狱不只是有被量刑的罪犯，监狱人口的数量还包括还押候审的被监禁者。然而，自1993年监狱人口的陡然增长几乎完全归因于还押候审被监禁者数量的增长。以整数计，在1993年平均43000名被监禁者中有大约11000人在押候审，然而在2013年这个数字是大约84000人，大约11000人是还押受审者（表8）。因此，监狱人口增长的高比率——超过六分之五——由被法庭判刑而羁押的罪犯所构成。

二　监狱的房产

当一名罪犯在英格兰和威尔士被判羁押量刑，有两个行政性的但关键的决定由监狱服务机构来作出。第一个决定是将罪犯分配到羁押类型中的一种，从A（高风险）到D（适用于开放的条件）。每一名罪犯的安全性分类是一个监狱服务机构的"持续责任"，[1] 因此，它被不时地重新考虑。重要的不仅是因为它决定了罪犯将遭受的管理限制，而且因为它管控第二个决定——对监狱犯适用专门措施的分配。在这个分配决定中有一个系列要素应被考虑，[2] 但是，不可避免地有相当程度的自由裁量权，经常的基于行政管理便利的理由被完全践行着（例如，有效空间）。

根据安全性分类，女性罪犯被送到开放或封闭的女子监狱，或者假如在21岁以下，放到年少罪犯服刑机构。男性年少罪犯去年少罪犯监狱机构，而成年男性罪犯，根据他们的安全等级分类，可能被送往开放或封闭的监狱。羁押犯被量刑18个月或以下刑罚，如果他们不被认为适合在开放条件下适用量刑，可能在当地的监狱服满整个刑期。更长刑期的监狱犯

---

① 　*R* v. *Home Secretary*, *ex p. Duggan* ［1994］3 All ER 271.

② 　有关监狱犯的分类，参见 Livingstone, Owen and Macdonald（2008），ch. 4。

可能被送到"培训监狱"。在当地监狱和培训监狱之间服刑体制有极大的不同,前者有更少的活动而更多的时间被关在监狱里。部分因为当地监狱经常关押还押待审中的人,他们待在监狱中的时间可能是相对少的而且可能涉及经常地往返于法庭,还有部分原因是当地的监狱易于人满为患地运转,随之而来的困难是对所有的被收容者提供充足的监管、工作,等等。这在下面第九章第一节第三部分可进一步考察。

自20世纪90年代初期起,监狱的房产有实质性的扩张。通过修建新的监狱,扩展现有监狱容量并与私人运营商签订合约,到2014年中期政府已经将"符合标准的膳宿服务条件的"(CAN)监狱服务设施增加到76000间。但是,监狱犯的数量已经持续地超越监狱场所的供给,因此,建筑规划并没有解决英国监狱的一些地方病。然而,《卡特评论(2007)》[Carter Review(2007)]建议2014年监狱的房产应增至96000间,幸运的是政府没有遵循这个建议。但是,由于至今仍缺乏使被收监者拥有体面和有尊严生活的条件,政府曾维持一种四分之一的监狱犯在过度拥挤的环境中生活的状态。

三 监狱系统的问题①

如果监禁量刑是正当的,正当化必须扩展到不仅包括剥夺罪犯一定期间的自由,而且包括在相关的监狱系统获得的特殊环境下羁押罪犯——包括服从由监狱形成的特殊的社会秩序、相对的无权、暴力。即使假如英格兰和威尔士有完全符合所有国际标准的监狱系统并且设定有监狱系统构建的目的,每一项羁押量刑和每一个月或每一周的羁押量刑仍然需要强烈的正当化理由。当对第三章概述的各种量刑理由进行评估时,这是一个需要记住的关键点:一项英国的监禁量刑涉及在一定的不利条件下的自由丧失,并且在某种程度上这相当于对基本人权的侵犯,其需要明确和有说服力的理由。

许多本土性问题是由监狱人口拥挤这单一事实导致。自2014年7月开始,5个最拥挤的监狱是斯旺西(Swansea)、莱斯特(Leicester)、林肯(Lincoln)、埃克塞特(Exeter)和旺兹沃思(Wandsworth),所有都运行

---

① 更充分的讨论,参见 Liebling and Crewe(2012),以及 Cavadino, Dignan and Mair(2013),chs. 6 and 7。

在大约 170% 的它们的官方容量（认可的正常食宿条件）情形下。许多监狱设施（主要是当地监狱）已经在超过规范认可的食宿条件下运行了好多年了，伴随着接下来的官员、监狱犯和管理体制自身的紧张关系。自从禁止酷刑、不人道和有辱人格待遇欧洲委员会（European Committee for the Prevention of Torture，Inhuman and Degrading Treatment，CPT）在 2001 年访问了英格兰和威尔士的 4 个监狱后，改善不大。正如接着被观察到的，"多数工作需要去做以恰当地实现让所有的罪犯在'一个安全，体面和健康的环境中'（服刑）的目的"，[①] 并且明确地批评了一些罪犯被 2 人放在一个不足 8.5 平方米或者更小空间的监室里，有时没有适当分隔的卫生间。[②]

　　长期过度拥挤的理由似乎涉及地理需要，开放体系中过度收容，需要关闭一些监狱以重新修缮更新等复杂因素交织，当然，事实是监狱建造规划（尽管相当大）并没有跟上送往羁押的罪犯数量。过度拥挤的效果可以以各种方式感受到，其蕴涵也可以很好地得以证明。因此，四分之一世纪前，在曼彻斯特斯特兰韦斯（Strangeways）监狱的骚乱原因的审查中，沃尔夫勋爵发现：

> 大部分监狱犯对骚乱煽动者是同情的，而对监狱服务机构充满敌对，因为他们当时在斯特兰韦斯生活的住宿条件……正如监狱犯不断重复地告诉调查者的，假如他们被像动物一样对待，他们将像动物一样行为。监狱过度拥挤，没有给罪犯提供充分的活动和联系空间。[③]

　　过度拥挤和同类问题的影响仍是内政部（HM）主要监狱调查官员报告的主题。在 2012—2014 年的年度报告中，调研员对 39 个被调查的监狱使用了一个安全指数：多数的培训监狱和开放监狱（不设防监狱）显示在安全上是"好的"或"相当好的"，[④] 12 个当地监狱中的 7 个在安全指数上"不是非常好"，[⑤] 当地监狱，正如已经描述的，忍受着过度拥挤的

---

① CPT（2001），p. 19.

② CPT（2001），p. 23；还参见 p. 45。

③ Woolf（1991），para. 3. 432.

④ HMCI Prisons（2014），p. 25.

⑤ HMCI Prisons（2014），p. 25.

冲击。调研员也使用"尊重"指数考察了 39 个监狱，这里的结果是（有关监狱犯的待遇和狱警与罪犯关系的质量）更混合的，在培训监狱和地方监狱之间并没有什么差异。在 12 个地区监狱"尊重"指数"不非常好"或"差的"有 5 个，同样不满意的结果在 15 个培训监狱中发现了 9 个。① 研究表明安全性可能和机构、制度文化有关：在权威机构施加更严厉的控制的情形下，掠夺性暴力的机会被减少了；当许多监狱犯偏爱轻松的制度，这会允许狱警拥有更多自由裁量权且也提供了更多的暴力攻击的机会。② 因此，评价给定监狱制度的"合法性"不是容易的事情，但是公平的感受（尤其在处理管理人员方面）是关键的，而且看上去对监狱犯的福利有影响。③

一个众所周知的过度拥挤的附随产物是监狱犯活动的缺乏，最近的首席检查巡视官报告像许多先前报告一样强调了这个缺点。在被访问的 39 个监狱中的一半（18 个）在有目的性的活动上是"不非常好"或"差的"，包括 12 个被调查的地区监狱中的 8 个。在地区监狱中服刑的罪犯中大约 29% 每天在监室外的时间少于 2 个小时。不仅是许多监狱系统中缺乏工作的问题；也缺乏教育和技能课程，尤其是在当地的监狱。毫不令人吃惊的是，研究表明监狱暴露出完全的消极效果——经常导致家庭关系不稳，破坏就业机会，打上前科犯罪的印记，并且给罪犯所来自或返回的社区带来困难。④ 司法部的"复归改变"战略是否能成功地改变这个颓势，仍有待观察。调研员报告表明"罪犯的管理和重新安置工作在 2013—2014 年度仍是"不协调和不一致的"。⑤ 司法部的新政策有值得赞赏的思想："建立全国范围的'走出监狱大门'的安置服务，以给更多的罪犯从羁押到社区以持续性帮助。"⑥ 然而，这一方法将在某种程度上依赖于正式提出提供所需服务的合同（在第十章第八节讨论）。而且监狱中的条件

① HMCI Prison（2014），p. 32.
② Liebling and Crewe（2012），pp. 902-903.
③ 例如 Sparks, Bottoms and Hay（1996），Liebling（由 Arnold 帮助）（2004）。
④ 对于美国研究的评论，参见 Travis, Western and Redburn（2014），chs. 8, 9, 10 and 11。
⑤ HMCI Prisons（2014），p. 47.
⑥ Ministry of Justice, www. justice. gov. uk/transforming-rehabilitation（4 June 2014）.

并不适合的。由于更严重的过度拥挤和工作人员短缺（问题），① 在 2014 年，监狱首席检查巡视官第二次发布了有关监狱恶化状态的公开警告。他在 2014 年报告中记载"在被调查的监狱中超过 60%持续存在过度拥挤的问题，罪犯有时生活在肮脏的环境中"②。这是完成"复归革命"的恶劣条件。

关于监禁体验的两个更进一步的反思是关于心理健康和宗教信仰的。在第一点上，重要的是记住被监禁者的特点。不仅他们中的许多人在许多方面处于劣势状态（例如，出身、教育、职业），而且有相对高的比例——他们入狱前曾遭受过精神伤害，并且监狱制度对一些罪犯有精神心理上的强烈的消极影响。监狱中的高自杀率可作为佐证，而且监狱自杀案中的一半是发生在入狱第一个月。③ 至于宗教信仰，最近的监狱调研揭示大量成员皈依伊斯兰教，这不仅对其他罪犯有极端化影响，而且给工作人员提出了一个关于所谓信仰歧视的新挑战。④ 这些关注点证明在监狱内存在极度的紧张关系，这对工作人员和监狱犯都有影响。

第二节　羁押的适用

在研究有关羁押量刑的法律之前，考虑由英格兰和威尔士的法院所适用的监禁量刑的情况是有益的。与其他类似国家总体监禁量刑率的关系如何？在英国监狱里，哪类罪犯被羁押、羁押多久？

一　国际比较

比较不同量刑系统的相对严厉性的传统方法，是参考不同国家人口每 10 万人中的被监禁者的趋势表。《世界监狱人口清单》（*World Prison Population List*）不是一个绝对可靠的指示器，因为不同的国家以不同的方式

---

① 参见 www. bbc. co. uk/news/uk‑27847007（14 June 2014）and www. bbc. co. uk/news/uk‑28233294（9 July 2014）。

② HMCI Prisons（2014），p. 32.

③ Liebling and Crewe（2012），pp. 918‑920；HMCI Prisons（2014），pp. 28‑29.

④ 对该证据的概述，参见 British Academy（2014），pp. 57‑61。

编制它们的统计资料。① 然而，至少在西欧，数字表明了从一个司法区
到另一个司法区跨越时间的相当一致的模式。当有必要进一步开展搜寻
作为国际比较的恰当基础的文本的工作时，关注长期存在的一些差异确
实是合理的。由此，统计数据一致表明，在一些国家，尤其是在斯堪的
纳维亚半岛上的那些国家，继续更保守地使用羁押：在 2013 年，在芬
兰，相关比率是 58，瑞典是 67，挪威是 72，丹麦是 73——所有这些国
家的羁押适用比率都低于英格兰和威尔士比率的二分之一，后者的比率
是 148。英国经常与之在经济和社会领域进行比较的两个国家也有以明
显更低的比率使用监禁的趋向：德国是 79，法国是 98。② 而且如同
2007 年《卡特评论》所报告的，从 1995 年到 2006 年，英格兰和威尔
士的监狱人口增加了 60%，相比而言，在德国是 16%，在法国是 1%。③
因此，在英格兰和威尔士监禁的使用（比率几乎是德国的二倍，比法国
高 50%）是否可以减少而不会增加受害的风险，尤其是在犯罪率正在
下降的时候，存在严重的问题。④

在一项重要研究中，尼古拉·莱西分析了监禁率重大差别的原因，尤
其是整个欧洲、但也包括美国。超越由（2006 年）卡瓦蒂诺（Cavadino）
和迪格南（Dignan）提出的有用的类型学和信息学，莱西认为必须考虑的
是不同类型国家的体系，包括"福利国家，职业性官僚机构，选举制度
和劳工市场及教育培训结构"。构建这样复杂的社会—经济框架，莱西
建议：

> 相对混乱的，个体性的"自由市场经济"诸如美国和英国，可
> 能表现出对坚持"刑罚民粹主义"的极大脆弱性，而"协调市场经
> 济"的北欧和斯堪的纳维亚半岛，伴随它们适当的关注在专业技能
> 上的长期投资，提供雇佣上的可信赖桥梁的代议政治制度和经济，可
> 更好地抵制对刑罚泛滥扩张的压力。⑤

---

① 参考 Nuttall and Pease（1994），and Walmsley（2013），p. 1。

② Walmsley（2013），p. 5。

③ Carter（2007），p. 5。

④ 在东欧国家可以发现高得多的监禁率；世界的；领袖是美国（716）；Walmsley
（2013）。

⑤ Lacey（2008），pp. 115-116。

　　因此，莱西认为社会和经济政策比刑罚政策对犯罪率能够产生更多的影响。德国的社团主义方法意味着几乎没有关于量刑改革的政治的或法律的讨论，适度的量刑水准被诸如德国法律教育的形式（反复灌输一定的价值观）和从高等法律毕业生中选择职业法官等制度特征来维持。① 更明显地，支持他最近研究的目的，塔皮奥·拉皮—斯帕拉（Tapio Lappi‐Seppal）比较了不同政治制度的效果：

　　　　合意政治减少了冲突，产生了更少的危机讨论，抑制了戏剧性的逆转和维持长期一致的政策。换句话说，合意民主更不易于受到政治民粹主义的影响。合意模式是基于交涉和妥协，多数主义者的民主是基于竞争和对抗。后者突出了差异，提升了争论、刺激了冲突。这影响到政策的稳定性和满意度，以及作为整体的政治制度的合法性。存在更严重的危机讨论，更多的批评，更多的短期解决方案，更直接的公共意愿的诉求，以及民粹主义独有的刑罚政策的更高的风险。②

　　这强调了一般的刑事司法，尤其是量刑的社会和政治轨迹。任何在犯罪率和监禁率之间的因果联系的断言都必须基于对其他社会和政治力量的全面评估。自 1995 年开始，《不列颠犯罪调查》（现在称《英格兰和威尔士犯罪调查》（CSEW））的犯罪记录呈现下降趋势，大致与监禁率的增长相符合，这试图证明英格兰和威尔士通过更多地利用监狱已经成功地使犯罪率和受害率下降，即可能通过使其丧失能力的方式。这在经济严峻时期将是一个极其重要的论据，因为它可能形成一些理由认为大量的金钱花在监狱上是产生安全社会的一个保障。但是，这个观点是不正确的：几乎与其他所有欧洲国家一样，法国和德国，在羁押适用没有显著增加的情况下，近些年各自国家犯罪率也在下降。③ 而且任何已经取得了震慑或使其丧失能力的效果的论断，都需要全面地进行考察。假如宣称"监狱效果"是通过震慑潜在的罪犯实现的，那必将发现，例如，潜在的罪犯意识到了定罪和更长期监禁风险的增大并且这已经影响到他们的行为决定。实际上，众所周知的法林顿（Farrington）和兰根（Langan）的研究表明，在

----

① Hoernle（2013）.

② Lappi‐Seppala（2013）.

③ 在 epp. eurostat. ec. europa. eu/statistics_ explained 中可以发现各种相关的分析。

刑罚的确定性和犯罪率之间有重大联系，但不是刑罚的严厉性和犯罪率之间有联系。[1] 如果宣称的观点是监狱效果通过使相当一些犯罪人丧失能力（继续犯罪）"发挥作用"，那么在任何一年罪犯中仅仅大约3%进入法庭，并且甚至更低比例的罪犯被投入监狱的事实背景下，对这个宣称进行审查很重要。这并不是否认它们之间就没有任何细微的因果联系；它更是表明建立一个适度效果的复杂性，正如由最近关于《美国监禁率增长》的报告中的证据详尽审查所展示的那样。

一旦接受了犯罪率是由社会和经济要素如同量刑选择一样所影响的观点，很明显，如果监狱人口需要削减则政治变革是必要的。近些年，"严厉打击犯罪"的信息已经成为大多数政党政治口号的核心，似乎受到很多新闻媒体的欢迎。媒体保持着对这个主题的强大的影响力，或者至少是威胁。战略的转变因此需要有广泛民意诉求的"话语的替换"，但它可能首先需要来自政府的极大勇气。实际上，莱西建议刑事政策的主要方面应该以如同金融政策已经在转移给英国银行的一个独立委员会的方式，脱离于两党政治，以便于决策脱离媒体和政党的影响。[2]

二　监狱人口的变化简况

在一项名为"1993—2012监狱人口的历史"的研究中，司法部着手确定英国监狱人口从1993年到2012年几乎翻番，从大约44000人到大约86000的主要驱动力。并不令人吃惊的是，研究发现增长的85%来自立即羁押量刑的长度和适用的增加。然而，值得注意的剩余增长的绝大多数（13%）归因于依据许可释放的监狱犯的被召回监狱服刑。释放政策，诸如假释和家中拘禁（下面讨论），据说已经是或多或少地中立了，还押受审的人数是相当稳定的。[3]

研究发现，确定性量刑的增长主要在1997年至2002年发挥功效，自那以后，监狱人口增长很大程度上归因于违反释放条件而被召回的服刑人员的增长，以及在那些年，伴随上述第六章第八节讨论的公共保护监禁的不定期量刑的刑罚期间，延续下来的更长的刑罚期间的延迟效果所发挥的作用。如果关注确定性监狱量刑，我们发现羁押率从1993年的16%提高

---

[1]　参见 Farrington and Langan（1992）by von Hirsch et al.（1999），pp. 25-28 的搜索讨论。

[2]　Lacey（2008），pp. 190-6；还参见 British Academy（2014），pp. 87-90。

[3]　Ministry of Justice（2012），p. 1.

到 2002 年的 28%，在那个点上下它开始稳定了（在 2012 年是 27%）。在 1999 年和 2004 年间可诉犯罪的平均的确定性量刑长度从 14.3 个月提高到 16.4 个月，并在 2011 年增长到 17.4 个月时保持稳定了。[①] 这个增长是更应值得注意的，因为许多更严重的罪犯在 2005 年至 2012 年正在被适用"公共保护监禁"的不定期刑，"公共保护监禁"和终身监禁刑并没有计入平均量刑长度。

尽管"公共保护监禁"量刑从 2012 年起被废除了，但是仍有超过 5000 名的监狱犯仍在被适用"公共保护监禁"刑罚。表 15 表明公共保护监禁犯和终身监禁犯现在组成了成年羁押量刑人口的重要部分，几乎是五分之一。在 2002—2007 年，数字几乎呈翻番增长，这是一些仍留在监狱里许多年的罪犯（并因此形成了监狱人口中的组成部分）。表格也表明在监狱中被处以 12 个月以下刑罚的男性罪犯数量已经开始下降了，伴随的是所有的更长量刑的增长的发生，甚至近些年量刑幅度的增长在 4 年以上。

第三节　羁押量刑适用的原则

在上面第一节第三部分我们已经注意到英国监狱犯服刑的条件可能（或经常）达不到国际标准。确实如此，羁押量刑很难是正当合理的——他们故意以"不人道和侮辱"的方式来谴责罪犯。这样的量刑不应该适用；或者，假如因为公共政策的理由这被认为是"必要的"，在羁押适用上的限制性原则应被严格地解释。[②] 正如在第三章第三节第二部分表述的，现在监禁适用的限制性原则获得了广泛的国际认同。《1990 年第八次联合国大会有关犯罪预防与罪犯处理的第八项决议》[*Resolution Ⅷof the Eighth United Nations Congress on the Prevention of Crime and the Treatment of Offenders（1990）*] 第 5（e）段规定："监禁应作为最后的制裁手段适用"。欧洲委员会同样宣称鼓励非羁押刑罚的适用和保留羁押刑给最严重类型犯罪的政策。[③] 然而，由德克·万·齐尔·斯米特（Dirk van Zyl

---

① Ministry of Justice（2012），p. 11.

② 有关问题参见 Kleinig（1998）。

③ Council of Europe（1992）.

Smit）和弗里德·邓克尔（Frieder Dünkel）进行的国际调查证明，监禁是多数国家量刑政策的核心。

> 监禁刑仍是刑罚制裁系统的支柱——尽管在国际会议的多次公告和在联合国、欧洲理事会以及其他地区团体的决议中再三表明监禁应仅被视为一种最后手段（ultima ratio）。在一定范围内死刑已经被废除了，在大多数国家监禁的替代措施继续从监禁的残余功能获得可信性，是对那些被视为对社会极其危险的或反复违反法律行为的最严重的反应。这是监禁的威胁性被用作违反缓刑条件或者未能支付罚金的主要制裁方式的明显例证。[1]

监禁适用的增长是政策选择，在上面第二节第一部分我们注意到如此增长在犯罪率效果上的证据脆弱性。而且政策选择可能是其他机构（诸如警察和检察官）的选择，而不是政府或法院。在英格兰和威尔士，政府政策是变化多样的（一些人会说，是令人困惑的）。在 20 世纪 90 年代下半叶，迈克尔·霍华德作为内政部长，宣布"监狱发挥了作用"；他的继任者，杰克·斯特劳（Jack Straw）和戴维·布朗奇，继续推行扩张性监狱政策。[2] 然而，也有一些官方声明和政策支持羁押在一些不严重案件中适用的限制。2010—2015 年的联合政府以发布一些强力的改良性声明开始，包括一项对"公共保护监禁"量刑适用基础的谴责，[3] 而且它继续出台《2014 年罪犯复归法》，目的是寻求减少罪犯被再次定罪。然而，联合政府也引入了治理犯罪的强力措施，并且也没有明确地追求减少监狱人口的政策。一言以蔽之，看上去似乎遵循了它的前任的两极化政策。

一　限制羁押适用的合理性

限制羁押适用的真正原则是主张非羁押刑代替监禁刑，并主张短期羁押刑代替更长期的羁押刑。联合国公告宣言"监禁应作为最后手段的刑罚"和它的拉丁语形式"最后的手段"，是一个有问题的表述：它似乎暗

---

[1]　van Zyl Smit and Dünkel（2001），p. 796.

[2]　对于"监狱效果"的政治观点，参见 Windlesham（1996），ch. 4；进一步参见 Downes and Morgan（2007），p. 214。

[3]　在上文第六章第八节中引用。

示着如果某人顽固地实施轻微犯罪，当所有其他惩罚措施都已经适用过了，羁押可能是对他适用的正当措施，然而这种正当性是有疑问的；另一方面，它包含：

> 重要的真理……对刑法或刑事惩罚的期待不要太多，并且应当总是被问及是否有其他成本更小和更有前途的方法来努力实现社会目的，这一目的是经常装备不良的刑法所服务的。①

这一推理，扎根于上面第一节第三部分所述的英国监禁现实，目的在于限制羁押适用，或者一个"反对监禁适用的推定"②。这里给出支持限制羁押的三个理由的简要考虑——对监禁预防效果的怀疑，人权和人文关怀，以及一个包容和安全社会的重要性。

（1）对羁押预防效果的怀疑。

当迈克尔·霍华德作为内政部长时，从 1993 年到 1997 年，他宣告"监狱发挥了作用"。这很难作为震慑或复归社会的参考而立足，因为再犯罪的数量在两年内对释放后的成年人来说仍保持在 50% 以上，对未成年罪犯则更是高得多——在释放后的十年内未犯罪的人数是一样的。③ 可以确定地说，"监狱发挥了作用"在于它在罪犯整个服刑期间使他们无能力继续犯罪（除了非常少的成功逃脱者除外）。但这很难被看作是一个刑罚政策有说服力的基础，因为（i）它是一种短视类的（政策）效果，当许多罪犯在释放后就重新犯罪；并且（ii）如果对监狱犯几乎没有任何革新计划的可能，尤其是在地区监狱极度拥挤的情况下，它也是短视的；以及（iii）以对普通市民的额外安全而言，将这些罪犯关在监狱是微不足道的，因为正如我们在第一章第四节看到的，比犯罪案件中的 3% 还少的案件中的被告人才被定罪，并且他们中的许多并没有被处以监禁刑罚。证据表明，关押 70000 人而不是 40000 人中的被告人，对市民安全的威胁不会有多大减轻。在美国，国家科学院对监禁之于犯罪率的无能效果的调研

---

① British Academy（2014），p. 78.

② British Academy（2014），Part Ⅱ.

③ 参见 Burnett 和 Maruna（2004），跟踪在 1992 年被释放的大约 130 名罪犯的职业，Howard 先生最初所依赖的其对监狱的反应。

发现，它是边际的。《哈利迪报告》得到了相同的结论，[①] 正如最近由特拉维斯（Travis）、韦斯特（Western）和雷德本（Redburn）进行的美国调研所示。[②] 也很少有任何一般震慑来自羁押更多适用的证据。[③]

转向回归社会。在 20 世纪 30 年代，亚历山大·帕特森（Alexander Paterson），一位最有影响力的监狱委员会成员，宣称"不可能在囚禁状态下培训出自由的人"。这一怀疑论姿态已经偶尔地在政府声明中被重复，最直白的是 1990 年撒切尔政府在声明中指出监狱"是一个使坏人更坏的昂贵方式"。[④] 监禁经历是否和在什么程度上使罪犯更坏，可能是很难确立的；[⑤] 但是诸如失去工作、失去房子、失去与家庭的联系、增加的经济困难和可能的精神和身体健康上的恶化，这些结果都必须被考虑进去。[⑥] 而且被送进监狱的人倾向于有高几率的社会劣势。2002 年的社会排斥局报告：

> 许多被监禁者的基本技能是非常匮乏的。80% 的人有书写技能，65% 的有计算技能，50% 的罪犯阅读能力在 11 岁儿童或以下水平。60%—70% 的监狱罪犯在进监狱前吸食毒品。超过 70% 的监狱犯遭受过至少两次精神打击。而且被处以监狱刑的 20% 的男性和 37% 的女性在过去曾企图自杀。[⑦]

考虑到监狱犯的特征，以及许多监狱（尤其是地方监狱）的条件，几乎不会令人吃惊的是对已释放监狱犯的再定罪的数字并不令人满意。实际上，考虑到年龄、犯罪类型和先前定罪记录，依循各种类型量刑的再定罪比率的比较调查发现，羁押刑比对除了一些初犯以外的所有罪犯所期待

---

① Halliday（2001），Appendix 3.

② Travis, Western and Redburn（2014），ch. 5.

③ Von Hirsch, Bottoms, Burney and Wikstrom（1999）；Halliday（2001）.

④ Home Office（1990），para. 2.7；对相似的更早的声明，参见 Home Office（1977），para. 17. 参考联合政府"在他们重新实施更多的犯罪前，刑事司法制度不能一直是给予公众来自罪犯的失望的一项昂贵的方法"的声明。Ministry of Justice（2010），p. 1. Ministry of Justice（2010），p. 1。

⑤ 参见 Nagin, Cullen and Johnson（2009）。

⑥ 社会排斥防止局（Social Exclusion Unit）（2002）。

⑦ 同上，概要，para. 12。

的影响稍差。一般来说，在释放两年内再被定罪的，监禁的比率是 54%，社区服务的比率是 49%，"直接"缓刑的比率是 42%，附条件缓刑的是 63%。①

更乐观的思想已经在热心于"什么起作用"运动的人们中产生了，尤其是已经导致目的在于减少再犯罪的、针对罪犯的方案引入。《哈利迪报告》宣称不论这些方案是否在社区刑或监狱中被使用，都有证据表明其可以导致再犯罪率削减 5%—15%。② 这一宣称被汤尼·博顿斯（Tony Bottoms）描述为"鲁莽的"，他表明它是无正当理由根据的。③ 由科林·罗伯茨（Colin Roberts）进行的对在监狱中的犯罪行为方案的三项评估的详细审查表明，在 20 世纪 90 年代中期，第一阶段前景美好的结果在后来的年份里没有保持，并且在一年和两年的再定罪研究中有一些喜忧参半的混乱结果。罗伯茨建议，假如有效果上的消减，这可以通过在早期方案中监狱人员和志愿者们的热情与目前被使用的大量扩展的方案的比较作出解释。④ 每年数千名监狱犯进入各种方案：一方面卡特评论认为，曾被监禁者再犯罪的情形在 2000 年至 2006 年已经减少了 4.6%；⑤ 然而另一方面，监狱巡视检查长继续警告在许多监狱中存在过度拥挤方面的限制性效果。⑥ 在当前可获得的在英格兰和威尔士的监狱条件（来看），关于刑罚制度的回归社会潜能有很好基础的观点是令人怀疑的。

联合政府已经依据《2014 年罪犯复归法》引入了一项计划，目的在于提高对被释放罪犯的支持，尤其是短期羁押犯。这一倡议是重要的，它不得不抵制监禁对那些经历者的消极影响，以及等待许多被释放的被监禁者断裂的人际关系和在住房和就业上的困难。所有这些现实首先指向减少对羁押量刑的依赖。

（2）人权和人文关怀。

国家机构侵犯人权是不能接受的。来自 CPT 和学术研究的报告中，⑦

---

① Lloyd, Mair and Hough（1994）.

② Halliday（2001），para. 1. 49. 还参见 p. 130，在 para. 30 重复该要求但在 para. 31 声明"这些项通过被证实的结果已经被证实"。

③ Bottoms（2004），pp. 62-63.

④ Roberts, C.（2004），pp. 136-142；还参见 Wilkinson（2005）。

⑤ Carter Review（2007），p. 5.

⑥ HMCI Prisons（2014），pp. 32-33.

⑦ p318 注释③④、p319 注释①以及附随文本。

已经有大量证据表明一些英国刑罚设施在许多方面没有符合国际标准。就特别的监狱系统而言并没有达到国际要求的最低标准，这可能是关闭它们的一个理由。减少送入监狱的人口数量和量刑长度当然是一个强烈的理由。

有时，对相关观点更有分量的是，监禁应该更少地使用，因为监狱是如此的拥挤不堪。在这点上有一些逻辑性：在拥挤环境中给予几个月的羁押可能会，与在不那么不愉快的环境中更长期的（羁押）具有同样的惩罚性。[①] 但它在暂时性的维度上分享了人权观点。过度拥挤可以通过大量建造监狱建筑物规划来消除。然而，这将是与限制羁押适用相对立的。假如，例如政府将在下一年提供 10 万个监狱空间，在条件上满足了国际标准，人权观点将被满足，但羁押适用的限制原则将是被削弱的而不是被增强的。实际上，当前在英格兰和威尔士人权和过度拥挤观点应该有相当的影响，因为不会有立即重大改善的希望。但它们的局限性不应被忽视。

一个更持久的推理路线源自监禁必然的痛苦。羁押需要剥夺一个人的自由——它是最基本的权利之一，并且经常涉及相当大的"冷酷对待"。[②] 自由的丧失带走了一个人与家庭和朋友联系的自由，将他从家庭中分离并且其私人生活也一样地从公开的社会中分离。监狱因此是一般人权的严厉限制，远超过那些通过许多非羁押刑适用（导致的人权限制后果），并且也应该认识到其对监狱犯自治能力和负责任的公民身份的消极影响。[③] 权利限制侵害的不仅是罪犯，而且是罪犯的家庭和受其扶养的家属。这些考虑暗示着没有非常强烈的正当化理由，羁押不应该适用，它应该保留适用于最严重的违法案件。尤其，他们建议羁押不应该简单地被视为（量刑）阶梯的最上面一个横档，此量刑阶梯开始于免除责任，并通过罚金和社区刑罚逐渐向上。羁押刑适用对自由的限制达到比任何其他量刑更严重的程度，因此需要专门的正当化理由。

---

① 参见在 Mills［2002］2 Cr App R（S）229 at p.233 中的推理（"在边缘案件中……对量刑承担责任者考虑在女性监狱中人满为患很重要"），以及 Kefford［2002］2 Cr App R（S）495 at p.497（"法庭必须接受这种情形"，的现实，比如人满为患）。

② Kleinig（1998）.

③ Lippke（2007），尤其是第五、六章。

（3）一个包容和安全的社会的重要性。

前一段的观点可以也应当被进一步思考。① 国家无疑有义务保护其国民的安全，而且对罪犯的刑罚是实现此目的的一个方式；但是，任何国家的刑罚制度都应该忠诚于社会的基本价值。在英国社会价值中突出的是个人的自由（监禁会剥夺的权利）；自治、尊严和团结是个人和社会生活的基础价值，也必须被刑罚制度尊重（监禁必须认真地妥协于它们）；社会的包容性（非羁押刑有助于强化它，但是监禁——作为一种社会排斥的形式——需要认真妥协）；以及安全性，不是一种虚幻的主观安全性，而是具有客观基础的风险的降低［在英格兰监狱中的困难在前面（1）和（2）段中已经作了解释］。这些是民主社会的核心价值。它们应在所有的社会体系，包括那些国家的刑罚体系中得以反映。它们指出，应从当前过度使用的水平上减少监禁刑罚的适用，放弃它作为违约处罚的适用，并且对每一项监狱刑和对每一个月或每一个周的监禁适用都要有强烈的正当理由。

二　关于监禁的政府政策

至少 15 年了，政府政策已经表现出与对犯罪两极化处理思想的一致性，建议对严重犯罪的罪犯适用长期量刑，对轻微犯罪的罪犯在量刑上予以减轻。因此在 2008 年 12 月，司法部做出了这项政策声明：

> 我们的出发点是公众必须从那些产生威胁的罪犯中得到保护。这就是为什么监狱是危险的、严重的和最顽固的罪犯的最好去处。我们正在提高监狱的饱和度，以确保我们总是有足够的地方来处理这些罪犯……但是，我们需要监狱场所和有效的社区刑罚来达到对被害人和公众而言的最好结果。对犯罪不严重的罪犯，严厉的社区刑罚在对他们的惩罚和改造上可能是比短期羁押刑罚更有效的。②

这段文字与两极化处理方法是一致的，难题是它明确地将"最顽固

---

① 本段中的这一观点是建立在 British Academy（2014），Part Ⅱ 的基础上的。

② Ministry of Justice（2008b），p.2；对于更早的例子，参见 Home Office（2002），paras. 5. 6-5. 7。

的罪犯"包括进适用更上端的（监狱刑的情形），但是没有给出对犯罪严重性的任何参考。或者这只是偶然的语言使用，或者它暗示着政府想要对那些顽固地从事信用卡诈骗和从商店盗窃的罪犯，一旦已经有丰富的非羁押刑经历，即被送入监狱。然而，正如在上文第六章讨论的，根据他们（对社会）的破坏程度，这经常是对这样的罪犯的严重不成比例地量刑。

两极化处理的政策产生的争议不仅关涉惯犯。监狱被保留适用于那些严重的犯罪，但在哪里划这条线呢？在这个点上的争议产生于当沃尔夫勋爵通过呼吁对第一次和第二次夜盗犯罪更多地适用社区量刑，从而偏离了量刑咨询委员会建议的对家庭夜盗的量刑水准之时。① 伍尔夫的那个裁判遭到了来自作为司法部长的布朗奇先生（Mr Blunkett），以及来自新闻媒体和一些量刑官员的强烈批评。② 沃尔夫勋爵的观点是，给予第一次和第二次夜盗犯罪更少的羁押刑更能提升公共保护而不是减少保护，符合沃尔夫勋爵此观点的理论基础的事实是很少被公开报道的，这个事实却是来自政府本身的社会排斥局的报告，该报告清楚地说明了监禁作为一种公共保护形式的缺陷，谴责它是昂贵的并且是适得其反的。③ 这个公开的争议表明两极化的不同处理政策的两条路径的定位是存在争议的，并且表明政治家们经常对此问题所能制造的政治资本更感兴趣，而不是对阐明他们政策的理由和细节。可能不会令人吃惊的是，一些被霍夫、雅各布森和米莉访谈的量刑官员抱怨来自政治家和资深司法官的"混杂的信息"。④

尽管接下来内政部对沃尔夫勋爵夜盗案裁判的反应是强烈的，但是大众传媒在谴责、甚至讽刺上，对首席大法官发挥了他们的作用。有趣的是，由博顿斯和威尔逊对大众态度进行的研究项目是能够直接包括一个有关沃尔夫勋爵夜盗案裁判指南的疑问的，大约70%的回应者支持他的方法。⑤ 这项研究是在谢菲尔德开展的，这个城市经常被当时的内政部长戴维·布朗奇提及，作为他有关犯罪的晴雨表。仔细的研究再一次证明了在公众的真实观点与那些由政治家和媒体发出的声音之间的不同。

---

① *McInerney and Keating* ［2003］2 Cr App R（S）240.

② Charted in Davies and Tyrer（2003）. 进一步参见上文第四章第四节第十部分。

③ *McInerney and Keating* ［2003］2 Cr App R（S）240, at pp. 256-258，引自社会排斥防止局（Social Exclusion Unit）（2002）；See also Nagin, Cullen and Johnson（2002）.

④ 参见上文第六章第三节。

⑤ Bottoms and Wilson（2004），pp. 394-395.

在 2010 年，联合政府绿皮书《打破循环：罪犯的有效惩罚、回归社会和量刑》（*Breaking the Cycle：Effective Punishment，Rehabilitation and the Sentencing of Offenders*），给出了一个不同的注解。它的主题是监狱并没有做好自己的工作："在罪犯再次犯罪之前，刑事司法系统不能保留一种昂贵的方式以使公众远离罪犯。"[1] "最近的改革已经被监狱人口的增长而不是处理再犯罪而主导……从监狱中释放的罪犯接近 50% 在一年内重新犯罪了。"[2] 支出缩减的信息是与复归人数减少的信息相结合的："我们建议通过更多地关注罪犯的复归和让他们远离犯罪生活来保护公众的方式实现这点 [减少支出]。"[3] 尽管存在司法部长的变化和一些修辞用语上的困难，联合政府已经通过引入对短期监狱犯释放后的监管以及通过引导民营的 "结果报应" 计划（by piloting privatized "payment for results" schemes）以使罪犯脱离犯罪，继续发展其在复归方面的重点。这些，以及监狱犯数量从 2011 年的 88000 人到 2014 年的 85000 人的微小减少，开启了复归重点明显改变的可能性。迄今，它已是一个 "太小，太慢" 的事项，缺乏一个真正的对监禁适用进行重新审查的决心。

第四节　羁押的风口浪尖：短期羁押刑和缓刑

在 2002 年，政府的白皮书表明，"对那些不严重的、危险的或严重的惯犯，我们需要给量刑官提供除了羁押和社区刑以外的第三种真正的选择"。[4] 这个战略由 2003 年法案通过提供给那些 "短期监狱刑将继续是恰当的" 罪犯除了一个新的定制的社区刑罚（见下文第十章）以外的三种新形式的短期羁押刑实现了。新量刑背后的动力是在 2003 年法案之前，短期刑罚制度不包括监管要素：服刑少于 12 个月的监狱犯在对指定刑期服刑一半后就被释放了，但没有恰当的支持措施。新的战略是强调 "减少再犯罪是我们的全部目的"，通过确保短期服刑的罪犯 "有恰当的支

① Ministry of Justice（2010），p. 1.

② Ibid.，paras. 6-7.

③ Ibid.，para. 25.

④ Home Office（2002），para. 5. 7.

持，监管和持续的培训规划，戒毒治疗和社区危险管理方案"① 来实现。通过创设三种新形式的量刑——暂缓量刑（suspended sentence）、中间羁押（intermittent custody）和附加羁押（custody plus），这将得以实现。

2003 年法案在中间羁押和附加羁押上的规范从来没有得以实施。中间羁押英国的一些地方被尝试过，但是法院没有发现很多理想的例子，本书先前版本中提出的一些疑问似乎得到了证实。② 附加羁押是 2003 年改革的主要特色之一：每一个 12 个月以下的量刑附随一项可长达 26 周的短期羁押、监管以及旨在减少再犯的其他措施一起生效。附加羁押不仅需要相当大的资源提供社区监控，而且有明显的滥用危险，导致系统将迅速地崩溃并且不能实现预期利益的恐惧。尽管产生了量刑指南以便努力防止预期的（刑罚）滥用，③ 政府仍然认识到了引入附加羁押的危险（本书的先前版本中已经有 5 点陈述）。④ 2003 年法案为此通过的三项改革中，仅仅缓刑被引入了，它随后的历史可能被认为证实了附加羁押如果实施可能会发生什么样的恐惧。

在对缓刑进行审查之前，我们必须讨论对羁押量刑的法定检测，法庭现在倾向于适用短期羁押刑，监管规定，以及支持短期刑的监狱犯。

一　对羁押刑适用的法定检测

《2003 年刑事司法法》第 152（2）条规定：

> 法院禁止适用羁押刑除非认为一项犯罪，或者数项犯罪以及一个或更多与之关联的犯罪，是如此的严重以至于罚金或社区刑都不能恰当的适用这一犯罪。

因此，一个正在考虑适用羁押刑的法庭，应首先考虑一项罚金或社区刑是否可能是恰当的。仅当法庭结论认为对于那两项刑罚措施来说这个案件太严重了，羁押刑罚才是合法的。一旦法庭达到这个阶段，第 153（2）条款中的第二个法定检测要求确保它通过的量刑"法庭认为是与犯罪的

---

① Home Office（2002），paras. 5. 22-5. 23.

② 2005 年第 4 版，第 277—278 页。

③ SGC, *New Sentences：Criminal Justice Act* 2003（2005）.

④ 2005 年第 4 版，第 278—281 页。

严重性相称的最短期限（不能超过被允许的最大值）"。

在实践上，这些法定条款没有一项被广泛地援引参考。尽管有一些著名的司法声明表明需要保留羁押刑以适用于严重犯罪，并且认为做出量刑时尽可能的短，尤其是对女性和对那些被定以"经济"犯罪的人来说这是必不可少的，但在上诉法院判决中很少提及它们。① 首席大法官莱恩勋爵最初在监狱过度拥挤最严重的情形下做出了一个这样的声明，② 并且主题也被作为英格兰威尔士首席大法官的菲利普斯勋爵所强调。在 2007 年锡德和斯塔克［*Seed and Stark*（2007）］案③中，菲利普斯勋爵阐明了该法案第 152 和 153 条，并且继续指出：

> 在监狱过度拥挤的时候，法官和治安法官密切关注这两个条款的要求是特别重要的。尤其是当考虑羁押刑的长度时，法庭应该适当铭记监狱过度拥挤可能成为监狱制度更具有惩罚性的结果。

他补充指出，除非监禁被认为对公众保护是必要的，法庭应当总是考虑社区量刑——一个意义深远的建议。量刑指南委员会通过强调两项原则来试图加强第 152（2）条款的目的：

- 法定检测的清晰目的是保留监狱作为对最严重犯罪的惩罚；
- 满足了羁押检测并不意味着羁押刑应当被认为是不可避免的，根据个性化的减轻情形或者当处理罪犯的复归以防止将来的犯罪时，在社区中有一个适当的介入能提供充分的限制（通过惩罚），羁押仍然是可以可避免的。例如，一名罪行累累的罪犯，其当前可能被认为应当适用一个短期羁押量刑……但可能适用一个适当的社区刑罚是更合适的。④

---

① 参见例如 *Mills*［2002］2 Cr App R（S）229，at p. 233，和 *Kefford*［2002］2 Cr App R（S）495，at p. 497。

② In *Bibi*（1980）2 Cr App R（S）177；还参见 *Upton*（1980）2 Cr App R（S）132。

③ ［2007］2 Cr App R（S）436，at p. 440；对相似论述，还参见 *Attorney General's Reference No. 11 of* 2006［2006］2 Cr App R（S）705，at p. 711。

④ SGC, *Overarching Principles*：*Seriousness*（2004），para. 1. 32.

在本书的先前版本，以及一些上诉法院的裁判中，经常提及"羁押门槛"的参照问题。然而，尼古拉·帕德菲尔德认为，这是一个无用的术语，因为没有显而易见的门槛并且没有明确的分界线，而实际上更多地依赖于在每起案件中的各种因素。[①] 帕德菲尔德建议参考羁押门槛是适用社区刑罚的障碍是否正确，更可疑；但是，为了避免给出明确区分的假象，现在这里（参考）"满足羁押法定检测"（satisfying the statutory test for custody）。

正如帕斯菲尔德意识到的（和正如研究表明的），[②] 即使那些案件越过门槛进入了羁押刑，减轻刑罚要素可能发挥影响将量刑降到"门槛线以下"。这是根据 1991 年法案裁判的一个判例的信息，1993 年考克斯［Cox（1993）］案[③]，罪犯相对年轻且仅有一个先前定罪的事实，这两个要素相结合使羁押检测的量刑降低为适用社区刑的犯罪。《指南》中有关于对有罪答辩削减量刑的明确规定，在恰当的案件中，一个及时的有罪答辩可能是符合将羁押刑削减到非羁押刑的效果的。[④] 法院对羁押检测处理的进一步思考，可以在由霍夫、雅各布森和米莉的量刑研究中发现。他们发现落入"羁押门槛"两极的案件类型并没有一致的差异，但他们的确发现了那些"促使（法官）以一种方式或者以另一种方式裁判"的特别要素。[⑤] 对导致羁押的裁判中，在某些情况下，是犯罪本身的内在严重性；而在其他一些情况下，是罪犯的定罪或违法记录占主导地位。对那些导致非羁押处理的案件，一系列减轻要素似乎可能动摇裁判——悔恨，有罪答辩，处理潜在的个人问题的动机，家庭责任，良好的就业记录或前景，以及先前的良好记录。这些减轻要素的评估往往归结为对罪犯的道德裁判，使量刑过程"高度主观化"。[⑥]

有一些类型的犯罪，无论存在什么样的减轻要素，由于其本质上的严

---

① Padfield（2011）.

② Hough, Jacobson and Millie（2003）; Jacobson and Hough（2007）.

③ ［1993］14 Cr App R（S）479.

④ SGC, *Reduction in Sentence for a Guilty Plea*（2007），para. 2.3，在上文第五章第四节第一部分已讨论过。

⑤ Hough et al.（2003），pp. 36-38. 当解释由 Davies 和 Tyrer（2003）所进行的研究时，这一发现很重要，其暗示更多的惩罚性观点但是使大部分减轻因素未予考虑。

⑥ Hough et al.（2003），p. 41；参考上文第五章第五节中的讨论。

重性,羁押刑都是"不可避免的"。在转向法定检测和量刑指南之间关系(的研究)前,部分此类犯罪将在下一节探讨。

二 "不可避免的"羁押刑的概念

本节的目的不是提出对确实严重的犯罪适用监禁的怀疑,而是研究在法官看来羁押是"不可避免的"的某类案件。这类案件是当罪犯有许多的先前犯罪或违反附条件量刑,以及尽管当前的犯罪不是特别的严重,但不良的犯罪记录使得罪犯被处以羁押刑的案件。这就是法庭经常说的,羁押是令人遗憾的,但却是"最后的手段"(见上文第三节第一部分),以便使社会安宁[见上文第三节第一部分内容]。对惯犯监禁适用在上面第六章第三节已讨论过了。

这里的主要兴趣在于那些羁押据说是"不可避免的"的犯罪类型。可能最令人侧目的这种犯罪类型就是妨碍司法过程了。犯罪可能是在多样情形下实施的,但法庭倾向于认为它值得羁押,原则上,不考虑减轻刑罚。一类案件是某人同意假装他或她正在驾驶汽车以便得到只有对真正罪犯适用的超速驾驶的罚金和刑罚目的。因此,在 2012 年亨德森和梅特卡夫[*Henderson and Metcalfe*(2012)]案①中,两名罪犯,都是有先前良好品格记录的男性,被处以 4 个月的监禁刑。因为"这类犯罪攻击了刑事司法系统的中心",符合第 152(2)条款的(羁押刑罚)法定检测规定。第二类案件是某人虚假地报告他或她是犯罪的受害人。例如,对强奸犯罪的虚假指控,可能带来长达 2 年的监禁实刑。这是在 2010 年戴[*Day*(2010)]案②中得到支持的量刑,即使罪犯有精神和酒精方面的问题。她已经指出了她所谓的攻击者,并被警察拘留了 10 个小时。③ 在没有指出所谓的攻击者的情形下,量刑的水准倾向于更低,但监禁仍然被

---

① [2012]1 Cr App R(S)95;还参见 *Huhne and Pryce*(2013),www.standard.co.uk/news/crime/huhne-and-pryce-jailed-the-judges-sentencing-remarks-in-full,前政府部长和其前任妻子的监禁。

② [2010]2 Cr App R(S)73.

③ 比较 Weiner[2012]1 Cr App R(S)24,在被告人将其不雅儿童图像植入另一人的电脑并向警察报案的情形下;他中止了工作,18 个月没有被宣判无罪;量刑从 12 年减少到 10 年,仍然是很重的量刑。

认为是不可避免的。① 第三类案件是犯罪是由陪审员实施的或者针对陪审员的。因此，当两名女性跟随陪审员乘上一辆巴士并且以大声的和威胁的方式谈论有关案件时，监禁是不可避免的：在 2013 年柯蒂斯和麦迪安 ［*Curtis and Medlan* （2013）］ 案②中，两名有着良好品格记录的女性分别以藐视法庭罪被处以 5 个月和 3 个月监禁。在 2013 年查普曼 ［*Chapman* （2013）］ 案③中，一名陪审员因为藐视法庭罪被处以 2 个月监禁，她说谎以便于缺席法庭审判去度假。几分相似的是 2013 年迪特曼和安德森案 ［*Dittman and Anderson* （2013）］④，两名有先前良好品格记录的女性被处以 2 个月的监禁，原因是她们中的一位冒充另一位目的是参加部分驾驶考试。所有这些案件都是涉及或类似于妨碍司法的犯罪。当在这些案件中法官认为监禁刑是"不可避免的"时，他们证明相信只有监禁刑才可以达到对这种犯罪所需要的谴责程度。这些罪犯中的多数有很强的减轻要素，往往包括先前的良好品格记录和儿童照顾义务，可以导致那些被认为满足羁押检测的犯罪低于"羁押的门槛"而使其刑罚下降到社区刑或大量罚金的刑罚。但是，在本段引证的裁判并没有允许那样的情况发生。按照法院的观点，羁押是唯一的对谴责和责难适宜的报应方式。

除妨碍司法的犯罪，同样的推理在许多不同类型的犯罪中仍可以发现。因此，在 2008 年基德和比安基案 ［*Kidd and Bianchy* （2008）］⑤中，法院支持对一位母亲和女儿的 12 个月的量刑，她们伪造了一份遗嘱，目的是染指一套 14.2 万英镑的房产：法庭遵循先前的权威裁判，大意是伪造遗嘱需要羁押，或者至少量刑确实不是与犯罪严重性相称的最短期限，但是，即使接受了羁押作为起刑点，可能仍有观点认为量刑对象因为是 70 岁女性并且没有先前定罪记录，其量刑应当降低到"羁押门槛"以下。在 2008 年的弗兰彻 ［*French* （2008）］ 案⑥中，罪犯已经答辩有罪，

---

① 例如 *England* ［2011］ 1 Cr App R （S） 335 （错误的强奸指控，12 个月）；*Brustenga-Vilaseca* ［2012］ 1 Cr App R （S） 13 （错误的强奸指控，6 个月）；*Afford* ［2014］ 1 Cr App R （S） 4 （错误的攻击指控，8 个月）。

② ［2013］ 1 Cr App R （S） 147.

③ ［2013］ 1 Cr App R （S） 117.

④ ［2013］ 1 Cr App R （S） 113.

⑤ ［2008］ 1 Cr App R （S） 471.

⑥ ［2008］ 2 Cr App R （S） 81.

招供他作为一名兽医提供了未经授权的兽医产品（包括抗生素）。上诉法院支持 12 个月的监禁刑，尽管这名男子已 69 岁且身体不健康，因为他的非法操作破坏了为健康理由而设的严格限制。在 2010 年的努南［Noonan（2010）］案①中，一名男子针对多项指控答辩有罪，其从事了非法交易象牙和抹香鲸牙齿的犯罪。上诉法院关注到动物种类破坏的全球影响和犯罪的故意本质，支持了 10 个月监禁的量刑。在 2013 年科洛斯基［Crosskey（2013）］案②中，一名 20 岁的年轻人（没有先前犯罪）侵入一个名人的脸书账号，改变了密码，并且招致网站管理员讨论如何停止他的进一步行动。上诉法院认为已经满足了羁押检测要求，因此隐私的侵犯导致羁押刑是"不可避免的"，并且 8 个月羁押是恰当的。作为最后的例子，在 2013 年的艾德弋弥［Adeyimi（2013）］案③中，有先前良好品格记录的房东被送进监狱服刑 4 个月，因为他未能遵守防火规范。2 名房客在房间的大火中丧生，法院认为罪犯故意地将利润放在安全前面，忽视了防火警告并且欺骗了当局。

仅仅是一些"不可避免的羁押"裁决这么短的说明并不能公平地对待每起案件中的所有事实，但它们却足够提出关于后续问题是什么的疑问。有两个问题凸显出来。首先，裁判暗示着法官们形成了固定的思维，只有立即监禁有资格作为与一定犯罪的严重性相匹配的标志。它是唯一的谴责措施，唯一的责难措施。仅仅是一项社区刑或缓刑命令将不能传达一个足够的信息。这种观念似乎对有关妨害司法管理的犯罪，尤其是妨碍司法过程的犯罪极其强烈，但是对其正当性的疑问将难免产生。在一些司法裁判中，这种报复性的情感伴随震慑要求的主张而被发现——这种思想是，如果量刑不是羁押，许多人将利用和实施此类犯罪。正如关于威慑的大多数观点所宣称的，其是被基于"常识"而非证据发现的，在这一领域的"常识"的局限性在上面第三章第二节第二部分已经讨论。一些犯罪相当于故意藐视法律，经常是为谋利，这似乎是驱使法庭适用羁押刑的主要因素。第二个问题是这些"不可避免的羁押"裁判很少与第 152（2）条款的羁押检测或和第 153（2）条款的含义相洽。假如上诉法院在达成他们的结论前已经关注了这些法定检测，结果是否会是不同的，这很

---

① ［2010］2 Cr App R（S）229.

② ［2013］1 Cr App R（S）420.

③ ［2013］1 Cr App R（S）126.

难说，但是法定检测是对他们推理的一个直接挑战。为什么这些案件不能通过大量的罚金，或者通过社区刑来处理呢？① 而且假如满足了羁押检测要求，为什么减轻要素不能充分地支持羁押刑的暂缓呢？可能是这些犯罪的数量与适用监禁的案件的高数量相比，不是很大。但是，这里的争论是有关公正性、公平性和比例性的，不是省钱或减少（监狱的）过度拥挤问题的。最后，在这些案件中被支持的羁押刑，通过参考被害人的利益，不能说是公正的。这些案件中的一部分确实有真实的受害者，但是羁押刑并不能给他们以补偿或改善他们的处境。

三　量刑指南和羁押检测

量刑指南如何来处理对羁押的法定检测呢？不同的类型是很明显的。在早期的指南中几乎没有提及任何明确的法定检测，尽管在处理失窃赃物的指南中含有一个段落解释当罪犯有"一项不诚实的犯罪记录"或从事了"经验丰富的违法行为时"② 可以通过羁押门槛。在指南第二阶段，量刑指南委员会发展了一个 7 步的"裁判程序"用于指导法庭适用各种指南，但是并不包括任何在 2003 年《刑事司法法》第 152 条和 153 条中的法定检测内容。③

量刑委员会的指南变化了。对普通攻击行为的指南在第二步中明确地参照羁押门槛（和社区命令门槛），并没有引用相关条款或术语，④ 并且对夜盗案的指南采取同样的方法。⑤ 然而，对欺诈犯罪的指南忽视了整个问题：案件类型范围表和起刑点包括了跨越羁押和社区刑的几项刑罚，但是一点也未参考法定检测。⑥ 这是一个不幸的改变。然而，即使当指南真的参考了法定检测（如同种植大麻那样），相关的检测往往不是经常地成为司法裁判推理的组成部分：在两个上诉法院的裁判中羁押被认为是不必

---

① 一个明显的例子，参见 *Vaiculevicius* ［2013］2 Cr App R（S）362（在一个公园里发生性行为，3 个月的监禁，为参考法定检测）。

② *Webbe* ［2002］1 Cr App R（S）82, at ［28］.

③ 参见例如 SGC, *Breach of an Anti-Social Behaviour Order*（2008），p. 7。

④ Sentencing Council, *Assault: Definitive Guideline*（2010），p. 25.

⑤ Sentencing Council, *Burglary Offences: Definitive Guideline*（2011），pp. 9 and 13.

⑥ Sentencing Council, *Fraud, Bribery and Money Laundering: Definitive Guideline*（2014），pp. 8-10.

要的，也没有提及任何法定的措辞。①

四　短期羁押量刑的进退维谷

在 2012 年收入监狱服刑的被判以监禁刑的大约 80000 名男性罪犯中，大约 36000 人被处以 6 个月或以下的刑罚。对于女性来说，总数是 7600 人，但被处以 6 个月或以下刑罚的是 4400 人。这些因为短期羁押被送进监狱者，不被认为是罪犯的主流部分。他们可能实施了一个单一的坏行为（见第九章第四节第二部分），或者更经常地，是常有轻微犯罪行为的罪犯，法庭已认为"无别选择了"。监禁，作为我们最严重的和涉及个人自由的丧失的刑罚形式，应该被保留适用于严重的案件，这些案件对社会有严重危害性，而不是适用于对他人尚未表现出实际危害的、并且是社会中的受害者的案件。② 对那些认为监狱是一个有复归义务主张的人来说，短期刑应当避免，因为他们对任何规划或方案的实施提供了太少的时间。最坏的情形是，他们把罪犯弄进监狱并引介给其他监狱犯，而没有任何的反同化措施。对那些将"短期的、剧烈震撼"作为使短期羁押刑适用者具有正当性的人而言，有一个明显的证据问题：他们不会宁愿"加深刑事司法的复杂状况"吧?③ 这种观点可以被用来支持废除短期监禁刑的政策，或创设一个只能在例外情形下适用的推定，或者要求法庭暂停短期刑。然而，关于这样的政策的影响的证据是混合性的：苏格兰对 3 个月或更少量刑的推测表现出曾缩减了它们的数量，但是曾增加了略微更长量刑的数量。④ 另一方面，对 6 个月以下的缓期量刑的要求在德国运行得更好。⑤

比英格兰和威尔士更少适用监禁刑的许多欧洲国家经常适用短期刑。英国监狱人口和斯堪的纳维亚国家监狱人口的最大区别，是长期羁押刑的适用而不是短期刑的适用。假如短期羁押刑组成了监禁刑适用比例中的更低端，保留 3 年、4 年和 5 年量刑适用于真正严重的罪犯，这样，关于短

---

① See *Wood* [2013] 1 Cr App R (S) 492 and *Burke* [2013] 1 Cr App R (S) 499, applying Sentencing Council, *Drug Offences: Definitive Guideline* (2012), pp. 18-21.

② 参见 Scotland's Choice (2008), pp. 22-23。

③ 参见 Scotland's Choice (2008), p. 23。

④ Scottish Government (2012).

⑤ 对于讨论，参见 British Academy (2014), pp. 96-97。

期羁押刑并没有什么本质上的异议。英国司法系统比任何其他西欧国家更加频繁地使用更长的监禁刑和不定期刑,因此,结果上(导致)短期刑适用于那些在其他地方将可能不会进入监狱的罪犯。是这个问题,而不是短期刑的本质上,是有问题的。我们在上面第九章第四节第二部分看到许多有良好品格的罪犯是立即而不是缓期羁押刑的对象,理由是羁押是"不可避免的"。我们也提到了对"惯犯"而不是严重罪犯适用短期监禁刑的问题:量刑指南委员会关于盗窃罪的指南规定,社区刑和羁押门槛可以越过,即使犯罪的其他特征将在其他方面确保适用一个更轻微的量刑"。① 这是与 2003 年法案第 142(2)条的法定条款规定相一致的,但是它意味着经常有轻微犯罪行为者将以极大的数量被送入监狱。即使他们的犯罪是低于(或完全低于)羁押门槛的,仅仅是重复性(作案)就被被认为是充分满足了第 152(2)条的检测需要。司法委员会正确地得出结论,许多此类罪犯被处以与他们的犯罪不成比例的量刑,并且补充道:

> 对于政府表现出的接受短期羁押刑适用于惯犯的(做法),我们是失望的。没有证据表明短期监狱刑期将被适用处理累犯。咨询了量刑官、缓刑官和其他服务机构关于什么能成功地将罪犯从犯罪和再犯罪的循环中解脱出来的意见后,我们建议政府应该基于适当的证据,创制一系列量刑选择。②

这暗示当前的法定框架是不充足的,并且需要更多的适合新规划的资源。

五 缓刑命令

在 2003 年法案之前,在"例外的情况下"暂缓一项监禁刑仅仅是一种可能性。这个限制被 2003 年法案废除了,当通过一个在 14 天和 12 个月之间(或者在治安法院案件中是 6 个月)的监禁刑时,允许法院适用缓刑命令。在 2012 年可以缓期适用的量刑最长期限从 1 年增加到 2 年。③

---

① SGC, *Theft and Burglary in a building other than a dwelling*(2008),p. 16.

② House of Commons(2008),para. 107.

③ 《2012 年罪犯的法律援助、量刑和惩罚法》(*Legal Aid, Sentencing and Punishment of Offenders Act 2012*),s. 68。

当法院适用缓刑时，它可能①命令被告人在"监管期间"，遵守一个或更多的来自法案第 190 条罗列的那些清单中的特别要求②——本质上，14 个可能要求的清单与适用于社区刑的相同。③ 运行期间（也就是，缓刑期间）应该在 6 个月至 2 年之间，并且监督期间（在此期间要求生效）不能超过运行期间。假如没有遵守监管期间的要求或者在运行期间罪犯实施了犯罪，其将被要求回到监狱服满监禁期限。罪犯第一次违反了社区要求，一般的将被给予警告，第二次将会被带到法庭（接受处理）。2003 年法案的附件 12（Schedule 12）有详尽的处理违反缓刑的规定。本质上，第 8（2）条规定法庭必须命令羁押期限生效，或者全部或者部分生效，除非它得出结论认为这样做是不公正的，在此类情形下有权以各种方式修改命令并有权适用罚金。④

自 1967 年起，缓刑已经以某种形式或方式成为了英国量刑法律的组成部分，并且它的历史并不是全然成功的。一个长期存在的抱怨是，它应被认为是对许多没有导致严重后果的罪犯的一种宽恕：这一点被 2003 年法案解决了，其规定法庭必须（现在是，可以）对该命令增加社区要求，并因此它本身组成了一个必要的量刑，甚至不同于监禁刑的暂缓执行。在 2013 年适用的暂缓刑罚执行的要求中，最经常需要的 4 项要求是不计酬劳动，监管，监管加不计酬劳动，以及监管加一个公认的可信赖规划；其他的要求和合并的要求在更少数量的案件中被做出。⑤ 另一方面，量刑指南委员会在其指南中警告缓刑要求不应太苛刻：

> 因为缓刑中涉及的明确的震慑威胁，被适用于那一量刑的要求一般没有那些适用于社区刑的繁重。希望给一名罪犯适用苛刻的或加强要求的法庭，应该重新考虑其缓刑决定，并且考虑社区刑是否可能是

---

① 2012 年的法律（同上）以许可性的"可以"取代了"必须"一词。

② In *Lees-Wolfenden*［2007］1 Cr App R（S）730 审判法官暂缓 21 个月的量刑（超过当时 12 个月期限的上限）并未增加任何要求。上诉法院证实根据两个理由量刑都是违法的。

③ 对这一理由，详细情况将在下文第十章第六节讨论。

④ 由《2012 年罪犯的法律援助、量刑和惩罚法》（*Legal Aid, Sentencing and Punishment of Offenders Act 2012*）增加。

⑤ Ministry of Justice（2014b），Table 3. 4.

更恰当的。①

最后一项建议很重要，由于在 2003 年法律框架背后的理念之一是社区刑（和其所有要求）应被视为一项严重措施，它可以在罪犯已经满足羁押检测的情况下做出。

针对缓刑的又一个长期存在的批评是，在即使羁押刑不具有正当性的情形下，缓刑仍有被使用的趋势。正如博顿斯所提出的，自从被引入，就存在缓刑适用的官方目的与避免监狱羁押，以及许多法官看待它的方式——达摩克利斯之剑，之间的冲突。② 换句话说，在法官群体中总是有大量的观点，大意是缓刑是有着更强烈的威胁性的非羁押刑，在任何实际意义上都不是羁押刑。在这样的背景下，早期缓刑适用于大量的罪犯，一些缓刑裁判被违反，结果是减少监狱人口数量的目的未能实现，这就不令人吃惊了。量刑指南委员会的指南通过重申隐含在法定框架中的司法裁判的顺序试图寻求处理缓刑的"失灵"问题。

（a）羁押的门槛已经达到了吗？

（b）如果如此，羁押刑的适用是不可避免的吗？

（c）如果如此，量刑可以暂缓吗？（量刑官员应该清楚，假如不能适用缓刑的话，他们将被适用羁押刑。)③

量刑委员会紧跟这一措辞（除了，在忽视了法定检测情形之外，正如在欺诈指南中那样），④ 但统计表明它极少在实践中被遵守。⑤

缓刑的一个问题是其逻辑性可能被认为是不完善的。无疑地量刑官确实将缓刑命令（SSO）作为他们量刑工具箱中的一个重要部分。正如马丁·沃斯克所阐述的：

---

① SGC, *New Sentences*：*Criminal Justice Act* 2003（2004），para. 2. 2. 14.

② Bottoms（1981）.

③ SGC, *New Sentences*：*Criminal Justice Act* 2003（2004），para. 2. 2. 11.

④ 参见上文 p337 注释④、⑤和 p338 注释①以及附随文本。

⑤ 对于一个罕见的例子，参见 *Morgan*［2014］2 Cr App R（S）57. 有关在明尼苏达很明显更结构化的方法，参考 Frase（2013），pp. 52-57。

　　它们［缓刑命令］（［SSO］）允许法官通过羁押量刑反映犯罪的严重性，但同时考虑个性化减轻刑罚情形和复归的前景来暂缓适用它。①

　　但是推理过程的描述如何符合法定检测要求呢？采用上面的步骤（b），决定是否满足羁押检测要求的案件可以降低到羁押门槛以下量刑，以便于能够适用社区刑，法庭必须考虑所有的减轻和加重要素——第一次。接着，在决定步骤（c）时，量刑不能降低到羁押门槛以下，是否有使缓刑正当化的要素，法庭必须考虑同样的加重和减轻要素——再一次。假如存在罪答辩，或者仅有一个先前定罪，或者有一个年幼的需要抚养的孩子，将案件降低到羁押门槛以下量刑的理由并不充分，但它可以充分地将缓期适用正当化吗？假如对这个问题有一个肯定的回答，它必须包括两个要素——一个要素是，在理论上可能认为给定的一套减轻要素不能强大到足以使羁押刑降为社区刑具有正当性，但是足以使对羁押刑的暂缓具有正当性；另一个要素是，许可界限必然是精细的。而且现在，那一界限已经变得更加精细，法庭可以延缓长达 2 年的量刑。引用沃斯克的话，这一变化使得"一名罪犯需要 3 年的量刑，但没必要服刑 2 年的思想更加不可信"②。这不是暗示着缓刑的逻辑是彻底存在缺陷的吗？

　　所有的迹象表明，这种故障（用缓刑代替社区刑罚，并不总是代替立即羁押）已经再次出现。表 2 的统计数字证明，再次启动缓期量刑命令的热情受到了来自法院的热烈欢迎。对成年男性，缓刑从 2004 年的 2000 人到 2006 年的 1500 人，再到 2013 年的 37000 人。然而成年男性被送到监狱的可起诉罪犯人数保持着相当的稳定性，在整个那一时期是 75000 人，被给予社区刑的罪犯人数从 2004 年的 98000 人下降到 2013 年 70000 人。很清楚的是，缓刑已经更多地代替了社区刑而不是羁押刑。

　　假如一项缓刑命令的社区要求被违反，法院有权激活一项监禁刑的全部或部分，或者作出更严厉的社区要求。然而，它却并没有撤回缓刑并对最初的犯罪重新量刑的权力：③ 对社区刑罚是可能的，一些人可能认为它

---

　　① Wasik（2014），p. 482.

　　② Wasik（2014），p. 482；参考维多利亚州，其已经取消了"严重的"和"重要的"罪行适用暂缓量刑的机会。

　　③ *Phipps*［2008］2 Cr App R（S）114 confirms this.

是社区刑罚令的一个优势。对违反缓刑要求的恰当处理方法是：首先，决定激活量刑是否是不公平的（法庭必须激活，除非"这样做是不公平的"）；其次，假如量刑被激活，考虑罪犯完成的社区要求的哪一部分。①

缓刑是量刑官量刑选择范围中的一项值得的附加选项吗？量刑官似乎喜欢使用缓刑，但是他们并非有目的总是使用它。证据表明，缓刑已经更频繁地取代了社区刑而不是立即的羁押刑——或者，至少，它的到来已经导致了涟漪效应（ripple effect），几乎没有罪犯获得更轻的刑罚措施，而是更多地被适用社区命令，缓刑或者羁押刑。因此，缓刑可能导致罪犯要比没有此项措施的刑罚系统更快地进入监狱：这是新南威尔士量刑委员会在它的关于"缓刑"的背景报告中的众多结论的一个。② 假如不能获得缓刑，一些罪犯将被立即羁押，但是也可能更多地获得社区刑，其留给法庭在违法的情况下有更大的选择。在德国，法律要求所有的 6 个月或以下的监禁刑适用缓刑，除非法庭发现特殊的情形，这个方法被司法机构认真地遵循着。③ 当附条件量刑被引入加拿大的时候，虽然有一些不同的特征，在随后的羁押适用上有重大的减少。④ 这意味着加拿大的司法机构已经遵循了官方的指南，然而在英国，这显然尚未发生。对皇家法院的调查发现，适用缓刑的案件中几乎有一半超出恰当的量刑指南委员会指南，引发了"有关量刑官对缓刑适用指南解释上的进一步的问题"。⑤

六　监督和中短期监禁刑

如上第九章第四节开始时所述，2003 年法案的核心板块之一是一个被称作"附加羁押"的新的量刑，引入强制性监督作为 12 个月以下量刑的不可缺少的一部分。可能因为资源的影响，这一量刑从来没有实施过。那些在监狱服刑 12 个月或以下刑罚的人不受任何强制性监管，

---

① 一般的建议在 *Kavanagh*［2011］1 Cr App R（S）395 中得以适用。如果该要求不是无偿工作而仅仅是出席一项课程，法庭可能不相信部分的履行［2013］1 Cr App R（S）504），除非完成该课程是一项真的成就（*Pash*［2014］1 Cr App R（S）14）。一名惯犯可能因为部分履行得不到信任：*Finn*［2012］2 Cr App R（S）569。

② NSW Sentencing Council（2011），ch. 3.

③ British Academy（2014），p. 96.

④ Roberts（2003，2004）.

⑤ SCWG Survey（2008），p. 22；还参见 pp. 30-31。

不同于服刑更长期限的罪犯。支持和监管可能组成了社区刑和缓刑命令的一部分，但不是短期的羁押刑的组成部分。然而，《2014 年罪犯复归法》将改变这一点。对于所有的被处长达 2 年并包括 2 年的监禁刑，罪犯将在量刑的中间点被释放，正如现在的案件那样，而且他们将特许保留余下的刑期并遭受强制性的监管。特许期间和羁押期间总和必须达 12 个月：因此 6 个月量刑意味着服刑 3 个月后释放，剩下 3 个月特许期间，接着是 9 个月的监督期间；而 18 个月的量刑意味着 9 个月后释放，特许期间是 9 个月，剩下的 3 个月是监督期间。这一新的制度需要资源的投入，并且政府希望用于监督的"以结果来付酬劳"的规划将是更有效和更经济的。在后面的第十章将对这一规划更多地讨论。2014 年的法案将因为它对那些短期羁押者的监督规范而受到欢迎，他们中的许多人将从这一支持中受益，迄今他们是被排除在外的。这一法案的执行日期尚未宣布。

第五节　中长期羁押刑：基于特许的释放

根据确定的指南和上诉裁判，在第四章的讨论探寻了英国量刑中的比例参数。然而，在法庭宣布的羁押刑和实际的服刑刑期之间是有区别的。这一区别也适用于 2 年以下的量刑，在第九章第四节第六部分讨论过，现在必须深入探讨。一旦法庭决定适用羁押刑并且已经计算出了恰当的量刑期限，法官的职责是确定还押受审中消耗的时间如何从被宣告的量刑中扣除；[1] 还可能命令将时间花在从羁押刑推断出的宵禁上。[2] 一旦法庭完成了那一计算，量刑的实际影响依赖于三个要素——法定的释放规范，提前释放的执行，以及重新被召回监狱服刑。这些要素将结合中长期确定性量刑进行讨论，留下不确定量刑在后面讨论。

一　法定释放规范

有关从监禁中释放的法定规范在最近数十年中已经更改了许多次，当

---

[1]　CJA 2003, s. 240.

[2]　详情在《2008 年刑事司法和移民法》（*Criminal Justice and Immigration Act 2008*）第 21 条中。

前的规范源于《2003 年刑事司法法》，并被《2008 年刑事司法和移民法》所修订。① 所有的确定刑期的监狱犯在服满一半刑期后自动地被释放，但依据《2012 年罪犯法律援助、量刑和惩罚法》被适用延长量刑的那些罪犯除外，他们直到服满三分之二刑期才能被释放。释放受到国家罪犯管理机构（the National Offender Management Service，NOMS）的监督，剩余刑期以监督许可的方式来执行。在量刑的时候，法院有权建议适用一定的释放监督许可条件，② 但是许可的确切内容是由司法部在来自监狱管理者和来自国家罪犯管理机构的建议基础上确定的。监督是由国家罪犯管理机构负责组织的，将受制于新的"通过结果来支付报酬"的规划，该规划是依据《2014 年罪犯复归法》而引入的（见第十章第八节）。

二　提前释放的执行

我们已经看到，确定刑期的监狱犯当其服刑到其刑期的一半的时候，有权利被释放。然而，服刑的期间在实践中可能被进一步地缩短，这可以通过提前释放的两种形式之一的运行来实现——"家中拘留宵禁"（Home Detention Curfew）和"临时许可的释放"（Release on Temporary Licence，ROTL）。现在已经失效的"结束羁押许可"（End of Custody Licence，ECL）也将简要地介绍。

"家中拘留宵禁"在 1999 年作为某些监狱犯比其正常释放日期更早释放的一种形式而被引入，其将通过电子监控的方式进行宵禁管理。因此，被释放的罪犯不得不"标记示踪"（tagged）。服刑在 3—12 个月刑期的大多数罪犯（除非性犯罪的罪犯和一些其他犯罪的罪犯）被推定可以基于"家中拘留宵禁"而提前释放，除非在监狱的评估中产生了拒绝适用的"例外的和强制性的理由"。③ "家中拘留宵禁"也可以对服刑 12 个月和 4 年以下的罪犯适用，性犯罪和暴力犯罪除外。在监狱里有一个风险评估程序，释放的决定是监狱管理者的决定。"家中拘留宵禁"的最长期限被增加到 2002 年的 90 天，接着在 2003 年增加到现在的 135 天；"家中拘留宵禁"的最短期间是 2 周。法律规定召回监狱的情形是由于没有遵守宵禁许可的条件，或者更广泛的说，假如罪犯被认为对公共安全产生了

---

① 对一项有用的评论，参见 Padfield（2009）。

② 《2003 年刑事司法法》（*Criminal Justice Act 2003*），第 238 条。

③ 对于该有关规则的分析，参见 Livingstone、Owen 和 Macdonald（2008），pp. 287-294。

威胁。"家中拘留宵禁"的基本原理经常是模糊的，有一些主张认为它有助于对罪犯的重新安置，并因此符合复归主义；其他观点认为它仅仅是减轻监狱拥挤的一个后门而已。最近几年，依据"家中拘留宵禁"释放的人数已经在下降了（在 2012 年 7—12 月总数是 6400 人，在 2013 年 4—9 月总数是 5200 人）。[1] 然而，"家中拘留宵禁"释放的效果可能是巨大的。对一个服刑 12 个月的罪犯来说，假如她足够幸运地被给予"家中拘留宵禁"的释放，法定的 6 个月的释放日期可以再被减半到 3 个月。[2]

　　"基于临时许可的释放"主要适用于允许罪犯白天在监狱外工作，但它也可能被用作使监狱犯做一个家庭探访以便完成基于释放的住宿、工作等的安排。在那一方面，它可能是走向释放的重要步骤，但是在 2014 年 6 月，当一些"基于临时许可释放"的罪犯逃跑不见了的时候，政府是很尴尬的。尽管首席检查巡视官对基于临时许可的释放是持肯定态度的，但可能需要更严格的方法。[3]

　　"结束羁押许可"适用于 2007 年至 2010 年，在量刑结束前的 18 天可以被释放。正如"家中拘留宵禁"，它有同样的双重目的（或矛盾）：重新安置和减轻监狱的过度拥挤。有一个支持"结束羁押许可"适用于服刑 4 周至 4 年间的罪犯的推定；但是，由于"结束羁押许可"不能适用于被给予"家中拘留宵禁"的罪犯，因此，它至多适用于少于 4 个月的量刑的情形。政府经常说"结束羁押许可"是一个暂时性的措施，它的废除是工党的最后几项行为之一。

三　召回羁押

　　我们已经看到许多监狱犯现在基于一些许可而被释放，是"家中拘留宵禁"或者是来自一个明确量刑释放后的正常许可。许可条件的违反可能导致重新召回羁押，三个方面的优点在这里作简要讨论。第一点，召回的决定是一项行政决定，由缓刑官和监狱机构来决定适用。这意味着被释放的监狱犯可以被再次剥夺自由，不必重新走法院途径。在一定情况下，其有上诉到假释裁决委员会的权利，[4] 并且经常有通过司法审查的方

---

①　Ministry of Justice（2014b），Table 3.3.

②　对于质疑不利裁判的可能性的讨论，参见 Padfield（2009）。

③　HMCI Prisons（2014），pp.51-52.

④　CJA 2003，ss.254-255；一般参见 Padfield 和 Maruna（2006）。

式来挑战召回决定的可能性。① 但这些是事后的有效路径，制度在自由剥夺时并没有提供司法介入。第二点，对重召后的释放有复杂的规定。本质上，假如适当，再过 28 天后（称为"固定期限召回"（known as Fixed Term Recalls or FTR）），一些监狱犯将被自动地释放，但是不能适用该规定的是性犯罪或暴力犯罪的罪犯，那些基于"家中拘留宵禁"的人，以及那些先前被召回的人。在排除适用的监狱犯的群体中，以及那些被认为不符合自动释放的人，仅仅可以由假释裁决委员会释放。整个召回系统和随后的释放在公平和人权尊重上是不足的。② 第三点，我们已经注意到召回人数的增长对监狱拥挤和监狱管理的重要意义了。因为召回的更多人数（反应了监狱基于许可，包括"家中拘留宵禁"释放的更多人数）和被召回的罪犯在监狱中待的时间更长，召回导致监狱人口在 1993 年至 2012 年间增长了 13%③。在 2011—2012 年，被召回到监狱的监狱犯不少于 16591 人。④

第六节　长期羁押刑

英国与其他欧洲国家量刑制度的最清晰的区别要素是英格兰和威尔士更长的量刑期限，包括不确定性量刑的更大的数量。这是如何产生的呢？什么决定了这些量刑的长度？持续性逐步上升是不可避免的吗？

一　更长的确定性量刑

司法部的《1993—2012 年监狱人口报告》记录显示，在 2000 年至 2004 年间确定性刑罚在期限上平均延长了 2.1 个月，并且在 2007 年至 2011 年又平均延长了 2 个月——确实低估了，因为所增多的罪犯更多地被判处不确定性刑罚而不是确定性刑罚。⑤ 三个犯罪群体具有特殊的影响：针对个人的暴力犯罪、毒品犯罪和性犯罪会有更长期限的量刑。毒品

---

① 参见由 Padfield（2009, pp. 169–71）质疑 HDC 的讨论。

② 进一步参见 Padfield（2009），p. 178，以及 Padfield 和 Maruna（2006），pp. 343–346。

③ Ministry of Justice（2013），p. 16.

④ Ministry of Justice（2014b），Table 5. 01.

⑤ Ministry of Justice（2013），p. 11.

犯罪罪犯的人数陡然增多是在 20 世纪 90 年代，然而对性犯罪来说，陡然增多是附随法律修正而来，并且由《2003 年性犯罪法》达到最高的刑罚。在 2004 年至 2011 年间，对性犯罪者羁押量刑的平均长度延长了 13 个月，一个巨大的变化。①

　　一般来说，确定性量刑的罪犯在他们服刑二分之一后被自动释放，通过许可可以进行第二次二分之一刑期分割，执行后予以释放。然而，在 2005 年前宣判服刑并服刑 4 年或以上的确定刑期的监狱犯（释放问题）仍受到假释裁决委员会的自由裁量权控制。这一类型的罪犯的数量正在减少，但是假释委员会同样在处理延长量刑期限的罪犯的释放问题（见上文第六章第八节第二部分）。

二　不确定刑期的量刑

　　在被判处在监狱服刑的罪犯中，刑罚是不定期刑或者终身监禁的比例，从 1993 年的 9%增长到了 2012 年的 19%②，到目前为止，是所有欧洲国家中的最高比率。增长的大部分源于 2005 年作为强制性适用而引入的"公共保护监禁"刑，在 2008 年修正为自由裁量适用，并于 2012 年被废止。③ 目前仍有三种形式的终身监禁可被法庭适用，正如在上文第六章第八节中所解释的，但是它们不可能如同"公共保护监禁"刑那样被频繁地适用。在此期间，仍有一些关于 5000 名依据"公共保护监禁"被监禁的流言蜚语，其被广泛认为是一项刑罚错误，④ 并且超过 3000 名"公共保护监禁"的监狱犯被持续地（非法的）拘禁，已经超过他们（应服刑）的最低期限。有一个强有力的观点主张，对那些已经服完最短期限的每一名"公共保护监禁"刑的罪犯，应着眼于释放目的进行紧急司法审查。⑤ 正如上文第四章第四节第一部分所提出的，对谋杀犯罪的强制量刑的新的审查姗姗来迟，尽管长期存在着不愿让群众公开讨论这个主题政治倾向。

---

① Ministry of Justice（2013），p. 2.

② Ibid.，p. 15.

③ 上文第六章第九节讨论过。

④ 其前辈作为内政部长，戴维·布朗奇（David Blunkett），目前已经为整个事件道歉：参见 Wasik（2014），p. 478。

⑤ the British Academy（2014），p. 103 所阐释的一个观点。

三　假释裁决委员会

假释裁决委员会的功能是决定哪一名监狱犯有资格被释放，哪一名监狱犯被推荐转移到公开环境服刑，（现在）假释委员会已经开始倾向于更加规避风险。[①] 近些年假释委员会的案件数量已经发生变化了，因为 2005 年以后引入的对所有被处以确定刑的罪犯的自动释放（极大地减少了它的案件数量）和不确定刑罪犯的迅速增长（极大地增加了它的案累）。假释裁决委员会也决定那些延长服刑期限的确定刑的罪犯，以及那些因为违反许可条件而被召回的罪犯的释放。在所有的案件中，问题是监狱犯是否对公众不再有严重伤害的重大风险。在 2013—2014 年，有大约 20000 次书面听审和大约 5000 次口头听审，[②] 但是，在 2013 年奥斯本、布思和赖利诉假释委员会 [*Osborn，Booth and Reilly v. Parole Board* （2013）] 案[③] 中，最高法院认为口头听审应该要比现在在更大范围的案件中得到支持。在有重要事实的争议（诸如减轻要素或和对监狱犯的报告），或者当一段时间没有口头听审，并且尤其是当量刑是不确定刑或监狱犯已经被召回服刑的情形下，书面听审决定这些问题是不能令人满意的。作为自然正义和公平的一个问题，监狱犯有权利参与听审，即使是在没有提前释放希望的情形下。这些裁决将增加口头听审的数量，这是假释委员会基于管理理由而关注的问题。更重要的是最高法院认识到这些审查和释放决定是对有效量刑长度，尤其是对不确定刑和那些召回到监狱的裁决的最关键的问题，而且因此假释委员会予以充分的、公平的和公开的审慎考虑。当一名罪犯被量刑的时候，我们期望对这个问题给予恰当的司法考虑，并且指南中对那些裁决中的大部分给予有规定。量刑提供了法律框架，在监狱中实际服刑确切时间的理想裁决——比框架确立的内容更重要，而且可能是更重要的——应该由法庭在有恰当的程序保障的情况下依据量刑指南或指导来做出。不令人满意的是，只有司法部有权对假释委员会发布指示，撤销那些以前已经生效的指南而没有替代措施并无益处。[④] 有充分的例证支持假释

---

① Gage （2008），para. 2. 7.

② Parole Board （2014），p. 6.

③ ［2013］ UKSC 61.

④ See www. justice. gov. uk/offenders/parole-board/sos-directions （accessed 18 July 2014）.

委员会由司法主体替代,① 并且与量刑委员会一并从事联合制作释放合格监狱犯指南的工作。

四　长期刑的替代性措施

作为一种对法律和命令的政治姿态和对媒体驱动的民意（这是不同于真正的民意的）的回应,监狱刑的期限逐渐延长在过去 20 多年里已经成为事实。② 羁押刑的高水准是在谋杀罪的最低刑期和"公共保护监禁"量刑上的陡然增长,两者均是由《2003 年刑事司法法》引入的。前者表现出针对暴力的其他量刑的上行影响;③ 后者现在已经被废止了,但是其影响可以继续感受到。与此同时,法官和其他人正在对更长期的监狱刑敏感起来,在某种程度上,任何减少刑期的建议可能都表现为一种对严重犯罪明显不充分回应的托词。例如,考虑德国的情况:

> 除了对谋杀和一些其他涉及他人死亡的重罪以外,对所有犯罪类型的上限刑罚被设置在 15 年。当前,每年有 100 余例的无期徒刑。不管罪犯实施了什么类型的重罪或多少重罪:无论它是怎样的加重型抢劫,可恶的绑架,一系列最令人蒙辱的强奸,或者特别有害的纵火,最高刑期是 15 年监禁。④

在这个国家,改变根深蒂固的思维模式并且赢得一个更少的长期监禁的量刑系统将是一项艰难的并可能缓慢的任务,需要在刑事司法系统内部（包括法官和治安法官）和政治领导层的广泛共识。最高的量刑应被评估、合理化和削减,最低的量刑应被废除,并且需要重新评估谋杀指南。除非有一个跨越党派的协议使得量刑政策由独立的机构掌控,如同财政政策和货币政策委员会那样,⑤（否则）改变的希望遥遥无期。

---

① Padfiled, Morgan and Maguire (2012), pp. 979-980.

② 参见上文第三章。

③ 参见上文第四章第四节。

④ Hoernle (2013), p. 198. 应承认德国对特别危险的罪犯使用一种预防羁押的形式,其在服刑后作为一项附加形式的羁押得以适用;但是数量相对较少。(参见 Hoernle, p. 205)。

⑤ 正如 Lacey (2008) 及 the British Academy (2014), pp. 87-90 所提议的。

第七节　监狱人口的人口统计学特征

监狱人口的组成主要是立法机关、量刑委员会、法院、国家罪犯管理机构和假释裁决委员会作出决定的结果。自 1993 年监狱人口几乎增长了 2 倍，其主要原因来自由国会通过的强制的和最低的量刑，部分在于 2005 年至 2008 年间的"公共保护监禁"量刑，以及对性犯罪和驾驶致人死亡犯罪的更高的最高量刑。量刑委员会应当看到了其主要在设计维系当前量刑水准的指南方面的作用。法院保持了相当的灵活性，尤其在羁押的"门槛"，以及缓刑，还有针对严重犯罪通过的更长期限的量刑适用方面。行政机构通过其关于"家中拘留宵禁"释放的决定，被释放的监狱犯的特许条件的决定，以及召回（服刑）的决定发挥影响。假释裁判委员会也通过其释放决定发挥了作用。一个相关的问题是，所有的或者任何这些决定是否不合比例地影响了有关特殊群体的量刑。因此我们下面探讨在监狱中是否存在女性、少数族裔和精神疾病罪犯的专门性问题。然而，首先必须提及的是那些还没有被定罪的——还押待审群体。

一　等待审判的还押受审者

当监狱人口总数从 1993 年的大约 44000 人增长到 2012 年的大约 86000 人时，那些还押待审者的数量保持着相当的稳定性，大约是 12000 人。[1] 这一数量在 2011 年暴乱的余波下有短暂的上升，但是已经下降了，原因是假如没有他或她将受到羁押刑的真实的可能性，不应引入被告人遭受羁押的推定。[2] 据称那一数量在下一个 4—5 年将保持在 11500 人左右。[3] 尽管这表明监狱人口比十年前（会有）更低的比例，因为被量刑的监狱犯的急剧增长，它仍是一个值得关注的原因。坦率地说，那些等待裁判的人还没有被定罪，并且应当获得无罪推定的利益；但是他们不仅被剥夺了自由，而且在许多情况下，遭受着英国监狱系统（也就是地方监狱）

---

① Ministry of Justice（2013），p. 19.

② 《2012 年罪犯的法律援助、量刑和惩罚法》（*Legal Aid, Sentencing and Punishment of Offenders Act 2012*），Sch. 11，para. 25。

③ Ministry of Justice（2013c）.

的最坏条件。尽管有一些新的、为特定目的建造的还押待审的监狱，大多数的过度拥挤现象仍然在地方监狱存在，正如我们在本章第四节第一部分和第二部分看到的。这些条件，对那些在审判中被宣布无罪或者被终止诉讼的还押受审者是极其不恰当的，他们占还押待审的被监禁者的五分之一。① 以下面第七节第二部分详尽描述的理由，这样对待那些女性也是过于苛刻的。四分之一个世纪以前，《沃尔夫报告》（Woolf Report）对还押待审的被监禁者的专门权利给予了强调，并呼吁给他们提供改进的和分离的设施，将当时的状况描述为"司法的拙劣产品"。② 从那以后有了一些改进，但本质上问题依旧。

二　女性被监禁者

表 3 展示了女性监狱人口数量上的快速增长，从 1992 年的 1500 人增长到 2002 年的 4500 人，增长了 3 倍；从那以后轻微地下降到 2013 年的 3900 人，仍是 1992 年数字的 2.5 倍。这个增长遍及羁押刑的各种类型，但尤其突出的是进入监狱的女性中 63% 被处以 6 个月或更低的刑罚，更多是因为盗窃或销赃。③ 对女性监狱人口增长的三个解释经常被提出——女性被起诉和定罪的数量的增长，女性被羁押的比例的增长，以及羁押平均长度的增长。④ 第一个要素并没有显示其可以被证明，因为被起诉犯罪并被定罪的女性数量在 1998 年保持在 47300 人左右，在 2003 年达到顶峰 50200 人，在 2007 年已经下降到 45300 人。⑤ 后两个要素也适用于男性被监禁者，正如我们在上面第二节看到的，女性被监禁者的增长在近些年远超过男性。

已经有一些对监狱中的女性的访谈，⑥ 得出的结论都是大量的女性是没必要入监的。但是，什么是必要性的尺度呢？男爵夫人科斯顿写到她曾：

---

① 参见在 Ashworth and Redmayne（2010），ch. 8，和由 Duff（2013）所进行的讨论。

② Woolf（1991），para. 10. 55.

③ Cabinet Office（2009），p. 8.

④ Prison Reform Trust（2000），p. 2.

⑤ Ministry of Justice（2008d），Table 3. 7.

⑥ 例如 Prison Reform Trust（2000），Corston（2007），Fawcett Society（2009），and Angiolini（2012）。

很惊讶地看到如此多的女性因为非常轻微的犯罪,被频频地适用短期刑,导致她们生活和家庭的混乱和毁坏,没有任何对她们犯罪原因进行处理的理想机会……我们必须发现更好的方式让那些不会对社会造成威胁的女性置身于监狱之外。①

在有关苏格兰的报告中,达姆·埃利什·安焦利尼(Dame Elish Angiolini)展开了进一步的论证,发现:

短期监狱量刑对犯罪影响很小有或没有任何影响,获得 3 个月或者更短监狱刑的女性罪犯中的 70%在两年内又被重新定罪了。②

安焦利尼的报告继续做了经济(分析),这样的量刑是对金钱的极大浪费。这些报告和其他的一些报告承认在监狱中多数女性并没有表现出对公共安全的任何危害,但是这一值得伤感的观点提出了两个非常尴尬的问题。一个是许多对社会没有危害的女性被监禁者是因为毒品犯罪被羁押,主要是一个更大比例的问题。③ 另一个尴尬问题是短期羁押的女性被监禁者中的多数是持续地实施财产类犯罪。这需要坚持在社区处理这类犯罪,将监狱抛到一边。这意味着需设计出更具有支持性的社区刑,并且对违反者更少的惩罚性,这点在《科斯顿报告》(Corston Report)中被强烈地提出,根据是这一女性群体中许多人的不利因素的和不稳定的特征。④

这一点加入上述第七章第三节所提出的观点中,对女性的监禁刑相应地比对男性更为严厉:现存的女性监狱房产意味着,她们被羁押在距离其家庭和住所相当远的地方;女性比男性更可能承担照顾孩子的义务;女性比男性更可能有精神紊乱或者毒品滥用的问题;女性被监禁者更可能自我伤害和企图自杀。所有这些组成了剥夺自由的额外原因。并非重复第七章第三节的内容,有强烈的理由认为需要对女性被处以羁押刑的途径立即进行复审,因为站在中立的立场上,她们比男性被监禁者对公众的风险远低

---

① Corston (2007), pp. i and 5.
② Angiolini (2012), p. 3.
③ 参见上文第四章第四节第五部分。
④ Corston (2007), p. i and Chapter 5.

得多。量刑咨询小组对此提出了令人信服的建议,① 但是它们未能被量刑委员会进一步采行。

三　少数族裔的监狱犯

对少数族裔罪犯的量刑在上文第七章第二节讨论过。在 2012 年, 监狱人口中的大约 26% 是非白人。在非白人的英国侨民中, 到目前为止最大的群体是"黑人或者英国籍黑人", 相比不到总人口的 3%, (却) 占监狱人口的 13%。"亚洲人或亚裔英国人"占监狱人口的 7.9%, 相比较而言, 占总人口的 5.8%。② 这些比例是否是在刑事司法系统中存在歧视的证据已经在第七章讨论过。

一个有点相关的问题是外国人在监狱中的数量占比。2013 年在监狱人口中有差不多 11000 名外国籍被监禁者。③ 外国人在监狱内表现出了明显的交流上的问题, 并遭受了涉及他们与家庭隔离, 一些歧视对待和缺少释放的准备等额外痛苦。在 2009 年, 首席检查巡视官关注到了在一些女子监狱中的外籍人的高比例问题, 以及诸如与家人通话费用高等许多实际问题。④ 然而, 如同公平、权利和管理同样重要, 有必要重新关注少数族裔男性和女性相对一般的人口的不成比例的进入监狱的途径问题。

四　精神错乱的被监禁者

持续的研究已经发现, 监狱人口中的相当大比例正在遭受精神障碍问题, 而且一些被监禁者——可能多达三分之一——可以归类为精神错乱。在耿德华 (Gunn)、马登 (Maden) 和温斯顿 (Swinton) 的调查中, 大约 37% 的被量刑的监狱罪犯被诊断出精神错乱, 3% 的监狱罪犯严重到足以需要医院治疗的程度。⑤ 由布鲁克 (Brooke)、泰勒 (Taylor)、耿德华和马登所作的还押待审人口的调查中指出其中 63% 正在遭受精神错乱。⑥ 然而在被处以羁押刑的人口中精神病患者的比例是 2%, 在还押待审者中这

---

① Sentencing Advisory Panel (2010a), pp. 67-80.

② Berman and Dar (2013), pp. 10-11.

③ Berman and Dar (2013), p. 10.

④ HMCI Prisons (2009), p. 62.

⑤ Gunn, Maden and Swinton (1991).

⑥ Brooke, Taylor, Gunn and Maden (1996).

一比例提高到 5%。辛格尔顿（Singleton）、梅尔策（Meltzer）和加特沃德（Gatward）接下来的研究发现，高达 78% 的男性还押待审的被监禁者，被量刑的男性中的 64% 和被量刑的女性中的 50%，存在一定形式的精神失常，男性被羁押者中的 10% 和女性被监禁者中的 20% 曾经是精神病院的患者。[①] 自那以后，可以说形势并没有明显的变化。在被监禁者中，精神错乱患病率明显地高于普通人。[②]

　　这一领域的政策尚未一致，正如我们将在下文第十二章第三节看到的。《1983 年精神健康法》（Mental Health Act 1983）通过要求有证据证明其状况是可被治疗的以寻求限制对归类为精神受到伤害或精神病的罪犯适用医疗命令。在减少被许可进入医院治疗的罪犯的数量上，这是有效的，但是一个结果是精神错乱的犯罪人继续被处以羁押刑，即使很清楚监狱对于许多精神错乱的人来说不是恰当的场所。《2003 年刑事司法法》第 157 条施加了对表现出精神错乱的人［尽管 157（2）限定了那项义务］适用任何羁押刑前必须获得和考虑医疗报告的义务，并且也要求法庭考虑任何有关罪犯精神状况的其他信息和羁押刑在那种情况下以及任何可能的治疗的可能性影响。[③] 这是一个重要的规定，但是法院经常受到医院限制准入政策的约束。

　　《布兰得利报告（2009 年）》［Bradley Report（2009）］呼吁在精神错乱者和监禁适用方法上作一些改变，包括在可能的（在 14 天内将严重的案件从监狱转移到医院）情形下从监狱中转移，并且提高对那些已被羁押的精神错乱者的支持，包括对有精神障碍的被羁押者处理选择的重新评估。[④] 实行是缓慢的，但现在已有对布兰得利在警察局和法院设置精神健康护士建议的承诺。[⑤] 特别地与监狱相关的是，它们对许多精神错乱者的不适宜[⑥]以及比正常的自我伤害和自杀更高的风险暗示更多的精神错乱

---

① Singleton, Meltzer and Gatward（1998）.

② Peay（2014），p. 6-9 and 19. 对美国的证据，参见 Travis, Western and Redburn（2014），ch. 8。

③ 这一条重申了《1991 年刑事司法法》第 4 条；还参见《2003 年刑事司法法》（*Criminal Justice Act 2003*）第 166（5）条，保留了在精神病罪犯案件中法庭减轻量刑的权力。

④ Bradley（2009），ch. 4.

⑤ Peay（2014），pp. 19-20.

⑥ Peay（2014）主张某些精神病罪犯可以被公平地判处监禁，虽然接受这一观点对于其他人这在原则上和与实际监狱条件上都是不公平的。

者应该从监狱转移到医院。① 然而，数量（可能是 2000—3000 人）是如此多以至在最近的将来这是难以发生的，因为难以有必要的资源。② 这些问题以及其他有关精神错乱罪犯的量刑问题将在第十二章第三节再次讨论。

第八节　结论

本章已经指出了支持限制羁押适用的观点的要点——原则性的观点，在预防犯罪上的有效性的观点，以及经济上的观点。这些观点在 20 世纪90 年代初得到了一定程度的接受，至少在当时政府量刑政策的双轨方法中的一部分和在司法机构中的一些成员中是如此的。但是，在那个十年里，它们本质上失去了所有的政治力量支持，因为刑罚镇压的说辞开始螺旋上升。21 世纪的第一个十年在政治说辞上没有带来任何变化，尽管工党政府的政策的确表现出是分歧观点中的一个（监狱是为“严重的、危险的和严重固执犯罪者”预备的）并且不是全然的严厉。联合政府的政策已经发生了变化：迅速地废除了“公共保护监禁”量刑，与其不情愿地处理数千名仍在监狱的“公共保护监禁”的被监禁者形成了反差；它的“复归革命”（rehabilitation revolution）有良好的愿望，尤其是在涉及短期监狱刑时，但是被其选择的方法（“通过结果来给予酬劳”，payment by results）以及在没有采取全局视角进行考虑的情况下，采取偶尔的诉诸最低刑以及提升最高量刑的方法所损毁。

过度拥挤和糟糕的体制仍是与监狱制度有关的主要的实际问题。在一些监狱中过度拥挤仍是尖锐的问题，并且收容者被强迫在他们的小监室内容忍令人作呕的环境长达数小时，没有充足的活动以及职业培训或者规划提供——被发现的状况可能是违反《公约》第 3 条（Article 3 of the Convention）的。（证明）监狱对它们的收容者有重大消极影响的证据是强有力的，③ 并且当前支出的削减更可能恶化而不是提高监狱的条件。④ 彻底

---

① 参见，例如 the British Academy（2014），p. 102 的建议。

② Peay（2014），p. 25.

③ 例如 Lippke（2007），ch. 5，以及 Travis，Western 和 Redburn（2014），ch. 9。

④ 参见 British Academy（2014），pp. 54–61。

的治疗步骤在《沃尔夫报告》中被提了出来——说明监狱不应当接收超过其正常容纳空间的人口数量①——最认真朝向对权利保护和文明方法提升的目标而努力。一个可替代的选择是采纳一种"资源管理"的方法，（其被）用于一些美国司法辖区并被《卡特评论》所推荐：②量刑的水准应予以调整以便确保在量刑和矫正能力间的"契合"。一项公正的刑罚制度不应涉及剥夺被监禁者的自主能力和负责任的公民资格的刑罚。③

　　本章主要关注监狱人口增长的驱动者——立法机关、量刑委员会、法院、行政机构和假释裁决委员会的角色；公共保护监禁、召回监狱、外籍人数量增长的影响，等等。这里，最重要的是在那些趋势和量刑制度之间的关联。监狱人口的陡然增长导致了过度拥挤，并且产生了羸弱的监狱体制，所有这些增加了监禁，使它的每一个工作单元更难具有正当性。在这种背景下，量刑委员会应该在羁押刑适用的重新评估上发挥带头作用，如同它的先行者们所做的那样。④通过《2003 年刑事司法法》第 148、152 和 153 条设置的检测，法定框架的一些方面指出了正确的方向。但是第 152 条规定的羁押门槛需要更加严格，并且第 143（2）条的有关先前定罪的条款应予废除。在上述的第四节第一部分我们关注了在一些情况下（比如伪造遗嘱，干扰司法）法院如何将监狱视为"不可避免的"，这迫切需要进行重新评估。对顽固实施不严重犯罪的那些人的监禁是长期存在于英国量刑法律与实践中的一个问题，并且所谓的把监狱"作为最后的手段"的限制性原则对此类案件绝对没有影响。即使，对那些进入所有欧洲国家监狱的严重的罪犯来说，也有羁押期间的问题。英国量刑的期间在最近数十年已经增长了：⑤绝对的和相对的监禁期间迫切需要重新评估，正如不确定刑的适用那样。不幸的是，所有这些问题需要更多的政治勇气，去提出来和去论证，其难以立即被解决，除非有一个跨党派的协议将量刑政策问题移交给一个独立的组织来实现。⑥

---

① 参考 Woolf（1991），para. 1. 190。

② Carter（2007），p. 15；Reitz（2013），pp. 185-191.

③ Lippke（2007），esp. ch. 5.

④ SGC, *New Sentences*：*Criminal Justice Act* 2003（2004），paras. 2. 1. 5-2. 1. 10；没有证据表明这些敦促对量刑实践具有任何影响。

⑤ Ministry of Justice（2013），p. 13.

⑥ 参见上文第六节第四部分中的建议。

第十章

非羁押量刑

在第九章中，羁押和非羁押量刑之间的紧密联系通常是显而易见的，尤其是当讨论羁押的法定检测的时候。当前的章节旨在研究英国法院对18岁或以上的罪犯量刑时可以适用的主要的非羁押措施。① 这一讨论开始于所谓的"三级"量刑（无条件释放、有条件释放和具结、赔偿命令和罚金），接着转向社区刑，正如由《2003年刑事司法法》所重新塑造的。首先，有必要考虑英国制度到达目前这个位置的路线图。

第一节　简要的历史

从20世纪60年代到90年代之间接连更替的政府都阐明了缩减羁押刑适用的政策，并且认为新形式的非羁押刑规定是这一战略的关键要素。② 社区服务命令（和赔偿命令）组成了《1972年刑事司法法》的一部分。新形式的缓刑命令由《1982年刑事司法法》的附件引入，该法律也对少年罪犯的宵禁命令予以规定。结果是英格兰和威尔士的法院比绝大多数欧洲国家、多数的美国的州以及可能世界上多数国家的法院更有可能适用广泛的非羁押措施。可能会被描述成扩散政策并不是显而易见的成功。简单地扩大可适用非羁押刑的范围对避免法院适用羁押刑几乎没有作用。在量刑实践中的变化并没有发生，但这些并没有对羁押的适用产生显著的影响。

在那一方向上缺乏进展，加之对在量刑者中间存在放纵适用非羁押刑

---

① 在下文第十二章处理对少年罪犯的非羁押措施。

② 对于政策改变的分析，参见 Bottoms（1987）；Bottoms，Rex and Robinson（2004）。

的忧虑，导致了《1991 年刑事司法法》的变革。许多量刑者并未发现
"替代性羁押"概念令人信服和可以理解：他们会说，没有什么可以等同
于监禁，当然也没有什么可以选择的。《1990 年白皮书》在主要的转变方
向上提出了建议：限制将羁押适用于不严重的犯罪，强化社区刑，更严格
地执行社区措施，以及更多地适用财产刑。可能最重要的变化是对"替
代性羁押"措辞的放弃，并以在社区中的惩罚思想取而代之，关注对自
由的限制。因此，《1991 年刑事司法法》将量刑一分为六（即：缓刑、社
区服务、组合命令、宵禁命令、少年犯教育中心和监管），并将它们统称
为"社区刑"。第七种社区刑，毒品治疗和检测命令，由《1998 年犯罪和
扰乱秩序法》第 61 条所增加。通过起草国家标准，指明每一种社区刑应
当采取的形式、命令的内容、命令的执行等，这些社区刑得以强化。暂缓
量刑，并不等同对自由的限制，被局限于例外情形中。

　　这些主要变化的影响是什么呢？对男性和女性罪犯社区刑的适用成比
例地显著增长了，但是这些增长并没有伴随羁押适用的减少，其仍然急剧
上升。因此，社区刑对成年男性的适用从 1992 年的 18% 增长到 2002 年的
25%，同一时期，对同样年龄范围群体罪犯羁押的适用比例从 18% 增长到
30%。对成年女性，在社区刑适用上的比例从 22% 上升到 33%，同一时间
对这一群体羁押的适用比例从 6% 上升到 17%。因此，总的来说，不是社
区刑取代监禁刑，而是缓刑和罚金被社区刑和监禁刑所替代。增加法庭罚
金适用的目标并没有实现，由《1993 年刑事司法法》废除的单位罚金制
度相当于对那一政策的抛弃。因此，通过他们更大的需求和更严厉的执
行，社区刑导致了一项日益增长的惩罚性量刑制度。[①]

　　《2003 年刑事司法法》引入了单一的、一般的社区刑，试图简化法律
并在法院的权力和缓刑服务机构的权力之间取得更有成效的关系。由此产
生的这一结构很大程度上仍然在发挥作用，正如下文第十章第六节部分所
讨论的。但是在联合政府管理下，变革的动因部分是因为所谓的"复归
变革"和部分是由于对惩罚性因素的重新坚持。在讨论那些变化之前，
先来审视各种"三级"量刑。

---

　　① 应当参考在刑罚史中不光彩且短命的一章。2000 年，该政府决定改变社区刑这一熟悉的
名称；《2000 年刑事司法和法院服务法》（*Criminal Justice and Court Services Act 2000*）将缓刑命令
变为社区复归命令，将社区服务命令变为社区惩罚命令，等等。这些名称在 2003 年被取消，正
如我们将在下文第十章第六节中看到的那样，在命名方面的进一步的变化发挥了作用。

第二节　无条件释放

　　这是法院对定罪做出的最不严厉的命令。其对罪犯没有任何要求，并且对将来的行为不设置任何限制。《2000 年刑事法院（量刑）权力法》第 12 条至第 15 条统一了有关释放的规定。基于许多目的的考虑，无条件释放的罪犯并不被视为有罪的人［《2000 年刑事法院（量刑）权力法》第 14 条］，但是《2003 年性犯罪法》第 134 条规定附随释放的定罪确实对性犯罪罪犯通告目的具有重要价值。

　　无条件释放是比较少见的，不到 1% 的案件被批准适用，多数在治安法院适用。它们一般适用于最轻微的、在没有什么道德谴责的情形下实施的犯罪。更早些时候，我们看到警告或中止案件的标准是法庭"将可能适用一项纯粹名义上刑罚"。① 如果那一检验是被认真适用的，多数无条件释放案件应不会被起诉，有人可能认为以无条件释放为结局的那些案件是起诉制度的"失败"。然而，在其研究中，马丁·沃斯克认为并不总是如此。他讨论了适用无条件释放的三个理由：在犯罪情节轻微的情形下；当罪犯具有低可责性或高诱因，但法律并没有为此提供防御；以及在罪犯已经遭受了作为犯罪结果的附带性损失或"间接的"惩罚。在最后类型中的情形并非暗示着起诉政策的失败：他们是否应当导致量刑减轻在早些时候已经讨论过了。②

第三节　附条件释放和具结

　　附加条件释放和无条件释放具有相似的法律框架。构成释放的一部分的条件是罪犯应当在特定期间内没有进一步实施犯罪，这一期间可达 3 年。如果在这一特定期限内罪犯实施了进一步的犯罪，法庭可能不仅对罪犯那一犯罪量刑，而且也对产生附条件释放的原初犯罪量刑。《2000 年刑

---

　　① 　上文第一章第四节。

　　② 　参考 Wasik（1985），pp. 229-33，以及上文第五章第五节第六部分。

事法院（量刑）权力法》第 12—15 条集中规定了有关释放的问题。《2003 年性犯罪》第 134 条规定附随附条件释放的定罪确实对性罪犯公告和根据该法第 2 部分的其他命令的目的具有重要价值。

因此附条件释放的本质是一种威胁或警告：法庭准备对当前犯罪不施加制裁，条件是在特定期间内没有重新犯罪。这不同于对监禁的暂缓量刑，其应仅仅适用于在当前犯罪是如此严重以至羁押量刑是恰当的情形，并且在此情形下第二个法庭具有激活暂缓量刑的合格义务，而第二个法庭对附条件释放的违反拥有广泛的裁量权。[①] 戴维·莫克森（David Moxon）1988 年的调研表明，在皇家法院过半数的附条件释放被批准适用于盗窃案件，多数涉及有很少的损失或者没有损失，经常是由有相当好的品格者所实施。[②] 在其 20 世纪 90 年代中期的调研中，弗勒德—佩奇（Flood-Page）和麦凯（Mackie）对由皇家法院批准适用的释放没有作出详细的说明，但他们报告在治安法院附条件释放被适用于 11% 的男性和 21% 的女性。紧张、精神健康问题和初犯是与附条件释放的批准适用相联系的，并且他们与治安法官的面谈揭示了在罚金（当即的刺激，不具有长效性）和附条件释放（不是即刻刺激，但是持续一年或更长时间的"达摩克利斯之剑"）之间进行选择是很困难的。[③]

附条件释放的适用在上一个十年间有下降趋势。对成年男性来说，在 2013 年下降到 46000 人之前的人数峰值是 60000 人；对成年女性附条件释放的适用人数峰值在 2013 年下降到 15400 人（表 2 和表 3）之前，在 2003 年的人数峰值超过 18400 人。尽管如此，《哈利迪报告》曾以支持的方式援引附条件释放，认为"证据表明它们是一项有效的处理方式，带来比预期再犯罪率更好的结果"。[④]

"对罪犯具结"的权力是一个成文法和普通法的灵活产物，它可以适用于罪犯、证人以及实际上任何涉及诉讼的人。[⑤] 使具有良好行为罪犯具

---

① 暂缓量刑在上文第九章第四节第二部分中讨论过；对于上诉法院以附条件的释放取代暂缓量刑，参考 *Watts*（1984）6 Cr App R（S）61。

② Moxon（1988），pp. 47-48.

③ Flood-Page and Mackie（1998），pp. 53-54；应当指出许多罚金具有不只当即的刺激作用，因为许多罪犯以几个月分期付款的方式支付。

④ Halliday（2001），para. 6. 19，显示 2 年在定罪率低于预期 2%。

⑤ 对于评论和改革建议，参见 Law Commission（1994）。

结的前者权力再也不存在了，因为其被宣告具有不充分的确定性，① 但是仍保留具结罪犯为或不为指定行为的权力。一些法院将"具结"大量应用为量刑，而其他一些法院不这样。在 20 年前为法律委员会所进行的一项调研中，大约四分之三的具结是目的而不是量刑。② 作为一项量刑，具结可能或多或少地等同于暂缓罚金。依据《1361 年天平绅士法》，一名罪犯可能被具结一定数量的金钱以确保在特定时间内不犯罪，对此似乎没有什么限制。违反具结要求导致这笔金钱被没收。在普通法上，为出席审判一名罪犯可能被具结一定数额的金钱，很明显受制于几乎任何条件——在1982 年威廉姆斯案③中，一个条件是去牙买加并且在 5 年内不能回来，这一条件不被认为是非法的。尽管法律委员会建议有关那一权力是不必要的，太宽泛了，应当被取消，但其仍然存在着并由试图调整其活动的《刑事诉讼规则》中的规范所规制。④

第四节　赔偿命令

尽管让罪犯向被害人支付赔偿金的观念已经有很长的历史，⑤ 直至 20世纪 70 年代它才开始成为一项在英国量刑中常规和重要的要素。《1972年的刑事司法法》引入了对伤害、损失或损害的赔偿命令。在《1973 年的刑事法院权力法》中，它和诸如在实施犯罪中使用的没收财产命令（第 43 条）和赔偿命令（《1968 年盗窃法》第 28 条）等其他措施并列。《1982 年刑事司法法》的目标之一是增加法院对赔偿命令的适用，并且在其引入的这些变化中赔偿命令有可能作为个案中的唯一命令，以及作为原则赔偿命令在罪犯收入有限的情形下应当优于罚金。最强有力的措施是1988 年引入的，现在被合并到《2000 年刑事法院（量刑）权力法》第130 条中，其要求法庭考虑在每起涉及死亡、伤害、损失或损害的案件中

---

① Law Commission （1994）, and *Hashman and Harrup v. United Kingdom* （2000） 30 E. H. R. R. 241.

② Ibid., para. 4. 3.

③ （1982） 4 Cr App R （S） 239.

④ 《刑事诉讼规则》（*Criminal Procedure Rules*）, part Ⅲ. 31.

⑤ 在 19 世纪和 20 世纪早期的争论，参见 Radzinowicz and Hood （1986）, pp. 654–655。

做出赔偿命令，并且如果在这样的案件中没有做出赔偿命令要说明理由。① 到 2013 年，在治安法院中赔偿命令的最高额是 5000 英镑，但是现在最高额仅适用于 18 岁以下的罪犯；② 在皇家法院或者治安法院中，对于成年人没有法定的限制。

　　刑事司法制度对被害人支持的关注应当不亚于公平处理罪犯。犯罪是"关于"罪犯的，也是"关于"被害人的。实际上，《欧洲委员会对暴力犯罪被害人的赔偿公约》（Council of Europe's Convention on Compensation for the Victims of Violent Crimes）包括国家有义务确保犯罪被害人获得赔偿的建议，因为国家有义务维护法律和秩序，以及处理来源于未尽义务的犯罪结果。③ 然而，英国很不情愿接受这一国家义务，尽管它是首批拥有对犯罪伤害赔偿特惠国家计划的国家之一。④ 该义务目前发展成为《犯罪伤害赔偿计划》（Criminal Injuries Compensation Scheme）：《1995 年犯罪伤害赔偿法》（Criminal Injuries Compensation Act 1995）中确立了其立法框架，但是在 2012 年为紧缩支出，在主要方法上发生了变化。计划的详细内容产生了一些不能在这里探讨的重要问题，⑤ 但是与其相关的是，注意"犯罪伤害赔偿机关"（Criminal Injuries Compensation Authority）将承担的最低请求是 1000 英镑，该计划被限定于"暴力"犯罪。直到 1996 年，赔偿额度反映了民事损害，但是目前存在一项缩减了赔偿额度水平的计划。

　　刑事司法制度非常依赖被害人所提供的有关犯罪与罪犯的信息，以及在法庭上提供的证据。作为回报，该制度应当确保他们获得适当的帮助和支持，这是公平的。除了《犯罪伤害赔偿计划》，在政府对于被害人支持计划推广的帮助，以及对夜盗、强奸和其他犯罪被害人的帮助、支持和建议方面，也明显意识到了这一点。除了这一点，目前还有《被害人实务准则》根据《2004 年家庭暴力、犯罪和被害人法》第 32 条发布，目前在该法第三版（2013 年）中。该《准则》没有创设法律诉讼的权利，但是

---

① 被《2012 年罪犯的法律援助、量刑和惩罚》（Legal Aid, Sentencing and Punishment of Offenders Act 2012）第 63 条强化。

② 《2013 年犯罪和法院法》（Crime and Courts Act 2013），表 16；一般的规定在 PCC（S）A 2000. 第 133—134 条中。

③ Council of Europe（1984），Preamble.

④ Rock（1990），p. 273.

⑤ 对于简短的历史和 2012 年"改革"的分析，参见 Miers（2014）。

其通常可以进入法律诉讼中。它向被害人提供告知包括任何逮捕和法庭程序在内的有关处理犯罪进程的权利；为丧失亲人的家庭提供家庭联系官员的权利；提升对脆弱或者被恐吓被害人支持的权利；以及提供有关"犯罪伤害赔偿机构"和有关"被害人支持组织"（Victim Support）的信息。《2004 年家庭暴力、犯罪和被害人法》也创设了"被害人和证人事务专员办事处"（Office of Commissioner for Victims and Witnesses）：目前被害人事务专员是男爵夫人纽洛夫（Baroness Newlove），其目标包括提升被害人的利益和组织这些机构为《准则》的执行提供解释。[①]

　　不论某人在 2007 年 4 月 1 日之后的什么时候因其所实施的犯罪被量刑，法庭必须命令该罪犯支付"受害人额外罚款"（Victim Surcharge），这是一种用于资助完善犯罪被害人服务的税收。自 2012 年以来，罚款的金额开始下滑：对于附条件的释放是 15 英镑，占罚金的 10%（最低 20 英镑，最高 120 英镑），对于社区刑是 60 英镑，对于 6 个月的羁押是 80 英镑（暂缓或者立即执行），对于 2 年的羁押是 100 英镑，对于更长的羁押是 120 英镑。18 岁以下的罪犯支付得更少。

　　返回刑事法院所作出的赔偿命令，它和其他形式的量刑与命令相比更令人难受。它具有双重功能：在许多案件中，其仅仅作为一项辅助命令而运作，以确保在主刑中的国家惩罚之外的某些对被害人的赔偿得以兑现；在其他案件中，当在其优先于罚金或者伴随有条件的释放的情形下，尤其是当其是该案中唯一命令的情形下，它成为一个核心角色。在"辅助适用"的案件中，它作为一项伴随适当量刑的修复因素是合理的。但是有些人已经发现当赔偿命令是该案中的主要命令或者唯一命令时，合理化的任务会变得更加艰难。当法庭实际上仅仅对被害人作出一项相对"马马虎虎"的损害赔偿裁判时，这怎么可能被认为是量刑呢？罪犯本应当在几乎所有案件中对被害人承担民事赔偿责任，因此，观点是，法庭的命令对于量刑而言没有意义——没有惩罚，而是一项由刑事法庭作出的民事判决。[②] 一种与此相反的观点是，原则上，极少数被害人会起诉伤害他们的罪犯；因而，实践中，赔偿命令从罪犯转移到被害人身上，否则犯罪者将不会被罚款。因而认为赔偿命令在对罪犯的作用上具有惩罚性，以及与被

①　Commissioner for Victims and Witnesses（2014）.

②　参见 *Barney*（1989）11 Cr App R（S）448。

害人相关联的是修复性，是理想化的。另一个反对观点是，无论如何，那些命令并非必须具有惩罚性：赔偿命令应当作为修复性司法的一种形式而受到欢迎，[①] 或者至少应作为我们的制度应当是功能多元化的而非仅仅局限于惩罚性回应的认可。

赔偿命令应当如何被法庭使用呢？《2000 年刑事法院（量刑）权力法》第 130 条（经修订的）要求法庭在每一起涉及死亡、伤害、损害或者损失的案件中考虑一项命令。在犯罪行为导致悲痛和焦虑的案件中可以作出一项命令已经有规定。[②] 授权法庭对于"在法庭认为适当时"作出一项赔偿命令，但是上诉法院仍然不愿意支持命令，除非损失的金额被接受或者证明，[③] 而且除非责任理由是清楚的并且不复杂。[④] 在被害人引起暴力行为的情形下，赔偿命令应当减少至适当金额。[⑤] 确保在法庭上得到这样的证据是控方的责任，而且如果没有最新证据，法庭以未经证明的长期影响为基础计算赔偿金额是错误的。[⑥] 法庭应当确信该罪犯导致了赔偿命令中的伤害，[⑦] 尽管在公共秩序案件中几名罪犯被定罪，法庭没有要求证明特定罪犯实际上实施了伤害。[⑧]

第 130 条要求法庭在决定是否做出赔偿命令与其金额时，关注罪犯的收入。很明显，赔偿命令作为本质上的民事措施突破了这一点，因而损害判决没有考虑被告人的收入。赔偿命令如同它是罚金一样被强制执行，监禁是对不支付赔偿金者的最终制裁措施。当我们考虑被告人将会用什么财产支付赔偿命令时：法庭在命令诸如汽车等动产的比例以支付赔偿金额时

---

① 由此实现《2003 年刑事司法法》中第 142（1）条的目的，"由罪犯对受其犯罪影响者进行赔偿"。

② *Bond v. Chief Constable of Kent*（1982）4 Cr App R（S）314，*Godfrey*（1994）15 Cr App R（S）536.

③ *Vivian*（1978）68 Cr App R 53；然而，如果某些最低损失超过了争议并且更大的损失是有争议的并且难以估测，法庭应当对最小损失作出赔偿命令：*James*［2003］2 Cr App R（S）574。

④ *Horsham Justices, ex p. Richards*（1985）7 Cr App R（S）158；*Stapylton*［2013］1 Cr App R（S）68.

⑤ *Flinton*［2008］1 Cr App R（S）575.

⑥ *Smith*［1998］2 Cr App R（S）400.

⑦ *Graves*（1993）14 Cr App R（S）790.

⑧ *Taylor*（1993）14 Cr App R（S）276.

或许是合理的，只要其有可靠的汽车价值的证据①；但是命令家庭住宅的比例以赔偿被害人，通常被认为是错误的，除非该住所实质上是通过犯罪的收益所购买的，② 这使民事和刑事界限的模糊性得以继续。民事法庭不会给予这样的宽容，但是刑事法庭偏向罪犯的家庭利益胜过被害人的家庭利益，大概是由于施加过重的责任可能会逼迫罪犯进一步犯罪或者可能导致罪犯因未履行命令而被监禁。对于来源于收入的支付赔偿命令的支付期限正常应当不长于一年，但是在罪犯有定期收入并且能够支付得起的情形下，该期限可以是两年、三年或者（例外情形下）八年。③ 更普遍的是，政府没有建议法庭应当从法庭基金中支付给被害人所判决的赔偿命令中的全部金额，并且应当以通常的方式从罪犯那里得到返还，令人感到遗憾。④

在引入赔偿命令之后不久，就产生了与其他量刑的关系问题。上诉法院大法官斯卡曼（Scarman LJ）在 1974 年因伍德（*Inwood*）案⑤中的言论仍然是适当的：

> 赔偿命令被引入我们的法律，不是使被定罪者能够购买其犯罪所应当承担的刑罚。赔偿命令是当罪犯有方法能够支付赔偿时，作为一项方便和快捷避免诉诸民事诉讼的成本方式被引入我们的法律的。

因而赔偿命令伴随罪犯的迅速支付，或者有能力支付，如果羁押刑或者社区刑是该罪行的合理刑罚，不应当允许赔偿命令阻止法庭适用羁押刑或者社区刑。⑥ 如果不是这样，法律将会允许富有的罪犯接受减轻的刑罚，这会违反法律面前平等原则（见第七章第一节）。然而，也存在原则

---

① 参见例如 *Martin*（1989）11 Cr App R（S）424，一个罪犯也被判处监禁刑的案例。

② 参考 *Holah*（1989）11 Cr App R（S）282，也是一个罪犯被监禁的例子，还有 *McGuire*（1992）13 Cr App R（S）332；有关通过贷款支付，参考 *Carrington*［2014］2 Cr App R（S）337。

③ *Olliver and Olliver*（1989）11 Cr App R（S）10，下文，part 10.5.6；还参见 *Ganyo and Ganyo*［2012］1 Cr App R（S）652，维持一项被告人的 8 年的支付期限，该被告人通过欺诈赚钱以资助一项培训课程的，并且现在拥有一份稳定的工作能够支付（像一项学生贷款一样）。

④ 参见在 Home Office（1990），para. 4.25 中的搪塞。

⑤（1974）60 Cr App R 70，at p. 73.

⑥ 例如 *Copley*（1979）1 Cr App R（S）55。

性极强的观点，认为一名迅速给付赔偿的罪犯正在给予他曾经伤害了被害人这一事实的某些公共意识——并且，如果自愿（而非受法律顾问鼓励）值得标记出来。或许可以说对于较轻的罪行，法律给予修复因素超过惩罚因素的优先权，因为赔偿命令优先于罚金。但是优先权是为严重罪行而保留的：因而，在 1999 年乔治（*Jorge*）案①中，上诉法院在审查这些权力时，确认与羁押刑一起适用赔偿命令通常都是错误的，除非"或者被告人有财产支付赔偿，尤其毫无疑问的是犯罪收益，或者可以合理地相信他的收入能够支付其被合理期待支付的赔偿时"。

法庭作出赔偿命令的频率如何呢？对于可诉罪呈下降趋势，对于简易罪呈上升趋势。因而在 1989 年和 1990 年，皇家法院命令大约 21% 的罪犯赔偿被害人，但是在 2002 年下降到 7%，在 2013 年下降到 3.5%。一个可能的原因是羁押适用的上升阻止了在某些案件中作出赔偿命令。因而，例如，2013 年皇家法院仅仅在 9% 的暴力案件中作出了赔偿命令，在 7% 的欺诈案件中作出了赔偿命令。②治安法院对简易罪的赔偿命令的适用也在下降并有轻微回升，从 1990 年的 29% 下降到 2002 年 15%，又在 2013 年回升到 20%。2013 年在大约 30% 的暴力案件和 52% 的犯罪伤害案件中作出了赔偿命令。再来看仅仅适用简易程序的犯罪（当然包括普通的攻击和多数犯罪伤害），赔偿命令的数量急剧增长，从 1997 年的 48000 件增长到 2007 年的 113000 件，在 2013 年继续增长至 105000 件。

弗勒德·佩奇和麦凯在 20 世纪 90 年代中期的研究显示在某些案件中并未适用法律程序：如果不作出赔偿命令，治安法院就被要求说明理由，但是超过 70% 的案件并未遵守这一要求；在某些案件中，治安法官说其未判决赔偿是因为被害人对此没有要求，明显违反了在每一起案件中都考虑赔偿的法定要求。③然而，对于不作出赔偿命令的最普遍的理由是被盗窃的物品已经被归还。一些法庭认为，对于和被害人在同一个家庭的罪犯作出赔偿命令没有意义或者达不到预期目的。

尽管赔偿命令背后的理论是正确的，从被害人角度而言，存在一个重要的实践缺陷：命令仅仅在罪犯被侦查、起诉、定罪或者并不是身无分文时适用。既然大约仅仅四分之一的报案得以"结案"，并且既然大约三分

---

① ［1999］2 Cr App R（S）1.

② 所有的统计数据来自 Ministry of Justice（2014），表 A5. 17.

③ Flood-Page and Mackie（1998），pp. 60-64.

之二的被告人没有工作，被害人从他们那里得到赔偿的期望很难实现。然而，通常应当被考虑进附条件的警告中的一个条件是罪犯已经向被害人支付了赔偿；尽管在 2012—2013 年只执行了 1200 项附条件警告，其中四分之三将赔偿作为条件。① 仍然存在的问题是，许多罪犯（不论是否被警告或者被起诉）缺少经济来源。将重点放在赔偿上会歧视某些罪犯，这或许是一个危险。然而，回想起对被害人的调查曾显示他们通过从罪犯那里而非从其他途径得到一些资金设立了特别的存储很重要，即使不是全部赔偿。②

第五节　罚金

一　引言

罚金是对简易罪的标准刑罚，而几乎所有的可诉罪也可以适用。对简易罪的罚金的最高金额根据罪行的严重性被划分为五个等级。对于可诉罪，皇家法院长期以来不予限制，法律目前已经取消了以前通常对于治安法院最高 5000 英镑的限制，赋予其对于两可罪和以前最高金额为 5000 英镑或者更高金额的其他罪行不受限制的罚金权力。③ 在治安法院，超过 80% 的案件都会适用罚金，多是些简易罪案件。在 20 世纪 70 年代，在治安法院或者皇家法院审理的可诉罪中，大约 60% 的成年男性罪犯被判处罚金刑，但是这个数字在 21 世纪第一个十年下降到三分之一强的比例。罚金是对公司或者组织所实施犯罪的通常回应，随之而来的困难将在下文第六部分讨论。

罚金通常被作为理想的刑罚措施而适用。罚金很容易校准，所以法庭可以反映不同程度的严重性与可责性。不涉及身体强制并且不具有侵入性，因为罚金不涉及监督或者某人时间的损失。万一不公正，罚金在很大程度上是可逆的。事实上，罚金具有直截了当的惩罚性，"它受其他价值

---

① CPS（2014）.

② Shapland, Willmore and Duff（1985）.

③ 《2012 年罪犯的法律援助、量刑和惩罚法》第 85 条。

观的污染"，① 这也显示其不具有积极的复归价值。② 罚金被广泛应用于有
关监管的犯罪，并且罚金是少数可以适用于公司犯罪的刑罚之一。但是罚
金对于个人实施的两可罪的适用仍然是争论的焦点。罚金看上去对于这样
的罪犯比较有效，因为调查显示他们倾向于比适用其他量刑的再犯率更
小。较高效率的主张已经被怀疑了，因为博顿斯正确地指出，法庭倾向于
选择那些在生活中（工作家庭）有一定稳定性的罪犯，而这在任何情况
下都表明他们有较低的再次犯罪的风险。③ 这是对大多数比较有效性研究
的批判。没有理由声称优越的功效，但是其也不是暗示罚金刑适用率的下
降值得欢呼。正如一项内政部调查所显示的，"判处罚金刑罪犯的再犯罪
率比社区刑要低。因而没有证据证明前 20 年以来所发生的从罚金刑到社
区刑的转向已经通过减少犯罪而完成了什么"④。

《1990 年白皮书》（1990 White Paper）促进了罚金的更多适用和更大
的司法公正的双重目标："设置更公平的罚金水平应当导致罚金的更多适
用和在执行过程中的更小困难。"⑤ 然而，正如下文第三部分中所解释的
《1991 年刑事司法法》的规定中所设定的在罚金适用过程中实现更大的正
义的目标在其颁行后的几个月之内就被放弃了，并且罚金的整体适用已经
在持续下降。《2003 年法院法》对于"法庭服务机构"（Court Service）
关注罚金的执行作出了规定，但是《2003 年刑事司法法》对于提升《哈
利迪报告》对罚金的支持几乎是无所作为的。哈利迪争辩说，罚金应当
适用于"任何严重程度的犯罪，单独适用以及与［其他］非羁押刑一起
适用"。⑥ 他意识到对社区刑增加一项金钱刑不应当允许量刑的"惩罚性"
权重高于犯罪严重性相适应的水平之上，并且还主张"在非常严重的案
件中，大量的罚金或许足以满足惩罚的要求"。⑦ 然而在《2002 年白皮
书》中几乎未见这项内容。相反是罗德·摩根（Rod Morgan），当时的，

---

① Young（1989）.

② 一般而言参见 O'Malley（2009）。

③ Bottoms（1973）.

④ Moxon（1998），p. 98.

⑤ Home Office（1990），para. 5. 2.

⑥ Halliday（2001），para. 6. 15. 更早些时候，他声称"［对于适用社区刑］'足以严重'
的门槛本应无意地造成一种罚金应当为最不严重的案件保留的印象，其不是本案"。

⑦ Halliday（2001），para. 6. 16.

缓刑督查长（Chief Inspector of Probation），证明了低风险的罪犯是日益增长的被判处社区刑而非罚金刑，"淤塞"了对于真的不需要其介入的罪犯的缓刑服务。① 《2003 年卡特评论》进一步推动了这一争论，并且使罚金返回到了量刑改革的主要日程中。卡特主张：

> 对于低风险的罪犯，罚金应当取代社区刑。30% 的社区刑被给予了具有较低再犯风险的罪犯。②

于是卡特继续建议引入一项日罚金制度——类似 1993 年被取消的制度。在其答复中，政府引用罚金适用的下降作为"增加在量刑中的严厉性"以及增加监禁刑适用的主要理由。③ 它接受了"重振罚金刑应当代替大量的目前对低风险罪犯适用的社区刑"的建议，并且许诺探索日罚金立法的可行性。④ 然而，从那以后几乎未有朝向这一目标的具体行动。联合政府倡导适用更多的罚金刑以取代社区刑，以及罚金刑与社区刑的结合；在没有详细讨论大多数违规者的财务资源的情况下，它对平均罚款数额的增加表示欢迎。⑤

二　罚金和公平

正如我们在第七章第五节中所看到的，罚金或许提出了与法律面前平等原则和平等影响原则有关的问题。法律面前平等在两种途径中是相关的。一方面是法庭不应该对一个富有的罪犯判出罚金，因为他们会对一个不那么富有的罪犯施加更严厉的惩罚。在马克威克案⑥中引人注目的判决被引用来支持。另一方面的影响是法庭不应当将罚金刑适用于不能支付被认为是有充足的罚金的罪犯。在过去，上诉法院以此为由拒绝了几个暂缓

---

① Morgan（2003）.

② Carter（2003），p. 27.

③ Home Office（2004），para. 19.

④ Home Office（2004），paras. 34–35. 对于相似的建议，还参见=Coulsfield（2004）。

⑤ Ministry of Justice（2012），paras. 87–109.《2014 年犯罪与法院法》（*Crime and Courts Act 2014*）表 16 第 7 部分授权诸如女王陛下税务与关税机关（Her Majesty's Revenue and Customs）这样的机构向法庭提供罪犯被记录的收入。

⑥ ［1953］37 Cr App R 125，在上文第七章第五节讨论。

的量刑:① 如果法庭拒绝适用罚金，正确的方法是附条件的释放，并且不应当适用更严厉的措施。如何评估法律面前平等原则在实践中是否得到真正遵守尚没有现成的方法。

平等影响原则指向与罚金有关的另一方面的社会正义。当考虑罚金的金额时，法庭应当考虑该罪犯的收入，这早已经是一项确定的规则，但是这一原则有些被以下三种方式玷污了——罚金不应当因为富有就增加的古老的规则，获得罪犯财产状况准确信息的困难，以及法庭不愿适用对其可能嘲讽和报刊读者关注的罚金刑。

三　单位罚金水平的上升与下降②

为了努力实现更多和更公平的罚金适用，《1991 年刑事司法法》引入了单位罚金。日罚金制度在其他欧洲国家施行，比如德国和瑞典，英国这里也决定采用。20 世纪 80 年代晚期的一项实验显示，在地方治安法院的最初怀疑之后，法院开始迅速习惯地以单位计算罚金金额；日罚金水平更加现实；并且日罚金的执行也得以完善，对于未支付的情形较少诉诸监禁制裁。③

这些制度的成功不仅说服政府后来根据《1991 年刑事司法法》将其介绍给治安法院，而且在该立法颁布之前，引导几个法官介绍他们的赞成意见。在框架上，由《1991 年刑事司法法》引入的该制度是治安法院在处理个人（而非公司）案件时，应当通过根据从 1 到 50 的比例决定多少单位代表该罪行的有关严重性。这将是该判决的司法或者裁判部分。于是法庭将着手决定该罪犯应当支付多少罚金的更加行政化的任务。该法律，与大法官工作部制定的规则相结合，一并指导法庭计算每名罪犯每周可支配的收入，作出反映正常生活成本的某些标准的缩减，接着作出每个单位该罪犯所应当支付的金额的决定。最低金额设置为每单位 4 英镑，这被认为对于收入仅仅来源于国家福利的罪犯支付得起的，并且每个单位最高金额为 100 英镑。

法定的单位罚金制度在 1992 年 10 月 1 日生效，于 1993 年夏天为

① 例如 *McGowan* ［1975］Crim LR 111；*Ball* （1981）3 Cr App R （S）283。

② 参见 Warner （2013），尤其是第 233—239 页。

③ 参见 Gibson （1990），以及 Moxon，Sutton 和 Hedderman （1990）。

《1993 年刑事司法法》所废止。问题是什么呢？首先，法定制度所规定的单位罚金的金额要比试点制度中的高得多。据说这是由于财政部的坚持，但其导致了一种风格完全不同的制度：几乎没有试点法院高于每单位 25 英镑，而法定制度高达每单位 100 英镑。其次，该制度强调排除资金和其他财富象征——一种以简化为目标的方法，但是产生了某些不公正。再次，法定制度极其复杂，尤其是计算每周可支配收入的规则。既然该制度从未倾向于简明，除了仅仅标志着向平等影响的重要步骤迈进，这种复杂性令人遗憾。最后，一群畅所欲言的治安法官，尤其是某些领薪治安法官，感觉该制度被误解了，因为其太严格了，而且无视决定某种罪犯类型收入的实践问题，比如卖淫者和外国旅行者。

然而，第五个困难很可能是决定取消单位罚金的主要因素。该制度导致了对于可能先前已经接受了相对低的罚金的罪犯适用特别高的罚金，尤其是拥有中等或者较好收入的中产阶级有关违规驾车的罪犯。当然，这是其目标之一：《1990 年白皮书》指出需要对"日益增长的拥有更多财产的少数民族罪犯"适用大量罚金。[①] 如果法庭照例根据单位数量所判处的罚金宣告，而非全部支付额，对这项新制度中的这一因素或许本应有更少的误解。事实上，媒体，尤其是报纸群体，开始孜孜不倦地收集对犯有相似罪行者判处不同水平罚金的例子。一份报纸头条写道："两个案子，相隔几分钟，但刑罚迥异。对于罗思柴尔德（Rothschild）先生，罚金是 2000 英镑；对于一个叫贝尔（Bell）的人的罚金是 84 英镑。"[②] 没有提及这项新制度背后的平等影响原则，或者在富人和穷人之间有差别的公平。记者看上去设想这两人几乎应当被判处相同的罚金，尽管其收入差别巨大。为大家所广泛知晓的案件，即某人因为将一个薯片袋子扔在了街道上而被判处 1200 英镑的罚金，增加了政府对这项新制度"做某些事情"的压力，即使为何治安法官以每一单位 100 英镑的标准适用于该罪犯是因为其没有向法庭开示其收入很快就明确了。

1993 年 5 月，当治安法官协会将某些改变这一制度的建议放在一起时，内政部部长肯尼思·克拉克（Kenneth Clarke）作出了宣告彻底取消单位罚金制度的夸张的政治姿态。20 多年以后，很明显，改变这一决定

---

① Home Office（1990），para. 5. 5.

② *Daily Mail*, 28 October 1992, p. 5.

的政治尴尬仍然存在。然而单位罚金或者日罚金在几个其他的欧洲国家得以良好运行。卡特的建议，简要地说，对于改变"罚金被作为一项可信的刑罚"的理想的方向是清晰的——但是还未有使其成行的重要政策倡议。

四 在治安法院的罚金

作为刑罚的罚金的立法基本上在《2003 年刑事司法法》中被重新颁布。第 164（2）条规定罚金的金额应当反映犯罪的严重性。第 164（3）条规定在确定罚金金额时，法庭应当考虑罪犯的财产状况。第 164（4）条增加了其适用于是否其在增加或减少罚金金额上有影响的规定。这些规定应当被明智地按以下步骤适用：首先，法庭应当决定代表犯罪严重性的罚金；其次，第 164（1）条要求法庭在确定罚金金额之前，调查罪犯的财产状况，要求有关人员向法庭提供所要求的财产详情。

1993 年首次引入这一立法框架以取代单位罚金。而单位罚金的影响曾经是为失业罪犯降低罚金，为在职罪犯增加罚金，1993 年的框架更加灵活的立竿见影的作用是对于失业罪犯的罚金又增长了，对于在职罪犯的罚金开始下降。[1] 在解释方面，不同的治安法院对立法框架采取不同的方法。1996 年查曼（Charman）、吉布森、霍尼斯（Honess）和摩根的研究显示出法院之间的巨大差异，并且来自不同法院的治安法官的量刑实践显示出对某些相当典型的道路交通案件适用罚金的方法存在分歧。[2]

在世纪之交之时，罗宾·摩尔（Robin Moore）的研究揭露了许多法官理解某些罪犯财产问题的失败。[3] 适用更公平的罚金还存在两个主要的障碍——不愿意判处失业罪犯在中产阶级看来金额很少的罚金，并且不愿意给拥有大量收入的罪犯判处与罪行具有高度关联的罚金。对于第一个障碍，上诉法院大法官斯托顿（Staughton LJ）悲痛地指出：

> 这些案件困扰我的不是治安法官不得不从作为执行手段中选择的救济措施，而是以工资收入为生的人们被期望从据说仅能满足生活必

---

[1] Charman et al.（1996）.

[2] Ibid., p. 4.

[3] Moore（2003）.

需要求的财产中支付罚金的金额。①

　　对于第二个障碍，弗勒德—佩奇和麦凯从 20 世纪 90 年代中期的研究中得出结论，在其研究中他们质疑治安法官对于富人增加罚金的意愿，"这些对比意见意味着富有的罪犯在不同的法院会被判处不同的罚金，因为罚金的多少很大程度上依赖于在那一法院的治安法官们的观点"。② 第164（4）条清楚地规定富有的罪犯应当被判处更多的罚金，但是看上去将成为平等影响原则付诸实践的一个障碍。

　　治安法院的罚金目前由《2008 年治安法院量刑指南》明确地规范。对于每一项罪行的每一项罚金都是一项指南量刑，指南标示出作为起点的罚金 A、B 或者 C 档。A 档代表"有关周收入"的 50%，在 25%—75%；B 档代表 100%，在 75%—125%；C 档代表 150%，在 125%—175%。一旦法庭决定适用罚金，并且已经确定了适当的档次（根据对罪行的指南），法庭应当从起点上下浮动以反映与罪行严重性有关的加重或者减轻因素。应当考虑罪犯减轻因素，法庭将以百分比的形式达成一个法定罚金的水平。接着法庭应当将注意力转向罪犯的财产状况，要求提出收入说明，然后评估"有关的周收入"。③ 虽然没有考虑税收减负、住房福利、儿童福利等，但法院可能会考虑到特殊费用和异常低的支出。指南标示了偏离基本准则的各种其他理由，但是该目标是培育一种共同的方法。一旦法庭已经完成了罚金的计算，其必须对有罪答辩进行一定的刑罚削减。

　　指南规定了两个更高的档次，D 档（在否则社区刑可能被适用的情形）和 E 档（在羁押测试已经通过的情形下）。这样的案件将会很少，但是仍然存在可能性，例如一项犯罪的严重程度足以适用社区刑，但是该罪犯并未被考虑有适用社区刑的需要。④ 这将被看作是重振罚金刑适用和避免社区刑"淤塞"的一点努力。危险是其或许仅仅被适用于有钱的罪犯，留下较贫穷的罪犯面对更大的社区刑的适用。⑤

　　《治安法院量刑指南》适用罚金的方法试图将原则与灵活性相结合。

---

① *Stockport Justices*, *ex p. Conlon* ［1997］2 All ER 204 at p. 214.

② Flood-Page and Mackie（1998），p. 53.

③ 对于详细情况，参见 SGC, *Magistrates' Court Sentencing Guidelines*（2008），pp. 148-149。

④ 这在 Ministry of Justice（2012），paras. 87-88 中获得了支持。

⑤ 当支持罚金上提标准被广泛适用时，该问题未被 Halliday（2001），para. 6.5 支持。

对于单位罚金的强烈支持者将仍然会发现其太模糊,① 而那些认为应当给予法庭最大裁量权者会认为其过于刻板。雷恩(Raine)和邓斯坦(Dunstan)在其《治安法院量刑指南》方法的审判中注意到对该方法的误解(目前可能已经解决),还有一种强大的倾向,即如果《治安法院量刑指南》另有规定,某些治安法官会退回其地方传统。② 迫切需要研究与监督,以发现如何适用指南,尤其是有关失业者和富人,例如在 2010—2011 年,作出了将近 65 万项获益命令扣除,比两年前的两倍还多,政府期望对于那些利益,每周的最高扣除从 5 英镑增加到 25 英镑,获得了普遍的信任。③ 加之,研究也应当审查对被起诉的犯罪所适用的罚金和被警察使用"扰乱秩序刑罚通知"(Penalty Notices for Disorder)(见上文第 1.4 章)而收取的罚金之间的界限。拥有那些信息,就有可能改善这一方法以进一步完善其公平性。

五 在皇家法院的罚金

单位罚金制度从未在皇家法院适用过,这已经持续成为有关罚金的一般法定框架的主题,包括罚金应当为富人增加并且应当为那些收入有限的人减少的原则。④ 第 163 条授权皇家法院适用罚金(不受制于任何限制,除了罪犯的收入)"代替或者增加"处理罪犯的任何其他方法。在皇家法院,罚金相对而言适用得比较少(从 2011 年至 2013 年每年大约有 1400 例),⑤ 但是在有关皇家法院根据罪犯的收入调整罚金水平方面仍然存在问题。因而,弗勒德·佩奇和麦凯发现对于失业男性的平均罚金是 340 英镑(将用 16 个月,每周支付 5 英镑,于是被认为是对于那些依靠国家救济者的最高金额),仅仅有不到 1/5 的被判处罚金的失业者不得不支付超过 500 英镑的金额。⑥《2003 年刑事司法法》第 152(2)条要求法庭仅

---

① 参考 Moore(2003),其支持建立在分几周付款基础上的不同结构。

② Raine and Dunstan(2009),at pp. 29-31.

③ Ministry of Justice(2012),para. 106.

④ 《2003 年刑事司法法》第 164(4)条。在这些案件中必定存在某些与罪行严重性成比例的因素:S. 164(4)of the 2003 Act. 在这些案件中仍然还存在某些与 *Jerome*[2001]1 Cr App R(S)316 成比例的因素。

⑤ 参见表 2-7。

⑥ Flood-Page and Mackie(1998),p. 106.

仅在确信"对于该罪单独适用罚金或者社区刑都不合理的情形下"才能适用羁押，或许被用以标示法庭考虑在接近羁押门槛的案件中判处大量罚金的需要。接踵而至的困难（正如上文所暗示的，与在治安法院的罚金的 D 档和 E 档有关）是法庭可以对那些支付得起大量罚金者判处罚金刑，对于收入较少者判处监禁刑。

　　一个可能的这种例子与其他困难是 1989 年奥利弗和奥利弗案。① 两兄弟因为伤害和袭击一名警察引起实际的身体损伤，这样的犯罪经常导致立即羁押，但是法庭分别判处他们 2 年和 18 个月的暂缓量刑，还有罚金和赔偿命令，对其中一人超过 5000 英镑，另一个人稍微少些。这样做的原因是这两兄弟开了一家木工公司，有 23 名雇工，如果将他俩监禁，将使公司和这些雇工陷入险境。上诉法院驳回了针对罚金的上诉，莱恩勋爵解释道，它是"理想的，如果可能使人们免于监禁"，并且"如果人们可以通过非监禁刑而得以正确处理，罚金可能是所有非羁押刑中的最佳措施，应当适用罚金"。这个案件非常棘手，涉及法律面前平等原则，限制羁押适用原则和避免对无辜的第三人造成伤害结果。然而，强调最后提及的那一点很重要。当然这是扭转该案的 23 名雇工的结果：② 限制适用羁押不应当在一般的皇家法院量刑中这么轻易地超越法律面前平等原则。

六　再支付期限

　　罚金在被判处当天就可以支付，但是法庭应当总是准备允许在一定时间内支付。《治安法院量刑指南》规定应当通常在 12 个月内支付罚金，并警告"指望低收入者能维持一年的支付"是不现实的。③ 支付时间可以被随后通过的可能每个法庭不同的行政决定调整。④ 20 世纪 80 年代的司法判决通常设定 1 年的最长支付期限，⑤ 但是某些评论员已经假定 1989 年奥利弗和奥利弗案⑥将会推翻它。在那一案件中，英格兰威尔士法院首

---

① （1989）11 Cr App R（S）10；比较 *Ganyo and Ganyo* ［2012］1 Cr App R（S）652。

② 参见在上文第五章第四节第五部分中的讨论。

③ SGC, *Magistrates' Court Sentencing Guidelines* （2008），p. 152. 其还声称"一名接受国家救济者的每周分期支付金额最高不超过 5 英镑"。

④ Moore（2003）.

⑤ *Knight*（1980）2 Cr App R（S）82, *Nunn*（1983）5 Cr App R（S）203.

⑥ （1989）11 Cr App R（S）10; compare Ganyo and Ganyo ［2012］1 Gr App R（5）652.

席大法官认为，在支付期限上，如果其不是一个不合理的负担或者太过严厉的刑罚，超过 1 年期限的原则并没有错。两年不算太长，3 年或许在适当的案件中也是可以接受的。必须小心确保不会太容易适用这些延长的期限，尤其是因为他们适用赔偿命令，还要同样适用罚金。如果该负担太大，该命令可能是伪装的监禁;① 但是或许存在涉及有工作的罪犯，支付期限为 8 年或许是适当的。②

七　对公司和组织适用罚金

被定罪或者答辩有罪的公司，其罪行或许可以判以多种方式量刑——赔偿命令，或者无条件释放或附条件释放，都有可能。但是罚金是最经常适用的刑罚，这立即产生了应当如何计算这种罚金的问题。在有关环境犯罪的判例中，上诉法院正确地强调了评估公司可责性程度的重要性，尤其是在犯罪是其中严格责任之一的情形。但是当概述在 2004 年益格鲁供水服务有限公司（*Anglian Water Services Ltd*）案③的问题时，并未提及有关公司的经济地位与罚金金额的相关性，尽管在 2010 年泰晤士水务公司（*Thames Water*）案④中，上诉法院坚持在赔偿中应当考虑所承诺的金额。在有关违反健康和安全立法的罚金的判例判决中，在 1999 年 F. 豪 & 索恩（工程师）有限公司 [F. Howe & Son（Engineers）Ltd] 案⑤中，上诉法院考虑了这是一家拥有有限经济来源的小公司的事实。判决阐述了评估破坏健康与安全的可责性的主要相关因素，还提出公司的资金是一个相关因素。然而，对于更大的公司，资金地位的讨论经常更简要，并且罚金金额的大小看上去是参考相似罚金水平的案件而计算的。⑥ 对于非常大的公司，曾经判过几百万英镑的罚金：因而在 2007 年巴尔弗·贝蒂铁路基础

---

① 正如 Staughton LJ 所意识到的；As recognized by Staughton LJ in the quotation above，text at n. 64。

② *Ganyo and Ganyo* [2012] 1 Cr App R（S）652.

③ [2010] 2 Cr App R（S）567.

④ [2010] 2 Cr App R（S）567.

⑤ 有关活动财产信息，参见 [1999] 2 Cr App R（S）37；参见 *Criminal Practice Directions*（2013），VIIQ。

⑥ 例如 *Avon Lippiatt Hobbs（Contractors）Ltd.* [2003] 2 Cr App R（S）427，在更早的案件中审查罚金的数额；*FJ Chalcroft Construction Ltd* [2008] 2 Cr App R（S）610。

设施有限公司（Balfour Beatty Rail Infrastructure Ltd）案①中，上诉法院对于导致哈特菲尔德（Hatfield）铁轨毁坏而致 4 人死亡的健康和安全犯罪，将罚金从 1000 万英镑减少到 750 万英镑（目的是预防与施予铁路公司的罚金相比的不公）。

原则上，判处公司与其他组织罚金的方法应当与判处个人罚金的方法相同：第 164（2）条规定罚金应当反映罪行的严重性，第 164（3）条规定法庭应当考虑罪犯的财产状况（"不论是单个人或其他人"），并且第 164（4）条规定这对增加或减少罚金的数量会有影响。调整罚金以适应个人的收入有足够的难度：法庭如何调整罚金以适应公司和组织的收入呢？量刑委员会在其有关环境犯罪的指南中已经通过将公司的"营业额或者等价金额"的大小分成四个等级以寻求适用法定原则——大型的（5000 万英镑或者更多），中型的（1000 万—5000 万英镑），小型的（200 万—1000 万英镑），以及微型的（小于 200 万英镑）。于是，犯罪也被分成四个范围，法庭通过为所涉及公司的规模确定适当的范围以判处罚金。② 这一特别的指南提醒法庭赔偿优先于罚金，但是计算罚金的方法偏向于放弃通过量刑指南委员会在其有关共同杀人的指南中所规定的原则。③

八　罚金的执行④

近些年来，为了减少被送进监狱的罚款的人数，已经做出了一致和成功的努力。在 1993 年和 1994 年，超过 22000 项罚金未履行者被收监。他们中超过四分之三的人处于失业状态，正接受国家救济，大约三分之二以前进过监狱，80% 的人有不止一项罚金未履行。在一个小型调查中的采访表明，未履行的最经常的理由是他们付不起这些罚金；很明显，区分那些

---

① ［2007］1 Cr App R（S）370.

② Sentencing Council, *Environmental Offences*：*Definitive Guideline*（2014），pp. 7-10.

③ SGC, *Corporate Manslaughter and Health and Safety Offences Causing Death*：*Definitive Guideline*（2010），p. 7. 参见在 *Parker and McClane*［2013］1 Cr App R（S）189 中的裁判，对于一个公司的罚金被简单地描述为"有点过大了"，绝对没有参照点。

④ 对于最近的全面的评论，参见 Moore（2003、2004），以及 Raine, Dunstan 和 Mackie（2004）。

付不起者和付得起但不支付者很重要。^① 另一项调查发现许多治安法官不愿意考虑某些替代执行措施，比如金钱支付监督命令。^② 在 20 世纪 90 年代晚期，大法官工作部的指导意见和英女王诉奥尔德姆地区法官，及单方面诉考利（*Oldham JJ*，*ex p. Cawley*）案^③中的里程碑判决，力劝法庭更大量地适用替代性执行措施，其要求法庭在把年轻的罚金未履行者送进监狱之前积极考虑所有替代性措施，并且在公开的法庭上说明理由。有关将成年的罚金未履行者送进监狱的规定更不严格，正如分庭（Divisional Court）在英女王诉斯托克波特地区法官，以及单方面诉康仑（*Stockport JJ*，*exp. Conlon*）案^④中所指出的，但是那一案件中法庭仍然审查了治安法官的推理并宽容地予以对待，重新考虑。

作为这些发展的结果，大法官工作部发布的"最佳实践"指导的结果，以及《2003 年法院法》引入的新的执行权的结果，未履行罚金收监的人数已经急剧下降——从 1994 年 22000 人的峰值下降到 1997 年的大约 6000 人和最近几年的大约 1000 人（在 2012 年是 1100 人）。^⑤ 法庭可以适用社区服务命令取而代之，将有电子跟踪标志的宵禁或者剥夺驾驶资格作为处理未履行罚金者的手段。两个试点地区的罚金适用表明超过四分之三的命令是社区服务命令；尽管罚金未履行者通过支付部分或者全部罚金而结束未履行命令是可能的，但实践中很少发生；治安法官和罚金未履行者看上去都赞成一种新的安排。^⑥ 有效的执行涉及对为何不履行的理由的理解。在摩尔（Moore）的样本中，超过四分之三的罚金未履行者处于失业状态，他们几乎没有希望支付所要求的罚金。^⑦ 摩尔赞成在判处罚金阶段关注更好的法庭判决，这一更加敏感的方法，在未履行罚金案中认真调查，得出能够确保支付的正确的定向方法。^⑧ 相似地，雷恩、邓斯坦和麦凯表示假定未支付仅仅是不愿意支付和不负责任的罪犯的错，是错误的，

---

① Moxon and Whittaker（1996）；Moore（2004）.

② Whittaker and Mackie（1997）.

③ ［1996］1 All ER 464.

④ ［1997］2 All ER 204.

⑤ Ministry of Justice（2013b），Table 6. 1.

⑥ Elliott，Airs and Webb（1999）.

⑦ Moore（2003），p. 16.

⑧ Moore（2004）.

并主张应当优先考虑未支付的一系列理由（包括法庭以及成员的判决），这要求一系列适当的回应。[①] 支付比例有很大增长的事实，表明这些研究结果已经产生了影响。照价支付的比例，不包括行政取消的，从 2008 年至 2009 年的 71%增长到 2010 年至 2011 年的 80%。[②]

对未能履行罚金者远离监禁刑罚的改进和重要举措是受欢迎的，尤其是因为适用罚金的犯罪通常是在严重性上适用非常短的羁押。但是如果重新广泛适用罚金，必须小心确保起初的判决和后续的执行的理由是正确的。还应当积极的考虑羁押是否应当被作为一项对未履行罚金者的正确制裁：原则上不应当如此，一些欧洲国家成功地做到了这一点。[③]

第六节　社区刑

一　引言

现在我们离开释放和罚金，开始对社区刑进行深入思考。当《1991年刑事司法法》开始将社区刑置于罚金之上的一个等级时，量刑指南委员会有关《2003 年刑事司法法》的指南规定"即使已经通过社区刑的门槛，金钱刑罚或者释放仍然可以是适当的刑罚"。[④] 此外，在法庭正在考虑羁押刑的案件中，如果确信"对于该罪行罚金或者社区刑都不合理"，[⑤]其只能适用羁押刑。《2003 年刑事司法法》的结构很多是源于《哈利迪报告》中的建议：[⑥] 该法以可以包括一项或者多项要求的一般的社区刑代替分开的社区刑。

最近十年，在社区刑的内容和目标方面有一些明显的趋势，尽管其经常混合在一起。在 20 世纪 80 年代末期和 90 年代初期，根据对自由的限制（例如，通过宵禁或者无报酬的工作），重点被放在"在社区惩罚"与

[①]　Raine, Dunstan and Mackie (2004), at pp. 523-534.

[②]　Ministry of Justice (2012), para. 105.

[③]　Shaw (1989), and Council of Europe (1993).

[④]　SGC, *Overarching Principles: Seriousness* (2004), para. 1.36.

[⑤]　《2003 年刑事司法法》第 152 (2) 条，在上文第九章第四节第一部分中讨论。

[⑥]　对于讨论，参见本书第 5 版，第 338—340 页。

社区刑应当被看作一种惩罚形式的思想方面。在 21 世纪初期，随着风险管理作为社区刑的一个核心部分的出现，进一步加强了公共保护。缓刑监督官成为"罪犯管理者"，多机构的公共保护安排构成了保护公众免受再犯罪的危险制造者侵害的努力的首要方面。[1] 然而，在整个这一时期，在"有效"运动广泛气候下还有复归技巧的发展。在这当中是开创者计划[2] 和 RNR 模式，它们根据认知行为介入和完善通过确信在策略上雇佣罪犯的承诺，关注"风险—需要—回应"。[3] 后一点与停止犯罪运动有关，另一部分缓刑工作将重点放在支持罪犯停止犯罪的努力方面。[4]

联合政府已经宣布了"回归革命"，其强调让被害人和更广泛的改造罪犯的公众受益。在社区刑背景下，联合政府的目标曾经是发展一个多样化的服务提供者系统，例如，私人的和自愿部门提供者和国家缓刑服务机构（National Probation Service），并通过结果给予报酬。[5] 在下文第八节部分中将对有关这些动机问题做更多的探讨。

二 对于适用社区刑的法定检测

有两种分开的情况，社区刑可以被合法地适用。第一个和更广泛的可以适用的门槛为第 148（1）条所创设：

> 法庭不准对罪犯适用社区刑，除非该犯罪，或者犯罪和与其关联一个或者多个犯罪的联合，足够严重才能判处这样的刑罚。[6]

这一规定的目的是确信社区刑不适用于轻微案件，其一般应当通过释放或者罚金来处理。[7] 这里判断的关键是相对的严重性，并且很难提供具体的指导——这是那些法庭的精神与处置的任何指导和努力都更有影响力

---

① Kemshall（2008）.

② 对于概述，参见 Raynor（2012），pp. 936-941。

③ Raynor and Robinson（2009）；Canton（2013），pp. 584-586.

④ Farrall and Calverley（2006）.

⑤ Ministry of Justice（2010），paras. 128-158.

⑥ 广义而言，一项罪行与现在的罪行"相关联"如果其是一个法庭在相同情形下适用量刑的罪行：*Baverstock*（1993）14 Cr App R（S）471, *Godfrey*（1993）14 Cr App R（S）804。

⑦ 该措辞也允许罚金在满足社区刑门槛的严重案件中适用：参见 Bands D and E，在上文第五节第四部分中讨论。

的那些问题之一。然而，所有发布的确定的指南将社区刑分为三个等级——低级的、中级的和高级的——并且以这种方式表示起点和范围。例如，对于入户盗窃的第三个范围的起点是"高级的社区命令"，范围从"低级的社区命令到26周羁押"。指南的附录提供了低级、中级和高级社区命令的指导性示例。① 量刑前报告应当指示罪犯的危险程度，并且量刑指南委员会起初的指南涵盖朝向限制对低风险罪犯适用社区刑的温和的推动：

> 在罪犯有再犯的低风险的情形下，需要特别注意的是，有证据表明，不适当的干预可能会增加重新犯罪的风险，而不是减少。此外，在执行金钱刑方面的最近的完善使他们在更广泛的案件中获得一个更切实可行的量刑。②

该指南建立在再犯风险的基础之上，而问题的关键是不同的问题，即是避免对于相对较轻的罪行的不适当的回应。但它传达给量刑者的主旨是对克制的需要。

第二个和更少被用到的门槛会在《2003年刑事司法法》中找到。③ 这授权法庭对自16岁以来被判处过三次或者更多次数罚金者适用社区刑，其目前的犯罪并未严重到应当适用社区刑［即使根据第143（2）条的规定考虑先前定罪］，并且法庭得出是为了司法利益而判处社区刑的结论。量刑委员会指南警告在这些案件中"在评估社区刑判决是否合适时，需要极大的审慎，因为如果不遵守，可能会导致监禁判决"④。或许存在某些情况下，监管因素会有助于一些此类罪犯克服潜在的问题，但是该危险是大量轻微罪犯的量刑将被提升，并且因此而遭受比与轻微犯罪更严厉的制裁。

---

① Sentencing Council, *Burglary Offences*: *Definitive Guideline* (2011), pp. 9 and 15.

② SGC, *New Sentences*: *Criminal Justice Act* (2004), para. 1. 1. 9.

③ 其实质性重申了《2000年刑事法院（量刑）权力法》第59条，在上文第六章第五节已予讨论。

④ SGC, *New Sentences*: *Criminal Justice Act* (2004), para. 1. 1. 10。

三　要求的范围

《2003 年刑事司法法》规定了 12 种形式的要求，即法庭可以作出为《2003 年刑事司法法》的目的而设立社区刑的社区命令（第 177 条）。近年来，已经加入进来五项新要求，并且有两项（包括监督要求）已经被取消，在下文适当的地方将会讨论这些变化。

这些要求的清单仅仅适用于 18 岁及以上的罪犯：年龄更小的罪犯有不同的适用要求，下文第 12 章将对其展开讨论。在决定将适用哪项要求时，应当引导法庭的原则问题将在下文第十章第六节第四部分讨论。这里，关注点放在每一项要求的内涵和法律框架上。2011 年《管理罪犯的国家标准》强化了这一法律框架，其包括（但不限于）对社区刑罪犯的监督和管理。这些标准不再包括应当规定什么样的详细内容，而是关注风险评估问题、根据罪犯再犯风险的"分层"、监督者和罪犯联系的频率，等等。①

1. 无偿工作要求。

《2003 年刑事司法法》第 199 条规定，如果法庭确信该罪犯是做这项工作的适当人选，可以要求一名罪犯从事 40—300 小时的无偿工作。必须在 12 个月内完成该工作，"在这段时间内其可能受到负责官员的指导"［第 200（1）条］。当在 1970 年提议设立这种命令时，"刑罚制度建议委员会"（Advisory Council on the Penal System）暗示他们将用各种刑罚哲学吸引量刑者：

> 对于某些人，它会仅仅是一项替代短期监禁刑的更具有建设性和更廉价的措施；对于其他人，它被看作是引入刑罚制度中的关注修复社会的新维度；其他人还会将其当作影响刑罚应当与犯罪相适应的古老格言的手段；而还有些人会强调使罪犯与最需要帮助与支持的社会成员能够紧密联系的价值。②

可能正是修复、报应和复归功能导致在英国量刑实践中迅速采用社区

---

① NOMS（2007）.

② Advisory Council on the Penal System（1970），para. 33.

服务命令。从那时起，他们的负担无疑变得更加繁重，《2003 年刑事司法法》将最长时间从 240 小时提高到 300 小时。然而，工作的选择是为缓刑服务而不是法庭；工作安排和一般监督的组织遵守国家标准。无偿工作的本质在于其惩罚功能，根据的是其工作的努力表现，[①] 然而其他功能可以作为副产品而实现。近些年来，无偿工作要求已经成为大家所知晓的"社区反馈"，这是一项象征性的修复参考。实践中其首先意味着那些被判处社区刑的罪犯所从事的无偿工作应当被社区成员看得见（通过使用挂牌、带标记的监督者或者工具）；其次，本地人和组织应当在罪犯从事无偿工作的计划中有发言权。[②]

在 2010 年，无偿工作要求是一项在社区命令中单独使用最多的要求，在大约 1/3 的命令中使用。一项相似比例的命令具有监督因素（33%），但是其经常与另一项要求混合，而无偿工作通常被单独使用。[③] 无偿工作适用何种类型的罪犯呢？20 世纪 90 年代中期弗勒德·佩奇和麦凯的调查暗示，治安法官基于各种理由在社区服务和缓刑中作出选择，这通常与他们对罪犯的需要和两种量刑形式的当地组织的信念有关。有些人说无偿工作对失业的罪犯更适合，因为这可以使他们获得一种有规律的工作形式，但是在那一研究中治安法官的量刑实践表明相对于缓刑，更低比例的社区服务被适用于失业罪犯（分别是 65% 和 81%）。[④] 在皇家法院中，相同的模式也很明显（分别是 49% 和 83%）。被判处社区刑者中较少数有先前定罪（58%，相较于 77% 的被适用缓刑的罪犯），较少数被定不止一项罪名（31%，相比于 47% 的缓刑犯）。正如所期望的，较少罪犯有毒瘾和精神病或者精神压力问题。[⑤] 在对各种要求进行排序方面，或许可以主张无偿工作会比监督更省力；但是，正如下文我们将会看到的，监督要求已经被取消了。

2. 复归活动要求。

《2014 年罪犯复归法》第 15 条生效之后，废止了先前的"活动要求"，并以"复归活动要求"取而代之。这是确保所有社区命令高要求策

---

① 这是 Mair 和 Mills（2009）所访问的罪犯的感受。

② 参见 Bottoms（2008），pp. 151-152 的讨论。

③ Ministry of Justice（2008b），Tables 3.9 and 3.10.

④ Flood-Page and Mackie（1998），pp. 37-38.

⑤ Flood-Page and Mackie（1998），p. 102.

略的一部分，并且其与被大量使用的监督要求的废止相结合——在某种意义上，切断与长期存在的缓刑福利主义观念的联系。复归活动要求将授权监管官员指导该罪犯为复归目的出现在工作岗位上，其与古老的缓刑工作的形式很接近。但是这些要求也授权该官员指导该罪犯出席可以信任的项目或者"恢复性司法活动"（正如《2003年刑事司法法》所规定的）。前者的"活动要求"不经常使用，2010年在社区刑中有大约6%的要求通常与监督相结合使用，① 但是这一新的模式可能更吸引法庭，尤其是自从已经不能再使用监督要求之后。

3. 项目要求。

《2003年刑事司法法》第202条规定，可以要求罪犯参与一个持续特定几天的被认可项目。② 只有当缓刑监督官建议该方案适合于罪犯，并且如果法院对某一方案在某一指定地点有了满意的情况下，这一要求才可以实施。对于这一要求立法没有规定最长期限：无疑在这里特定项目持续的时间长度将是一个因素，但是遵守比例性限制意味着法庭不应当仅仅作出一个要求多长时间的项目要求，而不参考罪行的严重性。各种类型的项目已经得到认证，包括性罪犯处置项目，一般罪犯行为项目［比如推理、复归和思考在先（Reasoning and Rehabilitation and Think First）］，以及其他处理诸如应对愤怒和酒驾者的项目。③ 在2010年，项目要求是位居第三的被经常使用的要求。在10%的社区命令中被使用，而且经常与监督或其他要求相结合使用。④

4. 被禁止的活动要求。

《2003年刑事司法法》第203条授权法院作出禁止罪犯在某一时期内的特定期日参与特定活动的要求。在作出这一要求之前，有咨询缓刑官员的义务。该条提及了禁止罪犯拥有、使用或者携带武器要求的可能性，另一可能的禁止是禁止驾驶机动车辆。对这一要求没有规定最长期限。这项要求极少被使用，在2010年其出现的比例小于1%。⑤

---

① Ministry of Justice（2011），Tables 3.9 and 3.10.

② 对于微调，参见《2012年罪犯的法律援助、量刑和惩罚法》第70条。

③ Rex，Lieb，Bottoms and Wilson（2003）.

④ Ministry of Justice（2011），Table 4.

⑤ 同上。

5. 宵禁要求。

《2003 年刑事司法法》① 第 204 条规定，法庭可以要求罪犯在有关命令（每天不少于 2 小时而不多于 16 小时）中的特定期限内待在特定的某个地方。该要求可以持续最长达 12 个月，而且在作出该要求前，法庭必须获得并考虑该罪犯将要根据宵禁所要待的地方的信息。决定宵禁要求的法庭也必须作出电子监控要求，除非存在例外情形。一个例外是需要另一个人同意但是它是不可能的 [第 215（2）条]；另一个情形是法庭并未被通知在该地区安装了电子监控 [第 218（4）条]；第三个例外是"在案件特殊情形下"，法庭考虑要求电子监控是不适当的 [第 177（3）(b)]。2010 年 7%的社区命令中都包括宵禁要求。②

电子监控实验始自 1990 年，随后政府宣布"刑事司法制度应当利用现代科技，如果这样做是明智的和实用的"。③ 有些人主张电子监控不可接受，因为其侵犯了罪犯的人权：要求罪犯佩戴电子踝环可能与《公约》第 3 条（禁止不人道或者有辱人格的惩罚）或者第 8 条（尊重私人生活的权利）不相符，但是还没有对有关这些理由的成功挑战。对治安法官和缓刑监督官的采访表明设置标签被认为对"模式犯罪"特别有用，比如在周五、周六晚上的商店盗窃、夜间入室盗窃或扰乱公共秩序犯罪。④确实，宵禁命令可以被看作是通过限制特定时期活动为罪犯而创设的"虚拟监狱"；⑤ 但是，正如安西娅·赫克尔斯比（Anthea Hucklesby）自己的研究报告⑥所表明的，那些限制并不能预防犯罪，而且那样的宵禁也不是真正的监禁。赫克尔斯比的小型研究主张宵禁（尤其如果与监督要求相结合）具有相当大的回归社会的潜力，即使对滥用毒品的罪犯，因为其可以帮助罪犯脱离某些习惯和犯罪网络，并且可以使罪犯创造更强烈的个人关系（通过待在家里而非出去）。当然也有消极方面，比如把宵禁和工作时间结合起来的问题，并且许多被实施宵禁的罪犯存在各种个人问

---

① 正如《2012 年罪犯的法律援助、量刑和惩罚法》（*Legal Aid, Sentencing and Punishment of Offenders Act 2012*），第 71 条所修订的。

② 同上。

③ Home Office（1990），para. 4. 22.

④ Mortimer, Pereira and Walter（1999），p. 3.

⑤ 参见 Roberts（2004）。

⑥ Hucklesby（2008），pp. 59-60.

题和几个先前定罪，这使他们存在很大的再犯风险。

6. 电子监控要求。

《2013 年犯罪和法院法》（Crime and Courts Act 2013）第 4 部分，附件 16 对《2003 年刑事司法法》的修改作为一项独立要求确立了电子监控要求。《2003 年刑事司法法》有关宵禁的规定授权法庭在其他要求中增加电子监控要求，只要所有的必要条件得到满足［第 177（4）条］。但是政府希望看到电子监控技术得以更广泛地使用，不仅执行宵禁，还要有助于执行社区刑中的其他要求。①

7. 禁入要求。

《2003 年刑事司法法》第 205 条授权法庭禁止罪犯在最长 2 年的特定期限内进入特定场所。该命令将禁止限制在几个小时以内，或者禁止在不同的时间内进入不同的场所。该权力首次在 2000 年被引入立法，其在某种程度上与反社会行为命令相似，也可以应用于禁止某人去某些场所（尽管 ASBOs 的最短时间为两年）。② 驱逐要求在 2010 年极少被使用，在还不到 1% 命令中被使用。③

8. 居留要求。

《2003 年刑事司法法》第 206 条规定法庭可以要求罪犯在特定时期住在某个地方。法庭被要求考虑罪犯的居住环境，如果缓刑监督官建议指定旅馆或者其他机构作为居住地，那么只能如此。很大程度上依赖于旅馆是否有空房间和经过评估的罪犯对某一旅馆的适合性。然而，应当注意的是，居住要求并不必须与旅馆相联系：比如可以要求罪犯住在家里，或者和一位亲戚住在一起。在适当的案件中，这一要求可以和其他要求结合使用，比如监督或者宵禁；但是在 2010 年还不到 1% 的命令中包含有居住要求。④

9. 精神病医疗要求。

《2003 年刑事司法法》第 207、208 条规定，法庭可以要求按照注册执业医师的指导或在其指导下接受治疗。就像居留条件，这是一项长期存在的要求，以前在适合的案件中被添加到缓刑命令中，并且可以适用于通

---

① Ministry of Justice（2012），paras. 42-60.

② 更一步的讨论，参见上文第六章第五节和下文第十三章。

③ Ministry of Justice（2011），Table 4.

④ 同上。

常引起实质性羁押刑的罪行。① 在下文第十二章第三节中将对其作进一步探讨。

10. 毒品康复要求。

《2003 年刑事司法法》第 209—211 条②规定法庭可以要求罪犯进行毒品治疗并在一定时期进行检测。首先法庭必须确信该罪犯有毒品依赖，或者癖好；这是易于治疗的；这种安排可以作为住院医生或非住院医师进行治疗。仅仅在罪犯同意的情形下才得作出这一要求。其还规定了法庭审查罪犯的进展（第 210 条）以及对这些要求作出变化（第 211 条），有点像美国的"毒品法庭"，"毒品法庭"模式已经在这个国家进行了试点。这一要求代替了 2000 年被引入的毒品治疗和检测命令，目的在于提供直接以处理毒品和犯罪之间关系为目标的措施。正如其名称所暗示的，这两个因素是罪犯应当经受一个项目治疗，并且在项目治疗期间应当接受定期检测以观察其是否还在服用毒品。

毒品治疗和检测命令在法院中具有广泛的接受度：③ 许多量刑者已经乐于接受处理毒瘾措施了，并乐于接受法庭在监控过程中的角色，但是有一个经常听到的抱怨是这些资源不能满足大量的命令的需要（确实一些地区用完了专项资金）。④ 对这些命令的热情有时因罪犯时常终止或者未完成命令而冷却，考虑到大多数罪犯混乱和充满麻烦的生活，这种结果也是预期的。⑤ "复发是在通往节制道路上的一个常规特征。"⑥

2010 年毒品医疗要求占社区命令的 5%，其经常与一项监督要求相结合。⑦ 他们在量刑等级上的定位引发了不同的观点。试图概述有关上诉法院在 2006 年伍兹和柯林斯（*Woods and Collins*）案⑧中八项主张的判决，休斯大法官（Hughes J）明确指出这样的命令不应当对非常严重的罪行做

---

① 例如 *Attorney General's Reference No. 37 of 2004*（*Dawson*）［2005］1 Cr App R（S）295。

② 正如《2012 年犯罪的法律援助、量刑和惩罚法》（*Legal Aid, Sentencing and Punishment of Offenders Act 2012*）第 74 条所修正的。

③ 参见，例如 Darbyshire（2011），p. 207。

④ 参见 Hough et al.（2003），p. 49。

⑤ 参见 Sparrow 和 McIvor（2013），p. 304，报道在 2003—2009 年所完成的比例从 28% 提高到 47%，尽管作者暗示更短的命令的更大适用或许已经部分解释了这一变化。

⑥ Sparrow 和 McIvor（2013），p. 308，对有关研究结果进行评论。

⑦ Ministry of Justice（2011）.

⑧ ［2006］1 Cr App R（S）477.

出，但是如果存在积极的建议并且如果法官认为其复归的前景是好的，可以适用于经常犯罪的罪犯。在这种情况下，该罪行仅仅是夜盗一个加油站，在第二罪犯的情况下，一项命令被认为是适当的（第一个被判处 20 个月监禁）。其他判决表明重大的暴力行为将排除适用有毒品治疗要求的社区命令，"值得"判处 3 年以上监禁的罪行较少被认为适合这样一项命令。① 然而，量刑委员会的指南已经在第二步中包含了下面这一段：

在被告人依赖或者有倾向滥用药物并且有充分的成功的可能的情形下，根据《2003 年刑事司法法》第 209 条规定的带有毒品复归要求的社区命令可以作为短期或者适当长度羁押刑的替代措施。②

这表明在适当严重的案件中，复归可以胜过适当的惩罚，但是对于是否存在"充分的成功的可能性"，很多都要留给法庭裁判，如果这样，这种替代是否是"正确"的。

11. 酒精医疗要求。

《2003 年刑事司法法》第 212 条授权法庭适用一种有关减少或者消除罪犯的酒精依赖的治疗要求。这一要求不包括提交检测，但是另一方面其与毒品复归要求有着相似的条件——法院必须确信罪犯依赖酒精；这可能受到治疗的影响；这种安排可以作为住院医师或非住院医师进行治疗；并且罪犯同意。酒精治疗要求在 2010 年构成了 3% 的命令。③ 鉴于罪犯的酒精滥用率很高，这一数字低于人们的预期。国家审计办公室（The National Audit Office）发现，由于酒精医疗项目主要是由国家健康服务机构（the National Health Service）资助的，它们要么无法得到，要么在许多地区不规则的适用。④ 很明显，这里需要完善组织和计划。

12. 戒酒和监控要求。

---

① 参考 *Attorney General's Reference No. 82 of* 2005［2006］1 Cr App R（S）679（有 54 项先前定罪者的非暴力抢劫维持，维持该命令）with *Attorney General's Reference No. 114 of* 2005［2006］2 Cr App R（S）595（涉及锤子和刀具的抢劫的命令增加至 4 年监禁）。

② Sentencing Council, *Burglary Offences Definitive Guideline*（2011），p. 8；*Drug Offences Definitive Guideline*（2012），p. 12.

③ Ministry of Justice（2008b），Tables 3.9 and 3.10.

④ National Audit Office（2008）.

《2012 年罪犯的法律援助、量刑和惩罚法》嵌入《2003 年刑事司法法》社区刑规定中戒酒和监控要求。这要求罪犯戒酒，或者确保他的酒精含量在不超过 120 天的期间没有超过一个规定的水平。仅仅在酒精消费是被定罪的一个因素（比如酒驾）或者是实施犯罪或者关联罪行的一个促成性因素时，才可以适用这一要求。这一要求，可能不是与酒精治疗要求同时进行的，是作为一项策略的一部分，目的是解决酒精与犯罪之间的联系。① 它最初是在试点基础上被引入的。

13. 外国旅行禁止要求。

《2012 年罪犯的法律援助、量刑和惩罚法》插入《2003 年刑事司法法》社区刑规定中一项新形式的要求。外国旅行禁止要求禁止罪犯在命令中的特定时期或者某些天在英联邦国家以外的国家或者命令指定的一个或者几个国家旅行。最长持续时间是 12 个月。这是一项惩罚性限制。

14. 少年犯教育中心的要求。

第 214 条规定法庭可以要求罪犯出席少年犯教育中心 12—36 小时，只有本地有这样的安排。教育中心主要是为少年罪犯而设立的，在下文第十二章中进一步讨论。第 177（1）条规定不能适用这项要求，除非罪犯的年龄在当时处于 25 岁以下。2010 年这项要求在所有要求中被适用得最少。

四 要求的选择

假设对于社区刑严重性的法定检测（在上文第六节第二部分考虑过）已经得到满足，法庭的下一步是选择在一个特别的案件中哪一项或者哪几项要求是适当的。有关法律规定在修正后的第 148（2）条中：

> 在法庭通过一项包含或包括一个社区命令的社区刑的情形下——
> （a）构成社区命令组成部分的要求或者特别要求，在法庭看来，单个或者结合起来必须最适合于罪犯，并且
> （b）该命令所施加的对自由的限制必须在法庭看来是与罪行或者罪行的结合、一个或者多个罪行与其相关联的严重性相适应的。

① Ministry of Justice（2010），pp. 28-29 and 60.

这一小部分现在必须根据由《2013 年犯罪和法院法》第 1 部分，附件 16 插入的新的第 177（2A）条的规定来解读。其规定：

> 在法庭作出社区刑裁判的情形下，必须——
> （a）将一项以惩罚为目的的要求包括进这项命令中；
> （b）对违反社区命令的罪行处以罚款；
> （c）遵守（a）和（b）中的要求。

新的第 177（2B）条规定第 177（2A）条不适用于如果法庭遵守它就会不公正的例外情形。这一新规定将在下文对第 148（2）条的审视之后讨论。

第 148（2）条的结构建立在 1989 年博顿斯以及尤其是 1988 年沃斯克和冯·赫希提出的建议的基础上，表明应得理论可能如何适用于非羁押刑。那些作者在大致相同的严重程度制裁的"有限的可替代性"基础上勾勒出一个模型，[①] 法定检测也朝这一方向发展——规定不仅这一项或者几项特别命令"必须……最适合该罪犯"，而且这项社区命令必须与罪行的严重性相适应。在第 148（2）条中的法定准则因而是设计以确保在适当的刑罚框架内采取减少再犯的措施。

这里需要讨论法定框架内的三个方面——（a）决定罪犯的适合性；（b）确保对自由的限制与罪行的严重性相适应；以及（c）包括一项惩罚性因素。

（a）决定罪犯的适合性：来自缓刑服务机构（the Probation Service）的量刑前报告（见下文第十三章第四节）在许多案件中决定是否做出社区刑而不是替代性处理措施方面是具有影响力的。然而，量刑委员会的指南也规定，一旦法庭决定适用社区刑，其应当索要针对特别案件中特别问题的量刑前报告。[②] 量刑前报告在建议法院设置适当的项目以允许他们适当地对待特殊的罪犯方面非常关键。在决定所要适用的特殊要求时，法庭必须还要考虑（b）和（c）中的因素。

（b）确保对自由的限制与罪行的严重性相适应：正如第 148（2）

---

①　Wasik and von Hirsch（1988），p. 561.

②　为查明是否在罪犯体内存在任何规定的 A 类毒品，《2003 年刑事司法法》第 161 条授权法庭作出判刑前毒品检测命令。

（b）条所规定和量刑委员会指南所强调的，法庭必须维持要求中的自由限制和罪行严重性之间的均衡。量刑委员会的指南阐述了社区命令中的三个量刑范围，根据他们适用的限制程度划分等级。当他们就这一点索要量刑报告时，指南要求法庭标明"这三个量刑范围中哪一个是相关的，以及希望实现的这些要求的量刑目的"。①

　　量刑委员会指南所阐述的这三个量刑范围分别是低级的、中级的和高级的。② 低级范围可以包括40—80 个小时的无偿工作，"几个周"的宵禁要求，一项参加教育活动要求（其最长时间是 36 小时）。这一范围的社区命令据说是适合社区刑以下门槛犯罪的，③ 以及拥有 C 级毒品并有提供动机的更轻的罪行。④ 中级范围可以包括更长时间的无偿工作（比如 80—150 小时），20—30 天的活动要求，持续 2—3 个月的宵禁要求，或者大约6 个月的驱逐要求。⑤ 这种社区刑或许适合处理盗窃物品（如果是为再次销售，不到 1000 英镑；如果是为个人使用则更高），以及第三层次的夜盗某商业处所。⑥高级范围包括150—300 小时无报酬劳动，活动要求最高可达 60 天，从 4 天到 6 个月的宵禁，等等。如此命令应在案件不满足监禁检测时适用，法庭决定社区刑罚是适宜的时候，比如对家庭夜盗罪第三等级。⑦ 这些简单描述需求的例子，可能适合打印在量刑委员会确定指南附件中的每一个级别，但是现在他们不得不受制于改变了的要求的名单来解读（比如不再存在活动要求，而已经引入国外旅行禁止和复归活动要求）；并且，当然服从于新的第 177（2A）的规定，其仍然有待讨论。

　　（c）包括一项惩罚性因素：正如上文所解释的，一项 2013 年的修正案施加给法庭确保每一项社区刑包括"至少一项以惩罚为目的的要求的（合格）"的义务。这一新义务背后的推理有点奇怪。司法部声称社区命

---

① SGC, *New Sentences: Criminal Justice Act* 2003, para. 1. 1. 16.

② The Sentencing Advisory Panel approached this issue, in its advice to the SGC, on the basis of the indications given in Halliday (2001), pp. 40-1.

③ 那是根据第 151 条量刑的罪犯（参见上文第十章第六节第二部分），其已经被判处三次罚金但其罪行并未严重到足以满足社区刑的门槛。

④ Sentencing Council, *Drug Offences Definitive Guideline* (2012), p. 13.

⑤ 例如有关宵禁命令的配置 Hucklesby (2008)；还参见 Harrison (2006)。

⑥ Sentencing Council, *Burglary Offences Definitive Guideline* (2011), p. 13.

⑦ Ibid., p. 9.

令可以比羁押刑更有效，有超过8%的更少的再定罪率。① 其继续指出社区刑"现在不像其本应当的那样有效"，因为它们"不包括一项清晰的惩罚因素和其他以复归和修复为目的的要求"。这一主张没有证据支持（以及"有效"这个术语在这里意味着什么），其进一步被"所有社区命令都涉及某些对罪犯自由的限制，并且由于那一原因，在某种程度上它们都可被认为具有惩罚性"② 的陈述所弱化。政府的目标是要求法院"选择一项以惩罚为首要目的的要求"——社区回报，一项电子监控的宵禁或者一项罚金。第177（2A）条的术语并未证实这一点，因为该项义务仅仅包括至少一项以惩罚为目的的要求，并且不以惩罚为首要目的。除非意图是新的委员会指南指引法院向以惩罚为首要目的的要求转向，否则新规定很可能发挥不了多大作用。③ 加之存在"规避条款"，政府承认一项明确的惩罚要求将不适用于某些罪犯的观点，比如那些有精神健康问题的罪犯。这项对适合性的参考是第148（2）条仍然存在的一个提醒，结果即使法庭确实觉得包括一项惩罚因素，其必定是最适合该罪犯的，并且整个命令必须与罪行的严重性相适应。

一旦法庭已经确定在第148（2）条中的适合性和比例性的法定条件得以满足，它就必须确保在还押候审期间的任何时间都给予应有的信任。如果被判处羁押刑，这将是例行工作，法院必须注意在社区刑案件中不要忽视相同的公平原则。指南表明法庭应如何着手处理这一问题，尤其是在羁押门槛附近，可能会适用羁押量刑（实际上）可能立即释放与考虑还押时间以减少其繁重性的社区刑的适用之间选择的情形。④

量刑委员会指南对此绝对清楚地规定了根据《2003年刑事司法法》给予罪犯二个或者三个连续的社区刑是没有障碍的。因而，在法律上只有一种形式的社区刑并不意味着认为已经服完社区刑而再犯罪后的罪犯应当被认为不适合第二次社区刑了，依据是社区刑已经用过，但是失败了。再适用社区刑，可能有不同的要求，可能是相当合

---

① Ministry of Justice （2012），para. 33.

② Ministry of Justice （2012），para. 38，

③ Wasik （2014），p. 485，暗示其可能"在实践中被忽视"。

④ SGC，New Sentences：Criminal Justice Act 2003，paras. 1. 1. 37-1. 1. 40。

理的。①

　　然而，为确保正确传递相关信息，强烈要求法庭根据命令的目的和设置量刑的范围（低级的、中级的或者高级的）记录他们的社区刑。

五　执行和违反

　　当一项要求生效了，罪犯管理者应当监控、审查和评估罪犯的进步，以及如果有必要，应当考虑一个适当形式的回应——其可以因为良好的进步而早早被撤回，或者对于违反要求者采取措施（见下文）。一般的监管方法是比 10 年或者 20 年之前更有控制，为限制自由而将监管要求概念化当然是公平的。② 然而，仍有对康复技术的承诺，这样可以确保监管要求继续属于弗朗西斯·艾伦（Francis Allen）的复归定义——"影响被定罪的罪犯的性格、态度和行为方面的改变"。③

　　第 179 条规定，《2003 年刑事司法法》附件 8 规制了社区命令的违反、撤回以及修正。该附件给予"负责官员"有关没有合理理由第一次违反要求裁量权，或者给予警告，或者启动违反程序；然而，有关第二次违反要求，负责的官员必须在违反程序中把该罪犯带回法庭。国家标准阐释了罪犯管理者应当在未经说明的未出席约见和其他违反要求的情形下所采用的方法。④ 法庭有关违反命令的权力是强大的，根据要求违反是没有遵守命令或是进一步实施犯罪而不同，但是量刑指南委员会的指南是被设计用来确保法庭对违反程序的回应，"首要目标"是确保"量刑的要求得以完成"。因而附件 8 的第 9 和第 10 段规定，发现没有合理理由而不遵守命令的，必须或者修订社区命令的术语"以施加更重的要求"，或者撤销命令而处理罪犯的最初的罪行。治安法院也有权对罪犯适用罚金和适当地适用命令。如果法庭发现"罪犯故意并且一再地违反命令的要求"，必须对其判处长达 51 周的监禁刑。⑤ 然而，法庭必

---

①　SGC, New Sentences: Criminal Justice Act 2003, para. 1. 1. 34。

②　Harrison（2006）.

③　Allen（1981），p. 2.

④　NOMS（2007），pp. 45–49.

⑤　该权力延伸至在最初的犯罪不应被监禁的：Schedule 8, paras. 9（1）（c）and 10（1）（c）。

须考虑罪犯已经遵守命令要求的程度，并且对"部分履行"给予肯定；法庭还应当考虑"违反的理由"。① 在许多情形下，适当的回应可能是延长命令的期限或者将一项额外的要求包括进来。然而，委员会的指南警告说，不允许施加额外的要求，使其不太可能遵守该命令的条款，而且判处羁押刑可能与最初的量刑不成比例。确实，在对违反命令使用羁押时，委员会采取了强烈的措辞：

> 羁押应当是最后的手段，为那些故意和一再违反命令的罪犯在所有的确保罪犯遵守命令的合理的努力都失败的情形下而保留。②

然而，附件 8 的措辞仍然很严厉，而且正如上文所注意到的，羁押在所有的违反命令案件中都是被许可的，并且要求在"故意和一再"违反的情形下，即使在原先罪行不适用监禁的情形下。这是另一个违反命令所受到的惩罚比最初的罪行还要严重的例子。正如上文第六章第三节第一部分所主张的，违反命令的理由可能复杂得多，有关适当回应的决定要灵活。

第七节　延迟量刑

对许多人都非常意外的是，延迟量刑的权力——自从 1972 年就规定在法律中了，极少被使用——在《2003 年刑事司法法》中被保留下来，还有些复活的迹象。因而该法第 278 条引入了附件 23，其以替代性规定取代了《2000 年刑事法院（量刑）权力法》第 1 条和第 2 条的规定。如果"罪犯在延迟期间遵守法庭认为适当的对其行为的要求"，法庭被授权延迟量刑达 6 个月。法庭因而可以附加有关出席医疗课程的条件，或者有关居住在特别地方的条件，或者他们认为适当的任何条件。目前有对法庭

---

① SGC, New Sentences: Criminal Justice Act 2003, para. 1. 1. 46; *Poulton* 〔2013〕EWCA Crim 1453。

② 同上，para. 1. 1. 47。

将一项参与"恢复性司法活动"的要求包括进来的规定。① 如果罪犯没有遵守一项或者多项要求，法庭可以在延迟期限结束前处置罪犯，可以对最初的罪行判刑——还可以对延迟期限内所犯的罪行判刑。法庭可以在延迟期限内指定一名监管者，通常是一名缓刑监督官。

　　延迟量刑的思想是将允许法庭检测罪犯的决定和意图，并且还可能使罪犯对最终的量刑产生积极影响。量刑委员会的指南规定：

　　　　延迟量刑的适用应当在一小部分接近重要门槛的案件中占主导地位，被告人应当准备以被量刑者明确指定的方式调整其行为，法庭可以准备适用较轻的量刑。②

　　似乎这些案件中的多数将进入羁押门槛，或许在有利的情形下可以考虑社区刑；但是委员会也考虑或许存在一些通过了社区刑检测，但如果满足延迟量刑的条件可能被释放或者被判处罚金的案件。在更早的乔治（*George*）判例③中，上诉法院坚持在延迟的期限结束时，量刑者应当"决定被告人是否已经实质上遵从或者试图遵从延迟法庭的正确期望……如果回答是肯定的，接着被告人可以合法地期待不会被判处立即羁押刑"。尽管近年来延迟的适用已经增加，2011 年所有案件数量也只有2000 件。

第八节　结论

　　在本章中我们已经看到法庭可以适用广泛的非羁押刑。然而，羁押刑的适用率仍然很高。对于《2003 年刑事司法法》之前的十年，在英国量刑中所发生的事情存在广泛共识：监禁的适用迅猛增长，他们中的许多人本应获得社区刑或者暂缓量刑而却被送去羁押，他们中的许多人本应先前被判处罚金（并且，后来，他们中的许多人本应被有条件地释放）而却

---

① 《2000 年刑事法院（量刑）权力法》S. 1ZA，由表 16 第 2 部分插入《2013 年犯罪和法院法》。

② 同上，para. 1. 2. 7。

③ ［1984］6 Cr App R（S）211.

被判处社区刑。换句话说，量刑严厉程度的提高，对罪犯量刑的升级，增加了监禁和社区刑的适用。

充分考虑量刑的复杂性和解释统计数据的困难，自《2003 年刑事司法法》实施以来的十年，基本没有发生大的变化，最明显的改变是 2013年大约有 41000 名成年人被适用暂缓量刑，比 2014 年多。[1] 这种取代看上去多数是来自社区刑（不到 32000 人），但是也有来自罚金、立即羁押和其他措施的。因此，似乎发生了另一种棘轮效应。大约 32000 个暂缓量刑命令——一个完全可以预见的失灵，本书第四版对此有清晰的阐释。[2]《2003 年刑事司法法》规定了法定门槛检测，正如我们所看到的，这些在量刑委员会指南中更加完善了。但是极少有证据表明量刑者查阅并遵守了那些指南：似乎犯罪指南比一般的或者总体指南被关注得多。

一个根本性的错误是 1993 年对单位罚款的强制废除。该制度存在一些缺点，但是正确的方法本应当是纠正这些缺点。通过媒体运动和少数治安法官的支持，他更倾向于政治上的荣誉，而不是健全的政策，那时候的内政部错过了使金钱刑更加公平的机会，使罚金返回到了先前的混乱。明显的负面的结果——更少的罪犯会被判处罚金刑，穷人会被判处更高的罚金——已经随之而来，正如上文第五节所揭示的。有关罚金后来的发展曾经是积极的——因未履约而被判处监禁刑者急剧下降，罚金刑的比例大幅上升——但是在恢复罚金对量刑者的吸引力方面未曾成功。如何扭转这一趋势呢？要让违规者降低关税，比提高关税困难得多。这意味着澄清实践发展了大约十年或者更长时间。《2003 年刑事司法法》清楚地规定罚金在"刑罚排列"顺序中并不总是居于社区刑之下，大量的罚金可以被适用于确信接近羁押检测的罪犯。但是，那一改变可能仅仅影响到一小部分案件，在任何情形下都会提出公平问题，这会损害法律面前平等原则（上文第 7 章）。尽管有《2003 年卡特报告》和《2004 年克劳斯菲尔德报告》（Couls field Report）中的建议，等等，没有政府似乎曾经对政策的基本扭转有兴趣，如果我们将要回到以日罚金或者单位罚金为基础的制度，那将是必要的。然而，只有这样的制度可以跨越所有层次的金钱资源而传送一种合理的公平和公正的制度，即使那样，还将需要在量刑时采取一些措施

---

[1]　参见上文第九章第四节第二部分中暂缓社区命令的讨论。

[2]　第 4 版（2005），第 274-277、330—331 页。

给予赔偿命令和罚金更加突出的地位。

2003 年以来刑罚政策不平静的十年，目前已经让位于新的动机和新的目标。联合政府正式宣布进行一场"复归革命"，其采用了改革复归项目的方式。这包括以下六点内容。

（1）创设一个新的公共部门——国家缓刑服务机构，处置多数的高危险性罪犯。

（2）建成 21 个新的社区复归公司，改变中级或者低级危险性罪犯的生活。

（3）在社区给予从羁押中释放的每一位罪犯法定的监管和复归，包括那些不到 12 个月监禁的罪犯。

（4）设置全国范围的"通过监狱大门"（through the prison gate）安置服务以给多数罪犯从羁押到社区的持续性支持。

（5）给新的各种复归提供者打开市场，"最好地利用公众、自愿和私人部门，给予他们发挥作用的灵活性"。

（6）只有再犯率确实下降，才支付给提供者报酬。

关于这些动机有很多可说的，这里将冒昧做几点评论。最重要的是这些改革的背景：正如在上文第十章第六节第四部分所看到的，政府仍然在为社区刑追寻一个惩罚性议程，其仍然致力于高囚犯人数。任何来自"改革复归"的再犯减少的改善都将受到欢迎，但是必须在更广泛和明显不太乐观的背景下被审视。

虽然建立市场是政府改革的一个目标时，但就像监狱私有化服务一样，公共部门提供者将会保留对高风险罪犯的责任，作为 MAPPA 协议的延伸（见上文第六节第一部分）。在对"复归提供者"市场监测动机的背后不仅是物有所值，还有新的复归方法可以被自愿的和私人部门提供者以自己的成本进行试验的期望（在如果没有实现指定结果，将不会有全额支付的意义上）。这给 21 世纪早期"什么管用"运动一个新的戏弄：当时的政府受《哈利迪报告》鼓动的过于热情和迅速地推出"什么管用"项目，并未获得所期望的重要利益。完成了这些项目者的再定罪比例，通常并不比那些经历其他措施者高。① 多数刑法学者不会感到惊奇，因为，即使再定罪是一项可以接受的成功措施，可以期待的最好结果将会是某些

---

① 参见 Bottoms（2004），pp. 61-3；Raynor（2012）；Harper and Chitty（2005）。

形式的介入工作对某些形式的罪犯更有效。詹姆斯·麦克奎尔（James McGuire），可能是 21 世纪"什么管用"运动的领导者，曾经坚持再定罪比例的全面减少可以实现，但是这仅仅在各种项目和介入被正确设计和传递的情形下才能发生。① 在实践中，在英国经常会有设计和传递方面的问题，有些来自资金不足，有些源自野心过大的政府目标。寻求更有效的减少再犯的方法是否将被通过打开来自自愿部门和私人部门提供者的竞争领域来实现，这仍然有待观望，但是如果想要实现理想的结果，大量的计划和投资是必要。

可以证明改革复归项目的第 3 点和第 4 点有最长的持续性作用。缺少对被监禁 12 个月以下的监督要求曾经是长期存在的反常现象，尤其是因为这一群体在从监狱释放时再定罪率很高。工党政府提议通过《2003 年刑事司法法》所规定的羁押加刑解决这一问题，但是政府在可能的措施过量使用和随之而来的成本面前临阵退缩了，其从未生效。② 目前减少再犯的联合政策导致了《2014 年罪犯复归法》的通过，其第 2 条将 256AA 插入《2003 年刑事司法法》以对所有服刑在 1 天与 2 年从监狱释放的罪犯施加 12 个月的监督。这些罪犯的监督将根据协议执行，正如社区命令，并且罪犯的管理者因而将是一名缓刑监督官或者是自愿协会或私人公司的官员，作为通过结果支付的制度的一部分（就是我们所知道的 PbR）。③

同时，联合政府已经承认有特别需要的某些群体罪犯的特殊问题，最突出的是女性罪犯和毒品罪犯。对于女性，政府已经承诺建立至少 6 个女性社区中心为女性提供精选的社区回报项目，还有至少 4 个仅适用于女性的"加强的以医疗为基础的羁押替代措施"。这些和其他举措作为不适当迟缓的对 2007 年《科斯顿报告》（Corston Report）中建议的回应的一部分早就应该进行了。④ 相似地，政府已经制定了新的措施来解决与犯罪有关的毒品和酒精问题。⑤ 如果知道这些计划被认为是成功的并且法院可以使用，仍然存在在社区命令中增加量刑者自信的问题，还有设计和执行有关量刑类型使用的指南问题。然而量刑委员会还没有处理这些问题，但是

---

① McGuire（2002）.

② 参见本书第 4 版，pp. 277-278；第 5 版，第 295 页。

③ Ministry of Justice（2012），paras. 150-154.

④ 同上，paras. 159-160；参见上文第七章第三节，以及 Malloch 和 McIvor（2011）。

⑤ 参考 Sparrow 和 McIvor（2013）。

量刑委员会有关新量刑的指南——《2003 年刑事司法法》似乎或者被量刑者拒绝、或者被忽视。毫无疑义，它被纳入了治安法官的培训中，但是它似乎并不是一个有效的工具可以用来形成对缓刑、社区判决和相关措施的司法处理方法。当时，缓刑服务机构正经历其数十年来重塑，只有大约 30% 的成员可能被保留，剩余的则由根据 CRC 计划竞标成功的私人承包者所雇用。当对于监禁低于 12 个月的罪犯监督的扩展成为一项受欢迎的举措时，在社区中社区刑和监督的前景似乎并不明朗。

第十一章

辅助命令和民事预防命令

本章试图讨论在量刑阶段法庭可以适用的不断扩大的辅助命令的范围，并探索也不断扩大的民事预防命令，违反了这些命令会构成严重犯罪。本章在阐释法庭可以作出的收缴、修复性命令以及预防性命令之前，先以目前量刑框架的简介开篇。接着会对各种命令的原理进行重新评价，最后阐释违反命令的刑罚问题。①

第一节　法定量刑框架

《2003 年刑事司法法》（修订后的）所确立的量刑框架在前文第九章和第十章已经有大量的讨论，目前的简介避开了对法定信息的详细阐述，目的是想表达有关成年罪犯裁判计划的本质，正如立法所规定的。下面顺序从最简单的量刑开始，以最繁重的量刑结尾。

一项绝对的或者附条件的释放是充分的吗？

该案件适合判处被告人罚金（其或者能够实质性地满足适用社区命令的条件，或者接近羁押刑的门槛）吗？

就该案件的严重程度而言，社区刑的保障充足吗？

如果该罪行如此严重，仅仅判处罚金或社区刑都不具有合理性，因此，监禁判决是不可避免的吗？

如果该案通过了羁押刑的门槛检测，存在表明该量刑或许被延缓或者会被判处社区刑的因素吗？

---

① 在先前的版本中本章还在量刑中处理程序问题，但是它们目前形成了后面新的第十三章的主题问题。

　　如果那些替代措施都是不可能的，而直接的监禁判决是不可避免的，该案件中的被告人可以适用最低刑吗？或者该案件中的被告人适合被判处危险罪犯的刑罚（终身监禁或者一项被延长刑期的刑罚）吗？

　　如果不是，那么与罪行严重性相匹配的最短刑期是什么呢？

　　这是一个被简化的版本。其根据对单一罪行的量刑来解释，并且我们在第八章看到对于一个以上犯罪的量刑产生出来各种其他难题。该框架遗漏了法庭考虑作出赔偿命令的责任（见上文第十章第四节），以及各种与辅助命令有关的责任，比如启动没收程序的责任（见下文第五节第一部分）。它也没有考虑前第五章和第六章所阐释的加重与减轻因素的法定要求。

　　正如前面章节所明确的，量刑指南现在引导法庭朝着每一类犯罪的特定起点和范围。然而，在理论上，立法优先，并且这在写入非家庭夜盗指南的版本中得到认可，其指导法庭何谓"羁押门槛"（对于目录 3 中的罪行），提醒法庭注意法定检测。① 9 步判决的顺序是委员会指南为人熟悉的特点，第 7 步包括"赔偿与辅助命令"，并且声明："在所有案件中，法庭应当考虑是否作出赔偿和/或其他辅助命令。"② 那些命令将在下文第三、四、五节中讨论；但是首先简要讨论惩罚与预防之间区别的影响。

第二节　预防性与惩罚性命令

　　本章讨论的命令中的大多数可以被描述为"预防性"的。然而，在《欧洲人权公约》的背景下，决定一项特定的命令是相当于一项处罚（也即惩罚）或者仅仅是一项预防措施，往往得重要的。如果一项命令有重大的惩罚要素（即使某种程度上它也是预防性的），它必须遵从一定的人权标准。尤其地，它一定不能回溯适用（公约第 7 条），它的适用范围必须是清楚的（公约第 7 条），并且它必须仅在与刑事指控相适的所有保障措施被遵守后才能被适用［公约第 6（3）条］。因此，在 1995 年韦尔奇诉联合王国［Welch v. UK（1995）］案③中，欧洲人权法院认为通过对罪

---

① Sentencing Council, *Burglary Offences*: *Definitive Guideline*（2011），p. 13.

② 同上，p. 14.

③ ［1995］20 EHRR 247.

犯适用回溯性处罚《1986 年毒品交易法》（Drug Trafficking Act 1986）的没收程序违反了公约的第 7 条。毒品交易法的第 38（4）条的确清楚地表明如果被告人是在该法生效后被指控则没收权力有回溯效力。关键的问题因此是没收令是不是一项"处罚"。在决定它是什么时，法庭注意到这项措施有惩罚性、也有预防性，还有赔偿目的；该命令是参照"收益"而不是利润来计算的；命令的量考虑到了可责性；并且命令是以监禁期的辅助方式来适用的。这些要素，联合在一起，导致法庭得出措施本质上是处罚的结论，即使它的目的据说是预防性的。形成对照的是，在 1997 年伊博森诉联合王国 [*Ibbotson* v. UK（1997）]① 案，欧洲人权委员会（European Commission on Human Rights）认为依据 1997 年性犯罪法的警告规定不是一项"处罚"，因为它不及没收严厉，没有监禁辅助的规定（一个单独的起诉可以产生），并且它是预防性的，"在某种意义上认识到某人在警察处被登记备案就可以阻止其进一步实施犯罪"。

当上诉法院着手处理这一问题时，在该命令剥夺了从事儿童工作的罪犯的背景（目前被取消）下，他们必须决定这是否仅仅是一项预防命令（可以溯及既往），或者在本质上是一项刑罚（不可能是，因为第 7 条的规定，溯及既往）。在决定在 2003 年菲尔德和杨（*Field and Young*）案②中其是否仅仅具有预防性时，法庭非常重视这一事实，即该命令既适用于被判有罪的人，也适用于因精神错乱而被发现不适合辩护或不认罪的情况。然而，这一推理是有缺陷的。法庭表面看来认为如果该命令仅仅在被定罪后作出，那么将其作为预防性命令将会是有难度的，但是其更容易被当作预防性命令，因为其也可能在发现被告人是精神病人或者残疾人时的有关审判之后作出。这明显并不令人满意：那一规定的全部要义是为了治疗严重的精神错乱（出于这些目的），就好像他们被判有罪一样，而非建议这些命令可以适用于未被定罪的人。上诉法院将形式置于实质之上，而斯特拉斯堡法院似乎不太可能屈从于这一设置，该设置如果得到批准，可被起草者广泛部署，从而将惩罚性命令转化为预防性命令。其如果真得建议《1986 年毒品交易法》允许将没收命令不仅适用于定罪而且适用于发现有精神病或者不适合的抗辩理由，在韦尔奇案③中本应当得出一个不同

---

① ［1999］27 EHRR CD 332.

② ［2003］2 Cr App R（S）175.

③ （1995）20 EHRR 247.

的结论并发现该命令不具有惩罚性吗？有关惩罚/预防的区别与其在特殊辅助命令背景下的含义都将在下文更多的讨论。①

第三节　惩罚性收缴命令

这里所讨论的两种形式的命令在动机上具惩罚性，因而应当在计算罪犯所犯罪行的量刑的整体比例性时被考虑进去。（其他惩罚性收缴命令，比如没收命令，将在下文第五节第一部分与第五节第十二部分中讨论。）

一　剥夺命令（Deprivation orders）

《2000 年刑事法院（量刑）权力法》第 143 条授权法庭剥夺罪犯用于（或者意图用于）实施犯罪或者促使犯罪发生的任何财产的命令，这是在逮捕或者传唤时，从罪犯的财产或者其控制的财产中合法没收的。② 该条第 6 款和第 7 款明确规定大量的机动车犯罪属于"协助犯罪实施"的范畴，因而法庭在罪犯没有驾驶资格时，可以命令由于该驾驶罪行而剥夺其汽车。然而，正如其分庭在 1990 年英女王诉海布里角领薪治安法官，及单方面诉马泰奥（*Highbury Corner Stipendiary Magistrate*，*ex p. DiMatteo*）案③中所主张的，法庭在作出这一命令之前，必须也要求或者接受有关对罪犯经济影响的信息。这一判决强调将命令作为对犯罪进行整体量刑一部分的重要性，而不应与罪行的严重性不成比例。④ 在 2003 年鲍尔（Ball）案⑤中，上诉法院撤销了一项有关个性化牌照的梅塞德斯（奔驰）车的剥夺命令，用于便利盗窃，其理由是法官没有给律师向法庭说明有关没收命令与其可能影响的机会，没有遵守法定要求，在决定是否作出该命令前，对于该财产的价值进行估算。

---

① 参见 Ashworth andLucia Zedner（2014），chs. 1 and 4。

② 如果该财产（一辆汽车）属于另外的人，比如一家租购公司：*Kearney*［2011］2 Cr App R（S）608。

③ ［1990］12 Cr App R（S）263.

④ 还参见 *Lee*［2013］2 Cr App R（S）79，维持了该命令。

⑤ ［2003］2 Cr App R（S）92.

二　剥夺驾驶资格（Disqualification from driving）

《2000 年刑事法院（量刑）权力法》第 146—147 条授权法院剥夺那些为犯罪目的或者已经实施了犯罪而使用车辆者的驾驶资格。该法没有对犯罪的本质和作出命令之间的关联作出任何要求，但是在 2005 年克利夫（Cliff）案①中，上诉法院认为行使该权力必须有"充分理由"。这样的理由存在于 2009 年鲍林（Bowling）案②中，在该案中罪犯将自己暴露在其车中的孩子面前，但是上诉法院担心该命令的持续期间或许会妨碍其从监狱中释放后寻找工作，因而将其缩短。这一权力的原理似乎是惩罚性的而非预防性的，所以法庭在评估量刑全部的比例性时应当考虑它。

第四节　修复性命令

最常使用的这种命令是补偿命令，已在前文第十章第四节讨论过。注意到补偿命令优先于罚金与任何诉讼命令很重要。其他三种形式的修复性命令可以简要提及：所有四种命令的目的是赔偿被害人，因而在评估量刑是否符合比例要求时，不应当考虑它们。

一　归还命令

《2000 年刑事法院（量刑）权力法》第 148 条授权法庭作出一项命令，根据盗窃行为的定罪（或者某人被考虑受到另外的指控），要求罪犯归还被盗走的财产，或者代表那一财产的货物，或者一笔被盗财产的等价物（基于逮捕从罪犯所得财产中取得）。我们将会看到作出这一命令的条件是明确的，法庭作出归还命令的情况相对少见。

二　修复命令

修复命令（Reparation orders）是社区刑的一种形式，仅仅适用于根据第 18 条量刑的罪犯。因而其将在后文第十二章第一节中阐述。

---

① ［2005］2 Cr App R（S）22.

② ［2009］1 Cr App R（S）122.

三　被害人的附加费

《2003 年刑事司法法》引入了被害人附加费规定的，对于所有罪犯都是 15 英镑，这笔收益被用于对各种被害人服务的基金，每年筹集大约 1000 万英镑。自 2012 年 10 月，被害人附加费开始按比例征收，从罚金的 10%，经对判处社区刑的罪犯收取 60 英镑，到对被判处 6—24 个月监禁的罪犯收取 100 英镑，以及对判处更长刑期的罪犯收取 120 英镑。附加费必须缴纳，除非法庭作出赔偿命令并且该罪犯没有能力同时支付附加费和适当的赔偿费用。

第五节　预防性命令

现在这一讨论转到越来越多的预防性命令（Preventive orders），其中 18 项将在下文阐释。政府以维护社会公众利益为由增加了预防性命令的数量，扩充了其范围，但是意识到这其实是为避免量刑的某些程序要求。通过给这些命令以"预防性"称谓，并且允许法庭在没有定罪（比如，仅仅基于申请）的情形下也得以适用，近来政府坚持认为其避免了伴随法庭量刑而来的程序保护——比如遵守《公约》第 6 条有关刑事指控的各种"公平审判"的要求，与第 7 条规定的不溯及既往原则，等等。① 其是否成功地避免了这些保护，有待欧洲层面的检测；但是忆及斯特拉斯堡法庭在韦尔奇诉联合王国案中所主张的一项以预防为动机的量刑，仍然可以在本质上认为是具有惩罚性的。这适用于没收命令（Confiscation orders），并且可以适用于其他预防命令。

一　没收命令②

替代以前立法的主要的法律是《2002 年犯罪收益法》，这一法律范围广泛，内容详尽，并且充分阐述了该法第二部分的主要规定。在罪犯已经被刑事法院定罪的情形下，如果控方申请③或者法官认为适合（第 6 条），

---

① 进一步参见 Ashworth 和 Lucia Zedner（2014），ch. 4；Ramsay（2012）。

② 对于深思熟虑的分析，参见 Alldridge（2003）。

③ 如果这样的适用发生，不存在裁量权问题：*Hockey*［2008］1 Cr App R（S）279。

则法官必须启动没收程序。下一步依赖于法官是否判定该罪犯有罪犯生活方式。第 75 条根据其被认定的该组罪行中的一项罪名，或者"构成犯罪活动一部分的行为"，阐释了"犯罪生活方式"的要素。如果法庭判决该罪犯拥有"犯罪生活方式"，就必须对罪犯在过去六年里拥有的财产做出某些假设（第 10 条）。如果法庭判决罪犯不拥有"犯罪生活方式"，必须决定其是否通过本案犯罪行为而受益——不使用第 10 条的假设，但是可能要求该罪犯痛苦提供不利推断的信息（第 18 条）。第 7 条规定了法庭应当如何得到"可以收回金额"的方式，并且第 9 条规定了法庭可以做出哪些扣减和补充。于是法庭可以作出一个命令，同时必须确定未履行支付义务的监禁刑的刑期。在法庭作出没收命令的情形下，其必须在适用罚款、剥夺命令，或者其他要求罪犯履行支付义务的命令（不是赔偿命令）前考虑这项命令。然而，在确定适当的刑罚时，法庭不应当另外考虑采用没收命令。①

　　如此广泛的没收权力的正当性依据是什么呢？这必须被置于允许罪犯从其犯罪中获益是错误的原则的背景下。在理论上，该原则应当从量刑程序中分离运作，尽管我们已经看到在罪犯经济条件有限的情形下，没收命令优先于罚金。没收命令的分离因而与被害人赔偿的分离相平行。两者都可以看作是矫正司法的形式，而非惩罚措施。然而，那是理论上的立场。在实践中，就如在上文第二节中所解释的，欧洲人权委员会已经裁判，给予法官回溯罪犯财产并在未履行支付义务时提供实质的监禁刑的广泛权力的没收命令，在《公约》第 7 条的含义中实质上属于"刑罚"，因而不允许溯及既往。②

　　然而，将没收命令当作一种矫正司法也会产生一些棘手的问题。剥夺罪犯犯罪的经济利益是一回事。像《2002 年犯罪收益法》中的有关罪犯被认为拥有"犯罪生活方式"的规定那样——超过罪犯从其所实施的犯罪中获得利益的"扩展没收"，旨在剥夺罪犯的所谓犯罪"收益"。③ 这会超过犯罪的"利润"，因而不能被认为符合那一项道德原则。这看上去指向了威慑的模糊概念：扩大的没收制度被作为对犯罪的威慑而得以维护，因为没收财产以后其就无法洗钱或者在犯罪活动中使用它，也能阻止

---

① 《2002 年犯罪收益法》（*Proceeds of Crime Act 2002*），第 13 条。

② *Welch v. UK*，（1995）20 EHRR 247.

③ 该问题的详细讨论，参见 Alldridge（2003、2011），以及 Boucht（2013）。

其扭曲市场价格。然而，就像有关威慑的其他论断（见前文第三章第三节第二部分），缺乏有关其运行及有效性的实证证据。

当上级司法机关继续强调没收制度的威慑原理，① 并且将其有效性作为首要原则时，② 在《公约》第一项议定书中第 1 条的财产权利的相关性也已经被认可了。没收命令及其违约的监禁规定必须适当，即运用于没收罪犯财产的方式必须与立法机关所追求的目标相一致。③ 这并未排除共同犯罪的连带责任，④ 但是其确实阻止了对已偿还了的赔偿金额做出命令，⑤ 或者并非真的是"利益"的成本的命令，⑥ 或者对获得的酬金的"信使或保管者或者其他对犯罪做出次要贡献者的人"⑦ 作出命令。这项没收命令制度影响深远，多数在上议院或者最高法院审理的量刑案件都与没收命令问题有关这一点也不奇怪。在英国，这里还存在并未得到充分的批判性讨论的实体和程序正义问题。

二　剥夺驾驶资格

尽管被作为一项辅助命令，法庭剥夺道路交通犯罪罪犯的驾驶资格或许被受罚者当作是主要的刑罚。⑧《1988 年道路交通法》（Road Traffic Act 1988）中规定了详细的规则。对于过量饮酒驾驶、未提供检测样本与驾车致死等罪行，剥夺至少 12 个月的驾驶资格是强制性规定。仅仅在存在"特殊理由"的案件中，剥夺驾驶资格的强制期限才能避免。剥夺驾驶资格也能够在罪犯因为实施了两项或者多项罪行而达到 12 分起到一定保证作用，并且它是一项对各种与机动车有关的罪行的裁量性刑罚，比如在未得到车主同意的情况下将车开走。这项权力的原理据说是预防性或者保护性的，因而剥夺驾驶资格期限的长度受到目前罪刑比例的影响要比受到可

---

① 例如 *Waya*［2013］2 Cr App R（S）87, at［2］。

② *Castillo*［2012］2 Cr App R（S）201, at［13］。

③ *Jahn v. Germany*（2006）42 EHRR 1084，在 *Waya*［2013］2 Cr App R（S）87 at［12］中援引。

④ *May*［2009］1 Cr App R（S）162；*Lambert and Walding*［2012］2 Cr App R（S）535。

⑤ *Jawad*［2014］1 Cr App R（S）85。

⑥ *Ahmad and Ahmed*［2012］2 Cr App R（S）491。

⑦ *May*［2009］1 Cr App R（S）at p.182，在 *Revenue and Customs Prosecution Office v. Mitchell*［2009］Crim LR 469 中适用。

⑧ 根据第 146—147 条，惩罚性命令，在上文第三节第二部分中已讨论过。

能的危险的比例更小，罪犯的驾驶记录整体上是与其相关的。[1] 然而，当设置剥夺驾驶资格期限时，对罪犯未来职业前景与因此能够守法的影响，应当考虑。[2] 如果其违反了这项命令，有一项分开的同时剥夺资格的驾驶犯罪，这是一项可以以简易程序审理的犯罪，其最高刑期为 6 个月监禁。

三　剥夺公司董事资格

剥夺某人公司董事资格的权力是《1986 年剥夺公司董事资格法》（Company Directors Disqualification Act 1986）所授权的。民事法院每年在大约 1000 例案件中使用该项权力，但是刑事法院每年在大约 100 例案件中援引该项权力，多数往往涉及贸易欺诈或者类似罪行。10 年至最高 15 年的命令应当仅适用于严重案件，6—10 年的命令更适合于较短时期或者盈利较少的罪行。[3] "这项剥夺资格的权力背后的原理是保护社会公众"免受不诚实或者无能的董事的侵害，[4] 但是该项命令不适用于剥夺被雇佣者的资格，仅仅适用于剥夺公司经理或者发起人的资格。

四　其他剥夺资格的命令

在特殊案件中，法院拥有其他形式的剥夺资格命令。已经被取消的一项命令是剥夺从事儿童或者脆弱成年人工作的资格：[5] 目前有一项自动与裁量剥夺资格制度，由"信息披露和禁止服务机构"（the Disclosure and Barring Service）管理。[6] 紧接着根据《1991 年危险狗法》（Dangerous Dogs Act 1991）的一项定罪之后，法庭被授权剥夺罪犯在特定时期养狗的资格。[7] 对于几项动物福利犯罪中的一项罪名，根据《2006 年动物福利法》（the Animal Welfare Act 2006）第 34 条规定，有更广泛的剥夺饲养动物资格的权力。这些命令的原理是防止再有相似犯罪发生。

---

[1] 在 Backhouse et al. [2010] EWCA Crim 1111. 中，"保护社会公众"免受危险驾驶者是预防性原理。

[2] 例如 *Doick* [2004] 2 Cr App R (S) 203。

[3] 对于该项权力的审查，参见 *Cadman* [2012] 2 Cr App R (S) 525。

[4] *Edwards* [1998] 2 Cr App R (S) 213, at 215-216.

[5] 参见本书第 5 版，第 364—365 页。

[6] 《2006 年维护脆弱群体法》（Safeguarding Vulnerable Groups Act 2006），由《2012 年自由保护法》（Protections of Freedoms Act 2012）修订。

[7] 参见例如 Sentencing Council, *Dangerous Dog Offences：Definitive Guideline* (2012), p. 6。

五　具结命令

也许法庭上最长的预防会是对罪犯或者其他人的具结命令，前文第10.3章对其作了概述。罪犯或者其他人可以被具结维护治安，并且命令中的禁止必须达到明确与确定的水平。①

六　《家事法》中的命令

根据《1996年家事法》（*Family Law Act 1996*）的规定所作出的两种命令，目前采取了与下文第五节第七、八部分中所讨论的民事预防命令相同的形式。因而如果家事法庭根据该法第42条作出禁性骚扰令——在2012年作出了19000项命令，比其他任何民事预防命令都多——第42A条规定违反该命令将构成犯罪，最长可判处5年监禁。相似地，第63C条对强制婚姻保护命令作出了规定。违反该命令也将构成犯罪，最高可获刑5年监禁。对这些罪行的量刑由下文第七节将要讨论的有关"违反保护命令"的指南所规范。

七　限制命令

《1997年骚扰保护法》（*Protection from Harassment Act 1997*）第5条授权法庭在对骚扰罪罪犯定罪时，作出命令限制罪犯从事骚扰或者将导致暴力恐惧的行为。由《2004年家庭暴力、犯罪与被害人法》所插入的第5A条，授权法庭在骚扰罪行的无罪判决后作出这样的限制命令：法庭必须清楚民事证明标准已经达到。② 第5条限制命令的目的是"保护犯罪被害人"；第5条A"解决未来的风险，这种评估的证据基础是被告的行为"③。违反限制命令构成犯罪，最高获刑5年监禁。对这一犯罪的量刑由有关"违反保护命令"的一般指南所规范，④ 这将在第七节中讨论。

八　反社会行为令、预防妨碍和干扰禁令及刑事行为令

使用最广泛并且当然是最臭名昭著的适用于预防性限制的法庭权力，

---

① *Hashman and Harrup v. UK*（2000）30 E. H. R. R. 241.

② *Major*［2011］2 Cr App R（S）139；*McDermott et al*［2014］1 Cr App R（S）1.

③ *Major*［2011］2 Cr App R（S）139, at［16］.

④ SGC, *Breach of a Protective Order：Definitive Guideline*（2006）.

很可能是反社会行为命令，由《1998 年犯罪和扰乱秩序法》规定，并被《2014 年反社会行为、犯罪和治安法》取消。正如上文第 6.6 章所概述的，反社会行为命令被两种命令所代替——预防妨碍和干扰禁的民事禁令，通过普通的藐视法庭权力实施;[1] 和在定罪时作出的犯罪行为命令，违反该命令将构成犯罪，最长可判处 5 年监禁。正如上文第 6.6 章中所述，预防干扰的禁令在其适用范围上非常广泛，而犯罪行为命令对于许多反社会行为命令的反对意见是开放的。反社会行为命令的违反比率大约是 42%，并且其最高刑罚（5 年）比许多刑事犯罪的刑罚高得多。量刑指南委员会的指南规定，"在违反反社会行为命令也构成另外一个最高刑较低的罪行的情形下，这项刑罚是比例原则考量的一个因素，尽管法庭并受其限制"。[2] 在实践中，当禁止打破是一项来自议会已经撤销监禁的制裁时，比如乞求卖淫，可以在违反反社会命令时实施羁押刑。诸如在费根（Fagan）案[3]中的裁判，其对反复违反禁止乞求、卖淫反社会命令者判处 20 个月的监禁，表明预防命令的量刑看上去对于惩罚违法行为与保护公众免受严重骚扰，恐吓与威胁等量齐观。

九　禁止命令

有两项不同形式的禁止命令。《1989 年足球观众法》（Football Spectators Act 1989）［被《2000 年足球（混乱）法》（Football（Disorder）Act 2000）所修订］规定，有关与足球相关的犯罪被判有罪,[4] 法庭必须作出有关指定的足球比赛的禁止命令，如果它确信这将有助于预防与规范受管制足球比赛有关的暴力与混乱。如果法庭不确信，它必须在公开的法庭上说明并且给出理由：法院必须牢记该命令是对出席所有规范的足球比赛的禁止，以及其必须持续一定的最短期限（取决于对定罪的量刑：如果判处立即监禁，该命令必须持续 6—10 年，但是在其他情况下，其必须持续 3—5 年）。[5] 量刑者可以通过一项带有禁止活动要求的社区命令判处

---

① 参见 *Baird* ［2011］2 Cr App R（S）451。

② SGC, *Breach of an Anti-Social Behaviour Order*（2008），p. 5.

③ ［2011］1 Cr App R（S）619.

④ 量刑者必须作出这些罪行是 "与足球比赛相关联" 的裁判：*Doyle* ［2013］1 Cr App R（S）197, *Irving and Irving* ［2014］2 Cr App R（S）32。

⑤ 对于三年命令的例子，参见 *O'Keefe* ［2004］1 Cr App R（S）404。

一项较轻的禁令。① 一项禁止命令不是刑罚而仅仅是一项预防命令，尽管
证明标准应当等同于刑事证明标准曾经被坚持。② 禁止命令也可以由治安
法院因警察的申请而作出（第 14B 条）。这 10 年所作出的禁止命令的实
质数量（大约每年 700 件）以及与足球有关的暴力事件的下降是否是有
原因与影响的很难评价，尤其是因为许多其他因素与适当的评估有关。③
第二种形式的禁止命令是饮酒禁令，由《2006 年暴力犯罪削减法》第 1
条引入，但是被支持预防干扰的民事命令的《2014 年反社会行为、犯罪
和警察法》所撤销（见上文第十一章第五节第七部分）。该命令禁止罪犯
从事某些特定的行为，目的是在其受酒精影响时，保护人们免受其犯罪或
者混乱行为的侵害。

十　从有证经营场所驱逐令

根据《1980 年有证经营场所（驱逐特定人）法》［Licensed Premises
（Exclusion of Certain Persons）Act 1980］的规定，处理对有证营业场所涉
及暴力或暴力威胁犯罪的法庭可以作出驱逐命令，驱逐该罪犯在 3 个月至
两年的期限内远离某些场所。该权力一般不应当应用于孤立的事件，而是
为持续的干扰事件所保留，④ 并且法庭必须将该罪犯被驱逐出的场所具体
化。⑤ 违反该命令将构成简易罪，被判处最高 1 个月的监禁刑。《2006 年
暴力犯罪削减法》规定了该项预防命令的撤销，以支持禁止饮酒命令，
但是目前其将被撤销以支持预防干扰的民事禁令。会发生什么依然有待
观察。

十一　财产报告命令

《2005 年严重有组织犯罪和警察法》第 76 条引入了在法庭相信罪犯
实施另外一项这样的罪行存在很高风险的情形下，对某些《盗窃法》和
《欺诈法》中的罪行作出财产报告命令（Financial reporting orders）的权
力。既然该命令已经被坚持是预防性的，例如通过要求罪犯给某人定期制

---

① 　参见 *Boggild et al* ［2012］1 Cr App R（S）459，per Hughes LJ。

② 　*Gough v. Chief Constable of Derbyshire* ［2002］QB 459.

③ 　Stott and Pearson（2006）.

④ 　*Grady*（1990）12 Cr App R（S）152.

⑤ 　*Arrowsmith* ［2003］2 Cr App R（S）301.

作有关的财产事务报告，保护公众免受这样的罪行侵害，这已被假设他们没有达到《公约》第 7 条规定的刑罚，并且因而可以溯及既往。① 该命令要求该罪犯报告具体交易；违反该命令将构成简易罪，最高刑为 6 个月监禁。

十二　没收命令

《1971 年滥用毒品法》（*Misuse of Drugs Act 1971*）第 27 条授权法庭有权命令没收任何使法庭相信与该罪犯被指控的毒品犯罪有关的东西。

十三　性犯罪预防命令

《2003 年性犯罪法》第 104 条规定，如果确信有必要为保护某一人或者更多人免受"严重性伤害"的目的，授权已经认定罪犯一系列罪行的法庭有权作出性犯罪预防命令（Sexual offences prevention orders），一种将门槛设置得很高的措辞。② 该命令的条款可以禁止罪犯做"任何命令里描述的事情"长达至少 5 年（第 107 条）。法庭也可能在刑事程序之外，经由警察申请而作出这样的命令。③ 在制作有关适用性犯罪预防命令的指南意见时，上诉法院大法官休斯在 2012 年史密斯案中强调该命令必须是必要的、合乎比例的，并且被清楚地作出。④ 性犯罪预防命令的内容是完全的否定性或者预防性的，并且可能包括禁止与 16 岁以下的人进行任何接触或交流，并且不能住在有 16 岁以下儿童的私人住所。⑤ 有儿童色情作品的情形下，完全禁止使用网络并不适当，但是要求该罪犯保留可读的上网历史以被检查将会是颇有成效的。⑥ 违反性犯罪预防命令构成犯罪，最高可获刑 5 年监禁：反复和毫无顾忌地蔑视命令可以证明 5 年刑期是恰当

---

① *Adams*［2008］EWCA Crim 914，at［25］；参考上文第十一章第二节中的讨论。

② *Rampley*［2007］1 Cr App R（S）542，以及《2003 年性犯罪法》（Sexual Offences Act 2003），s. 106（3）。

③ 对于有关这一点的评论和在性案件中的其他预防性命令，参见 Shute（2004）。

④ ［2012］1 Cr App R（S）470，at［3-5］.

⑤ 参考 *Pilling*［2014］2 Cr App R（S）16，撤销有关 18 岁以下女孩的命令。

⑥ *Smith*［2012］1Cr App R（S）470，at［20］："监督"没有被取消：*Kimpriktzis*［2014］1 Cr App R（S）23。

的。① 性犯罪预防命令将被《2014 年反社会行为，犯罪和警察法》的附件 5 撤销，一项新的性伤害预防命令将取而代之（还有下面的国外旅行命令）。性伤害预防命令在范围上更加广泛，因为其目标是预防性伤害［第 103A2（b）条］，而不是像性犯罪预防命令中的"严重的性伤害"那样，但是其特点相似。

十四　性伤害危险命令

《2003 年性犯罪法》第 123 条授权治安法院根据警察的申请对于有两次或更多次对儿童有露骨性行为或者交流的人，作出性伤害危险命令（Risk of sexual harm orders）。警察可以对已被定罪或者未被定罪的人申请这一命令。法庭必须仅仅在确信有必要保护一个或多个儿童免受人身或者心理伤害时，才能做出该命令。该命令的本质是禁止"做命令中所描述的事情"至少两年。这是一项特别有争议的权力，因为其平等适用于从来未被定罪的人，只要法庭收到证据确信其过去的行为和对儿童未来的危险。② 违反"性伤害危险命令"构成犯罪，最高可被判处 5 年监禁刑。"性伤害危险命令"将被《2014 年反社会行为、犯罪和警察法》附件 5 撤销，被"性危险命令"（a Sexual Risk Order）所代替。这一"性危险命令"主要存在两个方面的差异：要求将"两次或者多次"降低为一次，并且其目的是保护社会公众、儿童或者弱势群体，而不仅仅是儿童。

十五　国外旅行命令

《2003 年性犯罪法》第 114 条授权治安法院对已经被定罪或者因一定犯罪而被警告者，根据警察的申请作出国外旅行命令（Foreign travel orders），如果该命令对于保护儿童免受严重性侵害是必要的。正如在第五节第十三部分最后所解释的，《2014 年反社会行为、犯罪和警察法》将把国外旅行命令吸收进新的更广泛的《性伤害预防命令》（Sexual Harm Prevention Order）中。

---

① *David E.* ［2012］1 Cr App R（S）338（对于持续违犯的，达 6 年的历时量刑减少至 5 年）。

② 参见 Shute（2004），p. 431。

十六　旅行限制命令

《2001 年刑事司法和警察法》（Criminal Justice and Police Act 2001）第 33 条要求法庭在对一名罪犯因从事贩毒犯罪而判处四年或更长刑期时考虑作出旅行限制命令（Travel restriction orders）。有关正确使用该权力的指南在 2004 年 Mee 案①中被给出，上诉法院认为如果该犯罪似乎是投机取巧而非一种模式的一部分，或许并没有必要作出该命令。② 该命令禁止罪犯在出狱后至少两年内不得离开英联邦国家。违反该命令构成犯罪，最高刑为 5 年监禁。

十七　严重犯罪预防命令 （Serious crime prevention orders）

《2007 年严重犯罪法》（Serious Crime Act 2007）第一部分允许皇家法院根据警察的申请作出严重犯罪预防命令，以期干扰被确定犯有严重罪行者的活动。在民事法庭，如果有合理的理由相信通过"预防、限制或者扰乱"罪犯涉入严重犯罪可以保护公众，法官可以作出该命令。③ 比如可能是对工作安排、地点、与他人沟通、旅行等方面有影响的金钱、财产或者所从事的商业交易进行限制。要求的潜在范围是巨大的，并且法庭被期望将该命令及其内容作为对他人私生活尊重的主体权利的干涉而正当化。违反该命令构成犯罪，最高刑为 5 年监禁。④

十八　暴力罪犯命令

根据《2008 年刑事司法和移民法》第 98—106 条的规定，治安法院（经警察申请）可以作出暴力罪犯命令（Violent offender orders）。被告人必须被定罪，并且法庭应当确信被告人的行为使其有必要作出暴力罪犯命令以保护社会公众免受被告人严重暴力伤害的危险。为此，该命令可以包括一个或者多个适当的禁令，比如在 2—5 年内禁止进入特定地区或者与

---

①　［2004］2 Cr App R（S）434.

②　在 *Fuller*［2006］1 Cr App R（S）52 中可以发现这样的情形，上诉法院撤销了一项有关具有先前不良品格的毒贩的 5 年的命令；还参见 *Onung*［2007］2 Cr App R（S）9。

③　在 Hughes LJ in *Hancox and Duffy*［2010］2 Cr App R（S）484. 的裁判中可以发现指导意见。

④　对于违反的理由的相关性和结果，参考 *Koli*［2013］1 Cr App R（S）39。

特定人接触。违反该命令构成犯罪，最高刑为 5 年监禁。

第六节　重新审视命令的本质

本章的标题所称的是辅助命令与民事预防命令。本章的第 3、4、5 部分已经列出了一长串不同的命令，几乎没有统一的主题。除了指伴随主要处理方式的命令与某种程度上附属的命令之外，"辅助"还有其他含义吗？"预防命令"是指一个确定的类型，还是一项在不同命令中给予不同程度的适用技巧吗？

我们可以通过将命令分成纯粹的民事或者独立的命令、依赖刑事定罪的命令以及可以在民事诉讼中适用或者在定罪时适用的双重命令，而开始讨论。

（1）纯粹的民事命令（*Purely civil orders*）：非性骚扰命令与强制婚姻保护命令，预防干扰禁令、暴力罪犯命令，以及新的性危险命令（性危险命令，代替性伤害危险命令）。

（2）伴随刑事定罪的命令（*Orders following criminal conviction*）：剥夺命令、归还命令、被害人附加费、剥夺驾驶资格、剥夺饲养狗或者动物的资格、没收命令、刑事行为命令、禁止进入有证经营场所、财务报告命令、没收命令，以及（目前未提及的）《2013 年食品卫生规则》（Food Hygiene（England）Regulations 2013）规定的卫生禁止命令。

（3）双重命令，在定罪或者纯粹的民事诉讼中适用（*Dual orders, available on conviction or in purely civil proceedings*）：剥夺公司负责人、具结以保持和平、限制命令、足球禁令，以及新的性伤害预防命令（性伤害危险命令，代替性犯罪预防命令与国外旅行命令）。

这些命令中的多数在目的上可以认为是预防性的，所以相关问题关涉到未来伤害危险的问题与如何合乎比例地作出预防性命令以保护社会公众而又不过度地限制被告人的活动。其中有些命令明显具有惩罚性，比如在非驾驶犯罪中的剥夺令和取消驾驶资格（上文第三节第二部分）。某些在目的上是预防性的命令在实质上已经被作为惩罚命令了，最明显的是没收命令（上文第二节），并且其他命令可以作类似分类，① 其结果是《公约》的第 7 条（不溯及既往）和有关人权可以被适用。将惩罚性命令搁在一边，一些其他命令是赔偿性的（见上文第三节），于是其他命令在其原理是预防未来伤害的意义上，可以描述为预防性的。它们可能会被认为是惩罚性的——这在一些取消资格的情况下确实是正确的，并且可能在许多其他的命令中禁止是确实的——但它们被恰当地认为是预防性的。

预防性命令应当作为量刑的一部分来考虑：当法庭在决定量刑对于所实施的罪行是否合乎比例时，作为整体一部分的剥夺命令必须被考虑。然而，这不适用于修复命令：对被害人的修复命令是与惩罚相分离的，因而不应当作为量刑的一部分。这部分推理也可以适用于预防命令。预防命令不是量刑的一部分，而是一种旨在减少未来风险的限制措施。因而，事实是这些命令中许多仅仅能在民事诉讼中适用（名单 i），或者既可以在民事诉讼中适用、也可以在刑事诉讼中适用（名单 iii），这往往证明了他们预防与非惩罚性特征。② 更含糊的是在上文名单 ii 中的命令，其可能仅仅可以被适用于定罪时，但其在目的上却声称是预防性的而非惩罚性的。在原则上，预防命令并非量刑的一部分，因而在考虑全部的比例性时，不应当考虑它。③ 另外，法庭在定罪后的功能不仅仅是对犯罪进行量刑，而且还考虑预防命令有必要促进保护社会公众免受未来由该罪犯引起的伤害。

下一个问题是这些预防措施所施加的限制是否具有正当性，这提出了两种考虑——广泛的定罪问题的间接后果，以及更具体的这些民事预防措施中的多数所被创设的形式是否合理的问题。首先，讨论一下定罪的附带结果。虽然本章所关注的是可以由法庭作出的命令，但是其中也有并不涉及法庭的法定制度——比如，根据《2003 年性犯罪法》适用于性罪犯的告知规定，以及《披露与禁止服务》（Disclosure and Barring Service）所规定的资格的剥夺。④ 这种命令要求像由法庭作出的几项预防命令一样，以保护社会公众为根据。在美国，更常见的情况是，各州有一系列与定罪有关的"附属制裁"，包括有关选举、担任公职、担任陪审员等的民事禁

① 参考在上文第五节第十一部分中的财产报告命令。
② 只要它们在实质上没被认为具有惩罚性；参见上文第二节。
③ 进一步的讨论参见 Wasik and von Hirsch（1997）。
④ See Safeguarding Vulnerable Groups Act 2006, amended by the Protections of Freedoms Act 2012.

令；事实上，一些州对于离婚作出了重罪判决。① 在英格兰和威尔士，有关定罪的民事与政治结果的争论焦点是禁止投票，适用于所有囚犯。② 更广泛的是，多数预防命令的原理（包括诸如法定的性罪犯通知）必须在公共保护中得以发现，如果不是被某些比例标准所限制（见下一段），这是一个可以导致过于宽泛的限制的原理。然而，也存在一个建立在确保罪犯能够成功地复归社会的重要性基础上的反对观点。因而，诸如《1974年罪犯复归法》等基础立法以被定罪的罪犯不应当无限期地承担其犯罪记录责任为信条，是阻碍不应当被过长放置于罪犯回归社会之路上的信条，因而刑事定罪披露规则应当根据犯罪的严重性渐变。③ 迄今为止，当这一立法坚持罪犯回归原则时，那一原则也应当有助于限制预防命令的"公共保护"原理。

现在转向民事预防命令的形式。基本模式是两个步骤的命令：法庭在民事程序中作出的被作为对于公共保护是必要的或者适当的（根据立法）禁令，于是任何违反禁令的行为都被认为是犯罪，其对应适用的刑罚通常是最高 5 年的监禁刑。当这些命令被描述为民事预防命令时，重点放在这种模式与其产生之处，而未提及其潜在结果的刑事本质。正如上诉法院大法官休斯所言，事实是在许多这些命令中，"每个禁令都为被告人创设了一个新的单个的如果违反就能带来五年监禁的犯罪"，其"很可能在主刑结束之后伴随被告人许多年，不论其是否被羁押"④。这些评论可以适用于禁性骚扰命令、限制命令、犯罪行为命令（过去是反社会行为令）、性伤害预防命令、性危险命令、旅行限制命令、严重犯罪预防命令以及暴力罪犯命令，对于所有这些命令，如果违反它们，都会获得最高 5 年的监禁刑。在我们考虑六个反对民事预防命令的观点之前，应当先讨论一下纯粹的民事命令。

预防干扰的民事禁令，已经在第六章第六节和该章的第五节第八部分讨论过，其本质上是一项民事禁令，由适用民事证明标准（优势证明标准）的民事法庭所批准，通过可能导致两年监禁刑的蔑视法庭诉讼而强制实施。民事禁令可以用于预防各种侵权行为：2014 年 11 月伯明翰市议

---

① 进一步参见 Buckler 和 Travis（2003）。

② *Hirst v. United Kingdom*（2006）42 E. H. R. R.；进一步参见 Easton（2011）。

③ 分析英格兰和威尔士该规则的缺点，参见 Larrauri（2014）。

④ In *Smith*［2012］1 Cr App R（S）470, at［3］.

会获得了对 10 人的禁令，禁止他们接近 1 名 17 岁女孩并禁止他们接近所有 18 岁以下的女孩。高等法院确信这些禁令对于保护脆弱儿童免受欺凌是必要的。① 还应当提及根据《2009 年警察与犯罪法》（Policing and Crime Act 2009）第 47 条的对于"黑帮禁令"的法定程序。警察或者当地权力机关可以申请一项禁令，如果其能够使法庭确信被告人从事、鼓励或者协助从事与帮派有关的暴力活动。该禁令通常包括一系列的禁令，诸如与被指定的人联系，去特定地区（排斥区域）或者穿着帮会色彩的衣服，可以包括一些比如出席愤怒管理课程或者调解会议等具体活动。通过蔑视法庭的程序得以强制执行。②

　　这些纯粹的民事命令与上文第五节中所阐释的民事预防命令完全不同，多数的民事命令是通过最高可判处 5 年监禁刑的犯罪来强制执行。对于民事预防命令都有哪些反对意见呢？可以列举六项批评。③ 第一，即使在立法要求法庭为实现特定目的的必要而施加禁令的情形下，它们也倾向于覆盖比实现命令目标要求更广泛的一系列活动，比如禁止被告人进入某个地方从而实现预防伤害的目的。第二，法庭被赋予了通常由民主制度中的立法机关制定法律的权力：这是上诉法院大法官休斯所提到的每一项禁令都为被告人创设了一个新的犯罪。第三，当包括禁令的效果是当违反民事命令时可能适用羁押刑的情形下，法庭可能会将议会决定不应当适用羁押刑的禁令行为包括进来（比如乞讨和拉皮条），这是错误（的做法）。第四，许多这种命令都有其必须执行的很长的最低刑期（比如，至少三年的足球禁令；至少两年的犯罪行为命令和性危险命令），这阻碍了法庭确保符合比例要求。第五，最高 5 年的监禁刑比许多犯罪的刑罚都要高，必须与违反命令的重要性联系起来考虑（例如，无视法律，或者导致被预防的伤害发生）。第六，这些命令的程序含义混乱可疑。政府的目标经常是确保该措施不涉及刑事诉讼以及所需的各种人权，部分地避免不得不依赖于处于恐惧中的证人。对于某些民事预防措施，法庭已经坚持证明标准应当与刑事诉讼中所要求的标准相当，④ 很大程度上是违反命令的严重

---

① *The Guardian*, 19 November 2014.

② Home Office（2011）.

③ 有关阐释，参见 Ashworth andLucia Zedner（2014），pp. 84-89。

④ 引导性案例是 *R（McCann）v. Crown Court at Manchester* ［2003］1 AC 787, but also see Gough V. chief Constable of Derbyshire ［2012］QB 459。

后果。然而，总体而言，如果刑事诉讼不能被适用，那么，程序上的限制与权利也会很少了。在这方面，预防措施属于法律上的漏洞。①

第七节　违反预防命令的量刑

从上文第 5 部分来看，预防命令的范围很明显是非常宽泛的，并且它们有很强的限制性。其内容上完全是消极的，没有一项命令在禁令实施期间提供支持。然而，违反这些命令的刑罚很严厉，其中许多刑罚是最高 5 年监禁刑。正如已经提到的，这一最高刑比一项受到指控的实体犯罪的刑罚还要高。

量刑指南委员会发布了两套相关的指南。有关违反保护命令的指南主要是关于《1997 年骚扰保护法》规定的限制命令与《1996 年家庭法》第 42 条和 42A 条的禁性骚扰命令，违反这两种命令的最高刑是 5 年监禁。对违反命令量刑的主要目标"应当是获得未来对这一命令的遵守"，考虑其起初行为的本质和背景以及导致这一违反命令行为的本质和背景。② 与反社会行为命令相关（并且，假定地，其替代——刑事行为命令），其相同的主要目标被表述为——"实现该命令的目的"。起初的行为是相关的，但是量刑的主要决定因素应当是违反命令所引起的骚扰、警告或者痛苦程度。该指南规定羁押的门槛或许被中等程度的伤害所通过（比如较轻程度的威胁或者恐吓、非常粗鲁的语言，或者引起比轻微财产损害更多的伤害）。③ 还有一系列其他相关因素，比如反复违反命令和该罪犯的先前记录。该指南重申：公共保护是创设上文第五节中的许多命令的基本原理，因而对于违反命令的量刑应当与加强这种保护有关，但是应当符合比例原则。多数依赖于起初施加禁令的公平性：施加多重条件是不适当的，尤其对于少年罪犯，④ 特别是在没有监督因素的情形下。事实上，它将毁掉一个人。

---

① Ashworth and Lucia Zedner（2014），pp. 260-262.

② SGC, *Breach of a Protective Order*（2006），part E.

③ SGC, *Breach of an Anti-Social Behaviour Order*（2008），pp. 8-9.

④ 对精神病患者适用 ASBOs 也是一个焦点，尤其是缺少作为该命令组成部分的支持：见 the Bradley Report（2009），ch. 2。

在涉及暴力或暴力威胁时反复违反命令，被判处接近最高 5 年的监禁刑已经被认可。[①] 一个涉及暴力威胁的对禁令的一次违反被坚持认为 2 年刑期是合理的，[②] 而反复违反不涉及任何威胁的命令被认为羁押是合理的。[③] 其中最重要的判决之一是 2006 年兰姆（*Lamb*）案[④]中的判决，其坚持反复违反涉及非犯罪或者任何骚扰与干扰的反社会行为命令，不能适用 22 个月的监禁，法庭认为 2 个月的监禁更适当。

[①]　*Todd*［2013］1 Cr App R（S）479，对于不断违反限制性命令的维持 4 年监禁，引发恐慌；参考 *Richardson*［2014］2 Cr App R（S）21，3 years upheld for persistent breaches by woman。

[②]　*McDonald*［2013］1 Cr App R（S）21.

[③]　*Moore*［2013］2 Cr App R（S）527（3 个月，再加上激活两个 3 个月的暂缓量刑）。

[④]　［2006］2 Cr App R（S）84.

第十二章

特殊量刑权

本章阐释针对三种特殊罪犯群体的三种量刑权力。从 18 岁以下的少年罪犯开始，然后简要阐释对 18—21 岁的年少成年罪犯的量刑权力，最后论述对精神病罪犯量刑的各种权力。对于每一种人群，我们都将考虑其各自量刑权力的正当理由，以及特殊权力的原理在多大程度上能够在量刑实践中得以实施。

第一节　未成年罪犯（Young offenders）

针对少年罪犯的不同的量刑程序已经持续了一个多世纪之久。那些年龄在 18 岁以下（在《1991 年刑事司法法》之前，是 17 岁以下）的被告人在不同的法庭被审判，过去称为少年法庭（juvenile courts），后来又改名为"未成年人法庭"（youth courts）。有关少年罪犯量刑政策的发展有相当多的文献，① 这里仅作必要的简短讨论。

一　少年司法简史

从 1933 年起，法律已经规定在处理未成年罪犯案件时，法庭"应当考虑儿童或者未成年人的福利"。② 这一福利理念在《1969 年儿童与未成年人法》（Children and Young Persons Act 1969）中达到顶峰，该法试图通过将对犯罪行为的处理仅仅当作激活法庭干涉儿童福利的一种方法，从而使少年法庭非刑事化。该法律认为那些 14 岁以下的儿童应当

---

① 对于概览，参见 Morgan and Newburn（2012）；还参见 Fionda（2005）and Muncie（2014）。

② 《1933 年儿童和少年人法》（*Children and Young Persons Act 1933*），第 44（1）条。

被在刑事法庭以外的地方处理，那些 14—16 岁的儿童很少会被送上法庭。① 然而，在解决福利理念与更严厉的惩罚性措施之间的长期紧张关系方面，《1969 年儿童与未成年人法》失败了。1970 年政府作出了改变，《1969 年儿童与未成年人法》（最引人注目的是将刑事责任年龄从10 岁提高到 14 岁）中的某些条款从未得到实施。在实践中，在 20 世纪 70 年代，两个明显冲突的发展产生：对未成年罪犯警告的适用增加了，但是监禁刑也增加了。

20 世纪 80 年代以少年罪犯的讨论强化开始，但是可能《1982 年刑事司法法》（Criminal Justice Act 1982）中最重要的规定是引入对未成年罪犯适用监禁刑的限制，以后座议员修正案的方式而非政府政策的方式插入。其和未成年罪犯警告适用的扩大意味着 20 世纪 80 年代成为在未成年罪犯方法上严厉性减轻的 10 年。政府资助和"中间处遇"计划的扩展方兴未艾，在 20 世纪 70 年代被判监禁量刑的未成年人数量大幅上涨，在20 世纪 80 年代下降幅度惊人，从 1981 年 7900 人的峰值下降到 1991 年的仅仅 1600 人。《1991 年刑事司法法》以未成年人法庭取代少年法庭，将其管辖范围扩大至所有 18 岁以下的被告人。随后，与 1993 年迈克尔·霍华德被任命为内政大臣相应，刑事司法的惩罚性转变，通过对未成年罪犯警告适用所限制，也影响了对未成年人罪犯的量刑。②

1997 年政府更迭带来了甚至更严厉的政策，正如白皮书《不要更多的借口》的标题所显示的。③ 其所导致的立法，在《1998 年犯罪和扰乱秩序法》和《1999 年少年司法与刑事证据法》（Youth Justice and Criminal Evidence Act 1999）中，通过未成年人司法委员会（Youth Justice Board）和本地政府引入了一项更具有管理性的未成年人司法方法，并且其也对警告未成年罪犯制度进行规范化和严厉化，在 21 世纪第一个十年监禁刑适用增加。然而，从 2007 年开始，未成年人司法委员会被赋予了各种目标，而未成年人司法制度被一系列的《2008 年刑事司法和移民法》第一部分的修正案所重塑，这将在下文展开探讨。最重要的是，未成人司法委员会以惊人的成功实现了这些目标的三分之二。这样由于未成年人犯罪预防措

---

① Bottoms（1974）.

② Home Office circular 18/1994.

③ Home Office（1997）.

施、恢复性司法计划以及其他分流方面的发展，首次进入未成年人司法制度的人数从 2007 年的 10 万多人下降到 2013 年的大约 2 万人。① 18 岁以下未成年人的监禁人数从 2002 年的 3200 人跌落到 2014 年的 1100 人，在很大程度上是通过未成年人回归命令（见下文）与本地计划。只有第三项目标，减少未成年罪犯的再犯率，已被证明是有难度的，尚未取得重要进展。② 因而在很大程度上，未成人司法制度称得上已经成功实施了第 3.4 章中所阐释的限制原则与政策。

二　责任与未成年罪犯③

在英格兰和威尔士，刑事责任的最低年龄是 10 岁，比大多数欧洲国家低得多（比如，法国是 13 岁，德国是 14 岁，北欧国家是 15 岁，西班牙和葡萄牙是 16 岁）。如此低的最低刑事责任年龄已经遭受国际社会的指责，④ 但是却未见有关改进建议。如此低的刑事责任年龄使我们更加迫切地考虑到未成年罪犯比成年罪犯的责任更低，并且因而应当被刑事司法制度区别对待。富兰克林·齐姆林（Franklin Zimring）曾经提出了儿童的责任更小的三项理由：第一，他们的认知能力尚未发育完全，其不总是能够意识到其行为所隐含的后果；第二，他们的控制机能处于发展中，并且在十几岁的时间是其学习自我控制的时候；第三，未成年人在抵制同龄人压力的能力方面也处于发展中，而当如此多的犯罪以团伙形式或强迫其他人形式而得以实施时认识到这一点非常重要。⑤

下一个步骤，正如安德鲁·冯·赫希所主张的，⑥ 是解释为什么这一减少了的可责性应当导致不同的量刑方法。这是因为政府希望儿童像成年人那样行为是不合理的：政府应当认识到期望其情智还处于必要发展阶段的未成年人具有完全的认知力、能够自我控制、抵御同伴压力是不合理的，事实上，政府的责任应当是确保儿童们受到应当支持他们的强有力机构（比如家庭）的支持。因此未成年人司法制度应当采取不

---

① Youth Justice Board（2014），p. 8.

② Youth Justice Board（2014），p. 9.

③ 对于有关著述，参见 von Hirsch, Ashworth and Roberts（2009），ch. 7。

④ 例如 UN Committee on the Rights of the Child（2008）。

⑤ Zimring，摘自 von Hirsch, Ashworth and Roberts（2009），pp. 316-322。

⑥ von Hirsch，摘自同上著作，第 323—329 页。

同的、比成年人刑事司法制度更加建设性的、更具同情心的方法并降低刑罚水平。

三　未成年人量刑的原理

一个世纪以来，未成年被告人原则上应当被不同的法庭审理的观点已经得到公认。大多数的未成年被告人在未成年人法庭接受审判（相比成年人法庭正规程度要低得多），在那里法庭由受过特别训练的治安法官或者地区法官（治安法院）组成，其最高可判处 2 年监禁刑（成年人治安法庭最高可判处 6 个月监禁）。只有 3%的未成年被告人在皇家法院接受审判，通常其被指控故意杀人、过失杀人或者其他非常严重的犯罪，或者其和一名成年人一起被控告。刑事法院被要求将其程序适用于年龄与成熟度适合的被告人，以确保其能够理解和参与程序。[1]

法庭所应当采行的量刑原理是什么呢？《2003 年刑事司法法》第 142A 条，由《2008 年刑事司法和移民法》第 9 条插入，想要重申与未成年罪犯有关的量刑目的。其要求法庭审判 18 岁以下的罪犯时应当考虑：（a）未成年人司法制度的主要目标，即预防犯罪与再犯；[2]（b）儿童福利，这是一个长期存在的需求；[3]（c）"量刑目的"。那些目的包括以下四个方面的内容：

（1）惩罚罪犯；

（2）罪犯改造与使其回归社会；

（3）保护社会公众；

（4）对受犯罪影响者给予赔偿。

那些要求符合《2003 年刑事司法法》第 142 条的例子，阐述了许多（经常冲突的）法庭被期望"考虑"的目的。确实有关未成年罪犯量刑，这种立场甚至对于尽责的量刑者难度更大。预防儿童与未成年犯罪仍然是整个未成年人刑事司法制度的主要目标。通常其将指向与"儿童福利"相同的方向，这个短语暗含了一个何为儿童最佳利益的法庭的客观裁判

---

① *V and T* v. *United Kingdom*（1999）30 EHRR 121, *SC* v. *United Kingdom*（2005）40 EHRR 226.

② 起源于《1998 年犯罪和扰乱秩序法》第 37 条。

③ 起源于《1993 年儿童和少年人法》（Children and Young Persons Act 1933）第 44 条。

（考虑所包含的专家观点，比如，量刑前报告）。① 清单中的四项目的，第一项和第四项，带来了不同的考虑。"惩罚"是否应当是给未成年人量刑的唯一与充分目的或许存在争议；但是，正如《联合国儿童权利公约》第 40.4 条所承认的那样，其当然在确保所有对未成年罪犯的刑罚应当是适当的方面发挥作用，不论是否追求其他目的。改造和回归社会作为目的，看上去与预防犯罪和儿童的最佳利益相一致。公共保护或许被看做一项仅适用于严重案件的例外，并且如果其被称为"保护避免社会公众受到严重伤害"或某些相似的内容而本应当更好。赔偿或许被看做对付未成年罪犯的特别重要目的，尤其是因为（就像前面所暗示的）他们当中许多人并未看到其罪行的全部含义。确实，"恢复性司法"的目的并未出现在立法条文中被认为令人惊奇，即使其关系到未成年罪犯的转移命令（与庭前分流）。

对付未成年罪犯时，诸如回归社会与赔偿等目的是否应当优先？其理由当然如同上述齐姆林和冯·赫希所说的。国家对年轻人有特别责任，很大程度上因为其能力处于发展中，国家应当帮助其发展。正如量刑咨询委员会所承认的，② 犯了罪的年轻人往往有大量的社会与个人缺陷，包括更高频率的逃学、被安置照料、滥用药物、注意力缺陷多动障碍、精神障碍、低智商等。国家必须采取措施为这样的年轻人成为完全的公民做好准备，并且这意味着对那些罪犯给予更多的量刑支持。③

若与成年人相比，未成年罪犯量刑的目的清单中明显没有"减少犯罪（包括通过威慑而减少）"。有人或许主张"减少犯罪"通常包括在未成年司法制度的主要目标"预防犯罪"中。但是其隐含着威慑量刑，无论是为阻止单个罪犯或者阻止潜在的模仿者，④ 对于少年犯而言是非法的吗？原则上，对于这一解释存在有力的赞成观点：《1998 年犯罪和扰乱秩序法》第 37 条，宣称"预防犯罪"作为主要目标，并不以产生威慑量刑为目标，并且暂缓量刑从来没有被扩展到未成年罪犯，考虑到年轻人减弱

---

① 《联合国儿童权利公约》第 3 条规定"儿童的最好利益"应当是"在所有有关儿童的活动中被优先考虑"。

② SAP, *Sentencing Principles-Youths* (2009), para. 48.

③ The *Youth Crime Action Plan* 2008 承认罪行最多的少年罪犯"从其儿童时代就展示出复杂的个性和家庭危险因素"（第 31 页）。

④ See the discussion of these two rationales in ch. 3. 3. 2 above.

的控制能力，其威慑影响不可能有效。第 142A 条为这两项最低刑创制了特别的例外，既适用于未成年罪犯，也适用于成年罪犯［根据《1968 年枪支法》第 51A（2）条和《2006 年暴力犯罪减少法》］，那些例外以威慑为目的。因而除了这两项例外，第 142A（3）条将认为法庭为威慑犯罪而判处未成年罪犯较高刑罚是违法。这一建议从加拿大最高法院 2006 年 B.W.P. 案①的判决中获得了力量，在判决中法庭一致坚持，既然加拿大法律将威慑作为成年罪犯的量刑目的，但是并未将其包括在未成年罪犯的量刑目的中，那么正确的结论是，不论一般的还是具体的威慑都不是为未成年罪犯量刑的适当基础。然而，在英国当将《2008 年刑事司法和移民法》中的少年司法的规定付诸实施时，政府在开始时就从为未成年设置量刑目的最初清单的 142A（3）条中忽略了这一点。在 2013 年斯麦克力等人（Smickele et al）案②中，上诉法院大法官休斯的结论是"威慑不能成为未成年罪犯量刑中的组成部分并非法律规定"。因而预防犯罪与再犯仍然是未成年人司法制度的主要目标，而且威慑似乎是其组成部分。③

《量刑委员会有关 2009 年量刑原则——少年的指南》试图重新解释立法目的的多元化以为量刑者确定某些实际目标。以量刑应当不再对自由具有超出与罪行严重性相适应的更多限制的原则开始，其所指的是"以罪行的结果面对少年犯"与"帮助他们发展个人责任意识"这样的目标，处理导致犯罪与强化"保护性因素"的个人与社会因素，鼓励修复关系与强化父母的责任。当存在某些上诉法院谨慎适用量刑委员会原则的例子时，也有太多上诉法院的判决并未援引未成年人的量刑指南。④

四　未成年人司法制度的结构

主要机构是未成年人司法委员会，由《1998 年犯罪和扰乱秩序法》第 41 条创设，其任务是监督未成年人司法制度的运行，并对有关如何最有效

---

① 2006 SCC 27.

② ［2013］1 Cr App R（S）354，at pp.359-360.

③ 有关威慑和刀具，还参见 Lord Thomas CJ in *Gomes Monteiro*［2014］2 Cr App R（S）483 on deterrence and knives。

④ 例如，*L*［2013］1 Cr App R（S）317；*Attorney General's Reference No.47 of 2012*［2013］2 Cr App R（S）12. 量刑委员会正在审查有关少年量刑的指南。

地追求制度目标向政府提出建议，例如，推动良好的实践与调试研究。在实践中，该委员会已经在促进未成年人司法向既定目标发展方面取得了巨大的成功，正如我们在本章第一节第一部分最后所提到的。在委员会之下，每一个地方机构必须设立一个未成年人犯罪团队（《1998 年犯罪和扰乱秩序法》第 39 条）。这 150 个或者更多的团队（或者未成人犯罪团队，正如其所知晓的）来自至少 5 个地方机构：缓刑、社会工作、警察、健康和教育。其主要任务是协调未成年人的司法服务，执行根据本地未成年人司法计划分配给其的职能，并根据《1999 年少年司法与刑事证据法》为罪犯安排未成年人罪犯小组（见下文）。未成年人罪犯小组由外行人组成，在立法框架内处理每名未成年罪犯事宜，其受未成年人犯罪团队成员支持。未成年人司法制度很大程度上依赖未成年罪犯困境的专家诊断思想：所有进入未成年人司法制度的儿童都要经历一项 ASSET 评估，尤其观察危险性因素，并且其被适用以产生一项"比例方法"干预。①

在未成年人犯罪团队中还有各种"早期预防"计划，受少年司法委员会支持。例如，目前有大量的"未成年人包容小组"（Youth Inclusion Panels），确定那些被认为犯罪危险性最大的年轻人并使其参与积极的支持性活动；还有"未成年人包容与支持小组"（Youth Inclusion and Support Panels），关注被确定有犯罪危险性的 8—13 岁的儿童。早期预防与未成年人司法委员会减少首次进入未成年人司法制度数量的目标具有紧密关联。《布兰得利报告》建议每一个未成年人犯罪团队应当包含一名精神健康专家，目的是确保为早期的预防计划和其他未成年人犯罪团队活动能够提出适当的建议。②

一旦一名儿童成为这样的首次进入者，来自法庭的分流在未成年人司法政策中保留了一个突出的位置。③《1998 年犯罪和扰乱秩序法》第 65 条和第 66 条创设了一个训诫与警告制度，规定未成年人罪犯不应当接受超过一项训诫和警告（warning）的惩罚；如果罪行太严重而不能只接受训诫，警察必须直接做出警告（warning）处理。这两项措施被《2012 年罪犯法律援助、量刑和惩罚法》④ 所取代，并被未成年人警告（caution）与

---

① 有关 ASSET 的发展，对于批评参见 Baker（2004）；cf. Bateman（2011）。

② Bradley（2009），para. 10.

③ 对于欧洲这样的政策和实践的讨论，参见 Jehle, Lewis and Sobota（2008）。

④ 在《1998 年犯罪和扰乱秩序法》中插入一个新的第 66ZA 条。

有条件的未成年人警告所代替，其与有关成年人的警告具有相同的因素。"警告率"在 21 世纪第一个十年末大幅下降但是从那以后就趋于稳定。其解释是很可能更多的案件在早期阶段被分流，而并未被带入正式制度中，① 因此某些很显然应当受到训诫、警告（warning）、警告（caution）的案件因而被送到诸如恢复性司法等其他制度中处理了。然而，有证据显示，在分流阶段有关照顾儿童与种族血统方面存在不公平对待的情况。某些被照顾的儿童因为犯罪被送上法庭，但如果其发生在一个家庭中，该罪行不会受到如此严肃的处理。② 有关种族血统，菲勒则（Feilzer）和胡德发现，"涉及混合种族家庭的年轻人被起诉的数量是具有相似案件特点的未成年白人人的 2.7 倍"，而未成年黑人的数量仅仅略高于未成年白人。③ 未成年司法委员会已经宣布一项为期 3 年的战略，以解决在未成年人司法制度中未成年黑人和少数民族的未成年人过多代表的问题。④

五 量刑权

如果一名未成年被告人被带到法庭，如果以前未曾被定罪的未成年罪犯认罪，未成年人法庭被要求对其作出转诊命令，除非对其判处监禁刑是合理的；⑤ 法庭也有在其他案件中作出转诊命令的裁量权。该命令可以在 3—12 个月之间的，指定的，一段时间作出：量刑指南委员会的指南规定法庭应当准备适用在 12 个月以内的所有等级（不仅仅是 3 个月、6 个月、9 个月和 12 个月），并且 10—12 个月的命令应当仅仅针对更加严重的案件作出。⑥ 转诊是转给当地的未成年人犯罪团队，接着其必定会为该罪犯建立一个未成年罪犯小组，起草一个该罪犯同意的行为计划。还要在未成年罪犯小组所提交的协议基础上进行一项 ASSET 评估，对罪犯作出要求，"其目标（或者主要目标）是预防该罪犯再次犯罪"。⑦ 这一程序必须涉

---

① House of Commons Justice Committee (2013)，[7]，注意对 "使犯罪接受审判" 的警察目标的取消和相对轻微犯罪的后续转向。

② House of Commons Justice Committee (2013)，[12—16]，citing broken crockery.

③ Feilzer and Hood (2003)，p. ix.

④ Youth Justice Board (2014)，p. 11.

⑤ S. 16 of the PCCS Act 2000.

⑥ SGC，*Sentencing Principles-Youths* (2009).

⑦ 《1999 年刑事司法法》第 8（1）条。

及罪犯的父母或者监护人，但是可能不涉及其法律代理人。该计划可能涉及对被害人金钱赔偿的支付，与被害人一起出席恢复性司法会议，在社区从事无偿劳动，参加某项活动，等等。如果罪犯同意，这会成为一份"少年罪犯协议"，一旦被违反，其将会被遣回给法庭。如果罪犯不同意，该案件会被返回给少年法庭，法庭应当按通常的方式审判该罪犯。这些协议中大部分包括一项修复和/或恢复性司法的因素。尽管看上去大多数这样的协议能使被害人满意，在以惩罚为核心的框架中，其角色仍然存在问题。① 然而，纽伯恩（Newburn）、克劳福德（Crawford）等人的研究显示所有参与人都欢迎这项制度：

> 在相对短的时期内，小组已经将自己建成建设性的、审慎的、参与性的论坛，在此可以讨论未成年人的犯罪行为。这种非正式的未成年罪犯小组的设立似乎允许未成年人、其父母/监护人、被害人（其参加的地方）、社会小组成员和未成年罪犯团队建议者们有机会讨论未成年人所犯罪行的性质与结果以及如何对其作出回应，这种回应试图修复已经发生的伤害并说明该未成年人罪行的原因。这一观点得到了小组中所有参与人的响应……②

相同的研究表明，道歉和赔偿是来自小组会议协议的多次出现的特点。对于这种转诊命令的早期批评是其强制性本质意味着许多相对较轻的案件受到了不适当的关注，2003 年少年法庭被授予不在轻微案件中作出转诊命令的裁量权。2006 年所有针对少年犯的法庭命令中，约有 30% 都是转诊命令，再犯率比采取其他措施的要低。③

受制于对有罪答辩初犯作出转诊命令，有时被称为未成年人的"第一层"的量刑框架，即在多数案件中法庭仍然有权作出绝对释放、有条件释放、具结、赔偿命令与罚金等裁判的意义上，与成年人相似。④ 如果判处一项金钱刑罚，若罪犯的年龄是 16 岁或者 17 岁，父母可能被要求支付，如果罪犯年龄在 16 岁以下，则必须被责令支付。在被命令支付之前，

---

① 参见 Ball（2000）。

② Newburn, Crawford et al.（2002），p. 62.

③ SAP, *Sentencing Principles-Youths*, *Consultation Paper*（2008）.

④ 这些措施的进一步的讨论，参见上文第十章。

父母有权发表意见，并应当被法庭考虑。尽管罚金并非未成年人犯罪的通常回应，但重新定罪的数据表明，这是相对有效的，就像附条件释放一样。①

确实，当处理16岁以下的罪犯时，未成年人法庭的权力和义务延伸至罪犯的父母。因而，当儿童被指控时，则要求未成年人法庭命令其父母出席法庭，除非这样的要求是不合理的。还存在一种假定，法庭应当约束16岁以下儿童的父母以使其能够适当照顾与管理其孩子；如果拒绝这样做，应当说明理由。还有更进一步的约束被判处社区刑儿童的父母权力，要求其确保他们的孩子能够完成这一刑罚的要求。鼓励父母承担更多责任的一般主题无疑是正确的，因为家庭单位对于许多社会行为都是非常关键的。但一项比法庭命令、威胁与强制更具有建设性的方法，是通过当地机构的社会工作者与父母支持组织对父母提供更大的支持。因而，《1989年儿童法》（Children Act 1989）规定，地方当局应该在对儿童的需求进行评估的基础上，给父母提供支持和帮助，而不是诉诸照顾程序和给予指责。通常情况下，情况要复杂得多，而不是简单地把责任推给父母，尤其当法庭经常应对"脆弱和贫穷家庭"时。② 然而，在作出转诊命令的情形下，父母可能会对他们有其他责任，比如参加一个与他们的孩子有关的未成年罪犯小组的所有会议。事实上，《1998年犯罪和扰乱秩序法》第8—10条也授权法庭作出教养命令，要求父母按照规定参加指导会议等。对于犯罪儿童父母采取适当的强制措施的问题仍然存在争议，教养命令尚未取得明显的成功。③

未成年人法庭也可以作出某些民事或者辅助命令，其中反社会行为命令最为突出。我们已经看到反社会行为命令目前已经被预防妨害与干扰的民事禁令与犯罪行为命令所代替，④ 但值得注意的是约半数的反社会行为命令是针对18岁以下儿童作出的——即使政府在议会辩论中并不主张将反社会行为命令适用于未成年人。对未成年人作出这些命令——或者任何其他规定于上述第十一章第五节中的民事预防命令——违反了命令的未成年人或许会被送去监禁可能性，以及更早前所列出的

---

① Mair（2004），p. 151，和资格。

② Arthur（2005）.

③ Burney and Gelsthorpe（2008）.

④ 参见上文第十一章第五节第八部分。

所有程序缺陷①都存在严重问题。它不适合未成年人司法制度的其他方面的定位，这很可能是为何政府起初就声明反社会行为命令不倾向于适用未成年人。

从"第一层"命令往上，下一层命令目前被《2008 年刑事司法和移民法》第 1 条所规定的一项措施占据，少年复归命令（the youth rehabilitation order（YRO）。其概念与《2003 年刑事司法法》所规定的适用于成年人的社区命令有些相似，但是也有些值得关注的差异。概念的相似之处是少年复归命令是一项具有多样性分别要求的单个命令，法庭可能会指定其中一项或几项。有 15 项标准要求有 14 项标准要求是适用于成年人的，适用于未成年人的包括一项本地机构居住要求，一项毒品测试要求，酗酒治疗要求，以及一项教育要求。无偿工作要求仅仅适用于未成年罪犯年龄为 16 岁或者 17 岁的情形。如同适用于成年人的社区命令，除非罪行足够严重，法庭不会作出未成年人复归命令；法庭必须确保这些要求是适合该罪犯的，并且与其罪行的严重性相适应。未成年人复归命令可以长达 3 年，但是其中许多要求可能仅仅持续一个较短期限，监督要求是主要的例外。

适当性的判断应当得到量刑前报告的辅助，其应当包括对少年犯的 ASSET 的评估。② 比例性的判断不但依赖犯罪的严重性，还依赖于特殊要求的相关限制。未成年人司法委员会已经开发出一种针对未成年人复归命令要求的"分级方法"："其确定了干预的三个等级——对再犯可能性低和导致严重伤害危险性低者的标准干预等级，对再犯和导致严重伤害中等风险者的增加干预等级，对再犯或导致发严重伤害程度风险者的强化干预等级。"③ 分级方法标示了干预的程度与种类，对每一个等级都是相适应的。量刑委员会的指南承认分级方法的有益性，但更强调了压倒一切的比例原则的重要性以及复归社会、保护社会公众或惩罚性要求之间的重要区别。

适用成年人的社区命令和未成年人复归命令之间的重要区别是未成年人复归命令是一个加强的版本，尤其以如果不适用未成年人复归命令就会

---

① 参见上文第六章第六节。

② See Casti//O［2012］2 Gr App R（5）201. at［13］.

③ 最新版本的"Youth Justice：The Scaled Approach. A framework for assessment and intervention"可以在 www. yjb. gov. uk 查到；对于批评，参见 Bateman（2011）。

被羁押的未成年罪犯为目标。这是拥有强化监督与管制的未成年人复归命令，或者是具有培养要求的未成年人复归命令。培养要求必须仅仅在法庭对罪犯所生活的环境这一犯罪中的重要因素，满意时才能实施，并且该命令将促进其复归社会。强化监督与管制的要求建立在强化监督与管制项目（ISSP）的经验基础上的，其试图将棘手的并且麻烦不断的惯犯的监管与对他的监视结合起来。审计委员会（Audit Commission）称赞强化监督与管制项目是一项对于常习犯的少年罪犯的比羁押更具有建设性与廉价的方法。① 牛津大学团队的一项评估显示：强化监督与管制项目在施行中有某些变化，标准并非一致的高，并有一些证据表明重新定罪率有所提高。②

这两个未成年人复归命令的加强版本与比一般的未成年人复归命令明显更具有约束力的强硬的法定标准相结合。因而《2008 年刑事司法和移民法》第 1（4）条规定具有这两项加强要求之一（两项量刑要求不能一起适用）的未成年人复归命令可以仅仅在以下情形下作出，如果（1）该罪行需判处监禁刑的，（2）该罪行如此严重，若加强版的未成年人复归命令存在，适用监禁刑对该罪犯是适当的，以及（3）（在罪犯的年龄为 15 岁以下的情形）该罪犯属于常习犯罪犯。此外，在羁押刑适用于 18 岁以下的少年时，法庭被要求说明为何对其适用加强型未成年人复归命令是不适当的。③ 量刑指南委员会的指南强化了法定标准，政府应当因为施以这样的严格限制而获得信誉。

当未成年罪犯违反了未成年人复归命令的要求时，法庭拥有广泛的权力：可以适用罚金，修正该命令，或者取消该命令，对于罪犯重新量刑。然而，其不应作出任何命令或者作出更重的命令。量刑委员会建议当对于违反要求的罪犯量刑时，法庭应当考虑其基本目标是确保罪犯完成该命令。其强调法庭需要收到解释违反要求理由的信息，以能够完成基本目标，或者至少确保其回应是建立在正确了解情况的基础上的。在未成年罪犯被证明已经"蓄意固执地"违反了该命令时，法庭拥有额外的权力，包括做出具有加强监督和管制作用的未成年人复归命令，即使其适用起初

① Audit Commission（2004）.

② Moore et al.（2004）.

③ 《2008 年刑事司法和移民法》（*Criminal Justice and Immigration Act 2008*）的表 4，para. 80（3）。

的罪行会是不恰当的。

统计显示，近年来在未成年罪犯处置全面下降的背景下，未成年罪犯量刑重新定位。1997—2007 年，对于 10—17 岁的罪犯适用社区刑急剧增长，从每年 26000 人增长到每年 66000 人。相同期间监禁刑的适用略有下降，从每年 7000 人下降到每年 5800 人。下降更明显的是罚金与附条件的释放。① 然而，从 2008 年以来，社区刑的适用持续增长，监禁的适用明显下降：在 2012—2013 年期间，有 43601 名未成年罪犯被量刑（33661 人被庭外处理，29343 人收到了少年复归命令，2780 人被送去监禁，剩下的 11478 人受到了诸如罚金或者释放等处理）②。这显示出福利原则在未成年人量刑中发挥了重大作用。③

对于 10—17 岁未成年罪犯的监禁刑是拘留和培训命令（DTO），法律根据是《2000 年刑事法院（量刑）权力法》。第 100 条规定除非监禁的法定条件得到满足，不能做出这样的命令。④《2008 年刑事司法和移民法》进一步提高了门槛，规定适用监禁刑的法庭必须解释为什么具有加强监督与管制或者培养要求的未成年人复归命令是不适当的，并且监禁应当被"作为最后手段"而适用。⑤《2008 年少年犯罪行动计划》（Youth Crime Action Plan 2008）强调了这样一种期望"即多数未成年罪犯能够在社区内被处罚与有效处理"。前面所引用的未成年人法庭量刑统计数据表明，这是一个远离羁押的强烈变化。然而《总监 2014 年报告》（Chief Inspector's 2014 report）——当欢迎几个少年犯机构因为人数下降而被关闭时——记录了在某些未成年罪犯机构里的安全等级是难以接受的低。⑥

在未成年罪犯的年龄低于 15 岁的情形下，如果其是一名"惯犯"，法庭可仅仅适用监禁刑：该术语并未被立法定义，但是量刑委员会建议一

---

① Ministry of Justice（2008a），Table 1.5.
② Ministry of Justice（2013），"Youth Justice Sentencing".
③ Burnett and Appleton（2004）and Field（2007）.
④ 参见上文第九章第四节第一部分。
⑤ 有关这一准则的反思，参见上文第九章第三节。
⑥ HMCI Prisons（2014），pp.65-66.

个清晰的情形是对于发生在前 12 个月的罪行该罪犯已经获得了三个官方回应。① 此外，如果"只有适用监禁刑才能保护社会公众免受其犯罪侵害"，法庭可以对年龄为 10 岁或 12 岁的罪犯仅仅适用拘留和培训命令。《2000 年刑事法院（量刑）权力法》第 101 条规定拘留和培训命令仅仅可以适用 4、6、8、12、18 或者 24 个月等指定期限。这样的限制被指责扭曲了法庭反映罪犯之间的可责性、诸如有罪答辩等减轻因素之间差异的意图。量刑委员会的指南建议，在计算监禁的适当期限时，法庭应当从对成年人的有关犯罪指南中作出扣减。那些扣减应当与年龄相关，受制于法庭对未成年罪犯成熟度和其他相关因素的判断。因而对于 15—17 岁未成年罪犯的量刑起点或许是适用于成年人的起点一半至四分之三，这通常取决于少年犯的成熟度。② 对于 15 岁以下的未成年罪犯适用监禁刑应当极为罕见：法律允许对于 15 岁以下的"惯犯"适用监禁刑，但是指南建议这一例外应当被有节制地适用。③ 被适用拘留和培训命令之后，未成年罪犯在未成年罪犯机构内服刑过半后就被释放，但在余下刑期中需接受监督。

《2000 年刑事法院（量刑）权力法》第 91 条规定了对于实施严重犯罪的未成年罪犯的长期监禁。该权力仅仅可以适用于罪犯犯罪的最高刑期为 14 年监禁，或者某些被明确列举的犯罪。有关正确适用第 91 条权力的指南在 1998 年米尔斯（Mills）案④中被明确，在该案中，首席大法官宾汉姆勋爵强调没有未成年罪犯应当被适用监禁刑，除非绝对必要，并且刑期也不能超越必要性要求。刑期的长度应当考虑罪犯是未成年人与任何对罪行的答辩。然而，米尔斯案的裁判建议像 2 年这样低的刑罚可以根据第 91 条的权力适用，而量刑委员会的指南是在该权力被援引之前，该情形必须证明显著高于 2 年的刑期。严苛的量刑时而被适用于未成年罪犯，比如 3 年的长期监禁被适用于一名对比其更小的 10 岁男孩造成人身伤害的

---

① 量刑委员会的构想指的是与在犯罪行为被质疑的机构的先前联系；参考在其中一项先前定罪仅仅是盗窃自行车，DTO 将其撤销以支持 an YRO（L［2013］1 Cr App R（S）317，为参考量刑委员会的指南）；参考一名没有先前定罪的被认定犯有多种罪行的少年罪犯出席法庭的情形，在 AS［2001］1 Cr App R（S）62. 中被归类为"惯犯"。

② 对于该指南的讨论，参见 Walsh［2014］2 Cr App R（S）468。

③ SGC, *Sentencing Principles-Youths*（2009）.

④ ［1998］1 Cr App R（S）128.

11 岁的男孩。①

　　与第 91 条一起的还有各种处理"危险"的未成年罪犯的权力，有些类似于在上面第 6.8 章中所讨论的针对成年人的权力。《2012 年罪犯法律援助、量刑和惩罚法》修正了《2003 年刑事司法法》中有对终身监禁量刑的自由裁量以及延长监禁刑的规定。至少量刑法庭将不得不发现未成年罪犯具有对他人进行严重伤害的重大危险。

第二节　年少成年人罪犯（Young adult offenders）

　　18 岁、19 岁、20 岁的罪犯在成年人法庭被审理与量刑，但是在法庭可适用的命令方面存在差异。对于 21 岁以下的罪犯分开监禁具有很长的历史——过去是在未成年罪犯管教所、拘留中心，或者未成人监禁中心，现在是在未成年罪犯机构。其理由部分是为预防年龄较大的经验更丰富的罪犯"污染"，部分是为能够产生更多的更关注教育与技术培训的建设性制度。《未成年人报告》（Younger Repor）对于这一组织的合理化给予了特别的关注：

　　　　这是一个主要需要刑事制度的未成年罪犯群体。这一群体里的罪犯都有严重犯罪记录，许多还未被导入正规。他们或许失败于学校制度，或者在其他方面不成熟，并且在离开学校几年后可以提供给他们一个最后的帮助他们利用其所失去的条件的机会。尤其将社会公众的努力集中于这种面临继续进行长期的昂贵的罪犯生涯的年少成年人，是当资源——包括人文的和物质的——过于稀缺不能允许对所有年龄段的群体倾注差不多等量关注时的社会的合理的投资。②

　　《未成年人报告》所主张的"特别关注"从那以后使刑罚优先权的排序得以松懈，尽管近年来还有一些相关的举措。巴罗吉百利信托基金

---

① *Jamie Craig W.* ［2003］1 Cr App R（S）502.
② 《有关刑罚制度的咨询委员会》（1974）［*Advisory Council on the Penal System（1974）*］，p. 9。

（The Barrow Cadbury Trust）在 2004 年资助了一项审查，并且政府的《社会排斥防止单位的转型报告——有复杂需求的年少成年人（2005）》［Social Exclusion Unit's report on *Transitions-Young Adults with Complex Needs* （2005）］对于这一年龄群体脆弱成员的政策举措提出了重要的建议。谢菲尔德的断念研究集中于这一年龄群体，揭示了这些行为模式的复杂性与断念行为努力的脆弱性。[①] 某些欧陆国家的制度允许对年少成年人适用特别程序，如果其仍然处于未成年人的发展阶段并且因而认为教育性的量刑比惩罚性量刑更合适。[②]

一 对年少成年人的警告

警告适用于未成年人的高比例从来没有和适用于年少成年人的相似比率相匹配。举措始于 20 世纪 80 年代后期增加年少成年人警告的比例获得了相当大的成功。对于男性年少成年人可诉罪的警告比例在 1998 年是 34%，在 2001 年下降到 28%，而在 2007 年上升到 37%；对于女性年少成年人在适用警告的比例方面也有增长，其变化轨迹从 1998 年的 46%，经过 2001 年的 41%，到达了 2007 年的 57%——比例远远高于男性。[③] 总体数据对于 15—17 岁的未成年人比例适当，并且对于 21 岁或年龄更大的年少成年人，过去适用于 18 岁的未成年人警告呈现逐步转变而非突然下降。对于所有年龄群体警告的适用在最近 5 年下降显著，但是对于年少成年人仍然存在某些差异。罗杰·埃文斯（Roger Evans）的研究表明，就像刑事司法中的其他裁判，这在很大程度上取决于那些决定是否要警告处理者们的基本观点：他所研究的两个警察局中的一个，对于年少成年人高比例地适用警告存在明显的忧虑，[④] 在全国范围内仍然有相当大的差别。不情愿适用警告的某些理由来自 18 岁的男性是犯罪的高峰年龄的事实，但是可以指出的是，这一高峰年龄以前是 16 岁，但对于未成年人警告的扩大适用却发生了。

---

① Bottoms and 沙普兰（2011）。

② 有关德国的制度，参见例如 Bohlander（2012），pp. 10-13。

③ Ministry of Justice（2008a），Table 1.5.

④ Evans（1993）.

二　对年少成年人的量刑

对年少成年人的量刑框架很大程度上是成年人的框架，有一些例外。在第十章第六节第三部分第十二点曾提到在社区刑中的一项要求，出席中心命令（attendance centre order），只有达到 25 岁才能适用。就羁押刑而言，从 1982 年对年少成年人的羁押不是将其关进监狱，而是拘留在一个少年犯机构，保留了该所长期具有的分离特点。有立法规定（《2000 年刑事司法和法院服务法》（*Criminal Justice and Court Services Act 2000*）第 61 条）改变了这一政策并将这一年龄群体的罪犯送进成年人监狱，但是接下来几届政府都拒绝执行这一改变。取而代之的是，他们将注意力投放到了对于这一年龄群体罪犯管理的多元化动机，包括被羁押的与在社区里的；[①] 有一些上诉法院的裁判承认年少成年罪犯可以因其年龄而适当地减轻量刑。[②] 确实，《皇家法院量刑调查》显示，在 2013 年夜盗案件中居于第二位的强有力的减刑因素是 "年龄/缺乏成熟度影响责任"[③]，并且这一因素明显与年少成年人这一年龄群体有关。[④]

正如表 4 与表 5 所示，对于这一年龄群体，羁押的适用已经从 2004—2008 年（对年轻男性）与 2000—2002 年（对年轻女性）的高峰以来，有了实质性的下降。因而对于年少的男性在 2013 年被判处立即羁押的人数是 7612 人，比 2007 年的半数还要少，也比前些年少。对于年少的女性，被判处立即羁押的人数在 2013 年是 327 人，比 2012 年的半数还要少，是前些年的三分之一。被量刑的年少成年人的人数整体下降，但是这不能完全说明在少年罪犯机构中拘留适用的下降。暂缓量刑命令（SSSO）在 2005 年开始适用于这一年龄群体（像适用于成年人那样）：对于年轻女性暂缓量刑令在 2013 年被适用的人数超过立即羁押（见表 5），而对于年轻男性适用暂缓量刑令的增长看上去已经取代了适用拘留与社区刑。罚金在这一年龄群体的适用如同其他所有年龄段罪犯一样下降了。量刑指南对于这一年龄群体没有做分开规定，目前不包括任何对年少成年人量刑方法的讨论，除了考虑每一个罪犯的年龄和成熟度的一般禁令外。

---

① Allen（2007）.

② 例如 *Fadairo*［2013］1 Cr App R（S）371。

③ 《皇家法院量刑调查》（2014），第 28 页。

④ 例如 Sentencing Council, *Theft Offences Guideline Consultation*（2014），p. 25。

第三节　精神病罪犯（Mentally disordered offenders）[①]

对于犯罪时患有精神病，或者在审理时患有精神病的罪犯，不应当像其他罪犯那样处理，这为人们所普遍接受。刑法规定了审理的程序门槛，不适宜辩护，还有精神病辩护，[②] 如果任何一项获得支持，法庭有权在其所能作出的命令中进行裁量：《1991 年刑事程序（精神病和不适宜辩护）法》[Criminal Procedure（Insanity and Unfitness to Plead）Act 1991]。不适宜出席法庭的检测与被告人跟从程序与指示律师的能力有关：每年大约有 100 名被告人被发现不适宜辩护。[③] 精神病辩护的法律要求仍然是受到限制的，尽管有关精神病判决的权力具有灵活性，1991 年以来其适用数量仍然很低。[④] 大多数精神病患者并不倾向于以其病患抗辩，而是默认有罪并在量刑阶段寻求医疗处置。这意味着量刑者不得不处理更多的罪犯，因为如果在犯罪时，责任受到重大影响者不应当被定罪的原则被坚持的话，不应当有这么多人需要量刑。

在量刑阶段，存在一个将精神病患者或者当作需要治疗而非惩罚的人，或者作为应当获得减刑的人的老传统。确实，量刑委员会指南里的减轻量刑因素名单中的 "精神病或者残疾" 内容是表明 "严重降低罪责" 的一个因素。[⑤] 这种方法可以在这样的基础上被合理化，即这样的罪犯可能不具有健全的推理与控制能力，因而不能理解惩罚的重要性或者可能不应当受到惩罚。量刑具有交流因素，在罪犯的理解能力受到破坏时，其不能得到实现。[⑥] 然而，并非所有的精神病患者都缺乏理解能力：某些人受到其精神病影响，削弱了其行为控制能力，因而为怀疑其惩罚的应得性提供了不同的理由。

---

① 对更充分的讨论，参见 Peay（2011）。

② 参见 Ashworth and Horder（2013），pp. 139-146。

③ Mackay（2011）；Peay（2011），ch. 17.

④ Mackay（2012），在 2008—2011 年每年报道 20—30 个精神病答辩；还参见 Peay（2011）第 19 章。

⑤ SGC, *Overarching Principles-Seriousness*（2004），p. 7.

⑥ Duff（1986）.

　　由于精神病罪犯量刑的定位朝向治疗与复归社会，这带来了其自身的困难。如果没有比例限制，强制治疗比任何针对非精神病罪犯所采取的强制措施都要持续更长的时间。此外，治疗可以给予精神病医生或者医院更多的裁量权，而不是大多数量刑所能接受的。这使确保以司法的名义对强制权力施加比例性限制，以及确保精神病罪犯的权利受到尊重而并不屈服于有关危险性的假设，变得非常重要。最近的趋势是在风险和公共保护方面对精神错乱的罪犯实施更严厉的政策，正如吉尔·皮艾（Jill Peay）所强烈主张的，① 对风险评估的经验基础和规范意义进行适当的解释。

　　《1983 年精神健康法》提供了精神健康问题的立法框架，目前已经被《2007 年精神健康法》进行了实质性修改（但不是取代）。从那时起，布兰得利勋爵（Lord Bradley）有关《刑事司法制度中有精神健康问题或者学习障碍者》的报告已经发表，② 正如政府接受了大多数的布兰得利的建议，③ 尽管实施过程非常缓慢。④

一　精神病罪犯的分流

　　长期以来，警察有权将看起来患有精神病和需要照顾、控制的任何人送到安全的地方。《1983 年精神健康法》第 136 条⑤的权力每年被适用于 14000 个案件，⑥ 在某些地方比其他地方适用得更多。然而，在许多案件中，"安全的地方"是警察局，其通常并不是容纳这种人的适当的地方。《布兰得利报告》建议地方方案确认精神健康机构能够作为"安全的地方"。⑦ 根据《皇家检察官准则》，如果精神病人以通常的方式被逮捕，其精神病可以作为警告罪犯或者中断起诉的理由。内政部 1990 年第 60 号文件《精神病罪犯规定》（Home Office circular 60/1990, *Provision for Mentally Disordered Offenders*）鼓励在可能的情形下将精神病罪犯从刑事司法制度中分流出去。科斯顿（2007）了提出有关女性问题的特别建议。

---

① Peay (2012).

② Bradley (2009).

③ Ministry of Justice (2009).

④ House of Commons Justice Committee (2014), [86].

⑤ As amended by s. 44 of the 2007 Act.

⑥ HSCIC (2013), Figure 8.

⑦ Bradley (2009), ch. 2.

全国有很多分流计划，或者在警察局，或者在法院，其召集精神健康专家以评估在适当的情形下将精神病人从正式的刑事程序中分流出去。① 然而在实践中，完成这些尚存在困难。《布兰得利报告》呼唤完善对精神病人的确认，以及在警察局提供筛查服务。② 杰弗里·皮尔森（Geoffrey Pearson）和伊丽莎白·伯尼（Elizabeth Burney）在其一项这样的计划研究中表明，在许多这类案件中其他问题堆积如山——尤其是住宿需求、精神健康问题和药物滥用之间重叠，以及有精神病的黑人比例过高——这些问题的解决需要大量的机构之间互相合作与财力支持。③ 此外，这些计划没有覆盖全部领域，没有要求法庭考虑还押候审对于被告人精神健康的影响。④ 在 2014 年政府宣告对于联络与分流计划再给予 2500 万英镑的资金支持。⑤

二　对于精神病人的特别命令

绝对或者附条件释放在某些罪犯患有精神病的案件中是适当的。除此之外，法庭还有对精神病人的特别命令可以适用。如果犯罪足够严重，法庭可以考虑适用有精神健康医疗要求的社区刑，监护命令或者医疗命令。使用这一权力的途径是发现罪犯患有精神病：《2007 年精神健康法》第 1 条取缔了先前四种类型精神病的定义，规定精神病 "意味着任何精神的错乱与残疾"。但是，这一广泛的 "定义" 存在两个例外，即有关那些智能障碍（第 2 条）和酒精和毒品依赖者（第 3 条）。

《1983 年精神健康法》中的权力旨在加强医疗的可能性，但重要的是从一开始就指出医疗处置与刑事处置的重大差异。监狱不能拒绝接受被判处监禁刑者，但是精神病专家和医院能够拒绝刑事法院或许希望对其作出特殊命令者。一个地方的可用性仍然是下文要讨论的所有命令的前提条件。

《1983 年精神健康法》第 35 条允许在为法庭准备报告的情形下将被告人还押回医院，但是许多为法庭作出的精神病报告仍然是在被告人被羁

---

① Lennox et al. (2009)；Peay (2011), pp. 161-162.

② Bradley (2009), ch. 4.

③ Burney and Pearson (1995).

④ See Cavadino (1999).

⑤ House of Commons Justice Committee (2014), ［86］.

押于监狱时作出的，监狱可能明显是不适合的环境。既然这些被告人中只有少数对社会公众会有危险，看上去没有必要将其还押回监狱，但是目前精神病医院是否能够应付如此众多的法庭想要得到其报告的人。在某些案件中有以法庭为基地的评估计划，能够使精神病评估立即进行而不需要还押，第 35 条所规定的权力相对而言较少被使用。①

第 36 条规定了还押回医院接受治疗，第 38 条规定了临时医疗命令。这些也没有被大量使用，这可能是源于医院床位和允许政策的困难，将在下文讨论。行使这些权力的一个例子是 1993 年总检察长向法院提交的给予指导性说明的（1992 年第 34 号）质询案。② 罪犯因故意伤害作有罪答辩，为准备精神病报告被还押回监狱。4 个月以后，考虑到这份报告，法庭作出临时医疗命令，根据第 38 条的规定，罪犯被送进布罗德莫精神病院（Broadmoor）：目的是看其是否容易被医治，这将使医疗命令具有合理性。5 个月以后，精神病专家向法庭报告，尽管治疗非常困难，作出有限制的完全医疗命令是适当的。然而，该被告人后来改变了答辩，当案件最终在 12 个月后开庭审理时，两位精神病专家报告该被告人的情况不容易被治疗。

再来看精神病人的特别量刑，根据《2003 年刑事司法法》第 207—208 条的规定，法庭可以作出带有精神健康治疗要求的社区命令。③ 如果一项社区刑被适用，需要满足所有条件。④ 在作出这一特殊要求之前，法庭必须从一位合格的医疗工作者那里获得报告，并且必须满足罪犯的精神状况需要并易于被治疗，但其并非保证能够作出住院医疗命令或者监护命令。规定的治疗方法可以是在指定的医院住院或者作为门诊病人，或者由指定医生或者精神病医生指导，该罪犯必须同意。以前这一要求最多是一年，但是这一限制目前已经被取消，由法庭指定所需要的期间。多年来，这种形式的量刑是最常用的特殊命令，平均每年大约 1000 个案件。然而，最近的数据显示有所下降，2012—2013 年在社区命令中有大约 600 个精神健康医疗需求，另外 200 个附加于暂缓量刑命令。⑤ 这些命令可能偶尔

---

① 对一个最近的例子，参见 *Catchpole* ［2014］2 Cr App R（S）516。

② (1993) 15 Cr App R（S）167.

③ 参见 Seymour and Rutherford（2008）。

④ 参见上文第十章第六节。

⑤ Ministry of Justice（2014），Table 4.4.

在判处实质性羁押刑会具有正当性的案件中被做出，就像患有忧郁症的罪犯因为使用短管气手枪抢劫邮局而被判刑的情形。[1]

监护命令极少被使用：其将罪犯置于地方机构或者某一机构认可的个人的监护之下，可能对精神受到伤害者是适合的，他们可以从职业训练与其他指导中受益。医疗命令被更经常地使用，尽管比前十年数量少。在根据《1983 年精神健康法》第 37 条的规定作出医疗命令之前，法庭必须从2 名合格的医疗工作者那里获得证据，其中一名医师是依据 1983 年法案获批资格的，证明该罪犯患有精神病为获得治疗而被拘留是适当的。[2] 只有在医院明示其愿意接受该罪犯并为其治疗的前提下才能作出医疗命令。医疗命令不能对更多的精神病罪犯作出的理由主要有两个：首先，《1983年精神健康法》（为《2007 年精神健康法》第 4 条和第 5 条所修正）包括一个可以被治疗的条件，所以法庭必须确保"存在适当的医疗"，并且其包括"精神病干预和专家精神健康训练、恢复和照顾"，被用来减轻或者阻止更坏情况的发生。目前扩大了治疗的定义，但是治疗要求将仍然会排除掉一些精神病人。其次，某些地方精神病医院倾向于采用相当严格的准入标准，由于罪犯——病人可能破坏该制度，其有时会被拒绝进入。在有关《1983 年精神健康法》的立法争论中，政府拒绝要求医院接受法庭送来的罪犯——病人的修正：该法第 39 条要求地区医疗机构回应来自法庭的有关其所在区域医院的床位信息的请求，但是这仅仅是一个激励策略。第 37 条医疗命令规定的影响是病人可能起初被羁押了 6 个月，可能再被羁押 6 个月甚至一次羁押 1 年。如果该罪犯——病人未被医院释放，精神健康审查法庭（Mental Health Review Tribunal）会定期审查这一病例。

对于某些精神病罪犯，医疗命令是不够的，因为该罪犯可能危及他人而地方医院难以保证安全。在这种情形下，通常会有偶尔的事实与想象混杂。有时假设精神病罪犯因为患有精神病会比其他人更具有危险性。吉尔·皮艾对此表示反对：

---

[1] *Attorney General's Reference No. 37 of 2004*（*Dawson*）［2005］1 Cr App R（S）295：法庭拒绝参考它因而社区刑被维持。

[2] 在 *Nafei*［2005］Crim LR 409 中，上诉法院重申第 37 条授予一项权力。在精神病医生建议对在犯罪时精神病未发病而在量刑时发病者适用医疗命令的情形下，法庭对进口毒品维持 12 年的监禁。

对于那些涉及治疗精神病者而言尤其难堪，尽管一再表明"再犯的比例实际上不比任何其他罪犯高"；精神病人有与相比精神正常者实施的谋杀犯罪更少的发展趋势；当精神病人杀人时，其更可能自杀而非杀害其他人的事实，但这种担忧依然存在。最后，有充分证据证明，那些被从医院释放的受限制的病人实施严重犯罪的再犯率比从监狱释放的罪犯的再犯率要低得多。[1]

这不是否认存在有危险性的精神病罪犯。但是有必要对易于认为精神病人的行为难以预测、危险、需长期拘留（或者"治疗"或者不"治疗"）等情形提出警示。

这给我们带来了精神错乱罪犯适用的最强有力的措施：根据《1983年精神健康法》第41条，皇家法院有权在一项医疗命令基础上增加一项限制命令。限制命令没有时间限制，[2] 发布条件严格（见下文）。在增加限制命令之前，法庭必须至少从一名医疗工作者那里听取口头证据，法庭必须被说服限制命令对于保护社会公众免受严重伤害是必要的——一项准则后来被在《2003年刑事司法法》的危险性条文中使用。[3] 在2003年卡尼（Kearney）案[4]中，上诉法院在一个案件中撤销了一项限制命令，该案中法官没有说明"有必要使社会公众免受严重伤害"，事实和精神病专家报告对此也是模棱两可。作出限制命令的某些一般的考虑被上诉法院大法官马斯蒂尔（Mustill LJ）在1989年 Birch 案[5]中所阐释。如果进一步犯罪的潜在危害非常严重的情形下，再犯的低风险或许是足够的；有关轻微犯罪再发生的高度可能性应当是不充足的，但是或许有证据证明夜盗的习性很可能会导致暴力行为。[6] 近年来，法院倾向于每年大约做出250—350项限制命令（2008年的数据是343项）。[7] 斯特里特（Street）所进行的有

---

① Peay（2007），p. 500.

② 《2007年精神健康法》取消了极少使用的对持续确定性年限作出第41条的命令的权力。

③ 参见上文第六章第九节。

④ ［2003］2 Cr App R（S）85.

⑤ （1989）11 Cr App R（S）202.

⑥ Golding ［2007］1 Cr App R（S）486，维持对有关患有偏执狂精神分裂症但没有暴力历时的习惯性夜盗犯作出第41条的命令。

⑦ Ministry of Justice（2010），Table 6.

关作出限制命令的研究发现，77%被诊断患有精神疾病，13%是精神变态者；69%以前是住过院的精神变态者；20%是黑人（一般人口中占 1.6%）。①

多年来很多情况是法官对于在专科医院中罪犯床位短缺而抱怨；如果没有这样的地方，法官经常会感到基于安全考虑需要判处监禁刑，即使对于许多精神病罪犯而言监禁刑并不适宜。实践中，有些案件的上诉法院认可监禁刑，依据是罪犯对于犯罪具有重要的责任因素，即使他也是精神病人。② 在选择量刑时，法庭非常关注释放条款，因为当某人不再患有从性质与程度上都需要关注的精神病时，其必须被释放而不受医疗命令约束。而被判处终身监禁的罪犯，如果有必要对社会公众进行保护，应当限制其人身自由，可能不能释放。③ 如果法庭坚持满足终身监禁的条件，罪犯需要住院治疗精神障碍，看上去正确的方法是根据《1983 年精神健康法》第 45A 条判处终身监禁及医疗和限制性。④

医疗和限制指导可以在法庭判决监禁刑（确定或不确定）是必要的情形下作出，但是罪犯应当被送去医院治疗并在之后返回监狱。该项命令很少被使用，⑤ 有强烈的观点认为其构想拙劣。⑥ 然而，上诉法院在一些案件中批评了它的适用，并遗憾其不能适用于 18—21 岁的罪犯。⑦

三　监狱和精神病人

前面的段落至少揭示了这一程序的某些解释，通过该程序精神病罪犯被送进监狱。首先，如果治疗的要求（"可获得的适当的医疗"）是不能实现的，医疗命令成为不可能，法庭可能感觉监狱是唯一选择。这经常是罪犯被诊断为精神病人的结果，因为这样的人很少被认为是可以医治的。其次，即使可以医治的要求得以满足，医院却没有床位。因此，每年有大

---

① Street （1998），s. 1.

② 例如 *Welsh* ［2011］2 Cr App R （S）399；*Attorney - General's Reference No. 54 of* 2011 ［2012］1 Cr App R （S）637。

③ *Drew* ［2003］UKHL 25；对有关释放裁判的研究，参见 Boyd-Caine （2012）。

④ 正如在 *Jenkin* ［2013］2 Cr App R （S）63 中的内容。

⑤ 从 2003 年至 2006 年每年 2—4 起案件：Ministry of Justice （2007）。

⑥ Eastman and Peay （1998）.

⑦ *Attorney-General's Reference No. 54 of* 2011 ［2012］1 Cr App R （S）637；还参见 *Staines* ［2006］2 Cr App R （S）376。

量精神病罪犯被判处监禁刑。就像我们在第九章第七节第四部分中所看到的，研究表明所有被定罪的监狱犯大约有三分之一并且几乎三分之二被还押的监狱中的罪犯患有某种形式的精神障碍。那些监狱中的精神病罪犯中有相当大比例有滥用某些药物的问题：尽管其不能被单独诊断（因为依赖酒精与药物被排除在《2007年精神健康法》第3条精神病的定义之外），这些"双重诊断"案件产生了大量问题，正如《布兰得利报告》中所承认的。[①] 第三点和相关的一点是因为没有足够的住宿地方：在高度安全与中等安全的机构里仅仅有大约3500个床位，地方精神病医院里为罪犯病人准备的床位相对更少，监狱里的大量罪犯不能被收治。这表明，这个问题很大程度在于资源分配：必须提升社区照顾政策，但是有些案件需要在医院和监狱之间做出实践选择。既然监狱不适合精神病罪犯的观点已经被广泛接受，那么把他们送进去就是不公平的。然而，精神病罪犯正在被送进监狱和将要继续被送进监狱的事实仍然存在。有关先前精神病法案的联合委员会（Joint Committee on a previous Mental Health Bill）将监狱医疗条件对于精神病罪犯是不充分的忧虑记录了下来，指的是"过于依赖药物和没有疗效"。[②]

在某些情况下，有一种可能是将监狱中的罪犯转到精神病医院去，根据《精神健康法》有权将其作为一名受限制的罪犯进行治疗。尽管被转移的精神病罪犯的人数与在监狱中的精神病罪犯相比还相当少，但在过去的十年里其数量有非常大的增长。在2012—2013年，大约55%进入刑事司法制度者是从监狱里被转出者，多达将近1000人。[③] 在过去的几年里，大约三分之二的转出者是还押罪犯，在他们对这一群体的研究中，麦基（Mackay）和梅钦（Machin）发现转移是人道的，并且在某些案件的精神状况治疗检测中的表现令人满意。[④] 他们还发现大约19%的转出者是黑人。[⑤] 这些转移表明对于精神病人而言监狱不适宜性的迟来承认，但是反过来其对中等安全机构和高等安全医院的床位带来了压力——正如联合委

---

① Bradley（2009），ch. 4；还参见上文第九章第七节第四部分。

② Joint Committee on the draft Mental Health Bill（2005），para. 256；cf. Peay（2014）.

③ See www. hscic. gov. uk.

④ Mackay and Machin（2000）.

⑤ 参考 Street（1998），S. 1 的相似发现。

员会所所指出的。① 许多转出发生在监禁快要结束时的事实表明，其可能
为基于危险顾虑所推动而非治疗目的。②《布兰得利报告》呼吁更加迅速
地认可精神病人和更加迅速的转移。③

在考虑羁押的案件中，《2003 年刑事司法法》第 157 条规定了在对
明显患有精神病的人判处监禁刑之前获得与考虑医疗报告的义务［尽管
第 157（2）条对这些义务进行了限定］，并且还要求法庭考虑有关罪犯
精神状况的任何其他信息、监禁刑对这种状况的可能影响，以及对其任
何可能的治疗。④ 这是一项必要的规定，但是一个相似的条文已经实施
了十多年，其作用很难辨识。然而，尽管有一些强制性规定，但仍有一
些条款规，要确保作出医疗命令或者监护命令的可能性得以保留：在犯
罪可能依据《1968 年枪支法》第 51 条 A 量刑（强制规定拥有枪支至少
5 年刑期）或者根据《2000 年刑事法院（量刑）权力法》第 110 或 111
条量刑（对第三种 A 级毒品交易或第三次入室盗窃的最低刑罚），或者
根据《2003 年刑事司法法》第 225—228 条（修订后：见第六章第八
节）量刑，"在这些条款中没有任何条款可以阻止法院下达命令……让
罪犯进入医院"。

四　结论

对于精神病罪犯量刑的正确方法仍然是存在争议的问题。在精神病人
与其他罪犯之间倾向于有一个主要的政策分离：对于前者，必须有治疗方
法，但是建立在风险和公共保护基础上的方法越来越多地为量刑提供了框
架，即使治疗也在其中。一个更好的方法是认识到治疗方法和基于风险的
方法，给刑事司法系统的权力赋予了广泛的治疗上的裁量权，尊重精神病
人的权利意味着他们不应当被"刑事"权力强制拘留，而相同情形下非
精神病罪犯会从监狱被释放。⑤ 因而重要的是，量刑比例应当重新被作为
对精神病人进行量刑的限制，不低于针对通常情形下的量刑。

---

① Joint Committee on the draft Mental Health Bill（2005），para. 256.

② Peay（2007），p. 510.

③ Bradley（2009），ch. 4.

④ 该条重申了《1991 年刑事司法法》第 4 条；还参见《2003 年刑事司法法》第 166
（5）条，保留法庭在精神病罪犯案件中减轻量刑的权力。

⑤ 参见 Gostin（1977），p. 96。

近些年来，有关正确应对精神病罪犯的争议在各种发表的建议中得到了明显的体现。《理查德森报告》（Richardson Report），审查了《1983 年精神健康法》，主要关心针对精神病人的民事权利。其没有密切审视精神病罪犯的应对问题，但是承认应当像《1983 年精神健康法》所要求的那样，治疗应当优先于惩罚。它提出了一些建议，特别是坚持监狱中的罪犯应当有权获得精神健康评估，并且监狱里应当没有强制医疗——只有在医院里有。[1] 后来的《布兰得利报告》承认公共保护仍然居于优先地位，但是提出了一系列措施以确保许多精神病罪犯从司法系统中分流出来，并且当其被起诉或者定罪时，会有节制地使用监狱。"监禁能够恶化精神健康问题，加剧脆弱性并增加自伤和自杀的风险。"[2]

政府对风险和社会公众保护的关注使其建立了一类有严重人格错乱的危险人群，并针对这些罪犯制定了一种特定的基于风险的应对措施。[3] 政府已经对于这一群体中的有社会危险性的 2000 名罪犯提出了过分的要求后，政府随后决定继续实施一项试点计划，其中包括 4 个单位（2 个在监狱，2 个在医院），大约 300 人被安置在这个类别中。正如塞登（Seddon）所阐释的，这一类别的定义争议性太大；该政策的动机是政治性的、情绪化的以及（据说是）工具性的；仅有的积极方面是其试图为这些人提供医疗并且收集有关治疗成功或者不成功的证据。[4] 然而，政府在没有坚实的证据基础的情形下就推进了这一政策，过度预言危险性的倾向如此显著，结果损害了限制个人权利的正当性。[5]

---

[1] Richardson (1999), chs. 15 and 16.

[2] Bradley (2009), ch. 1.

[3] 参见 Peay (2011), ch. 11。

[4] Seddon (2008).

[5] 参见上文第六节第八部分。

第十三章

量刑中的程序问题

本章探讨皇家法院与治安法院在量刑阶段所产生的几个程序问题。其他法院也存在或曾经存在，但是未坚持完整的程序模式。例如北部利物浦社区司法中心（North Liverpool Community Justice Centre）于 2005 年成立以提供本地对司法的关注，将治安法院、未成年人法院与皇家法院的管辖权与当地问题解决服务结合起来。评估发现，即使有额外的资源投入，该法院也未能减少再犯比率，尽管其比其他法院存在较高比例的毒品罪犯。[①] 该中心即将关闭。全国共有 6 个专门审理毒品案件的试点法院。它拥有治安法院的管辖权并将试图继续存在，然而，一项评估发现其在减少再犯方面并非更加有效，并且很大程度上依赖于良好的本地机构。[②]

本章考虑量刑程序中的一般问题。除了轻微的简易罪案件之外，任何案件的量刑前，通常会有审判，或者如果答辩有罪就会对事实进行起诉。某些情形下，这些为法庭提供了并不充足的量刑基础：能做什么呢？还有，与量刑有关的检察官与被告人的律师的作用是什么？其应当发挥什么作用？量刑者应当何时依赖量刑前报告？量刑者说明量刑理由与解释量刑作用的各种义务是什么？被害人在量刑程序中处于什么地位，以及其应当发挥什么作用？

第一节　量刑的事实基础

即使在对无罪答辩全面审理后，法庭也可能在某些点上未能听取到量

---

① Booth et al.（2012）.

② Kerr et al.（2011）.

刑所需要的有关适当的事实基础的充足证据。谨慎的审理将集中于争议中的法律问题：如果法律对该犯罪作了广泛的界定，某些与量刑有关的问题（比如挑衅、持有毒品等级的知识）可能不能在庭审中得到充分处理。然而，这类困难更有可能发生在认罪答辩中，在此之后，控方可以以一种方式陈述事实，而辩护方或许会提出不同的版本。在刑法体系中，包括许多宽泛定义的犯罪，这些困难很可能会持续存在。然而对于罪犯的蕴意却相当大，有时面临羁押与非羁押刑的分歧，或者较长与较短监禁刑的分歧。被告人应当遭受不利之苦仅仅是因为法律制度碰巧将某些问题分配给量刑阶段，而非审理阶段，这当然是错误的。能够实质上影响量刑的争议问题，原则上应当仅在符合恰当保护被告的，程序公平地审查证据之后，才应解决。这一主张来源于《欧洲人权公约》第 6.1 条公平审判的一般权利，尽管有关量刑方面的斯特拉斯堡法律体系仍然并不发达。[①] 法律与程序是如何被上诉法院发展为符合公平原则的呢？

一　解释陪审团裁决

一般原则是法官必须将量刑建立在与陪审团裁决一致的事实观点基础上。偶尔地，也会有当陪审团裁决时，一项重要问题（比如罪犯的行为是故意或仅仅是疏忽大意；是主犯或者仅仅是从犯）尚不清楚的情形，因为被指控的犯罪的定义并没有进行必要的区分。在这种情形下，法官并不被鼓励向陪审团询问获得一个特殊的裁决，但是他们可以这样做。就像1996 年考索恩（Cawthorne）案中上诉法院解释的那样：[②]

> 法官是否询问陪审团指示其裁判的基础完全取决于法官的自由裁量权。在许多情况下，法官不希望这样做，如果这样做将会给陪审团带来一项不必要的额外负担。在像目前这种情形的案件中……询问陪审团其如何形成一项特别的裁判存在很大风险。例如，他们并非所有人都按照完全相同的路径形成裁判。

---

① 参考 *De Salvador Torres v. Spain* （1997）23 EHRR 601，在法庭没有发现违法但是委员会讨论存在充足的时间和便利以与法定加重因素有关的准备辩护（Art 6.3 (b)）的权利的适用的情形下。

② ［1996］2 Cr App R (S) 445, at p. 450.

在那种情形下，过失杀人罪裁判是否缺少意图、挑拨或者重大疏忽等方面的基础，并不清楚。法官的义务是在审理所证明的事实基础上形成结论。① 如果法官对此不能确信，那么量刑将建立在更有利于罪犯的事实的版本基础上。在 1990 年麦克格莱德（*McGlade*）案②中，被告人被指控强奸与鸡奸一名年轻女性，被定以鸡奸罪。这时（即 1994 年以前）无论她是否同意鸡奸女性犯罪都成立，在这种情况下陪审团得出的结论，她是否同意或不同意，陪审团裁判中都不清楚。法官以其不同意为基础判处被告人 5 年监禁刑。上诉法院认为这是正确的："在庭审中已经亲自听审了所有证据的博学的法官是自由的，事实上，他有责任在真相的基础上得出结论，如果他能做到的话。在这种情形下，其结果会在 5 年监禁与更短刑期间之间有所不同，甚至可能是非监禁刑。原则上，应当以对抗程序在定罪后量刑前对判决没有得出结论的问题进行探讨（与罪行的界定不相关）。似乎从 1993 年芬奇（*Finch*）案③以来，就不允许法官在未经最后听审而拒绝被陪审团所接受的事实版本（参见第十三章第一节第二部分以下牛顿听审）；但是在裁决模糊的情形下，就像在考索恩案和在麦克格莱德案中那样，看上去不需要牛顿听审。然而，在这种情况下，法官必须谨慎地对其根据所听审的证据所得出的结论作出一个合理的充分的解释。④ 当存在审理程序并且陪审团仅仅以较轻的指控定罪的情形时，非常明确的是，法官不应当在以被拒绝的证据所假设案件真相的基础上量刑。⑤

二 解释有罪答辩

在罪犯做有罪答辩的情形下，法官没有机会听审证据。所有提供的都是案件文书，控方的事实陈述，以及可能还有辩方的"答辩基础"。控方陈述或许揭示该罪行有特别严重的后果，可能会被以更高的罪行指控，令

---

① 例如 *Griffin* ［2008］2 Cr App R（S）357。

② （1990）12 Cr App R（S）105.

③ （1993）14 Cr App R（S）226.

④ *Byrne* ［2003］1 Cr App R（S）338，在陪审团的杀人判决在挑拨和缺少目的之间模棱两可的情形下。

⑤ *Gillespie* ［1999］2 Cr App R（S）61.

人惊奇的是，法庭有权以其为基础量刑，除非存在辩护方的抗辩。① 另一方面，上诉法院主张"控方不应当参与任何协议，由此被提交给法官量刑处理的案件……基于不真实或不当的一套事实"②。实践中，当有罪答辩时，被告人提交一项书面的答辩依据很常见。③ 如果控方接受其陈述，法官量刑受其约束。④ 如果其未被接受，法官应当进行"牛顿听审"以决定案件事实。⑤ 在健康与安全案件中，根据商定的答辩理由来确定加重与减轻因素很正常。如果被告人在答辩前正在寻找一个量刑的固特异案（Goodyear）指示，在此之前，答辩基础必须获得同意。⑥

如果当事人不同意，方法就不同，正如首席大法官宾汉姆勋爵在1999 年特赖阿（*Tolera*）案中所指出的：⑦

> 如果被告人希望要求法庭的量刑建立在其他基础上，而非以皇家法院所揭示的事实为基础，被告有必要澄清这一点。如果控方不接受辩方陈述，并且如果双方陈述的分歧会对量刑产生潜在的重大影响，那么必须考虑进行"牛顿听审"以解决这一问题。其主动权在辩方……

例如这会发生在对于被告人介入犯罪程度有不同意见的情形，⑧ 或者刑事责任严格（比如不要求有有罪证据）以及辩方声称该犯罪是在无意

---

① *R* v. *Nottingham Crown Court*, *ex p. DPP* [1996] 1 Cr App R （S） 283 （对于普通攻击答辩有罪，披露伤害严重到足以使攻击导致实际身体伤害的指控具有正当性）。

② *Beswick* [1996] 1 Cr App R （S） 343 at p. 346.

③ 对于例子参见 *Attorney General's Reference No.* 70 *of* 2003 [2004] 2 Cr App R （S） 254 at p. 256, 和 *Dudley* [2012] 2 Cr App R （S） 61, at [16]。

④ *May* [2005] 2 Cr App R （S） 408, at p. 427, and *Rattu* [2012] 1 Cr App R （S） 10. Lord Judge C. J. 曾声明控辩双方之间带有事实与量刑"一致的建议"的答辩协议在英国不被认可：*Dougall* [2011] 1 Cr App R （S） 227, at [19]。

⑤ *Elicin and Moore* [2009] 1 Cr App R （S） 561 （发现答辩的基础是不真实的，有罪答辩的信用遭阻却）；参考 *SW* [2013] 2 Cr App R （S） 549 （法官在裁判存带有答辩基础的事实时，没有要求提交有关材料）。

⑥ *Asiedu* [2009] 1 Cr App R （S） 420, 讨论 *Goodyear* 指示的程序方面。

⑦ [1999] 1 Cr App R （S） 25, at p. 29, 为 Leveson LJ in *Cairns* [2013] 2 Cr App R （S） 474 重申。

⑧ *Anderson* [2003] 1 Cr App R （S） 421；*Dudley* [2012] 2 Cr App R （S） 61.

中犯下的。① 如果控方在要求减轻刑罚时提出了缺乏依据的事实版本，那么法官有责任审查据称减轻的材料，以便形成一种看法：这经常发生在毒品犯罪案件中，罪犯声称所有的毒品仅供个人使用。② 法官或许在未听审证据时拒绝辩方观点，如果该观点是"明显错误的"与"难以置信的"，但是实践一般是法官传唤辩方提供有关该事项的证据，如果仅是被告人的供述，这一证据应当以通常的方式被检验。③（这些要求仅适用于有罪答辩：在存在审理程序的情形下，法官有权拒绝辩方所提供的随后的答辩依据而不举行牛顿听审，只要当事人被通知，被允许提交证据以及被给出合理的决定。）④

　　近些年来最重要的程序发展是所谓的"牛顿听审"的传播。1982 年牛顿案⑤中产生程序问题的犯罪又是鸡奸女性，这一案件中是牛顿的妻子。牛顿作出有罪答辩，但其声称得到了妻子的同意，然而控方提出存在暴力威胁以及并未获得同意（获得同意的鸡奸罪已经在 1994 年被废止）。在上诉法院，首席大法官莱恩勋爵提出解决这样的冲突有两种选择方法。一是法官除从律师那里提取证据外不听审证据而做出裁判。如果采取这一方法，并且所提交的材料有很大的冲突，法官的义务是接受辩方版本。⑥"法官可以在这些情形下采用第二种方法，法官亲自听审控辩双方的证据，然后得出了自己的结论，在这个问题上作为自己的陪审团发言，这是问题的根源。"在"牛顿听审"案中，因为法官采取了第一种方法，但是并未作出有利于辩方的裁判，因而 8 年监禁刑被推翻。目前第二种方法被赞同适用此类案件，大量的法理被发展。因而，在辩方主张攻击是由于受到在先的挑衅而控方坚持没有挑衅时，法官应当在量刑前举行"牛顿听审"。⑦ 类似地，在辩方坚持罪犯相信毒品是大麻而非可卡因时，法官应

---

① *Lester*（1975）63 Cr App R 144.

② 参见 *Ribas*（1976）63 Cr App R 14 及许多后续裁判。

③ 正如在 Tolera（［1999］Gr App R（S）25, at p. 29, re-offirmed by Leveson LJin Cairns［2013］2 Gr App R（s）474.）以及 Anderson（Anderson［2003］1 Cr App R（s）421；Dudley［2012］2 Gr App R（S）61.）中所阐释的。

④ *Taylor*［2007］2 Cr App R（S）129, at p. 134；*Stevens*［2011］2 Cr App R（S）591, at［18］.

⑤（1982）4 Cr App R（S）388.

⑥ *Tovey*（1993）14 Cr App R（S）766；*Stevens*［2011］2 Cr App R（S）591.

⑦ *Costley*（1989）11 Cr App R（S）357.

当举行"牛顿听审"——如果辩方的版本被认为是不可信的，那么就必须服从法官的权力来决定这个问题。①

三　走向程序公正

"牛顿听审"的出现标志着在有罪答辩后存在事实争议的情形下，朝向程序公正迈出了重要一步：考虑到这些问题可能对量刑产生的重大影响，其应当被根据不比适用于审理程序时公正性差的证据规则来正确解决。② 然而，正如我们在前文第 5 章所看到的，加重与减轻因素——某些是法定的——也可能对量刑的严重程度产生重要影响。已经确立的规则是，如果存在争议，控方必须将加重或者其他有关罪行因素证明到刑事证明标准的程度，③ 然而辩方仅仅需要将减轻刑罚的因素或其他"无关"因素证明到民事证明标准的程度。④ 然而，在美国，有关被告人对于此类问题是否应当享有由陪审团审判的权利而非仅由法官审判或进行"牛顿听审"，存在宪法争论。在 2000 年艾普艾迪诉新泽西（*Appren div. New Jersey*）案⑤中，最高法院主张：

> 除了先前的定罪事实，任何超越法定最高刑增加犯罪刑罚的事实必须提交陪审团，并证明到排除合理怀疑标准。

该决定与最高刑为 10 年的罪行有关，但是因种族、肤色、性别、残疾等原因所实施的以恐吓为目的的犯罪，则可能有加强的最多 20 年。为歧视目的的恐吓问题，被告人有权受到陪审团审判。在 2004 年布莱克利诉华盛顿案中⑥，这一原则通过解释"最长刑期"而被扩展以包括被适用的指南所确定的最长刑期，但是其影响仍然十分有限。⑦ 如果这

---

① *Broderick*（1993）15 Cr App R（S）476.

② *McGrath and Casey*（1983）5 Cr App R（S）460.

③ 当那些因素决定对谋杀计算最低期限的起点时尤其重要：*Davies*［2009］1 Cr App R（S）79。

④ *Guppy and Marsh*（1995）16 Cr App R（S）25；*Lashari*［2011］1 Cr App R（S）439.

⑤ （2000）120 S. Ct. 2348.

⑥ （2004）124 S. Ct. 2531，在上文第二章第二节讨论过。

⑦ Reitz（2011），pp. 231-235.

一原则被适用于英国法，那会意味着裁判案件事实的法官将其置于了确定指南中的可适用的类型范围之外——例如，因为加重因素非常强大——应当提供给被告人就该事项获得陪审团审判的机会。然而在英格兰和威尔士量刑程序中陪审团通常不会介入，而程序的正当性肯定会被牛顿听审所满足，因为控方需要将案件证明到排除合理怀疑标准。这种性质的判决很重要，因为某些因素会对量刑产生重大影响（比如罪犯是否知晓被害人是老人，或残疾人）。公平的程序应当要求就争议事项获得对抗听审的权利，英国法至今缺少这种权利，因为其允许法庭在未进一步询问辩方的情形下，将其认为"难以置信"或者"明显错误"的辩护证据驳回。

　　一般的原则应当是量刑裁判是刑事审判的一部分，并且因此应当适用正规的刑事诉讼程序。这是《欧洲人权公约》自 1972 年以来的立场：

　　　　委员会认为关注量刑诉讼的申诉，即使在有罪答辩之后，也可以依据《公约》第 6 条的规定提出问题，这样，例如一名被告人在控方提出有关量刑证据的情形下，本应当有机会获得律师帮助。根据委员会的意见，一项刑事指控的决定，在《公约》第 6 条第 1 款的含义之内，不仅包括被告人的有罪或无罪决定，原则上还包括其量刑决定；第 6 条第 3 款的"任何受刑事犯罪指控的人"的表述包括那些虽已经被定罪，但未被量刑的人。委员会注意到量刑问题或许与罪与非罪问题紧密相关，并且在许多公约成员国的刑事诉讼程序中，在程序的这一阶段不能将其分离。①

　　关于公约第 6 条第 3 款的权利与诸如在合理时间内审判（和量刑）权利的其他第 6 条的权利为欧洲人权法院所坚守。② 但是第 6 条第 2 款的无罪推定呢？似乎被指控定罪者不能被推定无罪是基本的。欧洲人权法院发现这一问题很困难，并且还有一些相冲突的表述。然而，米内利诉瑞士

---

① *X v. United Kingdom*（1972）2 Digest 766（European Commission on Human Rights）.

② 参见例如 *V and T v. United Kingdom*（2000）30 EHRR 121；*Cuscani v. United Kingdom*（2003）36 EHRR 2。

（*Minelli v. Switzerland*）案①的法庭宣布 "第 6 条第 2 款完整地适用于整个刑事诉讼程序"，菲利普斯诉联合王国（*Phillips v. United Kingdom*）案②的法庭多数意见坚持第 6 条第 2 款的无罪推定不适用没收命令，而没收命令是量刑。这一难题部分是有关第 6 条第 2 款的法庭的法理是脆弱的：其未坚持将举证责任置于控方，并允许事实或法律推定，只要考虑到 "利害攸关的重要性"。③ 这使菲利普斯案的法庭得出结论：即使第 6 条第 2 款被适用，导致没收命令的推定在公共利益方面是正当的。④ 更可取的方法可能是接受无罪推定不能适用量刑阶段，但是主张在自由受到威胁时（还包括大笔金钱），强烈支持控方承担举证责任将争议事项证明到排除合理怀疑标准。这一观点将会依赖或许被程序剥夺或削弱的人权的重要性，比如如果考虑课以监禁刑的人身自由权，或者（较轻的）如果没收命令被考虑时的财产权。⑤

第二节　警察的先前陈述

《刑事实践指导》（*Criminal Practice Direction*）要求一项陈述以下面的方式提供：⑥ 第一，"个人情况与定罪及警告的概要"，采用警察国家计算机（PNC）法庭/辩方/缓刑概要单子［Police National Computer（PNC）Court/Defence/Probation Summary sheet］的形式；第二，以完整的 PNC 打印出的 "先前定罪" 形式；第三，以完整的 PNC 打印出的 "被记录的警告" 形式。如果警察知晓其他定罪与警告，第二与第三项应当由警察补充。在皇家法院，还应另外有关于最近三项类似定罪情形的信息，以及如果案件涉及违反社区命令，被给予社区命令罪行的情形。《刑事实践指

---

①　（1983）5 EHRR 554.

②　［2001］Crim. L. R. 817.

③　*Salabiaku v. France*（1991）13 EHRR 379；对于讨论，参见 Emmerson, Ashworth and Macdonald（2012），pp. 670-674。

④　还参见最高法院在 *Gale v. Serious Organised Crime Agency*［2011］UKSC 49 中的裁判，有关这一裁判参见 King（2014）.

⑤　对于程序保护的这一观点的阐释，参见 Ashworth and Lucia Zedner（2014），pp. 258-262。

⑥　*Criminal Practice Directions*［2013］EWCA Crim 1631, Preliminary Proceedings, Part 10A. 2.

导》规定检察官确保有义务提供给法庭的警察国家计算机（PNC）文件是最新的，并且任何变化都已经提请法庭注意。

第三节 控方的作用

在认罪答辩的情形下，控方将陈述案件事实。构建这一陈述的过程依赖于警察与皇家检控署。有证据表明某些被告人认为控方已经提供了有关案件事实的不合理的严重印象，而其他人认为陈述中某些不准确的部分会对其产生有利影响。[1] 有时陈述代表了与答辩有关的妥协结果；例如控方可以同意不提及某些因素作为对于被告人从不认罪改为认罪的回报。[2] 我们在上文第十三章第一节部分看到如果辩方希望反驳控方的观点，可以有各种程序处理方法。对于控方也是如此，并且应当对辩方提出的每一项其认为不合理的减轻刑罚的陈述进行反驳。

除了陈述案件事实之外，控方还能做些什么呢？以《律师行为法》为代表的英国传统是控方"不应当试图在量刑方面影响法庭"。《皇家检察官准则》2004 年的版本规定了检察官的基本义务，尽管该段内容在2010 年版本中并未出现，其在这里重申：

> 皇家检察官应当在以下方面引起法官注意：
> * 为控方所披露的任何加重或减轻因素；
> * 任何被害人个人陈述；
> * 在适当情形下，犯罪影响社区的证据；
> * 可能有帮助的任何法律规定或者量刑指南；
> * 任何有关辅助命令（比如反社会行为命令）的相关法律规定。[3]

从本文可以看出，控方不应在量刑中发挥作用的观念已经不再是真实

---

[1] Baldwin and McConville（1978），pp. 545-546.

[2] 参见 *Beswick*，［1996］Gr App R（S）343 at p. 346，谴责起诉方对不真实事实版本的默认。

[3] Crown Prosecution Service（2004），para. 11. 1.

的了（如果曾经如此）。这一转变得到作为英格兰威尔士法院首席大法官的宾汉姆勋爵的鼓励，当时他督促法官们"从控方律师那里获得帮助"并且希望"如果控方律师确实提供了有关规定与适当的权威，法官们不会被冒犯"的希望。① 这一提议都不能削减控方不应当敦促一项特定量刑的主张。在清晰的道德框架之内，控方更多的介入仍然是重要的：控方应当按照内政部的精神行事，采用在公共利益中平衡的观点，而非追求量刑的严厉性。② 这要求对量刑政策的目标既熟悉又认同。判例规定控方应随时准备协助法庭，提请注意任何管辖法院判决权力的法律条款，以防止通过一项非法量刑。控方也应当提请法庭注意任何有关的指南。③ 事实上，英国法官可以与控辩双方律师就案件适当的类型范围与适当的起点展开讨论。④ 澳大利亚高等法院正确地强调控方所提交的有关量刑的材料仅仅是意见，对法官没有约束力；但是是否法庭有权继续坚持法官拒绝听取控方量刑意见不是程序不公平的，却是值得怀疑的。⑤

第四节　量刑前报告（Pre-sentence reports）

1960 年斯特里特菲尔德委员会（Streatfeild Committee）宣称："我们贯彻始终的基本原则是量刑应当建立在法庭所要寻求的可信的、广泛的相关信息基础上。"⑥ 在之后的 30 年向法庭提供的社会调查报告急剧增加，但关于报告内容的争议也经常发生。在 20 世纪 70 年代，索普发现了当缓刑监督官可能反对作者的建议时，其有省略某些细节的倾向。量刑者表达了对报告的各种批评——写作时有时使用社会工作的术语；某些缓刑监督官在接受被告人请求时不经核实就轻易相信；某些所建议的量刑具有"不现实"性。洛兰·格尔索普（Loraine Gelsthorpe）和彼得·雷纳

---

① *Attorney General's Reference No.7 of* 1997 （*Fearon*）［1998］1 Cr App R （S）268, at pp. 272-273.

② See Blake and Ashworth （1998）.

③ Per Lord Phillips CJ in *Cain* ［2007］2 Cr App R （S）135.

④ Padfield （2013）, pp. 46-47.

⑤ *Barbaro and Zirilli v R.* ［2014］HCA 2.

⑥ Streatfeild （1960）, para. 336.

（Peter Raynor）对于量刑前报告质量的多样性与更严格的质量控制程序的需求进行了报道；但是他们的研究与在 1991 年法律颁行后几个月所进行的一项试点研究相关联，也包括引人关注的有关报告的司法思考。① 迈克尔·卡瓦蒂诺（Michael Cavadino）在 1991 年法律颁布之前与 1993 年法律颁布之后立即报道了"之前与之后"的报告研究。该研究暗示：报告作者的态度更加积极，以及一种向关注罪行严重性与犯罪行为的强烈转变，尽管他也发现报告的质量千差万别。②

在某些案件中，法庭可以在量刑前休庭以允许准备量刑前报告，例如在被告人作无罪答辩且未准备量刑前报告的情形下。这一原则是，如果法庭休庭尤其是为了对罪犯量刑评价的适当性，该报告证实了适当性，那么法庭判处羁押刑就是错误的。在 1980 年吉勒姆（*Gillam*）案③的判例中，该案件审理曾被中止而等待适用社区服务的适当性评估，但法官却在尽管存在一份有利罪犯的量刑前报告的情形下判处其监禁。正如上诉法院大法官沃特金斯（Watkins LJ）所主张的：

> 当在这些情形下法官故意地拖延量刑，以便对监狱的替代选择进行审查，而从各方面而言这一选择是令人满意时，法庭应当采纳这一选择。否则就会产生不公正感。

一个明智的法庭应该清楚地表明，当需要一份报告时，所有的选择都是开放的。否则，如果法庭会表现出返回其所创造的合理期望的裁判，吉勒姆原则将导致后续的羁押量刑的撤销。④

《2003 年刑事司法法》第 156 条要求法庭在判处社区刑之前，在形成判处监禁刑意见之前，在决定与其犯罪相适应的最短刑期之前，在决定罪犯对于危险性规定目的而言是"危险的"之前，获得并考虑量刑前报告。然而，如果法庭的意见是在所述的情形下获得量刑前报告是不必要的，则不需要这样做；没有量刑前报告不会使量刑无效。

量刑前报告的形式与内容由《2007 年罪犯管理的国家标准》

---

① Gelsthorpe and Raynor（1995）.

② Cavadino（1997）.

③ （1980）2 Cr App R（S）267.

④ 例如 *Waterton*［2003］1 Cr App R（S）606。

［*National Standards for the Management of Offenders*（2007）］所规范。概括地，一项标准的正式交付的量刑前报告应当包括：

（a）有关罪犯的基本事实与用以准备该报告的来源；

（b）犯罪分析；

（c）对罪犯的评估；

（d）对公众的伤害风险与再犯可能性的评估；

（e）量刑建议。①

风险评估程序的主要组成部分是一项充分的 OASys 评估。② 通常在未作出有罪答辩后的定罪时需要提交一份快速量刑前报告。应当在 24 小时以内提交快速量刑前报告，但是在考虑施以监禁刑或高级社区命令时，不推荐使用它。③ 库伯（Cooper）已经注意到量刑前报告中所体现的以被害人为中心的上升趋势，提出其阻碍了对于回归社会与其他个性化目标给予适当的权重。④

在撰写量刑前报告与接收量刑前报告的人们之间，看上去总是存在紧张关系。苏格兰研究结果表明，他们之间交流的障碍是双方分别坚定地坚持自己拥有量刑"所有权"。⑤ 这不仅意味着许多法官不愿意看到任何作为一项特殊形式量刑的如此大胆的建议出现在量刑前报告中，他们或许对可被称为"更温和的劝说"也是抵制的。因而苏格兰的研究表明，只要量刑程序被认为属于法庭，重要的是提高量刑前报告的质量，减少影响量刑者的可能发生。此外，在量刑前报告的"外部背景"，认识到（例如）罪犯的社会劣势，和更理性的法律行为模式之间必定存在紧张关系。⑥

然而，在没有量刑前报告的情形下应当重新评价量刑实践。我们已经注意到《2003 年刑事司法法》如同以前的立法那样认可这一点。然而，当法庭在没有获得量刑前报告的情形下量刑时，他们经常假装已经从审理

① SGC, *Magistrates' Court Sentencing Guidelines*（2008），p. 190.

② 参见 Merrington（2004），以及有关 OASys 的运行，参见 Debidin（2009）。译者注：OASys 是罪犯评估制度（the Offender Assessment System）的简称，在英格兰和苏格兰由 Her Majesty's Prison Service and the National Probation Service 从 2002 年开始使用以衡量接受监督的罪犯的风险和需要。其设计旨在使其成为训练有素的合格的人。

③ SGC, *Magistrates' Court Sentencing Guidelines*（2008），p. 190.

④ Cooper（2013），p. 162.

⑤ Tata et al.（2008），有关这一点与 Cavadino（1997），pp. 545-546 一致。

⑥ 进一步参见 Field 和 Tata（2010），引入一项有关 PSRs. 的特别比较问题。

过程中了解了有关罪犯及其背景的足够信息。根据立法，法官得出仅仅因为一项立即监禁刑被认为是不可避免的，因而就不需要量刑前报告的结论看上去是错误的。①事实上，首席大法官贾奇勋爵强调了量刑前报告在严重的性犯罪案件量刑前作为评估罪犯动机与危险性的价值。② 此外，一项明显的危险是——更多的黑人罪犯将被羁押，因为更多的黑人罪犯作出无罪答辩，因而不太可能获得准备量刑前报告的机会③——要求获得比它所接受的更多的关注。事实上，即使在为来自少数民族的被告人准备了量刑前报告的情形下，仍然存在受歧视力量影响的可能性。④

第五节　减轻量刑中的被告方陈述

对比控方的事实陈述，由辩方律师作出的"减轻量刑中的答辩"传统上被允许涉及犯罪事实、罪犯的背景与性格以及刑罚选择的适当性。如果辩方律师提出有关事实，其证明必须达到民事证明标准（不像控方那样需要达到排除合理标准）。⑤ 雅各布森和霍夫（2007）最近的研究表明被应用于减轻量刑目的的因素相当广泛，从罪犯在犯罪中的角色到最近的先前犯罪与罪行的情况，当时被告人的情况，被告人对罪行与控方的回应，被告人的过去、未来，等等。⑥ 乔安娜·沙普兰发现在减轻量刑中最好的陈述倾向于通过承认罪行的严重性与任何其他不利于罪犯的因素，以一种看似"现实主义"的方式来建构。因而一种常见的方法是律师承认每一项加重量刑的因素，但是立即通过减轻量刑因素的援引而对其作出限定。正如沙普兰的评论：

---

① 将 *Lawrence*［2012］2 Cr App R（S）243（没有 PSR，如果在司法上作出，裁判可以接受）与 *Milhailsens*［2010］EWCA Crim 2545（法官说报告会"浪费金钱"，错误的方法）相比较；有关对羁押和社区刑的检测的立法在 Appendix A 中列出。

② *Attorney General's References Nos.* 73 *and* 75 *of* 2010，*and no.* 3 *of* 2011［2011］2 Cr App R（S）555，at［7］.

③ See Hood（1992），p. 156，显示对黑人的羁押与缺少社会咨询报告之间强烈的关联。参见上文第七章第二节。

④ Hudson and Bramhall（2005）.

⑤ See *Guppy and Marsh*（1995）16 Cr App R（S）25；*Lashari*［2011］1 Cr App R（S）439.

⑥ Jacobson and Hough（2007），ch. 2.

　　　　这似乎是一种有效的方法，既可以被看作是现实的，也可以处理
侦、检方提出的罪行（版本），从而使其有利于罪犯。①

　　这样的方法本应受到在牛津试点研究中受访的法官们的欢迎，其强调
"现实主义重要性，遵照在适当水平上的量刑建议；对事实断言的支持，
例如雇主的信件以确认是否有工作；以及对各种量刑目的和可用性上的充
分信息"。这种现实主义与法官个人对案件的观点高度相关，要求律师根
据来自法官的指示调整有关减轻量刑的策略。

　　某些证据表明法官或许基于以下两项理由在减轻量刑的陈述与量刑前
报告两者之间会更重视前者。第一个理由是，减轻量刑的陈述内容更新，
而量刑前报告可能是在法庭审理之前几个星期做出的。②第二个理由是，
减轻量刑的陈述在其建议中可能更现实，尤其是因为它是"现场直播"
的。另一方面，一项减轻量刑的陈述较少可能建立在由受过训练的社会工
作者直接和探索性的访问基础上，尽管辩护律师能够将量刑前报告中的评
论融入陈述中。就可靠性而言，缓刑监督官与辩护律师通常不会提供比罪
犯自己陈述更多的信息。然而，辩护律师在法庭上有很大的优势并能够回
应来自法官对某项争论是否值得探究的任何指示。通过那种方法，辩方律
师或许能够改变回应如同法官蹙眉那样细微的事项的方法。③

　　法官应当通知辩护律师适用某种量刑的意图，这一规则已经得以确
立，以给律师向法庭处理这一问题的机会——尤其是诸如裁量终身监禁刑
或者被延长的刑罚等严厉的刑罚，也包括或许难以预期的刑罚，比如在仅
仅是一项可自由裁量刑罚的情况下（比如未经同意将车开走）剥夺驾驶
资格。④辩护律师被期望针对有罪答辩提醒法庭自己反对控方有关事实观
点的意图。⑤辩护律师在有关避免错误方面应履行与控方相同的义务：他
们应当准备提请法庭注意任何与案件有关的法律与指南。⑥

---

① Shapland（1981），p. 82.

② Oxford Pilot Study（1984），pp. 43–44.

③ Oxford Pilot Study（1984），p. 44；还参见 Mackenzie（2005），pp. 22–23。

④ Ireland（1988）10 Cr App R（S）474.

⑤ Gardener（1994）15 Cr App R（S）667.

⑥ 参见 p458 注释①、②、③。

第六节　量刑说理的义务

　　自然正义的一个基本原理是裁判者应当就其裁判说明理由，在裁判影响主体自由的情形下论点应当最有力。因而量刑说理在理论上是不容置疑的，① 并且目前被作为《1998 年人权法》结果的《公约》第 6 条而强化。罪犯应当能够知晓其被量刑的理由，被害人与更广大的社会公众也对知晓量刑理由感兴趣。说明理由的义务有助于作出更加尊重法律原则，与法律原则更加一致的裁判。而且说明理由能够使上诉法院更好地评价被提出上诉的刑罚的适当性。

　　量刑理由中最重要的是什么？很明显，是一种有关罪行的道德解释，最糟糕的一种，"可怕的和残忍的袭击"，本身是不够的。要称得上"理由"，量刑者的言辞当然必须将量刑与相关量刑指南（主要应与罪行目录和起刑点）相联系，或者对于那些少见的没有量刑指南的犯罪，与同类犯罪的一般刑罚水平相联系。对于重要的加重和减轻因素与其他一般原则也要求说明理由。正如 1992 年欧洲理事会对"量刑一致性"的建议中所提到的：

　　　　E.1 通常而言，法庭应当对其所判处的刑罚说明具体理由。当判处监禁刑时，尤其应当说明特殊理由。当存在量刑方向与起点的情形下，建议法庭在量刑超出所指示的量刑范围时说明理由。
　　　　E.2 所说的"理由"是将特定量刑与某种犯罪的正常量刑范围、量刑原理相关联的动机。

　　当前有关量刑说理义务的法律规定就遵循了这些原则，并解释量刑的影响：《2003 年刑事司法法》第 174 条第 5 款就是这么规定的。这些规定的本质在于，除了与强制或者法定最低量刑，量刑者"必须在公开的法庭上用通俗的语言与一般的术语陈述其判刑的理由"，并且必须向罪犯用通俗的语言解释量刑的影响。对于说理的明确要求，根据量刑是监禁刑，

---

① 　Thomas（1963）.

或者社区刑，或者罚金，或者释放而不同。例如，如果量刑是监禁刑，法庭必须首先遵循判处监禁刑的法定检测，并且必须解释法庭已经怎样满足了《2009 年验尸官和审判法》的要求；① 如果量刑由于有罪答辩而被减轻，必须对其加以说明；如果罪行因种族或宗教原因被加重或者参考了被害人的性取向或者残疾因素，应当说明其已经被当作加重因素而提及，并应说明其他任何法庭已经认做有特殊意义的加重或减轻因素。此外，法庭还有义务解释量刑的影响：如果量刑是羁押刑，法庭必须解释释放与许可的规则。最后，法庭有义务对于未作出某种辅助命令而说明理由，例如，一项补偿命令②、一项足球禁令（在存在与足球有关罪行的定罪情形下），③ 未完全启动暂缓判处的刑罚，④ 等等。

因而加之于治安法院和法官的义务是很广泛的。偶尔也会有司法失误的例子，有时甚至有未援引有关指南，更不用说根据要求提供详细的理由了。⑤ 量刑法律的复杂性经常受到指责，并且很多是反对基于政治理由而修改法律以及未能加强量刑规定或者未能给予澄清。然而，某种程度的复杂性在现代量刑制度中并不值得惊讶，解释量刑影响性的任务仍然是一项重要的社会功能。无论"公众信任"的模糊概念如何解释，法庭应当说明量刑理由并公开明确地解释其影响都是理所应当的。

法庭应当做更多的事情吗？应当阐释其在决定量刑时的主要因素吗？目前已经存在某些情形，在某些情形下法庭必须对引导其做出某种量刑裁判的过程予以更明确的解释——尤其在做出监禁刑裁判时，但并不完全如此。因而有关量刑的指南裁判在遇有因种族因素而加重的情形下，法庭"应当公开地说明如果不存在种族加重因素该罪行应当被判处的适当刑罚"，⑥ 由此可清楚地知道添加了什么，以考虑加重因素。相似地，量刑委员会有关有罪答辩折扣的指南也比第 174 条第 2 款更进一步，如上所

---

① 《2003 年刑事司法法》（*Criminal Justice Act 2003*）第 152（2）条，在上文第九章第四节第一部分讨论过。

② 对此参见上文第十章第四节。

③ 对此参见上文第十一章第五节第九部分。

④ 对此参见上文第九章第四节第五部分。

⑤ 参见上文第一章第五节第二部分（a），以及例如 Adcock［2010］2 Cr App R（S）643。

⑥ Kelly and Donnelly［2001］2 Cr App R（S）341, at p. 347. 这一裁判大约适用于宗教情形的加重，以及与残疾或者性取向有关的加重。

述，通过建议"法庭应当通常说明如果不存在作为减轻刑罚结果的有罪答辩，应当判处的刑罚会是什么样"。[1] 这适用于所有法庭与所有形式的量刑。这种义务是否将被更广泛地适用尚有待观察，但是即使是这两项义务，也是量刑朝向透明化方向发展的重要步伐，其对社会公众、律师和上诉法院都是有益处的。

第七节　被害人的角色

正如前面已述，[2] 在英格兰和威尔士犯罪被害人的权利已经越来越得到承认。"被害人支持"组织在犯罪后为被害人提供支持与建议，《2004年家庭暴力、犯罪和被害人法》要求确立《被害人实践准则》。目前的版本[3]将义务施加给了刑事司法制度内的几个机构，通过向有关机构的申诉首先得以执行，若对处理结果不满意，则可以向立法执行委员（监察员）申诉。《2004年家庭暴力、犯罪和被害人法》还确立了被害人专员办公室（office of Commissioner for Victims），目前的专员有责任通过有关机构确保《被害人实践准则》（Victims' Code of Practice）的规定得以遵守。[4] 量刑委员会有义务考虑"量刑裁判对刑事被害人的影响"，[5] 其卸下这一义务的一种方法是在起草指南之前委托进行有关被害人经历与观点的研究。

被害人的权利或许在某种程度上被粗略地划分为服务权利与程序权利。[6]《被害人实践规则》是服务权利的主要来源，从某种意义上说其规定了不同服务提供者的义务。除其中事项外，警察还需要告知被害人犯罪嫌疑人是否被逮捕并被保释；罪犯是否被给予警示、谴责、警告；如果未逮捕，每月提供更新信息；是否确定了开庭日期；如果法庭审判结束，告知被害人结果。警察还有义务在两天之内将有关案件的详细情况传递给当地的"被害人支持"组织，除非被害人请求警察不要这么做。而且当询

---

① SGC, *Reduction in Sentence for a Guilty Plea*: *revised guideline*（2007），para. 3. 1.

② 上文第十章第四节。

③ *Code of Practice for Victims of Crime*（3rdedn 2013）.

④ Commissioner for Victims and Witnesses（2014），p. 10.

⑤ 《2009年验尸官和司法法》第120（11）（c）条；进一步参见 Edwards（2013）。

⑥ 参见由 Hoyle（2012）进行的的有益的讨论，以及更特别参见 Edwards（2004）。

问被害人时，警察必须告知他们有权做出被害人的个人陈述。皇家检控署被要求在撤销控告或改变控告时告知被害人，并就此作出解释；被要求设立一项考虑被害人个人陈述内容的制度；尽可能确保控方律师能够在任何庭审开始之前与被害人会面。然而，考虑被害人观点的义务必然与对控方的"形成公共利益的全面观点"[①] 义务相违背。"被害人支持"组织有义务提供各种约定的服务，还要在法庭上提供符合议定标准的证人服务。法庭有与其他机构保持联系的各种义务，提供适当的便利条件，等等。尽管近些年来有关被害人服务方面更多的是承诺，而非实际行动，尤其是有关确保被害人被告知"他们"的案件中的事项方面，作为将被害人服务规范化的一个主要步骤，《被害人实践准则》会受到欢迎。

在量刑阶段被害人是否应当被赋予程序权利是一个不同的问题。当然主要取决于量刑的原理及其社会的、宪法的功能。对于中立和独立的司法机构而言，保留审理和量刑的功能有理论与实际上的充足理由——例如，仅仅在审判后根据设定原则的公共谴责能够传达对罪犯的适当的批评；被害人在量刑问题上，不能期望是独立或公正的；并且国家应当保留武力垄断权，不仅作为确保公民将会遵守规则的一部分，而且也要预防自力报复主义。[②] 关于政府使用"再平衡刑事司法制度"的说辞支持被害人的倾向性还有更多内容可以叙说，[③] 但是，这里关注的是两项可能的有关被害人的权利：被害人向法庭描述有关罪行及其影响信息的权利，以及被害人表达其有关将要判处刑罚的意见的权利。

一　来自被害人的信息

被害人个人陈述制度（Victim Personal Statements，VPS）是 2001 年 10 月在英格尔和威尔士确立的。[④] 警察应当告知被害人可以作出个人陈述。个人陈述给被害人提供描述犯罪已经对其产生何种影响的机会——事

---

① *Code for Crown Prosecutors*（7th ed.，2013），para. 4. 12c.

② 进一步参见 Matravers（2010）。

③ 进一步参见 Walklate（2012）。

④ 许多其他司法管区，尤其在英联邦内，拥有相似的制度。在维多利亚，在三位官员报告对其建议后引入，参见 Fox 和 Freiberg（1999），pp. 165-175。有关在爱尔兰接受被害人影响性陈述，参见 O'Malley（2006），ch. 9。

实和情感的"解释和形象的描述"。①　作出个人陈述的被害人有权在法庭审判前的任何时候将其更新。当被害人个人陈述被提交法庭时，正确的方法是将其呈现在目前的《刑事实践指导》中：②

（a）被害人个人陈述和任何支持证据应当被考虑并在法庭量刑前被重视。

（b）包含在被害人个人陈述或其他陈述中的有关犯罪对被害人影响的证据必须被以正确的方式，即证人证言或者专家报告，在量刑前交给被告人的律师，或者在没有律师的情形下交给其本人。除非在从有关罪行情况或本质中能够正确推断的例外情形下，量刑者不能作出没有关于犯罪对被害人影响的证据支持的假定。

（c）为适当量刑，法庭必须在量刑时考虑罪行和罪犯状况，以及法庭认为适当的情况下，考虑对被害人的影响。被害人或者被害人的近亲属对量刑的意见因而应当是无关的，这与罪行对他们的影响不同。被害人应当被告知这一点。尽管有此告知，如果对量刑的建议被包括进其个人陈述中，法庭应当对其视而不见。

（d）法庭应当考虑在其对量刑的评论中涉及被害人提供的证据是否是合适的……

（b）项中的要求是回应来自有关犯罪影响的没有事实根据的请求所产生的困难：如果对被害人的影响是相关的，因此可能算得上加重量刑的因素，那么应该以正常的方式予以证明是正确的。③　相似地，正如如果被害人的性格或行为在辩方减轻刑罚的陈述中受到攻击，控方没有机会就此质证，所以，如果罪犯对被害人所提出的未经证实的主张没有质证的机会，对罪犯也是不公平的。④

从法庭的观点来看，被害人个人陈述可以提供"完整还原犯罪图景"的有帮助的信息，但是这提出了信息相关性的更深刻的问题。如果它是指

---

①　有关法庭的"理解义务"，参见 Bottoms（2010）。

②　*Practice Direction（Criminal Proceedings：Consolidation）*Part Ⅲ.28（2013），由 Lord Judge CJ 在 *Perkins*［2013］2 Cr App R（S）460. 中予以阐释。

③　在 Hobstaff（1993）14 Cr App R（S）605 中的早期裁判阐释了这一点。

④　See McDermott［2014］1 Cr App R（S）1.

罪行的事后影响，其应当也是相关的吗？为什么罪犯的量刑会根据一名特定的被害人是否遭受这一异常大或异常小的影响而变化？对于无法预见后果的责任的一般问题已经在前文第 4 章中提及：① 首席大法官贾奇勋爵已经指出，《2003 年刑事司法法》第 143 条第 1 款要求法庭关注"罪行所引起的任何伤害"，② 但是那些规定仅仅形成了那一条中的一部分，并且很明确的是，可责性和伤害性应当应是法庭评估的一部分。③ 特别引起争议的是诸如 1994 年的欣德（Hind）案④，有证据证明强奸案的被害人是罪犯以前的情人，其未受到太多的创作（作为罪行的结果）。上诉法院认为其或许作为一项减轻罪行严重性的因素而被接受。有关强奸的指南规定源自犯罪行为的特别重大的伤害属于加重因素，这将被会被召回。⑤

　　从被害人的角度来看，被害人个人陈述计划是一项具有积极意义的发展吗？朱利安·罗伯茨和玛丽·麦尼克斯（Marie Manikis）最近的研究发现，只有 43% 的被害人回忆起被提供了作出被害人个人陈述的机会；其中大约 55% 的被害人继续作出被害人个人陈述；其中 68% 的被害人相信其陈述已经获得了法庭全面的或某种程度的考虑。⑥ 在作出被害人个人陈述方面，各地存在很大差异：伦敦的比例最低，大约 15%。⑦ 被害人陈述的一个可能的弊端是他们可能制造或增加了对来自罪犯家人或同伙的报复的恐惧。在早期英国的一项调查报告中，70% 的被害人中有相当一部分人拒绝做陈述，如此做是因为其害怕罪犯知晓后的反应。⑧ 然而，更近的苏格兰的调查更为积极：尽管只有 15% 的被害人有机会作出个人陈述，大约 61% 的作出个人陈述的被害人说这样会使其感觉更好。⑨ 由于仅仅有大约半数的作出个人陈述的苏格兰的被害人知晓其陈述是否已经被考虑进量刑中，看来这不是那些被害人主要考虑的问题。这些结果与埃德娜·埃雷兹（Edna Erez）和朱利安·罗伯茨所主张的观点相一致，即被害人个人

---

① 尤其参见上文第四章第四节第五部分。

② In *Perkins* ［2013］2 Cr App R（S）460，at ［2］.

③ Edwards（2013），p.83.

④ （1994）15 Cr App R（S）114；see also *Hutchinson*，Ibid.，134.

⑤ 上文第四章第四节第七部分；有关骚扰，还参见 *Gardner* ［2011］1 Cr App R（S）65.

⑥ Roberts and Manikis（2013），参考 *Perkins* ［2013］2 Cr App R（S）460，at ［8］。

⑦ Roberts and Manikis（2013），p.257.

⑧ Hoyle et al.（1998），20 世纪 90 年代的一项试点项目。

⑨ Chalmers，Duff and Leverick（2007），也是一项试点项目。

陈述的价值不应当被判定为影响量刑裁判的工具性模型，而在于促进受害者的表达性交流。他们指出，在埃雷兹和其他人所主持的调查中，作出个人陈述的被害人发现这种陈述对其而言具有积极意义。①

二 家庭影响陈述

家庭影响陈述（Family impact statements）在谋杀案件中相当于被害人个人陈述。几乎所有上述有关被害人个人陈述的评论仍然适用于家庭影响陈述。② 可以被期待的是，研究结果将是相似的。③

三 社区影响陈述

《犯罪实践指导》还规定，在适当的案件中，警察应准备和提交一份社区影响报告书。目的是 "使法庭意识到本地区特定犯罪发展趋势及其对社区的影响"④。其应当以证人证言的形式并有证据支持，在 2014 年威克斯（Wicks）案⑤中这项要求得以被粗略地解释。⑥ 在这种情况下，某些分析支持是在上诉中产生，但是在许多其他方面，陈述则依赖于未获得支持的警察的断言。这凸显了这种陈述的特殊危险，尤其是如果依赖它以增加量刑水平的话。⑦

四 被害人的量刑意见（Victim's opinion on sentence）

某些对于被害人影响陈述作出正式规定的辖区也允许被害人个人陈述包括对适当量刑的意见的表达。美国的某些州走得更远，提供给被害人 "当面陈述的权利"，允许被害人在法庭上作出有关量刑的陈述。⑧ 从被害人的角度来看，这或许比仅仅作出事实陈述具有更大的优势（可能产生

① Roberts and Erez（2010）；Erez（1999），pp. 550-4.

② *Perkins* [2013] 2 Cr App R（S）460，at [6].

③ 对一项小型的早期研究，参见 Rock（2010）。

④ 对于一项可能的适用，参见 Sentencing Council, *Theft Offences Guideline Consultation*（2014），p. 23。

⑤ [2014] 1 Cr App R（S）355.

⑥ [2014] 1 Cr App R（S）355.

⑦ 有关作为一项加重因素的地方普遍程度，参见 SGC, *Overarching Principles：Seriousness*（2004），p. 9。

⑧ 参见 Doak（2008）。

真正的影响）与弊端（害怕排斥与报复）。但是，这样的陈述对于量刑的目标和目的有什么潜在的影响呢？如果量刑的基本目标是恢复社会关系，① 那么实现恢复性司法的可能的路线之一或许是允许个体被害人在量刑裁判中发挥作用——如果其必须是一项恢复性量刑，而不是纯粹的惩罚性量刑，并且个体被害人不能就什么是社区恢复的必要因素而做出决定（大多数现代恢复性理论的一个基本方面），因为其也应当是社区代表们的任务。因而，在新西兰的家庭会议中，各个家庭被集中起来对于未成年罪犯的犯罪行为应当如何处理作出决定，会议不仅包括罪犯、家庭、被害人及其家庭，还有一名警官和（在某些案件中）一名社会工作者。②

然而，在非以恢复性为主要目标的量刑制度背景下，③ 对关于允许被害人表达其对量刑的意见必定存在重大疑问。罪犯的量刑应当依赖于被害人是怀有报复心理还是原谅心理，这是不公平和错误的：原则上，量刑应当根据该犯罪类型的正常影响而确定，而与被害人的观点无关。④ 正如被害人支持组织所主张的，"法治原则要求被害人不决定司法或者量刑"⑤。如果因此就说允许被害人就量刑发表意见与允许被害人决定量刑不是一回事，那么人们就会对这一行为的意义表示怀疑。如果法庭拒绝采纳这些建议，被害人的期望可能被不公平地提出，然后被粉碎，整个程序可能对被害人而言，就是一个残忍的虚伪。

英国的法庭目前已经形成了某些这种观点，尽管不是没有偏差。有几个案件的被害人和/或其家庭已经写信给法庭请求宽大处理，表达了原谅之意，或者建议宽大的量刑是适当的。在 1980 年布坎南（Buchanan）案件⑥中，上诉法院提到了来自被害人的"富有爱意的长信"，请求释放罪犯，这样她又可以和罪犯生活在一起了，但是法庭坚持他必须为其罪行接受适当的刑罚。在 1987 年达维尔（Darvill）案件⑦中，上诉法院观点模糊，认定该案罪犯必须为其所犯的罪行承担刑罚，但是又说"在许多案

---

① 参见上文第三章第三节第七节；Hoyle（2012），pp. 414-419。

② 参见 Morris，Maxwell and Robertson（1993），Morris and Maxwell（2000）。

③ 有关该问题的概念化的其他方法，参考 Edwards（2004）。

④ 对更充分的讨论，参见 Matravers（2010）and Bottoms（2010）for fuller discussion。

⑤ Victim Support（2010），p. 1。

⑥ ［1980］2 Cr App R（S）13.

⑦ ［1987］9 Cr App R（S）225.

件中原谅会对量刑法官产生影响，尽管是非直接的影响。其可以减少再犯的可能性，可以减少当被告人意想不到地被过早释放回社区所引发的社会公众愤怒的危险……"这一主题在 1994 年总检察长向法庭提交的给予指导性说明的（1993 年第 18 号）质询案①中被阐释过，罪犯用一根铁棍袭击了一名孕妇与一名小孩。量刑者收到了这一孕妇及其家人的来信，说明该罪犯已经被原谅了并且已经因羁押候审而受到了足够的惩罚。于是法庭作出了缓刑命令。上诉法院在考虑这一刑罚是否过于宽容时，又收到了被害人的另一封来信。法庭援引"极其例外的情形"，没有改变量刑，显然对被害人及其家人所表达的宽恕给予了一定的关注。

在 1996 年纳恩（Nunn）案的指导性判决中，②一个年轻人因一好友的危险性驾驶而致死。被害人的母亲与姐姐向法庭写信说，他们因为失去亲人非常痛苦，以及罪犯（其家人的朋友）坐牢也成为其持续性痛苦的来源的事实。这封信的意图是 4 年的量刑应当减少。上诉法院大法官贾奇这样说道：

> 我们的意思不是不尊重死者的母亲和姐姐，但是被害人的意见，或者这个家庭的或者的成员有关量刑适当性的意见，没有为重新评价量刑提供任何坚实的基础。如果被害人对罪犯十分怜悯——有些确实值得怜悯，但是犯罪事实毕竟发生了，必须受到应有的惩罚。如果被害人一心想复仇，事实上只有期限非常长的刑罚才能平息，也像所发生的，法庭不会判处比适当的刑罚更长的刑期。否则具有相同特点的案件将会以非常不同的方式被处理，导致不正确与不公平的差别……

在这一案件中，法庭确实将刑期从 4 年减至了 3 年，但是其这样做是因为 4 年的刑期会增加被害人家庭的痛苦，并非回应他们有关适当量刑的观点。确实，正如上诉法院大法官贾奇所指出的，在这一案件中，死者家中的另外两位成员（其父亲和哥哥）并不赞成其母亲与姐姐的观点。

在一个将罪行的严重性程度作为量刑决定性因素的制度中，这显然是正确的方法。法庭的第一要务是依据法律和指南对罪犯判处适当的刑罚，

---

①　[1994] 15 Cr App R（S）800.

②　[1996] 2 Cr App R（S）136，为首席大法官宾汉姆勋爵 in Roche [1999] 2 Cr App R（S）105 所赞同并与在 Perks [2001] 1 Cr App R（S）66 中的更一般的指导合并。

正如《刑事实践指导》中所言。① 唯一的例外是为了减轻被害人家庭的痛苦，减轻量刑是适当的。因而在 2003 年罗宾逊案②件中，法庭注意到了罪犯的监禁对被害人家庭的影响（他们是好友）而将过失杀人罪的刑期从 4 年减少至 18 个月。除了例外情形，在纳恩案中的一般方法符合《欧洲人权公约》的要求：在 1993 年麦考特诉联合王国（*McCourt v. United Kingdom*）案③中，一名被谋杀女性的母亲声称，她被剥夺了参与被定罪罪犯的量刑程序的权利，没有被告知罪犯的释放日期，以及向决定释放的人表达她的观点，这违反了第 8 条的规定。欧洲人权委员会注意到内政部确实接受了来自被害人家庭所提交的意见并交由缓刑委员会，并已经在行动上确保该罪犯在将要被释放时而告知被害人的家人。然而，委员会承认确认被害人家人在确定罪犯的刑罚期限方面的任何作用都是不适当的，因为其缺乏必要的中立性。委员会得出的结论是这一应用不是公开干涉被害人家庭依据第 8 条规定的尊重家庭生活的权利。

---

① 在上文第七节第一部分的开头阐释过；参见由 Edwards（2013），pp. 79-80 所进行的讨论。

② [2003] 2 Cr App R（S）515；cf. *Attorney General's Reference No. 77 of 2002*（*Scotney*）[2003] 1 Cr App R（S）564，在由 Judge LJ（其在 Nunn 案中作出了指导性裁判）作出的裁判中，上诉法院坚持认为被害人死亡对罪犯和被害人家庭（其是亲近的）的影响如此例外，以至于在一个怜悯性的课程具有正当性的情形下，社区命令对因醉酒导致粗心驾驶致死不是适当的怜悯。

③ [1993] 15 EHRR CD 110.

第十四章

量刑、指南和惩罚状态

这一章的目的是将前十三章中所讨论的各种主题集中起来，得到它们所反映出的某些结论。本章从回到一个基本问题开始——量刑在刑事司法中应该被期望履行的角色。第二个主题是法治原则与量刑程序的关系，审查英格兰和威尔士以及某些其他管区的指南与司法裁量之间的相互作用。由此，我们转入第三个有关指南和刑罚适度的主题。第四个主题，我们回到比例原则和日益增加的在量刑中对保护、风险以及预防命令的扩散等措辞依赖之间的斗争。在第五部分，以"从惩罚状态中后退"为标题，本章最后对英格兰和威尔士量刑政策方向的重大变化的前景作了简要的重新评估。

第一节　量刑的责任

毫无疑问，量刑的任务给治安法官和法官一副重担。他们中的许多人说量刑是最艰难与最令人不安的一项司法任务。因为量刑涉及罪犯自由的剥夺与限制，将给罪犯带来重大影响，正如量刑所应当发挥的作用。然而在当前背景下，一个更重要的问题是量刑者与量刑应当承担什么责任。考虑到量刑者在刑事程序中的位置，假设让其对于社会的犯罪率或者罪犯的后续行为承担责任是公平的吗？

有关这一问题答案的第一部分必须强调量刑者在刑事司法制度中所发挥的作用是有限的。呈现在其面前的案件已经被其他程序或其他人员所塑造或者过滤。不仅仅是某些犯罪从来未被报告，或者被报告了，未被当作嫌疑人而受到追踪。我们也已经看到许多案件被以各种"庭外刑罚"的方式处理，因而从来不会到法庭被量刑。警察、皇家检控署与各种有权起诉的人员和机构就其是否符合公共利益而就是否提交法庭进行选择。当一个案件确实进入了法院，通常其将受制于检察官与辩方之间有关答辩的协商：建立在"答辩基础"上的有罪答辩会以一种特殊的方式塑造"案件事实"。因而，当案件到达法庭量刑时，其已经历了各种选择与提炼。量刑者拥有某些颠覆这种协商的权力，但是其并不常用。

量刑裁判本身可能会被从控方与辩方所提交的材料，以及量刑前报告中的内容所塑造。量刑对罪犯的影响可能依赖于刑事司法制度中的其他人员所作出的决定——最明显的是与从不确定刑、延长的刑期的或者相当长的刑期中被释放的假释委员会，但也有决定家中拘留宵禁的监狱、缓刑机构附加于社区命令或者暂缓量刑命令的决定，以及回应违反要求的决定，法庭管理者作出的罚金刑执行决定，等等。正如帕德菲尔德、摩根和马奎尔所主张的，这些决定：

> 提出了对罪犯和被害人的生活具有重大影响的准司法决定的透明、公平和责任问题。它们也提出了有关在多大程度上不同种类的罪行、嫌疑人或者罪犯，被或者应当被根据对其判决的轨迹与围绕这一过程的保障措施而给予区别对待。[1]

此外，将量刑视为一个过程而非一个单独的、一次性的裁判是具有许多优势的。但是其必须被看作与其他裁判者共享的过程，没有必要像正式意义上的法国的法官执行刑罚那样（处理有关由法庭宣告的刑罚，并有权进行替换），[2] 但是在更松散的意义上，其他人员在有关给罪犯施加的正规刑罚方面成为重要的裁判者。

上述评论说明了为何量刑者（独自）不能承担犯罪率或者罪犯再犯罪责任的一个理由，但也有其他考虑。正如第一章第四节所提出的，"犯罪率"的确切概念是很难确定的，尽管《英格兰和威尔士犯罪调查》中的计算方法目前已经施行30多年了。但是用这种方法计算出的英国的犯罪率像其他欧洲国家一样，自20世纪90年代后期已经开始下降了。经过改进的犯罪预防措施已经很好地促进了财产犯罪率的下降，但另一方面，

---

[1] Padfield, Morgan and Maguire（2012），p. 956.

[2] 参见 Hodgson（2005）。

由于刑事司法中的倡议，被害人报告某些犯罪（严重的性犯罪、"家庭"暴力）的意愿可能有所增加。我们所确切知晓的（如前文第 1.4 章所阐释的）是如此低比率的犯罪被报告给警察，并被警察记录，如此低比率的犯罪被调查（大约四分之一），刑事司法制度仅仅对当年发生的 3% 的罪行作出了正式的回应。其中大约三分之一（3%）被警示、谴责或者警告。这意味着法庭仅对大约 2% 的罪犯量刑。涉及 2% 的量刑政策——诸如严重犯罪（10%）等某些类型会更高，但是在这里不能削弱这一观点——能够对整个犯罪率产生重要影响的观点很难站得住脚。有一系列更广泛的社会因素可能会对犯罪率产生影响，诸如毒品、酒精、贫困，以及诸如手机等易于被盗的物品的存在。因此，关于边际威慑的过于简单的想法——假设增加量刑将对减少犯罪产生一种液压式影响——是不成立的。正如在上文第三章第三节中所看到的，有关威慑或使无能力的证据不能证明这一点。[1] 某些法官看上去或者未意识到这一点，或者对此表示怀疑，因为当论证量刑的正当性时，一般的威慑性的措辞是很常见的。[2] 某些政治家，尤其是部长们，一定是已经意识到这项证据了，因为政府已经对组织或展开研究给予了大力支持。但是，通过对量刑设定过于远大的目标与认可太容易融入有关量刑严重性观念的"公众信心"的观念（无论如何会受到媒体代表们影响），政府走向了其所掌握的证据的反面。[3]

有关这第一个问题，其结论是不应当对量刑有过多的期许。应当以公平与均衡为目标，在那些参数内应当努力实现诸如回归社会与修复关系等目标。超越比例的量刑，就需要有基于证据的理由支持的强有力的原则性论据。量刑是公共谴责的一种形式，所施加的量刑应当表达对某个（或某些）罪行的谴责程度。相比较犯罪的水平，国家确实更多地控制着惩罚的水平，所以在某些类型的政治制度中的政府试图宣告富有表现力的政策。[4] 但是，事实是量刑仅仅是刑事司法政策中很小的一部分，将其作为犯罪预防的一种基本形式是不正确的：还有其他几种类型的倡议比量刑程度的调整具有更大的犯罪预防潜力，当然，有必要建立一个量刑制度，以

---

[1]　进一步参见 Bottoms（2004），pp. 60-72 的简短但深刻的分析。

[2]　进一步参见第三章第三节第二部分和第三章第五节。

[3]　对于民意和对量刑制度的公共评估之间的脆弱关系，参见 Hough and Roberts（1998）and Hough et al.（2003）。

[4]　参考 Garland（2000）with Lacey（2008）。

发挥整体或潜在的预防作用。

第二节　法治价值、自由裁量与指南

　　量刑裁判对于公众（在传递对罪犯所犯罪行的谴责程度的意义上）、被害人以及罪犯本人都非常重要。这些裁判会涉及自由的剥夺、限制，或者金钱以及其他财产的剥夺。公众谴责因素与潜在的基本权利的丧失给法治应当被尽可能地适用这些裁判提供了必要性：尽管量刑决定总是需要一种判断的因素，但这种判断应当在法律框架内被作出，适用预先规定的原则与标准。法治价值的这些目的将会对通过法律指导个人，以及提供清晰、一致与透明的法庭裁判等发挥促进作用。

　　这些法治主张，尽管其宪法根基无疑是强大的，但仍然存在争议。某些量刑者会主张规则、原则与指南迄今为止仅能推动程序。除此之外，考虑到事实情况的多样性，一切取决于"案件的事实"，"没有两种情况是相似的"。这一主张是量刑者享有充分自由裁量权的一个抗辩，允许其考虑各种事实的组合与量刑的个性化。与其强烈对抗的是强制量刑。因而英国法对于谋杀罪施以终身监禁的强制刑，尽管规定法庭可以设置最低的服刑期限。①

　　英国法也包括某些仅仅在法庭发现"例外情形"时才不被适用的强制最低量刑：② 这样的量刑严格限制司法裁量权，防止量刑者将通常会减轻刑罚的许多因素考虑进来。英国法也包括某些较弱的强制最低量刑，即"推定的量刑"，其必须被执行，除非不符合"公正利益"。③ "公正利益"的例外比"例外情形"更加灵活，其是否能够阻止量刑者将通常会减轻刑罚的许多因素考虑进来还有待讨论。如果我们不考虑这最后一种，软弱的强制量刑形式，于是我们可以集中关注附随"例外情况"条款的强制量刑与强制最低量刑，我们可以提出一个初步的结论，即这样的法律采用法治方法过头了，因为其不适当地阻止了法庭考虑与量刑有关的个体因素。

---

① 这是一种简化：在上文第四章第四节第一部分中可以发现详细内容。

② 对于例子和讨论，参见第三章第五节第一部分。

③ 进一步参见第六章第七节。

澳大利亚法院通过推进其称为"直觉合成"的量刑方法，支持一种可以称为"个性化命题"的极端版本。其最重要的支持者之一麦克休法官（McHugh J），试图对在直觉合成与其他（双层）方法之间的对比加以解释：

> 通过双层量刑，我的意思是由法官首先通过参考案件的"客观情形"决定量刑的量刑方法。这是程序的第一层。法官因而通过参考有关被告人个人的其他因素逐渐增加或减少这种假设的量刑，通常，但不总是这样。这是第二层。通过直觉合成，我的意思是通过这一方法，法官确认所有与量刑有关的因素，讨论其重要性并作出有价值的裁判，即考虑了所有案件因素的适当的量刑。仅仅在程序的最后，法官决定量刑。
>
> 双层量刑者提出运用直觉合成对于司法程序是不利的，是司法权的专断行使，不受说明理由的检验。双层量刑者主张……在量刑是直觉合成的结果的情形下，使人"好奇这些数字是否不是凭空而来的"。另一方面，直觉合成者认为两层量刑者错误地将精密的想象当作量刑现实，因为对任何案件都没有产生正确量刑的连续的数学推理方法。量刑仅是基于所有案件事实、法官经验、来源于可以比较的量刑的数据、指南、法律中规定的权威原则以及权威的裁判等的人类裁判的产品……刑事案件的情形如此多样化以致其不会成为数学方程式的主题……①

这一段落的逻辑并不完美。② 在倒数第二句麦克休法官引用"指南……规定在……权威的裁判中"，看上去是承认指南发挥作用的一个让步。最后一句中提到的有关"数学方程式"是没有说服力的夸张。尽管如此，在直觉综合论证背后，存在着两种对正义的强烈关注：自由裁量是

---

① Per McHugh J in *Markarian v. R.* ［2005］HCA 25, at ［51-52］. 其他法官们作了更适度的表达：因而 Gleeson CJ 接受了直觉合成方法但是声称"法律强烈支持透明。为了被害人、当事人、上诉法院以及社会公众的利益，有必要进行可以理解的推理。当在算术程序中的某些沉迷将更好地服务这些目标时，存在某些情形。然而，这一案件并不属于其中之一，因为不得不由审判法官权衡的数量和复杂性的考虑"：同上，at ［39］。

② 也参见 Tonry（1996），pp. 178-179。

必要的，这样个案事实能够被量刑者所反映，指南制度不可能详细说明所有相关因素的权重。其中首要的是强烈反对强制量刑的观点。更迫切的问题是法治是否需要指南制度所致力于提供的这种共同的起点与量刑范围。

当今世界生效执行的各种指南制度在其司法自由裁量权的作用方面各不相同。许多年来，美国量刑指南的约束力最强，要求法庭将犯罪在 43 个"严重性等级"中定位，并要求上下移动某一数量的等级以考虑其他重要因素，评估罪犯的"犯罪历史分数"，这一结果将会是将量刑置于一个相当狭窄的范围内。① 在美国，有多样的州指导系统，但是可能最著名的是明尼苏达州的指南制度。② 明尼苏达州的指南将所有罪行划分为 11 个严重性等级，然后有 7 个犯罪历史分数（从 0 到 6），形成一个类似道路里程图的坐标系。量刑者确认该罪的有关严重性档次与该罪犯的相关犯罪历史分数，在坐标系中发现一块儿网格方形。那是推定的量刑范围，从那里法庭可以通过说明理由以接受上诉审查，从而偏离量刑指南。立法允许法官仅仅在发现"重大且令人信服"的情形下才得偏离指南，但实践中这一制度更加灵活，某些类别具有大约 50% 的超越率。③ 因而明尼苏达州的坐标系本身看上去是有限制和禁止性的，但事实上留有相当大的司法裁量空间。在美国，诸如马里兰州、特拉华州以及弗吉尼亚州的许多建议性或自愿适用的量刑制度，表面看来约束性更弱。许多这样的州拥有量刑坐标系，但其自愿适用的地位给司法裁量以广泛的许容性。然而，看上去在某些州遵守比率不比推定指南低。④ 毫无疑问，近年来将法治价值带入量刑的最重要的步骤是《模范刑法典》（Model Penal Code）中量刑条文的修订。在记者凯文·赖茨的引导下，《模范刑法典》规定了一套原则性的完整量刑标准，这些标准应当成为世界各国量刑改革的参考。⑤

2008 年，当讨论修改英国量刑指南方法的问题时，《盖奇报告》从一

---

① 作为美国最高法院在 *United States v. Booker*（2005）543 US 220 中的裁判结果，联邦指南目前仅仅是咨询性的。对于讨论，参见 Stith and Cabranes（1998）and Barkow（2005）。

② 明尼苏达模式在堪萨斯州、南加利福尼亚州、华盛顿州和俄勒冈州或多或少地被采用：对于分析，参见 Frase（2013），ch. 3。

③ Reitz（2013），p. 194，补充在华盛顿和俄勒冈相似的框架也已经被灵活地适用。

④ Frase（2005）pp. 1198-1199，报道在弗吉尼亚审判官受立法机关重新任命，高比例地偏离指南被认为是为权衡反对重新任命。

⑤ American Law Institute（2014）.

开始就很清楚坐标系式的方法，与美国许多州所适用的一致，在英格兰与威尔士适用并不适合。① 正如上文第一章第五节所指出的，在作出指南裁判时，指南的表述方式在英格兰与威尔士是由上诉法院所发展起来的，并被量刑指南委员会在其确定性指南中所采纳。根据《2009 年验尸官和审判法》的框架，量刑委员会的方法继续以这种陈述方法为基础，但正向以坐标系为基础的框架转变。没有像美国联邦或者明尼苏达州那样的一般量刑坐标系覆盖主要的罪行。但是，每一罪行或者罪行群的量刑经常表现为类似于坐标系的形式，这一步骤明确的方法将其自身的某种结构付诸量刑实践。2010 年后的英国指南在第一章第五节中作了解释，这里将不再全面展开分析。读者们会记得在第一步，法庭必须评估危害性与可责性因素以将罪行置于三种类型之一（通常）；在第二步，应当考虑加重因素（包括先前定罪）与个体减轻因素；接下来的步骤涉及对有罪答辩、整体性以及其他因素的调整。

　　许多反对量刑指南概念的人（尤其是法官）② 将矛头指向量刑结构，藉此，在第一步中考虑的要素被详细地罗列出来，接着相关的起刑点由指南确定了。其将主张这样一个强制框架通过过度限制司法裁量权而做得有点过分了，因而（几乎正如强制最低刑）阻止法庭根据具体案件事实而调整量刑。与此相反，也可以认为英国量刑指南吸收了大量的灵活性内容以至于不能充分考虑法治价值。通过以下四点可以简要说明这一评价。首先，尽管《盖奇报告》建议给量刑者施加遵守指南的义务，《2009 年验尸官和审判法》将这一义务淡化至极点，通过几乎将其适用于整个量刑范围而非相关罪行范围。③ 其次，在第二步，指南规定量刑者要反映先前定罪，但对犯罪记录应当以何种方式评价只字未提（重复但未详细解释有争议的"相关性"概念）。这对于英国量刑者基本没有指导作用：我们不需要对遥远的美国指南制度中使用的"犯罪历史积分"费神，但需要注意新西兰的指南，其更明确地说明了以前的定

---

① Reitz（2013），pp. 193-196，暗示这至少部分地建立在对坐标表明的过度反应而非理解上。对于美国量刑指南最近的概览，参见 Frase（2013）。

② 例如在澳大利亚（参见上文注释 10）和在苏格兰，参见 Tata（2013），pp. 240 and 250。

③ 对进一步的解释，参见上文第一章第五节。

罪对某些罪行量刑的影响。① 再次，第六步中奉行总体性原则，当对于多个罪行量刑时，但总体性的"指南"只是说明全部量刑必须"公正与均衡"。② 这给法庭留下了相当大的自由裁量权。最后，在第二步，有关于法庭考虑加重与减轻因素的规定，包括个体减刑，但是未提及这些因素的分配权重。这并不是说有关权重必须根据案件事实要素而变化：这一点可能被认可，但关键是法庭可能在其所应当考虑的特殊因素的权重评估中有所变化，在不同的环境、雇佣工作历史、关照义务等情形下对醉酒量刑的相关性采取不同的观点。这是原则问题，在触及具体案件的事实之前应被解决。③

《盖奇报告》承认了这些缺陷，但是得出了与最后三个问题有关的结论："不应当试图将权重量化，因为其将因案而异。"④ 进一步的指南是需要的，但它应该是叙事形式的，那项建议基本未强调所涉及的原则问题，其结果是英国指南拥有相当大程度的内在灵活性，量刑者可以探究以确保量刑是根据个案而做出的。无论在第一步的限制是什么，以及指示一个特别起点的因素的详细表单，那些限制迅速在第二步及以后消失。令澳大利亚法官，尤其是麦克休法官（McHugh J）⑤ 恐惧的是，英国模式的方法将会剥夺其维护个性化正义的自由裁量权未简单地为量刑实践所证明。事实上，鉴于在上述问题上缺乏原则性的指导，是法治价值而非司法裁量受到了侵害。英国指南在第一步提供给量刑者某些方向，其可以声称传递了某些方法的一致性。但是在上一段所提出的这四点，指出了英国方法的极大的弱点。如果将其加入许多英国指南中十分宽广的类型范围（对于故意引起严重身体伤害的，处以 3—5 年、5—9

---

① 新西兰量刑指南在 2008 年起草但是还未实施：参见 Young and King（2013）。

② 对进一步的解释，参见第八章第三节第四部分。

③ 对进一步的讨论，参见第五章第六部分。

④ 《盖奇报告》（2008），第 24 页。

⑤ Per McHugh J in *Markarian v. R.* ［2005］HCA 25, at ［51-52］. 其他法官们作了更适度的表达：因而 Gleeson CJ 接受了直觉合成方法但是声称"法律强烈支持透明。为了被害人、当事人、上诉法院以及社会公众的利益，有必要进行可以理解的推理。当在算术程序中的某些沉迷将更好地服务这些目标时，存在某些情形。然而，这一案件并不属于其中之一，因为不得不由审判法官权衡的数量和复杂性的考虑"。

年以及 9—16 年监禁），①受指南限制的程度会被大大减轻。

对个案正义上的自由裁量权丧失可能性的司法忧虑在一些国家已经导致了强烈的后卫行动。在许多欧陆国家，指南的思想已经被作为一种对裁量权的不受欢迎甚至违宪的侵犯，②尽管爱尔兰上诉法院最近已经迈出了法官制作量刑指南的第一步。③在其他地方，量刑指南需求已经通过不同的增加量刑一致性的建议被满足。因而在苏格兰，当讨论强制最低刑的引入时，法官们反而支持量刑信息制度的制定。④这一制度将全苏格兰量刑实践的信息进行分类，以告知法官相似类型案件的量刑。不幸的是，由于某些争议，其无果而终。接下来，法官们得到了苏格兰量刑建议委员会建立的支持，这是一个被设计成从事研究、广泛咨询和提出建议量刑指南的机构。但是很明显，高级司法机关保留了与任何指导意见与指南相关的决定权。⑤在澳大利亚，有关量刑更一致的需求已经通过拥有建议功能的量刑委员会的确立而得到满足。新南威士司法委员会多年前就具有这种功能，其在 2008 年创设了拥有建议功能的量刑委员会。维多利亚拥有一个量刑建议委员会，其任务是进行研究提出建议，但是在过去十年间，仅有一条有关指南裁判的建议被提交（按法定要求的）量刑建议委员会。塔岛州也有一个量刑建议委员会。这些机构通常地向有关国家的上诉法院提出建议，后者可能拥有制定指南的法定权力并保留对裁判权的控制。⑥

在苏格兰与澳大利亚，当对有关丧失裁量权的强烈的司法忧虑导致了其他权宜之计的修补工作时，在加拿大与新西兰则显示其已经几乎成为任何相似发展的完全障碍。加拿大司法机关在 1988 至 1890 年一直反对有关

---

① Sentencing Council, *Assault*: *Definitive Guideline*（2011），p. 5；对比，在美国指南制度中的范围典型地更窄得多。

② Ashworth（2002），pp. 220-223.

③ *People*（*D. P. P.*）*v. Ryan*［2014］IECCA 11, esp at para. 7. 16；*People*（*D. P. P.*）*v. Fitzgibbon*［2014］IECCA 12, esp. at para. 8. 10, and *People*（*D. P. P.*）*v. Z.*［2014］IECCA 13，所有裁判以相同方式被宣布。

④ Tata（2013），pp. 244-248. 一些相似的系统已经在新南威尔士州运行了一些年，并且一直运行着。通常见米勒（2004）。

⑤ Tata（2013），pp. 249-250.

⑥ 更充分的详细内容参见 Freiberg and Gelb（2008），Ch. 1，和 Freiberg（forthcoming, 2016）。

量刑委员会制定指南的建议，并且这种状况持续至今。① 在新西兰，司法机关也已发挥其作用：指南仍然未被执行的事实是"司法与政治观点的力量有力证明，量刑是一种应当受较小制度限制的特别的与个性化的事业"②。鉴于对自由裁量权的强烈的司法坚持，为何英国司法系统"允许"指南生根呢？为何英国司法系统与地方司法系统——没有因他们的沉默而出名，而且往往在阻止不受欢迎的行动方面有强大的力量——而不像他们的普通法同行那样走同样的路线？对此问题的圆满回答将会涉及许多细节与某些推测，而其中当然有四点非常突出。

第一，司法系统通过其在量刑委员会的多数席位保留了对指南的所有权。高级司法系统有能力确保没有什么能对司法量刑的传统造成太大的挑战，这是委员会背书认可的。毕竟，是英国上诉法院引领指南裁判，并且法官们有数十年时间来认识到，叙述式的指南可以建构但不能根除司法裁量。同样地，高级治安法官在为地方法院起草指南方面发挥着主导作用。第二，当议会为委员会指南讨论超越检测时，国家与地方司法系统确实施加了压力，这解释了为何《2009 年验尸官和审判法》的有关规定仅仅适用于广泛的罪行范围而非具体的类型范围。③ 第三，英国法官认识到指南制度类型内在的灵活性，其始于指南裁判而目前采取确定指南的形式。有关加重与减轻量刑、先前定罪与量刑整体性的原则性指导意见是极少的，这并非偶然。这为裁量权的行使与个性化司法留下了广阔的空间，但要受上诉制约。第四，英格兰和威尔士的量刑指导意见保留着量刑委员会和上诉法院之间松散的伙伴关系的遗迹。尽管委员会经过适当的协商与研究发布了其指南，但上诉法院在裁判中偶尔继续对确定指南所未覆盖的量刑问题进行指导。④ 本段有关强势的司法存在的描述暗示了其他普通法国家司法系统的恐惧被夸大了。

这引导我们回到前面所提出的问题。如果英国指南真是如此灵活，其与法治价值相一致吗？对这一问题的回答必然是否定的。量刑委员会所建立的作为确保方法通用性手段的九步程序的价值是毋庸置疑的。但是其也暗示着有关加重与减轻量刑、先前定罪与量刑整体性的原则性指导意见的

---

① Doob and Webster (forthcoming, 2016).

② Young and King (2013), pp. 217, 209.

③ 参见上文第二章第二节。

④ 对最近的例子参见第一章第五节第 3 (b) 部分。

缺失导致委员会的指南不能达到可接受的清晰与一致的水平。对不同类型的量刑的一般原则的忽视则稍好些：在社区刑、暂缓量刑命令与大量其他量刑形式方面虽有指导意见，但几乎未被参考过。委员会所规定的量刑方法并未给一般原则的现存指南留有位置。即使上诉法院对其本身的有关量刑整体性的指南也未经常引用，更不用说审判法官了。这带来了司法培训的有关问题。指南与其方法论应成为法官培训的中心，就像对待治安法官一样；① 但事实并非如此。此外，需要进一步研究的是，是否实践中的量刑要与法治价值保持一致，以及允许充分的自由裁量。需要进行涉及观察法官与讨论对特定案件的处理方法的研究以补充重要但纯粹的统计学上的《皇家法院量刑调查》。② 有两项这样的研究已经开始，剑桥研究在 2008 年停止，表面看是因为数据的不可得；③ 牛津研究到 1981 年被英格兰和威尔士法院首席大法官叫停，其根据是不会产生有用的信息。④ 有关加重与减轻量刑的研究显示出这种研究的益处。⑤ 目前应当有一项关于各方面的承诺全面充分地审查具有广泛基础的量刑实践查询，以正确理解量刑者的行为。这对法治原则与司法裁量之间最适当调整的讨论可能有所帮助。

第三节　指南与刑罚适度

量刑指南是一个工具。它可以用于提高或降低量刑。立法对于最低刑期的起点 2003 年被英国议会用于提高谋杀罪的量刑水平。⑥ 美国许多州的指南制度包括一项义务，即调整指南以反映刑罚能力或者其他限制因素。20 世纪 80 年代早期明尼苏达州的指南就是如此：不仅量刑委员会必须考虑监狱容纳能力与矫正资源，而且它还授权降低财产犯罪的监禁刑，

---

① 参考 Padfield（2013），p. 49。

② 参见上文第二章第二节。

③ Dhami and de Souza（2008）.

④ Oxford Pilot Study（1984）.

⑤ Hough and Jacobson（2007）.

⑥ 参见上文第四章第四节第一部分。2013 年，马其顿政府组织有关指南的咨询作为在本国增加量刑的一种方式。

提高暴力犯罪的监禁刑。① 其他采用指南的国家也对监狱的容纳能力施加了限制。在一个阶段，这是对英格兰和威尔士新量刑委员会的鼓舞，② 但《盖奇报告》在考虑之后以实用性为由将其拒绝。③ 随着委员会目前努力提供的这种量刑统计的完善，克服任何实用性问题都是可能的。但是，原则上，使用容量限制以控制量刑水平只是半条面包。作为根除监狱过度拥挤的一种手段，附随对人权的重要影响，这是非常重要的。但监狱容纳能力可以改变；更多的监狱可以建立；如果这种情形发生了，被监禁的总人数可能会增加。

如果与欧洲邻国比较，英格兰和威尔士监禁被过度使用，委员会应当以实施缩减策略逐渐降低量刑水平为使命。④ 其当前的方法是设法复制现存的量刑水平，除了偶尔的有限的尊重，它试图降低一个量刑的水准。⑤ 然而，在实践方面，难以确定委员会的多数人会对这种授权存在热情。根据《2009 年验尸官和审判法》，委员会有法定义务考虑不同量刑形式的成本与有效性：这或许导致其重新考虑已颁布的量刑的刑期，但很少有证据能证明其被认真对待。

第四节　风险、预防与公共保护

基于《2003 年刑事司法法》第 143（1）条的规定，比例原则是量刑指南的基础时，近些年来日益将重点放在某些种类罪犯被相信所具有的风险上。可以认为国家有保护其公民与在其境内的其他人的义务，这一义务在遇有生命危险的情形下被加大。⑥ 预防措施的错落组合在本书章节中几个地方已经阐明，三个"预防规定"或许可以在此处总结一下——民事预防命令与类似的辅助命令；累犯的量刑；不确定的量刑。

在第 11 章我们看到，对于几种民事预防命令，法庭既可以在定罪情

① Frase（2005）.
② Carter（2007）为这一方法所吸引。
③ 《盖奇报告》（2008），p. 28。
④ 进一步参见第九章第三节第一部分。
⑤ 参见第四章第四节第五部分。
⑥ 进一步参见 Ashworth and Lucia Zedner（2014），ch. 1。

形下使用，也可以在某些不定罪的情形下使用。当 ASBO 被两项其他命令取代前吸引了多数公众与学者的注意力时，① 诸如性伤害预防命令②与性危险命令③等措施已经有相似的结构，前者仅适用于定罪情形，后者适用于有充分证据证明存在危险的情形。公共保护是适用这些措施的基础，但公正与公平的主要问题在于其模式。其作为民事命令的设计是期望能减少对于受制于它们的人们的程序保护；其所获得的禁止可能范围广泛，可能会超越所提供的证据；并且这两项因素必须在违反犯罪化的背景下才会被审查，对于许多命令的刑罚可达 5 年监禁。充分保护公众无疑很重要，但考虑到那些受命令约束人的利益，程序保护应该不亚于刑事量刑。

前文第六章第三节所讨论的有关惯犯的立法督促法庭在对当前罪行量刑时，将每一项新近的相关先前定罪作为加重因素。增加性犯罪与暴力犯罪的刑罚期限是一回事，④ 对于罪行轻微的惯犯允许不合比例的量刑是另一回事——最明显的是像盗窃商店、拎包、扒手等财产罪犯。这些罪行是否足以严重到适用 3 年、4 年或者 5 年的监禁是可疑的，经常伴随诸如"专业"或者"职业罪犯"的模糊描述。正如第六章所提到的，目前的指南并没有进一步有所行动。因而有关盗窃罪的指南草案包括以下声明：

> 特别是，有关近期定罪可能证明提高量刑是合理的，包括超越类型范围。在涉及重大惯犯的案件中，社区与羁押门槛可以跨越，即使罪行的其他特点使其有理由适用较轻量刑。⑤

这一表述将允许法庭对惯偷施以超越适当范围的量刑，但没有提供任何有关所需要的超越比例量刑的正当理由的犯罪记录特点或所许可超越范围的指导意见。这是一项迫切需要重新考虑的（缺失）政策。

在世界范围内，有关危险犯的规定形成了许多量刑制度的一部分，尽

---

① 对解释参见第十一章第五节第八部分。

② 一项取代 SOPO 的新的命令：参见第十一章第五节第十三部分。

③ 一项新的命令取代了 RSHO：参见第十一章第五节第十四部分。

④ 在许多司法管区这已经是趋势：对于北欧国家，参见 Lappi－Seppala（forthcoming，2016）；对于法国，参见 Hodgson and Soubise（forthcoming，2016）。

⑤ Sentencing Council, *Theft Offences Guideline*：*Consultation*（2014），p. 22.

管几乎所有的研究中都发现了危险和糟糕的预测率的确实问题。[1] 有关不确定刑的英国规定的不同在于其广度，导致了监狱中19%的罪犯是不确定刑罪犯。这一数字远远超越其欧洲邻国。在前文第六章第八节我们注意到部分问题存在于有关公共保护的监禁刑：这种量刑在2012年被取消并被实质上更狭窄的措施所取代，但是大约5000名公共保护的监禁刑罪犯仍然在监狱中等待释放。这不仅仅是监狱人数的问题，[2] 也是公平与比例的问题。其被关注的一个原因是谋杀犯的最低刑期，自2003年以来被大大提高。[3] 有关需要从某一特定个人那里获得公共保护的裁判已经在投机基础上被作出，并正在导致远远超出欧洲邻国所认为适当的监禁。

对以危险为基础的刑罚政策的三项因素的进一步的异议是，像刑事司法制度中的多数其他严重因素一样，其很可能从不利的背景方面冲击对罪犯的比例量刑。[4] 在过去几年有关量刑与刑事司法政策的所有争论中，对少数民族、失业者、有毒瘾者的影响受到的关注极少；尽管对精神病罪犯与女性罪犯的处理有所讨论，但在方法上的具体改变方面基本没有进展。有关种族、贫困以及性别的某些一般问题在前文第七章已作阐释，有关精神病罪犯的问题在前文第九章第七节与第十二章第三节已作阐释，但是一个明显的特点是这些及其他不利类型重叠的程度。刑事司法制度，尤其是监狱制度，包括拥有不是一个而是不止一个这方面的特点的不合乎比例的大量人群。因而黑人在精神病罪犯中可能人数过多；高比例的精神病罪犯处于失业与无固定住所状态；许多女性罪犯也非常贫穷并/或存在吸毒或者酗酒问题；等等。这些事实，政府与刑法学者都清楚得很，在政策制定与争论中被忽视，可能是因为其不具备在危险性量刑或者惯犯的方法方面获得支持的潜能。

第五节　　从惩罚状态中后退

贯穿于本书的两个主要的主题是将法治价值引入量刑的重要性与质疑

---

① 参见上文第六章第八节。

② the Chief Inspector of Prisons 表达了强烈的批评：参见上文第九章第六节。

③ 参见上文第四章第四节第一部分。

④ 参见 Bateman（2011），在与 ASSET 评估有关的第十二章第一节援引。

英格兰和威尔士相对较高的使用监禁刑。到目前为止本章的大部分重点放在法治价值上，但是本章第三、四节开始提出有关刑罚过度与刑罚适度的问题。① 英格兰和威尔士监禁刑的适用大约是德国、荷兰以及北欧国家的两倍，但看上去并不存在有说服力的犯罪学理由支持。英国量刑水平如何才能与那些邻国拉近些呢？

有关英联邦国家高羁押率的一个理由是我们的政治制度，这已经讨论过了。正如前文第九章第二节中所讨论过的，社会民主制度与新自由制度之间存在刑事政策方面的差异。卡瓦蒂诺和迪格南，② 莱西③和拉皮—斯帕拉（Lappi-Seppala）④ 的著作，总体上强调刑事司法的社会与政治意义所在，尤其是量刑。然而，迄今仅仅是有关广泛的社会经济、文化与政治状况的焦点被纳入分析。还应考虑"不同的制度结构，这些结构影响［应受惩罚］的流行观念进入政策制度定与实施的方式"。⑤ 不仅德国的社团主义/社会民主方法意味着极少有量刑改革的政治或法律讨论，还有诸如德国法学教学的方式（反复灌输某些价值）与从顶尖法学院毕业生中选择职业法官的重要制度特征。⑥ 因而，加兰主张要解释刑罚发展趋势与可能的未来，应更多关注"刑罚国家"的制度，尤其是某一特定司法管辖区的政策制定过程。可能许多欧洲大陆制度中司法职业是一个温和的力量，可能是因为那里的法官比其英国同事更大程度上接受教育思想与培训，英国法官任职之前都需有多年法庭经验，在某种程度上倾向于限制进一步"教育"的理念。然而，这可能仅仅是复杂解释中的一个因素，或许还包括政府相信犯罪率下降可归因于更严苛的量刑，⑦ 相信任何试图减轻刑罚的企图都将是政治灾难，这种信念是如此强烈，以至于相信即使在经济紧缩时代，减少监禁成本的主张也被限制为使监狱更廉价，而非减少

---

① 进一步参见 Loader（2010）。

② Cavadino and Dignan（2006）.

③ Lacey（2008）.

④ Lappi-Seppala（2013）.

⑤ Lacey（2008），p. 19.

⑥ Hoernle（2013）.

⑦ 参考 Garland 的观点（2014），p. 68，犯罪率和惩罚水平不相关，即使其没有处于一个液压关系中。

监禁的刑期与人数。①

　　解释框架难以避免的复杂性已经被过去几十年未成年人量刑的历史所阐明，这在第十二章第一节做了概述。与成年人监禁相反，事实证明，可以将未成年人监禁刑相比七八年前减少三分之一左右。各种影响出现了——未成年人司法委员会决定把目标瞄准高羁押区域以证实社区刑的益处，《2008 年刑事司法和移民法》中的一项规定要求法庭在将未成年人送进未成年人监狱羁押前给出没有适用未成年人复归命令的理由，温和的治安法院未成年人量刑指南并以其培训治安法官。没有确定的解释，但可能最重要的因素是"狗不叫"。媒体看上去没有注意到这一急剧的下降，尚未予以宣传。很难想象如果成年人监禁有类似的下降会没有媒体的喧嚣。此外，监禁率如此急剧下降不是有关政府部门、未成年人司法委员会与量刑者协商好的一致政策的一部分。其与未成年人司法委员会的长期政策相一致，未成年司法委员会是英国量刑制度的一个关键机构，但其精确的机制仍然模糊不清。

---

　　① 比较在美国的某些司法管区，尤其是加利福尼亚，在援引成本考虑目的是使监狱数量从先前的高位上落下来：Reitz（2013），pp. 188-189。

附录 A

法律规定选编

《2003 年刑事司法法》（*Criminal Justice Act 2003*）

第 143 条　确定犯罪的严重性

（1）在确定犯罪的严重性时，法庭必须考虑罪犯在实施犯罪时的可责性以及该犯罪已经造成的危害后果、意图造成的危害后果或者可以预见到的危害后果。

（2）在确定已有一项或更多项先前定罪的罪犯实施的犯罪（"当前的犯罪"）的严重性时，法庭必须将每一项先前定罪作为加重情节如果（就该项先前定罪）法院认为作为加重要素可能是合理的，尤其是下列情形时：

（a）有关前科犯罪的犯罪性质和与当前犯罪的相关性；

（b）自从定罪后已经消逝的时间……

第 144 条　因有罪答辩的量刑减轻

（1）对在本法庭或者其他法院的诉讼过程中已做有罪答辩的罪犯决定如何量刑时，法院必须考虑：

（a）该罪犯表明其有罪答辩意图时所处的诉讼阶段；

（b）作出此种表示时的情形。

（2）依据《量刑法》第 111 条或 110 条第（2）款对某罪施加量刑的情形，在考虑了援引本条第（1）款所规定的任何情形后，量刑法第 111 条或 110 条第（2）款并不阻止法院适用不少于依据该分条款所规定刑罚的百分之八十的量刑……

第 148 条　判处社区刑的限制

（1）法庭不得对罪犯判处社区刑，除非主张认为该犯罪或者该犯罪与相关的一罪或数罪的结合，是如此严重足以作出这一判决。

（2）当法庭判处由社区令组成或者包含社区令的社区刑时：

（a）作为社区令组成部分的特定要求或者多项要求必须，以法庭的观点，是，或者整体都是，最适合罪犯的；

（b）该命令对自由施加的限制必须与该法庭所认为的该罪或者该罪与相关一罪或数罪的结合的严重性是相称的……

第 152 条　对羁押刑裁量适用的一般限制

（1）本条适用于一个人被适用羁押的犯罪情形，除非；

（a）法律规定了确定刑罚；

（b）作为强制量刑或者预设量刑被适用；

（2）法庭不得适用羁押，除非法院认为该犯罪或者该犯罪和与之相关的一罪或数罪的结合是如此严重，以至对此罪单处罚金或者社区刑都不可能是正当的……

第 153 条　裁量性羁押的刑期：一般规定

（1）本条适用于当法庭适用羁押而不是法律规定的确定刑或者依据第 225 条或者第 226 条适用刑罚的情形。

（2）遵从强制量刑和法定量刑的规定，羁押必须是法庭认为的与犯罪，或者犯罪和与之相关的一罪或者数罪犯罪的结合的严重性相称的最低刑罚期限（不能超出法定最高期限）。

《2009 年验尸官和司法法》
(*Coroners and Justice Act* 2009)

第 120 条　量刑指南

（3）委员会必须准备：

（a）依据《2003 年刑事司法法》第 144 条（因有罪答辩而减轻量

刑）有关法庭履行义务的量刑指南；

（b）关于量刑的总体的任何法律规则适用的量刑指南……

（11）依据本条行使职能时，委员会必须认识到下列事项：

（a）在英格兰和威尔士由法庭对犯罪适用的量刑；

（b）在量刑上提升一致性的需要；

（c）量刑裁判对犯罪被害人的影响；

（d）提升公众对刑事司法系统信心的需要；

（e）在预防犯罪上不同量刑的成本和它们的效果；

（f）依据第 128 条实施的监督结果……

第 125 条　量刑指南：法庭的义务

（1）每个法庭：

（a）必须，对罪犯量刑时，遵循任何与该罪犯的情况相关的指南；

（b）必须，在执行与罪犯的量刑相关的任何其他职能时，遵循与其功能执行相关的任何量刑指南，除非法庭认为这样做是有悖于司法利益的……

（3）依据分款（1）（a）规定施加给法庭的遵循与该罪犯的情形相关的任何量刑指南的义务包括：

（a）在所有的案件中，有义务对施加于某人，依据特定的犯罪指南，量刑是在犯罪幅度之内的；

（b）当依据第 121 条（2）的规定特定的犯罪指南描述了案件的类型时，有义务裁决哪种类型与某人的情况最相类似以便于识别在犯罪幅度内的量刑起点；

但是，本条并没有规定法庭有一个单独的义务，在段落（b）的情形下，适用一项在类型幅度范围内的量刑。

（4）如果法庭认为为了识别罪行幅度内哪一个是恰当起刑点的量刑时，没有任何案件类型与某人的案情足够充分地一致，分条（3）（b）不能适用。

（5）分条（3）（a）是从属于……

第 128 条　监督

（1）委员会必须：

（a）监督它的量刑指南的运行和效果；

（b）考虑从依据段落（a）获取的信息可以得出什么结论。

（2）特别地，委员会必须依据分条（1）（a）赋予的义务以下面的视角得出结论：

（a）法庭偏离量刑指南的程度和频率；

（b）影响法庭适用量刑的要素；

（c）指南在提升量刑上的一致性的效果；

（d）指南对提升刑事司法系统的公信力上的效果……

附录 B

统计列表

表1　刑事司法统计一览，*1951, 1961, 1971, 1981, 1991, 2001, 2007, 2013*

（年/人）

英格兰和威尔士	1951	1961	1971	1981	1991	2001[7]	2007[7]	2013
	（000）							
《不列颠犯罪调查》所统计的犯罪	[1]	[1]	[1]	11046	15125	13037	10143	7333
报告的犯罪								
—由警察登记的犯罪[2]	525	807	1666[3]	2794	5075	5525	4951	3507
—被侦查的犯罪	247	361	775[3]	1056	1479	1291	1374	—
—侦查率（百分比）	47	45	45[3]	38	29	23	28	—
被警告的罪犯的人数[4]	[6]	70	109	154	279	230	363	176
可诉罪[5]	[6]	25	77	104	180	144	205	91
在治安法院受审的被告人	736	1161	1796	2294	1985	1838	1733	1407
可诉罪[5]	122	159	374	523	510	501	—	362
在治安法院发现有罪的被告人	705	1121	1648	2042	1438	1293	1351	1091
可诉罪[5]	115	151	282	402	269	270	252	225
在简易定罪后在皇家法院被量刑的被告人	3	4	14	14	7	16	5	18
在皇家法院受审的被告人	20	34	48	79	100	77	83	83
在皇家法院被发现有罪的被告人	18	31	40	63	81	56	65	68
两个法院都发现有罪的全部罪犯	723	1152	1688	2105	1519	1350	1416	1172
可诉罪[5]	133	182	342	465	347	324	313	294

英格兰和威尔士	1951	1961	1971	1981	1991	2001[7]	2007[7]	2013
	(000)							
有罪或者被警告的全部罪犯[4]（人）	723[6]	1222	1797	2259	1796	1580	1489	1353
可诉罪[5]（件）	133[6]	207	419	568	527	468	473	388

注：（1）《不列颠犯罪调查》（British Crime Survey）始自 1982 年，访问是建立在前一年的犯罪经历的基础上的。

（2）不包括其他价值为 20 英镑及以下的犯罪损害。对 Merseyside and Metropolitan 警察局，包括估计犯罪伤害超过 20 英镑。数据受 1998 年以来的新的计算规则和 2001-2002 年以来的 NCRS 所影响。

（3）适应考虑《1997 年犯罪损害法》（Criminal Damage Act 1971）。

（4）这一表格中没有包括对简易机动车犯罪，警戒、书面警告以及所有确定刑，其被公布在内政部统计公告（Home Office Statistical Bulletin）"机动车犯罪和呼吸检测"（Motoring offences and breath tests）中。

（5）可诉罪包括那些两可罪。

（6）从 1954 年开始才收集到警戒数据

（7）《不列颠犯罪调查》的数据和报告的犯罪的数据都是按财政年度统计的，即 2001—2002 年和 2007—2008 年。

来源："犯罪统计；2003，2007，2014：表 1.1"。

表 2　　　通过处理被量刑的 21 岁及以上的男性，1997—2013　　（年/人）

	无条件释放	附条件释放	罚金	暂缓量刑命令	社区刑	立即羁押	另外的处理	全部被量刑的罪犯
	所有法院							
1997	12694	54022	721349	2747	76877	66417	13510	947616
1998	12373	55627	761907	2664	79966	70966	14415	997918
1999	10808	54559	716102	2403	78831	73527	15284	951514
2000	10206	52383	703703	2355	77459	73995	14603	934704
2001	9777	53169	642609	2115	79646	74183	15520	877019
2002	10026	55994	674684	1889	87962	79600	17654	927810
2003	9322	60266	731687	2093	92670	78619	20405	994992
2004	8303	56812	766673	2083	98923	77870	25532	1036196
2005	7115	53796	716021	7526	98178	74092	24166	980894

	所有法院							
	无条件释放	附条件释放	罚金	暂缓量刑命令	社区刑	立即羁押	另外的处理	全部被量刑的罪犯
2006	6284	50309	665665	25253	88192	69397	26332	931432
2007	5670	54010	643216	30538	88472	68563	23425	913894
2008	4825	49802	583620	30073	87863	73160	27279	856622
2009	4476	47113	594104	33638	94053	74114	16015	863513
2010	4291	51614	559550	36104	96192	76644	19573	843968
2011	4194	49931	526067	36025	91502	81848	19874	809441
2012	3951	47724	496414	33101	81984	77571	18582	759327
2013	4102	45797	477613	37264	69590	75362	21453	731181

来源：《量刑统计》（《内政部 2008a》）表 1.5；量刑统计补充表（《司法部 2014》）表 A5.1。

表 3 **通过处理被量刑的 21 岁及以上的女性，1997—2013** （年/人）

	所有法院							
	无条件释放	附条件释放	罚金	暂缓量刑命令	社区刑	立即羁押	另外的处理	全部被量刑的罪犯
1997	2610	15842	151441	744	13188	4556	1830	190211
1998	2469	16485	163568	784	14642	5380	2114	205442
1999	2455	15871	147790	758	15245	6123	2449	190700
2000	2644	15946	182300	717	15608	6337	2362	225914
2001	2501	16226	163376	640	16124	6546	2698	208111
2002	2592	17420	180061	630	17628	7228	3203	228763
2003	2219	18544	180329	624	17418	7413	3675	230222
2004	1921	17788	196500	772	18411	7491	5160	248043
2005	1719	16636	200782	1499	18207	6898	4386	250127
2006	1589	15452	195988	4069	16268	6540	5102	245008
2007	1436	16610	204612	5042	16631	6522	4378	255231
2008	1338	16179	198590	5377	17431	7124	7475	253514
2009	1277	16075	225465	6203	19227	6913	3235	278395
2010	1279	17448	216940	6420	20026	7199	3463	272775
2011	1260	17164	214714	6851	19431	7562	3455	270437

续表

	无条件释放	附条件释放	罚金	暂缓量刑命令	社区刑	立即羁押	另外的处理	全部被量刑的罪犯
				所有法院				
2012	1215	16021	219411	6447	17226	7015	3306	270641
2013	1210	15429	214639	6745	15194	6681	4126	264024

来源：《量刑统计》（《内政部 2008a》）表 1.5；量刑统计补充表（《司法部 2014》）表 A5.1。

表 4   通过处理被量刑的 18—20 岁的男性罪犯，1997—2013　　　（年/人）

	无条件释放	附条件释放	罚金	暂缓量刑命令	社区刑	立即羁押	另外的处理	全部被量刑的罪犯
				所有法院				
1997	1630	12535	86085	—	20714	15143	3022	139129
1998	1606	13282	90942	—	22730	16152	3156	147868
1999	1419	13684	87676	—	23557	17048	3619	147003
2000	1377	12605	84999	—	23101	17324	3418	142824
2001	1251	12755	82122	—	23115	16882	3794	139919
2002	1332	12630	83401	—	23443	16290	3818	140914
2003	1340	12963	87255	—	23491	14465	3851	143365
2004	1022	11818	82262	—	24260	13817	4553	137732
2005	958	10901	73613	567	23676	13351	4236	127302
2006	839	10686	68859	3740	22089	13046	4401	123660
2007	767	11807	63208	4597	22462	13487	4442	120770
2008	689	10334	60414	4973	21155	12622	4393	114580
2009	621	9861	61493	4610	22693	13155	3251	115684
2010	644	10295	53884	4807	21629	12442	3956	107657
2011	522	8949	47888	4496	19284	11655	3771	96565
2012	485	7953	39253	4308	14907	9385	2515	78806
2013	406	6942	33200	3755	11476	7612	2028	65419

来源：《量刑统计》（《内政部 2008a》）表 1.5；量刑统计补充表（《司法部 2014》）表 A5.1。

表 5　　　　**通过处理被量刑的 18—20 岁的女性罪犯，1997—2013**　　（年/人）

所有法院

	无条件释放	附条件释放	罚金	暂缓量刑命令	社区刑	立即羁押	另外的处理	全部被量刑的罪犯
1997	201	2887	10650	—	2681	642	269	17330
1998	—	3098	11648	—	3109	851	332	19254
1999	216	3052	10416	—	3377	963	385	18409
2000	168	3048	11162	—	3398	1117	373	19266
2001	146	2848	10328	—	3253	1066	347	17988
2002	172	2787	10711	—	3300	1073	427	18470
2003	—	2751	11386	—	2989	973	428	18702
2004	130	2542	11401	—	3213	819	562	18667
2005	141	2345	11738	71	3080	880	494	18749
2006	132	2174	12051	447	2790	851	589	19034
2007	144	2346	12328	510	2852	804	522	19506
2008	127	2236	13699	582	2988	789	709	21130
2009	112	2247	15891	553	3289	806	430	23328
2010	111	2356	13777	636	3011	739	489	21119
2011	121	2092	13688	551	2621	587	497	20157
2012	101	1602	11994	471	2078	512	343	17101
2013	104	1438	9721	432	1613	327	253	13888

来源：《量刑统计》（《内政部 2008a》）表 1.5；《量刑统计补充表》（《司法部 2014》）表 A5.1。

表 6　　　　**通过处理被量刑的 10—17 岁的男性罪犯，1997—2013**　　（年/人）

所有法院

	无条件释放	附条件释放	罚金	暂缓量刑命令	社区刑	立即羁押	另外的处理	全部被量刑的罪犯
1997	770	20149	16627	—	23619	6775	1707	69647
1998	703	21640	18659	—	25640	6881	1973	75496
1999	639	22144	18861	—	27076	7244	3298	79262
2000	923	18066	19680	—	31353	6968	3580	80570

续表

	无条件释放	附条件释放	罚金	暂缓量刑命令	社区刑	立即羁押	另外的处理	全部被量刑的罪犯
				所有法院				
2001	1200	13526	20325	—	37117	7147	4772	84087
2002	4191	8183	14077	—	46677	6886	3172	83186
2003	4979	7328	12630	—	46975	5776	3150	80838
2004	2935	7975	14712	—	48983	5881	2927	83413
2005	2574	7671	13113	—	51005	5512	2587	82465
2006	2467	7384	10900	—	51163	5730	2492	80136
2007	2438	7798	9629	—	54873	5361	2519	82619
2008	2126	7067	8107	—	49274	5030	2417	74021
2009	1840	6416	7091	—	45757	4532	2205	67841
2010	1943	6553	5742	—	39361	3935	4611	62145
2011	1578	5820	4649	—	34561	3905	3087	53600
2012	1281	4464	3321	—	26728	2862	1686	40342
2013	818	4030	2465	—	19999	2196	1062	30570

来源：《量刑统计》（《内政部 2008a》）表 1.5；《量刑统计补充表》（《司法部 2014》）表 A5.1。

表 7　　　通过处理被量刑的 10—17 岁的女性罪犯，1997—2013　　　（年/人）

	无条件释放	附条件释放	罚金	暂缓量刑命令	社区刑	立即羁押	另外的处理	全部被量刑的罪犯
				所有法院				
1997		4108	1833	—	2911	308	194	9445
1998		4420	2391	—	3301	336	244	10798
1999		4582	—	—	3547	409	427	10898
2000		3559	1711	—	4619	446	477	10910
2001	136	2648	—	—	5742	449	709	11398
2002	519	1294	1043	—	7510	530	466	11362
2003	614	1195	878	—	8138	424	444	11693
2004	473	1300	954	—	9156	444	448	12775
2005	489	1321	941	—	10101	503	383	13738

续表

	无条件释放	附条件释放	罚金	暂缓量刑命令	社区刑	立即羁押	另外的处理	全部被量刑的罪犯
				所有法院				
2006	439	1351	699	—	10335	453	393	13670
2007	531	1440	824	—	11134	469	370	14768
2008	470	1249	801	—	10390	446	338	13694
2009	404	1289	720	—	9906	381	392	13092
2010	389	1167	606	—	8143	258	637	11200
2011	322	1004	484	—	6748	269	444	9271
2012	263	763	316	—	4894	182	232	6650
2013	159	694	265	—	3761	117	117	5113

来源：《量刑统计》（《内政部 2008a》）表 1.5；《量刑统计补充表》（《司法部 2014》）表 A5.1。

表 8 在监狱和警察局牢房中男性人口；羁押的类型、量刑的长度和年龄段，英格兰和威尔士（2002—2013 年 6 月 30 日）　（年/人）

	2002	2003	2004	2005	2006	2007	2008	2009	2010	2011	2012	2013
在监狱和警察局牢房中的全部人口	66824	69062	70036	71676	73519	75451	78689	79084	80735	81189	81925	83842
还押	12083	12001	11544	11863	12165	11953	12566	12463	12218	11717	10691	10971
未审判	7351	7339	7198	7536	7554	7795	8177	8208	7981	7796	7212	7743
已定罪未量刑	4732	4662	4346	4327	4611	4158	4389	4255	4237	3921	3479	3228
已量刑	53967	55962	57523	58780	59981	62250	64699	65133	67561	68542	70085	70913
不履行罚金者	31	43	48	77	83	62	99	86	111	118	109	132
6 个月及以下	5032	5479	5286	5518	5467	4699	5321	4648	4820	4939	4504	4643
6 个月以上至 12 个月	2155	2037	2110	2038	2273	2250	2600	2238	2303	2162	2264	2153
12 个月以上 4 年以下	20466	19994	20103	20337	20327	21601	22326	19201	19698	19203	20122	19373
4 年及以上 4（不包括不确定的）	21301	23155	24564	25113	24783	24456	23318	21407	22706	23406	24520	26322
不确定的量刑	4982	5254	5412	5697	7048	9182	11035	11813	12753	13267	13360	13182
重新召回	—	—	—	—	—	—	—	5740	5170	5447	5206	5108
非犯罪监狱犯	774	1099	969	1033	1373	1248	1424	1488	956	930	1149	1958

续表

	2002	2003	2004	2005	2006	2007	2008	2009	2010	2011	2012	2013
在监狱中所有成年人人口	55873	58577	59764	61372	62818	64064	67812	68616	70902	72041	73511	76704
还押	9558	9765	9273	9598	9714	9539	10141	10062	9951	9665	8970	9526
未审判	5905	5982	5825	6162	6049	6272	6720	6671	6471	6457	6054	6728
已定罪未量刑	3653	3783	3448	3436	3665	3267	3421	3391	3480	3208	2916	2798
已量刑	45599	47798	49598	50844	51845	53351	56363	57171	60057	61506	63479	65353
不履行罚金者	31	40	43	75	79	58	93	83	106	112	105	129
6个月及以下	3776	4190	4068	4242	4209	3387	4047	3681	3875	4051	3747	4069
6个月以上12个月以下	1456	1467	1467	1459	1670	1608	1933	1684	1778	1700	1838	1871
12个月以上4年以下	15813	15626	16020	16177	16069	17016	18044	15486	16104	15904	16857	16605
4年及以上（不包括不确定的）	19688	21380	22741	23375	23142	22766	21898	19870	21166	21858	23058	24924
不确定的量刑	4835	5095	5259	5516	6676	8517	10348	11253	12315	12922	13074	12956
重新召回	—	—	—	—	—	—	—	5114	4713	4959	4800	4799
非犯罪监狱犯	716	1014	893	930	1259	1174	1308	1383	894	870	1062	1825
在监狱中的全部未成年人	8474	8309	8074	8050	8331	9035	8421	8405	8205	7590	7156	6272
还押	2035	1784	1780	1794	1896	1889	1846	1899	1801	1629	1444	1261
未审判	1142	1041	1051	1048	1138	1162	1097	1184	1143	1014	936	870
已定罪未量刑	893	743	729	746	758	727	749	715	658	615	508	391
已量刑	6382	6440	6219	6156	6322	7072	6460	6401	6342	5902	5627	4879
不履行罚金者	0	3	5	2	4	4	6	3	5	6	4	3
6个月及以下	843	887	802	795	790	856	806	650	710	655	569	443
6个月至12个月	418	319	379	326	349	385	390	340	361	298	293	207
12个月以上4年以下	3548	3445	3212	3274	3347	3662	3376	2976	3042	2760	2762	2404
4年及以上（不包括不确定的）	1454	1641	1684	1595	1503	1570	1276	1383	1409	1425	1347	1309
不确定的量刑	120	144	138	164	329	596	606	505	387	307	255	208
重新召回	—	—	—	—	—	—	—	544	428	451	397	305
非犯罪的监狱犯	57	85	75	100	113	72	115	105	62	59	85	132
在监狱中的全部15—17岁的人口	2477	2176	2198	2254	2370	2354	2456	2063	1628	1558	1258	866

续表

	2002	2003	2004	2005	2006	2007	2008	2009	2010	2011	2012	2013
还押	490	452	491	471	555	525	580	502	466	423	277	184
未审判	304	316	322	326	367	361	360	353	367	325	222	145
已定罪未量刑	186	136	169	145	188	164	219	149	99	98	55	39
已量刑	1986	1724	1706	1780	1814	1827	1876	1561	1162	1134	979	681
不履行罚金者	0	0	0	0	0	0	0	0	0	0	0	0
6 个月及以下	413	401	416	481	468	457	467	317	235	233	188	131
6 个月至 12 个月	282	251	265	254	254	258	277	214	164	164	133	75
12 个月以上 4 年以下	1105	923	871	886	911	923	906	739	552	539	503	364
4 年及以上 （不包括不确定的）	159	134	139	143	138	120	144	154	131	123	115	89
不确定的量刑	27	15	15	17	43	69	81	55	51	38	31	18
重新召回	—	—	—	—	—	—	—	82	29	37	9	4
非犯罪的监狱犯	1	0	1	3	1	2	1	0	0	1	2	1

来源：《罪犯管理统计》（司法部 2008b），表 7.1；《罪犯管理统计》（《司法部 2014》），表 A1.1。

表 9　　在监狱和警察局牢房中女性人口；羁押的类型、量刑的长度和
**　　　　年龄段，英格兰和威尔士（2002—2013 年 6 月 30 日）　　（年/人）**

	2002	2003	2004	2005	2006	2007	2008	2009	2010	2011	2012	2013
在监狱和警察局牢房中的全部人口	4394	4595	4452	4514	4463	4283	4505	4307	4267	4185	4123	3853
还押	998	1072	951	1001	902	891	874	813	786	747	633	601
未审判	526	557	518	548	510	592	573	522	506	503	459	451
已定罪未量刑	472	515	433	453	392	299	301	291	280	244	174	150
已量刑	3339	3477	3453	3477	3512	3351	3535	3427	3439	3422	3477	3214
未履行罚金者	3	3	4	1	6	6	11	13	18	11	18	20
6 个月及以下	415	490	466	492	492	466	552	483	523	502	499	442
6 个月至 12 个月	194	172	195	186	252	211	266	195	199	211	209	152
12 个月以上 4 年以下	1392	1384	1333	1291	1292	1239	1306	1161	1159	1189	1182	1044
4 年及以上 （不包括不确定的）	1170	1261	1273	1322	1243	1130	1053	988	979	933	964	940
不确定的量刑	165	167	182	185	227	299	347	369	381	377	394	403

	2002	2003	2004	2005	2006	2007	2008	2009	2010	2011	2012	2013
重新召回	—	—	—	—	—	—	—	218	180	199	211	213
非犯罪的监狱犯	57	46	48	36	49	41	96	67	42	16	13	38
在监狱中所有成年人人口	3735	4038	3936	4018	3986	3787	4030	3883	3866	3825	3812	3657
还押	832	915	822	866	770	756	767	708	696	662	566	558
未审判	437	488	442	471	428	513	503	453	449	448	411	417
已定罪未量刑	395	427	380	395	342	243	264	255	247	214	155	141
已量刑	2852	3078	3067	3122	3173	2992	3175	3110	3130	3147	3233	3063
未履行罚金者	3	3	4	1	5	6	11	12	18	11	18	20
6 个月及以下	324	419	384	421	429	367	460	408	460	451	451	407
6 个月至 12 个月	141	142	167	161	227	192	233	175	178	192	188	139
12 个月以上 4 年以下	1139	1171	1142	1110	1112	1079	1153	1039	1021	1060	1079	993
4 年及以上（不包括不确定的）	1093	1184	1198	1256	1187	1065	990	929	928	887	921	909
不确定的量刑	152	159	172	173	213	283	329	358	365	364	380	394
重新召回							—	189	160	182	196	201
非犯罪的监狱犯	51	45	47	30	43	39	88	65	40	16	13	36
在监狱中所有未成年人人口	544	479	439	424	407	421	405	367	373	337	287	188
还押	153	137	111	120	113	116	93	93	85	78	59	43
未审判	84	57	66	66	68	65	64	59	53	50	42	34
已定罪未量刑	69	80	44	54	45	51	29	34	32	28	17	9
已量刑	384	342	328	300	289	303	303	272	286	259	228	143
未履行罚金者	0	0	0	0	1	0	0	1	0	0	0	0
6 个月及以下	70	60	62	49	50	78	72	62	58	50	47	34
6 个月至 12 个月	33	26	20	23	19	17	26	15	17	17	18	10
12 个月以上 4 年以下	198	177	166	151	151	134	129	106	128	122	95	48
4 年及以上（不包括不确定的）	72	73	70	65	55	61	58	52	51	43	40	31
不确定的量刑	12	7	10	12	13	13	18	9	13	10	14	8
重新召回	—	—	—	—	—	—	—	27	19	17	14	12
非犯罪的监狱犯	6	0	0	4	6	2	8	2	2	0	0	2

续表

	2002	2003	2004	2005	2006	2007	2008	2009	2010	2011	2012	2013
在监狱中的全部 15—17 岁的人口	115	78	77	72	70	75	70	57	28	23	24	8
还押	13	20	18	15	19	19	14	12	5	7	8	0
未审判	5	12	10	11	14	14	6	10	4	5	6	0
已定罪未量刑	8	8	9	4	5	5	8	2	1	2	2	0
已量刑	103	57	58	55	50	56	57	45	23	16	16	8
未履行罚金者	0	0	0	0	0	0	0	0	0	0	0	0
6 个月及以下	22	11	19	21	13	20	20	13	5	1	1	1
6 个月至 12 个月	20	4	9	3	6	3	7	5	4	2	3	3
12 个月以上 4 年以下	55	37	25	30	29	26	24	16	10	7	8	3
4 年及以上 (不包括不确定的)	5	4	5	1	1	4	6	7	0	3	3	0
不确定的量刑	1	1	0	0	1	3	0	2	3	3	0	1
重新召回	—	—	—	—	—	—	—	2	1	0	1	0
非犯罪的监狱犯	0	1	1	2	0	0	0	0	0	0	0	0

来源:《罪犯管理统计》(《司法部 2008b》),表 7.1;《罪犯管理统计》(司法部 2014),表 A1.1。

表 10   实证的、建议的以及预期的减轻量刑 *CCSS*[①]

	1/3 or greater	21%—32%	11%—20%	1%—10%	Nil	建议的减轻量刑	期望的减轻量刑
早期答辩案件	89%	9%	2%	<0.05%	<0.5%	33%	32%
中期答辩案件	37%	34%	22%	6%	1%	25%	23%
晚期答辩案件	12%	9%	24%	49%	6%	10%	13%

表 11   由先前定罪因可诉罪被量刑者(百分比)[②]   (年/人)

定罪的人数	2006	2007	2008	2009	2010	2011	2012	2013
0	21	21	20	20	20	19	17	17
1—2	18	18	17	17	17	17	16	15

① Roberts (2013), p.116.

② Ministry of Justice (2014), Table A6.2.

续表

定罪的人数	2006	2007	2008	2009	2010	2011	2012	2013
3—6	19	19	18	18	18	17	17	17
7—10	12	12	12	11	11	11	11	11
11—14	9	8	9	8	8	8	8	8
15+	23	23	25	26	26	28	31	33

表12　　　　　　　　21 岁及以上罪犯，选取 2005—2013 的量刑

数量（人） 年份	治安法院			皇家法院		
	社区刑	暂缓量刑	立即羁押	社区刑	暂缓量刑	立即羁押
男性						
2005	83799	5671	41290	14379	1855	32802
2007	79415	19702	36316	9057	10836	32247
2009	83843	19663	34999	10210	13975	39115
2010	83780	20544	36363	12412	15560	40281
2011	80422	20688	38317	11080	15337	43531
2012	72343	18626	37486	9641	14475	40085
2013	62008	20683	35922	7582	16581	39440
女性						
2005	15390	881	4251	2817	618	2647
2007	14837	2835	3860	1794	2207	2662
2009	17163	3251	3838	2064	2952	3075
2010	17568	3360	4218	2458	3060	2981
2011	17173	3671	4248	2258	3180	3314
2012	15256	3492	4205	1970	2955	2810
2013	13690	3790	4122	1504	2955	2559

来源：《量刑统计补充表》（《司法部 2014》），表 A5.2。

表13　　　　　　　　监狱人口：判处立即羁押刑的罪犯　　　　　　（年/人）

犯罪	男性				女性			
	1997	2002	2007	2014	1997	2002	2007	2014
暴力	10033	11674	16929	18694	391	538	687	902
性犯罪	4069	5270	7287	11100	8	23	48	92

续表

犯罪	男性				女性			
	1997	2002	2007	2014	1997	2002	2007	2014
夜盗	7976	8917	7723	6926	101	239	197	215
抢劫	6277	7208	8437	8210	161	314	311	297
盗窃等	3929	4278	3332	3852	334	461	374	525
毒品	6483	8749	9569	9866	691	1317	1044	440
被量刑总数	46611	53936	62188	68163	2063	3336	3345	3198

来源：基于《司法部（2008b）》，表 7.2；《司法部（2014）》，《罪犯管理统计季刊》：2014 年 4—6 月，《监狱人口 2014》，表 A1.4。

表 14　　　　　　　　**对未成年罪犯的警戒率，作为被发现有罪**

或者收到谴责或者最终警告的罪犯百分比提供　　　　　（％）

	男孩			女孩		
	10—11 岁	12—14 岁	15—17 岁	10—11 岁	12—14 岁	15—17 岁
1992	96	86	59	99	96	81
1997	93	74	49	98	89	68
2002	83	63	41	94	84	62
2007	87	68	46	94	84	62
2010	84	54	34	94	72	52
2013	84	56	38	90	68	52

来源：《刑事司法统计 2002》，表 2.3；《刑事司法统计 2007》，表 3.5；《刑事司法统计 2010》，表 A2.2；《刑事司法统计 2013》，表 2.1。

附录 C

量刑委员会:《攻击的确定指南 (2011) 》

第 12—14 页

第一步　决定犯罪类型。

类型 1	更大的伤害（通常存在严重伤害）与更高的可责性
类型 2	更大的伤害（通常存在严重伤害）与更低的可责性；或者更小的伤害与更高的可责性
类型 3	更小的伤害与更低的可责性

　　法庭应当决定罪犯的可责性与所引发的伤害，或者意欲引发的伤害，仅仅参考下面表格中所确认的因素（正如一个或者多个因素所证实的）。这些因素包括犯罪的主要事实因素并应当决定该类型。

表明更低可责性的因素

在群体或者团伙犯罪中的次要作用
比通常期望的更大程度的挑衅
缺乏预谋
精神错乱或者认知障碍，在其与犯罪实施有关的情形下
防卫过度
表明更大伤害的因素
在犯罪背景下的伤害（必须通常是存在的）（其包括疾病传播和/或心理伤害）
由于个人情况被害人尤其脆弱
持续地或者重复地攻击相同的被害人
表明更小伤害的因素
在犯罪背景下较不严重的伤害
表明更高可责性的因素
由被害人的性取向（或者假定性取向认同）引发，或者显示的犯罪
由被害人的残疾（或者假定残疾）引发，或者显示的犯罪

其他加重因素：

预谋的重要程度

适用武器或者武器的等效物（例如，脚踢、头顶，使用酸性物质，使用动物）
实施比由犯罪实际导致的更严重的伤害的动机
故意导致比实施犯罪所必要的更多的伤害
故意以脆弱被害人为目标
在群体或者团伙中的主要作用
由基于被害人的年龄、性别、性别认同（或者假定性别认同）的敌意引发，或者显示的犯罪
表明更低可责性的因素
在群体或者团伙犯罪中的次要作用
比通常期望的更大程度的挑衅
缺乏预谋
精神错乱或者学习障碍，在其与犯罪实施有关的情形下
防卫过度

　　第二步　起刑点和类型范围。

　　在决定了类型之后，法庭应当使用相应的起刑点在下文类型范围内作出量刑。起刑点适用于所有罪犯，不论是否作出答辩或者是否有先前定罪。第一步中的可责性的多种特点所反映的可责性的多种特点，可以在为下文所列出的加重或者减轻特点之前从起刑点向上调整。

犯罪类型	起刑点（适用于所有罪犯）	类型范围（适用于所有罪犯）
类型 1	1 年零 6 个月的羁押	1—3 年的羁押
类型 2	26 个周的羁押	低级社区命令—51 个周的羁押
类型 3	中级水平的社区命令	A 档罚金—高级社区命令

　　下文的表格包括一个未穷尽的提供犯罪和与罪犯有关的因素是额外的事实要素的清单。辨别是否这些因素的任何组合，或者有关其他相关因素，应当导致从起刑点向上或者向下的调整。在某些案件中，在考虑了这些因素以后，离开所确定的类型范围或许是适当的。

当给类型 2 的犯罪量刑时，法庭还应当考虑下列羁押门槛：

——已经通过了羁押门槛吗？

——如果通过了，适用羁押刑是不可避免的吗？

——如果通过了，可以暂缓适用羁押吗？

当给类型 3 的犯罪量刑时，法庭还应当考虑下列社区命令的门槛：

——已经通过了社区命令的门槛吗？

增加严重性的因素。

法定加重因素：

先前定罪，考虑了（a）与定罪有关的犯罪的本质和与当前犯罪的相关性；以及（b）自定罪以来已过去的时间
在保释期间实施的犯罪

其他加重因素包括：

犯罪地点
犯罪时间
对被害人的持续作用
针对在公共部门工作或者向公众提供服务者的犯罪
包括亲属在内的其他人在场，尤其是被害人的孩子或者配偶无故羞辱被害人
在家庭暴力犯罪案件中，被害人被迫离家
未遵守当前的法庭命令
在许可期间的犯罪
试图掩盖或者处理证据
未对其他人所表达的有关罪犯行为的警告或者忧虑作出回应
在酒精或者毒品影响下实施的犯罪
滥用信托权力和/或态度
利用接触安排儿童犯罪
存在社区影响的确切证据
采取任何预防被害人报告犯罪事件，获得帮助和/或帮助或者支持控方

被考虑的犯罪因素。

减轻严重性或者反映个性化减轻的因素。

没有先前定罪或者没有相关的/最近的定罪
一击
悔悟
良好的品格和/或典范行为
决定和/或证明采取步骤处理成瘾或者犯罪行为
需要紧急，密集或者长期治疗的医疗状况
孤立的事件
年龄和/或缺乏成熟性，影响罪犯责任
自犯罪以来时间流逝但并非罪犯的错
与实施犯罪不相关的精神病或者学习障碍与实施犯罪不相关
对依赖性亲属的仅有的或者主要的照顾者

仅第 29 条的犯罪：法庭应当不考虑加重因素而对犯罪决定适当的量刑，然后考虑所涉及的加重水平再加刑。在考虑所增加的法定最高刑之后，在所确认的类型范围外量刑或许是适当的。

第三步　考虑表明减轻的任何因素，比如帮助控方。

法庭应当考虑《2005 年严重有组织犯罪和警察法》第 73 条和第 74 条（被告人的帮助：减轻或者审查量刑）以及其他任何根据罪犯作为帮助（或者主动帮助）检察官或者侦查者的结果的可能获得的折扣的法律规则。

第四步　因有罪答辩而减轻量刑。

法庭应当考虑任何与《2003 年刑事司法法》第 144 条和"有罪答辩"指南相一致的潜在的因有罪答辩而导致的刑罚的减轻。

第五步　危险性。

引起实际身体伤害的攻击和种族、宗教方面加重的 ABH 是在《2003 年刑事司法法》第 5 章含义中的特指的犯罪，在这一阶段法庭应当考虑是否已经关注了包括在那一章中的标准，给予延长的量刑将是适当的。

第六步　整体原则。

如果对一名罪犯的不止一项犯罪量刑，或者在该罪犯正在服项刑罚的情形，考虑是否整体量刑对犯罪行为是公正的和成比例的。

第七步　赔偿和辅助命令。

在所有案件中，法庭应当考虑是否作出赔偿和/或其他辅助命令。

第八步　理由。

《2003 年刑事司法法》第 174 条增加了对量刑说明理由，以及解释量刑影响的义务。

第九步　考虑还押时间。

量刑者应当考虑任何与最终量刑有关的还押时间。法庭应当考虑是否信任与《2003 年刑事司法法》第 240 条和第 240 条相一致的在羁押中还押或者保释所经历的时间。

量刑委员会：《毒品犯罪的确定指南》
(*Drug Offences Definitive Guideline*)

第 4—8 页

第一步　决定犯罪类型。

法庭应当参照下面的表格判定罪犯的可责性（作用）和导致的伤害（定量）。

在评价可责性时，量刑法官应当权衡案件的所有要素决定作用。在有一些特性表明落入不同的作用类型的情形下，法庭应该平衡这些特点以实现对罪犯可责性的公平评价。

在评估伤害时，数量由产品的重量来决定。纯度不在第一步考虑而由第二步处理。

在经营是在最严重和商业规模的情形下，涉及的毒品极大地高于类型 1，20 年及以上的量刑是恰当的，视罪犯的作用而定。

由犯罪人的作用来证明的可责性。

这些特征中的一个或更多证明犯罪人的角色。

这些列表不是详尽的:

主要作用:
- 在一个商业交易环境中指导或者组织买卖;
- 在犯罪链条中对其他人有实质性的关联,并且影响;
- 与原始来源紧密联系;
- 大量的经济获益的预期;
- 用商业作为掩盖,
- 滥用信任或责任地位。

重要作用:
- 在一个犯罪链中的经营或者管理作用;
- 在受到压力、影响、恐吓或者奖赏的操作中涉及其他人;
- 受经济或者其他有利条件驱动,不论是否单独操作;
- 有些意识到或者理解经营的规模。

次要作用:
- 在指导下发挥有限作用;
- 因压力、强迫或者恐吓而参与;
- 因天真或者被利用而介入;
- 在犯罪链中不影响他上面的人;
- 如果有,也是非常小的意识到或者理解经营的规模;
- 如果自己经营,仅仅为自己使用（在所有情形下考虑理由的合理性）。

伤害的类型

表明所涉及的毒品数量（起刑点以其为基础）:

类型 1
- 海洛因、可卡因——5 千克;
- 迷幻药——10000 片;
- LSD——250000 平方;
- 苯基丙——20 公斤;
- 大麻——200 千克; • 开他敏——5 千克

类型 2
- 海洛因、可卡因——1 千克;
- 迷幻药——2000 片;
- LSD——25000 平方;
- 苯基丙——4 千克;
- 大麻——40 千克; • 开他敏——1 千克

类型 3
• 海洛因、可卡因——150 克；
• 迷幻药——300 片；
• LSD——2500 平方；
• 苯基丙——750 克；
• 大麻——6 千克； • 开他敏——150 克

类型 4
• 海洛因、可卡因——5 克；
• 迷幻药——20 片；
• LSD——170 平方；
• 苯基丙——20 克；
• 大麻——100 克； • 开他敏——5 克

第二步 起刑点和类型范围。

在决定了类型之后，法庭应当使用相应的起刑点达到下面类型范围内的一项量刑。起刑点适用所有的罪犯，不论作出有罪答辩或者存在先前定罪。法庭于是应当为在该页上列出的加重或者减轻的特点考虑在类型范围内的进一步的调整。在罪犯被认为处于"主要"作用的最顶端的情形下，法庭偏离指南则具有正当性。

在被告人依赖或者具有滥用毒品习性并存在足以成功的情形下，根据《2003 年刑事司法法》第 209 条的带有毒品复归要求的社区命令可能是对短期或者中等长度的羁押刑的一项正确替代措施。

对于 A 类案件，《2000 年刑事法院的权力（量刑）》第 110 条规定对于 A 类贩卖毒品犯罪法庭应当适用至少 7 年监禁的中等量刑，除非在法庭认为（a）存在与该犯罪或者该罪犯有关的其他情形；（b）在所有情形下这样做会导致不公正。

A 类主要作用重要作用次要作用

	主要作用	重要作用	次要作用
类型一	起刑点	起刑点	起刑点
	14 年羁押	10 年羁押	8 年羁押
	类型范围	类型范围	类型范围
	12—16 年羁押	9—12 年羁押	6—9 年羁押
类型二	起刑点	起刑点	起刑点
	11 年羁押	8 年羁押	6 年羁押
	类型范围	类型范围	类型范围
	9—13 年羁押	6 年零 6 个月—10 年羁押	5—7 年羁押

类型三	起刑点	起刑点	起刑点
	8 年零 6 个月羁押	6 年羁押	4 年 6 个月羁押
	类型范围	类型范围	类型范围
	6 年零 6 个月—10 年羁押	5—7 年羁押	3 年零 6 个月—5 年羁押
类型四	在数量低于前一页类型 4 所列出的指示性总量的情形下，首先确认进口犯罪的作用，接着参考对拥有或者提供犯罪的起刑点和范围，取决于目的。 在数量大大超过类型 4 中所指示的总量，但是低于类型 3 的情形下，参考上面的类型 3 的范围		

B 类主要作用重要作用次要作用。

类型一	起刑点	起刑点	起刑点
	8 年羁押	6 年零 6 个月羁押	4 年羁押
	类型范围	类型范围	类型范围
	7—10 年羁押	5—7 年羁押	2 年零 6 个月—5 年羁押
类型二	起刑点	起刑点	起刑点
	6 年羁押	4 年羁押	2 年羁押
	类型范围	类型范围	类型范围
	4 年零 6 个月—8 年羁押	2 年零 6 个月—5 年羁押	18 个月—3 年羁押
类型三	起刑点	起刑点	起刑点
	4 年羁押	2 年羁押	1 年羁押
	类型范围	类型范围	类型范围
	2 年零 6 个月—5 年羁押	18 个月—3 年羁押	12 个周—18 个月羁押
类型四	在数量低于前一页类型 4 所列出的指示性总量的情形下，首先确认进口犯罪的作用，接着参考对拥有或者提供犯罪的起刑点和范围，取决于目的。 在数量大大超过类型 4 中所指示的总量，但是低于类型 3 的情形下，参考上面的类型 3 的范围		

C 类主要作用重要作用次要作用

类型一	起刑点	起刑点	起刑点
	5 年羁押	3 年羁押	18 个月羁押
	类型范围	类型范围	类型范围
	4—8 年羁押	2—5 年羁押	1—3 年羁押
类型二	起刑点	起刑点	起刑点
	3 年零 6 个月羁押	18 个月羁押	26 个周羁押
	类型范围	类型范围	类型范围
	2—5 年羁押	1—3 年羁押	12 个周—18 个月羁押

类型三	起刑点 18 个月羁押 类型范围 1 年—3 年羁押	起刑点 26 个周羁押 类型范围 12 个周—18 个月羁押	起刑点 高水平的社区命令 类型范围 中等的社区命令— 12 个周羁押
类型四	在数量低于前一页类型 4 所列出的指示性总量的情形下，首先确认进口犯罪的作用，接着参考对拥有或者提供犯罪的起刑点和范围，取决于目的。 在数量大大超过类型 4 中所指示的总量，但是低于类型 3 的情形下，参考上面的类型 3 的范围		

下面的表格包括一个未穷尽的提供犯罪背景和有关罪犯的因素的额外事实要素的清单。辨别是否这些因素的任何组合，或者有关其他相关因素，应当导致从起刑点向上或者向下的调整。在某些案件中，在考虑了这些因素以后，离开所确定的类型范围或许是适当的。

对适当的类型 C 的范围，考虑下列羁押门槛：

- 已经通过了羁押门槛吗？
- 如果通过了，适用羁押刑是不可避免的吗？
- 如果通过了，可以暂缓适用羁押吗？

增加严重性的因素

法定加重因素

先前定罪，考虑了（a）与定罪有关的犯罪的本质和与当前犯罪的相关性；以及（b）自定罪以来已过去的时间（如果是第三个贩毒定罪，参见第 5 页表格）
罪犯允许 18 岁以下的人将控制下的毒品运送给第三人
在保释期间实施的犯罪
其他加重因素包括：
隐藏的复杂本质和/或试图逃避侦查
在未被分开起诉的情形下，试图隐匿或者处理证据
将其他人暴露于非比寻常的危险下，例如对含有有毒物质的毒品的切割
在没有分开指控的情形下，出现武器
高纯度
未遵守当前的法庭命令
在许可期间的犯罪

减轻严重性或者反映个性化减轻的因素

隐藏的本质缺少复杂性

由于压力、恐吓或者缺乏胁迫的强制介入犯罪，除在第一步已经被考虑的情形
罪犯错误相信有关毒品类型，在所有情形下考虑这样的相信的合理性
孤立的事件
低纯度
没有先前定罪或者没有关联的或者最近的定罪
利用罪犯的脆弱性
悔悟
良好的品格和/或典范行为
决定和/或证明采取步骤处理成瘾或者犯罪行为
需要紧急、密集或者长期治疗的严重的医疗状况
年龄和/或缺乏成熟性，影响罪犯责任
精神病或者学习障碍
对依赖性亲属的仅有的或者主要的照顾者

第三步　考虑表明减轻的任何因素，比如帮助控方。

法庭应当考虑《2005 年严重有组织犯罪和警察法》第 73 条和第 74 条（被告人的帮助：减轻或者审查量刑）以及其他任何根据罪犯作为帮助（或者主动帮助）检察官或者侦查者的结果的可能获得的折扣的法律规则。

第四步　因有罪答辩而减轻量刑。

法庭应当考虑任何与《2003 年刑事司法法》第 144 条与"有罪答辩"指南相一致的潜在的因有罪答辩而导致的刑罚的减轻。

对于 A 类犯罪，在根据《刑事法院的权力（量刑）法》第 110 条适用最低强制量刑的情形下，对于早期有罪答辩的折扣不能超过 20%。

第五步　整体原则。

如果对一名罪犯的不止一项犯罪量刑，或者在该罪犯正在服项刑罚的情形，考虑整体量刑对犯罪行为是否是公正的和成比例的。

第六步　没收和辅助命令。

在所有案件中，法庭应当考虑是否作出赔偿和/或其他辅助命令。

第七步　理由。

《2003 年刑事司法法》第 174 条施加了对量刑说明理由，以及解释量刑影响的义务。

第八步　考虑还押时间。

量刑者应当考虑任何与最终量刑有关的还押时间。法庭应当考虑是否信任与《2003 年刑事司法法》第 240 条和第 240 条相一致的在羁押中还押或者保释所经历的时间。

附录 D

立法列表

联合国

《儿童权利公约》（*Convention on the Rights of the Child*）1989　72。

Article 3 391.

Article 40. 4 391.

《对被害人和滥用权力的基本司法原则的公告》。

（*Declaration on the Basic Principles of Justice for Victims and Abuse of Power*）1985 93.

《英国国会有关预防犯罪和罪犯待遇的第三项决议》。

（*Resolution VIII of the Eighth Congress on the Prevention of Crime and the Treatment of Offenders*），1990 96-97，287.

欧盟立法

《阿姆斯特丹条约》（*Amsterdam Treaty*）1997 67。

《基本权利宪章》。

（*Charter of Fundamental Rights*）67.

《欧洲委员会有关赔偿对暴力犯罪被害人的公约》。

（*Council of Europe Convention on Compensation for the Victims of Violent Crime*）1984 323.

《欧洲委员会有关洗钱、搜查、扣押以及没收犯罪收益的公约》。

（*Council of Europe Convention on Laundering，Search，Seizure and Confiscation of the Proceeds of Crime*）1990 364.

《欧洲人权公约》。

（*European Conventionon Human Rights*）1950 52，68-70，72，96，239，278，359-360，376.

英联邦立法

section 5 407.

section 13 407.

《滥用毒品法》（*Misuse of Drugs Act*）1971。

section 27 367.

《谋杀（取消死刑）法》〔*Murder（Abolition of Death Penalty）Act*〕1969 117。

侵犯人身犯罪法（*Offences Against the Person Act*）1861。

section 18 131, 132.

section 20 131–132, 159.

section 47 159.

《刑事法院的权力法》（*Powers of Criminal Courts Act*）1973 322。

section 43 322.

《刑事法院的权力（量刑）》〔*Powers of Criminal Courts（Sentencing）Act*〕2000（PCCS Act）3, 25。

Schedule 1 4.

section 1 353.

section 1A 353.

section 2 353.

sections 12–15 4, 320, 321.

section 16 7.

section 23 19.

section 91 400.

section 100 399.

sections 100–107 7–8.

section 101 400.

section 110 6, 171, 411.

section 111 6, 26, 171, 411.

sections 130–134 3, 323, 324–325.

section 143 360.

section 144 20.

sections 146–7 361.

section 148 361.

sections 28-29 26-27.

《未成年人司法和刑事证据法》 (*Youth Justice and Criminal Evidence Act*) 1999 389，393。

其他国家立法

澳大利亚

《社区保护法》(*Community Protection Act（NSW）*) 1994 54。

芬兰

《刑法典》(*Penal Code*) 105。

新西兰

《未成年人及其家庭法》 (*Young Persons and their Families Act*) 1989 93。

瑞典

《刑法典》(*Criminal Code*) 105。

美国

《量刑改革法》(*Sentencing Reform Act*) 1984 60。

附录 E

案例列表

英联邦案例

Advice to the Court of Appeal - 8: Domestic Burglary (Sentencing Advisory Panel, 2002), 57.

Attorney General's Reference No. 7 of 1989 (Thornton) [1990] 12 Cr App R (S) 1, 35.

Attorney General's Reference No. 1 of 1990 [1991] 12 Cr App R (S) 245, 268.

Attorney General's Reference No. 23 of 1992 [1993] 14 Cr App R (S) 759, 370.

Attorney General's Reference No. 34 of 1992 [1993] 15 Cr App R (S) 167, 406.

Attorney General's Reference No. 18 of 1993 [1994] 15 Cr App R (S) 800, 386.

Attorney General's Reference No. 35 of 1995 (Hartley) [1996] 1 Cr App R (S) 413, 166.

Attorney General's Reference No. 33 of 1996 (Latham) [1997] 2 Cr App R (S) 10, 121.

Attorney General's Reference No. 7 of 1997 (Fearon) [1998] 1 Cr App R (S) 268, 378.

Attorney General's Reference No. 46 of 1997 [1998] 2 Cr App R (S) 338, 268.

Attorney General's Reference No. 89 of 1998 [2000] 1 Cr App R (S) 49, 267.

Attorney General's Reference No. 89 of 1999 (Farrow) [2000] 2 Cr App

R（S）382, 136.

Attorney General's Reference No. 83 of 2001（Fidler）［2002］1 Cr App R（S）588, 169.

Attorney General's Reference No. 108 of 2001（Tullius）　［2002］2 Cr App R（S）294, 162.

Attorney General's References Nos. 4 and 7 of 2002; and Q［2002］2 Cr App R（S）345, 37, 135, 293.

Attorney General's References Nos. 74, 95 and 118 of 2002（Suratan and others）［2003］2 Cr App R（S）273, 121.

Attorney General's Reference No. 77 of 2002（Scotney）　［2003］1 Cr App R（S）564, 387.

Attorney General's References Nos. 150 and 151 of 2002［2003］2 Cr App R（S）658, 135.

Attorney General's References Nos. 37, 38 and others of 2003［2004］1 Cr App R（S）499, 36, 37.

Attorney General's Reference No. 60 of 2003［2004］2 Cr App R（S）376, 374.

Attorney General's Reference No. 70 of 2003［2004］2 Cr App R（S）254, 374.

Attorney General's Reference No. 99 of 2003（Vidler）［2005］1 Cr App R（S）150, 166.

Attorney General's Reference No. 3 of 2004（Akuffo）［2005］1 Cr App R（S）156, 230.

Attorney General's Reference No. 37 of 2004（Dawson）　［2005］1 Cr App R（S）295, 169, 345, 406.

Attorney General's References Nos. 38 and 39 of 2004（Randall and Donaghue）［2005］1 Cr App R（S）267, 162.

Attorney General's References Nos. 120 and 121 of 2004［2006］1 Cr App R（S）44, 263.

Attorney General's Reference No. 158 of 2004［2006］1 Cr App R（S）274, 125.

Attorney General's References Nos. 22 and 23 of 2005［2006］1 Cr App

R (S) 286, 162.

Attorney General's Reference No. 49 of 2005 [2006] 2 Cr App R (S) 92, 121.

Attorney General's Reference No. 82 of 2005 [2006] 1 Cr App R (S) 679, 346.

Attorney General's Reference No. 114 of 2005 [2006] 2 Cr App R (S) 595, 346.

Attorney General's Reference No. 6 of 2006 [2007] 1 Cr App R (S) 58, 308.

Attorney General's Reference No. 11 of 2006 [2006] 2 Cr App R (S) 705, 296.

Attorney General's References Nos. 14 and 15 of 2006 [2007] 1 Cr App R (S) 215, 36, 40.

Attorney General's References Nos. 24, 25, 26, 27, 28 and 41 of 2006 [2007] 1 Cr App R (S) 278, 275, 308.

Attorney General's References Nos. 42, 43 and 44 of 2006 [2007] 1 Cr App R (S) 493, 162-163, 164.

Attorney General's Reference No. 54 of 2006 [2007] 1 Cr App R (S) 538, 384.

Attorney General's Reference No. 78 of 2006 [2007] 1 Cr App R (S) 699, 160.

Attorney General's Reference No. 86 of 2006 [2007] 1 Cr App R (S) 621, 187.

Attorney General's Reference No. 113 of 2006 [2007] 2 Cr App R (S) 162, 123.

Attorney General's Reference No. 7 of 2007 [2008] 2 Cr App R (S) 656, 27, 40.

Attorney General's Reference No. 11 of 2007 [2008] 1 Cr App R (S) 26, 29, 191.

Attorney General's References Nos. 32, 33 and 34 of 2007 [2008] 1 Cr App R (S) 187, 30.

Attorney General's References Nos. 41 and 42 of 2007 [2008] 1 Cr App

R (S) 443, 275, 277.

Attorney General's Reference No. 78 of 2007 [2008] 1 Cr App R (S) 597, 131.

Attorney General's Reference No. 91 of 2007 [2008] 2 Cr App R (S) 45, 30.

Attorney General's References Nos. 1 and 6 of 2008 [2009] 2 Cr App R (S) 557, 39, 102.

Attorney General's Reference No. 14 of 2008 [2009] 1 Cr App R (S) 360, 30.

Attorney General's Reference No. 45 of 2008 [2009] 1 Cr App R (S) 529, 27.

Attorney General's Reference No. 55 of 2008 [2009] EWCA Crim 2790, 229, 232, 234, 309.

B v. Chief Constable of Avon and Somerset [2001] 1 WLR 340, 368.

Bond v. Chief Constable of Kent [1982] 4 Cr App R (S) 314, 324.

C v. Sunderland Youth Court [2004] 1 Cr App R (S) 443, 362.

Chief Constable of Lancashire v. Potter [2003] EWHC 2272, 223.

Clingham v. Kensington and Chelsea Royal LBC [2003] AC 787, 204, 222.

DPP v. Anderson [1978] AC 964, 263.

Gough v. Chief Constable of Derbyshire [2002] QB 459, 363.

Markarian v. R [2005] 79 ALJR 1048, 77.

Napier v. Scottish Executive [2004] UKHRR 881, 68, 291, 316.

Palling v. Corfield [1970] 123 CLR 52, 54.

Practice Direction: Victim Personal Statements [2002] 1 Cr App R 69, 93, 383, 387.

Practice Statement: Criminal Justice Act 1991 [1992] 95 Cr App R 456, 308.

R (on application of DPP) v. Salisbury Justices [2003] 1 Cr App R (S) 560, 180.

R v. A and B [1999] 1 Cr App R (S) 52, 180.

R v. Adeojo and Mugambwa [2009] 1 Cr App R (S) 376, 30.

R v. AGC Automotive Ltd [2008] 2 Cr App R (S) 146, 374.

R v. Akujee [2008] 2 Cr App R (S) 188, 125.

R v. Al-Buhairi [2004] 1 Cr App R (S) 496, 307.

R v. Alexander [1997] 2 Cr App R (S) 74, 182.

R v. Allardyce, Turner and Porter [2006] 1 Cr App R (S) 587, 118.

R v. Ambrose [1973] 57 Cr App R 538, 261.

R v. Anderson [2003] 1 Cr App R (S) 421, 374.

R v. Anglian Water Services Ltd [2004] 1 Cr App R (S) 374, 336.

R v. Aramah [1982] 4 Cr App R (S) 407, 28, 128-130.

R v. Archer [1998] 2 Cr App R (S) 76, 172.

R v. Aroyewumi [1994] 16 Cr App R (S) 211, 128.

R v. Arrowsmith [2003] 2 Cr App R (S) 301, 366-367.

R v. AS [2001] 1 Cr App R (S) 62, 399.

R v. Asiedu [2009] 1 Cr App R (S) 420, 116, 374.

R v. Atkinson [2005] 2 Cr App R (S) 206, 137.

R v. Attuh-Benson [2005] 2 Cr App R (S) 2, 102.

R v. Avon Lippiatt Hobbs (Contractors) Ltd [2000] 2 Cr App R (S) 427, 336.

R v. Bailey [1988] 10 Cr App R (S) 231, 203-204, 218.

R v. Bain [2005] 2 Cr App R (S) 319, 266.

R v. Balfour Beatty Rail Infrastructure Ltd [2007] 1 Cr App R (S) 370, 336.

R v. Ball [1981] 3 Cr App R (S) 283, 252, 329.

R v. Ball [2003] 2 Cr App R (S) 92, 360-361.

R v. Ballard [2007] 2 Cr App R (S) 608, 298, 299.

R v. Barbery [1975] 62 Cr App R 248, 183.

R v. Barnett [2008] 1 Cr App R (S) 354, 170.

R v. Barney [1989] 11 Cr App R (S) 448, 324.

R v. Barney and Barney [2008] 2 Cr App R (S) 208, 125.

R v. Barot [2008] 1 Cr App R (S) 156, 116, 119, 230.

R v. Barrick [1985] 7 Cr App R (S) 142, 140, 184.

R v. Barton [1972], unreported, 271.

R *v.* Cargill ［1913］ 8 Cr App R 224, 254.

R *v.* Cawthorne ［1996］ 2 Cr App R (S) 445, 373.

R *v.* Celaire and Poulton ［2003］ 1 Cr App R (S) 610, 268.

R *v.* Chalcraft and Campbell ［2002］ 2 Cr App R (S) 172, 144, 170.

R *v.* Chambers ［1983］ 5 Cr App R (S) 190, 120.

R *v.* Chapman ［1999］ 2 Cr App R (S) 374, 164.

R *v.* Chelmsford Crown Court, ex p. Birchall ［1989］ 11 Cr App R (S) 510, 274.

R *v.* Clark ［1998］ 2 Cr App R (S) 95, 140, 184.

R *v.* Clarke ［1975］ 61 Cr App R 320, 221.

R *v.* Claydon ［1994］ 15 Cr App R (S) 526, 180.

R *v.* Cliff ［2005］ 2 Cr App R (S) 22, 361.

R *v.* Coleman ［1991］ 13 Cr App R (S) 508, 123.

R *v.* Considine and Davis ［2008］ 1 Cr App R (S) 215, 262.

R *v.* Cooksley ［2004］ 1 Cr App R (S) 1, 124.

R *v.* Copeland and Hegarty ［1994］ 15 Cr App R (S) 601, 136.

R *v.* Copley ［1979］ 1 Cr App R 55, 252, 326.

R *v.* Corran et al. ［2005］ Crim LR 404, 37.

R *v.* Costley ［1989］ 11 Cr App R 357, 375.

R *v.* Cox ［1993］ 14 Cr App R (S) 479, 296, 297.

R *v.* Crawford ［1993］ 14 Cr App R (S) 782, 270.

R *v.* Crosby and Hayes ［1974］ 60 Cr App R (S) 234, 181–182.

R *v.* Crown Court in Manchester, ex p. McCann ［2003］ 1 AC 787, 222.

R *v.* Cunningham ［1993］ 14 Cr App R (S) 444, 101–102.

R *v.* Curtis ［2007］ 2 Cr App R (S) 322, 163.

R *v.* D ［2006］ 1 Cr App R (S) 616, 401.

R *v.* D ［2006］ 2 Cr App R (S) 204, 368.

R *v.* Daley ［2008］ 2 Cr App R (S) 534, 121.

R *v.* Darvill ［1987］ 9 Cr App R (S) 225, 386.

R *v.* Davies ［2006］ 1 Cr App R (S) 213, 211.

R *v.* Davies ［2009］ 1 Cr App R (S) 79, 376.

R *v.* Dawn ［1994］ 15 Cr App R (S) 720, 182.

R *v.* Dawson［1987］9 Cr App R（S）248, 165.

R *v.* De Haan［1968］2 QB 108, 171, 173.

R *v.* Dixon［2002］2 Cr App R（S）18, 144.

R *v.* Doick［2004］2 Cr App R（S）203, 366.

R *v.* Drew［2003］UKHL 25, 409.

R *v.* Duncan［2007］1 Cr App R（S）127, 118.

R *v.* Dunn［2003］2 Cr App R（S）535, 165.

R *v.* Edwards［1998］2 Cr App R（S）213, 366.

R *v.* Elder and Pyle［1993］15 Cr App R（S）514, 129.

R *v.* Elicin and Moore［2009］1 Cr App R（S）561, 30, 175, 374.

R *v.* Ellis and Avis［2000］1 Cr App R（S）38, 128–129.

R *v.* F Howe & Son（Engineers）Ltd［1999］2 Cr App R（S）37, 336.

R *v.* Fairbairn［1980］2 Cr App R（S）284, 252, 253.

R *v.* Fairbrother［2008］2 Cr App R（S）16, 38.

R *v.* Farrar［2007］2 Cr App R（S）202, 262.

R *v.* Faulkner［1972］56 Cr App R（S）594, 267.

R *v.* Fell［1963］Crim LR 207, 254.

R *v.* Field and Young［2003］2 Cr App R（S）175, 365.

R *v.* Fielding［2007］2 Cr App R（S）117, 141.

R *v.* Finch［1993］14 Cr App R（S）226, 373.

R *v.* Firth Vickers Centrispinning Ltd［1998］1 Cr App R（S）293, 165.

R *v.* FJ Chalcraft Construction Ltd［2008］2 Cr App R（S）610, 336.

R *v.* Fleming［1993］14 Cr App R（S）151, 408–409.

R *v.* Flinton［2008］1 Cr App R（S）575, 325.

R *v.* Fontes［2006］1 Cr App R（S）401, 185.

R *v.* Ford［2006］1 Cr App R（S）204, 120.

R *v.* Fox［1980］2 Cr App R（S）188, 212.

R *v.* Fraser［1982］4 Cr App R（S）254, 172.

R *v.* Freeman［1989］11 Cr App R（S）398, 164, 219.

R *v.* French［1982］4 Cr App R（S）57, 267.

R *v*. French [2008] 2 Cr App R (S) 81, 298.

R *v*. Friskies Pet Care Ltd [2000] 2 Cr App R (S) 401, 374.

R *v*. Fuller [2006] 1 Cr App R (S) 52, 368.

R *v*. Furby [2006] 2 Cr App R (S) 64, 123, 164.

R *v*. Gant [2007] 2 Cr App R (S) 652, 121.

R *v*. Gardener [1994] 15 Cr App R 667, 381.

R *v*. Gardner [1992] 14 Cr App R (S) 364, 122.

R *v*. Ghafoor [2003] 1 Cr App R (S) 428, 69.

R *v*. Gibson [1997] 2 Cr App R (S) 292, 119.

R *v*. Gibson [2008] 2 Cr App R (S) 104, 131.

R *v*. Gillam [1980] 2 Cr App R (S) 267, 379.

R *v*. Gillespie [1999] 2 Cr App R (S) 61, 373.

R *v*. Glide [1989] 11 Cr App R (S) 319, 219.

R *v*. Godfrey [1993] 14 Cr App R 804, 295, 340.

R *v*. Godfrey [1994] 15 Cr App R (S) 536, 324.

R *v*. Golding [2007] 1 Cr App R (S) 486, 408.

R *v*. Goodyear [2006] 1 Cr App R (S) 23, 21, 173-174, 179, 374.

R *v*. Grady [1990] 12 Cr App R (S) 152, 366.

R *v*. Grainger [1997] 1 Cr App R (S) 369, 122.

R *v*. Grant [1990] 12 Cr App R (S) 441, 186.

R *v*. Graves [1993] 14 Cr App R (S) 790, 325.

R *v*. Gray [1983] Crim LR 691, 229.

R *v*. Green [2009] 1 Cr App R (S) 182, 34, 364.

R *v*. Griffin [2008] 2 Cr App R (S) 357, 373.

R *v*. Gumbs [1926] 19 Cr App R 74, 35.

R *v*. Guppy and Marsh [1997] 16 Cr App R (S) 25, 376.

R *v*. Gwillim-Jones [2002] 1 Cr App R (S) 19, 142, 219.

R *v*. Gwyer [2002] 2 Cr App R (S) 246, 144.

R *v*. H, Stevens and Lovegrove [2006] 2 Cr App R (S) 453, 223.

R *v*. Haleth [1982] 4 Cr App R (S) 178, 186.

R *v*. Hardwick [2007] 1 Cr App R (S) 54, 162, 165.

R *v*. Hardy [2006] 2 Cr App R (S) 47, 266-267.

R *v.* Harrison ［1990］2 Cr App R 94, 35.

R *v.* Hartrey ［1993］Crim LR 230, 30.

R *v.* Hassall ［2000］1 Cr App R (S) 67, 174.

R *v.* Hatton ［2008］1 Cr App R (S) 429, 298.

R *v.* Hening and Senatore ［2008］1 Cr App R (S) 308, 154-155.

R *v.* Hickson ［2002］1 Cr App R (S) 298, 226.

R *v.* Highbury Corner Stipendiary Magistrate, ex p. DiMatteo ［1990］12
Cr App R (S) 263, 360.

R *v.* Hind ［1994］15 Cr App R (S) 114, 384.

R *v.* Hindawi ［1988］10 Cr App R (S) 104, 116, 119.

R *v.* Hoare ［2004］2 Cr App R (S) 261, 226.

R *v.* Hobstaff ［1993］14 Cr App R 605, 383.

R *v.* Hockey ［2008］1 Cr App R (S) 279, 363.

R *v.* Hogg ［2008］1 Cr App R (S) 99, 230.

R *v.* Holah ［1989］11 Cr App R (S) 282, 325.

R *v.* Holderness, unreported, 271.

R *v.* Home Secretary, ex p. Anderson ［2003］1 AC 837, 54, 69, 117.

R *v.* Home Secretary, ex p. Duggan ［1994］3 All ER 271, 279.

R *v.* Horsham Justices, ex p. Richards ［1985］7 Cr App R (S)
158, 325.

R *v.* Howell ［1985］7 Cr App R (S) 360, 408.

R *v.* Howell ［1998］1 Cr App R (S) 229, 122.

R *v.* Howells ［1999］1 Cr App R (S) 335, 296.

R *v.* Hurley ［1998］1 Cr App R (S) 299, 129.

R *v.* Hurley ［2009］1 Cr App R (S) 568, 30.

R *v.* Hussain ［2004］2 Cr App R (S) 497, 122.

R *v.* Hussain ［2008］2 Cr App R (S) 485, 125.

R *v.* Hutchinson ［1994］15 Cr App R 134, 384.

R *v.* Hynes ［2009］1 Cr App R (S) 535, 170.

R *v.* Inwood ［1974］60 Cr App R 70, 326.

R *v.* Ireland ［1988］10 Cr App R 474, 381.

R *v.* Isaac ［1998］1 Cr App R (S) 266, 170.

R *v.* Ismail ［2005］2 Cr App R （S）542, 29, 384.

R *v.* James ［2003］2 Cr App R （S）574, 325.

R *v.* Jamie Craig W. ［2003］1 Cr App R （S）502, 400.

R *v.* Jenkins ［2002］1 Cr App R （S）22, 220.

R *v.* Jenkins et al. ［2009］1 Cr App R （S）109, 137, 275, 277.

R *v.* Jerome ［2001］1 Cr App R （S）316, 334.

R *v.* John James P ［2009］1 Cr App R （S）247, 33.

R *v.* Johnson ［1994］15 Cr App R （S）827, 36.

R *v.* Johnson ［2007］1 Cr App R （S）674, 233, 234, 235.

R *v.* Jordan ［2005］2 Cr App R （S）267, 27, 172.

R *v.* Jorge ［1999］2 Cr App R （S）1, 326.

R *v.* K ［2003］1 Cr App R （S）22, 130.

R *v.* Kastercum ［1972］56 Cr App R （S）298, 268.

R *v.* Kearney ［2003］2 Cr App R （S）85, 408.

R *v.* Kefford ［2002］2 Cr App R （S）495, 39, 291, 296.

R *v.* Kehoe ［2009］1 Cr App R （S）41, 229-230.

R *v.* Keightley ［1972］Crim LR 272, 182.

R *v.* Kelly and Donnelly ［2001］2 Cr App R （S）344, 28, 160, 167, 372.

R *v.* Kent ［2004］2 Cr App R （S）367, 268.

R *v.* Kentsch ［2006］1 Cr App R （S）707, 159.

R *v.* Kerrigan ［1993］14 Cr App R （S）179, 376.

R *v.* Keys and Sween ［1986］8 Cr App R （S）444, 164.

R *v.* Kidd and Bianchy ［2008］1 Cr App R （S）471, 298.

R *v.* King ［2000］1 Cr App R （S）105, 266.

R *v.* Kirby ［2008］2 Cr App R （S）264, 30, 175.

R *v.* Knight ［1980］2 Cr App R （S）82, 335.

R *v.* Knight ［2009］1 Cr App R （S）306, 120.

R *v.* Komsta and Murphy ［1990］12 Cr App R （S）63, 30.

R *v.* Kuti and Cherry ［2008］2 Cr App R （S）369, 125.

R *v.* Lang ［2006］2 Cr App R （S）211, 37, 232, 233, 234.

R *v.* Lanham and Willis ［2009］1 Cr App R （S）592, 30, 103.

R *v.* McKenning ［2009］1 Cr App R （S）597, 298.

R *v.* McNee, Gunn and Russell ［2008］1 Cr App R （S）108, 230.

R *v.* McPherson ［1980］2 Cr App R （S）4, 221.

R *v.* Mee ［2004］2 Cr App R （S）434, 368.

R *v.* Mehmet ［2006］1 Cr App R （S）397, 27.

R *v.* Milberry et al. ［2003］2 Cr App R （S）142, 28, 133.

R *v.* Miles ［2007］2 Cr App R （S）19, 141.

R *v.* Milford Haven Port Authority ［2000］2 Cr App R （S）423, 336, 337.

R *v.* Millard ［1994］15 Cr App R （S）445, 366.

R *v.* Mills ［1998］1 Cr App R （S）128, 400.

R *v.* Mills ［2002］2 Cr App R （S）229, 39, 291, 296.

R *v.* Mills ［2005］1 Cr App R （S）180, 165.

R *v.* Mitchell ［1997］1 Cr App R （S）90, 409.

R *v.* Molcher ［2009］1 Cr App R （S）268, 140.

R *v.* Morgan ［2008］2 Cr App R （S）93, 136.

R *v.* Morrison ［2006］1 Cr App R （S）488, 223.

R *v.* Myers ［1980］Crim LR 191, 252.

R *v.* Nafei ［2005］Crim LR 409, 407.

R *v.* Nall-Cain （*Lord Brocket*）［1998］2 Cr App R （S）145, 186.

R *v.* Nazir ［2003］2 Cr App R （S）671, 165.

R *v.* Nelson ［2002］1 Cr App R （S）565, 233.

R *v.* Newman, Newman and Myers ［1979］1 Cr App R （S）252, 370.

R *v.* Newsome and Browne ［1970］2 QB 711, 65.

R *v.* Newton ［1982］4 Cr App R （S）388, 373, 374, 375-376.

R *v.* Noble ［2003］1 Cr App R （S）312, 124-125.

R *v.* Norman ［2007］1 Cr App R （S）509, 304.

R *v.* Nottingham Crown Court, ex p. DPP ［1996］1 Cr App R （S）283, 374.

R *v.* Nunn ［1983］5 Cr App R （S）203, 335.

R *v.* Nunn ［1996］2 Cr App R （S）136, 386-387.

R *v.* O ［2004］1 Cr App R （S）130, 180.

R *v.* Reid ［1982］ 4 Cr App R （S） 280, 182.

R *v.* Revell ［2006］ 2 Cr App R （S） 622, 183.

R *v.* Ribas ［1976］ 63 Cr App R （S） 147, 375.

R *v.* Richardson ［2007］ 2 Cr App R （S） 211, 38.

R *v.* Richardson et al. ［2007］ 2 Cr App R （S） 211, 124.

R *v.* Roberts and Mould ［2008］ 2 Cr App R （S） 350, 171.

R *v.* Robinson ［2003］ 2 Cr App R （S） 515, 387.

R *v.* Roche ［1999］ 2 Cr App R （S） 105, 386.

R *v.* Rogers ［1998］ 1 Cr App R （S） 402, 269.

R *v.* Rogers-Hinks ［1989］ 11 Cr App R （S） 234, 164.

R *v.* Ronchetti ［1998］ 2 Cr App R （S） 100, 129.

R *v.* Saunders ［2000］ 2 Cr App R （S） 71, 160.

R *v.* Saunders ［2004］ 2 Cr App R （S） 459, 145.

R *v.* Saw and others ［2009］ EWCA Crim 1, 29-30, 38, 138-139, 226, 347, 351.

R *v.* Schultz ［1996］ 1 Cr App R （S） 451, 136.

R *v.* Schuman ［2007］ 2 Cr App R （S） 465, 31, 190-191.

R *v.* Seed and Stark ［2007］ 2 Cr App R （S） 436, 39, 296, 298, 299.

R *v.* Seepersad ［2007］ 2 Cr App R （S） 34, 187.

R *v.* Seit ［2008］ 1 Cr App R （S） 65, 132.

R *v.* Shaffi ［2006］ 2 Cr App R （S） 606, 235.

R *v.* Shannon ［2009］ 1 Cr App R （S） 551, 30.

R *v.* Sheehan and O'Mahoney ［2007］ 1 Cr App R （S） 149, 164.

R *v.* Sheppard ［2008］ 2 Cr App R （S） 524, 304.

R *v.* Simpson ［2008］ 1 Cr App R （S） 658, 409.

R *v.* Sivan ［1988］ 10 Cr App R （S） 282, 180.

R *v.* Slater ［2006］ 1 Cr App R （S） 8, 121.

R *v.* Smith ［1998］ 2 Cr App R （S） 400, 325.

R *v.* Smith ［2002］ 1 Cr App R （S） 258, 187.

R *v.* Smith ［2009］ 1 Cr App R （S） 548, 30, 39.

R *v.* Southampton University Hospital Trust ［2007］ 2 Cr App R （S）

37，337.

R *v*. Spencer and Carby［1994］16 Cr App R（S）482, 217, 219.

R *v*. Staines［2006］2 Cr App R（S）376, 409.

R *v*. Stanley［1981］3 Cr App R（S）373, 184.

R *v*. Stevens［2003］1 Cr App R（S）32, 186.

R *v*. Stewart［1987］9 Cr App R（S）135, 296.

R *v*. Stockport JJ, ex p. Condon［1997］2 All ER 204, 332, 337.

R *v*. Storey［1973］57 Cr App R 240, 81.

R *v*. Sullivan［2005］1 Cr App R（S）308, 26, 35-36, 118.

R *v*. Sykes［2008］2 Cr App R（S）10, 135-136.

R *v*. Tamby［2008］2 Cr App R（S）366, 266.

R *v*. Tatam［2005］1 Cr App R（S）256, 145.

R *v*. Taylor, Roberts and Simons［1977］64 Cr App R（S）182, 36.

R *v*. Taylor［1993］14 Cr App R（S）276, 325.

R *v*. Taylor［2007］2 Cr App R（S）129, 375.

R *v*. Taylor［2008］2 Cr App R（S）480, 30.

R *v*. Thomas［2006］1 Cr App R（S）602, 169.

R *v*. Thomas［2008］2 Cr App R（S）434, 298.

R *v*. Tolera［1999］1 Cr App R（S）25, 374, 375.

R *v*. Tovey and Smith［2005］2 Cr App R（S）606, 262.

R *v*. Turner［1975］61 Cr App R 67, 115-116, 136, 190, 204.

R *v*. Turner［2006］1 Cr App R（S）565, 26, 226.

R *v*. Turner［2006］2 Cr App R（S）327, 384.

R *v*. Upton［1980］2 Cr App R（S）132, 296.

R *v*. Verdi［2005］1 Cr App R（S）197, 297.

R *v*. Vivian［1978］68 Cr App R 53, 325.

R *v*. Vuillermet［2008］2 Cr App R（S）204, 30, 135.

R *v*. Walton［2004］1 Cr App R（S）234, 121.

R *v*. Warren and Beeley［1996］1 Cr App R（S）233, 128.

R *v*. Waterton［2003］1 Cr App R（S）606, 379.

R *v*. Watts［1984］6 Cr App R（S）61, 321, 353-354.

R *v*. Webbe［2002］1 Cr App R（S）82, 143-144.

R *v.* Wellington〔1999〕10 Cr App R (S) 384, 268.

R *v.* Wenman〔2005〕2 Cr App R (S) 13, 182.

R *v.* White〔1996〕2 Cr App R (S) 58, 325.

R *v.* Whitehead〔1996〕1 Cr App R (S) 1, 186.

R *v.* Whitrid〔1989〕11 Cr App R (S) 403, 219.

R *v.* Whittle〔2007〕2 Cr App R (S) 578, 308.

R *v.* Wijs〔1998〕2 Cr App R (S) 436, 129.

R *v.* Wild (No. 1)〔2002〕1 Cr App R (S) 37, 144.

R *v.* Williams〔1982〕4 Cr App R (S) 239, 322.

R *v.* Willis〔1974〕60 Cr App R 146, 36.

R *v.* Williscroft〔1975〕VR 292, 76-77.

R *v.* Willoughby〔2003〕2 Cr App R (S) 257, 226, 227.

R *v.* Wilson〔2008〕1 Cr App R (S) 542, 33.

R *v.* Wisniewski〔2005〕Crim LR 403, 37.

R *v.* Wood (No. 2)〔2009〕EWCA Crim 651; *The Times*, 2 April 2009, 36, 121.

R *v.* Wooding〔1978〕Crim LR 701, 140.

R *v.* Woods〔1998〕2 Cr App R (S) 237, 139, 218.

R *v.* Woods and Collins〔2006〕1 Cr App R (S) 477, 346.

R *v.* Wooldridge〔2006〕1 Cr App R (S) 72, 102.

R *v.* Xiong Xu and others〔2007〕EWCA Crim 3129, 38.

R *v.* Yorkshire Water Services Ltd〔2002〕2 Cr App R (S) 37, 336.

Revenue and Customs Prosecution Office *v.* Mitchell〔2009〕Crim LR 469, 364.

Secretary of State for Justice *v.* Walker and James〔2008〕1 WLR 1977, 282.

欧洲其他国家案例

De Salvador Torres *v.* Spain〔1997〕23 EHRR 601, 372.

Hashman and Harrap *v.* United Kingdom〔2000〕30 EHRR 24, 322.

Ibbotson *v.* United Kingdom〔1999〕27 EHRR CD 332, 69, 360.

Laskey *v.* United Kingdom〔1997〕24 EHRR 39, 70.

McCourt *v.* United Kingdom ［1993］15 EHRR CD 110, 387.

SC *v.* United Kingdom ［2004］Crim LR 130, 7, 69, 390.

Stafford *v.* United Kingdom ［2002］35 EHRR 1121, 62, 69, 117.

Sutherland and Morris *v.* United Kingdom ［1997］24 EHRR CD 22, 134.

Thynne, Wilson and Gunnell *v.* United Kingdom ［1989］13 EHRR 66, 62, 69.

Tyrer *v.* United Kingdom ［1978］2 EHRR 1, 68.

V & T *v.* United Kingdom ［2000］30 EHRR 121, 7, 69, 117, 185, 390.

Weeks *v.* United Kingdom ［1987］10 EHRR 293, 68.

Welch *v.* United Kingdom ［1995］20 EHRR 247, 69, 360, 362, 365.

Wynne *v.* United Kingdom ［1994］19 EHRR 333, 69.

X *v.* United Kingdom ［1972］3 DR 10, 179.

其他国家案例

澳大利亚

Kable *v.* DPP（NSW）［1996］189 CLR 51, 54.

加拿大

R *v.* B. W. P. ［2006］2006 SCC 27, 392.

美国

Apprendi *v.* New Jersey ［2000］120 S. Ct. 2348, 376.

Blakely *v.* Washington ［2004］124 S. Ct. 2531, 60, 376.

Lockyer *v.* Andrade ［2003］123 S. Ct. 1166, 228.

Mistretta *v.* United States ［1989］109 S. Ct. 647, 60.

Spears *v.* United States ［2009］555 US xxx, 60-61.

United States *v.* Booker ［2005］543 US 220, 60.